本书为国家社会科学基金一般项目"日本遣唐使研究"

（17BSS026）结项成果

日本遣唐使研究

李广志 著

ZHEJIANG UNIVERSITY PRESS
浙江大学出版社
·杭州·

图书在版编目（CIP）数据

日本遣唐使研究 / 李广志著. -- 杭州 ：浙江大学
出版社，2025．5．-- ISBN 978-7-308-26278-1

Ⅰ．K242.03

中国国家版本馆CIP数据核字第2025BA7638号

日本遣唐使研究

李广志　著

责任编辑	包灵灵	
责任校对	方艺潼	
封面设计	林智广告	
出版发行	浙江大学出版社	
	（杭州市天目山路148号　邮政编码310007）	
	（网址：http://www.zjupress.com）	
排　　版	杭州林智广告有限公司	
印　　刷	杭州高腾印务有限公司	
开　　本	880mm×1230mm　1/32	
印　　张	15.5	
字　　数	480千	
版 印 次	2025年5月第1版　2025年5月第1次印刷	
书　　号	ISBN 978-7-308-26278-1	
定　　价	78.00元	

前言

　　隋唐时期，中国的制度、文物及文化等大量传到日本。其间，以遣唐使为代表的日本朝贡使，成为中日交往的标志性符号。630 年至 894 年，日本共筹划了 20 次使节入唐，其中有 16 次成行。9 世纪中叶以后，唐朝海商崛起，代替了历来的官方往来，中日交往出现了新形态。遣唐使作为中日交流的主要手段，对两国在政治、经济和文化方面的发展带来前所未有的促进，在以唐王朝为中心的世界史上，发挥了巨大作用。

　　关于遣唐使的研究，从 20 世纪开始，国内外学界进入系统性阶段，由点到面，内容丰富。20 世纪 80 年代以后，国内关于遣唐使的研究也全面展开，研究的范围日趋扩大。但是，日本遣唐使研究，是一项多领域、跨国别的综合研究，不局限于唐史本身，还涉及日本、朝鲜半岛等的史料。尤其在近年来，随着考古工作的深入，埋藏在地下的唐朝文物、大批墓志等不断展现出来，其中也有涉及日本遣唐使的内容，这为深入研究日本遣唐使以及揭露当时的历史真相，提供了新史料。

　　本书在前人研究的基础上，利用文献学、考古学等的最新成果，以实证的方法，对中外史料进行新的鉴别和梳理，对日本遣唐使做了全面系统且富有新意的考察。全书共分十四章，结合日本与隋唐近三百年交往史中各个时期的特点，试图体现以下几方面宗旨：

　　第一，世界史视域下的遣唐使。

　　本书从多重视角审视日本遣唐使，将之放在世界史的范畴来考察。以隋唐为中心的政治、外交和文化交融，牵动着周边地区局势的变化和发展。在此背景下，地处东方的倭国（日本），自600年派出遣隋使之后，直至10世纪末，不间断地与隋唐两朝保持官方往来。唐朝与日本间，出现规模不小的人员、物资、知识互动，而这些因素不仅局限于唐与日本之间，有些要素来自西亚、南亚及东南亚等地区。遣唐使在以唐朝为中心的朝贡体系中，既体现了日本的政治意愿，也反映出其对宗主国唐朝的外交方针的接受，同时还涉及朝鲜半岛、渤海国等相关地域的连带外交。

第二，遣唐使的行程及唐朝的对外政策。

日本遣唐使从最初策划，到实际出发，再由入唐以后进行的一系列活动至归国，经历了漫长的过程。本书依据分散的史料，逐一展现出每次派遣的历史背景、任命过程，对相关内容进行梳理和再认识，揭示日本派遣使节的程序、人员构成、官品结构、留学制度，以及相关的法律和习俗。同时考察遣唐使上岸后，在唐境内的活动轨迹，通过对接待遣唐使在各个州县的礼遇，从另一个视角审视唐朝中央与地方的政治形态，遣唐使的事例反映出唐朝的内政及外交的另一个侧面。

第三，唐日关系的本质。

通过对唐日双方的外交机构、外交文书及相关法典的考察，证实唐朝与日本关系的本质为朝贡关系，未形成更加密切的册封关系。同时揭示日本从"倭国"变成"日本国"的历史真相，探究日本遣唐使的"国书"问题，从而揭示唐朝的对外政策与日本派遣遣唐使的内外关联性。

隋唐时期，以皇帝名义发给周边政权或部族的"王言"，又称为"蕃书"。在与日本的外交中，传递国家意志除个别场合采取"口头"方式外，常用的手段是通过"文书"的形式传达信息。中国史料中保存的《敕日本国王书》已传到日本，但日本史料之所以不载唐皇敕书，其根本原因在于日本进入律令制度以后，国家意识加强，模仿隋唐制度树立起了以本国为中心的国家思想。7世纪末至8世纪初，日本社会发展到一个新的阶段，其国号也由"倭国"改为"日本"。这一点，从文献史料上基本可以得到确认。然而，"日本"国号究竟诞生于何时？历来说法不一，尚无定论。2004年，一方写有"国号日本"的留学生井真成墓志被公布以后，一度出现探究日本国名诞生的热点。

近年，一些新史料不断出现，涉及遣唐使和日本的相关信息，本研究对此逐一进行了甄别和考证，及时全面地反映了与遣唐使有关的最新发现和考古信息。2019 年 12 月 25 日，最新发现的鸿胪寺丞《李训墓志》一经公布，引起不小反响，该墓志对于理解唐日关系及日本留学生在唐的生活状况具有重要参考价值。笔者第一时间做了相关研究和解析。新史料的出现，为遣唐使研究注入了新的血液，丰富了其内容。

第四，唐日间人员的移动与交流。

遣唐使是日本向唐朝派遣的使节团，其成员中除了大使、副使等官员外，还包括翻译、船员、技师、留学生等。此外，也有一些渡海赴日本的唐人。这期间，又出现一批唐日之间的跨国婚姻人物及混血儿，他们的出现，具有特殊的历史原因。无论是唐政府，还是日本政府，均实施严格的出国管制措施，严禁个人私自出境。在此背景下，遣唐使的不断来华，带来唐日人员的密切接触，因此出现这种特殊的婚姻现象。他们的人生轨迹折射出当时的国际交往及两国社会史的一个侧面。

第五，唐文化传入日本与日本唐文化的形成。

从文化视角考察遣唐使，可以了解到唐朝中国文化是如何传入日本的，以及它与海上交通、唐日贸易、文化交流等因素的关联；包括汉字在内的唐文化，围棋、歌舞、诗赋、祭祀、礼仪等诸多因素，日本又是如何吸收与取舍的，从而形成日本自己的文化。

遣唐使频繁来华的奈良时代、平安时代，是日本史上重要的历史阶段。它也是今天所说的日本文化形成的关键时期。此时，日本不仅在政治上形成了以天皇为中心的中央集权制，继续巩固和完善律令制度，文化上也出现了兴盛的贵族文化、汉文化、佛教文化等。同时，随之赴日的唐人、波斯人、南天竺人、林邑国人等，给日本带去了西亚、中亚、东南亚等元素，为日本文化注入了新活力。

举世闻名的唐朝"丝绸之路"，横贯东西，从长安到罗马。然而，由于遣唐使的活动，又形成一条从长安到奈良的"海上丝绸之路"。遣唐使时期，大唐的有形之物与无形的知识、文化及习俗等，源源不断地运往日本，遣唐使之路，是一条最具代表性的"海上丝绸之路"。

本研究力图突破以往研究的局限，更深更广地揭示遣唐使的历史意义，更正遣唐使研究中的某些误区，构建一个合理的遣唐使研究体系。以翔实的史料为基础，结合最新的考古及文献资料，试图构成一个扎实的日本遣唐使研究新成果。但是，研究遣唐使并非一件容易事，不仅需要掌握较深的中国历史及唐史专业知识，更需要日本史、语言学、文学等方面的专业素养，还涉及中国、日本、朝鲜半岛等多个相关地区的文献。本书虽说笔耕数载，但仍感力不从心，水平有限，错误难免，望诸方家斧正。

目 录

序　章

遣隋使

一、遣隋使的次数

581 年，杨坚接受北周静帝禅让，建立隋朝。589 年，隋灭南陈统一中国，结束了自西晋末年至南北朝以来二百多年的分裂状态。隋建立以后，在内政、外交和军事等方面，实施了一系列改革。在国际关系方面，以强大的隋王朝为中心的新秩序，影响到整个周边地区，东亚各国也随之发生了连锁反应。

东汉至隋，近五百多年间，日本与中国的交往始终围绕册封与朝贡的方式发展而来。57 年，倭奴国奉贡朝贺，光武帝赐以印绶；永初元年（107），倭国王帅升等请求拜谒。[①] 三国时期，238 年，倭女王卑弥呼遣使朝贡，魏明帝曹叡封倭女王为"亲魏倭王卑弥呼"[②]。进入 5 世纪以后，东晋义熙九年（413），倭国献方物。[③] 此后，五位倭王相继

---

① 《后汉书》卷一百十五《东夷》"倭"条载："建武中元二年，倭奴国奉贡朝贺，使人自称大夫，倭国之极南界也。光武赐以印绶。安帝永初元年，倭国王帅升等献生口百六十人，愿请见。"参见（宋）范晔撰，（唐）李贤等注：《后汉书（三）》（简体字本二十四史，第 09 册），北京：中华书局，2000 年，第 1907 页。

② 《三国志》卷三十《魏志·东夷》"倭人"条载："景初二年六月，倭女王遣大夫难升米等诣郡，求诣天子朝献，太守刘夏遣吏将送诣京都。其年十二月，诏书报倭女王曰：制诏亲魏倭王卑弥呼。"参见（晋）陈寿撰，（宋）裴松之注：《三国志》（简体字本二十四史，第 10 册），北京：中华书局，2000 年，第 635 页。

③ 《晋书》卷第十《安帝·恭帝》"义熙九年"条载："是岁，高句丽、倭国及西南夷铜头大师并献方物。"参见（唐）房玄龄等撰：《晋书》（简体字本二十四史，第 11 册），北京：中华书局，2000 年，第 168 页。

派使者向南朝的刘宋朝廷请求封号，即赞、珍、济、兴、武等五位倭王。据《宋书·蛮夷传·倭国》载，421 年，倭赞万里修贡，得到宋武帝赐除授。赞死后，珍立，遣使贡献。继而，倭王济、兴，均遣使奉献，直至顺帝升明二年（478），倭武王遣使上表进贡。梁武帝即位的 502 年，封倭武王为"征东将军"。[①]

梁初至隋开皇二十年（600），倭国鲜少与中国往来，在中日史料中留下了近百年的空白期。然而，隋统一中国后，倭国很快遣使入贡，在短短的十几年间，共派遣 5 次遣隋使，可谓交往之频繁。

记载遣隋使的文献主要有《隋书》和《日本书纪》，二者既有相同次数的记录，也有各自缺失的部分。归纳两部史料，合计出现 8 次记载，时间自 600 年至 618 年隋朝灭亡。《隋书》中出现 5 次倭使来朝记录，即 600 年，607 年，608 年 2 次，610 年。日本方面，《日本书纪》则记录 3 次，即 607 年，608 年，614 年。但是，两部史料在内容上完全吻合的却只有 607 年 1 次。由于记载存在龃龉，有些学者认为《隋书》里的记载有重复现象，也有的认为《隋书》记载的入贡情况未见《日本书纪》记载，值得怀疑。

日本研究遣隋使近百年的学术史中，关于遣隋使的次数，代表性的有 1 次、3 次、4 次、5 次和 6 次之说，共出现了 5 种主张。[②]此外，中国学者常见的观点有 4 次[③]、5 次[④]和 6 次[⑤]。通过各自史料的独立记载

---

① 《梁书》卷五十四《诸夷·东夷·倭》载："高祖即位，进武号征东将军"。参见（唐）姚思廉撰：《梁书》（简体字本二十四史，第 17 册），北京：中华书局，2000 年，第 559 页。

② 据气贺泽保规统计，主要见以下一些学者讨论了派遣遣唐使的次数。1 次说：郑孝云；3 次说：本居宣长、坂本太郎、高桥善太郎；4 次说：石原道博、西嶋定生、山崎宏、宫崎市定、井上光贞、筱川贤；5 次说：徐先尧、上田正昭；6 次说：增村宏、坂元义种。参见 [日] 氣賀澤保規編：『遣隋使がみた風景』、東京：八木書店、2012 年、第 36—38 頁。

③ 王立达：《七—九世纪日本"遣隋使"、"遣唐使"的派遣经过及其影响》，《新史学通讯》1956 年第 11 期，第 9—14 页。

④ 韩昇：《遣唐使和学问僧》，北京：中华书局，2010 年，第 18 页。

⑤ 王勇在《日本文化——模仿与创新的轨迹》中持 6 次的观点，又于《隋文帝与遣隋使》中提出遣隋使的次数上限可达 7 次。分别见于王勇：《日本文化——模仿与创新的轨迹》，北京：高等教育出版社，2002 年，第 157 页；王勇主编：《东亚坐标中的遣隋唐使研究》，北京：中国书籍出版社，2013 年，第 3 页。

内容来看，没有证据显示倭国 6 次入隋记录的史料错误，也无法否定每次遣使的事实性，因此，日本遣隋使 6 次来朝当属正确无疑。近来另有学者指出，日本崇峻年间（587—592）被派遣至吴国的上毛野久比，给倭国带回许多宝物及"吴权"（秤）。古代日本所说的"吴"，一般指的是南朝，而南朝又于 589 年被隋所灭，因此，上毛野久比到达的应该是隋。如此看来，第一次遣隋使应该是被遣吴国的上毛野久比①。日本使者入隋的时间及相关记载，参见表 1 "遣隋使相关史料"。

表 1　遣隋使相关史料②

次数	公历	中国年号	日本年号	《隋书》	《日本书纪·推古纪》
1	600	开皇二十年	推古八年	开皇二十年，倭王姓阿每，字多利思北孤，号阿辈鸡弥，遣使诣阙。（《隋书》卷八十一《倭国》）	—
2	607	大业三年	推古十五年	大业三年，其王多利思北孤遣使朝贡。使者曰："闻海西菩萨天子重兴佛法，故遣朝拜，兼沙门数十人来学佛法。"其国书曰："日出处天子致书日没处天子，无恙"云云。帝览之不悦，谓鸿胪卿曰："蛮夷书有无礼者，勿复以闻。"（《隋书》卷八十一《倭国》）	（十五年）秋七月戊申朔庚戌（三日），大礼小野臣妹子遣于大唐（注：应为隋，下同。），以鞍作福利为通事。
3	608	大业四年	推古十六年	大业四年三月壬戌（十九日），百济、倭、赤土、伽罗舍国并遣使贡方物。（《隋书》卷三《炀帝上》）	—

---

① 　[日]桃崎祐辅：「遣隋使の考古学—遣隋使の開始年とその実態を見直す—」、福岡大学人文学部歴史学科編『18 歳からの歴史学入門』、東京：彩流社、2019 年、第 31—55 頁。

② 　此表为笔者根据《隋书》和《日本书纪》中出现的记载遣隋使内容绘制而成。

续表

次数	公历	中国年号	日本年号	《隋书》	《日本书纪·推古纪》
4	608	大业四年	推古十六年	大业四年，倭国使来朝，见琉球国布甲曰："此夷邪久国人所用也。"（《隋书卷八十一·流球国》）	（推古十六年九月）辛巳（十一日），唐客裴世清罢归，则复以小野妹子臣为大使，吉士雄成为小使，福利为通事，副于唐客而遣之。 推古十七年（609），秋九月，小野妹子等自大隋而归，通事鞍作福利未归。
5	610	大业六年	推古十八年	大业六年春正月己丑（二十七日），倭国遣使贡方物。（《隋书》卷三《炀帝上》）	—
6	614	大业十年	推古二十二年	—	（推古二十二年）六月丁卯朔己卯（十三日），遣犬上君御田锹、矢田部造于大唐。 [推古二十三年（615）]秋九月，犬上君御田锹、矢田部造，与百济使一同归国。

二、倭使来贡的主因

倭国与大陆交往中断百余年后，在短短的十几年间，何以六派使团朝贡？究其原因，可以从以下三方面进行考察。

第一，隋国内的环境。

隋朝建立后，迅速颁布新律，完善法律制度，后来唐朝实行的三省六部制，以及诸多法令基本沿袭了隋朝的礼制和刑律。589 年，隋文帝统一中国，结束了长期分裂的局面，为经济发展和社会文化繁荣提供了良好的国内环境。

开皇三年（583），隋文帝废除了汉末以来的州、郡、县三级行政，改为州、县二级制，积极推行地方行政改革。《隋书》卷二十九《地理上》载："高祖受终，惟新朝政，开皇三年，遂废诸郡。泊于九载，廓定江表，寻以户口滋多，析置州县。"隋炀帝继位后，又将州改为郡，实行郡县二级制。

在地方官员任命方面，隋废除了魏晋以来的"九品中正"荐举制度，实施多方举荐措施。文帝主张任官要"军国异容，文武殊用"[1]，炀帝在保留秀才、明经科的基础上，新设立了进士科[2]，并继续察举孝廉。后世的科举考试就诞生于隋朝，科举制从以前的察举制演化而成，逐渐成长为隋朝以后中国社会选拔官吏的一种主要制度。[3]

此外，在接待外国贡使方面，"鸿胪寺改典客署为典蕃署。初炀帝置四方馆于建国门外，以待四方使者，后罢之，有事则置，名隶鸿胪寺，量事繁简，临时损益。东方曰东夷使者，南方曰南蛮使者，西方曰西戎使者，北方曰北狄使者，各一人，掌其方国及互市事"[4]。鸿胪寺下设蕃客馆，属于管理外国使节及商客食宿的机构。

隋统一全国后，建立起了完善的政治制度，大运河的开通极大地促进了南北经济发展，儒教、佛教等文化呈现繁荣景象，这些都为倭国来华吸收先进文化和技术提供了良好的环境。

第二，国际环境。

隋朝刚一建立，周边各国便同其展开外交活动，开皇元年（581）二月，隋文帝（581—604年在位）即位，周边各国随之纷纷遣使朝贡，七月靺鞨、八月突厥、十月百济、十二月高句丽来朝。隋的最大敌手突厥，在583年被隋打败，分裂成东西突厥。隋灭南陈后，通过武力震慑、怀柔、和亲等手段应对突厥。朝廷又以宗室女安义公主、义成公主和亲东突厥可汗染干，并封其为启民可汗。这种"和蕃公主"策略发挥了巨大作用，极大地改善了隋与突厥的关系。

---

① （唐）魏徵撰：《隋书》（简体字本二十四史，第23册），北京：中华书局，2000年，第57页。
② 《通典》卷十四《选举二·历代制中》载："炀帝始建进士科。"参见（唐）杜佑撰：《通典》卷十四《选举二·历代制中》，《四库全书》影印本，北京：中华书局，1985年，第23页。
③ 吴宗国：《唐代科举制度研究》，北京：北京大学出版社，2010年，第9页。
④ （唐）魏徵撰：《隋书》（简体字本二十四史，第23册），北京：中华书局，2000年，第541页。

以隋为中心的国际新秩序发生了前所未有的变化，在东亚，朝鲜半岛的高句丽、百济和新罗率先遣使朝贡，表示臣服，确立了与隋的藩属关系。隋文帝对百济的威德王（554—598 年在位）扶余昌进行了册封，"开皇初，其王余昌遣使贡方物，拜昌为上开府、带方郡公、百济王"①。隋建立后，百济大部分时间都恪守君臣之礼。

高句丽与隋的关系则一波三折，时好时坏，时臣时敌，致使隋两代皇帝四伐高句丽。第一代皇帝讨伐高句丽的理由，一是未尽臣节，二是"驱逼靺鞨，固禁契丹"②。而下一任皇帝炀帝讨伐高句丽的直接原因，涉及一个具体事件。大业三年（607），炀帝在启民可汗营帐中见到高句丽使者，疑其勾结突厥，对隋构成威胁，导致征伐。《隋书》卷六十七《裴矩》载：

> （裴矩）从帝巡于塞北，幸启民帐。时高丽遣使先通于突厥，启民不敢隐，引之见帝。矩因奏状曰："高丽之地，本孤竹国也。周代以之封于箕子，汉世分为三郡，晋氏亦统辽东。今乃不臣，别为外域，故先帝疾焉，欲征之久矣。但以杨谅不肖，师出无功。当陛下之时，安得不事，使此冠带之境，仍为蛮貊之乡乎？今其使者朝于突厥，亲见启民，合国从化，必惧皇灵之远畅，虑后伏之先亡。胁令入朝，当可致也。"帝曰："如何？"矩曰："请面诏其使，放还本国，遣语其王，令速朝观。不然者，当率突厥，即日诛之。"帝纳焉。③

可见，裴矩主张高句丽本为中国领土，今乃不臣，其王若不速朝见，即可伐之。即便如此，在此前后，高句丽仍不断地遣使朝贡，自581 年至 614 年，共派 11 次朝贡使入隋。

---

① （唐）魏徵撰：《隋书》（简体字本二十四史，第 24 册），北京：中华书局，2000 年，第 1220 页。

② 《隋书》卷八十一《高丽》载："虽称籓附，诚节未尽。王既人臣，须同朕德，而乃驱逼靺鞨，固禁契丹。"参见（唐）魏徵撰：《隋书》（简体字本二十四史，第 24 册），北京：中华书局，2000 年，第 1218 页。

③ （唐）魏徵撰：《隋书》（简体字本二十四史，第 24 册），北京：中华书局，2000 年，第 1063 页。

新罗遣使贡方物初见于开皇十四年（594），后来又于开皇十六年（596）、仁寿二年（602）、仁寿四年（604）和大业七年（611）分别遣使入贡，共派 5 次贡使。

至于倭国，在对外交往过程中，长期以来一直与朝鲜半岛保持着密切联系，时或兵戎相见，武力侵犯。6 世纪以前，中国的先进技术及文化等基本都是通过朝鲜半岛传入倭国的。倭的势力早在 4 世纪末就已延伸到了朝鲜半岛，据高句丽《好太王碑》记载，399 年，百济一毁前约，与倭通好。高句丽好太王巡下平壤。此时，新罗向高句丽求救，使者称"倭人满其国境，溃破城池，以奴客为民"。400 年，好太王发 5 万大军救援新罗，击退倭人，追击至半岛南部一带。404 年，倭人又侵入带方郡，好太王率兵征战，倭寇溃败，斩杀无数。

围绕朝鲜半岛领地，倭的势力时涨时消，自 421 年至 478 年，所谓倭五王时代，世修贡职，连续派使者来访南朝的刘宋朝廷，试图获得对朝鲜半岛部分地区的控制权，寻求皇帝的认可。倭五王中的第二代珍，"自称使持节、都督倭、百济、新罗、任那、秦韩、慕韩六国诸军事、安东大将军、倭国王"。奉表求除正，结果宋帝并未许可其全部要求，只封其为"安东将军、倭国王"。珍不仅自身求得封号，还为部下十三人请求"平西、征虏、冠军、辅国将军号"。此后，第三代济和第四代兴同样被封为"安东（大）将军、倭国王"称号。[①] 在同一时代，相比倭国王的"安东（大）将军"，高句丽王被封为"征东（大）将军"，百济王被封为"镇东（大）将军"。关于三者的称号，从东晋至南朝刘宋的将军制度来看，"征东"高于"镇东"，"镇东"又高于"安东"，即征东→镇东→安东的顺序。这些不同称号的授予，反映出中国朝廷对高句丽、百济及倭国地位认可度的差别，倭国位于百济之下，在三国中处于最低地位。但倭国自身并未完全按此顺序进行内政和外交。[②] 到了第五代倭王武时，478 年，顺帝封其为"使持节都督倭、百济、新罗、

① （梁）沈约撰：《宋书》（简体字本二十四史，第 15 册），北京：中华书局，2000 年，第 1594 页。
② ［日］石井正敏：「東アジア世界の成立」、荒野泰典·石井正敏·村井章介編『東アジア世界の成立』（日本の対外関係 1）、東京：吉川弘文館、2010 年、第 79—80 頁。

任那、秦韩、慕韩六国诸军事、安东大将军、倭国王"，获得了前四代倭王欲求而又未能实现的较高官位。

一方面，倭人在朝鲜半岛南部任那等地拥有一定势力，百济称其为"在安罗诸倭臣"①，大量倭人占据安罗地区。对此，《日本书纪》多表述为"任那日本府"，这一称呼反映出 5 世纪以后倭与半岛南端的关系，以及倭国地方豪族独自进驻任那、加罗和安罗等地的状况。② 此地自古多有倭人汇集，倭的势力逐渐增长，同时也出现了倭人与当地人互相通婚现象，构成一个倭人势力较强的复杂群体。6 世纪以后，倭国为了在任那地区的利益动用武力干涉，直至 562 年，新罗消灭任那"官家"③，倭在朝鲜半岛南端的势力才逐渐消失。与此同时，倭与百济的关系却密切起来。

另一方面，倭国又同半岛各国保持着友好交往，其中尤与百济为善邻。513 年，百济献五经博士段杨而于倭。516 年，百济又派五经博士汉高安茂代替段杨而。547 年，百济派下部东城子言，代替德率汶休麻那。553 年正月，百济向倭乞军兵，六月，倭遣内臣使于百济，并送去良马二匹、同船二艘、弓五十张、箭五十具；另要求百济送来医博士、易博士、历博士和卜书、历本、种种药物等。百济于次年依倭之请求，分别派来上述人员及物品。倭国的天文、地理、遁甲、方数之类的知识也是从百济传来的，《日本书纪》"推古十年（602）"条

---

① 《日本书纪》卷第十九《钦明天皇》"十五年十二月"条载："冬十二月，百济遣下部杆率汶斯干奴，上表曰：百济王臣明及在安罗诸倭臣等、任那诸国旱岐等奏。"参见［日］小岛宪之、直木孝次郎、西宫一民、藏中进、毛利正守校注·訳：『日本書紀②』（新编日本古典文学全集 4）、東京：小学館、1996 年、第 428—430 頁。

② ［日］森公章、濱田耕策：「古代王権の成立と日韓関係　4—6 世紀」、日韓歴史共同研究委員会編『日韓歴史共同研究報告書』、東京：日韓歴史共同研究委員会、2010 年、第 169—170 頁。

③ 关于任那灭亡的时间，《日本书纪》记录的另一年份为 560 年。此外，任那是一个地区的总称，包括十个小国。《日本书纪》卷第十九《钦明天皇》"廿三年正月"条载："廿三年春正月，新罗打灭任那官家。一本云，廿一年，任那灭焉。总言任那，别言加罗国、安罗国、斯二岐国、多罗国、卒麻国、古嗟国、子他国、散半下国、乞飡国、稔礼国，合十国。"参见［日］小岛宪之、直木孝次郎、西宫一民、藏中进、毛利正守校注·訳：『日本書紀②』（新编日本古典文学全集 4）、東京：小学館、1996 年、第 444 頁。

载："冬十月，百济僧观勒来之，仍贡历本及天文、地理书，并遁甲、方术之书也。是时，选书生三四人以俾学习于观勒矣。"此外，在6世纪前期，佛教通过百济不断地传入倭国，逐渐被朝廷上层接受，成为国家推崇的主流宗教。

第三，倭国内状况。

1. 佛教传入

倭国派遣隋使的目的之一，便是取经求法，发展佛教事业。具体情形，如《隋书》卷八十一《倭国》所载，大业三年（607），倭使者曰："闻海西菩萨天子重兴佛法，故遣朝拜，兼沙门数十人来学佛法。"到了7世纪初，佛教已在倭国兴盛起来，朝廷急需佛教知识和相关人才。所以，遣隋使团成员中包括沙门数十人，以学佛法为使命。

佛教传入日本，并非一时之举，而是自魏晋以来，在长期的人员流动过程中逐渐实现的。然而，有一事件极大地推动了佛教在日本的传播进程，日本学界称之为佛教"公传"。佛教由百济传入日本，关于正式传入的时间，常见的有两种观点，一说是552年，另一说为538年。552年的依据是《日本书纪》钦明天皇十三年的记载，538年一说出自《元兴寺伽蓝缘起并流记资财帐》和《上宫圣德法王帝说》两部史料。

先看第一种观点。据《日本书纪》"钦明天皇十三年（552）十月"条记载：

> 冬十月，百济圣明王（更名圣王），遣西部姬氏达率怒唎斯致契等，献释迦佛金铜像一躯、幡盖若干、经论若干卷。别表，赞流通礼、拜功德云："是法于诸法中最为殊胜，难解难入，周公、孔子尚不能知。此法能生无量无边福德果报，乃至成辨无上菩提。譬如人怀随意宝，逐所须用，尽依情，此妙法宝亦复然。祈愿依情，无所乏。且夫远自天竺爰泊三韩，依教奉持无不尊敬。由是，百济王臣明谨遣陪臣怒唎斯致契，奉传帝国流通畿内。果佛所记我法东流。"[①]

---

① ［日］小岛宪之、直木孝次郎、西宫一民、藏中进、毛利正守校注·訳：『日本書紀②』（新编日本古典文学全集4）、東京：小学館、1996年、第416頁。

　　依此，可大致了解佛教传到日本的过程。552 年，百济圣明王遣使送来释迦金铜像一尊，还有装饰品、幡盖和经论等，并附功德礼赞。但是，这段佛教传来记的可信度遭到质疑，最大的理由是百济王的表文是根据《金光明最胜王经》修改而成的，文中"是法于诸法中最为殊胜，难解难入，周公、孔子尚不能知。此法能生无量无边福德果报，乃至成辨无上菩提"的句子基本上抄录的是《金光明最胜王经》如来寿量品第二部分的内容，只不过把原文的"此经"改成"此法"，把原来的"声闻、独觉"变成了"周公、孔子"等。[①]

　　《金光明最胜王经》十卷译于 703 年，由唐朝僧人义净翻译而成。因此，其经文内容不可能出现在 552 年。《日本书纪》成书于 720 年，《金光明最胜王经》则应在其成书前传入日本，其内容被编入百济传佛教的表文中。

　　依上述记载，佛教刚传入日本时，天皇询问群臣可否礼佛。对此，朝廷中出现两派，大臣苏我稻目宿祢表示赞成，奏曰："西蕃诸国一皆礼之，丰秋日本岂独背也。"而另一派，大连物部尾舆表示反对，奏曰："我国家之王天下者，恒以天地社稷百八十神，春夏秋冬，祭拜为事。方今改拜蕃神，恐致国神之怒。"[②] 掌管朝政的苏我氏和物部氏针对是否接受佛教，以及崇佛与废佛等，展开激烈的争论，一方主张当礼佛，另一方则认为佛是"蕃神"，引进佛教会导致国神愤怒。这反映出当时社会对佛教的态度。结果天皇既采纳了物部氏的意见，同时又将佛像授予苏我稻目，让其试做礼拜。苏我稻目置像于小垦田的家中，并清整了向原的家，改为寺院。但是，称"佛是外国之神"的记载，很早就出现在中国的《高僧传》里，问题在于《日本书纪》的这段记述是否借用了《高僧传》的题材，由其改造而成呢？总之，552 年佛教传来的记载，史实十分混乱，缺乏可信度。[③]

---

① （唐）义净译：《金光明最胜王经》（CBETA 电子版），台北：中华电子佛典协会，2002 年，第 6 页。
② ［日］小岛宪之、直木孝次郎、西宫一民、藏中进、毛利正守校注·訳：『日本書紀②』（新編日本古典文学全集 4），東京：小学館，1996 年、第 418 頁。
③ ［日］末木文美士：『日本宗教史』、東京：岩波書店、2006 年、第 34—35 頁。

再看第二种观点，538 年传入说。尽管现存《元兴寺伽蓝缘起并流记资财帐》（724）和《上宫圣德法王帝说》（约 824 年以后）的成文似乎晚于《日本书纪》，但其记述的内容反映了许多《日本书纪》中未见的史料，弥补了部分史实。据《元兴寺伽蓝缘起并流记资财帐》载：

> 大倭国佛法，创自斯归岛宫治天下天国案春岐广庭天皇御世，苏我大臣稻目宿祢仕奉时，治天下七年，岁次戊午十二月度来，百济国圣明王时。[1]

可见，倭国佛法于"戊午"年传来。但是，钦明天皇执政期间（539—571）并无"戊午"年份，与其最近的"戊午"年为 538 年，一般把这一年看作钦明七年，也就是佛教"公传"日本的年代。另一份史料《上宫圣德法王帝说》也载：

> 志癸岛天皇御世戊午年十月十二日，百济国主明王始奉度佛像经教并僧等。敕授苏我稻目宿祢大臣，令兴隆也。[2]

由此可知，百济王献"佛像经教"一事，也是在戊午年，说明 538 年一说相对可靠。但两份史料在月份上，一个为"戊午十二月"，另一个为"戊午十月二十日"，不尽一致。

此外，《日本书纪》中还记录许多佛教从百济传来的其他信息。佛教大约于汉明帝（57—75 年在位）时期传入中国，并很快得到普及。此后，佛教开始东传朝鲜半岛，大约于 372 年传入高句丽，384 年传入百济，6 世纪初传入新罗。正如《隋书》卷八十一《倭国》所载："（倭国）无文字，唯刻木结绳。敬佛法，于百济求得佛经，始有文字。"总之，佛教公传日本的时期，无疑是在 6 世纪中叶左右。

2. 内政改革

遣隋使的到来，首先与倭国进行了一系列内政改革，并形成一个

---

① ［日］仏書刊行会編纂：『大日本佛教全書』第 118 册（寺誌叢書第二）、東京：仏書刊行会、1913 年、第 138 頁。

② ［日］古典保存会：『上宮聖德法王帝説』、東京：古典保存会、1928 年。

较为完备的政治局面密不可分。改革的特征主要体现在制定法律、实施官制、振兴佛教等方面。推行这些政策的功绩，多归功于圣德太子（574—622）。圣德太子的名字是在其逝去129年后出现的，为后世美化之名。① 圣德太子在当时名为"厩户皇子"，别名亦有厩户王、丰聪耳、上宫王、上宫太子圣德皇、上宫之厩户丰聪耳命、厩户丰聪耳皇子、丰聪耳圣德、丰聪耳法大王、法主王、东宫圣德等。

当时掌管朝政的是苏我马子，厩户皇子作为王位的继承人，同苏我马子共同理政，拥有至高的政治主导权。推古元年（593）四月被立为"皇太子"②，进行摄政，《上宫圣德法王帝说》称其与苏我马子"共辅天下政"③。这一时期，倭国政治改革最大的特点是实行"冠位十二阶"、颁布"十七条宪法"、兴隆佛教。

"冠位十二阶"，是将官员分成十二等。推古十一年（603）十二月五日，始行冠位，分为大德、小德、大仁、小仁、大礼、小礼、大信、小信、大义、小义、大智、小智，并十二阶。各阶位均以相适应的颜色缝纫冠帽，按照中国五行思想，仁、礼、信、义、智，配以青、赤、黄、白、黑五色，最上位的德为紫色。冠位十二阶是日本首次实行的冠位、位阶制度，目的在于选拔人才，改变以往的地方豪族靠氏姓世袭任官的方式，凭借才能将冠位授予个人。同时也不排除倭国为了适应国际形势，在与朝鲜三国或大隋交往中，为了树立体面的形象而采取的内政措施。此前，高句丽实施了冠位十三阶制，百济制定了十六阶，这些也势必会影响到倭国的冠位十二阶制。《隋书》卷八十一《倭国》也记载了倭国的冠位："内官有十二等：一曰大德，次小德，次

---

① 圣德太子的称呼，首次出现在天平胜宝三年（751）成书的日本汉诗集《怀风藻》的序文中，文曰："逮乎圣德太子，设爵分官，肇制礼仪。然而专崇释教，未遑篇章。"参见［日］小岛宪之校注：『懐風藻　文華秀麗集　本朝文粋』（日本古典文学大系69）、東京：岩波書店、1975年、第3頁。

② 《日本书纪》"推古元年（593）四月"条载："立厩户丰聪耳皇子为皇太子，仍录摄政，以万机悉委焉。"参见［日］小島憲之、直木孝次郎、西宮一民、蔵中進、毛利正守校注・訳：『日本書紀②』（新編日本古典文学全集4）、東京：小学館、1996年、第530頁。

③ 《上宫圣德法王帝说》载："小治田宫御宇天皇（推古天皇）之世，上宫厩户丰聪耳命（圣德太子）、岛大臣（苏我马子）共辅天下政，而兴隆三宝，起元兴、四天皇等寺，制爵十二级。"参见［日］古典保存会：『上宮聖德法王帝説』、東京：古典保存会、1928年。

大仁，次小仁，次大义，次小义，次大礼，次小礼，次大智，次小智，次大信，次小信，员无定数。"① 不过，《隋书》所载的顺序与《日本书纪》的次序略有不同。

"十七条宪法"，虽然写作宪法，但并非今天意义上的宪法概念，属于对贵族和官僚的一种道德规范，604 年颁布实施。从其条文来看，里面反映的内容既有神道思想、佛家思想，也包含中国的儒家思想、法家和道家理念等。十七条宪法的制定者，《日本书纪》载为"皇太子"（圣德太子）所作，但长期以来一直存有争议，从条文内容来看，个别部分不太符合 7 世纪初期倭国的状况，当为后人修改而成的。《日本书纪》"推古十二年（604）四月三日"条载："皇太子亲肇作宪法十七条。一曰：以和为贵，无忤为宗。（中略）二曰：笃敬三宝，三宝者佛法僧也。"②

遣隋使时期，倭国国内形势发生的另一变化便是振兴佛教事业。在朝廷重臣中，苏我氏与物部氏经过多年的崇佛和排佛斗争，终在 587 年，苏我马子战胜对立的物部守屋，物部一族全部被歼灭，崇佛一派取得胜利。十七条宪法第二条的"笃敬三宝"，可谓隆兴佛教的集中体现。其间，佛教寺院随之兴起。平定物部氏之后，苏我马子于飞鸟建造法兴寺（亦称飞鸟寺），厩户皇子于难波荒陵（今大阪市天王寺区四天王寺）造四天王寺。推古二年（594），倭王下诏给皇太子及大臣："令兴隆三宝。是时诸臣连等各为君亲之恩，竞造佛舍。即是谓寺焉。"③日本的佛教寺院，正是兴于此时。因此，倭国遣隋使来华的目的之一就是学佛法。

三、遣隋使的国书

在中日交流史上，国书始终是两国交往的一个重要象征。从现有

---

① （唐）魏徵撰：《隋书》（简体字本二十四史，第 24 册），北京：中华书局，1999 年，第 1225 页。

② ［日］小岛宪之、直木孝次郎、西宫一民、藏中进、毛利正守校注・訳：『日本書紀③』（新編日本古典文学全集 4），東京：小学館，1998 年、第 542 页。

③ ［日］小岛宪之、直木孝次郎、西宫一民、藏中进、毛利正守校注・訳：『日本書紀②』（新編日本古典文学全集 4）、東京：小学館、1996 年、第 532 页。

史料来看，遣隋使时期隋倭之间互相递交的国书共有四封，第一封是大业三年（607）倭国王让遣隋使带给隋天子（皇帝）的国书；第二封是隋炀帝派裴世清出使倭国时带给倭王的国书；第三封是隋炀帝交给小野妹子带给倭王的国书；第四封是裴世清回国时倭王写给隋朝皇帝的国书。尤其第一封国书，备受关注，学界讨论得也最多。以下分别来看这些国书的情况。

1. 第一封国书

遣隋使时期，史料所见的第一封国书，是 607 年小野妹子任大使入隋时带来的。《隋书》卷八十一《倭国》载："其国书曰：'日出处天子致书日没处天子，无恙'云云。帝览之不悦，谓鸿胪卿曰：'蛮夷书有无礼者，勿复以闻。'"这一著名的"日出处天子"之句，曾在中日学术界争论百年。

关于此句，日本史学界多主张是圣德太子为谋取与隋平等的地位而写的，体现了隋倭之间的"对等外交"。具体说来，"日出处"指的是倭国，"日没处"为大隋，"天子"是倭王和隋皇帝（炀帝），"致书"则为平等关系的问候，"无恙"为王者之间表示问候的礼貌用语。[①] 甚至有人主张，国书的意图体现了隋倭之间的"倾斜关系"，认为"日出处"与"日没处"带有优劣之意，从倭的意识来看，倭王优越于隋天子，具有从上往下看的意图。[②] 但是，这种倭王至上的观点遭到了学界反对，如中国学者所批评的那样，仅从其"闻海西菩萨天子重兴佛法，故遣朝拜，兼沙门数十人来学佛法"便可看出，倭国既自称"朝拜"，又派员留学，何来鄙视中华之意？[③]

国书的性质体现出倭国试图向隋表达平等地位，这一主张，长期以来一直是日本学界的主流观点，甚至反映在高中历史教科书中。然

---

① ［日］増村宏：「日出処天子と日没処天子——倭国王の国書について」、『史林』第 51 卷第 3 期、1968 年、第 332-359 頁。

② ［日］栗原朋信：「日本から隋へ贈った国書——特に『日出処天子致書日没処天子』の句について」、『日本歴史』第 203 号、1965 年、第 2—24 頁。另外，西乡信纲和网野善彦也持有同样观点。参见河内春人：「遣隋使の『致書』国書と仏教」、氣賀澤保規編『遣隋使がみた風景』、東京：八木書店、2012 年、第 227 頁。

③ 王勇：《日本文化——模仿与创新的轨迹》，北京：高等教育出版社，2002 年，第 159 页。

而，在此问题的讨论中，不断引发出新的视角。例如，有学者指出随着隋讨伐高句丽战争的进一步展开，加上高句丽的领土又不断地受到新罗的吞噬，高句丽试图与倭国联合对付隋，从高句丽所处的地理空间来看，"日出处"为倭国，"日没处"为隋，小野妹子带去的国书是高句丽僧人慧慈写的。①

东野治之关于"平等"一说也提出疑问，他从佛典中找出根据，指出"日出处"和"日没处"只代表方位，不具有尊卑性质，亦非褒倭贬隋。②402 年鸠摩罗什所译的《大智度论》中，有下列语句："如经中说：日出处是东方，日没处是西方，日行处是南方，日不行处是北方。"东野的这一平等的方位说，给国书问题的探究带来了新的血液，使人们开始重新审视这一问题。但是，"日出处天子致书日没处天子，无恙"之国书，果真是倭为追求平等而刻意撰写的吗？其中究竟蕴含何等玄机，导致隋炀帝不悦呢？至少我们可以从以下几点解读此国书。

（1）国书体现的是华夷秩序中隋天子与倭王的关系，倭王对隋天子的问候，单方面表达了追求平等之愿，并无倭尊隋卑之意。此次遣隋使，是时隔 7 年后，倭派遣的第二次遣隋使。无论在政治、经济、文化、佛教还是军事和科技方面，在当时倭所认识和接触的世界中，隋始终处于核心地位。以隋为轴心的政治、外交和文化交融，牵动着整个东亚局势的变化和发展。在此背景下，倭王自认为"夷人"，"僻在海隅"，对大隋王朝持以下对上的态度。开皇二十年（600），《隋书》卷八十一《倭国》记录的第一次遣使情况，便有力地说明了此问题，"使者言倭王以天为兄，以日为弟，天未明时出听政，跏趺坐，日出便停理务，云委我弟。高祖曰：'此太无义理。'于是训令改之。"高祖训令，足见隋倭的地位和关系。

（2）"日出处天子致书日没处天子，无恙"的文体，从汉文表述来看，很难断定是苏我马子或厩户皇子（圣德太子）独创的。"日出"与"日没"在中国史籍中时有出现，《淮南子》卷五《时则训》曰："五位，

---

① 　［日］李成市：「高句麗と日隋外交」、『思想』第 795 号、1990 年、第 30—48 頁。

② 　［日］東野治之：『遣唐使と正倉院』、東京：岩波書店、1992 年、第 98 頁。

东方之极，自碣石山过朝鲜，贯大人之国，东至日出之次，木之地，青土树木之野，太皞、句芒之所司者，万二千里。"① "日出之次"位于碣石山再过朝鲜，贯大人之国。《后汉书》卷八十六《南蛮西南夷列传第七十六》中载有一首《远夷慕德歌诗》曰："蛮夷所处，偻让皮尼。日入之部。且交陵悟。慕义向化，绳动随旅。归日出主。"② 位于西方的白狼王自称"日入之部"，称天子为"日出主"。另外，《三国志》卷三十《魏志·东夷》的序文中亦有"有异面之人，近日之所出"③ 之语。还有，《山海经》中频现"日月所出""日月所入"的山名。再有，《洛阳伽蓝记》卷五中记载一位叫宋云的人从洛阳使往西方，北魏神龟二年（519）十二月初，他来到乌场国，国王听说来自大魏之人，便派人问宋云道："卿是日出人也？"宋云答曰："我国东界有大海水，日出其中，实如来旨。"④ 由此可知，根据话语者所在的位置，"日出""日入""日之所出""日出人""日出"等用于东西方位的汉语表达已为惯用词句。到了唐朝⑤，唐诗中，关于"日出"和"日没"之语，更是屡见不鲜。

不仅如此，《日本书纪》成书以后，倭国朝廷让史官在宫中对其国史开设讲座，分析、研究和详细解读《日本书纪》中的内容。自721年至965年，共进行7次"日本纪讲筵"。现存《日本书纪私记》（丁本）记载了承平六年（936）讲座中的一段话，其中参议问道："倭国在大唐东，虽见日出之方，今在此国见之，日不出于域中，而犹云日出国欤？"对此，博士回答日本国号的由来称："日本者，倭国之别名者。然则唐朝以在日出之方，号云日本国，东夷之极，因得此号欤。"

关于《隋书》卷八十一《倭国》所载的倭国国书中，倭国为何自称为"日出处"，就连后代的日本朝廷官僚自身也不是十分明白。从日本本土来看，太阳并不从他们那里而出，"日不出于域中"，而史官博

---

① （西汉）刘安撰，陈广忠译注：《淮南子》（上），北京：中华书局，2012年，第287页。

② （宋）范晔撰，（唐）李贤等注：《后汉书（三）》（简体字本二十四史，第09册），北京：中华书局，1999年，第1929-1930页。

③ （晋）陈寿撰，（宋）裴松之注：《三国志》（简体字本二十四史，第10册），北京：中华书局，1999年，第624页。

④ （北魏）杨衒之撰，尚荣译注：《洛阳伽蓝记》，北京：中华书局，2012年，第370页。

⑤ 需要注意的一个事实是，《隋书》成书于唐贞观十年（636）。

士的回答是，从大唐的地理空间来看，日本在东边，近日出处，故为"日本"。

尤其需要指出的是，近年，一个新材料的发现，更加补充了"日出处"并非源于倭国之由。赵灿鹏在中国古代书画著录中，偶然发现一件梁元帝《职贡图》的清代摹本，上有题记十八则。《职贡图》的清代摹本，见于清末民初葛嗣浵（1867—1935）撰《爱日吟庐书画续录》著录，题名为《诸番职贡画卷》。作者张庚（1685—1760），清代学者、画家。其中，"胡蜜檀国"条记：

> 胡蜜檀国，滑旁小国也。普通元年，使使随滑使来朝贡。其表曰："扬州天子，日出处大国圣主。胡蜜王名时仆，遥长跪合掌，行礼千万。令滑使到圣国，因附函启，并水精钟一口，马一匹。圣国者有所颁敕，不敢有异。"①

该记的年代为普通元年，即520年，梁武帝执政时期。其表文用"日出处"代替梁国所处的方位，称梁武帝为"天子""圣主"，称梁为"大国""圣国"。胡蜜檀国是西域的一个小国，因其位于西方，在其眼中，南梁位为"日出处"。从表述上看，"长跪合掌"以及圣王和圣国等，均属佛教用语，这是一部佛教色彩浓厚的外交文书。

由此可知，除佛教因素外，即便是从方位角度考虑，判断的价值取向和标准均在大隋一侧，而不在倭国。这种背景下，倭国国书，借用了多种汉文文本，仅仅表达了其国位于大隋之东，倭王问候隋天子之意。

（3）隋炀帝不悦的原因，究竟在何处？正如众多学者指出的那样，关键在于倭国书中使用了"天子"一词。无疑，隋炀帝坚持的是"天无二日，土无二王，国无二君，家无二主"②这样的传统中华思想。仁寿四年（604）七月，杨广即位时诏书中便有"是知非天下以奉一人，乃

---

① 赵灿鹏：《南朝梁元帝〈职贡图〉题记佚文的新发现》，《文史》2011年第1辑，第111-118页。
② 《礼记·曾子问第七》载："天无二日，土无二王，尝、禘、郊、社，尊无二上。"同见于《礼记·丧服四制第四十九》载："天无二日，土无二王，国无二君，家无二主。"参见杨天宇：《十三经译注：礼记译注》（上下），上海：上海古籍出版社，2005年，第231页、第857页。

一人以主天下也"①之词，对于炀帝来说，倭国只不过是位于大海之中的东夷小国，其王岂可与皇帝一样称天子。炀帝因此不悦，并告诉鸿胪卿"蛮夷书有无礼者，勿复以闻"。

在日本天皇号出现之前，其君主被称作"大君""大王"或"治天下大王"。《隋书》卷八十一《倭国》记录第一次遣隋使时有记载："倭王姓阿每，字多利思北孤，号阿辈鸡弥，遣使诣阙。"②"阿每"意为"天"，"阿辈鸡弥"是"大君"的音译，即大王。倭使者所讲的"倭王以天为兄，以日为弟"同样说明倭国的天之观念。由此，近来有日本学者进一步解读隋炀帝不悦的原因，认为倭国国书中的"天子"之意，有别于华夷秩序中的"天子"概念，国书中的"天子"思想是在佛教的影响下形成的。③倭国固有的"天下"观，以及倭君主的"治天下"思想与《大智度论》（卷第六）中所讲的"须弥山在四域之中，日绕须弥，照四天下"相融合，倭的"天下"与佛教的"四天下"思想结合后，形成了国书中的"天子"一词。派遣遣隋使的目的之一是学习佛法，《隋书》卷八十一《倭国》中倭使者所说的"闻海西菩萨天子重兴佛法，故遣朝拜，兼沙门数十人来学佛法"④也体现了类似的观点，倭使称大隋皇帝为"菩萨天子"，说明倭国所称"天子"蕴含有佛教性。

因此，倭国书中所自称的"天子"，并不是真正意义上的华夷秩序语境下的"天子"，只不过是使用了相同的汉字罢了。不仅如此，《隋书》卷八十一《倭国》中在"日出处天子致书日没处天子，无恙"的后面，还写有"云云"二字，继而"帝览之不悦"。⑤从文章的顺序来看，

① （唐）魏徵撰：《隋书》（简体字本二十四史，第23册），北京：中华书局，2000年，第42-43页。

② （唐）魏徵撰：《隋书》（简体字本二十四史，第24册），北京：中华书局，1999年，第1225页。

③ ［日］河内春人：「日本古代における『天子』」，『歴史学研究』第745号、2001年、第1—16頁。另见河内春人：「遣隋使の『致書』国書と仏教」、氣賀澤保規編『遣隋使がみた風景』、東京：八木書店、2012年、第232—233頁。

④ （唐）魏徵撰：《隋书》（简体字本二十四史，第24册），北京：中华书局，1999年，第1226页。

⑤ （唐）魏徵撰：《隋书》（简体字本二十四史，第24册），北京：中华书局，1999年，第1226页。

隋书中只摘录了倭国国书的开头语，其余部分用"云云"代替。国书的具体内容不得而知，但从这些相关语气判断，国书的内容之所以招致隋炀帝不悦，似乎因为还存在表达不当之处。

2. 第二封国书

小野妹子在隋的名字为苏因高，大业三年（607）入隋，次年回国。在小野妹子回国时，隋炀帝遣文林郎裴世清[①]使于倭国，前去宣谕。裴世清携带国书出使倭国一事，中日两国史料《隋书》卷八十一《倭国》和《日本书纪》均有记载，同时也留下了隋炀帝写给倭王的国书部分内容。

据《日本书纪》卷第廿二《推古纪》载，裴世清及下客十二人，随小野妹子一起来到倭国，推古十六年（608）四月抵达筑紫。裴世清的到来，受到倭朝廷的高度重视，其专门在难波建造一个新馆，用于接待隋使。六月十五日，裴世清一行抵达难波，倭朝廷派饰船三十艘到江口迎接。八月三日，裴世清来到京城，朝廷又派额田部比罗夫到海石榴市（今奈良县樱井市）以七十五匹装饰的良马迎接。随后，裴世清向倭王宣读了国书，《日本书纪》载：

> 壬子，召唐客于朝廷，令奏使旨。时阿倍鸟臣、物部依网连抱，二人为客之导者也。于是，大唐之国信物置于庭中。时使人裴世清亲持书，两度再拜，言上使旨而立之。其书曰：皇帝问倭皇。使人长吏大礼苏因高等，至具怀。朕钦承宝命，临仰区宇，思弘德化，覃被含灵，爱育之情，无隔遐迩。知皇介居海表，抚宁民庶，境内安乐，风俗融合，深气至诚，远修朝贡。丹款之美，朕有嘉焉。稍暄，比如常也。故遣鸿胪寺掌客裴世清等，稍宣往意，并送物如别。[②]

从"时使人裴世清亲持书，两度再拜，言上使旨而立之"可以看

---

① 关于裴世清的名字，《隋书》卷八十一《倭国》写作裴清，实则为裴世清。因《隋书》成书于唐贞观年间，为避讳唐太宗李世民的名字而写成裴清。《日本书纪》中则如实记为裴世清。
② ［日］小岛宪之、直木孝次郎、西宫一民、藏中进、毛利正守校注·訳：『日本書紀②』（新編日本古典文学全集 4）、東京：小学館、1996 年、第 558 頁。

出，裴世清是站着宣读国书的。再从"稍宣往意，并送别物"可知，裴世清此行的目的是来倭国宣谕，并赠送倭王其他物品。相关内容，又见于《隋书》卷八十一《倭国》，再看其中记载的情况：

> 明年，上遣文林郎裴清使于倭国。度百济，行至竹岛，南望耽罗国，经都斯麻国，乃在大海中。又东至一支国，又至竹斯国，又东至秦王国，其人同于华夏，以为夷洲，疑不能明也。又经十余国，达于海岸。自竹斯国以东，皆附庸于倭。倭王遣小德阿辈台，从数百人，设仪仗，鸣鼓角来迎。后十日，又遣大礼，哥多毗，从二百余骑郊劳。既至彼都，其王与清相见，大悦，曰："我闻海西有大隋，礼义之国，故遣朝贡。我夷人僻在海隅，不闻礼义，是以稽留境内，不即相见。今故清道饰馆，以待大使，冀闻大国惟新之化。"清答曰："皇帝德并二仪，泽流四海，以王慕化，故遣行人来此宣谕。"既而引清就馆。①

二史料记载的情况大致相同，但表述略有差异。至于裴世清出使的目的，二者相同，《隋书》卷八十一《倭国》也载"故遣行人来此宣谕"，以宣谕为主旨。关于国书，《日本书纪》载开头部分为"皇帝问倭皇"，此处的"倭皇"原文应该是"倭王"，当属《日本书纪》编撰时故意篡改的。理由在于《日本书纪》成书于720年，晚于《隋书》80余年，在遣隋使时期，"日本"的国名和"天皇"一词尚未出现。此外，"唐客"一语也是《日本书纪》改编的，608年唐还未成立，应为"隋客"。不过，尽管存在"倭王"易"倭皇"等问题，《日本书纪》虽有篡改的痕迹，但可信度还是很强的。需要注意的是"远修朝贡"一语，"朝贡"一词得以保留下来，足以说明其在一定程度上还是忠实于隋国书的原意②。

《隋书》卷八十一《倭国》载，倭王见到裴世清后大悦，然后说"我闻海西有大隋，礼义之国，故遣朝贡"。此处也记载了"朝贡"一词，

---

① （唐）魏徵撰：《隋书》（简体字本二十四史，第24册），北京：中华书局，2000年，第1226-1227页。

② 王勇主编：《东亚坐标中的遣隋唐使研究》，北京：中国书籍出版社，2013年，第17页。

倭王自称为"夷人",可以看出隋倭之主从意识。但是,《日本书纪》的写作风格,本身也是在中华思想的影响下编写的,在自我和他者之间,以主从关系进行表述,倭王位于殿上,让裴世清立于庭中,阿倍鸟臣、物部依网连抱二人做引导,裴世清亲持国书,两度再拜后进行宣读。这与《隋书》卷八十一《倭国》所表述的倭王自称"我夷人",裴世清回答的"皇帝德并二仪,泽流四海,以王慕化,故遣行人来此宣谕"在语境上有明显区别。

另外,裴世清的身份,《隋书》卷八十一《倭国》载为"文林郎",《日本书纪》为"鸿胪寺掌客",朝鲜史料《三国史记》卷第二十八《百济本纪》也记为"文林郎"[①]。文林郎是隋炀帝时期设置的秘书省官职,定员二十人,从八品,掌撰录文史,检讨旧事。[②]炀帝派遣到倭国的宣谕使,官职并不太高,相对于倭国遣隋使小野妹子的大礼职位,明显低得多。由此可以了解隋倭外交的另一侧面。

3. 第三封国书

第三封国书,本是大业三年(607)入隋的小野妹子在次年回国时,隋帝让他带给倭王的书信。但该国书未能呈现在史料中,具体内容不详。事情的经过记录在《日本书纪》中。推古十六年(608),小野妹子与裴世清等一同回国,六月到达难波津。这期间,他向朝廷汇报了失去隋炀帝国书的原委。据《日本书纪》"推古十六年六月"条载:

> 爰妹子臣奏之曰:"臣参还之时,唐帝以书授臣。然经过百济国之日,百济人探以掠取。是以不得上。"于是,群臣议之曰:"夫使人,虽死之不失旨。是使矣,何怠之失大国之书哉。"则坐流刑。时天皇敕之曰:"妹子,虽有失书之罪,辄不可罪。其大国客等闻之,亦不良。"乃赦之不坐也。[③]

---

① 《三国史记》卷第二十七《百济本纪第五》"武王九年(608)"条载:"九月,春三月,遣使入隋朝贡。隋文林郎裴清奉使倭国,经我国南路。"参见金富轼著,杨军校勘:《三国史记》(上),长春:吉林大学出版社,2015年,第319页。
② (唐)魏徵撰:《隋书》(简体字本二十四史,第23册),北京:中华书局,2000年,第57页。
③ [日]小岛宪之、直木孝次郎、西宫一民、藏中进、毛利正守校注·訳:『日本書紀②』(新編日本古典文学全集4)、東京:小学館、1996年、第556頁。

　　国书丢失的过程十分蹊跷，有许多未解之谜，而这段记述透漏出许多信息。首先，对于小野妹子声称的国书被百济人掠走一事，学界历来有两种推测：其一，国书确实被掠走；其二，实际未被掠走，小野妹子对朝廷进行了隐瞒。① 从国际形势来看，不排除国书被百济夺走的可能性。隋朝与高句丽关系紧张，百济又与高句丽为敌，大业三年，百济王璋遣使者燕文朝贡。同一年，百济又遣使者王孝邻入献，请求隋炀帝讨伐高句丽，炀帝许之，令百济暗中观察高句丽的动静。但是，璋却背地里与高句丽通和，挟诈以窥中国。② 不过，从大隋与百济、百济与倭国，以及隋倭关系考虑，百济似乎不会做出如此幼稚的行为。

　　其次，如果国书未被百济掠走，那么，则是小野妹子瞒报事实，谎称"百济人探以掠取"，因此不能奉上。他为何这样做呢？对此，许多日本学者推测是因为国书中包含朝廷不愿意看到的内容，所以小野妹子故作"失书"，甚至捏造一个包括厩户皇子在内的朝廷上层参与的假"失书"事件。③ 所谓不愿意看到的，也就是隋炀帝表现出的"不悦"和"蛮夷书有无礼者，勿复以闻"，甚至包含"训令"的内容，或者把倭国置于朝贡国地位的言辞。但是，与裴世清同行的小野妹子应该知道，裴世清的使命是宣谕，并且他带来的国书毫不隐讳地表明大隋对倭国的立场。如此一来，小野妹子的做法岂不成了杞人忧天？④ 因此，也有学者认为此"书"非国书（外交文书），当属炀帝对倭国的训令之书。⑤

　　再次，朝廷群臣议论，称隋炀帝的国书为"大国之书"，天皇（倭王）也称裴世清等人为"大国客"，且对本该受到流刑惩罚的小野妹

① ［日］川本芳昭：「隋書倭国伝と日本書紀推古紀の記述をめぐって：遣隋使覚書」、『史淵』第 141 号、2004 年、第 53—77 頁。

② （唐）魏徵撰：《隋书》（简体字本二十四史，第 24 册），北京：中华书局，2000 年，第1220 頁。

③ ［日］川本芳昭：「遣隋使の国書」、氣賀澤保規編『遣隋使がみた風景』、東京：八木書店、2012 年、第 180 頁。

④ ［日］堀敏一：『中国と古代東アジア世界』、東京：岩波書店、1993 年、第 204—205 頁。

⑤ ［日］森公章：「交流の道」、鈴木靖民・金子修一・田中史生・李成市編『日本古代交流史入門』、東京：勉誠出版、2017 年、第 368—369 頁。

子予以赦免，理由之一是"其大国客等闻之，亦不良"。"亦不良"的"亦"字，表明另外还有原因，但未做说明。由此可以看出，倭王及倭朝廷官员均视隋为大国，明显置大隋于上位，并未把隋倭关系看作对等的国家关系。一封被掠走的国书，或者是一封未公开的国书，引起朝廷对是否处罚小野妹子的议论，足见大国之书的分量。

4. 第四封国书

第四封国书是裴世清完成使命后，于推古十六年（608）九月归国时倭国王写给隋天子的国书。裴世清在倭国期间，受到隆重欢迎接待。九月五日，朝廷在难波举行盛宴为其饯行。十一日，裴世清踏上归程。此时，小野妹子又以大使的身份，再次赴隋。倭王带给隋炀帝的国书，载于《日本书纪》"推古十六年九月"条，具体如下：

> 东天皇敬白西皇帝，使人鸿胪寺掌客裴世清等至，久忆方解。季秋薄冷，尊如何，想清念。此即如常。今遣大礼苏因高、大礼乎那利等往。谨白不具。①

此行，除了大使小野妹子外，吉士雄成为小使，鞍作福利为通事，另派留学生倭汉直福因、奈罗译语惠明、高向汉人玄理、新汉人大圀、学问僧新汉人日文、南渊汉人请安、志贺汉人慧隐、新汉人广济等八人。

倭王的这封书信也有值得推敲之处，第一句问候语"东天皇敬白西皇帝"，明显有别于第一封国书的"日出处天子致书日没处天子"，没有出现天子的称呼。如果说前一次因自称"天子"而招致隋帝"不悦"，那么，这次倭王则吸取教训，改变了称呼。但是，此处的"天皇"用语也值得怀疑，历来存有争议。1920年，津田左右吉在《天皇考》一文中，曾提出日本天皇称号最早出现的时期就在推古朝的观点，但不久后福山敏男就根据史料对其展开批判。② 现在一般认为，天皇的

---

① ［日］小岛宪之、直木孝次郎、西宫一民、藏中进、毛利正守校注·訳：『日本書紀②』（新编日本古典文学全集4）、东京：小学馆、1996年、第560页。
② ［日］千田稔：「『天皇』号成立推古朝説の系譜：もう一つの邪馬台国争論的状況」、『日本研究』第35号、2007年、第405—419页。

称号出现在 7 世纪后半期，这里的"天皇"之名，是《日本书纪》的编者后加上去的，当时应该也是"倭王"或"大王"的表述。

此外，倭书中使用了"敬白""谨白"和"不具"等敬语。而"季秋薄冷"一句，则引用了王献之的《薄冷帖》中的"薄冷"[1]，表达对隋朝皇帝的问候。从这样的汉文书信来看，倭王已意识到上一次国书的不恰当之处，在表述上做了适当的调整。

总之，遣隋使一共派遣六次。第一次是在开皇二十年（600），使者言"倭王以天为兄，以日为弟，天未明时出听政，跏趺坐，日出便停理务，云委我弟"。对此，隋文帝说这太无情理，训令改之。603 年，倭国实行冠位十二阶，《隋书》卷八十一《倭国》称其为"内官十二等"。第二次遣隋使于 607 年来朝，大使小野妹子在隋朝号苏因高。第三次是在 608 年，且倭使回国时，炀帝遣文林郎裴世清使于倭国，受到倭朝廷的热烈欢迎。第四次是同年裴世清回国，小野妹子再次来隋。第五次为《隋书》（炀帝本纪）所载的大业六年（610）。第六次（最后一次）遣隋使来朝是在 614 年，使臣于推古二十三年（615）秋九月与百济使一同归国。

倭国在短短的十几年间六派使臣入隋，其主要动因在于当时形成了以隋为轴心的国际社会新秩序，高句丽、新罗、百济以及倭国之间的相互交往和利益组合，致使东亚局势正在发生新的变化。其间，倭国国内也进行了一系列的改革，再加上佛教的迅速传播，急需从中国获取更多养分。

派遣遣隋使期间，隋帝与倭王之间相互递交的国书，在中日史料中占有显著地位，同时也是了解隋倭关系，以及当时国际关系的一个重要载体，正确解读这些国书，有利于深入认识这阶段的真实历史。

---

① 王献之《薄冷帖》："薄冷，足下沈痼，已经岁月，岂宜触此寒耶。人生禀气，各有攸处，想示消息。"参见［日］小岛宪之、直木孝次郎、西宫一民、藏中进、毛利正守校注·訳：『日本書紀②』（新編日本古典文学全集 4）、東京：小学館、1996 年、第 560 頁。

一、遣唐使与高表仁

1. 遣唐使的航线

618 年，唐朝建立，东北亚局势出现了新的格局。由隋变唐，中国的信息很快传到日本，在长安逗留的日本留学生，也从隋朝留学生直接转变成了唐朝留学生，他们回国后给日本带去了新信息。日本出于自身的健康发展和国际关系的双重考虑，开始向唐朝派遣朝贡使。

日本第一次派出遣唐使是在 630 年，此后无论朝政如何变化，始终连绵不断地往大唐遣使，直至 894 年任命最后一次遣唐使。由于遣唐使持续的时间长，次数较多，有任命后中止的，也有护送唐使到百济的，因此计算方法略有不同。许多学者们提出不同主张，总结起来，大致的派遣次数分别有 13 次、14 次、15 次、17 次、18 次、19 次和 20 次之说。[①] 无论遣唐使船是否抵达唐土，每次派遣都要经过日本朝廷周密讨论，慎重审议，同时花费巨资，动用大批人力和物力，最终才得以实施。因此，笔者认为一些学者主张的 20 次之说[②]，有助于把握遣唐使这一历史概念的整体含义，以此相论，更符合历史事实。总

---

① ［日］上田雄：『遣唐使全航海』、東京：草思社、2006 年、第 24—26 頁。

② 王勇：『唐から見た遣唐使』、東京：講談社、1998 年；王勇：《日本文化——模仿与创新的轨迹》，北京：高等教育出版社，2001 年。［日］東野治之：『遣唐使と正倉院』、東京：岩波書店、1992 年；『遣唐使船』、東京：朝日新聞社、1999 年；『遣唐使』、東京：岩波書店、2007 年。

而言之，从 630 年至 894 年，在跨越两个多世纪的 265 年间，日本共任命过 20 次遣唐使，其中 4 次因故中止，实际成行 16 次。遣唐使的总体情况，见表 2 "遣唐使一览"。

遣唐使前往中国的路线，无论经由哪里，最终的目的都是要抵达唐都长安或洛阳。简而言之，其旅程可分为三部分。第一，先从日本都城出发，自难波津驶向濑户内海，抵达筑紫的大津浦（今博多湾）；第二，从大津浦出发驶往中国；第三，在唐国土内的行程，自唐的口岸上陆后，奔往都城。关于遣唐使从日本驶往中国的航线，学界出现几种不同的见解。木宫泰彦和森克己主张有三条航路，即北路、南岛路和南路。木宫泰彦认为遣唐使任命过 19 次，但天平宝字五年（761）和六年（762）的两次任命未发；天智六年（667）的派遣是为了送唐百济镇将刘仁愿派到日本的司马法聪等回国，渡海时间仅两个多月，应视为只抵百济；此外，天平宝字三年（759）为接藤原清河的"迎入唐使"；宝龟十年（779）的目的是"送唐客"。因此，如果除去这 6 次特例，以遣唐使名义出使唐土的，应该说只有 13 次。同时，木宫泰彦将遣唐使分成四个时期：第一期，从舒明朝（629—641）至齐明朝（655—661），大都走北路；第二期，为天智朝（662—671）的遣唐使，取道也为北路；第三期，从文武朝（697—707）至孝谦朝（749—758），航路为经由南岛的南路；第四期，从光仁朝（770—781）至仁明朝（834—850），航路虽也取道南路，但不同于前期的经由南岛，转而由筑紫直接横渡东海。[1]

森克己的划分法则分三个时期。初期（北路）：630 年至 671 年，遣唐使初期的北路，指从日本出发后经由朝鲜半岛南岸、西岸，到达山东半岛的登州或莱州；中期（南岛路）：672 年至 769 年，南岛路从筑紫出发，经由平户岛，沿天草、萨摩南下，经南方诸岛，正面横穿东海到达长江口或杭州湾沿岸；末期（南路）：770 年至 894 年，南路从博多出发，经五岛列岛，然后横跨东海抵达长江口或杭州湾沿岸。[2]

---

① ［日］木宫泰彦著，胡锡年译：《日中文化交流史》，北京：商务印书馆，1980 年，第 62—86 页。
② ［日］森克己：『遣唐使』、東京：至文堂、1955 年。

表 2　遣唐使一览

次数	出发年/任命年	使节	船数	航线(到岸地)	航线(返航地)	备注
1	630	犬上三田耜, 药师惠日	不详	北路	北路	唐使高表仁赴日, 日僧旻受回国。
2	653	吉士长丹(大使)、吉士驹(副使)、高田根麻吕(大使)、扫守小麻吕(副使)	2	北路	北路	两船分别载有121人和120人。第2船入唐途中, 在萨摩竹岛附近遇难。
3	654	高向玄理(押使)、河边麻吕(大使)、药师惠日(副使)	2	北路(莱州)	北路	高向玄理卒于唐。
4	659	坂合部石布(大使)、津守吉祥(副使)(均为送唐客使)、伊吉博德	2	北路(栖州, 余姚县)	北路(余姚县)	第1船赴唐时漂至南海之岛。第2船往返经由余姚县。
5	665	守大石、坂合部石积、吉士岐弥、吉士针间(均为送唐客使)	一	北路	北路	送唐使刘德高, 唐使司马法聪赴日。
6	667	伊吉博德(送唐客使)、笠诸石(副使)	一	北路	北路	送唐使司马法聪至百济。实际没有渡唐。
7	669	河内鲸(大使)	一	北路	(不明)	灭高句丽庆贺使。
8	702	粟田真人(执节使)、高桥笠间(大使)、坂合部大分(副使)	不详	南路(楚州)	南路	676年新罗统一朝鲜半岛。道慈赴唐留学。
9	717	多治比县守(押使)、大伴山守(大使)、藤原马养(副使)	4	南路	南路	557人。玄昉, 阿倍仲麻吕, 吉备真备等留学。道慈回国。

续表

次数	出发年/任命年	使节	船数	航线（到岸地）	航线（返航地）	备注
10	733	多治比广成（大使）、中臣名代（副使）、平群广成（判官）	4	南路（苏州）	南路	594人。归途，多治比广成的第1船到达种子岛（玄昉、吉备真备代返防，吉备真备、736年回国。第2船的中臣名代736年回国。第3船的平群广成浪漂至昆仑国，739年回国。第4船遇海难未归。
11	746	石上乙麻吕（大使）	—	—	—	中止
12	752	藤原清河（大使）、大伴古麻吕（副使）、吉备真备（副使）	4	南路（明州）	南路（苏州）	鉴真赴日。普照从明州赶到苏州黄泗浦，乘吉备真备的第3船回国。阿倍仲麻吕乘第1船，作明州望月歌。藤原清河、阿倍仲麻吕漂至安南，后返回长安，终身未归。
13	759	高元度（迎入唐大使）、内藏全成（判官）	1	渤海道（登州）	南路（苏州）	99人。为迎接藤原清河，从渤海道入唐。
14	761	仲石伴（大使）、石上宅嗣（副使）、藤原田麻吕（副使）	4	—	—	中止
15	762（再任命）	中臣鹰主（送唐客使）、高丽广山（副使）	2	—	—	中止

续表

次数	出发年/任命年	使节	船数	航线（到岸地）	航线（返航地）	备注
16	777	佐伯今毛人（大使）、大伴益立（副使）、藤原鹰取（副使）、小野石根（副使）、大神末足（副使）	4	南路（扬州）	南路（苏州）	大使称病未赴唐。唐使孙兴进赴日。留学生伊予部家守归国。藤原清河的女儿喜娘赴日。
17	779	布势清直（送唐客使）	2	南路		送唐使孙兴进回国。
18	803、804（再任命）	藤原葛野麻吕（大使）、石川道益（副使）	4	南路（明州、福州）	南路（明州）	第3船赴唐时在肥前松浦遇难。石川道益于明州病亡。最澄、空海从明州归国。
19	836（再任命）、837（再任命）、838（第三次任命）	藤原常嗣（大使）、小野篁（副使）	4	南路（扬州、海州）	南路（楚州、海州）	651人。小野篁称病未赴唐。归途，雇9艘新罗船返日。第2船漂流至南海之岛。请益僧圆仁在唐停留。
20	894	菅原道真（大使）、纪长谷雄（副使）	—	—	—	大使菅原道真上奏，停止派遣。

此表根据东野治之《遣唐使》中的"遣唐使年表"整理而成，略有增补。①

---

① ［日］东野治之：『遣唐使』，东京：岩波书店，2007年，第202—205页。

但是，对于这种划分，杉山宏提出异议，他认为遣唐使船只有北路和南路，所谓"南岛路"只是一次偶然季风漂流所致，实际上并不存在有计划航行的南岛路。[①]

森公章则认为，遣唐使的次数总体宜按 18 次计算，其中渡海 15 次。对森克己指出的北路、南路、南岛路和渤海路进行辨析后，他认为可分为两个时期：前期（北路），630 年至 669 年；后期（南路），702 年至 894 年。[②]

东野治之主张遣唐使应按 20 次计算，航路只有北路和南路，分为三个时期：第一期，从 630 年的第一次遣唐使至 669 年的第七次遣唐使，此时日本与唐的关系表现为，从对立和了解唐的意图走向对抗；第二期，日本与唐朝保持一种朝贡下的稳定关系，时间是从 702 年的第八次遣唐使至 777 年的第十六次遣唐使；第三期，779 年的第十七次遣唐使至 894 年任命的最后一次遣唐使，此时的国际关系因唐的变动而骚动。[③]

可见，关于遣唐使航线的争议，主要集中在是否存在南岛路的问题上。南岛指的是日本九州南部至中国台湾之间的琉球诸岛。南岛路的主要依据来自第十二次遣唐使的回国路线，恰逢鉴真乘副使大伴古麻吕的第二船成功赴日。使团一行于唐天宝十二载（753）十一月发自苏州黄泗浦，据《唐大和上[④]东正传》载：

> 十五日壬子，四舟同发。有一雉飞第一舟前，仍下碇留。
>
> 十六日发，廿一日戊午，第一、第二两舟同到阿儿奈波岛（今冲绳岛），在多祢岛（今种子岛）西南；第三舟昨夜已泊同处。
>
> 十二月六日，南风起，第一舟着石不动，第二舟发向多祢去。七日，至益救岛（今夜久岛，也称尾久岛、屋久岛）。
>
> 十八日，自益救发。十九日，风雨大发，不知四方。午时，

---

① ［日］杉山宏：「遣唐使船の航路について」、石井謙治編『日本海事史の諸問題　対外関係編』、文献出版、1995 年、第 31—64 頁。

② ［日］森公章：『遣唐使の光芒』、東京：角川学芸出版、2010 年、第 17—28 頁。

③ ［日］東野治之：『遣唐使』、東京：岩波書店、2007 年、第 33—66 頁。

④ 亦称和尚。

浪上见山顶。

廿日乙酉午时，第二舟著萨摩国阿多郡秋妻屋浦（今鹿儿岛川边郡西南方村大字秋目浦）。廿六日辛卯，延庆师引和上入（太）宰府。[①]

上述航行的线路，即所谓南岛路。航行最初并非有意指向南岛，因遇大风而改变方向，偏离航线所致。此为南岛之路的唯一成功实例，同时出发的第一船则遭强风漂至安南驩州（今越南）。与此相关，天平胜宝六年（754），日本朝廷又要求大宰府修复天平七年（735）立的航标指示牌，以备"漂着之船知所归向"[②]。

不过，遣唐使赴唐和归国的航路，史料所载的历史名称有"新罗道"（北路）、"渤海道""吴唐之路"（南路）、"南路"之别。通常所见的北路和南岛路的提法为今人所称。近年来，遣唐使有计划的常规线路只有北路和南路的观点得到广泛认同。

另外，遣唐使属于日本朝廷有计划、有组织的大规模官方使团，有别于一般的使节往来。按照遣唐使的总体时代特征，可分为两期，630 年至 701 年为前期，701 年至 894 年为后期。[③] 遣唐使的人数和船只，前后时期有所变化，船队的规模也在扩大。前期每次一至两船，后期扩大到四船，每船大约可搭乘 120 人至 160 人，四船约载 500 人至 600 人。

2. 大唐及周边世界

618 年，隋炀帝在江都遭宇文化及杀害，隋王朝经过短暂的繁荣而告终。同年五月甲子，李渊即皇位于太极殿，改元为武德，唐朝建立。李渊命刑部尚书萧造兼太尉，告于南郊，大赦天下，官人百姓，

---

① ［日］真人元开著，汪向荣校注：《唐大和上东征传》，北京：中华书局，1979 年，第 91 页。

② 《续日本纪》"天平胜宝六年（754）二月丙戌"条载："丙戌，敕大宰府，去天平七年，故大贰从四位下小野朝臣老，遣高桥连牛养于南岛树牌。而其牌经年，今既朽坏，宜依旧修树。每牌，显着岛名并泊船处、有水处，及去就国行程。遥见岛名，令漂着之船知所归向。"参见［日］青木和夫、稻冈耕二、笹山晴生、白藤禮幸校注：『續日本紀　三』（新日本古典文学大系）、東京：岩波書店、1995 年、第 140 页。

③ 韩昇：《遣唐使和学问僧》，北京：中华书局，2010 年，第 24 页。

赐爵一级，义师所行之处，免除三年税赋和徭役，改郡为州，太守为刺史。武德二年（619），诏天下诸宗人无职任者，不在徭役之限，初定租、庸、调法。后来继续完善法律，颁行新律令。

唐朝建立之初，首要任务是平定隋末起义，安定局面，稳固政权。经过李渊、李世民两代君王的东征西讨，到了贞观二年（628），基本平息各方势力，形成一个制度健全、独立统一的强大王朝。与此同时，大唐周边的各个国家及地区相继臣服或遣使朝贡，他们的政治状况随之发生联动突变，尤其是北方和西方的突厥势力，长期以来一直是唐王朝面临的巨大威胁。贞观四年（630），唐太宗李世民派大军攻打东突厥，大败颉利可汗于阴山。三月甲午，将军李靖俘突厥颉利可汗以献。东突厥汗国灭亡，唐朝开拓国境直至大漠，西北诸蕃尊称唐太宗为"天可汗"。

唐太宗执政期间，政治清明、经济复苏、文教复兴、科举完善，形成了法制健全的繁荣社会，出现了"贞观之治"的局面。另外，唐王朝的疆域初步定型，在唐朝内政实施以外的区域，周边各国纷纷来朝，四夷奉贡。

在东亚，高句丽最初于武德二年（619）遣使朝贡，自唐朝建立至贞观四年（630）之前，高句丽共派遣过9次遣唐使[①]；百济、新罗也多次遣使朝贡。相对于朝鲜三国，日本派遣唐使的时间则稍晚一些。

3. 高表仁出使倭国

倭国首次派遣唐使是在630年。在隋朝灭亡到唐朝初创期间，倭国国内也发生了一系列的变化，政治方面出现新格局。622年厩户皇子（圣德太子）去世，626年执政大臣苏我马子去世，628年推古天皇去世，629年舒明天皇即位，王位数经更迭。在此情况下，倭国于舒明二年（630）八月五日，遣冠位大仁的犬上三田耜（又名犬上御田锹）以及同为大仁的药师惠日出使大唐。犬上三田耜曾于推古二十二

---

① 高句丽在灭亡之前，共向唐王朝派遣25次使者，根据使者的性质，有学者将其分类为"朝贡的使者""朝贺的使者""求情的使者""请罪的使者"及"其他"。反之，唐王朝派往高句丽的使者分为"册封的使者""调解的使者""传教的使者""宣慰使者"及"其他"。参见李大龙：《高丽与唐王朝互使述论》，《黑龙江民族丛刊》1995年第1期（总第40期），第55-61页。

年（614）作为遣隋使入隋，次年九月归国。此次是他在时隔 15 年后，以遣唐使的身份再次前往中国。

倭国第一次遣唐使于 631 年抵达长安。《旧唐书》列传第一百四十九上《东夷》"倭国"条载：

> 贞观五年，遣使献方物。太宗矜其道远，敕所司无令岁贡，又遣新州刺史高表仁持节往抚之。表仁无绥远之才，与王子争礼，不宣朝命而还。[①]

由隋至唐，政权更迭以后，对于地处绝域的倭国姗姗来迟一事，唐太宗"矜其道远"，下令所管部门，让倭国不必每年都来朝贡，并且派遣新州刺史高表仁出使倭国。关于高表仁的名字、出使倭国的时间，以及与王子争礼一事，诸多史料均有记载，但表述略有不同。对此，日本学者池田温有过缜密的考证。[②]

史料中有关"高仁表"的表述可见《新唐书》卷二百二十《东夷》"日本"条：

> 太宗贞观五年，遣使者入朝。帝矜其远，诏有司毋拘岁贡。遣新州刺史高仁表往谕，与王争礼不平，不肯宣天子命而还。久之，更附新罗使者上书。[③]

相对于《旧唐书》的"高表仁"，《新唐书》则称"高仁表"，二者有"表仁"和"仁表"之别。此外，记录为"仁表"的还有《通典》[④]，及后

---

① （后晋）刘昫等撰：《旧唐书》（简体字本二十四史，第 32 册），北京：中华书局，2000 年，第 3633 页。

② ［日］池田温：「裴世清と高表仁：隋唐と倭の交渉の一面」、『日本歴史』第 280 号、1971 年、第 1—16 頁。该文另收录于池田温：『東アジアの文化交流史』、東京：吉川弘文館、2002 年、第 45—67 頁。

③ （宋）欧阳修、宋祁撰：《新唐书》（简体字本二十四史，第 37 册），北京：中华书局，2000 年，第 4714 页。

④ 《通典》卷一百八十五《边防一》"倭"条载："大唐贞观五年，遣新州刺史高仁表，持节抚之。浮海数月方至，仁表无绥远之才，与其王争礼，不宣朝命而还，由是遂绝。"参见（唐）杜佑撰：《通典》卷一百八十五《边防一》"倭"，《四库全书》影印本，北京：中华书局，1985 年，第 33 页。

世的《通志》卷一百九十四《四夷传》、《太平御览》卷七百八十二《四夷部》、《文献通考》卷三百二十四《四夷考》等。不过，其他史料记载的都是"高表仁"，例如《唐会要》卷九十九"倭国"条、《册府元龟》卷六百六十二《奉使部》"绝域"条（另，卷六百六四《奉使部·失指》）、《资治通鉴》卷一百九十三《唐纪九·太宗》"贞观五年十一月"条、《善邻国宝记》卷上"舒明三年（631）"条引《唐录》等。而高表仁的准确姓名、出使时间，以及在倭国的活动情况，《日本书纪》记载得较为详细。据《日本书纪》"舒明四年（632）"条载：

> 四年秋八月，大唐遣高表仁，送三田耜。共泊于对马。是时学问僧灵云、僧旻及胜鸟养，新罗送使等从之。冬十月辛亥朔甲寅，唐国使人高表仁等，泊于难波津。则遣大伴连马养，迎于江口，船三十二艘及鼓、吹、旗帜，皆具整饰。便告高表仁等曰："闻天子所命之使，到于天皇朝迎之。"时高表仁对曰："风寒之日，饰整船艘以赐迎之，欢愧也。"于是令难波吉士小槻、大河内直矢伏，为导者到于馆前。乃遣伊岐史乙等、难波吉士八牛，引客等入于馆。即日给神酒。①

关于高表仁的名字，《日本书纪》的记载和中国史料一致，应该确定无疑。高表仁到达倭国的时间为632年，也就是说，倭国使者于630年前往大唐，631年使者入朝献方物，唐太宗矜其道远，命令所管辖的官厅不必强制倭国每年来朝贡，并派高表仁持节往抚（往谕）。632年秋八月，高表仁及犬上三田耜一行到达对马岛，并且有新罗送使及僧人同行。

倭国接待高表仁的规格类似于裴世清。表仁抵达难波津时，"船三十二艘及鼓、吹、旗帜，皆具整饰"，迎接唐天子派来的使者，接入馆中，"给神酒"，以接待外国使节的礼仪对待。高表仁在倭国停留几个月后，于舒明五年（633）正月二十六日归国，同时，倭国派吉士雄

---

① ［日］小岛宪之、直木孝次郎、西宫一民、藏中进、毛利正守校注·訳:『日本書紀③』（新編日本古典文学全集 4）、東京: 小学館、1998 年、第 42 頁。

摩吕、黑摩吕等送至对马岛。[①]

高表仁出使倭国的时间，《日本书纪》记录得已经很清楚了，《册府元龟》[②] 记载的贞观十一年（637），还有《唐会要》[③] 记的贞观十五年（641），均属于误记。

那么，高表仁究竟是"与王子争礼"，还是"与王争礼"呢？除了《旧唐书》写作"王子"之外，其他如《通典》《唐会要》《册府元龟》《资治通鉴》《新唐书》《唐实录》等均为"与王争礼"。从当时倭国的朝中形势来看，当为与王争礼。上一任推古天皇（倭王）在位 36 年，推古三十六年（628）三月去世，朝廷围绕王位继承问题产生激烈纷争，主要分成两派，最终以掌握实权的苏我虾夷一方获胜，拥立田村皇子为王，即《日本书纪》所载的舒明天皇。高表仁至倭国的 632 年，倭王（舒明天皇）的年龄在 40 岁左右，其子尚幼，不足以执政。因此，朝中执政的应该是倭王或大臣苏我虾夷等，高表仁争礼的对象自然不会是王子，而是倭王。

4. 高表仁的得失

高表仁回国后，中国史料对其评价是无绥远之才，与王争礼，不宣朝命而还。值得注意的是，《日本书纪》关于高表仁在倭的行动，只记载他到达时迎接的场面和归国一事，至于与王争礼之事，无任何记载。那么，《日本书纪》为何对此事只字不提呢？是否有什么难言之隐，不可公之于世呢？《日本书纪》成书于 720 年，从当时日本的政治状况考虑，至少可以从以下几方面理解。

---

① 《日本书纪》"舒明五年"条载："五年春正月己卯朔甲辰，大唐客高表仁等归国。送使吉士雄摩吕、黑摩吕等到对马而还之。"参见［日］小岛宪之、直木孝次郎、西宫一民、藏中进、毛利正守校注・訳：『日本書紀③』（新編日本古典文学全集 4）、東京：小学館、1998 年、第 42 頁。

② 《册府元龟》卷六百六十四《奉使部・失指》载："唐高表仁，太宗时为新州刺史。贞观十一年十一月倭国使至。太宗矜其路远，遣表仁持节抚之。浮海数月方至，表仁无绥远之才，与其王争礼，不宣朝命而还。踪是复绝。"参见（宋）王钦若：《册府元龟》第 8 册（影印本），北京：中华书局，1960 年，第 7942—7943 页。

③ 《唐会要》卷九十九《倭国》载："贞观十五年十一月，使至。太宗矜其路远，遣高表仁持节抚之。表仁浮海，数月方至。自云路经地狱之门，亲见其上气色蓊郁，又闻呼叫锤锻之声，甚可畏惧也。表仁无绥远之才。与王争礼，不宣朝命而还。由是复绝。"参见（宋）王溥撰：《唐会要》（下），上海：上海古籍出版社，2006 年，第 2099 页。

首先，唐太宗遣高表仁出使倭国时，必然携带了国书。尽管国书的具体内容不被后人所知，但不外乎唐王朝在构建国际秩序过程中表述的一些外交辞令。如果说，遣隋使时期国书里的"日出处天子致书日没处天子"一语，体现了倭朝廷试图谋求与隋平等的政治愿望，那么，高表仁带去的国书，对于在外交上寻求独立自主的倭国来说，自然是一件不愿意公开的内容。由此，后来的日本统治者及《日本书纪》的编纂者，都有意不记载这部分内容。

其次，高表仁与倭王争礼，争的是什么礼呢？无疑是唐王朝欲建立政治上的隶属关系，将倭国纳入朝贡国或藩属国的行列，甚至于谋求对倭国的册封。强大的唐王朝，此时正在继续巩固政权，并且与周边地区构建一种新型天下秩序。对位于朝鲜半岛的高句丽、百济、新罗三国，唐高祖都进行了册封，据《旧唐书·东夷传》载，高句丽王被封为"辽东郡王、高丽王"，百济王为"带方郡王、百济王"，新罗王为"乐浪郡王、新罗王"。三国与唐的关系不尽相同，唐对其藩国地位及朝贡的管理，体现了一定的灵活性。对于同属东夷的倭国，唐在其第一次遣唐使回国时，派高表仁持节往抚，说明唐朝廷为唐倭关系的未来，做了一定的筹划。理想的状态自然是册封倭国，如历史上曾经册封过的"汉委奴国王"①、"亲魏倭王"卑弥呼，以及5世纪时对倭五王的册封那样，试图建立唐倭之间的君臣关系。带有这样内容的交涉，倭国没有接受，也不想让后人知道此事，因此，《日本书纪》对这部分内容，故意隐瞒，未做记述。

再次，倭国遣唐使第一次入朝，唐太宗便矜其道远，免于"岁贡"。倭国远离内陆，岛屿浮海，地处八蕃之外，谓之绝域。②唐对藩属国之朝贡，有一定的年限要求，贡有定期，封有常制。《册府元龟》卷一百六十八《帝王部》"却贡献"条载：

---

①　公元57年，光武帝赐予倭奴国王一枚金印，日本天明四年（1784）在九州志贺岛上被发现，上书"汉委奴国王"，现作为日本国宝，藏于福冈市博物馆。

②　《新唐书》卷二百二十一《西域下》载："东至高丽，南至真腊，西至波斯、吐蕃、坚昆，北至突厥、契丹、靺鞨，谓之'八蕃'，其外谓之'绝域'，视地远近而给费。"参见（宋）欧阳修、宋祁撰：《新唐书》（简体字本二十四史，第37册），北京：中华书局，2000年，第4751页。

德宗以大历十四年五月即位，闰五月丙子诏曰：天下州府及新罗、渤海，岁贡鹰鹞者皆罢，既来者所在放之。[1]

唐令规定诸州（郡）每年须常贡，贡其特色土产。[2]上述诏书表明，除了各州府以外，对新罗和渤海国岁贡的鹰鹞也予以免除。反之，说明新罗、渤海国长期以来一直进行鹰鹞的"岁贡"。因此，高表仁使于倭国，其任务包括免除倭国的岁贡，还涉及朝贡以及册封等事项。而对于唐的这种要求，倭国未作正面回答，而是试图摸索一种平等的外交关系。

并非高表仁不宣朝命，导致唐倭关系未能实现册封机制下的君臣关系，即便在整个隋唐时期，倭国也一直未接受册封，只在朝贡框架内维持着一种官方往来关系。

那么，表仁无绥远之才，不宣布朝命而还。如此严重的失职，导致的后果如何呢？他回国后是否受到了相应的惩罚呢？

高表仁出使倭国时的身份是新州刺史，新州位于今广东新兴县，隋朝属于信安郡，武德四年（621）称帝于岳阳的萧铣投降唐军，废其郡置新州。贞观年间，户达七千数百。[3]高表仁此时的官位相当于正四品下。比起24年前隋朝出使倭国的裴世清，官品要高得多。但就高表仁个人来说，此时并不是其仕途的顶峰。

高表仁出身名门望族，是前朝名臣高颎的第三子。高颎是隋朝元勋，一代名臣，《北史》和《隋书》中均有其传。高颎有文武大略，明

---

① （宋）王钦若：《册府元龟》第2册（影印本），北京：中华书局，1960年，第2026页。

② 《通典》卷六《食货六》载："天下诸郡，每年常贡。按令文，诸郡贡献皆尽当土所出，准绢为价，不得过五十匹，并以官物充市。所贡至薄，其物易供，圣朝恒制，在于斯矣。"参见（唐）杜佑撰：《通典》卷十四《选举二·历代制中》，《四库全书》影印本，北京：中华书局，1985年，第8页。

③ 《旧唐书》卷四十一《地理志》载："新州：隋信安郡之新兴县。武德四年，平萧铣，置新州。天宝元年，改为新兴郡。乾元元年，复为新州。旧领县四，户七千三百八十八，口三万五千二十五。天宝领县三，户九千五百。东至广州义宁县四十一里，北至端州一百四十里，西北至康州二百七十里，西南至勤州一百七十里。至京师五千五十二里，至东都五千里。"参见（后晋）刘昫等撰：《旧唐书》（简体字本二十四史，第32册），北京：中华书局，2000年，第1176页。

达世务，当朝执政近二十年，后因多言招祸，激怒隋炀帝而被诛杀。高颎有三子，因其被诛，诸子受牵连，被左迁至边疆。高表仁的长兄盛道，官至莒州刺史，徙柳城而卒；次兄弘德，被封应国公，晋王府记室。高表仁在隋代被封为渤海郡开国公，《隋书》中只记载到其在其父高颎死后被贬至蜀郡。^①但是，高表仁死后，在其孙高安期的墓志中又记录了他后来的情况，据《大□朝散大夫行洛州偃师县令高君（安期）墓志铭并序》载：

> 曾祖颎，隋尚书左仆射、上柱国、齐国公，皇朝赠礼部尚书、上柱国、郯国公。崇标岳立，浚宇川渟。为八坐之羽仪，成九流之准的。祖表仁，隋大宁公主驸马都尉、渤海郡开国公、皇朝尚书右丞、鸿胪卿、□泾延毂四州刺史、上柱国、郯国公。^②

由此，可清楚地看出高颖及高表仁的大概履历。另外，据史学家岑仲勉介绍，墓志的"州"上所泐一字似是"新"字^③，按此推测，则为新州。高表仁娶大宁公主为妻，大宁公主是隋文帝杨坚的长子杨勇之女。杨勇曾为太子，后于开皇二十年（600）十月被废，其弟杨广代之。可见，高表仁出身名贵，家世显赫，侍奉隋唐两朝。他从倭国归朝后，继续为官，通过上述墓志可以梳理得到如下官职经历。

（1）尚书右丞：正四品下；

（2）鸿胪卿：从三品；

（3）□州刺史：新州刺史为正四品下；

（4）泾州刺史：从三品；

（5）延州刺史：正四品下；

（6）毂州刺史：正四品下。

---

① 《隋书》卷四十一《高颎传》载："其子盛道，官至莒州刺史，徙柳城而卒。次弘德，封应国公，晋王府记室。次表仁，封渤海郡公，徙蜀郡。"参见（唐）魏徵撰：《隋书》（简体字本二十四史，第24册），北京：中华书局，2000年，第790页。

② 吴刚主编：《全唐文补遗》（第三辑），西安：三秦出版社，1996年，第461页。

③ 岑仲勉：《隋书求是》，北京：商务印书馆，1958年，第83页。

再加上他又拥有上柱国勋级，属于勋官中的最高等级，正二品，另有郯国公爵位（相当于从一品），高表仁自身也已成为名副其实的高官贵族。① 通过高表仁回国后的经历可知，虽然他出使倭国，未能很好地完成使命，被后来的史书中贴上"无绥远之才"的标签，但在真实的历史上，他并没有因为"不宣朝命而还"而受到处罚，不但官职未降，反而继续高升。

5. 从遣隋使到遣唐使

隋唐更迭之际，犬上三田耜既以遣隋使的身份来过隋朝，又以遣唐使的身份来到大唐。因此，他既是最后的遣隋使，也是最初的遣唐使。他的名字又称作犬上御田锹。犬上之姓，来源于近江国的地名，滋贺县犬上郡，天武十三年（684）十一月赐姓为朝臣。另据《新选姓氏录》载，犬上朝臣一族是景行天皇的皇子——日本武尊的后裔。② 倭国遣犬上等人入唐，不光是为朝贡而来。在遣隋使时期还有一些留学生、留学僧留在中国，随着改朝换代，这些人仍以外国留学生（僧）的身份，继续在唐学习。在一定时期内，派人接送在唐留学生是遣唐使的使命之一。

犬上三田耜和药师惠日等人，630 年遣于大唐，八月五日出发。此前，三月一日，高句丽和百济使者一同访倭 ③，东亚各国展开了互动外交，二国试图拉拢倭国加入自己的阵营，可以认为在一定程度上牵制了唐倭关系。这也为后来倭国未能与唐和新罗组成同盟，而偏向高句丽和百济一方铺垫了一定的基础。④

不过，正在向文明和法制过渡的倭国，面对当时世界上最发达的国家时，自觉或不自觉地会倾向于大唐，定期或不定期地派员入唐，

---

① ［日］池田温：『東アジアの文化交流史』、東京：吉川弘文館、2002 年、第 59 頁。

② 《新选姓氏录》左京皇别项载："出自谥景行皇子日本武尊也。"参见［日］万多親王：《新選姓氏録》、国立国会図書館古典籍資料デジタル化、2011 年、第 26 頁。

③ 《日本书纪》"舒明二年三月"条载："三月丙寅朔，高丽大使宴子拔、小使若德，百济大使恩率素子、小使德率武德，共朝贡。"参见［日］小島憲之、直木孝次郎、西宮一民、蔵中進、毛利正守校注・訳：『日本書紀③』（新編日本古典文学全集 4）、東京：小学館、1998 年、第 38 頁。

④ ［日］森公章：『遣唐使の光芒』、東京：角川学芸出版、2010 年、第 65 頁。

学习先进技术及各种文化。此前，早在 623 年，一批在大唐学习的僧人及留学生回国后，向朝廷汇报了在唐学习的状况和他们所认识的大唐国。《日本书纪》"推古三十一年（623）七月"条载：

> 是时，大唐学问僧惠斋、惠光，及医惠日、福因等并从智洗而等来之。于是，惠日等共奏曰："留于唐国学者皆学以成业，应唤。且其大唐国者，法式备定之珍国也，常须达。"①

以前在唐学习的人都已学业有成，"应唤"，说明还有很多留学生至今仍留在大唐。这些留学人员亲身体验到了大唐的繁盛，深知两国间的差距。并且，来过大唐的人深切感受到其"法式备定"，在倭人眼中，大唐是个"珍国"，建议倭朝廷应该不断地派人去学习，"常须达"。

值得指出的是，初次遣唐使成员中，不仅犬上三田耜于隋唐时期二度往返中国，还有药师惠日这个人物，又称医惠日。他三次渡海来华，时间跨度几十年。

第一次，从上述《日本书纪》的内容可知，药师惠日（医惠日）曾作为遣隋使留在中国，他入隋朝的时间及过程史籍无载，遣隋使自 600 年至 614 年，共派遣过六次，即便他是最后一次来的，那至少也在中国学习了九年时间。应该说，他亲身经历了由隋过渡到唐的过程。药师惠日等人在奏书中没有提到社会混乱等负面因素，而是强烈推荐倭朝廷"常须达"。以药师惠日的经历推断，他所说的"大唐国"法式备定，有可能更多指的是隋朝礼制、法制及官僚制度。

第二次，作为初次派遣的遣唐使，药师惠日和犬上三田耜同为大使级别，二人的冠位也都是大仁，相当于正五位。631 年，高表仁送遣唐使回国时，《日本书纪》载是在秋八月，大唐遣高表仁送三田耜，共泊于对马。同行人中包括学问僧灵云、僧旻及胜鸟养等。另外，新罗使也相随而来。此时，未见药师惠日回国。同行的僧旻，则是 608

---

① ［日］小岛宪之、直木孝次郎、西宫一民、藏中进、毛利正守校注·訳：『日本書紀②』（新编日本古典文学全集 4）、東京：小学馆、1996 年、第 578—580 頁。

年裴世清回国时，曾跟他一起入隋的学问僧，原名称作新汉人日文。①

第三次，药师惠日再次入唐的时间是白雉五年（654）二月。倭国再派遣唐使，药师惠日被任命为副使。此次共派二船，途经数月，取新罗道在莱州上岸，入京朝见了唐高宗李治。药师惠日的回国日期不详，但据《日本书纪》记载，次年八月，河边麻吕等自大唐还，有可能与之一同归国了。

药师惠日的远祖德来，本是高句丽人，后迁移至百济。5 世纪后期，倭国向百济寻求人才，德来被引入倭国。药师惠日为其五世孙，被遣至隋朝学习医术，由此得号"药师"，遂以为姓。今世子孙皆受此恩，后改姓为难波药师。② 可见，隋唐医学领域的知识和文化，通过药师惠日这样的遣唐使在日本得以推广。

二、日本最初的年号"大化"

当今世界，仍然使用年号的国家只有日本。日本年号制最初诞生于大化元年（645），至今已有 1370 多年的历史了。从 645 年大化纪年法开始，至 2019 年 5 月 1 日"平成"结束，以"令和"为新元号，日本一共使用过 248 个年号。"大化"一词，出自中国古典。《尚书·大诰》曰："肆予大化诱我友邦君"；《汉书》卷五十六《董仲舒传第二十六》载："古者修教训之官，务以德善化民，民已大化之后，天下常亡一人之狱矣"；《宋书》卷二十《志第十》载："皇皇显祖，翼世佐时。宁济六合，受命应期。神武鹰扬，大化咸熙。廓开皇衢，用成帝基。"日本的"大化"年号，语出以上三部古典之中。日本历史上使用过的年号，参见表 3 "日本历史年号变更"。

---

① ［日］小岛宪之、直木孝次郎、西宫一民、藏中进、毛利正守校注・訳：『日本書紀②』（新编日本古典文学全集 4）、東京：小学館、1996 年、第 561 頁。

② 《续日本纪》"天平宝字二年四月己巳"条。参见［日］青木和夫、稻冈耕二、笹山晴生、白藤禮幸校注：『続日本紀　三』（新日本古典文学大系）、東京：岩波書店、1995 年、第 250 頁。

表3　日本历史年号变更 [①]

年号	时间	年号	时间	年号	时间	年号	时间	年号	时间
大化	645	长和	1012	寿永	1182	建武	1334	元和	1615
白雉	650	宽仁	1017	元历	1184	延元	1336	宽永	1624
朱鸟	686	治安	1021	文治	1185	兴国	1340	正保	1644
大宝	701	万寿	1024	建久	1190	正平	1346	庆安	1648
庆云	704	长元	1028	正治	1199	建德	1370	承应	1652
和铜	708	长历	1037	建仁	1201	文中	1372	明历	1655
灵龟	715	长久	1040	元久	1204	天授	1375	万治	1658
养老	717	宽德	1044	建永	1206	弘和	1381	宽文	1661
神龟	724	永承	1046	承元	1207	元中	1384	延宝	1673
天平	729	天喜	1053	建历	1211	历应	1338	天和	1681
天平感宝	749	康平	1058	建保	1213	康永	1342	贞享	1684
天平胜宝	749	治历	1065	承久	1219	贞和	1345	元禄	1688
天平宝字	757	延久	1069	贞应	1222	观应	1350	宝永	1704
天平神护	765	承保	1074	元仁	1224	文和	1352	正德	1711
神护景云	767	承历	1077	嘉禄	1225	延文	1356	享保	1716
宝龟	770	永保	1081	安贞	1227	康安	1361	元文	1736
天应	781	应德	1084	宽喜	1229	贞治	1362	宽保	1741
延历	782	宽治	1087	贞永	1232	应安	1368	延享	1744
大同	806	嘉保	1094	天福	1233	永和	1375	宽延	1748
弘仁	810	永长	1096	文历	1234	康历	1379	宝历	1751
天长	824	承德	1097	嘉祯	1235	永德	1381	明和	1764
承和	834	康和	1099	历仁	1238	至德	1384	安永	1772
嘉祥	848	长治	1104	延应	1239	嘉庆	1387	天明	1781

---

① 此表为笔者参照日本史籍中出现的年号绘制而成。

续表

年号	时间	年号	时间	年号	时间	年号	时间	年号	时间
仁寿	851	嘉承	1106	仁治	1240	康应	1389	宽政	1789
齐衡	854	天仁	1106	宽元	1243	明德	1390	享和	1801
天安	857	天永	1108	宝治	1247	应永	1394	文化	1804
贞观	859	永久	1113	建长	1249	正长	1428	文政	1818
元庆	877	元永	1118	康元	1256	永享	1429	天保	1831
仁和	885	保安	1120	正嘉	1257	嘉吉	1441	弘化	1845
宽平	889	天治	1124	正元	1259	文安	1444	嘉永	1848
昌泰	898	大治	1126	文应	1260	宝德	1449	安政	1855
延喜	901	天承	1131	弘长	1261	享德	1452	万延	1860
延长	923	长承	1132	文永	1264	康正	1455	文久	1861
承平	931	保延	1135	建治	1275	长禄	1457	元治	1864
天庆	938	永治	1141	弘安	1278	宽正	1460	庆应	1865
天历	947	康治	1142	正应	1288	文正	1466	明治	1868
天德德	957	天养	1144	永仁	1293	应仁	1467	大正	1912
应和	961	久安	1145	正安	1299	文明	1469	昭和	1926
康保	964	仁平	1151	乾元	1302	长享	1487	平成	1989
安和	968	久寿	1154	嘉元	1303	延德	1489	令和	2019
天禄	970	保元	1156	德治	1306	明应	1492		
天延	973	平治	1159	延庆	1308	文龟	1501		
贞元	976	永历	1160	应长	1311	永正	1504		
天元	978	应保	1161	正和	1312	大永	1521		
永观	983	长宽	1163	文保	1317	享禄	1528		
宽和	985	永万	1165	元应	1319	天文	1532		
永延	987	仁安	1166	元亨	1321	弘治	1555		
永祚	989	嘉应	1169	正中	1324	永禄	1558		
正历	990	承安	1171	嘉历	1326	元龟	1570		
长德	995	安元	1175	元德	1329	天正	1573		
长保	999	治承	1177	元弘	1331	文禄	1592		
宽弘	1004	养和	1181	正庆	1332	庆长	1596		

　　飞鸟朝廷到了推古后期，有影响的几位政治人物相继逝去。622年厩户王子（圣德太子）去世，626年苏我马子离世，628年推古天皇驾崩。在王权继承上，朝廷内展开了争夺。最终继承王位的是敏达天皇的孙子，押坂彦人皇子之子田村皇子，即舒明天皇。然而，朝中掌管政权的仍是苏我氏一族，苏我马子的儿子苏我虾夷主控朝中大事。641年，舒明天皇去世，继任者为舒明天皇的皇后，即皇极天皇。

　　皇极天皇即位不久，苏我虾夷之子苏我入鹿掌管国政，他"自执国政，威胜于父"①，极度专权。这引起朝中另一股势力，中大兄皇子和中臣镰子等人的强烈不满，于是其密谋策划清除苏我入鹿。据《日本书纪》卷第廿四载，皇极四年（645）六月十二日，中大兄皇子等人趁"三韩进调"之日，在大极殿内设下埋伏，刺杀了苏我入鹿。十三日，苏我虾夷焚火自尽，残余势力全部被肃清。这一事件，因发生的年份属于乙巳之年，又称"乙巳之变"。

　　十四日，皇极让位于轻皇子，即孝德天皇，立中大兄为皇太子。新设左右大臣，又因中臣镰子至忠之诚，授中臣镰子为内臣，处官司之上。任旻法师和高向玄理为国博士。十九日，改皇极四年为大化元年（645）。②

　　第二年，大化二年（646）正月初一，贺正之礼结束后，即宣《改新之诏》。新诏主要有四条，其大意可简约为：（1）土地公民制；（2）国郡里制；（3）班田收授法；（4）租庸调。③史称"大化改新"（又作"大化革新"）。

　　大化改新是一项前所未有的政治改革，其模板为唐朝的法律体系，目的是消除地方豪族分割权力的局面，确立以天皇为中心的中央集权制国家。因此，大化改新在日本历史上具有划时代意义。尽管大化新

---

① 《日本书纪》卷第廿四"皇极天皇（即位前纪）"条。参见［日］小岛宪之、直木孝次郎、西宫一民、藏中进、毛利正守校注·訳：『日本書紀③』（新編日本古典文学全集4）、東京：小学館、1998年、第56頁。

② ［日］小岛宪之、直木孝次郎、西宫一民、藏中进、毛利正守校注·訳：『日本書紀③』（新編日本古典文学全集4）、東京：小学館、1998年、第98—104頁。

③ ［日］小岛宪之、直木孝次郎、西宫一民、藏中进、毛利正守校注·訳：『日本書紀③』（新編日本古典文学全集4）、東京：小学館、1998年、第128—132頁。

诏中的班田收授法等内容，与后来大宝律令中规定的事项极具相似性，一般认为诏书的部分内容在《日本书纪》编纂时被修改过，套用了后来律令中的内容，但改革本身对后世律令制的正式确立无疑起到推波助澜的作用。

三、留学生与革新

对于隋唐帝国而言，位于东方绝域之地的倭国遣使来朝，奉表纳贡，自然对其抱有德化远邦，接受君臣之礼的传统思想。因此，从接纳几次遣隋使和贞观四年（630）的第一次遣唐使来看，隋唐朝廷都在积极地接纳倭国使臣。这些使臣和留学人员，经过十几年，甚至几十年的学习后，成为倭国政体转变和一系列改革的原动力。

同样在大化元年（645）六月十四日，朝廷开始任命新官职。《日本书纪》卷第廿五载：

> 是日，奉号于丰财天皇，曰皇祖母尊，以中大兄为皇太子。以阿倍内麻吕为左大臣，苏我仓山田石川麻吕臣为右大臣。以大锦冠授中臣镰子连，为内臣，增封若干户，云云。中臣镰子连，怀至忠之诚，据宰臣之势，处官司之上。故进退废置计从事立，云云。以沙门旻法师、高向史玄理为国博士。[1]

作为改制的一环，设置左右大臣及国博士，这些官职是模仿唐制首次设置的。国博士属于朝中最高政治顾问。被任为国博士的旻法师和高向玄理，在唐朝学习多年，具有丰富的留学经验。

旻法师，日本史中又有日文、僧旻、释僧旻等不同的称呼。他曾在隋唐留学24年，推古十六年（608）随小野妹子来隋，631年第一次遣唐使犬上三田耜等返回时，高表仁出使倭国，旻法师随之归国。旻法师除佛学修养深厚外，还精通天文、易学。回国后不久，他为朝中大臣设堂讲授《周易》，当时朝中的核心人物苏我入鹿、中臣镰子

① ［日］小岛宪之、直木孝次郎、西宫一民、藏中进、毛利正守校注·訳：『日本書紀③』（新編日本古典文学全集4）、東京：小学館、1998年、第112頁。

（又名中臣镰足、藤原镰足）及中大兄皇子，朝中诸公卿大臣之子，包括轻皇子（后来的孝德天皇）等都听过他的讲座。据《大织冠传》载："宠幸近臣宗我鞍作，威福自己，权势倾朝，咄咤指麾，无不靡者。但见太臣，自肃如也，心常怪之。尝群公子，咸集于旻法师之堂，读《周易》焉。太臣后至，鞍作起立，抗礼俱坐，请讫将散，旻法师击目留矣。因语太臣云：'入吾堂者，无如宗我太郎，但公神识奇相，实胜此人，愿深自爱。'"[①]"宗我鞍作"为苏我入鹿之别称。"太臣"即"大臣"，指的是中臣镰子。旻法师以相术观之，对中臣镰子说，在我学堂学习的群公子中，无人能及苏我入鹿，但唯有中臣镰子你相貌非凡，胜过苏我入鹿。

大化元年（645），倭国仿照唐武德二年（619）设置的僧官管理机制"十大德"之制[②]，设置"十师"，任僧旻为十师之一。《日本书纪》卷第廿五"大化元年八月"条载："以沙门狛大法师、福亮、惠云、常安、灵云、惠至、（寺主）僧旻、道登、惠邻、惠妙而为十师。别以惠妙法师为百济寺寺主。此十师等，宜能教导众僧，修行释教，要使如法。"[③]

继大化之后，日本历史上第二个年号叫作"白雉"，时间为650—654年，共使用了五年左右。大化改新之推行，以及年号由大化变白雉，与旻法师的活动密不可分。白雉元年（650）二月九日，穴户国的国司草壁丑经，向倭王（天皇）献白雉曰："国造首之同族赘，正月九日，于麻山获焉。"[④] 于是，倭王向百济君、诸沙门，以及僧道登和僧

---

① 《大织冠传》，《藤氏家传》大约成书于760年，是一部记录中臣镰足、藤原不比等、藤原武智麻吕等人生平的藤原氏家传，分上下两卷，由三部传记组成。上卷由藤原仲麻吕撰写，为藤原镰足及其子僧贞慧的传记，即《镰足传》（亦称《大织冠传》）和《贞慧传》；下卷《武智麻吕传》由僧人延庆撰写。原文参见"古典研究サイト埋れ木"：www.umoregi.com/koten/toshikaden/pdf/toshikaden.pdf，访问日期2021年10月1日。

② （唐）道宣撰《续高僧传》卷第十一《释吉藏》载："武德之初，僧过繁结，置十大德，维持法务，宛从初议。"又，（元）觉岸撰《释氏稽古略》卷三载："于慈悲寺制十大德。统举僧尼。"

③ ［日］小岛宪之、直木孝次郎、西宫一民、藏中进、毛利正守校注・訳：『日本書紀③』（新編日本古典文学全集4）、東京：小学館、1998年、第122頁。

④ ［日］小岛宪之、直木孝次郎、西宫一民、藏中进、毛利正守校注・訳：『日本書紀③』（新編日本古典文学全集4）、東京：小学館、1998年、第180頁。

旻二法师询问，此现象如何解答。众人各抒己见，旻法师则以图谶祥瑞之学，立说白雉属于稀有之物，他的出现是吉祥之兆，为"休祥"之瑞，可赦天下。《日本书纪》"白雉元年正月"条载：

> 僧旻法师曰："此谓休祥足为希物。伏闻，王者旁流四表，则白雉见。又王者祭祀不相瑜，宴食、衣服有节则至。又王者清素，则山出白雉。又王者仁圣则见。又周成王时，越裳氏来献白雉曰：'吾闻，国之黄耇曰，久矣无别风淫雨，江海不波溢三年于兹矣。意中国有圣人乎。盍往朝之。故重三译而至。'又晋武帝咸宁元年，见松滋。是即休祥，可赦天下。"是以白雉使放于园。①

倭王获白雉嘉瑞，大喜。贺毕，众臣再拜。由是降诏，大赦天下，改元白雉。旻法师在日本政治制度变革及文化接受方面，发挥了不小的作用，深受倭王的信任和爱戴。653 年，当他病危时，倭王亲自到法师房中问疾，并执其手说："若法师今日亡者，朕从明日亡。"② 不久，法师辞世，几乎皇室所有成员都派去了吊唁使，为法师造佛与菩萨像，将其葬于川原寺（或山田寺）。

孝德朝中还有两个人物也都拥有丰富的知识，在中国留学多年，他们都是中国通。一位是高向玄理，另一位是僧人南渊请安（又称清安）。二人早年入隋，推古十六年（608）九月十一日，裴世清归国时，倭又派遣隋使，以小野妹子为大使，吉士雄成为小使，鞍作福利为通事，随同裴世清一起入隋，另有留学生倭汉直福因、奈罗译语惠明、高向汉人玄理、新汉人大圀，学问僧新汉人日文（即旻法师）、南渊汉

---

①　[日]小岛宪之、直木孝次郎、西宫一民、藏中进、毛利正守校注·訳：『日本書紀③』（新编日本古典文学全集 4）、東京：小学馆、1998 年、第 182 頁。

②　《日本书纪》卷第廿五"孝德天皇白雉四年五月"条载："是月，天皇幸旻法师房，而问其疾，遂口敕恩命。或本，于五年七月云：僧旻法师卧病于阿云寺。于是天皇幸而问之，仍执其手曰：'若法师今日亡者，朕从明日亡。'"参见 [日]小岛宪之、直木孝次郎、西宫一民、藏中进、毛利正守校注·訳：『日本書紀③』（新编日本古典文学全集 4）、東京：小学馆、1998 年、第 192 頁。

人请安、志贺汉人慧隐、新汉人广济等八人。①

　　高向玄理和南渊请安一起，在隋唐两朝生活了32年。他们又同时于舒明十二年（640）十月十一日回国，经新罗返还。另有百济、新罗贡使也一起抵倭。② 二人入隋时若为20岁，那么他们回来时已经年过50，他们都是大化改新的原动力。皇极三年（644），中大兄皇子和中臣镰足，手持书籍，到南渊请安那里学习周公、孔子之学。③ 说明南渊不仅是一位僧人，同时也是一位大儒者。高向玄理同样才华出众，以至于大化元年同旻法师一起被任命为国博士。高向玄理又于大化二年（646）使于新罗，寻求倭国和新罗之间的利益关系。第二年新罗遣上臣大阿飡金春秋④，送高向玄理一行回国，并给倭国献上孔雀一只、鹦鹉一只。

　　654年，高向玄理又以第三次遣唐使押使的身份出使唐朝，此时他当为高龄入唐。押使，在日本遣隋唐使中只出现过两次，为特殊设置的一种职位，其地位高于大使。⑤ 入唐后，高向玄理卒于长安，未能归国。

---

① 《日本书纪》卷第廿二"推古十六年九月"条。参见［日］小岛宪之、直木孝次郎、西宫一民、藏中进、毛利正守校注·訳：『日本書紀②』（新編日本古典文学全集4）、東京：小学館、1996年、第560頁。

② 《日本书纪》卷第廿三"舒明十二年十月乙丑"条载："冬十月乙丑朔乙亥，大唐学问僧清安、学生高向汉人玄理，传新罗而至之。仍百济、新罗朝贡之使共从来之。则各赐爵一级。"参见［日］小岛宪之、直木孝次郎、西宫一民、藏中进、毛利正守校注·訳：『日本書紀③』（新編日本古典文学全集4）、東京：小学館、1998年、第50頁。

③ 《日本书纪》卷第廿四"皇极三年正月"条载："（中大兄与中臣镰足）俱手把黄卷，自学周孔之教于南渊先生所。"参见［日］小岛宪之、直木孝次郎、西宫一民、藏中进、毛利正守校注·訳：『日本書紀③』（新編日本古典文学全集4）、東京：小学館、1998年、第86頁。

④ 即金春秋（603—661），新罗第29代国王（654—661年在位），谥号武烈王，庙号为太宗，史称太宗武烈王。父亲为真智王的次子，母亲为真平王的长女天明夫人金氏。当时，新罗遭到百济入侵，金春秋为求外援，奔走各国，642年赴高句丽，647年赴倭国，648年入唐，展开积极的外交活动，终于在660年得到唐军的援助灭掉百济。

⑤ 押使一职，第一次出现于654年任命的遣唐使，任高向玄理为遣大唐押使；第二次为灵龟二年（716）任命的多治比县守。不过，押使在律令制度下是置于大使之上，授与节刀的职位。高向玄理时期的押使是否存在，日本学者提出存疑，也有可能是《日本书纪》编撰时后加上去的。参见［日］河内春人：『東アジア交流史のなかの遣唐使』、東京：汲古書院、2013年、第66頁。

四、第二次遣唐使

白雉年间，倭国两次遣使入唐。先是白雉四年（653）五月十二日，倭国派使团入唐。此次遣使共二船，每船各任大使一名，副使一名，送使一名。成员中还包括留学生、留学僧等，分乘情况如下所示。

第一船

大使：吉士长丹；

副使：吉士驹；

送使：室原首御田；

学问僧：道严、道通、道光、惠施、觉胜、辨正、惠照、僧忍、知聪、道昭、定惠、安达、道观、知辨、义德；

留学生：巨势药、冰老人、坂合部石积。

人数：121 人。

第二船

大使：高田根麻吕；

副使：扫守小麻吕；

送使：土师八手；

学问僧：道福、义向；

人数：120 人。①

五月出发后，第一船经过朝鲜半岛西侧由山东半岛上岸，在唐顺利完成使命。第二年（654）七月二十四日，大使吉士长丹及百济、新罗送使等一同抵达筑紫。该批使团在唐得到高宗李治的接见，"多得文书、宝物"②，并带回日本。此次使团的主要目的是吸取唐文化，索取书籍和文物。

① 《日本书纪》卷第廿五"白雉四年（653）五月壬戌"条。参见［日］小岛宪之、直木孝次郎、西宫一民、藏中进、毛利正守校注·訳：『日本書紀③』（新編日本古典文学全集 4）、東京：小学館、1998 年、第 192 頁。

② 《日本书纪》卷第廿五"白雉五年（654）七月"条。参见［日］小岛宪之、直木孝次郎、西宫一民、藏中进、毛利正守校注·訳：『日本書紀③』（新編日本古典文学全集 4）、東京：小学館、1998 年、第 198 頁。

　　成员中多贵族子弟，僧定惠（又称定慧、贞慧、贞惠）乃内大臣藤原镰足之子，年仅 11 岁，是留学者中年龄最小的一位。他在唐刻苦学习，留学 12 年，既通佛经，又解儒学，于唐高宗麟德二年（665）回国，不久便离世，年仅 23 岁。定惠的弟弟藤原不比等，后来升至朝中高官，为正二位，右大臣。僧安达，也是豪族子弟，其父为渠每，又称许米。许米的兄长为中臣金，官至右大臣。另一位留学僧道观，属于皇族子孙，春日粟田百济之子。而粟田臣，据《新选姓氏录》第一帖·右第四卷载："粟田朝臣、大春日朝臣，同祖。天足彦国忍人命之后也。"说明其为皇族分化出来的豪族。留学生巨势药，也是贵族子弟，其先祖为大臣巨势男人，大臣的两个女儿均为安闲天皇的妃子。冰老人，真玉之子，与石上朝臣同祖。

　　第二船遣唐使出发后遭到不测。船刚一出海，便遭沉没，仅有五人生还，而死里逃生的五人却六天六夜没吃到东西。对此，《日本书纪》"白雉四年（653）七月"条载：

> 　　秋七月，被遣大唐使人高田根麻吕等，于萨麻之曲、竹岛之间，合船没死。唯有五人，系胸一板，流遇竹岛，不知所计。五人之中，门部金采竹为筏泊于神岛。凡此五人经六日六夜，而全不食饭。于是褒美金，进位给禄。①

　　"萨麻"即后来的萨摩国地区（今鹿儿岛县）。此船的航线偏离了北路，沉没在萨摩竹岛附近。大使、副使和学问僧等全都溺水身亡，生存的五人得到朝廷褒奖，进位给禄。

五、第三次遣唐使

　　距离上次遣唐使不到一年，白雉五年（654），倭国再次遣使入唐。此次遣使与 653 年仅一年之隔，派遣高向玄理为押使，同行还有药师惠日，以及一批富有留学经验及熟知中华文化的人员。关于出发的时

---

① ［日］小岛宪之、直木孝次郎、西宫一民、藏中进、毛利正守校注·訳：『日本書紀③』（新编日本古典文学全集 4）、東京：小学館、1998 年、第 194 頁。

间,《日本书纪》载为"二月",同时又引用另一记载"或本云,夏五月,遣大唐押使大花下高向玄理"。也就是说,另有记录为五月出发。

此次遣唐使分二船,取新罗道从莱州登陆,到达京城,奉觐天子,高宗皇帝亲自接见。高向玄理等向高宗进献了倭国的珍贵物品,据《旧唐书》卷四《高宗上》"永徽五年（654）十二月十二日"条载:"倭国献琥珀、玛瑙,琥珀大如斗,玛瑙大如五斗器。"此次的朝贡与谒见,应该说是比较顺利的。

另外,《日本书纪》载:"于是,东宫监门郭丈举,悉问日本国之地理及国初之神名,皆随问而答。"遣唐使抵京时,唐朝的太子是李忠（643—664）。李忠为高宗李治的长子,永徽三年（652）,年仅9岁的李忠被立为太子,显庆元年（656）被废。也就是说,倭使在京期间,东宫监门郭丈举,当为太子李忠的监门。东宫诸门,设有监门率府,据《唐六典》卷二十八"太子左右卫及诸率府"条载:"太子左、右监门率府,率各一人,正四品上;副率各二人,从四品上。左、右监门率府掌东宫诸门禁卫之法;副率为之二。"①

郭丈举,中国史料未载。一般情况下,唐朝朝贡事务的管理,以鸿胪寺和尚书主客司为主,中书省、门下省也有相关机构参与,各部门分工明确。具体事宜由鸿胪寺下属的典客署经办,《旧唐书》"职官三"载:"典客署:令一人,从七品下。丞二人,从八品下。掌客十五人,正九品上。典客十三人,府四人,史八人,宾仆十八人,掌固二人。典客令掌二王后之版籍及四夷归化在蕃者之名数。丞为之二。凡朝贡、宴享、送迎,皆预焉。辨其等位,供其职事。凡酋渠首领朝见者,皆馆供之。如疾病死丧,量事给之。还蕃,则佐其辞谢之节。"此外,中书省属官侍郎、通事舍人,门下省属官侍中也参与朝贡事务管理。《旧唐书》"职官二"条载中书侍郎的职责:"凡四夷来朝,监轩则受其表疏,升于西阶而奏。若献贽币,则受之以授于所司。"而此次接待倭国使臣,东宫监门郭丈举询问日本的地理及国初之神名,并且倭使随问而答,此举颇不寻常,日本史料特此加笔记录。

---

① （唐）李林甫撰,陈仲夫点校:《唐六典》,北京:中华书局,2014年,第719页。

　　此次遣唐使成员中，有一位叫伊吉博德的人，他把入唐的情况记录下来，《日本书纪》中引用了其中一部分。伊吉博德，又写作伊吉博得，后来他随齐明五年（659）遣唐使再次入唐，他的记录称作《伊吉博德书》。《日本书纪》中除此次外，另在齐明五年（659）、齐明六年（660）、齐明七年（661）中均引用了他的记录。本次遣唐使多经磨难，除第二船沉没，幸存五人外，第一船也有部分成员客死于途中。先是押使高向玄理卒于大唐。另据伊吉博德言："学问僧惠妙于唐死，知聪于海死，智国于海死，智宗以庚寅年付新罗船归，觉胜于唐死，义通于海死，定惠以乙丑年付刘德高等船归。妙位、法胜、学生冰连老人、高黄金并十二人、别倭种韩智兴、赵元宝，今年共使人归。"①

六、玄奘与道昭

　　唐太宗李世民执政时期，政治稳定，经济迅猛发展，人民安居乐业，对外交往进一步扩大，被史家誉为"贞观之治"。由此，也促进了文化的繁荣，唐与周边区域及欧亚大陆上的国家间的交往愈加密切。通往西域，以及古印度各国的交通，不仅形成了地理上的通途大道，同时也构成了畅通的文化走廊，使得源于古印度的正统佛教毫无阻碍地传至大唐。其间，在唐与中亚、西亚各国交往过程中，最具代表性的人物就是玄奘法师。玄奘（602—664），贞观三年（629）离开长安，贞观十九年（645）正月二十四日返回长安，他的西天取经之路，历时17载，行程5万多公里，途经110国。玄奘西行求法的艰辛历程，途中所遇的磨难及其见闻等，在《大唐西域记》和《大慈恩寺三藏法师传》中已如实地记录下来，在此不做赘述。

　　玄奘的壮举不仅在唐朝本土产生了广泛影响，随着遣唐使的来华，玄奘所创的法相宗（又名唯识宗），也在第一时间传到了日本，对日本佛教产生很大影响。来唐求学于玄奘的日本僧人共有两批，见于史料者有三人，他们是：第二次遣唐使中的道昭；齐明四年（658）入唐

---

① 　[日]小島憲之、直木孝次郎、西宮一民、蔵中進、毛利正守校注・訳：『日本書紀③』（新編日本古典文学全集 4）、東京：小学館、1998 年、第 196 頁。

的智通和智达。其中最先接受玄奘思想和教诲的日本人是留学僧道昭。关于道昭与玄奘的交往，史料中留下许多记录。

道昭（629—700），河内国丹比郡（今大阪府堺市）人，653 年入唐，在唐生活了 8 年左右，661 年回国。道昭抵长安后，很快遇到了玄奘，于是跟随他学习法相宗。玄奘新创立的法相唯识学，道昭第一时间便掌握在身，回国后立即在飞鸟的元兴寺传播法相宗，并在寺域内建造禅院。道昭卒于文武天皇四年（700），享年 72 岁。关于道昭与玄奘的相遇，《续日本纪》"文武四年三月己未"条有如下记载：

> 三月己未，道照（昭）和尚物化。天皇甚悼惜之，遣使吊赙之，和尚河内国丹比郡人也。俗姓船连，父惠释少锦下。和尚戒行不缺，尤尚忍行。尝弟子欲究其性，窃穿便器，漏污被褥。和尚乃微笑曰："放荡小子，污人之床。"竟无复一言焉。初孝德天皇白雉四年，随使入唐。适遇玄奘三藏，师受业焉。三藏特爱，令住同房。谓曰："吾昔往西域，在路饥乏，无村可乞。忽有一沙门，手持梨子，与我食之。吾自唉后，气力日健。今汝是持梨沙门也。"又谓曰："经论深妙，不能究竟，不如学禅，流传东土。"和尚奉教，始习禅定。所悟稍多。于后随使归朝。[1]

通过道昭的生平事迹可知，他到达长安后，拜玄奘为师。玄奘很关爱这位异国的留学僧，让他住在自己的房间里。同时，玄奘说了几段话，留在日本的史料中。其一是讲他在西行途中饥饿之时，有一沙门与之梨子的事情，称道昭如今"是持梨沙门也"。

于是，玄奘教导道昭学禅，让他回国"流传东土"。此处的"东土"，指的是倭国。这种表述，反映了唐人的地理方位观，以长安、洛阳为中心，倭国位于东方，故称东土。同样，玄奘离开唐都往西行，自西言东时，称唐朝也为"东域""东国"等。

玄奘的教诲，使道昭踏上一条新的求法之路，修习禅定。玄奘给

---

① ［日］青木和夫、稻冈耕二、笹山晴生、白藤禮幸校注：『續日本紀　一』（新日本古典文学大系）、東京：岩波書店、1989 年、第 22 頁。

道昭介绍了一位禅宗高僧，即相州隆化寺慧满禅师。据《元亨释书》卷一载："又指见相州隆化寺慧满禅师。满委曲开示，谓曰，先师僧那曰，昔达摩以楞伽经付二祖曰，吾观震旦所有经，唯此四卷可以印心。"相州隆化寺位于河南安阳，道昭辞别玄奘后，来到安阳，在那里随慧满学习禅宗。

慧满与玄奘生活在同一时代，河南荥阳人，具体生卒年不详。他的出生地与玄奘较近，《续高僧传》卷第十六"释僧可"条和《景德传灯录》卷三均有其传。慧满俗姓张，贞观十六年（642）任洛州会善寺住持，后至相州，于隆化寺遇僧那禅师开示，二人共传《楞伽经》四卷。卒于洛阳，年寿七十。

道昭跟慧满一学就是几年，回国后在飞鸟的元兴寺南隅，别建一座禅院，当时有很多信众跟他学禅。由此，道昭也成为禅宗传入日本的第一人。慧满禅师曾"一衣一食，但畜二针，冬则乞补，夏便通舍，覆赤而已。自述一生无有怯怖，身无蚤虱，睡而不梦，住无再宿，到寺则破柴造履，常行乞食"[1]。道昭回国后也继承了慧满的禅风，"或三日一起，或七日一起"[2]。道昭 72 岁时，端坐绳床而终。他留下遗书，要求火葬。弟子们依遗嘱，在栗原寺将其火化，《续日本纪》称之为"天下火葬从此而始"。这也是文献记载所见日本火葬制度的开始。

道昭留学唐朝，师从玄奘一事，在日本史料中还有很多记录。基本史料除了《日本书纪》《续日本纪》之外，还见于《日本灵异记》《入唐记》《三国佛法传通缘起》《元亨释书》《本朝高僧传》等。另外，中国的《宋史》卷四百九十一《外国传·日本》中也记载了此事。983 年，日本国僧人奝然与其徒五六人抵达汴京，拜谒宋太宗，献铜器十余件，并本国《职员令》《王年代记》各一卷。《宋史》列传卷二百五十载："次孝德天皇，白雉四年，律师道照（昭）求法至中国，从三藏僧玄奘受

---

① 《续高僧传》卷第十六"释僧可"条。参见（唐）道宣撰，郭绍林点校：《续高僧传》（中），北京：中华书局，2014 年，第 569 页。

② ［日］青木和夫、稻冈耕二、笹山晴生、白藤礼幸校注：『続日本紀　一』（新日本古典文学大系），東京：岩波書店、1989 年、第 26 頁。

经、律、论，当此土唐永徽四年也。"①

　　道昭入唐的时间是 653 年，回国时间史料中无明确记载。继道昭这次之后，倭国又派遣了下一批遣唐使，即白雉五年（654）高向玄理为押使的那次，两次仅隔一年。两使团都在完成使命后，于次年返回，留学生和留学僧则在大唐继续学习。因此，道昭回国只能等待下次使船来唐。倭国派遣的第四次遣唐使是在齐明五年（659），返回的时间为两年后的 661 年，道昭很有可能是随这次使团一起回国的。返程地在越州（今绍兴市）余姚县，漂流至此上岸的遣唐使船一直等候在那里。此次使团于齐明七年（661）五月二十三日返回本国。但是，《续日本纪》中，却写有道昭回国时"及至登州"。这时期从登州回国的遣唐使，除了吉士长丹（白雉五年七月回国）一行以外，还有齐明元年（655）这次。而对于在唐学法多年的道昭来说，不可能这么快回国，因此，只能等到齐明五年那次使团回国。至于"及至登州"的记述，很有可能是把道昭来唐那次使团的返航地，当成了道昭实际回国的离岸地。

　　道昭回国后，为日本佛教注入了新鲜血液，在倭国开辟了由玄奘创立的大唐法相宗。至此，源于古印度的唯识学，由弥勒到戒贤，从戒贤到玄奘，再由玄奘传给道昭。法相宗在倭国形成以后，又经过几代法师传承，最终得以稳步发展，至今未绝。因此，道昭在日本佛教中的地位，正如《本朝高僧传》所言："本朝入唐传法相者，凡有四人，道昭第一番也。"

七、弟子智通与智达

　　玄奘的倭国弟子不止道昭一人。唐显庆三年（658），又有两位僧人入唐，拜玄奘为师，学习法相宗。此二人，一位叫智通，另一位叫智达。据《日本书纪》"齐明四年七月"条载："是月，沙门智通、智达奉敕乘新罗船往大唐国，受无性众生义于玄奘法师所。"可知，二人赴

① （元）脱脱等撰：《宋史》（简体字本二十四史，第 51 册），北京：中华书局，2000 年，第 10902 页。

唐不是乘日本船只，亦非随遣唐使而至，而是乘新罗船来的。他们回国后，大弘宗旨，被称为法相宗的第二传者。

第二代传人中，智通较为知名，673年被任为僧正一职。《本朝高僧传》中有一篇《和州观音寺沙门智通传》，其文载：

> 释智通，不详何国人。秉性敏察，学道不倦。齐明四年秋七月，奉敕，共沙门智达乘新罗船，问脂那风，谒玄奘三藏。时奘公在洛阳玉华宫，翻译经论。殷勤随事，切磋唯识。业成通念，回居和州，开观音寺，专说法相。此方义学。以通亲受奘师，竞询教法，名播四方。白凤元年三月，敕为僧正。是相宗入唐得法之第二番也。①

智通，具体生卒年不详，出生地无载。"问脂那风"，"脂那"指的是大唐。②文中的"时奘公在洛阳玉华宫"，此说不准确，"玉华宫"并不在洛阳，而在长安近郊，位于今陕西省铜川市玉华乡玉华村北侧的玉华山，曾为太宗李世民的行宫，又称玉华寺。显庆四年（659）冬十月，玄奘从长安来到玉华宫，专注译经。次年正月一日，玄奘开始翻译《大般若经》，直至去世，其生命中的最后五年都是在玉华宫度过的。智通在玉华宫，伴随玄奘左右，"殷勤随事，切磋唯识"。回国后，他在平城京建立观音寺，宣讲法相宗。

天武二年（673）三月，智通受敕封为僧正，此职属于佛教管理中的最高职位。中国早在南北朝时期就已实行了僧官制度，出现了僧主、僧正、僧都、维那等官职。此后，僧正、僧都的管理体制传到百济，又通过百济传到日本。不过，日本正式设置僧官，最初在推古三十二年（624），先是因为一起事件引发的。推古三十二年四月三日，

---

① [日]仏書刊行会編纂：『大日本佛教全書』第102卷、東京：仏書刊行会、1913年、第67頁。
② （南宋）法云编《翻译名义集》卷第三载："脂那，婆沙二音。一云支那，此云文物国，即赞美此方，是衣冠文物之地也。二云指难，此云边鄙，即贬挫此方非中国也。西域记云，摩诃至那，此曰大唐。"另，（唐）玄奘述，辩机撰《大唐西域记》卷第五记，玄奘见戒日王时，王曰："自何国来，将何所欲？"对曰："从大唐国来，请求佛法。"王曰："大唐国在何方？经途所亘，去斯远近？"对曰："当此东北数万余里，印度所谓摩诃至那国是也。"

有一僧人用斧头砍其祖父。天皇（大王）听后下诏要求召集诸寺僧尼调查此事，若为事实，严惩不贷。[①] 于是，602年给倭国带来历本、天文、地理书及遁甲、方术之书的百济僧人观勒，上表道：

> "夫佛法自西国至于汉经三百岁，乃传之至于百济国而仅一百年矣。然我王闻日本天皇之贤哲而贡上佛像及内典，未满百岁。故当今时，以僧尼未习法律，辄犯恶逆。是以，诸僧7尼惶惧，以不知所如。仰愿，其除恶逆者以外僧尼，悉赦而勿罪。是大功德也。"天皇乃听之。
>
> 戊午，诏曰："夫道人尚犯法，何以诲俗人。故，自今以后，任僧正、僧都，仍应检校僧尼。"壬戌，以观勒为僧正、以鞍部德积为僧都，即日以阿昙连（阙名）为法头。
>
> 秋九月甲戌朔丙子，校寺及僧尼，具录其寺所造之缘，亦僧尼入道之缘及度之年月日也。当是时有寺四十六所，僧八百十六人，尼五百六十九人，并一千三百八十五人。[②]

此事可以看作日本佛教发展史上的一个节点，从中也能看出其发展轨迹。当时日本登记在册的寺院有46所，僧816人，尼569人，共计1385人。日本最初的僧正一职，由百济渡来僧观勒担任，最初任命的僧都为鞍部德积，阿昙连为法头。该制度后来进一步演化，僧正分为大僧正、权僧正等。僧都也分为大僧都、权大僧都、少僧都、权少僧都等。到了智通任僧正时，僧正的人数已增至多人。

关于智达，史料中记载的信息基本上是伴随智通一起出现的，内容大致与《日本书纪》里载的一致，多数提到乘新罗船入唐，从师于玄奘。不过，他们赴唐的历程，并非一帆风顺，早在齐明三年（657），

---

① 《日本书纪》卷第廿二（推古天皇三十二年）载："三十二年四月丙午朔戊申，有一僧，执斧殴祖父。时天皇闻之召大臣，诏之曰：'夫出家者，顿归三宝，具怀戒法。何无忤忌辄犯恶逆。今朕闻，有僧以殴祖父。故，悉聚诸寺僧尼，以推问之。若事实者，重罪之。'于是，集诸僧尼而推之，则恶逆僧及诸僧尼并将罪。"

② ［日］小岛宪之、直木孝次郎、西宫一民、藏中进、毛利正守校注・訳：『日本書紀②』（新编日本古典文学全集4）、東京：小学館、1996年、第586頁。

智达曾启程抵达新罗，托其送往大唐，但新罗不肯送，智达等人只得返回倭国。^① 如此，第二年再次乘新罗船抵达大唐。

八、日本法相宗的第三、四代传人

日本出现法相宗的第三代传人，已是玄奘去世几十年后的事了，时间为 703 年（唐长安三年，日本大宝三年），他们是新罗僧人智凤、智鸾、智雄三人。关于此事，日本史料中留下诸多记载，主要见于《三国佛法传通缘起》（卷中"法相宗"）、《入唐记》（龙门文库本）、《僧纲补任抄出》（上）、《元亨释书》（卷十六《力游》、卷二十一《资治表二·文武天皇》）等。其中，《三国佛法传通缘起》的记载较为翔实，其文曰：

> 第三传者，道昭入唐之后，经五十一年，至第四十二主文武天皇御宇大宝三年癸卯，新罗智凤、智鸾、智雄三师，俱奉敕命渡海入唐。谒濮阳大师，学法相宗（或遇玄奘、慈恩，学习宗旨。然二师入灭经年序。）遂归本朝，大弘宗教。智凤，庆云三年丙午，维摩讲师。^②

以上可知，活跃在日本的新罗僧人智凤、智鸾和智雄，是在大宝三年"俱奉敕命渡海入唐"的，他们从日本出发，并且是由天皇派遣的。日本史料多处记载智凤等渡海入唐，学习唯识宗，智凤回国后又传教给义渊。^③ 然而，智凤等入唐时，创立法相宗的玄奘和其弟子慈恩

---

① 《日本书纪》卷第廿六"齐明天皇三年九月"条载："是岁，使使于新罗曰：'欲将沙门智达、间人连御厩、依纲连稚子等，付汝国使令送到大唐。'新罗不肯听送。由是沙门智达等还归。"参见［日］小岛宪之、直木孝次郎、西宫一民、藏中进、毛利正守校注·訳：『日本書紀③』（新編日本古典文学全集 4）、東京：小学館、1998 年、第 210 頁。
② ［日］凝然：『三国佛法傳通緣起』、真宗東派本願寺教育課蔵版、1876 年、第 7 頁。
③ 《元亨释书》卷第十六《智凤法师》载："释智凤，大宝三年入唐，学唯识，僧正义渊，凤之徒也。"《元亨释书》卷第二十一《文武皇帝》"大宝三年"条载："是岁，沙门智凤入唐。"参见［日］虎关师錬：『元亨釈書』、経済雑誌社編『国史大系 第四巻』、東京：経済雑誌社、1901 年、第 890、1006 頁。

法师（窥基）均已辞世，入灭多年。[1] 因此，智凤、智鸾、智雄师从于玄奘的说法当属误传。事实上，他们拜师于濮阳大师门下。

大唐法相宗第三代传人为智周（668—723），世称"濮阳大师"。释智周，俗姓徐，濮阳（今河南濮阳市）人，19 岁受戒，23 岁入慧沼门下，学习唯识宗。智周所学，内穷三藏，外达九流，为学者师宗，曾在濮阳报城寺、定水寺传法。他与窥基、慧沼合称"唯识三祖"。后世也尊其为中国法相宗第四祖。[2] 智周著述丰厚，多达十六种，现存十一种。不过，智周在中土的法嗣弟子未见记载，相反在日本却延续下来。智凤结束了在唐的学习后，回国在元兴寺传播法相宗。

智周的弟子不仅有智凤、智鸾、智雄，日本法相宗的第四代传人玄昉也跟智周学习过，回国后于兴福寺弘传唯识学。日本法相宗在流传过程中，一般将第一传的道昭，第二传的智通、智达，合称为"南寺传"或"元兴寺传"。而第三代和第四代传人都与智周有关，第四传称为"北传"或"兴福寺传"。

玄昉（？—746），养老元年（717）以学问僧的身份随遣唐使入唐，天平七年（735）回到日本，在唐学法 18 年，从师于智周，学习法相宗。日本史料载，当时的唐天子玄宗皇帝欣赏玄昉的才华，授其紫色袈裟，相当于准三品。[3] 关于玄昉的事迹，《三国佛法传通缘起》中载道：

> 第四传者，道昭入唐之后，经六十四年，至第四十四代女帝元正天皇御宇灵龟二年丙辰，玄昉法师渡溟入唐。乃谒濮阳智周大师，研法相宗。于时智周三十八，唐开元四年也。玄昉法师在

---

[1]　玄奘的弟子窥基（632—682），又被称作慈恩法师，二人为唯识宗（法相宗）两代之祖。赞宁《大宋高僧传》卷四曰："奘师为《瑜伽》《唯识》开创之祖，基乃守文述作之宗。唯祖与宗，百世不除之祀也。"

[2]　杨维中：《中国唯识宗通史（下册）》，南京：凤凰出版社，2008 年，第 792 页。

[3]　《续日本纪》"天平十八年（746）六月己亥"条载："僧玄昉死。玄昉，俗姓阿刀氏。灵龟二年，入唐学问。唐天子尊昉，准三品，令着紫袈裟。天平七年，随大使多治比真人广成还归。"参见［日］青木和夫、稲岡耕二、笹山晴生、白藤禮幸校注：『続日本紀 三』（新日本古典文学大系）、東京：岩波書店、1995 年、第 28—30 頁。此外，《入唐记》《七大寺年表》《元亨释书》等也有类似记载。

唐学法，经二十年，第四十五代圣五天皇御宇天平七年乙亥七月归朝。大于所传，妙扬宗旨，四代连绵，各传宗教。而智凤门叶，经世甚昌。玄昉所传，与凤一合。①

　　玄昉回国时携带五千卷的经论及一切经、诸佛像等。同样受到智周大师教诲的玄昉，不仅在唯识学方面造诣深厚，还凭借其杰出的才华，很快渗透到了日本政界。圣武天皇仿照唐的做法，也授予其紫袈裟，并任其为僧正，允其自由地出入宫内设置的道场。不仅如此，玄昉还掌握一身高超的医术。圣武天皇的母亲皇太夫人藤原氏（宫子太后）自从生完天皇之后，就患了抑郁症，母子二人从未见过面。一日，皇太夫人来到皇后宫，见到玄昉，玄昉为之看病，皇太夫人顿时开朗起来，久病痊愈，与天皇相见。母子终于相聚，天皇也十分高兴，赏赐了玄昉。

　　此时，朝廷起用的重臣中，除玄昉之外，还有同他一起留学归来的吉备真备。其间，735年筑紫地区发生天然痘（天花）传染病，737年病情已蔓延到都城奈良一带，死者甚多，朝中掌权的藤原氏家四兄弟相继死于传染病。这引起时任大宰府少贰的藤原氏后裔藤原广嗣的不满。天平十二年（740）八月，藤原广嗣上表指责朝政失策，天灾流行是因为重用了玄昉和吉备真备之过，要求解除他们二人的职务。②继而，藤原广嗣又发动叛乱，圣武天皇派大野东人为大将军，领军一万七千人，持节讨伐。同年十月，于肥前国松浦郡斩杀广嗣，平息了叛乱。

　　受此影响，卷入朝廷政治斗争的玄昉，745年被左迁至筑紫观音寺，二年后卒于该寺。《续日本纪》在记录玄昉的生平时，最后写道：

---

① ［日］凝然:『三国佛法傳通縁起』、真言宗東派本願寺教育課藏版、1876 年、第 7 頁。
② 《续日本纪》"天平十二年（740）八月癸未"条载:"大宰少贰从五位下藤原朝臣广嗣上表，指评政之得失，陈天地之灾异。因以除僧正玄昉法师，右卫士督从五位上下道朝臣真备为言。"参见［日］青木和夫、稻岡耕二、笹山晴生、白藤禮幸校注:『續日本紀　二』（新日本古典文学大系）、東京: 岩波書店、1995 年、第 364 頁。

"世相传云，为藤原广嗣灵所害。"[1] 据说玄昉之死，是被藤原广嗣的"怨灵"所害的。这也是日本思想史上称作"怨灵"信仰的最早记录，藤原广嗣被视为日本最初的怨灵。玄昉死于怨灵之说，后来又被《元亨释书》《兴福寺流记》《七大寺年表》《扶桑略记》等史书进一步演绎，甚至在《今昔物语集》《源平盛衰记》等文学作品中，还编进了玄昉与光明皇后私通的故事，由此被视为藤原广嗣叛乱的主因。这些史书或文学作品的演绎，扩大了怨灵信仰的影响力，使之成为思想史上的一个特殊符号。

如上所述，630 年，倭国首次派出遣唐使并顺利抵达唐朝，太宗皇帝矜其远，诏有司毋拘岁贡，同时又遣新州刺史高表仁往谕。大唐与倭国之间积极地展开了外交活动。唐试图把倭国纳入册封的行列，结果倭国未作表态。于唐而言，愿望未能实现，将其结果归咎于高表仁，称其无绥远之才。但是，此事只是停留于纸面，并未引起什么后果，高表仁回国后也没有受到惩罚，继续从政为官。最终，唐倭（日）之间仍以朝贡关系相互往来，这种政治关系贯穿整个遣唐使时期。

第一次遣唐使人数不详，成员中既有新人也有旧人。犬上三田耜两度入隋唐，药师惠日三度入隋唐。这些人为日本社会的进步与发展，以及吸收新文化做出相当大的贡献。同时为朝廷建言献策，对于推动倭王决定遣使入唐起到关键性作用。

653 年和 654 年，倭国连续两次派遣唐使，其间隔较短。此时的倭国，刚刚经历大化改新，经济实力逐渐增强，政治、法制改革逐步推进。此外，倭国与朝鲜半岛联系相对紧密，白雉四年（653）六月，百济和新罗都派使者赴倭，除权衡政治关系以外，还与之进行物质和文化方面的交往，由此也推动了倭国自身的基础设施建设。[2] 这两次遣唐使的目的在于更多地摄取中国文化。

---

① 　［日］青木和夫、稲岡耕二、笹山晴生、白藤禮幸校注：『続日本紀　三』（新日本古典文学大系）、東京：岩波書店、1995 年、第 30 頁。

② 　《日本书纪》卷第廿五"孝德天皇白雉四年六月"条载："六月，百济、新罗遣使贡调、献物。修治处处大道。"参见［日］小島憲之、直木孝次郎、西宮一民、藏中進、毛利正守校注・訳：『日本書紀③』（新編日本古典文学全集 4）、東京：小学館、1998 年、第 192 頁。

在玄奘及其弟子窥基创立法相宗之初，倭国及新罗僧人便来到他们的身边，纷纷修得源于古印度而又兴盛于大唐的新学派。玄奘在世期间，亲自教授的日本弟子有道昭、智通和智达。在日本传承体系中，接踵而来的又有新罗僧智凤、智鸾、智雄等。后来，日僧玄昉又留学大唐，学习法相宗，为日本再次带去宗法教理。此四批传播者，称为日本的法相四祖。

可见，法相宗在日本的传播，朝代非一，师承有序。时至今日，玄奘开辟的法相宗，在日本仍然法脉相承，宗枝茂盛。目前日本法相宗的大本山有二处，均位于古都奈良，一为兴福寺，二为药师寺。其他分寺或别院则有几十所。药师寺内有一座建于1991年的"玄奘三藏院"，里面有一个八角堂，为唐式建筑，大堂上额写有"不东"二字。唐玄奘的广博学识和他所开辟的法相宗，至今仍流传于日本。

一、大唐与朝鲜三国

7世纪中叶，大唐在与东方各国交往中，比起倭国，更重视的是朝鲜半岛上的三国。唐初至贞观年间，高句丽、百济、新罗，分别与大唐进行着相对较为密切的往来，三国均接受过唐朝的册封或遣使朝贡。不过，三国之间的外交往来，时好时坏，互相利用，各为其利。

高句丽一直是隋唐两代王朝的劲敌，隋朝两任皇帝均讨伐过它。唐朝成立后，高句丽与唐的关系依然紧张，时而称臣，时而对抗。唐太宗则亲征高句丽，直至去世也未能平定大局。太宗死后，唐高宗李治即位，起初唐与高句丽之间的关系并未到达征伐的程度。永徽五年（654）以后，唐与高句丽的紧张关系逐渐升温，十月，高句丽进攻契丹。次年，高句丽又勾结靺鞨，攻占新罗三十六城。为此，唐朝立即出兵，败高句丽兵于新城[1]，在一定程度上减轻了新罗的压力。显庆三年（658）六月，营州都督兼东夷都护程名振、右领军中郎将薛仁贵领兵攻克高句丽之赤烽镇。随后，显庆四年（659），唐又派薛仁贵、梁建方、契苾何力等出兵辽东，破高句丽大将温沙门于横山。[2] 半岛形势越来越紧张，高句丽与百济结盟，侵犯新罗。唐高宗展开了对高句

---

[1] （宋）欧阳修、宋祁撰：《新唐书》（简体字本二十四史，第37册），北京：中华书局，2000年，第4706页。

[2] 《资治通鉴》卷第二百"显庆四年"条；《旧唐书》卷第八十三《薛仁贵》则记为显庆三年。

丽的一系列讨伐行动，甚至曾一度欲亲自出征 ①，直至亡其国。668 年，高句丽被唐和新罗所灭。

百济，于武德四年（621）至贞观十九年（645）的 25 年间，曾派遣过 20 多次使臣入贡，同唐朝保持着较为密切的友好关系。但是，642 年，百济与高句丽结盟，侵占新罗四十余城。贞观十九年，百济王听说太宗又要讨伐高句丽，趁机侵占新罗七城，不久又夺十余城，一时停止朝贡。高宗继位后，百济于永徽二年（651）又遣使朝贡，使臣回国时，朝廷给百济国王带去一封玺书，要求其与新罗和好，归还其吞并的土地，如若不从，则允许新罗与之决战。从《旧唐书》卷一百九十九上《东夷·百济》所载的这封玺书可以看出，以唐朝为中心的世界秩序中，新罗、百济、高句丽为"海东三国"，高宗皇帝乃"万国之主"，不希望他们三蕃动乱。此时，唐朝尚无攻打百济的企图，百济走向灭亡是随着后来时局的变化逐渐演变所致。② 百济一方面背离唐朝的意愿，与新罗对决，另一方面又与倭国通好 ③，寻求新的联盟。

永徽六年（655），百济又联合高句丽、靺鞨入侵新罗，抢占三十余城。新罗武烈王遣使入唐求援。朝鲜半岛局势越演越烈，武烈王六年（659），百济再次侵犯新罗，新罗派人入唐乞师。④ 由此引发局势

---

① 《新唐书》卷二百二十《东夷·高丽》载："龙朔元年，大募兵，拜置诸将，天子欲自行，蔚州刺史李君球建言：'高丽小丑，何至倾中国事之？有如高丽既灭，必发兵以守，少发则威不振，多发人不安，是天下疲于转戍。臣谓征之未如勿征，灭之未如勿灭。'亦会武后苦邀，帝乃止。"参见（宋）欧阳修、宋祁撰：《新唐书》（简体字本二十四史，第 37 册），北京：中华书局，2000 年，第 4706 页。

② 韩昇：《东亚世界形成史论》，上海：复旦大学出版社，2009 年，第 243 页。

③ 《三国史记》卷第二十八《百济本纪第六》"义慈王十三年（653）"条载："秋八月，王与倭国通好。"参见金富轼著，杨军校勘：《三国史记》（上），长春：吉林大学出版社，2015 年，第 326 页。

④ 《三国史记》卷第五《新罗本纪第五》"太宗武烈王六年"条载："六年夏四月，百济频犯境，王将伐之，遣使入唐乞师。秋八月，以阿飡真珠为兵部令。九月，阿瑟罗州进白鸟。公州基郡江中，大鱼出死，长百尺。食者死。冬十月，王坐朝，以请兵于唐，不报，忧形于色。忽有人于王前，若先臣长春、罢郎者。言曰：'臣虽枯骨，犹有报国之心，昨到大唐。认得皇帝命大将军苏定方等，领兵以来年五月，来伐百济。以大王勤仰如此，故兹控告。'言毕而灭。王大惊异之，厚赏两家子孙，仍命所司，创汉山州庄义寺，以资冥福。"参见金富轼著，杨军校勘：《三国史记》（上），长春：吉林大学出版社，2015 年，第 69 页。

巨变，显庆五年（660），高宗皇帝派左卫大将军苏定方统兵讨伐百济，致使百济灭亡。

　　7世纪中叶，新罗进入历史上的大变革时期。在百济和高句丽的侵犯下，新罗不得不实行大刀阔斧的政治和军事改革。正当新罗面临危难之时，金春秋登上了历史舞台。金春秋上任之前，曾经为谋求新罗的发展空间，642年赴高句丽求援，试图与高句丽共同对抗百济，结果非但未成功，反而遭到高句丽王的虐待，被其软禁，险些丧命。①647年，新罗真德王即位，此间多次遭到百济入侵。为抗击百济，金春秋又赴倭国②，试图探索一条新的道路，但并未取得成功。次年，真德王二年（648），金春秋带子文王来唐，得到唐朝廷的庇护，并留其子为质子。真德王四年（650），真德王用织锦作五言《太平颂》进献唐高宗。真德王五年（651），金春秋之子金仁问伺唐。654年，金春秋就任新罗最高行政首领，即位为武烈王。659年，高句丽、百济和靺鞨联合军进攻新罗后，应武烈王的请求，唐朝廷决定攻打百济。

　　在新罗的一系列亲唐活动中，赢得唐朝信任的因素还包括其政治体制和礼仪制度的改革。金春秋早在入唐时便请诣国学，观释奠及讲论，唐太宗因此赐以所制《温汤》及《晋祠碑》并新撰《晋书》，其归国时，令三品以上宴请饯行。③金春秋又请改其章服，以从唐朝冠服制度。650年，"是岁，始行中国永徽年号"④。次年，新罗又模仿唐制，于正月初一，御朝元殿，受百官贺正。金春秋登上王位后，进一步加强唐、

---

①　参见《三国史记》卷第五《新罗本纪》"善德王十一年"条；《三国史记》列传第一《金庾信上》。不过，关于金庾信领兵的人数，《新罗本纪第五》中载为"领死士一万人"，而《金庾信上》则为"勇士三千人"，二者有别。

②　《日本书纪》"孝德天皇大化三年是岁"条载："新罗遣上臣大阿湌金春秋等，送博士小德高向黑麻吕、小山中中臣连押熊来，献孔雀一只、鹦鹉一只。仍以春秋为质。春秋美姿颜善谈咲。"参见［日］小岛宪之、直木孝次郎、西宫一民、藏中进、毛利正守校注·訳：『日本書紀③』（新编日本古典文学全集4）、东京：小学馆、1998年、第168页。

③　《旧唐书》卷一百九十九上《东夷·新罗》。参见（后晋）刘昫等撰：《旧唐书》（简体字本二十四史，第32册），北京：中华书局，2000年，第3630页。

④　《三国史记》卷第五《新罗本纪》"真德王四年"条。参见金富轼著，杨军校勘：《三国史记》（上），长春：吉林大学出版社，2015年，第67页。

罗关系，直至乞师成功，灭掉百济。

7世纪中叶以后，正当朝鲜半岛风云变幻之时，倭国也不失时机地介入这场时代的激流当中，以至于其第四次遣唐使被幽禁起来，困苦经年。

二、第四次遣唐使

倭国于齐明五年（659）再派使者入唐，此次已是第四次遣唐使。这次遣唐使是在倭国国内政治、经济取得一定成果，东亚局势发生巨变的背景下促成的，因此使者来华之后，较以往相比，经历了许多意想不到的事情。

遣唐使最初的任命和准备阶段的记载缺失，出发时间为齐明天皇七年（659）七月三日。这次派遣的令人瞩目之处是带来两个虾夷人，一男一女，献给天子观看。第三次遣唐使成员中的伊吉博德，再次入唐。关于遣唐使的一些细节，《日本书纪》中基本引用的是伊吉博德回国后提交的报告书，此报告被称为《伊吉博德书》。该报告详细地记录了遣唐使从出发，到航海过程，以及谒见天子和在唐活动的情况，具有重要史料价值，现摘录如下：

> 伊吉连博德书曰：
>
> 同天皇之世，小锦下坂合部石布连、大山下津守吉祥连等二船，奉使吴唐之路。以己未年七月三日发自难波三津之浦，八月十一日发自筑紫大津之浦。九月十三日，行到百济南畔之岛，岛名毋分明。以十四日寅时，二船相从放出大海。
>
> 十五日日入之时，石布连船，横遭逆风，漂到南海之岛。岛名尔加委。仍为岛人所灭。便东汉长直阿利麻、坂合部连稻积等五人，盗乘岛人之船，逃到括州。州县官人，送到洛阳之京。
>
> 十六日夜半之时，吉祥连船，行到越州会稽县须岸山。东北风，风太急。二十三日，行到余姚县，所乘大船及诸调度之物，留著彼处。润十月一日，行到越州之底。十月十五日，乘驿入京。二十九日，驰到东京。天子在东京。

　　三十日，天子相见问讯之，日本国天皇，平安以不。使人谨答，天地合德，自得平安。天子问曰，执事卿等，好在以不。使人谨答，天皇怜重，亦得好在。天子问曰，国内平不。使人谨答，治称天地，万民无事。天子问曰，此等虾夷国有何方。使人谨答，国有东北。天子问曰，虾夷几种。使人谨答，类有三种。远者名都加留，次者鹿虾夷，近者名熟虾夷。今此熟虾夷。每岁入贡本国之朝。天子问曰，其国有五谷。使人谨答，无之。食肉存活。天子问曰，国有屋舍。使人谨答，无之。深山之中止住树本。天子重曰，朕见虾夷身面之异，极理喜怪，使人远来辛苦。退在馆里。后更相见。

　　十一月一日，朝有冬至之会。会日亦觐。所朝诸蕃之中，倭客最胜。后由出火之乱，弃而不复检。十二月三日，韩智兴傔人西汉大麻吕，枉谮我客。客等获罪唐朝，已决流罪。前流韩智兴于三千里之外。客中有伊吉连博德奏，因即免罪。事了之后敕旨，国家来年必有海东之政，汝等倭客，不得东归。遂逗西京，幽置别处。闭户防禁，不许东西。困苦经年。

　　难波吉士男人书曰，向大唐大使，触岛而覆。副使亲觐天子，奉示虾夷。于是虾夷以白鹿皮一、弓三、箭八十献于天子。[1]

通过以上《伊吉博德书》，至少我们可以了解到以下一些情况：

第一，遣唐使共派二船，大使坂合部石布乘坐第一船，副使津守吉祥乘第二船。二船离开筑紫大津浦（今博多湾）之后，经过百济南端，后来遇到风浪漂散。大使的船漂到南海之岛的尔加委（今地名不详）后，被岛人所害，只有五人逃生。南海之岛的具体位置不明。副使津守吉祥的第二船，漂流到中国东海海域，最终在越州余姚县上

---

① ［日］小岛宪之、直木孝次郎、西宫一民、藏中进、毛利正守校注・訳：『日本書紀③』（新編日本古典文学全集4）、東京：小学館、1998年、第222—226頁。

岸。^①遣唐使的航线，首次改变了方向，航行南线，此前走的一直是北线，即从山东半岛的莱州或登州往返。此次尽管第一船出现了意外，但第二船往返都很顺利。此时，伊吉博德把这条越洋过海，由东至西，从越州上岸的遣唐使线路称作"吴唐之路"。

第二，在遣唐使与大唐天子的会面中，此次记录的内容最为详细。隋唐帝国时期，形成了以中国为中心的国际关系体系，天子实施怀柔政策，根据不同国家和民族的情况，除接受正月贺正以外，日常也亲自召见问询，示以仁德。唐高宗与倭使问答中，有一句"日本国天皇，平安以不"。此句并非原文，应该是《日本书纪》在编纂时略微修改过，因为当时尚未出现"日本"一词，由"倭国"到"日本国"，这一国名的变更，是在此次入唐几十年后才形成的。另外，"天皇"一词也未出现，当时的称呼应该是"王"或"倭王"。

第三，遣唐以道奥虾夷男女二人示唐天子，或称奉示虾夷。虾夷人，指古代生活在日本东北地区及北海道一带的人。虾夷人生活的地区，7世纪中叶前，尚不属于倭政权实际控制的领地。但是，大化改新之后，倭政权不断向外扩张。655年，朝廷于难波宫（今大阪）招待了北越的虾夷九十九人、东陆奥虾夷九十五人，并授予栅养虾夷九人、津刈虾夷六人各冠二阶。^②658年，阿倍比罗夫率180艘船攻打腭田（今秋田）和淳代地区的虾夷，虾夷人惊恐万分，纷纷乞降。同年七月四日，虾夷二百余人参朝，授予栅养虾夷二人位一阶。此次遣唐使带来的两个虾夷人就是这次战中俘虏或归降者。

此外，虾夷人入朝一事，不仅是天子，朝野上下均感稀奇，中国史料多处记载此事，唐宋时期的文献中分别见于以下几种：

（1）《通典》边防"虾夷"条载："虾夷国，海岛中小国也。其使须

长四尺，尤善弓矢。插箭于首，令人戴瓠而立，四十步射之，无不中者。大唐显庆四年十月，随倭国使人入朝。"

（2）《唐会要》卷一百"虾夷国"条载："虾夷，海岛中小国也。其使至，须长四尺。尤善弓箭，插箭于首。令人戴瓠而立，数十步射之，无不中者。显庆四年十月，随倭国使至入朝。"

（3）《册府元龟》卷九百九十七《外臣部》"状貌"条载："高帝显庆四年，虾夷国遣使入朝，其使须长四尺。"

（4）《新唐书卷一百二十《东夷·日本》载："孝德死，其子天丰财立。死，子天智立。明年，使者与虾夷人偕朝。虾夷亦居海岛中，其使者须长四尺许，珥箭于首，令人戴瓠立数十步，射无不中。天智死，子天武立。"

以上中国文献中，除《新唐书》以外，时间均为显庆四年，即659年，这与《日本书纪》记载相一致。而《新唐书》中的记载有误，孝德天皇之子并非天丰财，天丰财即齐明天皇。[1]不过，虾夷人须长四尺，善于射箭，在唐廷展示箭术这一情节未见于日本史料。

第四，根据唐朝礼仪，元旦与冬至是重要节日。冬至之日天子举行朝贺活动。[2]其中，诸蕃客根据地位与"蕃望"，各就其位[3]，"所朝诸蕃之中，倭客最胜"，不仅说明大唐与诸蕃之间的主从关系，同时也说明此次有很多蕃国参加，倭国使臣仅为其中之一。不过，从"倭客最胜"的表达，又可看出倭使在与其他蕃使进行比较，暗中争长争短，自认为优胜于人的心态。但是，后来由于发生火灾，倭使韩智兴遭到随从西汉大麻吕的诬陷，被处罚流刑，被流放到三千里之外。幸亏伊吉博德奏请，才得以免罪。韩智兴被处的刑罚为流放"于三千里之外"，属于流刑中最重的一种。唐律流刑有三等：二千里，二千五百

---

① 　[日]藤堂明保、竹田晃、影山輝國：『倭国伝』、東京：講談社、2010 年、第 265 頁。
② 　参见《大唐开元礼》卷九十七《皇帝元正冬至受群臣朝贺（并会）》；《通典》卷一百二十三《皇帝正至受群臣朝贺（并会）》；《新唐书》卷十九《礼乐志第九》。
③ 　[日]石見清裕：『唐の北方問題と国際秩序』、東京：汲古書院、1998 年、第 390—399 頁。

里，三千里。[①]

第五，遣唐使遇到了东亚地区发生的一个重大事件，即唐朝出兵攻打百济。遣唐使完成使命后，被告知"国家来年必有海东之政，汝等倭客，不得东归"。海东之政，指的就是唐军征伐百济。在朝鲜三国中，倭国与百济交往甚厚，唐朝政府担心倭使会走漏风声，把他们暂时扣押，从洛阳送至长安，幽禁别处，限制其自由，直至第二年，显庆五年（660）九月唐与新罗灭掉百济后，才被解禁回国。

显庆五年九月十九日，遣唐使一行从长安来到洛阳，在那里与另一船的五人会合。此五人乘坐的是第一船，全船人员多被岛人所害，只有东汉长阿利麻和坂合部稻积等五人幸免于难，漂流到括州（今浙江丽水市），被当地政府送至洛阳。遣唐使的回国路线，《伊吉博德书》中记载得仍然很详细，其中载：

> 辛酉年正月二十五日，还到越州。四月一日，从越州上路，东归。七日，行到柽岸山明。以八日鸡鸣之时，顺西南风，放船大海。海中迷途，漂荡辛苦。九日八夜，仅到耽罗之岛。便即招慰岛人王子阿波伎等九人，同载客船，拟献帝朝。五月二十三日，奉进朝仓之朝。耽罗入朝始于此时。[②]

遣唐使前年上岸时，船舶及其他物品都留在了余姚县，因此，回国时走的也是越州之路，最终从余姚县放船东海。归船行至"耽罗之岛"，招待慰劳岛上王子阿波伎等九人，并同船载之使于倭国，拜见朝廷。耽罗岛即今济州岛之古称。中日交通史上，早期船舶航行往往漂流到耽罗岛。日本宝龟八年（777）派遣的遣唐使（总第十六次遣唐使），第四船在返程途中也漂至耽罗岛，判官海上真人三狩等遭到岛人袭击，

① 《唐律疏义》卷第一《流刑三》规定："流刑三：二千里。赎铜八十斤。二千五百里。赎铜九十斤。三千里。赎铜一百斤。"参见钱大群撰：《唐律疏义新注》，南京：南京师范大学出版社，2007 年，第 15 页。

② [日]小岛宪之、直木孝次郎、西宫一民、藏中进、毛利正守校注・訳：『日本書紀③』（新編日本古典文学全集 4）、東京：小学館、1998 年、第 242 頁。

船员半数以上被扣留，只有录事韩国源等四十余人得以逃生。[①] 总之，第四次遣唐使历经千辛万苦，最终于661年回国。

三、百济亡国

遣唐使被扣留，以及唐朝政府所通告的"海东之政"，预示着朝鲜半岛将会发生一件预想不到的大事。事态的发展果然如此，进入660年，朝鲜形势巨变。高宗下诏，命左卫大将军苏定方为神丘道行军大总管，率左卫将军刘伯英等统兵13万，渡海讨伐百济。同时以新罗王金春秋为嵎夷道行军总管，率兵5万援助唐军，对百济水陆夹击。[②] 经过激烈战斗，七月十二日百济王都泗沘被包围，十三日义慈王逃往熊津城，十八日义慈王投降，百济灭亡。

百济亡国过程，另据《旧唐书》卷一百九十九上《东夷·百济》载："显庆五年，命左卫大将军苏定方统兵讨之，大破其国。虏义慈及太子隆、小王孝演、伪将五十八人等送于京师，上责而宥之。其国旧分为五部，统郡三十七，城二百，户七十六万。至是乃以其地分置熊津、马韩、东明等五都督府，各统州县，立其酋渠为都督、刺史及县令。"[③]

关于唐军征伐百济，以及唐、罗联合灭百济的战役情况，不仅在中、朝史料中有众多记载，日本史料中也多处涉及此事。战役的相关信息传到倭国，主要是通过遣唐使带回，还有百济难民及其他人士逃往倭国带过去的。最早传入倭国的信息，来自《日本书纪》"齐明六年（660）七月"条中引用的一份高句丽僧人道显撰写的《日本世记》，其

---

① 《续日本纪》卷第卅五"宝龟九年（778）十一月壬子"条载："壬子，遣唐第四船，来泊萨摩国甑岛郡。其判官海上真人三狩等，漂着耽罗岛，被岛人略留。但录事韩国连源等，阴谋解缆而去，率遗众四十余人而来归。"参见［日］青木和夫、稻冈耕二、笹山晴生、白藤礼幸校注：『続日本紀　五』（新日本古典文学大系）、東京：岩波書店、1995年、第76頁。
② 关于唐军人数，中朝史料记载的略有差异，中国史料如《资治通鉴》卷第二百、《旧唐书》卷一百九十九上《东夷·新罗》等均记作"水陆十万"。朝鲜史书《三国史记》卷第五《武烈王纪》、《三国史记》卷第四十二《金庾信传》、《三国史记》卷第二十八《百济本纪第六》、《三国遗事》卷第一等均记为"十三万"；《三国遗事》又引《乡记》载："军十二万二千七百十一人，舡一千九百只。"
③ 《旧唐书》卷一百九十九上《东夷·百济》。参见（后晋）刘昫等撰：《旧唐书》（简体字本二十四史，第32册），北京：中华书局，2000年，第3628页。

中载：

> 春秋智借大将军苏定方之手，使击百济亡之。或曰，百济
> 自亡。由君大夫人妖女之无道，擅夺国柄，诛杀贤良，故召斯祸
> 矣。①

　　此处的春秋，指的是新罗王金春秋。"智"为敬语词尾。道显指
出，百济亡国的原因之一是其君王荒淫无道，自取灭亡。这与朝鲜史
书记载并不相悖。《三国史记》卷第二十八《百济本纪第六》"义慈王"
条载："十六年（656），春三月，王与宫人，淫荒耽乐，饮酒不止。佐
平成中（或云净忠）极谏，王怒，囚之狱中，由是，无敢言者。成忠
瘦死不食，临终上书曰：'忠臣死不忘君，愿一言而死。臣常观时察
变，必有兵革之事。凡用兵，必审择其地，处上流以延敌，然后可以
保全。若异国兵来，陆路不使过沈岘，水军不使入伎伐浦（白江）之
岸，举其险隘以御之，然后可也。'王不省焉。"新罗国王荒淫无度，诛
杀贤良，是其走向亡国的原因之一。现存于韩国忠清南道扶余郡定林
寺的五重塔底部的《大唐平百济国碑铭》中记："况外弃直臣，内信妖
妇，刑罚所及，唯在忠良，宠任所加，必先谄幸，标梅结怨，杼轴衔
悲。"碑铭上书丹的时间为"显庆五年岁在庚申八月己巳朔十五日癸未
建"，说明立碑的时间为660年的八月十五日。这也是最接近百济灭亡
时间的史料，其中也讲到百济亡国之主因在于国王的荒淫与独裁。当
然，百济亡国，还有其他原因。

　　关于海东之政，遣唐使同样第一时间进行了记录。《日本书纪》引
用《伊吉博德书》，记载了在唐都的见闻，其中载：

> 伊吉连博德书云：庚申年八月，百济已平之后，九月十二日
> 放客本国。十九日发自西京。十月十六日还到东京，始得相见阿

<hr />

① 　关于道显的《日本世记》，《日本书纪》中多次引用。道显生卒年不详，赴日的时间不清，
但从其撰写内容来看，书中出现的时间从唐、罗联军灭百济，到内大臣藤原镰足死亡，可以推
断其大概在百济灭亡时逃难至倭国，后来受到藤原氏的庇护，著有《日本世记》。参见［日］小
岛宪之、直木孝次郎、西宫一民、藏中进、毛利正守校注·訳：『日本書紀③』（新編日本古典文
学全集 4）、東京：小学館、1998 年、第 231 頁。

利麻等五人。十一月一日，为将军苏定方等所捉百济王以下、太子隆等、诸王子十三人，大佐平沙宅千福、国辨成以下三十七人，并五十许人，奉进朝堂。急引移向天子。天子恩敕见前放着。十九日赐劳。二十四日发自东京。①

　　关于苏定方的战果，活捉百济王及其将领，以及送至京师的人数等，有记载甚至达到一万二千多人。② 当然，俘虏中的核心人物为五十多人，《旧唐书》亦载"五十八人等"。此时，遣唐使正赶上送京师的队伍，伊吉博德记的"并五十人许"，与《旧唐书》的记载基本一致。可以说，遣唐使是倭国获取大唐消息的一个主要途径。尽管这次遣唐使并未在第一时间带回大唐与百济的消息。

　　百济政权虽已灭亡，但残存于各地的旧势力以及少数民众，仍不时地发起反抗。唐朝和新罗军队要不断地镇压这些抵抗运动，其间，百济王室遗臣鬼室福信等率众发起复国运动。鬼室福信派贵智等人前往倭国，迎接在倭国当人质的百济王子余丰璋。③ 百济使者赴倭国时，同时送去唐人俘虏一百余人。据《日本书纪》"齐明天皇六年（660）"条载：

　　　　冬十月，百济佐平鬼室福信，遣佐平贵智等，来献唐俘一百余人。今美浓国不破、片县二郡唐人等也。又乞师请救，并乞王子余丰璋曰（或本云，佐平贵智、达率正珍也）：唐人率我蟊贼，来荡摇我疆场，覆我社稷，俘我君臣（百济王义慈、其妻恩古、其子隆等，其臣佐平千福、国辨成、孙登等凡五十余，秋于七月十三日，为苏将军所捉而送去于唐国。盖是，无故持兵之征乎。）

① ［日］小岛宪之、直木孝次郎、西宫一民、藏中进、毛利正守校注·訳：『日本書紀③』（新编日本古典文学全集 4）、东京：小学館、1998 年、第 232—234 頁。

② 《三国史记》卷第二十八《百济本纪第六》载："定方以王及太子孝、王子泰、隆、演及大臣，将士八十八人，百姓一万二千八百七人，送京师。"参见金富轼著，杨军校勘：《三国史记》（上），长春：吉林大学出版社，2015 年，第 329 页。

③ 关于在倭国百济王子，《三国史记》称扶余丰，《日本书纪》写作余丰璋。《三国史记》卷第二十八《百济本纪第六》载："武王从子福信，尝将兵，乃与浮屠道琛，据周留城叛，迎古王子扶余丰，尝质于倭国者，立之为王。"参见金富轼著，杨军校勘：《三国史记》（上），长春：吉林大学出版社，2015 年，第 330 页。

而百济国遥赖天皇护念，更鸠集以成邦。方今谨愿，迎百济国遗侍天朝王子丰璋，将为国主。云云。①

由此可知，鬼室福信派使者赴倭国的目的，一是送其抓到的唐军俘虏，二是寻求军事援助。鬼室福信官至佐平，佐平为百济十六等官品中的最高位，一品官。他派遣贵智等为倭国献的一百余唐俘，总数实为106人，其中包括唐人续守言和萨弘恪。②他们最初被安置到近江国垦田，后移至美浓国的不破、片县二郡生活。唐俘中续守言、萨弘恪二人多次出现于日本史料中，689年受到奖赏，"赐大唐续守言、萨弘恪等稻。各有差"③。691年二人同时被授予音博士，693年受赐水田，每人四町。④

这一百多唐俘，是百济在战斗中一次性俘获的唐军。把他们交给倭国之前，有一位叫王行则的人，乘机逃跑，最终逃回了山东半岛登州所辖的文登县仵台村。840年，日僧圆仁来到此地时，目睹了王行则的墓碑，并将其抄写下来。据圆仁《入唐求法巡礼行记》卷二"开成五年（840）二月二十八日"条载：

> 傍北海浦行廿余里，到台村法云寺宿。知馆人了事。台馆本是佛寺，向后为馆，时人唤之为"仵台馆"。馆前有二塔：一高二丈，五层，镌石构作；一高一丈，铸铁作之，有七层。其碑文云：王行则者，奉敕征伐东蕃没落，同船一百余人俱被贼擒，送之倭

① ［日］小岛宪之、直木孝次郎、西宫一民、藏中进、毛利正守校注・訳:『日本書紀③』（新編日本古典文学全集4）、東京：小学館、1998年、第236页。
② 《日本书纪》"齐明七年十一月"条载："日本世记云，十一月，福信所获唐人续守言等至于筑紫。或本云，辛酉年，百济佐平福信所献唐俘一百六口，居于近江国垦田。"参见［日］小岛宪之、直木孝次郎、西宫一民、藏中进、毛利正守校注・訳:『日本書紀③』（新編日本古典文学全集4）、東京：小学館、1998年、第244页。
③ ［日］小岛宪之、直木孝次郎、西宫一民、藏中进、毛利正守校注・訳:『日本書紀③』（新編日本古典文学全集4）、東京：小学館、1998年、第496页。
④ 《日本书纪》"持统天皇五年"条、"持统天皇六年十二月辛酉朔甲戌"条。参见［日］小岛宪之、直木孝次郎、西宫一民、藏中进、毛利正守校注・訳:『日本書紀③』（新編日本古典文学全集4）、東京：小学館、1998年、第532—534页。

国。一身逃窜，有遇还归。麟德二年九月十五日，造此宝塔。
云云。①

圆仁抄录的碑文价值很高，造塔的时间是麟德二年（665）九月
十五日，说明墓主人王行则卒于此前不久。碑文记录的内容恰好是
唐军征伐百济过程中，生活在山东牟平县的王行则充军"征伐东蕃"。
"东蕃"，指东方各国，唐时对高句丽、百济、新罗及渤海国等均有
"东蕃"的特指，而此处指的是百济。从时间和人数上来看，王行则应
该是在660年被俘的唐军士兵②，被送至倭国过程中，伺机逃跑，最终
返回家乡。

百济王子余丰璋，史料中又作扶余丰璋、扶余丰、徐丰璋、余丰、
徐丰、丰璋等。《日本书纪》载，丰璋在舒明三年（631）作为义慈王
的质子被送到倭国，但义慈王作为百济的第31代国王，也就是百济最
后一个国王，即位时间为641年。因此，631年丰璋成为质子之说很
难成立。《日本书纪》"舒明三年庚申"条载："三年庚申朔，百济王义
慈，入王子丰璋为质。"不过，皇极二年（643），余丰璋在奈良的三轮
山放过蜜蜂。③由此可知，百济王子余丰璋至少于643年前就已经生
活在倭国。如果从631年算起，那么，到660年返回百济，他在倭国
已经生活了近30年。

如此，唐朝廷经过显庆五年（660）的征伐百济战争，平灭其国。
然而，以鬼室福信为首的复兴运动者同时又开始了顽强的抵抗。此时，
倭国应百济残余势力的请求，决定出兵援助，于是就上演了唐军与倭
军在白江口发生的知名战斗，史称"白村江之战"（又称白江口之战、
白江口海战）。

---

① ［日］释圆仁著，［日］小野胜年校注，白化文等修订校注：《入唐求法巡礼行记校注》，石
　家庄：花山文艺出版社，2007年，第214页。
② 葛继勇：《七至八世纪赴日唐人研究》，北京：商务印书馆，2015年，第378页。
③ 《日本书纪》"皇极二年"条载："是岁，百济太子余丰，以蜜蜂房四枚，放养于三轮山。而
　终不蕃息。"参见［日］小岛宪之、直木孝次郎、西宫一民、藏中进、毛利正守校注・訳：『日本
　書紀③』（新编日本古典文学全集4）、東京：小学館、1998年、第84页。

四、白村江之战

倭国出兵百济之举，决策来自朝廷最高权力中心。时任倭王（齐明天皇）亲自带领人马，奔赴前沿地区。其阵容包括中大兄王子、大海人王子等朝廷核心人物，齐明七年（661）正月六日从难波津出发，沿着濑户内海驶向通往对外窗口的九州。一月八日，船队抵达吉备的大伯海（今冈山市东南部备前市、濑户内市），十四日泊于伊予熟田津的石汤行宫（今爱媛县松山市来住町久米官衙遗迹群）。在此停留一段时间后，三月二十五日，行至娜大津（今福冈市中央区那之津），一行人居于磐濑行宫（今福冈市南区三宅）。五月九日，又迁至朝仓橘广庭宫（今福冈县朝仓市）。

如此，为救援百济复兴，倭廷首要成员均已出动。其间，四月，百济的鬼室福信派使者迎接王子丰璋回国。正当倭军准备西渡，百济王子将要归国之时，七月二十四日，齐明天皇（大王）突然死于朝仓橘广庭宫。此后，中大兄皇子执政①，继续实施海外派兵政策。从这时起，到白村江会战前，倭国至少三次向百济派兵或运送军用物资②。

1. 第一次派兵

661 年，倭国开始集结军队进发百济。八月，派前军将军阿昙比逻夫和河边百枝，以及后军将军阿倍比罗夫、物部熊、守大石等，为救援百济送去武器和粮食。此间，派遣战船一百七十艘。丰璋回国前，倭廷授予其"织冠"冠位，这也是大化改新制定的十九阶冠位中的最高等级。同时，又将皇族后裔多蒋敷的妹妹嫁给丰璋，试图以这种联姻的手段，操纵百济政治。这种类似于中原王朝的"和亲"政策，如果成功，丰璋与倭女之间生下的孩子将会成为下一代的百济王，百济国王的宗族中将融入倭人血统。这样，就会更有利于倭国操纵朝鲜事务。因此，倭国派兵救百济，主要是出于其自身的政治利益考虑。

九月，狭井槟榔和朴市秦田来津率军五千余人，护送丰璋返回百

---

① 中大兄皇子实际掌管朝政，但并没有即位，这种形式日本史上称为"称制"。《日本书纪》卷第廿七"天智天皇即位前纪"条载："七年七月丁巳，崩。皇太子素服称制。"

② ［日］倉本一宏：『戦争の日本古代史』，東京：講談社，2017 年、第 124—150 頁。

济。丰璋抵达百济后，福信前来迎接。拜见之后，将一切国政交给丰璋。① 此次派遣到百济的倭军，一部分留在本地，还有一部分回国，应该没有参加后来的白村江之战。662 年正月，又增援百济矢十万只、丝五百斤、绵一千斤、布一千端（大化"改新之诏"规定：1 端等于 4 丈）、韦（柔布）一千张、稻种三千斗。三月，又援助丰璋布三百端。

2. 第二次派兵

天智二年（663）三月，倭国向朝鲜半岛第二次派兵。军队分为前、中、后军三个序列，各有正副将军二名，前军将军为上毛野稚子、间人大盖；中军将军为巨势神前译语、三轮根麻吕；后军将军为阿倍比罗夫、大宅镰柄，总兵力达二万七千人。比起第一次的五千兵力，此次人数大大增多，与其说是救百济，抵抗唐军，不如说是矛头指向新罗，《日本书纪》称这次的目的是"打新罗"。由此可以看出，倭廷抱有控制朝鲜半岛南端的野心。

此时，丰璋回到百济后，不久高层内部便发生纷争。六月，丰璋疑福信有谋反之心，将他捆绑起来，以革穿其掌，并向部下询问福信之罪可否斩。于是，丰璋身边的大臣德执得说，他是个罪恶的叛逆者，不能放他。福信立刻唾于执得，并骂其是"愚蠢的臭狗"。结果，福信被斩，并且遭到"醢首"的刑罚。②

同为福信事件，《旧唐书》卷一百九十九上《东夷·百济》载："时福信既专其兵权，与扶余丰渐相猜贰。福信称疾，卧于窟室，将候扶余丰问疾，谋袭杀之。扶余丰觉而率其亲信掩杀福信，又遣使往高丽及倭国请兵以拒官军。"③ 另外，朝鲜史料《三国史记·百济本纪》的记载内

① 丰璋回国及早期派兵情况，《日本书纪》卷第廿七记载得比较详细，但是关于年次及派遣人数等方面的记载，有很多重复或不清楚之处，留下许多疑点。参见［日］森公章：「朝鮮半島をめぐる唐と倭」、池田温編『唐と日本』、東京：吉川弘文館、1992 年、第 53—55 頁；韩昇：《东亚世界形成史论》，上海：复旦大学出版社，2009 年，第 254 页。

② 《日本书纪》卷第十七"天智天皇二年六月"条。参见［日］小島憲之、直木孝次郎、西宮一民、藏中進、毛利正守校注·訳：『日本書紀③』（新編日本古典文学全集 4）、東京：小学館、1998 年、第 258 頁。

③ （后晋）刘昫等撰：《旧唐书》（简体字本二十四史，第 32 册），北京：中华书局，2000 年，第 3628 页。

容与《旧唐书》基本一致，称扶余丰察觉到福信的专权与疑心，将其杀害。在如此严峻的形势下，百济复国运动又遇到内部分裂，势必影响后来的战局。

3. 第三次派兵

唐军及新罗军趁丰璋斩首福信之机，打算夺取百济复兴军占据的周留城，刘仁轨指出："周留，贼之巢穴，群凶所聚，除恶务本，须拔其源。若克周留，则诸城自下。"[①] 针对这种形势，八月十三日，丰璋对诸将曰："今闻，大日本国之救将庐原君臣，率健儿万余，正当越海而至。愿诸将军等应预图之。我欲自往待飨白村。"[②] 由此可知，这次倭军派遣的人数万余人。此为第三次援兵。

至此，倭国自 661 年至 663 年，向百济共派三次援军，第一次为五千人，主要护送丰璋和运送物资，第二次为二万七千人，第三次为一万余人，合计四万二千人。当然，这一数字只是出自《日本书纪》不同年份的记载，其材料来自多方面，记载杂乱，因此很难断定这些兵力是否都投入到白村江之战中。

4. 白村江之战

白村江之战是唐朝为整顿华夷秩序，军事干预朝鲜事务，维系新罗主权以及平定百济反抗势力而发生的一场战斗，参加战斗的人员具有多国性，涉及唐军、新罗军、百济军和倭国军。对此，中、日、朝史料均有相关记载。白村江，日本史料中又称白村，中国史料称之为"白江"或"熊津江口"，朝鲜《三国史记》称之为"白江"或云"伎伐浦"。白江口，位于今韩国锦江入海口，因此，这次战役称作白村江之战，亦称白江口之战。唐、罗军在白江口遇到倭军及百济复兴军，双方展开激战，战斗仅为两天，时间发生在唐龙朔三年（663）八月二十七日至二十八日。

关于当时的战况，《日本书纪》载：

---

① （后晋）刘昫等撰：《旧唐书》（简体字本二十四史，第 31 册），北京：中华书局，2000 年，第 1891 页。

② ［日］小岛宪之、直木孝次郎、西宫一民、藏中进、毛利正守校注·訳：『日本書紀③』（新編日本古典文学全集 4）、東京：小学館、1998 年、第 258 頁。

（八月）戊戌（十七日），贼将至于州柔，绕其王城。大唐军将率战船一百七十艘，阵列于白村江。

戊申（二十七日），日本船师初至者，与大唐船师合战。日本不利而退，大唐坚阵而守。

己酉（二十八日），日本诸将与百济王不观气象，而相谓之曰："我等争先，彼应自退。"更率日本乱伍中军之卒，进打大唐坚阵之军。大唐便自左右夹船绕战。须臾之际，官军败绩，赴水溺死者众，舻舳不得回旋。朴市田来津仰天而誓，切齿而嗔，杀数十人，于焉战死。是时，百济王丰璋，与数人乘船逃去高丽。①

这段记录，较详细地介绍了唐军完胜倭军的战况，最终倭国援兵溃不成军，丰璋逃往高句丽，下落不明。同一战斗，《旧唐书》卷八十四《刘仁轨》载：

仁轨遇倭兵于白江之口，四战捷，焚其舟四百艘，烟焰涨天，海水皆赤，贼众大溃。余丰脱身而走，获其宝剑。伪王子扶余忠胜、忠志等，率士女及倭众并耽罗国使，一时并降。百济诸城，皆复归顺。②

当时的情形是"焚其舟四百艘，烟焰涨天，海水皆赤"，可以看出倭军之惨状。另外，朝鲜史料《三国史记·百济本纪》里记载的内容，以及《新唐书》《资治通鉴》等记载的内容也基本一致。

那么，在日本史上备受瞩目的白村江之战，在唐朝、朝鲜半岛以及倭国历史上究竟占有什么地位呢？

首先，灭百济并非唐朝的初衷，在朝鲜事务中，征服高句丽才是其最终目的。对于唐朝来说，白村江之战只是唐军在平息百济复兴运动中的一次战役而已，并不具有多么重大的意义。这一点，从中国史

---

① ［日］小岛宪之、直木孝次郎、西宫一民、藏中进、毛利正守校注·訳：『日本書紀③』（新編日本古典文学全集 4），東京：小学館，1998 年、第 260 頁。

② （后晋）刘昫等撰：《旧唐书》（简体字本二十四史，第 31 册），北京：中华书局，2000 年，第 1891 页。

料的记载中可以窥见一斑，《旧唐书》本纪中无此记载，《新唐书》本纪第三"高宗"条仅记为"九月戊午，孙仁师及百济战于白江，败之"，基本没把白村江之战写入本纪之中，只是出现在刘仁轨传中。可见在历史上，其地位并不是特别高。

其次，对于新罗，这场战斗也不是三国统一战争中的主战场，但它对于镇压百济复兴运动却起到关键作用。[①]

再看倭国，白村江之战对于倭国来说，则非同一般，意义重大。它直接影响到其在朝鲜半岛的战略地位。自古以来，倭国统治者一直抱有一种幻想，试图构建一个独立于中华帝国之外，称霸东亚的"东夷大国"或"东夷小帝国"。[②] 从高句丽《好太王碑》记载的"倭人满其国境"、《宋书》记载的"倭五王"时代及《日本书纪》中的"任那日本府"等史料可以看出，自4世纪末以来，倭国不断侵占百济和新罗领地，企图扩大版图，实际控制朝鲜地区。但是，随着百济的亡国和这次白村江之战的沉重打击，致使残余在百济领土的倭国势力全部撤回本土，倭国对朝鲜的武力进犯暂告终结。

白村江的惨败使倭朝廷惶恐不安，担心唐、罗军进犯其岛，于是加强了防御体系。664年，在对马岛、壹岐岛、筑紫国等地设置防人和烽火。[③] 同年，于筑紫修筑水城，建大堤贮水，加强防御工事。665年，又在大宰府北面修筑大野城，在其南面修建基肄城，确保大宰府的安全。另在长门国（今山口县）筑城。667年，继续修筑防御工事，防城的范围自对马岛到大宰府，又扩大至濑户内海，一直延伸到近畿地区，包括金田城（今长崎县对马市美津岛町）、屋岛城（今四国香川县高松市屋岛）、高安城（今奈良县生驹郡至大阪府八尾市）等。

白村江大败以后，倭廷加强防御措施，完备国内预警报警机制，

① ［韩］卢泰敦著、［日］桥本繁訳：『古代朝鲜　三国統一戦争史』、東京：岩波書店、2012 年、第 159 頁。

② ［日］石母田正：『日本の古代国家』、東京：岩波書店、1971 年。

③ 《养老令》中规定，防人士兵三年一轮换；置烽，四十里一烽。《军防令》第八条载："凡兵士上番者，向京一年，向防三年，不计程路。"《军防令》第六十六条载："凡置烽，皆相去四十里，若有山冈隔绝，须遂便安置者。但使得相照见，不必要限四十里。"参见［日］井上光貞、関晃、土田直鎮、青木和夫校注：『律令』（日本思想大系 3）、東京：岩波書店、1976 年、第 321、328 頁。

修筑城池，一直延续一二十年。尽管事实上唐和新罗并未攻打其国，并且也未见唐朝有攻打倭国的迹象，但战后唐的一系列举措，足以使其产生戒备之心。例如，664 年百济镇将刘仁愿派朝散大夫郭务惊出使倭国；665 年唐遣朝散大夫沂州司马上柱国刘德高等二百五十四人经对马岛抵筑紫；新罗地区传闻，唐朝修理船只欲征伐倭国，还要打新罗[①]。这些外交活动及相关信息，必然增加了倭国加强防御的决心。

此外，吸收白村江失败的教训，倭国开始调整发展方向，把重点放到国内，中大兄皇子开始实施一系列完善体制的措施。664 年春，朝廷增加和变换了官位的等级，冠有二十六阶，又对豪族阶层的大氏、小氏、伴造等的首长加赐大刀、小刀等武器，同时制定民部、家部等阶层，加强中央政权对豪族的控制。667 年将都城迁至近江大津，668 年中大兄皇子即位为天智大王（天智天皇）。670 年造户籍，开始了日本历史上首次全国性的户籍编制，称作"庚午年籍"。

五、祢军出使倭国

百济灭亡和白村江之战以后，社会稳定问题让唐廷担忧。其中包括几股势力，除了逃到高句丽的余丰（即丰璋）以及高句丽势力之外，倭国势力也影响到秩序之稳定。[②]因此，唐为巩固这一战果，在百济旧地设立了熊津都督府，送义慈王的儿子扶余隆及部分旧将回国，加强统治。在百济移民中有一位名叫祢军的人物，近来引起人们关注。

战争结束后，流落到唐和倭国的百济移民以及战俘，一时间成为各国进行交涉和亟待解决的问题。百济王及其家族成员被送至唐都以后，他们在唐的生活情况，随着百济遗民墓志的不断发现，逐渐清晰起来。20 世纪 30 年代罗振玉编写的《唐代海东藩阀志存》对百济王子

---

① 《三国史记》卷第七《新罗本纪第七》载："又通消息云：'国家修理船艒，外托征伐倭国，其实欲打新罗。'百姓闻之，惊惧不安。"参见金富轼著，杨军校勘：《三国史记》（上），长春：吉林大学出版社，2015 年，第 98 页。

② 《旧唐书》卷八十四《刘仁轨》载："陛下若欲殄灭高丽，不可弃百济土地。余丰在北，余勇在南，百济、高丽，旧相党援，倭人虽远，亦相影响，若无兵马，还成一国。既须镇压，又置屯田，事藉兵士，同心同德。"参见（后晋）刘昫等撰：《旧唐书》（简体字本二十四史，第 31 册），北京：中华书局，2000 年，第 1891 页。

扶余隆的墓志进行了研究。20 世纪 80 年代后期，陆续公布百济移民黑齿常之、黑齿俊父子墓志。21 世纪初，百济移民扶余氏、祢寔进墓志在西安、洛阳两地被发现并公布后，引起一时轰动。①

令人瞩目的是，2011 年公布的百济人祢军墓志中出现了"日本"②二字。此处的"日本"究竟是指当时的倭国，还是其他地区，一度引起学者们的广泛讨论，墓志的全称为《大唐故右威卫将军上柱国祢公墓志铭并序》（简称《祢军墓志》）。《祢军墓志》撰写于仪凤三年（678），至于墓志中出现的"日本"两字，是否为最早出现的日本国名，在此暂不做讨论。祢军其人，结合中日朝史料，以及最新出土的《祢军墓志》，基本可以勾画出其活动轨迹。

> 祢军，字温，旧百济熊津嵎夷人。其先祖为中国人，西晋永嘉（307—311）年末，为躲避战乱逃到百济。祢军的曾祖父祢福、祖父祢誉、父亲祢善，均在百济官任一品，官名"佐平"。
>
> 祢军本为百济旧将，在 660 年征伐百济战争中解甲倒戈，仗剑知归，唐皇甚喜，提拔他为"右武卫浐川府折冲都尉"。
>
> 663 年，白江口战役之后，被授予"左戎卫郎将"之职，不久又被任命"右领军卫中郎将兼检校熊津都督府司马"。
>
> 664 年，祢军随郭务悰等到对马岛，因被认为"非天子使人，百济镇将私使"而未能得到倭朝廷的正式接待。③
>
> 665 年，随唐使刘德高出使倭国，这是白村江之战以后唐朝与倭国外交活动中的一个重要内容。祢军作为使团的主要成员，受到倭朝廷接待，且入京飨宴。《日本书纪》"天智天皇四年"条

① 拜根兴：《石刻墓志与唐代东亚交流研究》，北京：科学出版社，2017 年，第 71 页。

② 王连龙：《百济人〈祢军墓志〉考论》，《社会科学战线》2011 年第 7 期，第 123-129 页。

③ 《善邻国宝记》卷上"天智天皇三年（664）四月条"条所引《海外国记》载："天智天皇三年四月，大唐客来朝。大使朝散大夫上柱国郭务悰等三十人、百济佐平祢军等百余人到对马岛。遣大山中采女通信侣、僧智辨等来，唤客于别馆。于是智辨问曰：'有表书并献物不？'使人答曰：'有将军牒书一函并献物。'乃受牒书一函于智辨等，而奏上，但献物检看而不将也。九月，大山中津守连吉祥、大乙中伊岐史博德、僧智辨等，称筑紫大宰辞，实是敕旨。告客等：'今见客等来状者，非是天子使人，百济镇将私使。亦复所赍文牒，送上执事未辞。是以使人不得入国，书亦不上朝廷。故客等自事者，略以言辞奏上耳。'"参见［日］田中健夫编：『善隣国宝記・新訂続善隣国宝記』、東京：集英社、2008 年、第 40—42 頁。

载："九月庚午朔壬辰，唐国遣朝散大夫沂州司马上柱国刘德高等。等谓，右戎卫郎将上柱国百济祢军、朝散大夫柱国郭务悰，凡二百五十四人。七月二十八日至于对马，九月二十日至于筑紫，二十二日进表函焉。"

670 年，祢军被任为"百济司马""熊津都督府司马"[1]。

672 年，即咸亨三年，祢军被新罗送返唐朝。十一月二十一日，归国后被授予右威卫将军。

678 年，祢军卒于雍州长安县之延寿里第，春秋六十六。

总之，祢军的一生，恰似一部后期百济史。他从百济到大唐，再从大唐渡百济，任熊津都督府司马，赴倭国，被新罗扣留，又返回大唐等。他所经历的事件及跨越的地区，描绘出一幅东亚历史变迁的短暂画卷。

综上可知，第四次遣唐使共派二船，在赴唐途中损失一船，该船除五人幸存外，其余人员均遭不幸。在唐期间，赴京遣唐使团成员被扣留在长安，直至朝鲜半岛百济战役结束后才被放归。遣唐使回国后迅速将这一信息汇报给朝廷，使倭国得以准确地掌握"海东之政"的核心内容，由此展开下一步外交活动。

唐朝向朝鲜派军，引发了东亚局势的一系列变化。一方面，660年唐、罗合力消灭百济，然后出现百济复兴运动，倭国派兵援助。663年，发生在白江口的战斗，唐军大胜倭国援军，彻底镇压了百济复兴运动，扑灭了百济复兴的火种，给倭国在朝鲜半岛的势力以沉重打击，从此倭军撤出朝鲜半岛，停止干涉朝鲜事务。

另一方面，666 年唐军北渡辽河攻破高句丽的防线，自辽西向辽东推进，高句丽军节节败退。此后，在朝鲜半岛内，唐军和新罗军联合行动，向北推进，攻打高句丽，形成两面围攻之势。终于 668 年，攻破高句丽王城平壤，高句丽灭亡。新罗统一了朝鲜半岛，结束了长达几百年三国纷争的历史局面。

---

[1]　《三国史记》卷第六《新罗本纪第六》、卷第七《新罗本纪第七》。参见金富轼著，杨军校勘：《三国史记》（上），长春：吉林大学出版社，2015 年，第 88、100 页。

一、第五至第七次遣唐使

1. 第五次遣唐使

660 年百济灭亡，663 年白村江之战以后，处理与唐、新罗的关系成为倭国外交的首要任务。665 年，唐派沂州司马上柱国刘德高等出使倭国。沂州，今山东临沂市，武德四年（621）置州。作为处理百济遗留问题的一环，唐朝从国内离海较近的地区派来官员，当是出自周全考虑。随刘德高一同抵倭的还有祢军以及郭务悰等，共二百五十四人。

如前文所述，第二次遣唐使中有一位少年僧人，这次随刘德高回国。他是大化改新的功臣，中臣镰足之子贞慧，自幼出家，654 年入唐学佛。贞慧在唐期间，住在长安怀德坊慧日道场，从师于玄奘法师的弟子神泰。贞慧日夜不怠，伴师游学，精通内经，亦解外典，在唐留学十一载。据《藤氏家传》上卷《贞慧传》载，他回国途中经百济时，诵诗一首，仅写出前半句，其辞曰："帝乡千里隔，边城四望秋。"此句警绝，当时无人能续下句。由此，百济人妒忌其才，暗地里下毒，欲害其性命。刘德高一行九月二十日到达筑紫，二十二日进表。之后，十月十一日，刘德高抵达宇治（今京都府宇治市），倭国朝廷在此举行阅兵。三个月后，十二月二十三日，贞慧卒于大原之第[1]，春秋二十三。为此，高句丽僧人道贤为他作了诔文，其中写道："又诏廓武宗（郭务悰）、刘德高等，且夕抚养，奉送倭朝。"[2] 说明郭务悰和刘德高也与之一同来到了倭朝廷所在地。

关于唐使刘德高在倭国的行动，史料记载有限，具体内容不是特别清楚。但除《日本书纪》和《藤氏家传》外，从其他史料中仍能发现其活动轨迹。刘德高在倭期间，遇见了天智天皇的儿子大友皇子，欣赏其才华，称其风骨不凡。此时皇子才 18 岁，据《怀风藻》载："皇太子者，淡海帝之长子也。魁岸奇伟，风范弘深，眼中精耀，顾盼炜烨。唐使刘德高，见而异曰：'此皇子，风骨不似世间人。实非此国之分。'"[3] 大友皇子确实才艺非凡，后来被任命为太政大臣，立皇太子，672 年在"壬申之乱"中丧命，年仅 25 岁[4]。他在日本史上留下两首著名的五言汉诗，一首名为《侍宴》，另一首名为《述怀》。[5] 由于大友皇子复杂的经历和杰出的才华，后世日本在明治三年（1870）追认其为"弘文天皇"，在历任天皇系谱中居第 39 位。

刘德高在倭国停留的时间并不长，仅有四个多月。665 年九月抵达后，十月参加宇治阅兵。十一月十三日，倭朝廷设宴款待；十二月十四日，又赐物于刘德高等。同月，刘德高等人回国，倭国派遣守大石、坂合部石积、吉士岐弥、吉士针间使于唐国。此次遣唐使，由于史料中未载有大使、副使、判官及船舶等其他信息，有别于以往的遣唐使，不是以学习唐朝的先进文化、制度，以及学习佛法为目的。对此，《日本书纪》也未给出明确结论，只是总结为"盖送唐使人乎"，大

---

① 大原，位于今奈良县高市郡明日香村小原，今存大原神社。

② 参见［日］横田健一：「藤原鎌足伝研究序説—『家伝』の成立—」、『関西大学文学論集』（創立七十周年記念特輯号）、1955 年、第 239—262 頁；［日］沖森卓也、佐藤信、矢嶋泉：『藤氏家伝 鎌足・貞慧・武智麻呂伝注釈と研究』、東京：吉川弘文館、1999 年、第 260—274 頁。

③ ［日］小島憲之校注：『懐風藻 文華秀麗集 本朝文粹』（日本古典文学大系 69）、東京：岩波書店、1975 年、第 10 頁。

④ 关于大友皇子的年龄，以及立太子年份，《怀风藻》与《扶桑略记》的记载不尽一致，前者为 25 岁，后者为 26 岁。

⑤ ［日］小島憲之校注：『懐風藻 文華秀麗集 本朝文粹』（日本古典文学大系 69），東京：岩波書店、1975 年、第 10—11 頁。

概是送唐的使者吧。因此，可以认为此次为送唐客使。

2. 泰山封禅

乾封元年（666）正月，唐高宗在泰山举行封禅大典。泰山封禅自古传承，先秦时便有七十二王封禅泰山的传说（《史记·封禅书》）。古代帝王在泰山进行封禅，祭祀天地，自秦始皇以来，似乎已成为一个重要的礼仪活动，汉武帝和东汉的光武帝都曾在泰山举行过封禅仪式。唐太宗也一度下诏，将有事于泰山，结果作罢。关于泰山封禅，《白虎通义》卷五《封禅》曰："王者易姓而起，必升封泰山何？教告之义也。始受命之时，改制应天，天下太平，功成封禅，以告太平也。所以必于泰山何？万物所交代之处也。必于其于何？因高告高，顺其类也，故升封者增高也，下禅梁甫之山基广厚也。刻石纪号者，著己之功迹也，以自效放也。"因此，封禅之举，代表王者告天下的至高礼仪。

高宗即位后，公卿等数请封禅，皇后武则天也暗中支持。麟德二年（665）二月，高宗车驾发京，东巡狩，诏礼官、博士撰定封禅仪注。[①] 另据《唐会要》卷七《封禅》载：

> 麟德二年十月丁卯，帝发东都，赴东岳。从驾文武兵士，及仪仗法物，相继数百里。列营置幕，弥亘郊原。突厥、于阗、波斯、天竺国、罽宾、乌苌、昆仑、倭国、及新罗、百济、高丽等诸蕃酋长，各率其属扈从。穹庐毡帐，及牛羊驼马，填候道路。是时频岁丰稔，斗米至五钱，豆麦不列于市。议者以为古来帝王封禅，未有若斯之盛者也。十二月丙午，至齐州，停十日。丙辰，发灵岩顿，至于泰岳之下。庚申，帝御行宫牙帐，以朝群臣。（《册府元龟》）[②]

高宗从洛阳到泰山，沿途从事许多活动。十月丁卯发于洛阳，十一月丙子，到达原武（今河南省新乡市原阳县）。在这一带有楚汉战

---

① 《旧唐书》卷二十三《礼仪三》。参见（后晋）刘昫等撰：《旧唐书》（简体字本二十四史，第29册），北京：中华书局，2000年，第597页。

② （宋）王溥撰：《唐会要》（上），上海：上海古籍出版社，2006年，第113-114页。

争时期佯装刘邦伪降项羽的汉将纪信墓①，高宗以少牢祭之，并赠其骠
骑大将军称号。骠骑大将军属于唐朝官僚体系中的散官，是武散官中
的最高一等，从一品。此外，当高宗的东行队伍路过郓州时，他亲自
看望了九世同堂的张公艺②，后来，张公艺以"百忍"著称于世，《旧唐
书》卷一百八十八《孝友·张公艺》载：

> 郓州寿张人张公艺，九代同居。北齐时，东安王高永乐诣宅
> 慰抚旌表焉。隋开皇中，大使、邵阳公梁子恭亦亲慰抚，重表其
> 门。贞观中，特敕吏加旌表。麟德中，高宗有事泰山，路过郓州，
> 亲幸其宅，问其义由。其人请纸笔，但书百余"忍"字。高宗为之
> 流涕，赐以缣帛。③

无论从道德层面还是法律层面，维持良好的家庭关系都是一个值
得表彰的理念，尤其是在大家庭中，这一点，在唐朝受到高度评价。
除张公艺外，还有许多留在正史中的孝悌人物，《旧唐书》和《新唐书》
中专设一卷列传《孝友》，记录他们的生平事迹。例如，宋兴贵，累世
同居，躬耕致养，四世同堂；张志宽，母终，负土成坟，种植松柏，
高祖遣使者吊唁，拜员外散骑常侍，赐物四十段，表其闾；刘君良，
四世同居；等等。不过，要想维持大家庭和睦相处也是一件非常难的
事情，当高宗问到张公艺怎样做到九世同堂时，他默不作声，只写下
了百余"忍"字作为回答。可见维持大家庭关系之艰辛。

十二月，高宗一行车驾至泰山脚下，并于麟德三年正月举行封禅
仪式。参加封禅大典的外国使臣有突厥、于阗、波斯、天竺、罽宾、
乌苌、昆仑、倭国及新罗、百济、高丽等 11 国，其中包括倭国代表。
那么，倭国使者来自何处呢？

参加高宗封禅的倭国使者，究竟什么时候来的？是些什么人？这

---

① 纪信为汉将军，荥阳城危机之际救了刘邦一命，假冒刘邦出城归降，结果被项羽烧杀。参
见《史记》高祖本纪第八，《汉书》高帝纪第一。
② 今河南省濮阳市台前县孙口乡桥北张村、山东省聊城市阳谷县寿张镇，均有张公艺之墓。
③ （后晋）刘昫等撰：《旧唐书》（简体字本二十四史，第 32 册），北京：中华书局，2000 年，
第 3345 页。

些问题无史料记载。唐使刘德高，麟德二年十二月十四日还在倭国，同月，送使守大石等一同赴唐。高宗封禅的队伍从洛阳出发，"诸蕃酋长，各率其属扈从"，说明蕃使是从洛阳一起来到泰山的，次年正月初一参加封禅仪式。这样，在这么短的时间内，送刘德高的倭使似乎难以赶上封禅仪式。因此，参加封禅的倭国代表，也许不是第五次遣唐使人员。

那么，是否为上一次遣唐使留下的人员呢？第四次遣唐使成员于661年都已回国，至少这次无人参加。另有学者指出，参加封禅的倭国使者是白村江之战中的俘虏，很难判断他们在多大程度上代表本国之意。[①] 如果说参加封泰山的倭国代表是俘虏，那么这些人应该是刘仁轨从朝鲜半岛带回来的倭军将领。《旧唐书》卷八十四《刘仁轨》载："麟德二年，封泰山，仁轨领新罗及百济、耽罗、倭四国酋长赴会，高宗甚悦，擢拜大司宪。"如此看来，倭国参加封禅的代表，有几种可能：第一，滞留在唐朝的倭国俘虏；第二，倭国特派使者；第三，第五次遣唐使，送刘德高的使者；第四，刘仁轨从朝鲜半岛带来的倭人。不过，送刘德高的使者也有可能在朝鲜半岛与刘仁轨会合，此次一并赴唐。

第五次遣唐使在大约两年后才回国，天智天皇六年（667）十一月九日抵达筑紫。值得注意的是，倭使者回国实际上是受百济镇将刘仁愿派遣，由熊津都督府熊山县令上柱国司马法聪等送至筑紫。由此可以看出，旧百济在唐军的掌控之下，白村江战败后的倭国，虽然已退出朝鲜半岛，但某种程度上却仍感觉到威胁。

3. 第六次遣唐使

司马法聪到达筑紫的时间是天智天皇六年（667）十一月九日，离开的时间是十一月十三日，仅停留四天。回国时，倭国又派伊吉博德、笠诸石护送，《日本书纪》特别强调为"送使"。并且，送使归国的

---

① ［日］森公章：『遣唐使の光芒』、東京：角川学芸出版、2010 年、第 79 頁。

时间为次年正月二十三日，他们离开倭国仅两个多月。^① 从时间上来说，这两个多月中，使团很可能停留在旧百济之地，渡海入唐的可能性不大。因此，有些学者在总结遣唐使的次数时，认为此次连同上次送刘德高的"第五次遣唐使"，并非真正抵达皇帝生活的长安或洛阳，因此排除真正的"遣唐使"之列，以此计算，真正抵达唐朝的遣唐使则为15 次。^②

此次"送使"成员中，有一位遣唐使的老成员，即伊吉博德。他作为遣唐使，曾两次赴唐，加上这次共有三次。伊吉博德同时还是大宝律令的制定者，直至大宝元年（701），仍然存活于世，并获得朝廷的奖励。^③ 如果从他最初入唐的白雉五年（654）算起，到大宝元年，他已在政坛活跃了近50 年，足见其寿命不短。

这样，第六次遣唐使将司马法聪等人送至百济或大唐，短时间内便返回，完成使命。然而，由于第五次和第六次遣唐使发生在白村江战役之后，唐、倭、新罗等国正迅速处理战后的各种问题，鉴于这种特殊性，也有些学者把这两次合而为一，概括为第五次遣唐使。^④

4. 第七次遣唐使

百济灭亡后，唐在朝鲜半岛上的另一个宿敌高句丽开始陷入危机。总章元年（668）九月，高句丽首都平壤被唐军攻陷，高句丽灭亡。669 年，倭国遣使庆贺平定高句丽，《日本书纪》"天智八年"条载："是岁，遣小锦中河内直鲸等，使于大唐。"对此，《新唐书》《册府

---

① 《日本书纪》"天智天皇七年正月"条载："戊申，送使博德等服命。"参见［日］小岛宪之、直木孝次郎、西宫一民、藏中进、毛利正守校注・訳：『日本書紀③』（新編日本古典文学全集4）、東京：小学館、1998 年、第 272 頁。
② ［日］森公章：『遣唐使の光芒』、東京：角川学芸出版、2010 年、第 17 頁。
③ 《续日本纪》"大宝元年八月癸卯"条载："遣三品刑部亲王、正三位藤原朝臣不比等、从四位下下毛野朝臣古麻吕、从五位下伊吉连博德、伊余部连马养等，撰定律令。于是始成，大略以净御原朝廷为准正，仍赐禄有差。"参见［日］青木和夫、稲岡耕二、笹山晴生、白藤禮幸校注：『續日本紀　一』（新日本古典文学大系）、東京：岩波書店、1989 年、第 44 頁。
④ ［日］上田雄：『遣唐使全航海』、東京：草思社、2006 年、第 62—65 頁；［日］河上麻由子：『古代日中関係史』、東京：中央公論新社、2019 年、第 145 頁。

元龟》和《唐会要》也均有记载。①此次遣唐使顺利到达唐朝，并且在咸亨元年（670）三月受到唐高宗接见。但是，关于遣唐使的其他消息，例如何时回国、出行的船只及人数、大使和副使等情况，中日史料再无记载。

遣唐使派出后第二年，671年十一月，筑紫大宰府接到对马岛汇报，称唐使郭务悰等600人、送使沙宅孙登②等1400人，驾船四十七艘，停于比智岛，准备入国。郭务悰和沙宅孙登送来的这批人中，包括百济和倭国战俘。可以说，如此众多的人数入倭，仍然是为了白村江之战的善后工作。此次已是郭务悰第三次赴倭了。

十二月三日，天智天皇（大王）去世。672年三月十八日，朝廷派人到筑紫通知郭务悰天皇丧讯，于是，郭务悰等人"咸着丧服，三遍举哀，向东稽首"③，以示对倭王哀悼之礼。同月二十一日，郭务悰再次致哀，并向倭国递交书函与信物。郭务悰递交的"书函"，应该属于大唐皇帝敕书，并非百济镇将之书，据《善邻国宝记》卷上"鸟羽院元永元年"条载："天武天皇元年，郭务悰等来，安置大津馆，客上书函题曰'大唐皇帝敬问倭王书'。"④

对此，五月十二日，倭国送给唐朝使者甲、胄等大量武器和布匹。⑤五月三十日，郭务悰等回国。此时，倭国朝廷内部正在围绕皇位继承等问题，酝酿一场新的争斗。

---

① 《新唐书》卷二百二十《东夷·日本》载："咸亨元年，遣使贺平高丽。"《册府元龟》卷九百七十《外臣部·朝贡第三》载："咸亨元年三月，罽宾国献方物，倭国王遣使贺平高丽。"《唐会要》卷九十九"倭国"条载："咸亨元年三月，遣使贺平高丽，而后继来朝贡。"参见（宋）王溥撰《唐会要》（下），上海：上海古籍出版社，2006年，第2100页。
② 沙宅孙登，原百济高官，沙宅为百济官职，属于"大姓八族"之一。孙登曾在600年百济王城陷落时被俘，送至唐都。
③ ［日］小岛宪之、直木孝次郎、西宫一民、藏中进、毛利正守校注·訳：『日本書紀③』（新編日本古典文学全集4），東京：小学館、1998年、第304页。
④ ［日］田中健夫编：『善隣国宝記·新訂続善隣国宝記』，東京：集英社、2008年、第70页。
⑤ 《日本书纪》"天武天皇上·即位前纪五月"条载："夏五月辛卯朔壬寅，以甲、胄、弓矢赐郭务悰等。是日，赐郭务悰等物，总之绵一千六百七十三匹、布二千八百五十二端、绵六百六十六斤。"参见［日］小岛宪之、直木孝次郎、西宫一民、藏中进、毛利正守校注·訳：『日本書紀③』（新編日本古典文学全集4），東京：小学館、1998年、第304页。

值得一提的是，此次遣唐使中有一个后来活跃于日本科技界的官员，他叫黄书本实，亦称黄文本实。《日本书纪》"天智十年（671）三月三日"条载："三月戊戌朔庚子，黄书造本实献水臬。"①"水臬"即用于土木、建筑等方面的水平测量仪。黄书本实的入唐事迹，从现存日本国宝奈良药师寺的"佛足石"铭文中可以得到证实。据佛足石左侧铭文载：

> 大唐使人王玄策向中天竺鹿野园中转法轮处，因见迹得转写搭，是第一本。日本使人黄书本实向大唐国，于普光寺得转写搭，是第二本。此本在右京四条一坊禅院，向禅院坛披见神迹，敬转写搭，是第三本。从天平胜宝五年岁次癸巳七月十五日尽，二十七日并一十三个日作了。檀主从三位智努王，以天平胜宝四年岁次壬辰九月七日，改王字成文室真人智努，画师越田安万，书写神石手，□□□吕人足，近仕奉□□□人。②

由此可知，黄书本实入唐后，从长安的普光寺抄写佛足石图带回日本。此本在平城京右京四条一坊禅院内，后在施主智努王的赞助下再次抄写，得以传承下来。

黄书本实的祖先是高句丽人，到日本后被任为画师。③文武天皇十二年（683），在"八色之姓"的制度下，其族姓由"黄文造"被赐姓为"黄文连"。黄书本实一直在朝廷承担技术职务，据《日本书纪》和《续日本纪》载，其于持统八年（694）三月任铸钱司，冠位为勤大弐；大宝二年（702）官位为从五位下，持统上皇去世时任作殡宫司；庆云四年（707）六月，文武天皇去世时从事供奉殡宫之事，同年十月，在天皇大葬时担任御装司。

---

① ［日］小岛宪之、直木孝次郎、西宫一民、藏中进、毛利正守校注・訳：『日本書紀③』（新編日本古典文学全集4）、東京：小学館、1998年、第288頁。
② ［日］廣瀬裕之、漆原徹、遠藤祐介：「奈良・薬師寺の国宝・佛足石の研究Ⅱ—左側面銘文として刻された書と成立過程—」、『武蔵野教育学論集』第6号、2019年、第134—120頁。
③ 关于黄文氏一族的来历，《新选姓氏录》"高丽"条载："黄文连，出自高丽国人久斯那王也。"此外，《日本书纪》"推古十二年（604）九月条"载："是月，始定黄书画师，山背画师。"

可见，这位生卒年不详的高句丽后裔黄书本实，不仅以使者身份来到大唐，抄写刚刚从中天竺传到长安的"佛足石图"，而且还给日本带去了最先进的唐朝测量器具"水臬"。尽管史料没有明确记载其入唐的年份，但根据这期间的遣唐使派遣频率，基本可以认为其是第七次遣唐使人员。

二、壬申之乱之后

1. 壬申之乱

壬申之乱，即 672 年天智天皇死后，大友皇子（弘文天皇）和大海人皇子（后来的天武天皇）为争夺王位而引发了一场争斗事件。此乱被看作日本古代史上最大的内乱。这场宫廷内乱，最终以大海人皇子取胜而告终。事件中的大友皇子是天智天皇的儿子，大海人皇子是天智天皇的弟弟，这是一场叔侄之间发生的争斗。

天智之前，倭国的王位继承问题比较复杂，但继承顺序基本上遵循长兄优先，次兄第二，以此类推直至末弟，以兄弟继承为主。当兄弟间无人继承时，长兄的长子为王位继承第一候选人。由于当时的婚姻形态属于一夫多妻，大王家族中有可能同时存在几个同母兄弟群体，而这些同母兄弟间的长子一般称为"大兄"。因此，每当前一任大王去世时，宫廷内部围绕王位继承的争斗时有发生。

天智天皇临终之际，召见被立为东宫的大海人皇子，让他接替王位，治理国家。然而，天智身边的重臣苏贺安麻侣偷偷地告诉皇子，要谨言慎行。大海人皇子自幼跟随天智天皇左右，深知其用意，并且大友皇子是其子，王位继承的有力竞争者。此时，不可轻易答应，稍有不慎恐怕就会丧命。于是，他谢绝了继承王位，称自己多病，即日起出家，为王修功德。推荐皇后即位，让大友皇子做储君。①

---

① 《日本书纪》天武天皇上《即位前纪》"四年冬十月庚辰"条载："召东宫引入大殿。时安摩侣素东宫所好，密顾东宫曰，有意而言矣。东宫，于兹疑有隐谋而慎之。天皇敕东宫，授鸿业。乃辞让之曰，臣之不幸，元有多病。何能保社稷。愿陛下举天下附皇后。仍立大友皇子宜为储君。臣今日出家，为陛下欲修功德。"参见［日］小岛宪之、直木孝次郎、西宫一民、藏中进、毛利正守校注·訳：『日本書紀③』（新编日本古典文学全集 4）、東京：小学館、1998 年、第 300—302 頁。

大海人皇子避之吉野宫，养精蓄锐。天智死后，大友皇子主持朝政，发号于近江。而此时，跟随两派的朝臣不相上下，二人各有一批追随者。天武元年（672）六月二十二日，大友皇子准备先发制人，集结兵力，封锁道路，打算进攻吉野。六月二十四日，大海人皇子离开吉野，向东国进发。几经周旋，七月二十二日，双方在琵琶湖附近的濑田川展开决战，结果近江大津宫沦陷。七月二十三日，大友皇子无路可逃，躲至山中，自缢而死。至此，这场明争暗斗的王位之争，以大海人皇子的胜利而告终。同年十二月四日，奖赏各有功者，增加冠位。①673 年二月，大海人皇子继承王位，史称天武天皇，成为日本史上第 40 代天皇。

壬申之乱再次重组了倭国政权，天武天皇及其长子高市皇子，还有其妻子鹈野皇女（即持统天皇），进行了一系列改革，引入唐朝制度，建造了日本史上第一个仿照唐朝的都城藤原京。天武十二年（683），宣布铸造和使用铜钱。《日本书纪》"天武天皇十二年四月"条载："诏曰：自今以后，必用铜钱，莫用银钱。"这里所说的"铜钱"，通过日本近年考古发现得到了进一步证明。1999 年 1 月奈良县飞鸟池遗址挖掘出大量的方孔铜钱，上面纵向写有"富本"二字。通过调查，该工坊遗址属于天武天皇时期的造币工厂，这种"富本钱"就是天武下令铸造的铜钱。②

2. 贵族等级

古代日本的姓氏，起源于王族、豪族这样的贵族阶层，倭国朝廷根据中央及地方贵族的贡献度，分别赐予他们"氏"和"姓"。拥有这种"氏""姓"者，世袭继承。氏多数赐予豪族，例如，苏我氏、物部氏、大伴氏等。另外，姓则多数赐予大王（天皇）一族。这种"氏"和"姓"合在一起，一般称作"氏姓制度"。

684 年，天武天皇下诏，实行"八色之姓"身份制度，以提高皇族

---

① 《日本书纪》"天武天皇上·元年十二月"条载："十二月戊午朔辛酉，选诸有功勋者，增加冠位。仍赐小山位以上，各有差。"参见［日］小岛惠之、直木孝次郎、西宫一民、藏中进、毛利正守校注·訳：『日本書紀③』（新編日本古典文学全集 4）、東京：小学館、1998 年、第 344 頁。

② ［日］今村啓爾：『日本古代貨幣の創出』、東京：講談社、2015 年。

的社会地位。据《日本书纪》卷第廿九"天武天皇十三年冬十月"条载：

> 冬十月己卯朔，诏曰：更改诸氏之族姓，作八色之姓，以混天下万姓。一曰，真人；二曰，朝臣；三曰，宿祢；四曰，忌寸；五曰，道师；六曰，臣；七曰，连；八曰，稻置。是日，守山公、路公、高桥公、三国公、当麻公、茨城公、丹比公、猪名公、坂田公、羽田公、息长公、酒人公、山道公十三氏，赐姓曰真人。①

以上真人、朝臣、宿祢、忌寸、道师、臣、连、稻置八个姓，分别按照八个等级授予。最高位为"真人"，授予皇族血统的贵族。第二位为"朝臣"，授予以畿内地区为中心，维系大和政权的高官豪族。第三位为"宿祢"，授予历来"连"姓者中的朝廷执政官员。第四位为"忌寸"，授予渡来人的朝廷贵族。第五位为"道师"，授予具有一定技能的世袭诸氏。第六位为"臣"，授予上升至"朝臣"以外的原"臣"姓者。第七位为"连"，授予上升至"宿祢"以外的原"连"姓氏族。第八位为"稻置"，授予地方官。但是，八姓之中，真正被授姓的只有前四位，其他四姓没有彻底实施。

685 年，天武朝为完善官僚体制，在原来的"冠位二十六阶"基础上，增加许多新的阶位，制定了"冠位四十八阶"。至此，倭国的冠位自推古朝开始，实行几次变革，从最初的"冠位十二阶"，几经改进和细化，发展到四十八阶，体现了倭国从最初的简单等级发展细化的制度演变过程，并逐渐过渡到隋唐式的中央集权统治模式。参照《日本书纪》的记载，日本冠位制度的变迁，见表4。

表 4　冠位制度变迁 ②

序号	年代	制度名称	冠位序列等级
1	推古十一年（603）	冠位十二阶	大德、小德、大仁、小仁、大礼、小礼、大信、小信、大义、小义、大智、小智

---

① ［日］小岛宪之、直木孝次郎、西宫一民、藏中进、毛利正守校注·訳：『日本書紀③』（新編日本古典文学全集 4）、東京：小学館、1998 年、第 436—438 頁。

② 此表为笔者根据《日本书纪》中记载的官位内容绘制而成。

序号	年代	制度名称	冠位序列等级
2	大化三年（647）	冠位十三阶	大织、小织、大绣、小绣、大紫、小紫、大锦、小锦、大青、小青、大黑、小黑、建武
3	大化五年（649）	冠位十九阶	大织、小织、大绣、小绣、大紫、小紫、大花上、大花下、小花上、小花下、大山上、大山下、小山上、小山下、大乙上、大乙下、小乙上、小乙下、立身。
4	天智三年（664）	冠位二十六阶	大织、小织、大缝、小缝、大紫、小紫、大锦上、大锦中、大锦下、小锦上、小锦中、小锦下、大山上、大山中、大山下、小山上、小山中、小山下、大乙上、大乙中、大乙下、小乙上、小乙中、小乙下、大建、小建
5	天武十四年（685）	冠位四十八阶	正大一、正广一、正大二、正广二、正大三、正广三、正大四、正广四、直大一、直广一、直大二、直广二、直大三、直广三、直大四、直广四、勤大一、勤广一、勤大二、勤广二、勤大三、勤广三、勤大四、勤广四、务大一、务广一、务大二、务广二、务大三、务广三、务大四、务广四、追大一、追广一、追大二、追广二、追大三、追广三、追大四、追广四、进大一、进广一、进大二、进广二、进大三、进广三、进大四、进广四

朝廷官员根据冠位等级，在冠帽上配以相应的颜色，再结合服装的颜色，形成一套完善的制度化官僚体系。自推古朝开始的"冠位十二阶"，延续到天武天皇改爵位之号，增加冠位阶级，直至大宝元年（701）《大宝律令》开始，倭国的冠位制使用了将近一百年。

天武去世后，皇后鸬野皇女继承皇位，成为日本第41代天皇持统天皇（690—697年在位）。她继承天武的遗志，在689年颁布了《飞鸟净御原令》。

三、律令制度的形成

日本史上所谓律令制，指的是"律""令""格""式"四种法律形式。"律"指刑法，即惩罚犯人的相关规定；"令"相当于现代法的行政法规；"格"是通过诏、敕等形式对律和令内容的补充及修订；"式"主要是令的细则条款。藤原冬嗣撰《弘仁格式》序云："律以惩肃为宗，令以劝诫为本。格则量时立制，式则补阙拾遗。"[①]7—8 世纪，隋唐已建立起完备的法律体系，在亚洲形成超级强大的帝国，日本模仿隋唐的法律模式，结合本国的实情逐渐形成了自身的律令制度。7 世纪末期，天智天皇时期曾制定过《近江令》，天武天皇时期又制定了《飞鸟净御原令》。此二者均为"令"，尚未形成完善的"律"的体系，进入 8 世纪后，文武天皇时期，701 年朝廷制定第一部完整的律和令法典《大宝律令》。此后，718 年又开始编撰《养老律令》，最终于 757 年实施。

《大宝律令》和《养老律令》的实施，标志着日本整体迈向中央集权国家。以下就上述四种阶段性的《令》和《律》做一简要归纳，见表 5 "日本的律令"。

表 5　日本的律令

律令	制定年（天皇）	实施年（天皇）	编者	卷数	备考
近江令	668（天智）	671（天智）	中臣镰足	令：22	内容不详，此令是否完成并实施，有两种意见。
飞鸟净御原令	不详（天武）	689（持统）	不详	律：不详 令：22	律是否存在，存疑。
大宝律令	701（文武）	701（文武）	刑部亲王、藤原不比等	律：6 令：11	遗失不存，通过《令集解》等可复原一部分。
养老律令	718（元正）	757（孝谦）	藤原不比等	律：10 令：10	现存部分，大部分见《令义解》中。

关于《近江令》是否存在，学界历来观点不一。[②]肯定《近江令》存在的主要根据有二点。其一，《藤氏家传》载："帝令大臣撰述礼仪，

---

① ［日］経済雑誌社：『令義解　類聚三代格』（国史大系　第十二卷）、東京：経済雑誌社、1900 年、第 329 頁。

② ［日］水林彪等：『新体系日本史 2　法社会史』、東京：山川出版社、2001 年、第 21 頁。

刊定律令。"说明天智天皇命令中臣镰足编撰有关礼仪及律令条例。其二，《弘仁格式》序载："暨于推古天皇十二年，上宫太子亲作宪法十七条。国家制法，自兹始焉。降至天智天皇元年，制令廿二卷，世人所谓近江朝庭之令也。"此处的"制令廿二卷"，指的就是《近江令》廿二条，但后世并未流传文本。

至于《飞鸟净御原令》，同样有存与不存之争论，尽管《日本书纪》有些不明确的记载，但认为其未成立的理由是最接近其时代的《续日本纪》没有记载，反而却提到了《近江令》。据《续日本纪》卷第八"养老三年（719）十月辛丑"条载："诏曰：开辟已来，法令尚矣。君臣定位，运有所属。泊于中古，虽由行，未彰纲目。降至近江之世，驰张悉备。迄于藤原之朝，颇有赠损，由行无改。以为恒法。"

然而，近来对日本律令复原研究的进展，印证了《飞鸟净御原令》确实制定和实施过。而《续日本纪》和《弘仁格式》之所以未涉及其内容，是因为编撰这些史料者受到当时的王权意识影响，故意淡化了这阶段的历史。奈良时代的天皇为天武天皇的嫡系，第 49 代光仁天皇起直到平安时代，天皇血统转到了天智天皇族系一边。因此，平安初期对天武系天皇的事迹，出现了评价过低的现象。[1]

大宝元年（701），文武天皇完成了律令体系的制定，日本社会进入一个新阶段。大宝元年三月甲午（二十一日），"对马岛贡金，建元为大宝元年。始依新令，改制官名、位号"。[2] 同年六月，大宝令编纂结束，八月律的制定也已完成。701 年开始实施新的年号，改制官名、位号。日本使用年号制度，虽说自大化元年（645）就已开始，但真正广泛应用，以及明记于公文书方面，始于大宝令的规定："凡公文应记年者，皆用年号。"[3] 尽管自大化以来，孝德朝使用过大化（645—

① ［日］長谷山彰：『日本古代史 法と政治と人と』、東京：慶応義塾大学出版会、2018 年、第 116 頁。

② ［日］青木和夫、稲岡耕二、笹山晴生、白藤禮幸校注：『續日本紀 一』（新日本古典文学大系）、東京：岩波書店、1989 年、第 34—36 頁。

③ ［日］井上光貞、関晃、土田直鎮、青木和夫校注：『律令』（日本思想体系 3）、東京：岩波書店、1976 年、第 350 頁。

650）、白雉（650—654），天武朝使用过朱鸟（686）年号，但其尚未形成制度，仅以宫廷为中心断续地使用，受到一定的局限，此间纪年法仍以干支表示，大宝以后才以年号表示。这种传统一直保持至今，截至 2019 年即位的第 126 代德仁天皇"令和"年号，日本史上共使用过 248 个年号。

年号是一个时间概念，代表帝王受天之命，以纪年的方式统治疆土，国家或个人记事须以此号表述。年号制始自中国，公元前 140 年，汉武帝首创年号为"建元"（前 140—前 135）。此后，中国历史上年号使用了两千多年，从汉武帝到清朝末代皇帝爱新觉罗·溥仪，最后的年号为宣统（1909—1912）。日本史上，一般都在天皇即位或者是出现祥瑞现象时更改年号。日本年号中的汉字，遵循使用两个字，易懂、易写的原则，其来源均出自中国典籍。不过，8 世纪后半期，受武则天时期的四字年号"天册万岁""万岁登封""万岁通天"的影响，日本也用过四字年号，如"天平感宝"（749）、"天平胜宝"（749—757）、"天平宝字"（757—765）、"天平神护"（765—767）、"神护景云"（767—770），除此之外均为二字年号。

日本律令的制定和实施，藤原氏家族功不可没。持统三年（689），中臣镰足之子，入唐僧贞慧的弟弟藤原不比等在 31 岁时担任判事一职，他的事迹从此载入正史，此时他已官升至从五位下（直广四）。持统十一年（697），第 42 代天皇文武天皇即位，不比等将长女藤原宫子纳入宫中。700 年，不比等开始参与编纂《大宝律令》，701 年《大宝律令》完成。718 年，60 岁的藤原不比等以右大臣的身份着手修订补充律令。720 年，不比等去世，未完成修订和编纂的新律令而终。757 年，在其孙子藤原仲麻吕的主持下，《养老律令》完成。

四、日本律令的特点

日本仿效唐朝的法律制度最终形成了自身的律令体系，这一点，在大唐影响所波及的国家中也是极其少见的。唐朝建立后，高祖武德七年（624）废隋炀帝的《大业律令》，制定了最初的《律》。太宗李世民即位后，命房玄龄制定律和令，贞观十一年（637）颁布《律》12 卷、

《令》30 卷。高宗李治时期，永徽二年（651），颁布了长孙无忌等编纂的《律》12 卷、《令》30 卷，《留司格》18 卷、《散颁格》7 卷，《式》14 卷，律令格式俱全。652 年，颁行《永徽律疏》30 卷。《唐六典》记载，开元二十五年当时在行的"文法之名有四：一曰律、二曰令，三曰格，四曰式"，"凡律一十有二章"，"而大凡五百条"[①]，基本继承了《永徽律疏》。日本《大宝律令》的母法就是唐的《永徽律令》。

高宗时期在麟德二年（665）和仪凤二年（677）又对令格式进行了修改，武则天掌权后，颁布《垂拱式》20 卷，《垂拱格》包括新《格》2 卷和《留司格》6 卷。日本《令集解》中引用了《垂拱格》。

此后，中宗李显时期，编纂了《格后敕》，日本《令集解》中同样引用了该敕。开元时期的律令格式更为齐全，开元二十五年（737），完成了《律》12 卷、《律疏》30 卷、《令》30 卷、新《格》10 卷、《式》20 卷。在唐朝，新皇帝登基后，都要颁布新律令。而在日本，天皇更迭后，未必都制定新律令。

唐朝和日本的律令，两者存在差异，有些内容甚至相距甚远。"律"具有一定的继承性，目前唐律保存得比较完整。反之，"令"则具有时效性，它与现实社会紧密相连，时代一结束，令也就被抛弃了。因此，唐令并没有被完整地保留下来。

唐令基本上沿袭了隋朝的《开皇令》，后来总共修订过 14 次。通过复原唐玄宗时期的令文，同时与日本《养老令》相比较，从整体框架上可以看出唐令和日本令之间的差别，见表 6 "唐日令比较"。

---

① （唐）李林甫撰，陈仲夫点校：《唐六典》，北京：中华书局，2008 年，第 180 页。

表6　唐日令比较 [①]

篇	唐令	篇	日本令
1	官品令	1	官位令
2	三师三公台省职员令	2	职员令
3	寺监职员令		
4	卫府职员令		
5	东宫王府职员令	4	东宫职员令
		5	家令职员令
6	州县镇戍岳渎关津职员令	2	职员令
7	内外命妇职员令	3	后宫职员令
8	祠令	6	神祇令
	道僧格	7	僧尼令
9	户令	8	户令
10	学令	11	学令
11	选举令	12	选叙令
12	封爵令	13	继嗣令
13	禄令	15	禄令
14	考课令	14	考课令
15	宫卫令	16	宫卫令
16	军防令	17	军防令
17	衣服令	19	衣服令
18	仪制令	18	仪制令
19	卤簿令		—
20	乐令		—
21	公式令	21	公式令
22	田令	9	田令
23	赋役令	10	赋役令
24	仓库令	22	仓库令

① 此表参见［日］气贺泽保规著，石晓军译：《绚烂的世界帝国：隋唐时代》，桂林：广西师范大学出版社，2014年，第164页。另参见［日］氣賀澤保規：『絢爛たる世界帝国　隋唐時代』、東京：講談社、2005年、第142頁。

篇	唐令	篇	日本令
25	厩牧令	23	厩牧令
26	关市令	27	关市令
27	捕亡令	28	捕亡令
28	医疾令	24	医疾令
29	假宁令	25	假宁令
30	狱官令	29	狱令
31	营缮令	20	营缮令
32	丧葬令	26	丧葬令
33	杂令	30	杂令

因"令"自身所具有的时代性特征，唐令未能全部留存下来。自20世纪以来，日本学者在研究唐令过程中陆续对其进行了复原，主要有仁井田陞著的《唐令拾遗》、池田温等《唐令拾遗补》。日本学者的唐令复原工作，使得唐朝律令研究取得重大进展，从一定程度上恢复了唐令原文，但其复原所依据的基础材料主要来源于《令义解》《令集解》和其他传世典籍中的唐令遗文，因此许多条文存在缺失或非原文现象。1998年，戴建国等发现了宁波天一阁博物馆藏有明抄本《官品令》十卷，实为北宋《天圣令》，后附的令为唐《开元令》，致使唐令的研究和复原进入一个新的历史时期。① 课题组随后出版了《天一阁藏明钞本天圣令校证 附唐令复原研究》（全二册），引起海内外关注。

相对于唐朝的三省六部制，日本律令制下的中央行政组织是"二官八省"制。天皇为最高首脑，二官为神祇官、太政官，八省为中务省、式部省、治部省、民部省、兵部省、刑部省、大藏省、宫内省。日本的地方机构分为国、郡、里，其行政长官称国司、郡司、里长。在税收方面，实行租、庸、调和杂徭。

701年《大宝律令》以后，日本社会在制度上发生了根本变化，从而促使政治、经济、文化等方面都发生了前所未有的更新。随着历史

① 天一阁博物馆、中国社会科学院历史研究所天圣令整理课题组校证：《天一阁藏明钞本天圣令校证 附唐令复原研究》（上册），北京：中华书局，2006年，第8页。

进程的推移，唐朝文化开始全方位地渗透到社会各个角落，而日本又结合自身的风土，构建成了有秩序的社会结构。比如，以地名为例，时至今日，日本地名基本上都用汉字表示，并且都用两个汉字。其文化脉络就源于律令时代，和铜六年（713）五月二日，元明天皇颁布诏令，要求凡是诸国的郡、乡、里的地名，必须用二字，并且要用好的汉字表示。[①] 此令一般被称为"好字令"或"好字二字令"。从此以后，日本地名都使用两个汉字命名，除个别特例外，一直延续这一古"令"的传统。

简而言之，7世纪后半期，倭国共派过三次遣唐使，按历次遣唐使总数来算，属于第五至第七次。这些遣使与此前的性质略有不同，基本上都是围绕朝鲜问题进行的。三次使团的人数及船只数不详，所走的路线均为北线。第五次为送唐使刘德高；第六次送唐使司马法聪至百济，是否抵唐不明；第七次也是送唐使郭务悰回国。

663年的白村江之战，彻底镇压了百济的复兴运动，同时也破灭了倭国干预朝鲜政局的企图。此后，倭国经过一时的恐慌，国内政治势力重新组合，发生了壬申之乱，经历天智和天武两朝的改制，逐渐迈入法制化道路。

在日本律令体系中，《近江令》和《飞鸟净御原令》属于早期阶段，前者基本无存，后者残存。《大宝律令》的实施，标志着倭国已经建立起完备的法制体系，由于文本的欠缺，至今尚不能再现《大宝律令》的全貌。《养老律令》则通过9世纪编纂的《令义解》和《令集解》，基本可以再现其原貌，从而可了解日本当时律令的整体情况。

701年颁布的《大宝律令》，使倭国融入了东亚的整体框架内，"日本"之国名开始步入国际舞台，同时也确立了其自身的国君"天皇"的至高无上的权力。

---

① 《续日本纪》"元明天皇和铜六年五月"条载："五月甲子，畿内七道诸国郡乡名，着好字。"另见《延喜式》卷第二十二《民部　上》："凡诸国部内郡里等名，并用二字，必取嘉名。"参见 ［日］経済雑誌社編：『国史大系　第十三巻』，東京：経済雑誌社、1900年、第695頁。

第四章

『日本』国号的诞生

✿

从"倭国"到"日本"，关于"日本"国号诞生的时间，由于史料无明确记载，很难一下子界定出具体的时间点。对此，学界有过许多讨论，众说纷纭，甚至有人推测日本国号有可能形成于魏晋南北朝时期，至少在 600 年前后访隋使者提交"日出处"国书之时，"日本"这一国号就开始使用了[①]。关于"日本"国号出现时间方面的研究，除去一些不太成熟的论断，目前主要有以下几种观点：（1）681 年诞生说[②]；（2）689 年《飞鸟净御原令》实施时诞生说[③]；（3）701 年诞生说[④]；（4）678 年前"日本"诞生说，该说基于近年来中国新发现的考古资料，即 678 年百济人祢军墓志中出现"日本"字样[⑤]。

日本之名，产生于何时，又为什么称"日本"？为了解开这些谜团，需要从文献学及考古学等多角度考察。本章就"日本"国号的诞生问题做一实证性探究。

[①] 王瑞来：《"日本"国号形成蠡测》，《社会科学战线》2018 年第 6 期，第 116—125 页。

[②] ［日］小林敏男：『日本国号の歴史』，東京：吉川弘文館、2010 年、第 147—152 頁。

[③] ［日］吉田孝：『日本の誕生』，東京：岩波書店、1997 年、第 118 頁。

[④] ［日］神野志隆光：『「日本」国号の由来と歴史』，東京：講談社、2016 年。

[⑤] 王连龙：《百济人〈祢军墓志〉考论》，《社会科学战线》2011 年第 7 期，第 123—129 页；王连龙：《"日本"国号出现考》，杜文玉主编《唐史论丛》（第 23 辑），西安：三秦出版社，2016 年，第 70—81 页。

一、日本早期的国名

在"日本"国号诞生之前，日本的国家名字叫什么呢？日本人自己怎么称呼自己的国家，或者中国人怎么称呼日本呢？回答这个问题，必须从中日两国唐朝或唐朝以前的史料中寻找答案。

首先看日本。唐朝以前，因其自身无文字，因此无法了解更多的信息。另外，早期的日本尚处于小国分立状态，自然无统一的名称。日本现存最早的书籍为《古事记》，成书年代是712年。在这部兼具历史、神话和文学性质的书籍中，其国名一次也没有出现过"日本"二字，而是以"倭"来表述。相反，《日本书纪》仅晚于《古事记》8年，成书于720年，但从其书名便可看出已经使用了"日本"一词。而此时"倭"和"日本"读音却都以训读的形式，读为"Ya ma to"（ヤマト）三个音节。

同一地名，发音一样，书写的汉字却不同。例如，男女二神"伊邪那岐命"和"伊邪那美命"诞下的第八大岛，《古事记》用汉字写为"大倭丰秋津岛"，而《日本书纪》则写作"大日本丰秋津洲"；神武天皇，《古事记》写作"神倭伊波礼毗古命"，《日本书纪》则写为"神日本磐余彦"；景行天皇的儿子，古代传说的英雄，《古事记》称为"倭建命"，《日本书纪》写为"日本武尊"。可见，"日本"之名，从无到有，在8世纪初期，开始出现在日本语言中。《古事记》中共出现64次"倭"，其中包括人名及10例和歌中的"倭"。[①]

虽然8世纪以后，日本国名已经正式确定下来，但关于"日本"的读音，早期文献中表述的汉字却多种多样，通过《古事记》《日本书纪》《万叶集》《续日本纪》等，可以看到大量的"Ya ma to"训读音汉字，主要有：倭、大和、和、大倭、日本、山迹、山常、夜麻登、耶麻腾、耶麻土、野麻登、夜万登、八间登、耶马登、耶马等、大养德。

整体看来，4世纪左右，以奈良盆地为中心的"大和政权"势力越来越强大，5世纪周边小政权逐渐被融入其中，6世纪朝廷权力集中化，7世纪末形成统一的律令制国家。此时，也正是从"倭国"更名为"日

---

① ［日］神野志隆光：『「日本」国号の由来と歴史』，東京：講談社、2016年、第49頁。

本"的时期。

再看中国文献。中国史籍中较早地记录了日本的信息，对其称呼也基本一致，具有连贯性，反映出当时日本社会的许多内容，具有珍贵的史料价值。汉代开始出现倭人的记载，直至唐朝，具体史料如下所示。

> 《汉书》地理志："乐浪海中有倭人，分为百余国，以岁时来献见云。"
>
> 《后汉书》卷八十五《东夷列传·倭》："倭在韩东南大海中，依山岛为居，凡百余国。……建武中元二年，倭奴国奉贡朝贺，使人自称大夫，倭国之极南界也。光武赐以印绶。"
>
> 《三国志》卷三十《魏书三十·乌丸鲜卑东夷传·倭人》："倭人在带方东南大海之中，依山岛为国邑。旧百余国，汉时有朝见者，今使译所通三十国……"
>
> 《宋书》卷九十七《蛮夷·倭国》："倭国，在高骊东南大海中，世修贡职……"
>
> 《隋书》卷八十一《东夷·倭国》："倭国，在百济、新罗东南，水陆三千里，于大海之中依山岛而居。魏时译通中国。三十余国，皆自称王……"
>
> 《旧唐书》卷一百九十九上《东夷·倭国·日本》："倭国者，古倭奴国也。去京师一万四千里，在新罗东南大海中……日本国者，倭国之别种也……"
>
> 《新唐书》卷二百二十《东夷·日本》："日本，古倭奴也……"

通过以上唐朝及以前的七部中国正史可以看出，从汉代开始，中国史书中对日本的称呼分别为"倭人""倭""倭国""倭奴国"等，《旧唐书》中则有"倭国"和"日本"两种称呼，说明此时正是倭国称呼转变之时。从《新唐书》开始，中国正史中则称为日本或日本国，不再以倭相称。

二、"日本"一词出现的时间

中日朝三国史料中，均有关于"日本"国号的记载，以下就"日本"一词在文献中出现的顺序，列几点重要事项进行分析。

（1）《述异记》卷上"日本金桃"条

> 磅塘山去扶桑五万里，日所不及，其地甚寒，有桃树千围，万年一实。一说日本国有金桃，其实重一斤。①

《述异记》是南朝梁文人任昉（460—508）编写的怪异题材文集，上文所述"日本国有金桃，其实重一斤"，应该不是当时的历史记录。由于《述异记》文本缺失，现在流传的文本属于唐宋时期改写的，非原时代作品。②

（2）《三国史记》卷第六《新罗本纪第六》"文武王十年（670）十二月"条

> 十二月，土星入月。京都地震。中侍智镜退。倭国更号日本，自言近日所出以为名。③

朝鲜史料《三国史记》中所载的文武王十年（670）十二月，即670年"倭国更号日本"之说，并非出自原始材料，不足为信。首先，《三国史记》成书于1145年，距离当时的历史较远，可信度降低；其次，670年的原始出处为《新唐书》，《三国史记》沿用了"咸亨元年（670），遣使贺平高丽"以及后倭改名日本的内容，将《旧唐书》和《新唐书》的记述合在一起；再有，仔细辨别会发现，两《唐书》所记的倭国改称"日本"的时间，也并非670年。

此外，朝鲜史料中关于"日本"国名的记述，还有比670年更早出现的提法。其内容多出于《三国遗事》，例如下列几项：

其一，《三国遗事》卷一《延乌郎·细乌女》篇中，时代为157年

---

① （梁）任昉撰：《述异记》卷上，《四库全书》影印版，北京：中华书局，1985年，第19a页。
② ［日］神野志隆光：『「日本」国号の由来と歴史』，東京：講談社、2016年、第69—71页。
③ 金富轼著，杨军校勘：《三国史记》（上），长春：吉林大学出版社，2015年，第88-89页。

（新罗第八代阿达罗王即位四年），"东海滨有延乌郎、细乌女，夫妇同居。一日延乌归海采藻，忽有一岩（一云一鱼）负归日本。国人见之曰：此非常人也！乃立为王"。157年，正是中国东汉时期，日本则处于弥生时代，自然不会有"日本"之名。

其二，"日本"一词还出现在新罗真平王时期（579—632），见于《三国遗事》卷五《融天师彗星歌》，其中载："星怪即灭，日本兵还国，反成福庆。"此处的"日本"，当为"倭"或"倭国"。《三国遗事》一书是由高丽僧人一然（1206—1289）撰写的，大部分内容写于1270年中期至1280年中期，一然去世后，由弟子无极进行补充、署名并刊出。《彗星歌》本身是一首老歌，当时的"日本"尚属于"倭国"阶段，此处应该是《三国遗事》作者改写的。

其三，《三国遗事》卷一《塔像》"第四"条载："又海东名贤安弘撰东都成立记云，新罗第二十七代，女王为主。虽有道无威，九韩侵劳，若龙宫南皇龙寺九层塔。则邻国之灾可镇。第一层日本，第二层中华，第三层吴越，第四层托罗，第五层鹰游，第六层靺鞨，第七层丹国，第八层女狄，第九层秽貊。"文中的"女王"，指的是善德王（632—647年在位），这里的"日本"，也是后来改写的。

（3）《善邻国宝记》卷上"鸟羽院元永元年（1118）"条

> 隋唐以来献本朝书例曰，推古天皇十六年（608），隋炀帝遣文林郎裴世清使于倭国，书曰："皇帝问倭皇"云云。
>
> 天智天皇十年（671），唐客郭务悰等来聘，书曰："大唐帝敬问日本国天皇"云云。
>
> 天武天皇元年（672），郭务悰等来，安置大津馆，客上书函，题曰："大唐皇帝敬问倭王书。"[①]

以上引文，出自日本外交史书《善邻国宝记》，该书由临济宗僧人瑞溪周凤（1391—1473）撰写，成书于1470年左右。可以说，编写的年代较晚，未必非常准确，但从中也可以发现一些既有史料所未呈

---

① ［日］田中健夫编：『善隣国宝記・新訂続善隣国宝記』、東京：集英社、2008年、第70頁。

现的内容。关于日本的称谓，如文中所示，608 年称日本为"倭国"，称其国王为"倭皇"；671 年则为"日本国天皇"；672 年又为"倭王"。此处的"日本国天皇"，应该是编纂时改写的，当时日本之名还未在唐使用，况且唐朝廷也不会使用"天皇"一词，只能用"倭王"来表述。因此，词条记述的"日本"国号也不足为信。

（4）《三国史记》卷第八"孝昭王七年（698）"条

> 三月，日本国使至，王引见于崇礼殿。①

此处记载显示的时代为新罗孝昭王七年，即 698 年。"日本"一词的出现，在时间上很接近历史事实，但从内容方面仔细辨析，还是有些不确定性。从日本史料看，698 年并没有遣使新罗的记录。在 698 年前后，日本派过两次赴新罗使者，第一次是 695 年小野毛野、伊吉博德出使新罗②，第二次是在 700 年，佐伯宿祢麻吕等使于新罗③。可见，日本方面关于这次遣使没有记录。当然，也不排除《三国史记》拥有独自的材料引证"日本国使至"。总之，"日本"之国号出现于新罗，或者在新罗传播，尚无有力证据佐证。

（5）《旧唐书》和《新唐书》中的《东夷·日本》

两《唐书》日本传，在文献方面属于对"日本"国号诞生概括得较全面的史料。它们都记载了从"倭"到"日本"的过程，对于了解"日本"国号的出现具有重要的参考价值。以下在表 7 中列出两《唐书》中有关"日本"诞生的词句。

---

① 金富轼著，杨军校勘：《三国史记》（上），长春：吉林大学出版社，2015 年，第 112 页。

② 《日本书纪》卷第卅"持统天皇九年"条载："（七月辛未）赐拟遣新罗使直广四小野朝臣毛野、务大二伊吉连博德等物，各有差；……（九月庚戌）小野朝臣毛野，发向新罗。"参见 [日] 小岛宪之、直木孝次郎、西宫一民、藏中进、毛利正守校注·訳·『日本書紀③』（新編日本古典文学全集 4）、東京：小学館、1998 年、第 552 頁。

③ 《续日本纪》"文武四年五月辛酉"条载："以直广四佐伯宿祢麻吕为遣新罗大使，勤大四佐味朝臣贺佐麻吕为小使，大少位各一人，大少史各一人。"参见 [日] 青木和夫、稲岡耕二、笹山晴生、白藤禮幸校注：《續日本紀 一》（新日本古典文学大系）、東京：岩波書店、1989 年、第 26 頁。

表 7 《旧唐书》和《新唐书》中的"倭"与"日本" ①

对比事项	《旧唐书》	《新唐书》
倭/日本	倭国者，古倭奴国也。	—
	日本国者，倭国之别种也。	日本，古倭奴也。
	以其国在日边，故以日本为名。	后稍习夏音，恶倭名，更号日本。
	或曰：倭国自恶其名不雅，改为日本。	使者自言，国近日所出，以为名。
	或云：日本旧小国，并倭国之地。	或云：日本乃小国，为倭所并，故冒其号。

两《唐书》的内容，乍一看似乎很接近，但仔细辨别，二者还是有区别的。《旧唐书》称日本国为倭国之别种。对此，《新唐书》则称日本为古倭奴国。"别种"，即"同种"之意，此处表示的是"倭国"更迭为"日本"。② 由倭国到日本，二者大同小异。

首先，看《旧唐书》的内容。

《旧唐书》关于倭国改名日本的理由列出三条：第一，以其国在日边，故以日本为名；第二，倭国自恶其名不雅，改为日本；第三，日本旧小国，并倭国之地。第一条所述的"日本"由来具有一定的传统性，因为在遣隋使时期倭国的国书里写道："日出处天子致书日没处天子，无恙。"按当时的地理知识，太阳升于东方，落于西方，从长安或洛阳角度观看，位于东方绝域的倭国理应位于日出之处，日之本，故"日本"之称符合常理。第二条理由是倭人觉得"倭"字不雅，自己嫌恶其名，所以改为"日本"。此条理由似乎不太清晰，"倭"名的出现，早见于《山海经·海内北经》："盖国在钜燕南，倭北。倭属燕。"此时的"倭"，具体指哪里尚不是特别清楚。到了东汉以后，倭奴国、倭人、倭国的概念越来越清晰了，直至"日本"诞生之前，中国一直称之为"倭"。而"倭"字本身只是柔顺、顺从之意。况且，在"日本"国名诞

---

① 此表依据《旧唐书》和《新唐书》中出现的"倭"与"日本"之国号整理而成。

② ［日］增村宏：『遣唐使の研究』，京都：同朋舎、1988 年、第 622—627 頁。

生之后，"大和国"（今奈良县）在天平十九年（747）仍然使用旧称的倭，改为"大倭国"，也就是说，日本方面似乎并不认为倭有何不雅之意。① 第三条理由是"或云：日本旧小国，并倭国之地"。这里所讲"日本"和"倭国"属于两个地理和行政概念，只因日本小，被倭国吞并，至于其所属关系，书中并没有交代。或者更极端一点理解，"日本"位于传统的东夷朝贡国"倭国"的更东边，接近日出之处，后被倭国合并。② 不过，值得注意的是，第二和第三条理由都用"或曰"来表示，说明此项理由并不是原始文献，属于中国方面的见解，或为《旧唐书》编纂时编者的推测。

其次，再看《新唐书》的记载。

"咸亨元年（670），遣使贺平高丽"这一记述《旧唐书》未载。不过，这次遣唐使，从《日本书纪》"天智天皇八年（669）"条的记录中可以得到证实，倭廷派遣河内鲸等人使于大唐，但此时并无"日本"之名，中国史书仍以"倭国"相称。在此项之后，《新唐书》接着有"后稍习夏音，恶倭名，更号日本"的记述。"后稍习夏音"的"后"，到底是多久？对于它的解读直接关系到更改国号的时间。因此，主张670年"日本"成立的则认为"后"的动作与前文紧密相连，时间不是很长，并且与日本遣唐使来唐的时间相吻合，故而反映出该史料的合理性。③ 但是，如前所述，670年更号可信度不强。《新唐书》中记载的其他理由，如"恶倭名""使者自言，国近日所出，以为名""日本乃小国，为倭所并，故冒其号"则与《旧唐书》一致，基本上承袭了其内容。

尽管两《唐书》未明确倭国更名日本的具体时间，但从其记载中可以找到相关线索。其时间节点就是701年大宝律令的实施，此时，倭国更名为"日本"，并派遣唐使，向唐朝皇帝通报此事，得到时任皇帝武则天的认可，最终使"日本"国号正式登上世界舞台。日本遣唐使702年抵达长安，得到则天皇帝的谒见，对此两《唐书》均有记载。

---

① ［日］森公章：『遣唐使の光芒』、東京：角川学芸出版、2010 年、第 92—93 頁。
② ［日］小林敏男：『日本国号の歴史』、東京：吉川弘文館、2010 年、第 87 頁。
③ 王连龙：《"日本"国号出现考》，杜文玉主编《唐史论丛》（第 23 辑），西安：三秦出版社，2016 年，第 81 页。

《旧唐书》曰:"长安三年(703),其大臣朝臣真人来贡方物。"《旧唐书》亦载:"长安元年,其王文武立,改元曰太宝,遣朝臣真人粟田贡方物。"此时日本的年号,《新唐书》写作改元号"太宝",实为"大宝"之误。①

唐人张守节著《史记正义》中两次提到武则天改倭国为日本国。第一次出现在卷一《五帝本纪》"东长、鸟夷"句,张守节《史记正义》注:"鸟或作岛,《括地志》云:'百济国西南海中,有大岛十五所,皆置邑,有人居,属百济。又倭国西南大海中,岛居凡百余小国,在京南万三千五百里。'案:武后改倭国为日本国。"第二次出现于同书卷二《夏本纪》"岛夷卉服"句,《史记正义》载:"又倭国,武皇后改曰日本国,在百济南,隔海依岛而居,凡百余小国。此皆扬州之东岛夷也。"《史记正义》成书于736年,作者张守节生卒年不详,但从《史记正义序》中的"守节涉学三十余年"一句来看,他经历过武则天当政时期,对于这阶段历史的记录应该比较贴近事实。由此看出,较之945年成书的《旧唐书》和1060年完成的《新唐书》,张守节的"武后改倭国为日本国"这一记载可信度更高。换言之,"日本"这一国号,是经武则天认可后才开始正式使用的。

此外,中国史料中还有几处涉及改"倭国"为"日本"的记录。唐人柳芳著的《唐历》中有这样记载:"日本国者,倭国之别名也。"可以说,这一记载,在时间上仅次于《史记正义》,是一部记录出现"日本"国号较早的文献。日本国名出现在武则天时期,长安二年(702)派遣唐使入唐,关于这段历史,13世纪末期成书的《日本书纪》注释书《释日本纪》卷一《问题》载:

> 《唐历》云:
> 此岁,日本国遣其大臣朝臣真人贡方物。日本国者,倭国之别名也。朝臣真人者,犹中国地官尚书也。颇读经史,容止温雅,

① [日]藤堂明保、竹田晃、影山輝國:『倭国伝』、東京:講談社、2010年、第266頁。

朝廷疑之，拜司膳员外郎。云云。大唐称日本之滥觞见于此。[①]

柳芳大约生活在唐玄宗的开元三年（715）至德宗贞元十年（794）左右，享年约八十岁。[②]他是唐朝著名史学家，其著作《唐历》在唐史中占有重要一席，其史料价值不可低估。《唐历》以编年体形式撰写，共四十卷，起于高祖止于代宗大历年间，是五代时正式撰修《唐书》（《旧唐书》）的主要凭借。[③]柳芳不仅经历了这个时代，其史料也是出自第一手材料。关于武则天和唐玄宗时期的事情，作为皇帝近臣的高力士最为清楚，柳芳在肃宗末年（760—761）被贬至黔途中，遇到高力士，此时高力士也被徙巫州。高力士讲给柳芳许多宫中事，均是柳芳所不知道的。记史过程中，柳芳有疑问时，便反复让高力士确认，后还将二人的问答辑录成一个小册子，叫作《问高力士说》。后来，任宰相的李德裕（787—850）写过一篇《次柳氏旧闻序》，其中提到此事。[④]由此看出，《唐历》中所载的702年"倭国"改"日本"一事，具有相当大的可信度。

同样，《唐会要》卷九十九"倭国"条载："则天时，自言其国近日所出，故号日本国。盖恶其名不雅而改之。"这次日本遣唐使，702年冬抵达长安[⑤]，703年参加则天皇帝贺正谒见。这一过程，从日本史料中同样可以得到印证。

（6）《续日本纪》与《令义解》记录的"日本"

702年，大宝年间日本遣唐使刚从楚州上岸时，使人与当地居民

---

① ［日］経済雑誌社編：『国史大系　第七巻』（古事記　前代旧事本紀　釋日本紀）、東京：経済雑誌社、1898年、第520頁。
② 郝润华：《关于柳芳的〈唐历〉》，《史学史研究》2001年第2期，第65-72页。
③ 黄永年：《唐史史料学》，上海：上海书店出版社，2002年，第6页。
④ 李德裕在《次柳氏旧闻序》中载："太和八年秋，八月乙酉，上于紫宸殿听政，宰臣涯以下奉职事。上顾谓宰臣曰：'故内臣力士终始事迹，试为言之。'臣涯谨奏云：'上元中，史臣柳芳得罪窜黔中，时力士亦从事巫州，因与周旋。力士以芳尝司史，为芳言先时禁中事，皆芳所不能知。而芳亦有质疑者，芳默识之。及还，编次其口语，号曰《问高力士说》。'"除此之外，《旧唐书》卷一百四十九《柳芳》和《新唐书》卷一百三十二"柳芳"条中均有类似记载。
⑤ 《旧唐书》卷六"则天皇后·长安二年（702）"条载："冬十月，日本国遣使贡方物。"参见（后晋）刘昫等撰：《旧唐书》（简体字本二十四史，第29册），北京：中华书局，2000年，第87页。

有过一段对话，《续日本纪》卷第三《文武纪》"庆云元年（704）七月"条载：

> 秋七月甲申朔，正四位下粟田朝臣真人自唐国至。初至唐时，有人来问曰："何处使人？"答曰："日本国使。"我反问曰："此是何州界？"答曰："是大周楚州盐城县界也。"更问："先是大唐，今称大周，国号缘何改称？"答曰："永淳二年，天皇太帝崩，皇太后登位，称号圣神皇帝，国号大周。"问答略了，唐人谓我使曰："亟闻海东有大倭国，谓之君子国。人民丰乐，礼义敦行。今看使人，仪容大净，岂不信乎！"语毕而去。①

这段记录是使团中最高官员"执节使"粟田真人的回国报告书里的内容。当被唐人问到何处使人时，他的回答是"日本国使"，标志着"日本"国号，通过遣唐使开始正式向唐朝通报和宣传。此前，唐人并没有听过日本之名，只知道"海东"有"大倭国"，被称作君子国，人民丰乐，礼义敦行，今天得见，"仪容大净，岂不信乎"，对遣唐使赞许一番。反之，日本方面也初次听到大唐改为大周。由此可以看出，"日本"这一国名，是通过这次遣唐使开始使用的。

这次遣唐使中，另一条有价值的史料是，成员中有一个著名的万叶歌人山上忆良，他写的一首和歌被收录到《万叶集》卷一·第63首，题为《山上臣忆良在大唐时忆本乡作歌》，歌词用万叶假名表示如下：

> 去来子等　早日本边　大伴乃　御津乃浜松　待恋奴良武

此歌是山上忆良在回国前的宴会上所作，用日文训读表示为：

> いざ子ども　早く日本へ　大伴の　御津の浜松　待ち恋ひぬらむ②

---

① ［日］青木和夫、稲岡耕二、笹山晴生、白藤禮幸校注：『続日本紀　一』（新日本古典文学大系），東京：岩波書店，1989年，第80頁。
② ［日］中西進訳注：『万葉集』，東京：講談社，1984年，第79頁。

通过这首歌，可以看出，关于"日本"国号，出自遣唐使自身成员的记录已经有两次，并且都是较可靠的史料。山上忆良歌中的"日本"，仍然以训读的方式读作"ヤマト"。甚至有人认为，如果"日本"这个字眼是忆良自身所写，那么这首歌就是"日本国"得到认定后对其最古老的记载。[1]

日本文献中另一条记载出自《令义解》。通过《令义解》可知"日本"一词出现在《大宝令》中，尽管完整的《大宝律令》已经遗失，但解释《大宝律令》的注释文《古记》仍散见于《令义解》中。《公式令》的"诏书式"里出现了"日本"国号。[2]《令义解》卷第七《公式令》第二十一"诏书式"载：

> 明神御宇日本天皇诏旨（注：谓以大事宣于蕃国使之辞也），云云。[3]

《令义解》是一本解释《养老律令》的注释书，由朝廷指定右大臣清原夏野等 11 人编纂，完成于 833 年（天长十年），834 年开始实施。此书是一部国家工程，具有法律效力。全书由 10 卷、30 篇、955 条组成。尽管《大宝律令》今已无存，但通过《令义解》可知，701 年实施的《大宝律令》中已经正式写上了"日本"的国号。与此相关联，"天皇"一词也在日本社会正式登场，无论对内，还是对外，"日本"及"天皇"用语开始走向世界舞台。

通过以上中国、朝鲜及日本的文献，考察了"日本"一词出现的相关记载，从中可以看出，其时间段大致集中于 670 年至 702 年的约 30 年间。不过，"日本"国名正式使用，基本可以断定是在 701 年《大宝律令》实施后，以及第八次遣唐使时期。

---

① ［日］井上亘：《"日本"国号的成立》，王勇主编《东亚坐标中的遣隋唐使研究》，北京：中国书籍出版社，2013 年，第 190 页。

② ［日］神野志隆光：『「日本」国号の由来と歴史』、東京：講談社、2016 年、第 21 頁。

③ ［日］経済雑誌社：『令義解　類聚三代格』（国史大系　第十二巻）、東京：経済雑誌社、1900 年、第 210 頁。

三、"日本"的语义

"日本"一词代表何意？又是如何演变形成的呢？要解决这一问题，有必要从古代中国人的宇宙观中寻找答案。古代中国的"华夷"观，在春秋战国至秦汉时期形成统一国家的过程中逐渐形成。中原地区的统治中心，自称夏、华夏、中华、中国等，对周边地区的异族称夷狄、戎蛮等，由此形成一种固定的华夏观。此外，关于"日本"一词的诞生，甚至需要从欧亚大陆视野下的地理空间来考虑。从世界地理角度看，中国位于欧亚大陆东部，再往东则进入太平洋。因此，以长期处于中央政权中枢的长安、洛阳为轴心，或者以中原为中心，王朝统治的疆域以外地区为夷狄，东方曰夷、南方曰蛮、西方曰戎、北方曰狄，统称"四夷"。[①] 日本则属于"东夷"。表述东方的词汇还有很多，例如"东方""扶桑""海东"等。

古人心目中的东方，标志性的物体是太阳，代表性的语言是"日"。太阳表示东方之意。"扶桑"代表日出之处的一种树，《淮南子》卷三《天文训》载：

> 日出于旸谷，浴于咸池，拂于扶桑，是谓晨明。登于扶桑，爰始将行，是谓朏明。[②]

"旸谷"为日出之处，日出后登上"扶桑"。对此，《山海经》又记东方海中有黑齿国，其北立有扶桑之木，太阳由此而升。《山海经》卷九《海外东经》载：

> 下有汤谷。汤谷上有扶桑，十日所浴，在黑齿北。居水中，有大木，九日居下枝，一日居上枝。[③]

---

① 《礼记·王制第五》篇载："中国戎夷，五方之民，皆有其性也，不可推移。东方曰夷，被发文身，有不火食者矣。南方曰蛮，雕题交趾，有不火食者矣。西方曰戎，被发衣皮，有不粒食者矣。北方曰狄，衣羽毛穴居，有不粒食者矣。"参见杨天宇：《礼记译注》（上），上海：上海古籍出版社，2005年，第155页。

② 陈广忠译：《淮南子》，北京：中华书局，2014年，第74页。

③ 陈民镇导读注译：《山海经》，长沙：岳麓书社，2019年，第231页。

　　"汤谷"即"旸谷"，称温源之谷。"扶桑"在汤谷上，《说文解字》云："榑桑，神木，日所出也。"扶桑（榑桑）生在汤谷上，是一种神木，在日出之处，日出扶桑[①]，因此扶桑也代表东方之意。

　　与此相关，又有"日域"和"日下"之语。西汉扬雄所作的《长杨赋》中叙述武帝时代时写道："乃萃然登南山，瞰乌弋，西厌月窟，东震日域。"[②]"乌弋"指遥远的西方之国，"月窟"指月所生地，极西之处，而"日域"则为日初出之处。同样，六朝文人鲍照在《舞鹤赋》（《文选》卷十四）中写道：

　　　　指蓬壶而翻翰，望昆阆而扬音。币日域以回鹜，穷天步而高寻。践神区其既远，积灵祉而方多。[③]

　　"蓬壶"和"昆阆"都指古代的仙山，"日域"和"天步"均指遥远之处，称赞鹤一举千里和寿逾千年的美德。另外，"扶桑"与"日域"随着东部地区历史事件的发生，所指地域也出现了具体化现象。魏景初二年（238），司马懿率军讨伐辽东公孙渊时，"日域"则指辽东。唐太宗征高句丽作《春日望海诗》，与此相关的"应诏"诗中出现的"扶桑"和"日域"，指的则是高句丽。[④]此外，古典中的"日下"，也表示日域之意。

　　如此，"日本"一词是中国人在对东方认识的过程中，在"扶桑""日域""日下"等词汇的长期滋养下产生的。日本的"本"字，代表草木之根，木下之本。因此，以隋唐为中心的宇宙观深刻地影响着倭国朝廷，607 年遣隋使所带国书中使用的"日出处天子致书日没处天子，无恙"字句，"日出处"也就成了形成"日本"一词的思想基础。《通典》卷一百八十五《边防一》"倭"条载："倭一名日本，自云国在日

---

① 唐元和年间的刘叉《偶书》："日出扶桑一丈高，人间万事细如毛。野夫怒见不平处，磨损胸中万古刀。"
② 《汉书》第五十七下《扬雄》。参见（汉）班固撰，（唐）颜师古注：《汉书》（二十四史简体字本，第 06 册），北京：中华书局，2000 年，第 2645-2646 页。
③ 张启成、徐达等译注：《文选》，北京：中华书局，2019 年，第 884 页。
④ ［日］神野志隆光：『「日本」国号の由来と歴史』、東京：講談社、2016 年、第 84 頁。

边，故以为称。"此外，对《日本书纪》的解释书《日本书纪私记》（甲本）之《弘仁私记并序》中也有"日本国，自大唐东去万余里，日出东方，升于扶桑，故云日本，古者谓之倭国。"这些都是以中国为视角叙述位于东方的"日本"之例。日本另一部成书于 1455 年至 1457 年间，由一条兼良撰写的解释《日本书纪》工具书《日本书纪纂疏》中，从"释义"的角度，更详尽地对"日本"一词进行了剖析，其文曰：

> 日本，吾国之大名，在东海中，近于日所出也。据韵书《说文》曰：日实也，太阳之精不亏。以圈一象形。《通论》：天无二日。故圈一为日。又本字，《说文》：木下曰本。以木，一在其下，一记其处也，与末同义。太阳出于扶桑，则此地自为日下，故名曰日本。东字以日本同义也。[1]

尽管该文是在"日本"出现后几百年后的释义，但无疑也是日本人认识其国号来源的理性思考。从中可以看出，"吾国之大名，在东海中，近于日所出也""太阳出于扶桑，则此地自为日下，故名曰日本"，等等，均说明"东"字与"日本"同义。也就是说，古代日本人的方位中的"东"意识，在中国的政治因素，以及倭国朝贡和受到册封等众多因素影响下，逐渐孕育成了后来的"日本"。

此外，在以太阳为参照物的方位观中，地理位置的"东"与"西"，随着说话人所在位置的移动，其方位也随之变化。北魏神龟年间（518—520），波斯国遣使上书贡物，书曰："大国天子，天之所生，愿日出处常为汉中天子。波斯国王居和多千万敬拜。"[2] 位于西方的波斯国，从他们的疆土来看，中国（魏）远在东方，位于"日出处"。与之相反，波斯国遣使上书贡物之后 80 余年，607 年倭国国书中则出现了"日出处天子致书日没处天子，无恙"之句。倭国国书中包含两种视

---

① 依据天理图书馆善本丛书《日本书纪纂疏 日本书纪抄》的记载，适当加上标点。参见［日］二藤京：「比較文学の視点から見る『日本』—『日本書紀』と『日本書紀纂疏』を中心に一」、『高崎経済大学論集』第 48 巻第 3 号、2006 年、第 190 頁。

② 《魏书》卷一百二·列传第九十《西域·波斯国》。同样内容亦见于《北史》卷九十七·列传第八十五《西域·波斯国》。

角，使用地理换位的方法进行表述。在隋朝看来，倭国处于"日出之
处"，反之，从倭国地理方位来看，大隋则位于"日没处"。中国处于
日本西方，以日出和日没、日入来描述中日两国，这种方位观在奈良
时代的《万叶集》中也有表述，天平五年（733）送别遣唐使的和歌中，
称大唐为"日入国"。①

关于日出之远近，以及太阳与都城长安的关系，中国古典中早有
体现。《列子·汤问》记有孔子东游时见两小儿辩斗的场面，例如，一
儿曰："我以日始出时去人近，而日中时远也。"一儿曰："以日初出远，
而日中时近也。"这一题材成为日本"说话"文学的素材之一，12世纪
成书的《今昔物语集》中较完整地讲述了这则故事。② 此外，《世说新语》
载，晋元帝问晋明帝"长安何如日远"，明帝两次作答，前曰说"日
远"，次曰答"日近"，理由是"举目见日，不见长安"。③ 这些关于太阳
及方位的著名论断，都是产生"日本"一词的文化根基。

同为日本"说话物语"，13世纪上半期成书的《宇治拾遗物语》卷
十二中有一则《八岁童孔子问答事》的文章，主要内容为：孔子在路
上遇见一个八岁儿童，问孔子："日落处与洛阳，哪个离我们远？"孔
子答："日落处离我们远，洛阳近。"儿童说："我们能看见日出与日落，
却看不见洛阳，因此日出处近，洛阳远。"孔子赞道："聪明的孩子！"
众人道："从来无人这样问过孔子，能提出此问题者非等闲之辈！"④ 很
明显，这则故事是将《列子·汤问》中的"两小儿辩日"和《世说新语》
中的"举目见日，不见长安"两则故事揉到一起，改写而成的。近年最

---

① 参见《万叶集》卷十九·第4254首，题词为："天平五年赠入唐使歌一首（并短歌）作者未详。"
② ［日］山田孝雄等校注：『今昔物語集　二』（日本古典文学大系23）卷第十『臣下孔子道行
值童子問申語第九』、東京：岩波書店、1963年、第288—290頁。
③ 《世说新语·夙惠》第十二载：晋明帝数岁，坐元帝膝上。有人从长安来，元帝问洛下消息，
潸然流涕。明帝问何以致泣，具以东渡意告之。因问明帝："汝意谓长安何如日远？"答曰："日
远。不闻人从日边来，居然可知。"元帝异之。明日，集群臣宴会，告以此意，更重问之。乃答
曰："日近。"元帝失色，曰："尔何故异昨日之言邪？"答曰："举目见日，不见长安。"参见（宋）
刘义庆撰，（梁）刘孝标注：《世说新语》卷中之下《夙慧第十二》，《钦定四库全书荟要·子部》
影印版，第58—69页。
④ 『宇治拾遺物語』卷十二：八歳の童孔子と問答の事。［日］渡辺綱也、西尾光一校注：『宇
治拾遺物語』（日本古典文学大系27）、東京：岩波書店、1983年、第346—347頁。

新发现的考古资料百济人祢军墓志中出现的"日本"，其出现的时间是678年，东野治之认为，指的是于大唐东方朝鲜半岛的百济国。①

由此可见，"日本"一词的出现，非一时之举，而是在长期的汉字文化和中华王朝的"华夷观念"的熏陶下逐步演变而成的。从"倭"到"日本"的转变过程中，发音都是"ヤマト"，对诸如"夜麻登、耶麻腾、野麻登、山迹"等代表性的汉字进行提炼，凝聚成两个汉字，最终形成了"日本"一词作为国号。

综上所述，作为国号的"日本"，正式诞生于701年，并写入《大宝律令》中。同时，"日本"国号真正开始使用并走向世界舞台，是在702年遣唐使到达唐朝，得到当朝天子武则天的认可后开始的。"日本"之国号，至今不间断地使用了一千三百多年，作为一个国家的专有名称，在当今世界上也是不多见的。

就在"倭"更名为"日本"的过程中，日本国的君主名号也出现了新的称呼，即"天皇"。日本九州志贺岛出土了建武中元二年（57）光武帝赐予的"汉委奴国王"金印，此为古代日本列岛"国王"的最早实物。《魏志·倭人传》中的女王"卑弥呼"，《宋书》《南齐书》和《梁书》等六朝史书中记的倭五王"赞""珍""济""兴""武"，以及《隋书》中记载的倭王"多利思北孤"等，均以"王"相称。日本文献及考古资料中，早期的"王"在日语中读作"ookimi"（おおきみ），汉字表示为"大王"或"大君"。埼玉县行田市出土的《稻荷山古坟铁剑铭》年代为辛亥年（471年），铭文中出现了倭王名"获加多支卤大王"。这是用汉字标注的倭王名字，即"获加多支卤"（わかたける）"大王"。倭国君主称号由"大王"更名为"天皇"，其变化时期一般认为是在天武和持统朝时代，奈良县明日香村飞鸟池遗迹出土文物中，发现写有"天皇"二字的木简，并从同批木简上的"丁丑"年号判断，时间为677年（天武六年），说明此时已出现了"天皇"的称呼。不过，日本国王"天皇"一词的普遍使用，还是自701年实施的《大宝律令》开始。

"日本"国号的诞生和使用，不仅是日本自身之事，实则是在东亚

---

① ［日］東野治之：「百済人祢軍墓誌の『日本』」，『図書』第756号、2012年、第2—4頁。

地区整体变化当中产生的。如前所述，通过对文献的辨析，抽丝剥茧，"日本"国号诞生于文武天皇时期的 701 年。但它最初的成立和使用具有双重属性，一则对外，二则对内。正如日本江户时期的大学者本居宣长所说，日本原本并无写有"比能母登"（"日本"的训读，ヒノモト）之号的文字，为了向他国表明才起了新国号。① "日本"国号诞生问题，是一个既古老而又新鲜的话题，日本学界曾在 20 世纪 60 年代以前主张"孝德朝"成立说，70 年代并行"齐明朝"说和"天智朝"说，80 年代并存"天武·持统朝"说和"文武朝"成立说。②

　　然而，以前所讨论的诸学说都是基于文献，真伪混杂，缺少可靠的实质性材料。近年来，考古发现有了很大进展，为揭开"日本"最初诞生之谜提供了依据。值得注意的是，这些考古资料都出自中国，其中包括几个直接涉及"日本"一词的唐朝墓志，代表性的墓志主人有旧百济将领祢军、日本遣唐留学生井真成、唐荆州刺史杜嗣先等，他们分别是百济人、日本人和唐人，也分别代表了百济、日本和大唐。这些墓志的发现，不仅对于研究"日本"的诞生意义非凡，同时对于研究东亚史也具有重要的史料价值。以下就此类墓志的发现及涉及"日本"的内容分别进行解读。

四、百济人《祢军墓志》与"日本"

　　2011 年 7 月，一篇发表在《社会科学战线》杂志上的论文《百济人〈祢军墓志〉考论》公布于世③，因墓志里边出现"日本"一词，一石激起千层浪，论文刊出后，立即引起日本方面强烈反响。2011 年 10 月 23 日《朝日新闻》专题报道了此事，并邀请日本唐史专家进行解读，题为《"日本"的名称 最古之例吗？》。新年伊始，2012 年 2 月 25 日，明治大学召开国际学术研讨会，主题为《新发现百济人〈祢军墓志〉与

① ［日］本居宣長：「国号考」、本居豊穎校『本居宣長全集』（第六）、東京：吉川弘文館、1926 年、第 310 頁。

② ［日］西本昌弘：「祢軍墓誌の『日本』と『風谷』」、『日本歴史』第 779 号、2013 年、第 88-94 頁。

③ 王连龙：《百济人〈祢军墓志〉考论》，《社会科学战线》2011 年第 7 期，第 123-129 页。

7 世纪东亚和"日本"》，并邀请了首次公开墓志拓本的王连龙及西安市文物保护考古研究院的张全民两位中国学者，就此问题展开多角度讨论。此后，中日韩学者对祢军、祢氏家族以及大唐与东亚的相关问题展开了深入探究，对《祢军墓志》的研究，至今仍在进行。①

据王连龙论文介绍，西安出土一合墓志，墓主人是原百济国将领祢军，墓志的全称为《大唐故右威卫将军上柱国祢公墓志铭并序》，简称《祢军墓志》。志盖阴刻篆书 4 行，行 4 字："大唐故右威卫将军上柱国祢公墓志铭"，四杀饰以几何纹样。志石高广 59 厘米，厚 10 厘米，四侧竖面阴刻蔓草纹。志文凡 31 行，满行 30 字，共计 884 字。全文如下：

> 大唐故右威卫将军上柱国祢公墓志铭并序
>
> 公讳军，字温，熊津嵎夷人也。其先与华同祖，永嘉末，避乱适东，因遂家焉。若夫巍巍鲸山，跨清丘以东峙；淼淼熊水，临丹渚以南流。浸烟云以樆英，降之于荡沃；照日月而櫰愁，秀之于蔽亏；灵文逸文，高前芳于七子；汗马雄武，擅后异于三韩；华构增辉，英材继响。绵图不绝，奕代有声。

---

① 关于《祢军墓志》的研究，代表性的成果包括：[日]東野治之：「百済人祢軍墓誌の『日本』」、『図書』第 756 号、2012 年、第 2—4 頁；葛継勇：「祢軍墓誌についての覚書」、『専修大学東アジア世界史研究センター年報』第 6 号、2012 年、第 165—197 頁；[日]古代東アジア史ゼミナール：「祢軍墓誌訳注」、『史滴』第 34 号、2012 年、第 159—186 頁；[日]西本昌弘：「祢軍墓誌の『日本』と『風谷』」、『日本歴史』第 779 号、2013 年、第 88—94 頁；[日]気賀澤保規：「東アジアにおける『日本』の始まり—近年発見の百済人『祢軍墓誌』の理解をめぐって」、『白山史学』第 50 号、2014 年、第 1—22 頁；[日]井上亘：「祢軍墓誌『日本』考」、『東洋学報』第 95 巻第 4 号、2014 年、第 355—382 頁；葛継勇：「国号『日本』とその周辺：『祢軍墓誌』の『日本』に寄せて（一）」、『国史学』第 209 号、2013 年、第 1—29 頁；葛継勇：「『扶桑』について：『祢軍墓誌』の『日本』に寄せて（二）」、『早稲田大学日本古典籍研究所年報』第 6 号、2013 年、第 18—32 頁；葛継勇：「『風谷』と『盤桃』、『海左』と『瀛東』：『祢軍墓誌』の「日本」に寄せて（三）」、『東洋学報』第 95 巻第 2 号、2013 年、129—149 頁；葛継勇：「祢軍の倭国出使と高宗の泰山封禅：祢軍墓誌の『日本』に寄せて」、『日本歴史』第 790 号、2014 年、第 1—17 頁；马云超：《东亚视野下的百济人祢军墓志——以"日本余噍"和"僭帝称臣"为中心》，杜文玉主编《唐史论丛》（第 21 辑），西安：三秦出版社，2015 年，第 37-49 页；王连龙：《"日本"国号出现考》，杜文玉主编《唐史论丛》（第 23 辑），西安：三秦出版社，2016 年，第 70-81 页。

曾祖福、祖誉、父善，皆是本藩一品，官号佐平。并缉地义以光身，佩天爵而勤国。忠侔铁石，操埒松筠。范物者，道德有成。则士者，文武不坠。公狼辉袭社，燕颔生姿。涯浚澄陂，裕光爱日。干牛斗之逸气，芒照星中；搏羊角之英风，影征云外。去显庆五年，官军平本藩日，见机识变，杖剑知归，似由余之出戎，如金磾之入汉。圣上嘉叹，擢以荣班，授右武卫泸川府折冲都尉。于时日本余噍，据扶桑以逋诛；风谷遗甿，负盘桃而阻固。万骑亘野，与盖马以惊尘；千艘横波，援原蛇而纵泝。以公格谟海左，龟镜瀛东，特在简帝，往尸招慰。公徇臣节而投命，歌皇华以载驰。飞汎海之苍鹰，翥凌山之赤雀。决河眦而天吴静，鉴风隧而云路通。惊凫失侣，济不终夕，遂能说畅天威，喻以祸福千秋。

僭帝一旦称臣，仍领大首望数十人将入朝谒，特蒙恩诏授左戎卫郎将，少选迁右领军卫中郎将兼检校熊津都督府司马。材光千里之足，仁副百城之心。举烛灵台，器标于芃棫；悬月神府，芳掩于桂苻。衣锦昼行，富贵无革。蘸蒲夜寝，字育有方。去咸亨三年十一月廿一日诏授右威卫将军。局影彤阙，饰恭紫陛。亟蒙荣晋，骤历便繁。方谓克壮清猷，永绥多祜。岂啬曦驰易往，霜凋马陵之树；川阅难留，风惊龙骧之水。以仪凤三年岁在戊寅二月朔戊子十九日景午遘疾，薨于雍州长安县之延寿里第，春秋六十有六。

皇情念功惟旧，伤悼者久之，赠绢布三百段，粟三百升，葬事所须，并令官给，仍使弘文馆学士兼检校本卫长史王行本监护。惟公雅识淹通，温仪韶峻，明珠不颣，白珪无玷。十步之芳兰，室钦其臭味；四邻之彩桂，岭尚其英华。奄坠扶摇之翼，遽辍连春之景。粤以其年十月甲申朔二日乙酉葬于雍州乾封县之高阳里，礼也。驷马悲鸣，九原长往，月轮夕驾，星精夜上。日落山兮草色寒，风度原兮松声响。陟文榭兮可通，随武山兮安仰。怆清风之歇灭，树芳名于寿像。其词曰：

胄胤青丘，芳基华丽。脉远遐邈，会逢时济。茂族淳秀，奕叶相继。献款凤彰，隆恩无替。其一。惟公苗裔，桂馥兰芬。绪荣七贵，乃子传孙。流芳后代，播美来昆。英声虽歇，令范犹存。其二。髇箭惊秋，隙驹遄暮。名将日远，德随年故。惨松吟于夜风，悲薤哥于朝露。灵輀兮遄转，嘶骖兮局顾。嗟陵谷之贸迁，觇音徽之靡蠹。其三。①

以上《祢军墓志》，现藏于西安博物院，墓志发现的具体时间不详，志石遭盗掘后流落到西安文物坊肆，经公安部门侦破追缴收回。不过，根据近年的考古发掘可以发现，祢军墓当位于祢氏家族墓附近。2010 年西安市长安区郭杜街道办事处以南出土了三座唐朝祢氏家族墓葬，墓主为祖、父、子三代。三大墓分别是唐左威卫大将军百济人祢寔进，以及祢寔进之子祢素士、孙子祢仁秀墓，而祢军是祢寔进之兄。②

关于祢军，文献记载见于日本和朝鲜史料。日本史书《日本书纪》"天智天皇四年九月"条和《善邻国宝记》卷上"天智天皇三年"条中引用的《海外国记》有载。朝鲜史书《三国史记》中的《新罗本纪卷第六》《新罗本纪卷第七》中有三处提及，具体时间为咸亨元年（670）、三年（672）。特别是在《文武王与薛仁贵书》中提及熊津都督府司马祢军，记录其在百济熊津都督府时期的事迹。③ 而这次墓志的发现不仅对了解祢军本人具有绝对价值，其中还涉及大唐与朝鲜半岛诸国以及倭国的关系，尤其令人瞩目的是里面出现的"日本"二字。

通过墓志可知，祢军是百济熊津嵎夷县人。其祖原是中国人，"其先与华同祖，永嘉末，避乱适东，因遂家焉"。墓志上溯三代，即曾祖福、祖誉、父善，皆是百济国一品，官号佐平。通过史料，另近年出土的祢氏家族墓志等显示，祢军与祢寔进为同胞兄弟，祢军比祢寔进长两岁。在唐东征百济的战役中，祢氏兄弟共同倒戈，归顺大唐。祢

① 王连龙：《百济人〈祢军墓志〉考论》，《社会科学战线》2011 年第 7 期，第 123-124 页。
② 张全民：《新出唐百济移民祢氏家族墓志考略》，杜文玉主编《唐史论丛》（第 14 辑），西安：陕西师范大学出版社，2012 年，第 52-66 页。
③ 拜根兴：《石刻墓志与唐代东亚交流研究》，北京：科学出版社，2015 年，第 77 页。

军"见机识变，杖剑知归"。

祢军担当过"白村江之战"后使于倭国的重任，《日本书纪》卷第廿七"天智天皇四年（665）九月"条载："唐国遣朝散大夫沂州司马上柱国刘德高等。等谓，右戎卫郎将上柱国百济祢军、朝散大夫柱国郭务悰，凡二百五十四人。七月二十八日至于对马，九月二十日至筑紫，二十二日进表函焉。"祢军出使倭国与唐、罗灭百济以及处理"白村江之战"的善后工作密不可分。然而，《祢军墓志》公开以后，引起学界广泛讨论，备受关注的内容主要集中于"日本"一词。这一新词汇是否就是延续至今的日本国号之始呢？与此相关，墓志中是否出现了祢军出使日本等问题，也众说纷纭。"日本"二字出现在其被授予右武卫浐川府折冲都尉之后，志文："于时日本余噍，据扶桑以逋诛；风谷遗甿，负盘桃而阻固。"

关于此处"日本"一词的理解，学界大致有三种观点。① 第一，"日本"为国号，《祢军墓志》是目前所知记录日本国号最早的实物资料，这一观点由王连龙首先提出，得到一部分中日韩学者的赞同。② 第二，非国号，但指的是倭国，倭国是百济复国运动的主要力量。③ 第三，"日本"既非国号，亦非指代倭国，而是用于代称朝鲜半岛，具体应该指百济，东野治之对此有过详论。④

那么，《祢军墓志》中的"日本"到底指的是什么呢？笔者以为至少有以下几层意思可以探讨。首先，这里的"日本"并非国号。对此，正如东野治之所指出的那样，通览墓志，全文未出现过唐、新罗、百

---

① 马云超：《东亚视野下的百济人祢军墓志——以"日本余噍"和"僭帝称臣"为中心》，杜文玉主编《唐史论丛》（第 21 辑），西安：三秦出版社，2015 年，第 40—41 页。

② 高明士：《"日本"国号与"天皇"制什么时候出现？》，《郑州大学学报（哲学社会科学版）》2013 年第 6 期，第 149—152 页；[日] 気賀澤保規：「東アジアにおける『日本』の始まり—近年発見の百済人『祢軍墓誌』の理解をめぐって」，『白山史学』第 50 号、2014 年、第 1—22 頁；[韓] 金栄官：「中国発見百済遺民禰氏家族墓誌銘の検討」，『新羅史学報』第 24 号、2012 年、第 89—158 頁。

③ [日] 西本昌弘：「祢軍墓誌の『日本』と『風谷』」，『日本歴史』第 779 号、2013 年、第 88—94 頁。

④ [日] 東野治之：「百済人祢軍墓誌の『日本』」，『図書』第 756 号、2012 年、第 2—4 頁；[日] 東野治之：『史料学探訪』、東京：岩波書店、2015 年、第 3—21 頁。

济、高句丽这样的王朝名称，都是以间接手法表达的。志文中的"三韩"指的是朝鲜三国，"官军平本藩日"，"官军"指的是唐军，"本藩"指百济，时间为"显庆五年"，即 660 年，说的是唐、罗联军平灭百济。志文考虑如此周到，自然不会单独把"日本"国号写进去了。"日本""日域""日东"等不限于倭国，广义指东方，指极东之地。因此，此处的"日本"指的是百济，"日本余噍"意思是百济之残余势力。

其次，墓志中是否出现了倭国的问题，目前还没有统一意见。王连龙认为不仅"日本"指代倭国，墓志所谓"余噍""遗诛"当指战败的日本，[①]"风谷""扶桑"指的也是"日本"。与此相对，东野治之则认为"风谷"指代高句丽。然而，如果"日本"指代百济，那么"扶桑"则指百济以东的地区。进一步讲，如果"日本"指代日本，那么"扶桑"又指代何方？总之，包括"海左""瀛东"之类的代词，尚有不确定性。学者们之间的意见也不一，究竟指的是倭国还是朝鲜半岛，仁者见仁，智者见智。

再次，墓志中的"僭帝"到底指的是谁？"僭"，《说文解字·人部》："假也。从人朁声。"意为超越身份，冒用在上者的职权、名义行事。《春秋公羊传》"昭公二十五年"条载："诸侯僭于天子，大夫僭于诸侯久矣。"[②]《祢军墓志》曰："僭帝一旦称臣，仍领大首望数十人将入朝谒"，意为僭帝臣服于唐朝皇帝，领手下"大首望"等数十人入朝谒见皇帝。关于"僭帝称臣"的细节，也备受争议，同时揭露唐与东亚各国间发生的一起重要事件，原文不见正史记载。这一事件乍一看似乎像是 660 年唐、罗联军灭百济，百济王族投降后归顺朝廷的场景。但按前后的文脉，可以看出是在此后发生的事情，并且属于白村江之战以后的事，因此，似乎不像是百济王族。学界争论的焦点集中在"僭帝"本人，王连龙认为"僭帝"指高句丽王族，另有学者则认为"僭帝"

① 王连龙：《"日本"国号出现考》，杜文玉主编《唐史论丛》（第 23 辑），西安：三秦出版社，2016 年，第 73 页。
② 黄铭，曾亦译著：《春秋公羊传》，北京：中华书局，2016 年，第 670 页。

喻示着当时倭国的最高统治者——天智天皇。[①] 笔者认为，"僭帝"同样不能排除新罗王的可能性。第一，665 年，在刘仁轨的带领下，前来参加唐高宗泰山封禅大典的不仅有倭国使臣，也有新罗百济、耽罗国"酋长"，正如《旧唐书》卷八十四《刘仁轨》所载："麟德二年，封泰山，仁轨领新罗及百济、耽罗、倭四国酋长赴会，高宗甚悦，擢拜大司宪。"如果《祢军墓志》所记的"僭帝一旦称臣，仍领大首望数十人将入朝谒"指的是这件事，那么，此处的"酋长"等同于"大首望"。第二，百济灭亡后，唐在百济设置都督府，而唐、罗灭高句丽后，新罗频繁侵蚀前百济领土，以至于唐遣使问责，总章二年（669）新罗"遣钦纯角干、良图波珍飡入唐谢罪"。[②] 这一事件，也不排除可能是墓志所包含的内容。

　　总之，《祢军墓志》所见"日本"一词，很难断定为作为国号的"日本"。不过，从另一个角度看，即便不是国号，因其以名词的形式而存在，足以看出作为国号的"日本"一词，并非日本原创出来的，而是引用了汉语中固有的词汇。

五、《井真成墓志》

　　就在《祢军墓志》公布几年前，另一个唐朝墓志《井真成墓志》的发现引起了世人瞩目。2004 年初，西安市东郊的某建筑工地挖掘出一合唐朝墓志，因其上有"国号日本"字样，并且在以往的考古发现中从来没有出土过有关日本人的志石，墓志一被发现，立即引起西北大学的学者注意，他们将其认定为极其珍贵的文物。于是，几经周折，该墓志由西北大学博物馆买下，现已成为该校博物馆历史馆的"镇馆之宝"。

　　《井真成墓志》公布以后，一方面，2004 年 12 月 18 日、19 日，西北大学文博学院（今历史学院和文化遗产学院）邀请了数十名中日学者召开研讨会，从不同角度探讨了墓志所涉及的诸多问题。此后，

①　马云超：《东亚视野下的百济人祢军墓志——以"日本余噍"和"僭帝称臣"为中心》，杜文玉主编《唐史论丛》（第 21 辑），西安：三秦出版社，2015 年，第 46 页。

②　金富轼著，杨军校勘：《三国史记》（上），长春：吉林大学出版社，2015 年，第 87 页。

参会学者贾麦明、葛继勇、王建新、王维坤、王义康、管宁、王子今、王勇、王小甫、荣新江、马一虹、吴玉贵、陈灿平、惠英、贾梅、王仲殊等分别发表了关于《井真成墓志》相关的论文。[①]

另一方面,《井真成墓志》作为中日交流史上的一级史料,在日本的影响远远大于中国,日本学界、媒体甚至民众对此方墓志乃至中日关系的关注是近 20 年来极为少见的现象。[②] 此事在日本引起反响与西北大学和日本专修大学两校的常年友好关系有关。得知《井真成墓志》出土的消息后,专修大学的矢野建一教授和土屋昌明教授立刻奔赴西北大学,商谈在日本举行国际研讨会事宜。同时,日本各大报纸纷纷报道西安发现遣唐使墓志的消息,日本古代和唐史专家纷纷发表观点,解读墓志内容。2015 年 1 月 28、29 日,《井真成墓志》国际学术研讨会在东京银座朝日新闻社会议大厅举行,同年又出版了会议论文集:《遣唐使所见到的中国与日本》。[③] 继而,2007 年文部省成立"古代东亚世界史与留学生"公开调查中心,研究机构设在专修大学,其成果通过《专修大学东亚世界史研究中心年报》陆续发表出来。[④] 另外,2008 年前的研究情况,王维坤在《在唐日本留学生井真成墓志的发现与最新研究》中做了全面梳理和综述[⑤],在此不再赘举。时至今日,关于井真成及其相关研究,仍然是遣唐使研究中不可缺少的一部分。

《井真成墓志》近方形,边长 39 厘米。志盖呈覆斗形,铭文为篆书"赠尚衣奉御井井公墓志文 并序"12 字,铭文以楷书写就,共 171 字,缺 9 字,实存 162 字,每行 16 字,共 12 行,每行首个文字

---

① 王维坤:《在唐日本留学生井真成墓志的发现与最新研究》,《碑林集刊》(十四),西安:陕西人民美术出版社,2009 年,第 101-102 页。

② 葛继勇:《井真成墓志研究的开拓之作——评〈特集 遣唐使墓誌をめぐる日中交流史〉》,《唐都学刊》第 21 卷第 5 期,2005 年,第 86 页。

③ [日]専修大学、西北大学共同プロジェクト編:『遣唐使の見た中国と日本—新発見「井真成墓誌」から何がわかるか』、東京:朝日新聞社、2005 年。

④ [日]矢野建一:「遣唐使と来日『唐人』—皇甫東朝を中心として—」、『専修大学東アジア世界史研究センター年報』第 6 号、2012 年、第 129 頁。

⑤ 王维坤:《在唐日本留学生井真成墓志的发现与最新研究》,《碑林集刊》(十四),西安:陕西人民美术出版社,2009 年,第 99-116 页。

有残缺，其余基本完整。①

关于墓志的补字、句点及判读等方面，学者间存在较大分歧。以下，综合近年的研究成果，再对志文做断句和补字参考，全文如下：

> 赠尚衣奉御井公墓志文 并序
> 公姓井，字真成，国号日本，才称天纵，故能
> □命远邦，驰骋上国，蹈礼乐、袭衣冠，束带
> □朝，难与俦矣。岂图强学不倦，问道未终，
> □遇移舟，隟逢奔驷。以开元廿二年正月
> □日，乃终于官弟，春秋卅六。皇上
> □伤，追崇有典。诏赠尚衣奉御，葬令官
> □。即以其年二月四日，窆于万年县浐水
> □原，礼也。呜呼，素车晓引，丹旐行哀。嗟远
> □兮颓暮日，指穷郊兮悲夜台。其辞曰：
> □乃天常，哀兹远方。形既埋于异土，魂庶
> 归于故乡。

《井真成墓志》引起反响强烈之处在于他作为日本遣唐使客死于大唐，在此之前从未见到过日本人在唐朝的墓志，这是一个极为珍贵的实物。另一个关注点是墓志中写有"国号日本"四个字。这也是日本国号从"倭"到"日本"的最有力证据，堪称中日交流史上的一级史料。井真成去世的时间是734年，年仅36岁。墓志上写明其死亡时间为"开元廿二年正月（？）日"，也就是说他在正月里的某一天去世。由于志文破损，恰巧这个几日的数字辨认不清。不过，从其出殡时间"二月四日"可以判断死亡的时间范围，由于"日"字前面是一个字，所以，死亡时间肯定是在"一"至"十"日之间的数字，或是"廿"（二十日）、"晦"、"卅"（三十日）字。

关于《井真成墓志》的研究，现已不局限于国号问题，从仅存的

---

① 王建新：《西北大学博物馆收藏唐代日本留学生墓志考释》，《西北大学学报（哲学社会科学版）》2004年第6期，第18页。

162 字中，挖掘出许多信息，内容涉及井真成的身份、年龄、官品、"尚衣奉御"、补字和文字解读等。以下就几个焦点问题做一简单梳理。

第一，日本国号。关于《井真成墓志》中出现的国号问题，从"公姓井，字真成，国号日本"便可一目了然。另外，从时间上看，他亡于开元廿二年（734）正月某日，此时日本的国号已经普遍使用开来。墓志的发现，是日本遣唐使研究的一件珍贵资料，在日本学界具有极高价值。

第二，井真成的入唐时间。井真成"春秋卅六"，英年早逝。从这个信息逆推，他该出生于 698 年前后。从他出生到死亡期间，日本共派过三次遣唐使，分别为 702 年、717 年、733 年，即第八次、第九次、第十次遣唐使。关于井真成的入唐时间，目前有两种观点，即"717 年"说和"733 年"说。多数学者认为井真成是 19 岁时随 717 年第九次遣唐使团入唐的，在唐生活 17 年，其间学业有成晋升为官吏，后因疾病或某种意外事故而突然逝去，玄宗皇帝为之伤感，追封其为"尚衣奉御"，其葬礼由官方承办。按照唐朝的九品官制，"尚衣奉御"相当于从五品上，"诏赠尚衣奉御"，属于死后追赠的官位，说明井真成原来没有这么高的职位，高级别待遇是去世后享受的。笔者支持这一观点。

但是，也有学者主张井真成入唐时间是在 733 年。[①] 有关井真成的信息，无论是中国还是日本史料中均未见记载。717 年遣唐使阵容中押使、大使和副使的姓名记载都很清楚，733 年遣唐使团成员包括判官职位中也没有其位，至少说明他并不是遣唐使的判官及以上官员。如果他是在 734 年刚到长安便客死唐土，则作为遣唐使一般成员很难享受如此高规格的葬礼。对于外国使臣的死亡礼遇，唐朝有典章规定，《唐六典》卷十八"鸿胪寺典客署"条载："若疾病，所司遣医人给以汤药。若身亡，使主、副及第三等已上官奏闻。其丧事所须，所

① 荣新江：《从〈井真成墓志〉看唐朝对日本遣唐使的礼遇》，《西北大学学报（哲学社会科学版）》2005 年第 4 期，第 108-111 页；马一虹：《日本遣唐使井真成入唐时间与在唐身份考》，《世界历史》2006 年第 1 期，第 58-65 页；韩昇：《〈井真成墓志〉所反映的唐朝制度》，《复旦学报（社会科学版）》2009 年第 6 期，第 67-75 页。

司量给；欲还蕃者，则给举递至境。首领第四等已下不奏闻，但差车、牛送至墓所。"① 可知，井真成既非大使，又非副使及第三等官员，根据"首领第四等已下不奏闻"的规定，是享受不到此等待遇的。若734年入朝，这样短的时间内，他也不会有更大的作为。

除此之外，延历二十三年（804）入唐的遣唐使副使石川道益，客死于明州。当时他的品位是从五位上②，虽为遣唐使副使，但既没受到唐朝皇帝的追赠，也未见有高规格的葬礼。相反，三十几年后，仁明朝承和三年（836）五月，日本朝廷却追赠其为从四位上③，并且委托遣唐使将他的追位赠记带到唐朝，若到明州境，读祭文，以火烧舍位记文④。由此也可以看出，石川道益葬于明州境内，按照唐朝的丧葬礼俗，其墓中应该放有墓志铭并序。这一点，期待今后有所发现。石川道益去世虽晚于井真成几十年，且未抵京城，但其官位是井真成所不及。这也可作为井真成非734年入朝突然死亡之证，说明他已在唐朝多年，拥有一定的官位，业绩突出，得到了皇帝的认可。

第三，井真成的名字。有关井真成的姓名，墓志记"公姓井，字真成"，此外别无更多信息。这种以"姓"和"名"书写的形式，属于典型的中国式记法。井真成这一名字究竟是怎么来的，是原有日本人名还是入唐之后改的姓名，众说纷纭，学界至今有六种推测。⑤

（1）"井上"说

此说由铃木靖民提出，他认为其姓氏"井"字属于中国式的称呼，今大阪府藤井市一带居住着渡来人血统的"井上忌寸"一族，井真成原来的姓有可能是"井上"，到唐后简称"井"。他死后被追赠为"尚衣奉御"，相当于从五品上的官位，而与其年龄相仿的阿倍仲麻吕后来也升

---

① （唐）李林甫撰，陈仲夫点校：《唐六典》，北京：中华书局，2014年，第506-507页。
② 《日本后纪》"延历二十二年（803）四月壬午"条载；《日本后纪》"延历二十三年（804）三月壬辰"条。
③ 《续日本后纪》"承和三年五月戊申"条："故入唐使赠从四位下石川朝臣道益可赠从四位上。"参见 [日] 森田悌訳：《続日本後紀》（下），東京：講談社，2010年，第24—25页。
④ [日] 圆仁：《入唐求法巡礼行记》，桂林：广西师范大学出版社，2007年，第16页。
⑤ 王維坤：「中国出土の文物からみた中日古代文化交流史：和同開珎と井真成墓誌を中心として」、日文研フォーラム第208回、2007年。

至从五品下，可以说，井真成是"另一个阿倍仲麻吕"[1]。

（2）"藤（葛）井"说

此说由东野治之首先提出，他推测井真成渡唐前的名字应该叫"葛井真成"，取其中的"井"字为姓，井真成可能出身于"葛井氏"一族。该族系渡来人，属于创建今大阪葛井寺（藤井寺市藤井寺）河内一族中的贵族阶层，在飞鸟和奈良时代出现了很多外交官及文化官员，也是遣唐使辈出的家族。[2]

（3）"唐名"说

针对以上两种观点，王维坤提出"唐名"说。他认为井真成之"井"姓，不是起自日本姓名，既非"井上"亦非"葛井"，而是入唐以后起的唐名。参照阿倍仲麻吕的易姓情况，他推断"井真成"很可能是他本人到了唐朝后为自己起的"唐名"。[3]此外，王维坤又从圆仁的日记中找到一条姓井的日本人信息，此人是第十九次遣唐使船师佐伯金成的傔从（侍从），名叫"井侎替"。该文发表在 2006 年 9 月 15 日的《中国文物报》上，题为《唐日本留学生井真成改名新证》。这个姓"井"的日本人见于圆仁《入唐求法巡礼行记》"唐开成三年（日本承和五年，838 年）八月十八日"条。据此推测，井真成和井侎替同为"井"姓，应该是来唐后改的姓。

（4）"情真诚"说

时任中日关系史学会副会长的张云方在《人民中国》发表专文解读井真成姓名之谜。阿倍仲麻吕的"朝衡（晁衡）"与其原名没什么关系，表示永远朝拜朝廷，蕴含朝贡之意。由此，他推测"井真成"的"井"字与"情"字发音相似，其寓意也许代表"情真诚"之意，也是中国名字。[4]不过，唐朝"情"与"井"音相近之说，缺乏可信度。

---

① ［日］大谷麻由美：「遣唐留学生：墓誌を初発見 日中交流史に新たな側面 中国」、『毎日新聞』、2004 年 10 月 10 日。

② 「唐の都、もう一人の仲麻呂がいた？ 墓誌発見の日本人」、『朝日新聞』、2004 年 10 月 10 日。

③ 王維坤著，［日］山田智、矢野建一訳：「日本における『井真成墓誌』国際学術シンポジウム」、『人文科学年報』第 37 号、2007 年、第 43—58 頁。

④ 張雲方：「読み解く『井真成』の謎」、《人民中国》、2005 年 5 月号。

（5）"九州王朝"说

围绕井真成的姓氏，日本古田史学会的事务局长古贺达也，对日本全国的"井"姓者进行调查，结果显示分布最多的地区是九州熊本县，基于此，他进一步强调日本古代存在"九州王朝"，认为井真成的姓氏也属于九州王朝的姓氏。①

（6）"和姓"说

井真成的姓氏，按日语发音，除了"井上""藤井""葛井"之外，早期还有"白猪"姓氏，即葛井氏的前身。钦明十六年（555），倭王派遣苏我稻目等在吉备五郡置白猪屯仓，后演变成白猪田部。钦明三十年（569）赐姓"白猪史"，720年改白猪史氏，赐葛井连姓。② 井真成的"井"字很可能是来自日本姓氏中的一个"井"，或者"井"的发音构成的。一般来说，井真成的日语，按汉语音读为"Sei Sinnsei"（せいしんせい），日语训读为"Ino Manari"（いのまなり）。针对如今含有"井"字的姓名，日本"越境会"的会长室伏氏等人认为，井真成的姓氏中的"井"字，不是模仿中国的一字姓而改的"井"（读作せい）字，而是出自和姓（读作いい），井真成的名字应读作"いいまなり"。此外，考虑到"井"姓日本人多数集中于熊本县的状况，井真成的故乡并非藤井寺市，应该考虑熊本县阿苏郡产山村。③

总之，关于井真成姓氏的来源，前三种学说具有代表性，目前很难断定孰是孰非。另外，根据近年的考古发现，1989年奈良县葛城市（原当麻町）的竹内遗址出土三件墨书陶器，其中一件上面写有"井部"，另一件写有"井"字的一部分。该陶器造于8世纪初，属于奈良时代定都平城京以后制造的。一般情况下，墨书写的是生产设施或制造者名，甚至是氏族的名称。从其"井"和"部"来考虑，很有可能是

---

① ［日］古贺达也：「井真成（いのまなり）異見」、『古賀事務局長の洛中洛外日記』、2005年6月11日。https://koganikki.furutasigaku.jp/koganikki/category/i-manari-the-japanese-mission-to-tang-china/、参照2019年12月10日。

② 《日本书纪》卷十九"舒明十六年"条、"舒明三十年"条，另见《续日本纪》卷八"养老四年（720）五月壬戌"条。

③ ［日］越境の会：『和姓に井真成を奪回せと』、東京：同時代社、2005年；另见［日］西垣祐作：「書評『和姓に井真成を奪回せと』」、『唯物論研究』第94号、2005年、第157頁。

挖井或掌管用水管理的集团职务名称。从井真成的姓氏来看，也不排除其出生于奈良县葛城一带的可能性。①

六、《杜嗣先墓志》中的"日本"

《井真成墓志》发现以后，"日本"国号问题引起了中日学界高度关注，在研究井真成的热潮中，一个更早记录有"日本"字样的墓志进入人们的视线，即《徐州刺史杜嗣先墓志》。该墓志早在20世纪90年代就已经被发现，中国台湾大学中文系叶国良教授在1995年《台大中文学报》上发表论文做了考释。然而，论文发表后未能引起学界足够重视，直到《井真成墓志》公布以后，才在探讨"日本"国号诞生的过程中被翻阅出来。于是，日本东洋大学的高桥继男教授在2005年专修大学和西北大学共同举办的学术研讨会上发表了题为《最古老的"日本"——〈杜嗣先墓志〉介绍》的文章。②此后，凡涉及"日本"国号问题，必提杜嗣先。

据叶国良教授介绍，《杜嗣先墓志》此前不见于著录，1992年他在台北一家名为"寒舍"的古玩店发现该墓志的原石及其妻墓实物，故将其抄录下来。墓志共28行，每行28字，遇"皇朝""遗训"等字则挪抬一字或二字。③墓志全文如下④：

　　1　公讳嗣先，京兆人也。高祖魏龙骧将军、豫州刺史、惠公讳遇，字庆期，晋镇

　　2　南大将军、当阳侯预之六代孙、预生新平太守跻。跻生南阳太守胄。胄生

---

① ［日］葛城市歴史博物館：「墨書土器『井部』と井真成」、2011年11月2日、https://www.city.katsuragi.nara.jp/material/files/group/35/labo_ibe.pdf。

② ［日］高橋継男：「最古の『日本』—『杜嗣先墓誌』の紹介」、専修大学、西北大学共同プロジェクト編『遣唐使の見た中国と日本—新発見「井真成墓誌」から何がわかるか』、東京：朝日新聞社、2005年、第316—330頁。

③ 叶国良：《唐代墓志考释八则》，《台大中文学报》1995年第七期，第51-76页。

④ 志文的内容、格式及标点参照叶国良的上述论文修改而成，另见［日］森公章：『遣唐使の光芒』、東京：角川学芸出版、2010年、第99頁。

3　燕郡太守嶷。嶷生中书侍郎、新丰侯铨。铨生中书博士振。振生遇。有赐田

4　于洛邑，子孙因家于河南之偃师焉，凡四代矣。曾祖周新城太守琳。祖随

5　朝散大夫、行昌安县令歆。考皇朝滑州长史业。公少好经史，兼属文

6　笔，心无伪饰，口不而言。由是乡闾重之，知友亲之。年十八，本州察孝廉明

7　庆三年，释褐蒋王府典签。麟德元年，河南道大使、左相窦公旌节星移，州

8　郡风靡。出轘辕之路，入许颍之郊，官僚之中，特加礼接。时即表荐，驰驿就

9　征。遂于合璧宫引见，制试《乾元殿颂》。即降恩旨，授诏文馆直学

10　士。借马弁人，仍令于洛城门待制。寻授太子左率府仓曹参军，又除

11　国子监主簿。□入芳林门内，与学士高若思、孟利贞、刘祎之、郭正一等供

12　奉。咸亨元年，銮舆顺动，避暑幽岐。沛王以天人之姿，留守监国。

13　遂降　　　敕曰："驾幸九成宫。□令学士刘祎之、杜嗣先于沛王贤处参侍

14　言论。"寻授雍王记室参军，与侍读刘讷言、功曹韦承庆等参注后汉。上元

15　二年，藩邸升储，元良贞国。又迁太子文学，兼摄太子舍人。永崇元年，以宫

16　僚故事，出为郓州钜野县令，又除幽州蓟县令。还私后，除汝州司马，又除

17　苏州吴县令。寻加朝散大夫，简州长史入计。又除太子洗马，昭文馆学士，

18　又迁给事中、礼部侍郎。以前数官，咸带学士。其所撰《兔园策府》及杂文笔

19　合廿卷，见行于时。每至朝仪有事，礼申大祀，或郊丘展报，或陵庙肃诚，

20　上帝宗于明堂，法驾移于京邑。元正献寿，南至履长，朝日迎于青郊，神州

21　奠于黑座。公凡一摄太尉，三摄司寇。重主司空，再入门下，或献替于常侍，

22　或警卫于参军。典礼经于太常，修图书于大象矣。又属皇明远被，日

23　本来庭。有敕令公与李怀远、豆卢钦望、祝钦明等宾于蕃使，共其语

24　话。至神龙元年，又除徐州刺史。预陪祔□□庙，恩及追尊，赠公皇考滑州

25　长史。公于是从心自逸，式就悬车。立身扬名，其德备矣。藏舟变壑，归居奄

26　及。粤以先天元年九月六日，薨于列祖旧墟偃师之别第。春秋七十有九。

27　以二年二月二日，与夫人郑氏祔葬于洛都故城东北首阳原当阳侯茔

28　下，礼也。孤子贝州司兵维骥，失其孝养，痛贯骨髓，伏念遗训，实录志云。

《杜嗣先墓志》的发现，不仅对于理解"日本"国号的诞生具有里程碑式的实物佐证价值，而且对于唐史研究也有非凡的价值。近年来，墓志的内容越来越引起学界的重视，已有许多成果发表，在此不再赘述。就"日本"国号而言，墓志的发现至少在以下两方面具有特殊的意义。

第一，墓志中的"日本"国号，是迄今为止出现最早的日本国名的实物资料。墓志从第22行倒数第5个字开始至第24行第一个字为

"皇明远被，日本来庭。有敕令公与李怀远、豆卢钦望、祝钦明等宾于蕃使，共其语话。"其中，"有"和"敕令"之间存在两个字的空格。李怀远神龙二年（706）卒，杜嗣先卒于先天元年（712）九月六日，可见此处的"日本来庭"，必然说的是唐长安二年（日本大宝二年，702年）入唐的日本贡使，对此中日史料均有记载。该墓志所记的"日本"国号，印证了 701 年日本《大宝律令》中已经出现"日本"国号的史实，佐证了"倭国"更名"日本"的时间节点，同时说明新年号次年在唐得到了武则天皇帝的认可。

杜嗣先当时任礼部侍郎、昭文馆学士，年六十八岁。李怀远、豆卢钦望则是前任宰相，接待日本遣唐使的都是耆老级人物。从墓志来看，杜嗣先参加了与皇帝相关的一系列定期典礼与祭祀，包括长安二年正月朝贺、同年十一月冬至的南郊以及长安三年（703）立春的朝日之礼，又如"神州"指方丘祭祀，包括五月的夏至地祇祭奠。长安二年的朝贺与南郊是武则天亲自主办并参加的，而朝日与方丘则是为其代行的有司摄事。①

杜嗣先参加接见的这次日本遣唐使，属于 702—704 年间派出的第八次遣唐使。此次朝贡使在唐受到很好的待遇，其大使粟田真人衣冠端正，容止温雅，给唐廷留下不错的印象，则天皇帝在大明宫内的麟德殿设宴款待真人一行。随后又授予粟田真人司膳卿一职。墓志记载的杜嗣先"与李怀远、豆卢钦望、祝钦明等宾于蕃使，共其语话"，指的就是长安二年朝贡的日本遣唐使，这与《旧唐书》和《新唐书》等正史所载完全吻合，验证了史料的真实性。

第二，澄清了史上关于《兔园策府》成书年代及作者的争论。墓志第 18 行倒数第 8 字至第 19 行前三个字记："其所撰《兔园策府》及杂文笔合廿卷。"毫无疑问，志文证明了《兔园策府》的作者为杜嗣先。同时也进一步丰富了墓志中所出现的李怀远、豆卢钦望等唐朝官员的

---

① ［日］金子修一：《则天武后和杜嗣先墓志——与新发现井真成墓志相关》，王双怀、郭绍林主编《武则天与神都洛阳》，北京：中国文史出版社，2008 年，第 141-148 页。另见，金子修一：「则天武后と杜嗣先墓誌—粟田真人の遣唐使と関連して」，『国史学』197 号、2009 年、第 1—20 頁。

事迹。①

　　关于《兔园策府》一书的作者，古典文献中的记载有很多，对此书的称呼也多种多样，亦称《兔园》《兔园策》《兔园册》《兔园册府》，甚至有学者认为这些分指两种不同之书，杜嗣先作《兔园策府》，虞世南撰《兔园策》。② 此外，还有些文献未标注作者。然而，20 世纪初发现了敦煌写本《兔园策府》残卷四卷，编号分别为 S.614、S.1086、S.1722、P.2573，其中《兔园策府·卷第一并序》写卷中，保留了书名、卷次、作者和序文等信息以及"辨天地""正历数""议封禅""征东夷""均州壤"等五条问对，作者为杜嗣先。再加上该墓志的发现，为推定《兔园策府》的成书年代及作者提供了进一步的史料证明。③《杜嗣先墓志》发现以后，有关学者针对《兔园策府》一书的性质、成书年代以及东传日本等相关内容进行了深入研究。④

　　总之，《杜嗣先墓志》所记载的"日本"国号，在研究日本国号变迁过程中具有特别珍贵的史料价值，只是由于原墓志不知下落，学者未见真容，因此其价值未引起足够的重视。然而，相对于《井真成墓志》，志文中"日本"国号出现的时间更早。

---

① ［日］伊藤宏明：「『徐州刺史杜嗣先墓誌』雑感」、『鹿児島大学法文学部紀要人文学科論集』第 63 号、2006 年、第 73—88 頁。

② ［日］本田精一：「〈兎園策〉考：村書の研究」、『九州大学東洋史論集』第 21 巻、1993 年、第 65—101 頁。

③ 孙士超：《敦煌本〈兔园策府〉与日本古代对策文研究》，《日语学习与研究》2016 年第 4 期，第 17—24 页。

④ 葛继勇：《〈兔园策府〉的成书及东传日本》，《甘肃社会科学》2008 年第 5 期，第 196-199+204 页；葛継勇：「『兎園策府』の成立、性格及びその日本伝来」、『日本漢文学研究』第 10 号、2015 年、第 17—40 頁；王璐：《敦煌写本类书〈兔园策府〉考证》，《唐都学刊》2008 年 04 期，第 81-85 页；王剑敏、葛继勇：《"日本"国号东亚登场时间考——对中国实物资料及中日文献的比较》，《郑州大学学报（哲学社会科学版）》2011 年第 1 期，第 130-133 页；郭丽：《〈兔园策府〉考论——兼论唐代童蒙教育的应试性倾向》，《敦煌研究》2013 年第 4 期，第 93-100 页；王璐：《〈兔园策府〉与唐代类书的编纂》，《西安文理学院学报（社会科学版）》2014 年第 5 期，第 24-27 页；毛阳光：《洛阳偃师新出土〈杜嗣俭阎夫人墓志〉及相关问题研究》，《敦煌学辑刊》2014 年第 1 期，第 71-75 页；屈直敏：《敦煌写本〈兔园策府〉叙录及研究回顾》，《敦煌学辑刊》2016 年第 3 期，第 22-32 页。

七、其他碑文中的"倭国"与"日本"

综上所述，近年新发现的三则墓志，都因围绕"日本"国号而受到广泛关注。除此之外，由于日本古代社会国际交往的舞台辐射东亚地区，虽然单从金石文字角度看，东亚范围内留下的含"倭国"与"日本"的碑文并不多见，但是，仍然能从墓志、碑文中清晰地看出其国号变更的轨迹。这些石刻资料有些保存至今，有些已经流失，还有些留存在文献中，主要有以下几种：

1. 高句丽好太王碑文中的"倭"

高句丽好太王碑（又名广开土王碑）位于今吉林省集安市区城东4公里外的禹山脚下，高约6米，刻有1700多汉字。好太王（374—412）是高句丽第十九代王，该碑是其死后所立的墓碑。碑文反映的信息，对于研究高句丽、新罗、百济、倭国等东亚各国在4—5世纪间的关系具有重要价值。

由于碑文破损严重，有些字迹难以辨认，关于其中涉及到的"倭"字，研究者之间意见不一，按照耿铁华的释文[1]，碑文中共出现12次"倭"字，具体为：

> 倭　　9次
> 倭人　1次
> 倭贼　1次
> 倭寇　1次

好太王碑的存在，对于理解日本历史进程中的国号，提供了一个很好的实物证据。

2. 圆仁记录的"倭国"和"日本"

如前文所述，显庆五年（660），高宗命左卫大将军苏定方统兵讨伐百济，在唐和新罗联合攻打下百济灭亡，其间也有被俘唐军被送至倭国。麟德二年（665），登州文登县境内的仵台馆前造铁塔两座，塔

---

①　耿铁华：《好太王碑新考》，长春：吉林人民出版社，1994年，第119页。

上有碑文，圆仁在其《入唐求法巡礼行记》中记下了碑文的内容，其中写到碑志主人王行则，"奉敕征伐东蕃没落，同船一百余人俱被贼擒，送之倭国。一身逃窜，有遇还归。麟德二年九月十五日，造此宝塔"①。虽然该碑文已不复存在，但作为金石文的"倭国"却真实地被记录下来。

在圆仁的日记中，还记录了一件特别的刻文。开成五年（840）七月三日，圆仁来到五台山七佛教诫院，院额为"八地超兰若"，日本僧人灵仙曾居此处。寺院墙上有一木板，上面写有渤海僧人贞素哭灵仙上人诗，钉在壁上，标题为《哭日本国内供奉大德灵仙和尚诗并序》。同样，这段写在木板上的诗和序虽早已不复存在，但其原文却保留在圆仁的日记里。

无独有偶，2010 年媒体报道发现了"圆仁石刻"碑，地点在河南省登封市北嵩山太室山南麓玉柱峰下的法王寺。一时间，圆仁与唐朝石刻成为焦点，学者们纷纷前往法王寺寻找唐朝圆仁的足迹。② 法王寺圆仁石刻共发现两块，两者的材质和内容基本相同，一块镶嵌在琉璃门东墙壁上，简称"壁面石刻"，另一块保管在法王寺钟楼的 1 楼，简称"钟楼石刻"。圆仁石刻的标题为《释迦舍利藏志》6 字，正文为 9 行楷书，每行 8 字，署名者为"圆仁""天如"，最后时间为"大唐会昌五年"，总共 88 字。圆仁石刻的铭文（附加标点）如下：

释迦舍利藏志

汉西来释迦，东肇佛坛。嵩之南麓，法王寺立矣。随仁寿间，帝敕建浮屠，遣使安佛真身舍利于内。殊因移匿地官，函密之。盖护宝，非不恭也。法门圣物，世远疑失。诚恐，镌石以记，祈圣门永辉。圆仁，天如。大唐会昌五年。③

关于这两块石碑的刻写年代、此"圆仁"是否为日僧"圆仁"，以

① ［日］圆仁：《入唐求法巡礼行记》，桂林：广西师范大学出版社，2007 年，第 71 页。
② ［日］铃木靖民：『円仁と石刻の史科学——法王寺釈迦舍利藏誌』，東京：高志書院，2011 年。
③ 葛継勇、［日］河野保博：『入唐僧の求法巡礼と唐代交通』，東京：大樟樹出版社合同会社、2019 年、第 118 页。

及圆仁到达和离开的时间等，学界意见不一，尚无定论。两块石刻中，似乎"钟楼石刻"年代更早些，有关此二者的刻制年代，目前主要有四种观点：（1）唐朝石刻；（2）明代石刻；（3）现代的赝品；（4）明清时代的复刻。葛继勇和铃木靖民认为法王寺的圆仁石刻是明清时期的复刻品。[①] 不过，即便它属于后世的复刻版，起码也说明唐朝的原版石刻是真实存在过的。圆仁石刻的发现，为遣唐使时代的"日本"又提供一件实物资料。

3. 日本国沙门贤真敬造的铜钟

唐朝晚期，另有一个关于"日本"的比较特殊的铭文留在史料中——一口铜钟。日本贞观四年（862，唐咸通三年）入唐的真如亲王，有一个弟子名为贤真。贤真在明州期间，入住或修行于明州开元寺，寺内有云树，有烟花，有楼台，有幡盖，还有各种禅器之类，一应俱全，唯独没有钟。寺中长老请求贤真从日本铸一口钟送给本寺，贤真欣然许诺，回国后敬造一口铜钟运抵明州开元寺。此事的始末记录在平安时代文人都良香（834—879）的诗文集中。该文的标题为《大唐明州开元寺钟铭一首并序》，开篇的第一句便是"乙酉岁二月癸丑朔十五日丁卯，日本国沙门贤真敬造铜钟一口"。"乙酉岁"指的是865 年。

如今，开元寺已不复存在，日本国沙门送来的铜钟也不见踪迹，但其铭文却留在史料中。

4. "日本中央"碑

日本国内，也有一座刻有"日本"字样的早期石碑，称作"日本中央"碑。此碑位于现青森县上北郡东北町家下，它的来历甚是神秘，真伪至今难辨。

"日本中央"碑又称壶碑，是由一个叫川村种吉的当地村民在甲地村石文集落附近的赤川上游发现的，发现时间为昭和 24 年（1949）6

[①]　葛继勇著，王建岐译：《"圆仁石刻"再考之比较研究》，《碑林辑刊》第十九辑，2013 年，第 309—315 页；葛继勇、［日］河野保博：『入唐僧の求法巡礼と唐代交通』、東京：大樟樹出版社合同会社、2019 年、第 118—123 頁；［日］鈴木靖民：『古代日本の東アジア交流史』、東京：勉誠出版、2016 年、第 331 頁。

月 21 日。[①]日本古典作品中多次出现以"壶碑"为题材的和歌,而最早记录这个碑记的人是平安时代末期诗人藤原显昭,他著有《袖中抄》一书,其中卷十九写道:

> 显昭云,石碑,陆奥国有一座壶碑,为日本东方之极。但是,据说这是田村为征夷大将军时,用弓箭头在石头上写的日本中央之碑。据信家的侍从讲,石头表面长四五丈许,上有文字,其处称之为壶。[②]

此处的田村,指的是坂上田村麻吕,平安时代的武官。延历十年(791)七月壬申(十三日),他被任命为讨伐东北地区未纳入日本朝廷版图虾夷人的"征夷"副使,793 年在攻打陆奥国虾夷的战争中取得功绩,797 年被桓武天皇任命为征夷大将军。田村麻吕于 802 年造陆奥国胆泽城(今岩手县奥州市水泽),803 年筑志波城(今岩手县盛冈市下太田),向北扩大领地。20 年间 3 次征讨虾夷,屡立战功,"征夷大将军"之名称就始于田村麻吕。但是,"日本中央"碑位于青森县,远比志波城往北得多,未有史料支持田村到过这么远的地方。因此,《袖中抄》中记述的这个壶碑,并非"日本中央"碑,实则多贺城碑,系作者将二者混为一谈。

所谓壶碑,指的是多贺城碑,建于 762 年,自古有之,江户时代的俳句诗人松尾芭蕉在旅行中曾见过它,并将其写入《奥州小道》里,题曰《壶碑》,其中写道:"壶碑在市川村多贺城。壶碑高六尺余,宽约三尺。青苔斑驳,可隐约辨认碑文。记叙四维国界之数里。"[③]碑文共 141 字,正上方为一个"西"字,下有 140 字。前半部分记述从京(即平城京,今奈良市)、虾夷国(今东北地区北半部)、常陆国(今茨城县)、下野国(今栃木县)、靺鞨国(隋唐时中国东北地区)到多贺城的里数。后半部记载了多贺城的来历,神龟元年(724)由大野东人筑

---

① 东北町教育委员会平成元年 12 月 7 日指定第一号文件:《日本中央碑(壶碑的由来)》。

② 原文为日文,此处为笔者译。参见[日]久曾神昇编:『日本歌学大系』(别卷二)、東京:風間書房、1958 年、第 315—316 頁。

③ [日]松尾芭蕉著,郑民钦译:《奥州小道》,石家庄:河北教育出版社,2002 年,第 76—77 页。

造，天平宝字六年（762）由藤原朝狩改造。城栅的主要部分是由朝狩修造的，可以认为，多贺城碑算是朝狩修城的纪念碑。①

现存日本古石碑中，有被称为"日本三古碑"的多贺城碑（今宫城县多贺城市）、多胡碑（群马县高崎市）、那须国造碑（栃木县大田原市），有时也包括宇治桥断碑（京都府宇治市），它们建造的年代分别是762年、711年、700年和646年，都建于飞鸟时代至奈良时代期间。但从内容上看，碑文中都没有"倭国"和"日本"二字，只有"日本中央"碑写有"日本"之名。但此碑来历不明，尚有许多谜团，年代应该不会太早，至少不会早于奈良时代。

八、最新发现吉备真备书写的墓志

正当本章的写作将将结束之时，一则消息突然打破了计划，"日本国朝臣备"书写的墓志被发现，碑文保存完好，共328字。忽闻此讯，如晴天霹雳，令笔者不得不紧急搜寻并补充这一新史料。

2019年12月25日中午，笔者看到《朝日新闻》网上的一则消息，题为《中国发现吉备真备笔迹墓志？可能是留学时所书》。发布的时间为12时。消息全文如下：

中国发现吉备真备亲笔墓志？ 可能是留学时所书

中国发现了曾作为遣唐使2次入唐的日本奈良时代高官、执掌朝廷政务的吉备真备亲笔书写的墓志（即死者小记）。25日，所藏博物馆等在北京召开发布会。墓志可能是8世纪前期，真备留学中国期间书写的。这是国内外第一次发现的真备笔迹，也是首次发现日本人为中国人书写的墓志铭。长期以来，记载真备留学生活的文献史料极为少见，此次发现是记载古代东亚关系的珍贵史料，备受瞩目。

该墓志由深圳望野博物馆于2013年获得，石材长35厘米，宽36厘米，厚8.9厘米，刻有19行，共328个汉字。这是唐王

---

① ［日］工藤雅树：『蝦夷の古代史』、東京：平凡社、2001年、第135頁。

朝负责接待外国使节的机构"鸿胪寺"中级官员李训的墓志，记载他于开元 22 年（734）6 月 20 日去世，同年 6 月 25 日下葬。

末尾 1 行写有"秘书丞褚思光文"和"日本国朝臣备书"，可以认为撰写墓志的是中国人褚思光，手书者是称作"备"的人。日本学者认为，遣唐使在当地有改用中国名字的事例，吉备真备也很可能被称为"真备"。中日学者认为，墓志中记有表示日本王朝地位的"朝臣"两字，可以认为真备书写的可能性极大。[①]

该报道除文字外，另配五张照片。当天下午，日本放送协会（NHK）又播放了一则图像新闻，题为《中国唐代墓志　或为日本人吉备真备书写》。[②]至此，该消息的真实性已确定无疑，但尚未见到墓志全文，也未见中文报道。次日，笔者联系到墓志的第一发现人和研究者，深圳望野博物馆馆长阎焰先生，询问墓志的相关情况和发布会的始末，并购买了其论著《日本国朝臣备书丹　褚思光撰文　鸿胪寺丞李训墓志考》。12 月 26 日，日本各大报纸相继报道。同时，第一篇中文报道出现在《参考消息》发布的网络版上，题为《日媒：中国发现遣唐使吉备真备所写墓志　或为真迹》。[③]12 月 27 日，一则题为《〈日本国朝臣备书丹 褚思光撰文 鸿胪寺丞李训墓志考〉新书发布 全世界第一次见到最早的日本人书写"日本国"》的报道发布。[④]12 月 29 日《澎湃新闻》发出了一篇学术讨论文章，题为《王瑞来：〈李训墓志〉书写者

---

① 「吉備真備筆？の墓誌、中国発見　留学中書かれた可能性」、『朝日新聞』、2019 年 12 月 25 日。https://www.asahi.com/articles/ASMDS5JB8MDSPTFC012.html、参照 2019 年 12 月 25 日。中文为笔者译。

② 「中国の唐の時代の墓誌　日本から渡った吉備真備が書いたものか」、『NHK ニュース』、2019 年 12 月 25 日。https://www3.nhk.or.jp/news/html/20191225/k10012228161000.html、参照 2019 年 12 月 25 日。

③ 《日媒：中国发现遣唐使吉备真备所写墓志　或为真迹》，《参考消息》，2019 年 12 月 26 日。https://baijiahao.baidu.com/s?id=1653955783088686475&wfr=spider&for=pc，2019 年 12 月 26 日访问。

④ 《日本国朝臣备书丹　褚思光撰文　鸿胪寺丞李训墓志考》新书发布　全世界第一次见到最早的日本人书写"日本国"》，香港商报网，2019 年 12 月 27 日。http://www.hkcd.com/content/2019-12/27/content_1171565.html，2019 年 12 月 27 日访问。

"朝臣备"是不是吉备真备？》。[1] 此后，关于该墓志的讨论逐渐展开，《澎湃新闻》"私家历史"栏目连续发表几篇文章，一些公众号也有相关讨论。有别于其他讨论的是，辛德勇先生于 12 月 30 日发出一篇短文《所谓"李训墓志"当属赝造》[2]，并于 2020 年 1 月 11 日在公开讲座中提出疑问。[3] 总之，《李训墓志》一问世，立刻引起学界广泛讨论，众说纷纭，百家争鸣。[4] 首先，我们回到墓志本身。《李训墓志》盖拓本与拓本见图 1、图 2。

墓志的盖面为篆书 9 字"大唐故李府君墓志铭"。《李训墓志》全文如下：

1 大唐故鸿胪寺丞李君墓志铭并序
2 公讳训，字恒，出自陇西，为天下着姓。曾祖亮，随太
3 子洗马；祖知顺，为右千牛，事
4 文皇帝；父元恭，大理少卿兼吏部侍郎。君少有异
5 操，长而介立。好学所以观古，能文不以曜世。故士
6 友重之，而时人不测也。弱冠以辇脚调补陈留尉，
7 未赴陈留而吏部君亡。君至性自天，柴毁骨立。礼
8 非玉帛，情岂苴麻。惟是哀心，感伤行路。服阕，历左
9 率府录事参军，太子通事舍人，卫尉主簿、鸿胪寺
10 丞。以有道之时，当用人之代，骥足方骋，龙泉在割，
11 岂不伟欤！而天与其才，不与其寿。梁在厦而始构，

① 《王瑞来：〈李训墓志〉书写者"朝臣备"是不是吉备真备？》，《澎湃新闻》，2019 年 12 月 29 日。https://www.thepaper.cn/newsDetail_forward_5369412，2019 年 12 月 29 日访问。
② 辛德勇：《所谓"李训墓志"当属赝造》，微信公众号"辛德勇自述"，2019 年 12 月 30 日。https://mp.weixin.qq.com/s/ddDvWoxDWerU1MmVwbkqXw，2019 年 12 月 30 日访问。
③ 辛德勇：《北大教授辛德勇：由"打虎武松"看日本国朝臣备的真假》，讲稿首发于《中国经营网》，2020 年 1 月 13 日。http://www.cb.com.cn/index/show/rw/cv/cv13457191239，2020 年 1 月 14 日访问；辛德勇：《由〈井真成墓志〉看所谓〈李训墓志〉的真伪》，微信公众号"辛德勇自述"，2020 年 1 月 22 日。https://mp.weixin.qq.com/s/J3J3uJpi__5IGrPGgb-14g，2020 年 1 月 22 日访问。
④ ［日］辻本芳孝：「『吉備真備碑文』で論議 唐代の墓誌『日本国』表記」、『読売新聞』、2020 年 1 月 29 日（17 版）；［日］塚本和人：「『吉備真備の書』浮かぶ交流史」、『朝日新聞』、2020 年 2 月 6 日（13 版）。

12 舟中流而遽覆。呜呼，子罕言命，盖知之矣。享年五
13 十有二，开元廿二年六月廿日，以疾终于河南圣
14 善寺之别院，即以其月廿五日权殡于洛阳感德
15 乡之原。夫旆以书名，志以诔行，乃勒石作铭云：
16 洪惟夫子，灼灼其芳。道足经世，言而有章。亦既来
17 仕，休闻烈光。如何不淑，弃代云亡。其引也，盖殡也，
18 用纪乎山岗。
19 秘书丞褚思光文　　日本国朝臣备书 [①]

担任鸿胪寺丞的李训因疾病终于河南圣善寺之别院，时年 52 岁，时间是开元二十二年（734）年六月二十日，五天后出殡。可知其 683 年生，734 年去世。李训出生于陇西，"天下着姓"，出生于天下名声显赫的李姓家族。这一点，与 2000 年出土的《李训夫人王氏墓志》所记"公讳训，兴圣皇帝十叶孙也"相吻合。所谓"兴圣皇帝"指西凉武昭王李暠（351—417），唐天宝二年（743）追赠其该尊号。但是，其妻墓志中载李训"无忧卒于鸿胪丞之官舍" [②]，这一点两墓志记载的却不同。李训曾祖李亮，任隋（随）太子洗马；祖李知顺，以右千牛职，侍奉文皇帝（唐太宗）；父李元恭，任大理寺少卿兼吏部侍郎。

《李训墓志》中的家族系谱情况，通过其姐姐的墓志得以印证。近年民间流散一合题为《大唐前恒州司功参军萧君妻李氏墓志铭并序》的唐志，墓主萧君之妻李氏，为李元恭之女，太极元年（712）亡，殁年 43 岁。志中载有李家世系，曾祖亮左千牛；祖知顺；父元恭正议大夫、大理寺少卿、判东都吏部侍郎兼掌选事。 [③] 不过，其父李元恭，史料中

---

① 参见阎焰：《日本国朝臣备书丹　褚思光撰文　鸿胪寺丞李训墓志考》，北京：文物出版社，2019 年，第 11 页。

② 刘莲芳：《唐〈李训夫人王氏墓志〉考释》，《碑林集刊》（十），西安：陕西人民美术出版社，2004 年，第 124 页。

③ 阎焰书转引毛阳光、余扶危主编《洛阳流散唐代墓志汇编》，北京：国家图书馆出版社，2013 年，第 156 页；阎焰：《日本国朝臣备书丹　褚思光撰文　鸿胪寺丞李训墓志考》，北京：文物出版社，2019 年，第 16 页。

留有大量的信息①，其生卒年不详，《全唐文》中所载的《陇西李君墓志》中李儆的家世显示，李儆祖父为李元恭、父亲李讷。李元恭"开无中，以文学政事历大理卿，判尚书史部侍郎。侍郎生烈考讷，官至太府寺丞"②。如此看来，李元恭开元年间尚在，但依《李训墓志》推算年龄，其父李元恭开元年间已故。

在此，值得关注的是，李训病逝前的官职为鸿胪寺丞，这一职务官员的实物史料并不多见。唐朝鸿胪寺属于九寺之一，掌管外交事务，设卿一人、少卿二人、丞二人、主簿一人、录事二人。据《唐六典》卷十八载："鸿胪寺：卿一人，从三品；少卿二人，从四品上。鸿胪卿之职，掌宾客及凶仪之事，领典客、司仪二署，以率其官属，而供其职务；少卿为之二。凡四方夷狄君长朝见者，辨其等位，以宾待之。凡二王之后及夷狄君长之子袭官爵者，皆辨其嫡庶，详其可否，以上尚书。若诸蕃大酋渠有封建礼命，则受册而往其国。凡天下寺观三纲及京都大德，皆取其道德高妙为众所推者补充，上尚书祠部。凡皇帝、皇太子为五服之亲及大臣发哀临吊，则赞相焉。凡诏葬大臣，一品则卿护其丧事；二品则少卿；三品，丞一人往，皆命司仪，以示礼制也。丞二人，从六品上；主簿一人，从七品上；录事二人，从九品上。丞掌判寺事。主簿掌印，勾检稽失。录事掌受事发辰。"③可知，鸿胪寺丞李训官品为从六品上，其职主要"掌判寺事"，负责处理鸿胪寺中的日常事务。

墓志最后一句为"日本国朝臣备书"，由此可知，书写者"朝臣备"为日本人。那么，"朝臣备"又是何人呢？阎焰的结论是墓志的书写者"朝臣备"为吉备真备。这里的"朝臣"并非汉语本义，显然指的是日本人的赐姓，汉语的意思是朝廷大臣或朝中之臣，或为来华朝拜的外国使臣。墓志中的"朝臣"之姓，源于天武十三年（684）冬十月一日颁布的诏令，诏曰：

① 参见《太平广记》卷四百四十九·狐三《李元恭》。
② 《全唐文》第 06 部·卷五百二十一《陇西李君墓志》。参见（清）董诰等编：《全唐文》（第三册），北京：中华书局，1983 年，第 5297 页。
③ （唐）李林甫撰，陈仲夫点校：《唐六典》，北京：中华书局，2014 年，第 504-506 页。

更改诸氏之族姓，作八色之姓，以混天下万姓。一曰，真人；二曰，朝臣；三曰，宿祢；四曰，忌寸；五曰，道师；六曰，臣；七曰，连；八曰，稻置。[1]

"朝臣"位居第二。日本早期的"氏"与"姓"是一组相对的概念，一般称"氏姓制度"，属于政治概念。"氏"日语读"うじ"（uji），指氏族的共同体，或具有特殊技能、祭祀和军事世袭职业的族群，被倭政权授之"氏"，形成于5世纪末至6世纪初。如"苏我""巨势""春日""物部""土师""中臣"等。对此，倭朝廷又授予这些豪族"姓"，日语读"かばね"（kabane），如"臣、连、君、直、造、首、史"等。而"真人"和"朝臣"等"八色之姓"是朝廷为加强皇权，在原有"姓"的基础上加以规定的规格更高的"姓"。由此，在奈良时代以及平安时代，"朝臣"之"姓"赐予了很多贵族。另外，给"氏"赐以"姓"之后，两者结合起来构成广义的"姓"。需要注意的是，日本"氏姓制度"中，所赐之"姓"一定要在"氏"之后，即"氏"＋"姓"，这一顺序不能改变。凡提到"朝臣"，必定是跟在"氏"之后。诸如：高向朝臣麻吕、藤原朝臣不比等、粟田朝臣真人、石上朝臣麻吕、小野朝臣毛野、中臣朝臣麻吕、巨势朝臣多益须、田中朝臣法麻吕等。[2]

吉备真备一族，当时姓名为下道朝臣真备。已经拥有"臣"姓的下道豪族，被赐姓为"下道朝臣"，为所赐五十二姓之一。"朝臣备"若是吉备真备，即留学生下道朝臣真备，则其表述当为"下道"＝"氏"、"朝臣"＝"姓"、"真备"＝"名"，合并之后成为其完整的姓名。或者也可称其姓为"下道朝臣"。

在遣唐使来华过程中，"朝臣"之姓也随之传来，唐人林宝在《元和姓纂》卷五"朝臣"条记："朝臣。日本国使臣朝臣真人，长安中拜司

---

[1]　《日本书纪》卷第廿九"天武天皇十三年冬十月己卯朔"条。参见［日］小岛宪之、直木孝次郎、西宫一民、藏中进、毛利正守校注·訳：『日本書紀③』（新编日本古典文学全集4）、東京：小学館、1998年、第436—438頁。

[2]　石晓军：《也说〈李训墓志〉中的"朝臣"》，《澎湃新闻》，2020年1月8日。https://www.thepaper.cn/newsDetail_forward_5448442，2020年1月8日访问。

膳卿同正，朝臣大父，拜率更令同正。朝臣，姓也。"[1] 此处所记的"朝臣真人"，《旧唐书》和《新唐书》均有载，指的是长安二年（702）十月抵达的日本遣唐使执节使粟田朝臣真人，"朝臣大父"则为副使巨势朝臣祖父。之后，717 年抵达长安的遣唐使中，除下道朝臣真备外，阿倍仲麻吕也称为"朝臣仲满"。日本"朝臣"之姓由此被唐人所接受。

在 734 年这个时间点上，停留在唐朝的日本人中，带有"备"字名的除下道朝臣真备（吉备真备）之外，未见其他人。因此，可以认为"朝臣备"就是后来的吉备真备。

吉备真备（695—775），父为下道国胜，母为杨贵（八木）氏，生一男一女，子曰泉，女曰由利（亦有妹妹一说）。吉备真备原姓下道朝臣，天平十八年（746）赐姓吉备朝臣，官升至右大臣、正二品。两次入唐，第一次为 717—734 年，第二次为 752—753 年。吉备真备在日本古代史上名声显赫，在遣唐使中属于出类拔萃者，通览经史，涉猎众艺，《续日本纪》称"我朝学生播名唐国者，唯大臣及朝衡二人而已"[2]。可以看出，日本朝廷对他的评价极高，他与阿倍仲麻吕二人在唐的影响最大。李训墓志的书写者若为吉备真备，其价值则尤显珍贵。775 年，吉备真备去世，《续日本纪》卷第卅"宝龟六年十月壬戌"条有"前右大臣正二位勋二等吉备朝臣真备薨"的记载全文 396 字，较全面地总结了他的一生，只是最后称其"薨时年八十三"。灵龟二年（716）他被派入唐留学时 22 岁，另依据《续日本纪》中"去天平宝字八年（764），真备生年数满七十"的记载，他死亡时的年龄实则 81 岁。[3] 根据《续日本纪》等史料载，吉备真备简历如下所示。

吉备真备简历

695 年，持统天皇九年，生于备中国下道郡也多乡（八田村）土师谷天原（今冈山县仓敷市真备町箭田）。

---

① （唐）林宝撰，岑仲勉校记：《元和姓纂》卷五《朝臣》，北京：中华书局，1994 年，第 559 页。
② ［日］青木和夫、稲岡耕二、笹山晴生、白藤禮幸校注：『續日本紀　四』（新日本古典文学大系）、東京：岩波書店、1995 年、第 458 頁。
③ ［日］青木和夫、稲岡耕二、笹山晴生、白藤禮幸校注：『續日本紀　四』（新日本古典文学大系）、東京：岩波書店、1996 年、第 461 頁。

716 年，灵龟二年八月二十日，22 岁，被任命为遣唐留学生，同期有留学生阿倍仲麻吕、留学僧玄昉等，实名为"下道朝臣真备"。

717 年，灵龟三年三月，遣唐使船出发，随押使多治比县首、大使大伴山守等从难波出发。真备和玄昉在唐留学 17 年。

732 年，天平四年八月十七日，日本再次任命遣唐使，天平五年（733）四月出发，真备、玄昉等一同回国。

735 年，天平七年三月二十五日，归国朝拜。同年四月二十六日，下道朝臣真备献《唐礼》130 卷、历书、音阶调律器、武器等。官由从八位下上升至正六位下，任大学助。

736 年，天平八年正月二十一日，官位外从五位下中宫亮。

737 年，天平九年二月十四日，升叙从五位下。十二月二十七日，从五位上，兼任右卫士督。

739 年，天平十一年，真备母亲去世，奈良县五条市大泽町发现他为母亲写的墓志《杨贵氏墓志》。

740 年，天平十二年八月二十九日，大宰少式藤原广嗣上表主张除去僧玄昉和下道朝臣真备职务。同年十一月二十一日，升叙正五位下。

741 年，天平十三年七月三日，任东宫学士。为皇太子阿倍内亲王（孝谦天皇）讲学典籍。

743 年，天平十五年五月五日，升叙从四位下。六月三十日，转任春宫大夫（兼任东宫学士）。同年，生子，名泉。

746 年，天平十八年十月十九日，下道朝臣真备受赐姓吉备朝臣。

747 年，天平十九年三月，解任春宫大夫、东宫学士。十一月四日，任右京大夫。

749 年，天平胜宝元年七月二日，阿倍内亲王（孝谦天皇）即位，升叙从四位上。

750 年，天平胜宝二年正月十日，左迁筑前守，后迁肥前守。

751 年，天平胜宝三年十一月七日，被任命为遣唐使副使。

752 年，天平胜宝四年闰三月三日，遣唐使出发，真备第二次入唐。

753 年，天平胜宝五年十二月七日，吉备真备、鉴真所乘之船漂流至屋久岛，抵达纪伊国牟漏崎。

754 年，天平胜宝六年三月，遣唐使归朝。四月五日，任大宰大式，四月七日升叙正四位下。

760 年，天平宝字四年十一月十日，派授刀舍人、中卫舍人等到大式真备处，让他们学诸葛亮八卦阵、孙子兵法等。

761 年，天平宝字五年十一月十七日，任命西海道节度使。

764 年，天平宝字八年正月二十一日，迁任造东大寺长官。九月十一日，升叙从三位。

765 年，天平神护元年正月，授勋二等。

766 年，天平神护二年正月八日，转任中纳言。三月二十一日，转任大纳言。十月二十日，升叙从二位，任右大臣，兼任备中国下道郡大领。

769 年，神护景云三年二月，升叙正二位，右大臣、中卫大将。

770 年，神护景云四年十月八日，辞任中卫大将。

771 年，宝龟二年三月，辞任右大臣。

775 年，宝龟六年十月二日，薨，81 岁。

综观下道朝臣真备生平，在鸿胪寺丞李训去世时，他虽然还属于留学生，但有可能承担了书写其墓志的任务。从中日交流和遣唐使的角度看，《李训墓志》的意义深远，至少可以概括为以下几点：

第一，首次由日本人书写"日本国"之名。

在现有的史料中，通过上述三合墓志可知，祢军墓志中的"日本"具有不确定性。杜嗣先墓志首现"日本来庭"，此处的"日本"无疑指的是日本国。《井真成墓志》则记"国号日本"，刻记的时间为开元二十二年（734），这一时间点与《李训墓志》相同。然而，不同之处在于，由日本人亲自书写在刻石上的国号，首现于"朝臣备"书的"日本国"三字。

第二，丰富了吉备真备在唐的活动内容。

作为留学生的吉备真备，当时的名字为"下道朝臣真备"。他在唐的活动情况史料无载，基本不明。通过该墓志可以看出，他与鸿胪寺有着密切的接触，尤其与管理外国使节及留学人员生活的鸿胪寺丞李训联系较紧密。可以认为，他与李训相处较深，以至于其家属让他书写墓志铭。也可以推测他与秘书丞褚思光相识。

第三，作为研究吉备真备书法风格的史料意义重大。

日本现存一幅吉备真备为其母亲写的墓志铭，名为《杨贵氏墓志》。该墓志发现于 1728 年，在奈良县五条市出土，墓志铭曰："从五位上，守右卫士督兼行中宫亮，下道朝臣真备葬亡姅杨贵氏之墓。天平十一年八月十二日记。岁次乙卯。"天平十一年，即 739 年，此时吉备真备尚未受赐"吉备朝臣"之姓，仍称"下道朝臣"。[①] 该墓志的真伪受到质疑，现墓志实物无存，仅有拓本流传于世，肯定与否定意见均有。值得注意的是，墓志上的文字与《李训墓志》书写差别较大，二者风格迥异。仅从书写特征来看，如果《李训墓志》的真实性可以保证的话，那么，《杨贵氏墓志》的真实性则令人质疑，反之亦然。作为稀世的吉备真备书写的汉字，其书法风格如何，有待于书法界专家进一步论证，仅这个角度讲，其意义也不容忽视。

第四，日本人取中国名的又一实例。

以"朝臣"为姓，称作"备"的日本人书丹了《李训墓志》，此人基本可以认为是下道朝臣真备。遣唐留学生长期在华，一般都要起一个中国名字，正如阿倍仲麻吕改名为"朝衡（晁衡）"、734 年死于长安的"井真成"一样，吉备真备当时的中国名为"朝臣备"。《李训墓志》的发现，为遣唐使取中国名字又增添一则实例。

综上所述，近年间发现的考古资料中，涉及"日本"事项的新史料主要以碑文、墓志为主，代表性的有《祢军墓志》《井真成墓志》《徐

---

① ［日］伊藤長胤：『東涯先生輶軒小録』、享保年間写本、国立国会図書館古典籍資料デジタル化、第 29 頁。

图 1 《李训墓志》盖拓本（深圳望野博物馆提供）

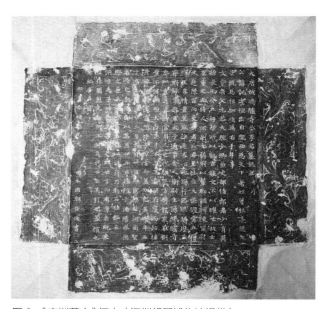

图 2 《李训墓志》拓本（深圳望野博物馆提供）

州刺史杜嗣先墓志》和 2019 年底问世的《大唐故鸿胪寺丞李君墓志铭并序》。它们所反映的年代为 7 世纪后半期至 8 世纪初,即国号由"倭国"更名"日本"的时期。

《祢军墓志》中的"日本",难以确定为日本的国号,但也反映出"日本"一词逐渐演变的过程,说明在唐朝的语境中,"日本"曾代表遥远的东方之意。《井真成墓志》则明确记载"国号日本",时间为 734 年。《井真成墓志》的发现,为遣唐使研究提供了有力的实证史料。同为 734 年,由秘书丞褚思光撰文,"日本国朝臣备"书写的鸿胪寺丞李训的墓志中,清楚地写有"日本国",这一信息再次证明"日本"国号在唐已经普遍使用的事实。《杜嗣先墓志》的存在曾未引起学界重视,然而其价值不可低估,不仅因其 702 年的"日本来庭"记载,其中更多的信息为唐史研究提供了不可或缺的珍贵史料。

除以上四合墓志外,现存或史料中保留下来的有关"倭国"和"日本"的记录,为理解日本国号的变更提供了广阔的视野。日本之国号,由"倭国"至"日本",不仅仅是日本朝廷自身的意愿,同时也反映出以唐为中心的国际关系新变化。

最新发现的《李训墓志》,一经公布,引起不小反响,笔者也在第一时间撰文解析。[①] 该墓志对于理解唐日关系及日本留学生在唐的生活状况无疑具有重要参考价值,涉及遣唐使的内容也符合当时的历史现实。然而,墓志本身真伪,是最根本的问题。这一点,笔者无力判别,但多少存有一丝疑虑,因其流转渠道不十分明朗,再加上文物市场的乱象[②],伪作呼声不断[③],所以,如何以科学的方法,强有力的证据辨其真赝,证明其是否为真实的历史资料,消除学界疑惑,恐怕是一个长期的课题。

---

① 李广志:《新见唐〈李训墓志〉之"日本国朝臣备"解析》,《南开日本研究》2020 年,第 77-91 页;李広志:「新発見『李訓墓誌』と遣唐使」、『東洋史訪』第 28 号、2021 年、第 49—64 頁。

② 单颖文:《新出墓志知多少》,《文汇报》,2015 年 7 月 10 日第 T06 版(文汇学人)。

③ 宋婷:《〈李训墓志〉辨伪——以家族墓志为主的考察》,《历史文献研究》2021 年第 2 期,第 221-232 页。

第五章

遣唐使的制度化

与日本来庭

一、律令制度与中华文化

7 世纪末，倭国加快法制社会建设步伐，最终形成中央集权制的国家政体。天武天皇去世后，其皇后即位，称作持统天皇。持统三年（689）颁布《飞鸟净御原令》，持统十一年（697）让位，年仅 14 岁的轻皇子继承皇位，就任日本史上第 42 代天皇，史称文武天皇。文武天皇期间，在他和持统太上皇主导下，由藤原不比等、刑部亲王等编撰新的律令，形成日本最初的完善法典。《大宝律令》参照唐朝的律令制定而成，于大宝元年（701）开始实施，共分《律》6 卷、《令》11 卷，合计 17 卷。

《大宝律令》规定，中央机构由二官、八省、一台、五卫府组成，地方的行政区划分成畿内和七道，由大到小分国、郡、里三级行政体系。另外，京城设有负责司法、行政等事务的"京职"，九州地区设有"大宰府"，摄津国设"摄津职"。

中央机构的"二官"为太政官和神祇官。太政官，统括八省，为国家最高行政机关；神祇官，是主持祭祀和神祇的最高机构。"八省"的职能分别为：中务省，负责制作敕书、官员名账和各国户籍；式部省，主管婚姻、丧葬、氏姓、文官的人事等；治部省，负责佛教、遣唐使及外交事务；大藏省，主管朝廷财政、稳定物价；民部省，负责户籍、租税、国家财会等；宫内省，负责天皇及皇族的事务；兵部省，负责武官的人事及军事事务；刑部省，负责裁判和刑罚。"一台"，又称弹正台，负责监督官员的不正行为。"五卫府"，负责都城的警备和防护。

全国行政区划的畿内，指天皇居住的藤原京及奈良周边五国，分别为大和国、山背国（后改山城国）、摄津国、河内国、和泉国，简称五畿。畿内以外分七道，分别为东山道、东海道、北陆道、山阴道、山阳道、南海道、西海道。

地方单位为国、郡、里，国的行政长官称"国司"，由中央选派；郡的首领为"郡司"，从地方豪族中选任；里的首长称"里长"。

律令制下的税制，日本实行的是租、庸、调，另有杂徭和岁役。兵役分军团、卫士和防人三种。

日本对隋唐制度的模仿不仅体现在法律体系方面，象征皇权的宫城建造方面也吸收众多中华文化因素。藤原京（694—710）作为都城使用了 16 年，是平城京之前的日本皇城，天武天皇五年（676）开始建造，持统八年（694）完工迁都，至大宝元年（701）都城建设基本完毕，个别建筑的修筑一直持续到再次迁都之前。藤原京模仿中国古代都城的理想模式设计而成，皇宫位于城市的中央，其构造参照《周礼》中记载的内容，是一种理想化的城市建设。[①] 京城实行条坊制，藤原宫的设施包括：内里（天皇居住地）、大安殿、东安殿、内殿、西高殿、西阁、西殿、朝堂、大极殿、东楼、西楼、春宫等，宫设十二个门，有宫门、南门、海犬养门、蝮王门、猪使门等。

不仅如此，文武天皇时期（697—707），朝廷礼仪方面也吸收了众多中华文化的元素，逐渐形成一套日本式的中华观。这种新气象从大宝元年的记录中首先反映出来，据《续日本纪》"大宝元年春正月"条载：

> 大宝元年春正月乙亥朔，天皇御大极殿受朝。其仪，于正门树乌形幢。左日像、青龙、朱雀幡，右月像、玄武、白虎幡。蕃

---

① ［日］東野治之：『史料学探訪』、東京：岩波書店、2015 年、第 85 頁。

夷使者，陈列左右。文物之仪，于是备矣。①

这一记载，在日本史上具有划时代意义。首先，它象征日本法制、国家机构、行政组织及学问、艺术等已建设完备，天皇接受正月朝贺之礼，将来访的新罗使视为"蕃夷使者"②，向世人展示至高无上的皇权。至此，文物之仪，均已齐备，记录了"日本国"的诞生瞬间。其次，藤原京建造的理念，融入许多中华元素。平安时代绘制的《文安御即位调度图》显示，朝廷礼仪使用的幢幡基本与大宝元年的贺正礼一致，七根幢幡，分别为乌形幢、日像幢、月像幢，青龙幡、朱雀幡、玄武幡、白虎幡。神鸟乌鸦居中（乌足有三），日、月立两侧，然后是四神兽。这些要素反映的是阴阳五行思想。再次，藤原宫七根"幢幡"的存在通过考古资料得到了证明。据 2017 年奈良文化财研究所公布的考古报告显示③，在大极殿南门前挖掘出了七根柱穴遗迹，基本可以断定它们就是大宝元年正月贺正礼仪中的"幢幡"所在之处。乌形幢位于藤原宫及大极殿院南门中轴线上，向东偏离 0.3 米，以此为中心，东西 40 尺配置日像幢、月像幢，二者也略有偏东。四神幡以南北相隔20 尺的距离排列，东西相距 118 尺。④ 这种配置背后的思想来源于儒家思想及中华天下观。藤原宫位于京城的中央，其结构有别于后来的平城京和平安京，不仅宫城位于城市的中心，大极殿院南门又位于宫城的中央。这种营造的理念似乎反映出《吕氏春秋》卷第十七《慎势》所说的"古之王者，择天下之中而立国，择国之中而立宫，择宫之中而立庙"。⑤

日本国内新的制度整合完毕后，701 年正月朝廷任命了遣唐使，

---

① ［日］青木和夫、稲岡耕二、笹山晴生、白藤禮幸校注：『続日本紀　一』（新日本古典文学大系）、東京：岩波書店、1989 年、第 32 頁。

② ［日］森公章：『遣唐使と古代日本の対外政策』、東京：吉川弘文館、2008 年；［日］森公章：『遣唐使の光芒』、東京：角川学芸出版、2010 年。

③ ［日］大澤正吾、西山和宏、山本崇等：「藤原宮朝堂院の調査　第 189 次」、『奈良文化財研究所紀要 2017』、奈良：奈良国立文化財研究所、第 84—102 頁。

④ ［日］内田和伸：「藤原宮朝堂院朝庭における幢幡遺構の配置と設計思想」、『ランドスケープ研究』第 81 巻第 5 号、2018 年、第 449—454 頁。

⑤ 许维遹撰，梁运华整理：《吕氏春秋集释》，北京：中华书局，2016 年，第 400 页。

702 年六月派遣，704 年返回。至此，遣唐使规模、人员及性质、携带的物品等与之前相比有了明显不同。按时期划分，7 世纪派遣的一般称为前期遣唐使，律令制度实行以后的 8—9 世纪派遣的称为后期遣唐使。

二、国际形势与遣唐使的人员构成

日本于天智八年（669）派遣唐使后，或按《新唐书》所载"咸亨元年，遣使贺平高丽"计算，已时隔三十年未派使者入唐。大宝年间之所以派遣唐使，除了其国内原因促使之外，还受到唐朝及周边的国际形势影响。

第一，7 世纪末期至 8 世纪初，唐朝对外政策方针发生略微调整，不单纯以武力解决周边纷争，同时采取积极的怀柔政策。此外，包括日本在内，唐周边的渤海、新罗、突厥、吐蕃等势力也进入一段相对稳定的时期，分别以自主国家的形式与唐进行交往。[①]

第二，唐廷灭掉朝鲜半岛的百济和高句丽后，半岛势力仅存新罗。一方面，唐、罗两国经过短暂的曲折，重新修好。696 年契丹叛乱，因此圣历元年（698）震国（渤海国）成立。另一方面，百济灭亡以后，日本与朝鲜半岛上唯一的国家新罗进行友好交往，向其学习了很多先进的技术和文化。自 669 年至 779 年的 110 年间，日本与新罗进行频繁的国家间往来，新罗向日本派使节 47 次，日本派新罗使节 27 次（另有 28 次说），平均 1.5 年就有一次外交来往，足见其密切程度。[②] 但是，进入 7 世纪 90 年代，日本与新罗关系出现裂痕。为了从大唐获得更多的利益，日本不得不另辟蹊径，于是开始绕过新罗直接与唐接触。

第三，这次遣唐使航行的路线与前期不同，走的是"南线"。使船离开北九州（博多）后，一度到达对马岛，通过五岛列岛驶向东海，最后抵达楚州盐城。此前，遣唐使航行的都是"北线"，通过朝鲜半岛西端，从山东半岛登州、莱州上岸。这次重新开辟了横跨东海的航线，

---

① ［日］古瀬奈津子：「隋唐と日本外交」、荒野泰典、石井正敏、村井章介編『律令国家と東アジア　日本の対外関係 2』、東京：吉川弘文館、2011 年、第 63—64 頁。

② ［日］鈴木靖民：『古代日本の東アジア交流史』、東京：勉誠出版、2016 年、第 194 頁。

也说明日本和新罗关系的不融洽。然而，这一新线路的尝试，却证明如此能够更快捷地抵达唐土，为后来的遣唐使开辟了新航线。至此，遣唐使停止了北线，开始南线渡海。

第四，遣唐使的政治意义在于朝贡。尽管日本不属于唐的册封国，但是，把日本遣唐使放在当时唐与亚洲及周边国家关系来考察，其实质内涵不会超越朝贡关系。日本模仿大唐建成了律令机制的社会制度，从其国内看，视新罗为"蕃"，称其本土东北地区未归化民为"夷"，反映出统治者的意识是以天皇为中心，日本自身形成一个"小中华"。唐与周边各国的朝贡情况，仅从日本派出这次遣唐使前后几年数据便可一目了然，据《册府元龟》卷九百七十《外臣部》"朝贡三"条载：

> 圣历元年春正月真腊国，四月疏勒王裴夷健，腊月默啜并遣使朝贡。二年二月新罗王金理洪遣使贡方物。六月林邑国遣使献驯象。八月突骑施乌质勒遣其子遮弩来朝。久视元年七月谢国贡方物。长安元年十二月佛誓国遣使贡方物。三年三月大食国遣使献良马。十月日本国遣其大臣朝臣真人贡方物。十二月林邑国遣使朝献。三年正月吐蕃、新罗、林邑并遣使朝贡。十月林邑国遣使朝献。十一月突厥遣其大臣移力贪汗献名马千疋并方物。①

这样，自圣历元年（698）至长安三年（703），有多个国家遣使朝贡大唐，并且有些反复来朝。一方面，对于唐廷来说，日本只不过是其朝贡外交中的一国而已，比起其他国，日本并不拥有特别高的等级。另一方面，从日本自身来讲，除了朝贡关系以外，其还有强烈的学习唐文化、先进技术的目的。当然，这种朝贡是出于日本单方面的自主行为。②

律令制度下，遣唐使的人员构成有明确规定。遣唐使的成员，根据延长五年（927）完成的《延喜式》"省式"记载，主要有入唐大使、副使、判官、录事、知乘船事、译语、请益生、主神、医师、阴阳

① （宋）王钦若：《册府元龟》第 12 册（影印本），北京：中华书局，1960 年，第 11403 页。
② ［日］森公章：「大宝度の遣唐使とその意義」、続日本紀研究会『続日本紀研究』(355)、2005 年、第 22—40 頁。

师、画师、史生、射手、船师、音声长（仪式演奏长）、新罗和奄美译语、卜部、留学生、学问僧、傔从、杂使、音声生（仪式演奏者）、玉生、锻生、铸生、细工生、船匠、柂师、傔人、挟杪、水手长、水手等。[①]"大藏省式"不仅对人员有着明确的规定，给他们提供的物资也有详细规定。其内容可以概括为表8"遣唐使的成员及给付物资"。

表 8　遣唐使的成员及给付物资[②]

类别	官职	绝（疋）	绵（屯）	布（端）	特别供品
大使	大使 副使 判官 录事 史生 杂使 傔人	60 40 10 6 4 3 2	150 100 60 40 20 15 12	150 100 40 20 13 8 4	彩帛 117 疋，赀布 20 端 彩帛 78 疋，赀布 10 端 彩帛 15 疋，赀布 6 端 彩帛 10 疋，赀布 4 端
翻译	译语 新罗、奄美 等译语	5 4	40 20	16 13	彩帛 5 疋，赀布 2 端
船员	知乘船事 船师 柂师 挟杪 水手长 水手	5 4 3 2 1	40 20 15 12 4 4	16 13 8 4 2 2	彩帛 5 疋，赀布 2 端 夏冬衣服 夏冬衣服 夏冬衣服 夏冬衣服
技师	主神 卜部 医师 阴阳师 画师 射手 音声长 音声生 船匠	5 4 5 5 5 4 4 3 3	40 20 40 40 40 20 20 15 15	16 13 16 16 16 13 13 8 8	—

① ［日］皇典讲究所、全国神职会校訂：『延喜式』卷三十『大藏式』、大冈山书店、1929—1932 年、第 1010 页。

② ［日］東野治之：『遣唐使』、东京：岩波书店、2007 年、第 103 页。

续表

类别	官职	绝（疋）	绵（屯）	布（端）	特别供品
技术生	玉生	3	15	8	
	锻生	3	15	8	—
	铸生	3	15	8	
	细工生	3	15	8	
留学生	留学生	40	100	80	
	学问僧	40	100	80	彩帛 10 疋
	傔从	4	20	13	彩帛 10 疋
	还学僧	20	60	40	
	请益生	5	40	16	

　　遣唐使成员中，主要官员为大使、副使、判官、录事。这种官位配置源于日本律令制所代表的"四等官"，《大宝律令》及《养老律令》实行的官司原则均以"长官""次官""判官""主典"四等官形式构成，尽管各官司的名称不同，但其读法一律为"kami"（かみ）、"suke"（すけ）、"jyou"（じょう）、"sakan"（さかん）。① 大宝年间的遣唐使成员中，在大使之上另设一个职务，即持节使。在长达 260 多年的遣唐使历史中，官位高于大使职位的使者只有三位，除本次的粟田真人外，还有白雉五年（654）二月派遣的押使高向玄理、灵龟二年（716）任命的押使多治比县守。四等官之下另派一些杂职，例如史生（书记官）、杂使（庶务）、傔人（从者）等。从《延喜式》中遣唐使的内容来看，四等官中地位最高的是大使，官位约四位，副使五位，判官六位，录事七位。其次为译语（翻译）和相当于船长的知乘船事。②

　　留学生是遣唐使成员中的一个重要组成部分，这批人待遇优厚，也是日本朝廷为摄取唐文化、增强国力所培养的未来人才。留学人员中有留学生、学问僧、还学僧和请益生。其中，留学生和留学僧将在唐长期生活，所给物资也比较丰厚，还学僧滞留的时间虽短，但待遇也不低。《延喜式》卷三十"大藏省"载："留学生、留学僧，各绝四十

① ［日］浅古弘、伊藤孝夫、植田信廣、神保文夫编：『日本法制史』、東京：青林書院、2010 年、第 34 頁。
② ［日］湯沢質幸：『古代日本人と外国語』、東京：勉誠出版、2000 年、第 96 頁。

疋、绵一百屯、布八十端；还学僧，绝二十疋、绵六十屯、布四十端，已上布各三分之一给上总布。"所谓"上总布"，指位于东海道上总国所属的望陀郡（今千叶县袖浦市、木更津市、君津市一带）生产的麻布，上缴朝廷的"调"之实物。

"留学生"一词，除《旧唐书》《太平御览》里提到的日本"留学生橘免势"之外，未见其他中国史料，推测是日本独创的"和制汉语"。这一词汇最早出现于《续日本纪》735年的"入唐留学生从八位下下道朝臣真备"向朝廷献书籍、物品的记载。[①] 而"学生""学问"都是中国固有词汇。日本僧侣及学生来唐求法或学习，长期者称"留学生"，短期的称"还学僧"或"请益生"。对于这些入唐学习者，包括朝鲜半岛在内的东亚汉语词汇中，出现许多更细化的表述，例如《旧唐书》《新唐书》《唐会要》《册府元龟》《三国史记》中记载的新罗、渤海国有"宿卫学生""宿卫生""太学生""留住学生""习业学生""住学生""诸生"等。同时《日本书纪》《续日本纪》等日本史籍使用了"大唐学问者""留于唐国学者""书生""请益""住学""留学""还学""游学""求法"等词语。这些汉语词汇的使用极大地促进了唐日交往，为双方沟通提供了无障碍的便捷渠道。

从留学生、留学僧等角度看，大宝年间至胜宝年间，即第八次至第十二次遣唐使，其主要目的是派遣留学、请益人员，引入系统的知识体系，推进唐化进程，也是招聘唐人、唐僧来日本的重要时期。此后，遣唐使的队伍中继续包含僧侣留学生，但长期留学人员较少，主要以请益生为主。[②]

三、第八次遣唐使

日本建元虽说始自大化元年（645），但不间断地正式使用年号，还是从大宝元年开始。有趣的是，恰恰这个"大宝"年号，来自一个虚假的"事实"。此前，日本不产黄金，但朝廷又十分渴望黄金，派人各

① 王勇：《井真成墓志与唐国子监》，《日本学刊》2006年第2期，第123页。
② ［日］森公章：『遣唐史の光芒』，東京：角川学芸出版、2010年、第148頁。

处探矿找金。① 其间，朝中重臣大纳言大伴御行派三田五濑去对马岛冶炼黄金。结果，五濑确实从对马岛带回了黄金，献给天皇。金对于当时的日本来说，属于无上之宝，朝廷大悦，视为祥瑞，为祝贺日本本土首次出产黄金，建元号为"大宝"。《续日本纪》"大宝元年（701）三月二十一日"条载：

> 甲午，对马岛贡金。建元为大宝元年。始依新令改制官名、位号。②

"对马岛贡金"是三田五濑的行为，但是此事背后有一个较大的隐情。可以认为，当大伴御行接到五濑的贡金时，一定是喜出望外，荐言改制。但改元后不久，事情败露，三田五濑提供的对马岛产黄金并非事实，属于伪信息，《续日本纪》"大宝元年八月七日"条中注释道："《年代历》曰：于后五濑之诈欺发露，知赠右大臣为五濑所误也。"可知，五濑的行为是一种"诈欺"，右大臣（大伴御行）被他骗了。但是，因大伴御行逝于大宝元年正月十五日，事实真相他已无从知晓。

不过，三田五濑确实从对马岛带回了黄金，那么，他的黄金从何而来呢？对马岛产白银确有其事，但不产黄金，而且日本最早的白银就出自这里③，时间是 674 年。日本黄金最早产于 749 年④，三田五濑献给朝廷的金是从新罗或唐朝得到的，但谎称为本国所产。

这样，日本颁布了新的年号，健全了法律制度，经济实力有所增

---

① 《续日本纪》"大宝元年三月十五日"条载："戊子，遣追大四凡海宿祢鹿镰于陆奥冶金。"参见［日］青木和夫、稻冈耕二、笹山晴生、白藤禮幸校注：『續日本紀 一』（新日本古典文学大系）、東京：岩波書店、1989 年、第 34 頁。

② ［日］青木和夫、稻冈耕二、笹山晴生、白藤禮幸校注：『續日本紀 一』（新日本古典文学大系）、東京：岩波書店、1989 年、第 34—36 頁。

③ 《日本书纪》"天武天皇三年（674）三月七日"条载："三月庚戌朔丙辰，对马国司守忍海造大国言：'银始出于当国，即贡上。'于是，大国授小锦下位。凡银有倭国，初出于此时。"参见［日］小岛宪之、直木孝次郎、西宫一民、藏中进、毛利正守校注・訳：『日本書紀③』（新编日本古典文学全集 4）、東京：小学馆、1998 年、第 356 頁。

④ 《续日本纪》"天平二十一年（749）二月丁巳"条载："陆奥国，始贡黄金。于是，奉币，以告畿内七道诸社。"参见［日］青木和夫、稻冈耕二、笹山晴生、白藤禮幸校注：『續日本紀 三』（新日本古典文学大系）、東京：岩波書店、1995 年、第 62 頁。

强，于是开始筹划遣使入唐事宜。第八次遣唐使任命于大宝元年正月二十三日，《续日本纪》"大宝元年正月丁酉"条载：

> 以守民部尚书直大二粟田朝臣真人为遣唐执节使。左大辨直广三高桥朝臣笠间为大使。右兵卫率直广四坂合部宿祢大分为副使。三河守务大四许势朝臣祖父为大位。刑部判事进大一鸭朝臣吉备麻吕为中位。山代国相乐郡令追广四扫守宿祢阿贺流为小位。进大三锦部连道麻吕为大录。进大四白猪史阿麻留、无位山于忆良为少录。[①]

最初任命时，人员构成为：执节使1人、大使1人、副使1人、大中小位各1人、无位1人。这些主要人员的官位如下所示：

遣唐执节使	直大二（从四位上）	粟田朝臣真人
大使	直广三（正五位下）	高桥朝臣笠间（后被更替）
副使	直广四（从五位下）	坂合部宿祢大分（后升为大使）
大位	务大四（从七位上）	许势朝臣祖父（邑治）（后升为副使）
大位	务广四（从七位下）	美努连冈麻吕
中位	进大一（大初位上）	鸭朝臣吉备麻吕
小位	追广四（从八位下）	扫守宿祢阿贺流
大录	进大三（少初位上）	锦部连道麻吕
少录	进大四（少初位下）	白猪史阿麻留
少录	无位	山于（上）忆良

此外，赴唐人员中还有大通事大津造广人、通事伊吉连古麻吕、留学僧道慈和辨正等人。遣唐使从任命到出发经过一年半左右，几经

---

① 《续日本纪》"大宝元年三月十五日"条："戊子，遣追大四凡海宿祢鹿镰于陆奥冶金。"参见［日］青木和夫、稻冈耕二、笹山晴生、白藤禮幸校注：『續日本紀　一』（新日本古典文学大系）、東京：岩波書店、1989年、第34頁。

调整，最终成行。同年四月十二日，遣唐使的主要成员拜见天皇。五月七日，粟田朝臣真人受节刀。

那么，节刀究竟代表什么意义呢？执节使本身在遣唐使中就属于特例，宝龟年间以后再无任命，最高位仍为大使。拿到节刀的执节使或大使的权限有多大？或者说可以行使到什么程度的权力？通过宝龟七年（770）授予节刀仪式便可略知一二，其诏曰："亦所遣使人判官已下死罪已下有犯者，顺罪弖行止之弖，节刀给久止诏大命乎，闻食止宣。"① 依此诏令可看出，持有节刀的大使在外地可以行使生杀大权，对判官以下人员拥有刑罚权，甚至可以处"判官已下死罪"，平时只有天皇才拥有这种权限。节刀的象征意义在于为贯彻使节的内部统治，大使或副使代替天皇，在其统治以外的地区临时行使职权。② 简言之，节刀，即天皇为出征的将军或遣唐使特命大使赐配的一柄刀，象征天皇的权力。

这样，经过事前各种准备后，大约于 701 年五月，遣唐使船驶向九州筑紫，入海西渡。但航海并不顺利，遭遇风浪，不得进发，被迫上岸待发。次年，大宝二年（702）六月二十九日再度下海驶向大唐，《续日本纪》"大宝二年六月乙丑"条载："遣唐使等，去年从筑紫而入海，风浪暴险，不得渡海，至是乃发。"这期间，大使发生了变更，高桥朝臣笠间未出航，八月被任命为造大安寺司，副使坂合部大分升为大使，大位许势祖父升为副使。

关于这次遣唐使的船只数量和人数，直接史料《续日本纪》无载，但《万叶集》（西本愿寺本）卷一·第 62 首歌中记载："大宝元年正月，遣唐使民部卿粟田真人朝臣已下百六十人，乘船五只，小商监从七位下宫小进美努连。"③ 由此可知，遣唐使的总人数约 160 人，船只 5 艘，平均每船约 32 人。这与后来的遣唐使相比，规模不算大。《万叶集》的这则和歌中，另题词曰"三野连（名阙）入唐时春日藏首老作

---

① ［日］青木和夫、稲岡耕二、笹山晴生、白藤禮幸校注：『続日本紀　五』（新日本古典文学大系）、東京：岩波書店、1995 年、第 12 頁。

② ［日］河内春人：『東アジア交流史のなかの遣唐史』、東京：汲古書院、2013 年、第 97 頁。

③ ［日］上田雄：『遣唐使全航海』、東京：草思社、2006 年、第 72 頁。

歌”，歌词除表达盼望使者早日归来的心情外，歌中的地点为对马岛。《万叶集》中另一首遣唐使和歌是山上忆良在唐时作的思乡歌。[1] 遣唐使船离开筑紫后，抵达对马岛，下一站便是楚州盐城。其航线应该是未经朝鲜半岛，而是横跨东海直接到达唐土的。

遣唐使在楚州刚一上岸，便出现了与当地人精彩对话的场面，如前所引，《续日本纪》卷第三《文武纪》“庆云元年（704）七月”条载：

> 有人来问曰：“何处使人？”答曰：“日本国使。”我反问曰：“此是何州界？”答曰：“是大周楚州盐城县界也。”[2]

当日本使人问为何国号由唐改成大周时，楚州人答曰：“永淳二年，天皇太帝崩。皇太后登位，称号神圣皇帝。国号大周。”遣唐使回国后披露的这一消息，使日本朝廷第一时间了解到唐朝政局的变化，即武则天称帝。“大周”之号，变革于690年，时睿宗李旦载初元年“九月九日壬午，革唐命，改国号为周。改元为天授，大赦天下，赐酺七日”[3]。武则天成为中国历史上唯一的女皇。

遣唐使到达长安后，受到朝廷的接待。对此，两《唐书》均有记载，先看《旧唐书》卷一百九十九上《东夷》“日本”条的记载：

> 长安三年，其大臣朝臣真人来贡方物。朝臣真人者，犹中国户部尚书，冠进德冠，其顶为花，分而四散，身服紫袍，以帛为腰带。真人好读经史，解属文，容止温雅。则天宴之于麟德殿，授司膳卿，放还本国。[4]

再看《新唐书》卷二百二十《东夷》“日本”条：

---

① ［日］中西進訳注：『万葉集』，東京：講談社，1984年、第79頁。

② ［日］青木和夫、稲岡耕二、笹山晴生、白藤禮幸校注：『続日本紀　一』（新日本古典文学大系）、東京：岩波書店，1989年、第80頁。

③ （后晋）刘昫等撰：《旧唐书》（简体字本二十四史，第29册），北京：中华书局，2000年，第81页。

④ （后晋）刘昫等撰：《旧唐书》（简体字本二十四史，第32册），北京：中华书局，2000年，第3633页。

　　　　长安元年，其王文武立，改元曰太宝，遣朝臣真人粟田贡方
　　物。朝臣真人者，犹唐尚书也。冠进德冠，顶有华花四披，紫袍
　　帛带。真人好学，能属文，进止有容。武后宴之麟德殿，授司膳
　　卿，还之。文武死，子阿用立。死，子圣武立，改元曰白龟。开
　　元初，粟田复朝，请从诸儒受经。诏四门助教赵玄默即鸿胪寺为
　　师，献大幅布为贽，悉赏物贸书以归。①

　　有关执节使粟田真人的名字、服饰似唐的"进德冠"，以及则天皇
帝宴请遣唐使于麟德殿、使者好读经史等事项，两《唐书》记载的内容
基本一致。但是，也有含糊不清的地方，甚至个别之处有误，《新唐
书》错误较多，具体如下：

　　（1）遣唐使入唐的时间，《旧唐书》记为"长安三年"，《新唐书》
为"长安元年"，尽管两者的语序略有差异，但给人感觉时间不同。遣
唐使离开日本的最终时间是大宝二年（702）六月二十九日，其间未
见遇风暴受阻的记录，按正常航行推测，到达楚州盐城县界应该不超
过七月底。长安二年（702），"冬十月，使团抵达长安"。②《旧唐书》
所载的长安三年，是遣唐使在年初参加的一些礼仪活动，包括朝贺
等。最终得到则天皇帝的设宴接待，宴之于麟德殿，又授予粟田真人
"司膳卿"。这一时间点，与《徐州刺史杜嗣先墓志》的"日本来庭"相
吻合。然而，《新唐书》的"长安元年"在说完文武王改元后，紧接着
讲"遣朝臣真人粟田贡方物"，在时间上容易理解成"长安元年"（701）
遣使来华。这种表述的本该是"其王文武改元，之后遣朝臣真人粟田
贡方物"，否则，容易产生误读。

　　（2）《新唐书》称"改元曰太宝"。这个年号汉字有别，正确汉字为
"大宝"。

　　（3）《新唐书》又曰"文武死，子阿用立"。文武天皇死于707年，

---

① （宋）欧阳修、宋祁撰：《新唐书》（简体字本二十四史，第37册），北京：中华书局，2000
　年，第4714-4715页。
② （后晋）刘昫等撰：《旧唐书》（简体字本二十四史，第29册），北京：中华书局，2000年，
　第87页。

即日本庆云四年六月十五日。随之即位的是元明天皇，元明天皇非文武之子，而是其母。这里的"阿用"应该是"阿閇"（abe，あべ，又作安倍）。阿閇是元明天皇的幼名，元明天皇本名阿閇女，和风谥号为"日本根子天津御代丰国成姬天皇"。[①]

（4）《新唐书》："死，子圣武立，改元曰白龟。"此句有误，首先，元明天皇死后继任天皇的是元正天皇，而非圣武天皇；其次，元正是文武的姐姐，二人为同父异母的姐弟关系，元正天皇之后是圣武天皇；再次，改元"白龟"应为"神龟"（724—729）之误，日本无"白龟"之年号。

（5）"开元初，粟田复朝"，开元初指的是717年遣唐使，而粟田真人是702年入唐，717年未复朝。

遣唐使回国情况，除了《续日本纪》中零星地记述几条外，其他史料无载。首脑粟田真人返回日本的时间是庆云元年（704）七月一日，十月九日拜朝。庆云三年二月二十三日，天皇授粟田真人所乘船名为"佐伯"，从五位下。即给遣唐使所乘的船命名，并授予一定官位。

然而，从"佐伯"之名，可以推测其造船地在安艺国（今广岛县西半部）。佐伯一词来自安艺国佐伯郡[②]，古称为阿崎国，律令制度建立后成立了安艺国。日本使者入唐的通道是水路，因此唯一交通工具就是船舶，造船便成了一件大事，有时甚至需要准备几年时间。《日本书纪》和《续日本纪》共记录九次遣唐使的船舶制造情况，具体见表9：

---

① 《续日本纪》庆云四年·元明天皇即位前纪："日本根子天津御代丰国成姬天皇，小名阿閇皇女，天命开别天皇之第四皇女也。母曰宗我嫄，苏我山田石川麻吕大臣之女也。"参见［日］青木和夫、稻冈耕二、笹山晴生、白藤禮幸校注：『續日本紀　一』（新日本古典文学大系）、東京：岩波書店、1989年、第118頁。
② ［日］青木和夫、稻冈耕二、笹山晴生、白藤禮幸校注：『續日本紀　一』（新日本古典文学大系）、東京：岩波書店、1989年、第101頁。

表9　遣唐使造船记录 ①

序号	时间	地点	遣唐使年次	出处
1	618年（推古二十六年）	安艺国	未知	《日本书纪》"推古二十六年是年"条："是年，遣河边臣（阙名）于安艺国令造舶。"
2	700年（文武天皇四年）	周防国	第八次	《续日本纪》"文武天皇四年十月庚午"条："庚午，遣使于周防国造舶。"
3	706年（文武天皇庆云三年）	安艺国	第八次	《续日本纪》"文武天皇庆云三年二月丙申"条："丙申，授船号佐伯从五位下。入唐执节使从三位粟田朝臣真人之所乘者也。"
4	746年（天平十八年）	安艺国	第十一次	《续日本纪》"天平十八年六月丁巳"条："丁巳，令安艺国造舶二艘。"
5	758年（天平宝字二年）	未知	第十二次	《续日本纪》"天平宝字二年三月丁亥"条："丁亥，舶名播磨、速鸟并叙从五位下。其冠者，各以锦造。入唐使所乘者也。"
6	761年（天平宝字五年）	安艺国	第十三次	《续日本纪》"天平宝字五年十月辛酉"条："辛酉，遣从五位上上毛野公广滨、外从五位下广田连小床、六位已下官六人，造遣唐使船四只于安艺国。"
7	771（宝龟二年）	安艺国	第十六次	《续日本纪》"宝龟二年十一月癸未朔"条："十一月癸未朔，遣使，造入唐使舶四艘于安艺国。"
8	775年（宝龟六年）	安艺国	第十六次	《续日本纪》"宝龟六年六月辛巳"条："辛巳，以正四位下佐伯宿祢今毛人为遣唐大使。正五位上大伴宿祢益立、从五位下藤原朝臣鹰取为副。判官、录事各四人。造使船四只于安艺国。"
9	778年（宝龟九年）	安艺国	第十七次	《续日本纪》"宝龟九年十一月庚申"条："庚申，造船二艘于安艺国，为送唐客也。"

---

① 笔者根据日本正史《日本书纪》和《续日本纪》中记录的内容，整理出部分遣唐使的造船时间及地点。

九次造船或给船命名的记录中，七次为安艺国。可见，安艺国是遣唐使的主要造船地。此外，日本对外交往中，派往唐和新罗等国的船，一般都起一个船名，尽管记载不多，但也能从日本史料中零星地看到这些信息。据《续日本纪》载，文武天皇庆云三年（706）授船号"佐伯"，天平宝字二年（758）二船名为"播磨""速鸟"，天平宝字七年（763）遣高丽国的船名"能登"。《续日本后纪》"承和四年（837）五月"条还有"太平良"号的记载。①

以上可知，安艺国为遣唐使的主要造船场所。朝廷在给遣唐使船命名的同时授其官位，这种官位的授予不代表实权，而是一种荣誉的象征。授船名，也是派外使节的一个特征，这些船名有些指代地名，地名中又以安艺国居多；还有些船名表达一定的愿望，例如"速鸟"寄托船像鸟一样快速飞翔，迅速抵达大唐，快速回国；"太平良"号，也象征一路平安，安全返航之意。"太平良"号本是承和年间遣唐使第一船的船名，其语义源自桓武天皇的一首和歌。延历二十二年（803）年三月二十九日，桓武天皇为遣唐大使藤原葛野麻吕和副使石川道益设宴饯行，酒酣之时，天皇把葛野麻吕唤至身边赐酒，并唱歌一首，表达送别之情。后来，把这首歌的核心语义组合成汉字，便产生了"太平良"三字。

遣唐使第二船的返航时间是在 707 年，回程的详细路线不清，但《续日本纪》"庆云元四年（707）三月二日"条只记述一句："三月庚子，遣唐副使从五位下巨势朝臣邑治等自唐国至。"巨势邑治最初任命时官职是大位，后来升为副使，其姓名亦作许势祖父。

不过，更引人注目的是，这次遣唐使回国时带回三个人，他们的身份非常特殊，但似乎成为一段被遗忘的历史。《续日本纪》"庆云四年五月二十六"条载：

> 癸亥，赞岐国那贺郡锦部刀良、陆奥国信太郡生王五百足、筑后国山门郡许势部形见等，各赐衣一袭及盐、谷。初救百济也，

---

① 《续日本后纪》"承和四年（837）五月"条载："丁酉，授遣唐第一船其号太平良，从五位下。"参见［日］森田悌译：『続日本後紀』（上）、東京：講談社、2010 年、第 24—25 頁。

官军不利。刀良等被唐兵虏，没作官户，历四十余年乃免。刀良，至是遇我使粟田朝臣真人等，随而归朝。怜其勤苦，有此赐也。①

三人的名字分别是锦部刀良、生王五百足、许势部形见。他们是在援救百济的战争中被唐军俘虏的倭国士兵。引文中提及的时间和事件应该是发生在663年的"白村江之战"。此三人在唐生活了四十余年，如果他们当时的年龄是二十岁左右，那么，此时也应该年过六旬了。他们在唐的身份是"官户"。

所谓官户，是唐朝官有贱民的一种。唐朝的贱民包括杂户、官户、工乐户、部曲、客女、随身、奴婢等不同等级的人群。由于杂户、官户、工乐户和官奴婢隶属于官府，故称为"官贱"；部曲、客女、随身和私奴婢隶属于官僚地主和私人，故称"私贱"。②官户有些是前代以来配役在官府，并继承至当代的，也有些因犯罪、战败被俘等降为奴婢的，州县无户籍，隶属于官府。《唐律疏义》卷三"名例"条载："官户者，亦谓前代以来，配隶相生，或有今朝配没，州县无贯，唯属本司。"③官户又称"番户"。《唐六典》卷六《尚书刑部》载："凡反逆相坐，没其家为官奴婢。反逆家男女及奴婢没官，皆谓之官奴婢。男年十四以下者，配司农；十五已上者，以其年长，命远京邑，配岭南为城奴。一免为番户，再免为杂户，三免为良人，皆因赦宥所及则免之。凡免皆因恩言之，得降一等、二等，或直入良人。诸《律》《令》《格》《式》有言官户者，是番户之总号，非谓别有一色。"唐朝诸多记载中提及的官户，是番户之总称。

由此可见，随遣唐使带回的倭国俘虏，在唐期间作为官户，一直生活了四十余年，最终改变了贱民身份，放贱从良，获得自由。

这样，这次遣唐使尽管史料留下的信息不多，断断续续，但基本上算是顺利地结束了使命。大使坂合部大分（初任时为副使）留唐未

---

① ［日］青木和夫、稻冈耕二、笹山晴生、白藤礼幸校注：『続日本紀　一』（新日本古典文学大系）、東京：岩波書店、1989年、第112—114頁。

② 陈宁英：《唐代律令中的贱民略论》，《中南民族学院学报（哲学社会科学版）》1998年第3期，第52页。

③ 钱大群：《唐律疏义新注》，南京：南京师范大学出版社，2007年，第873页。

归，17 年后跟随下一次遣唐使回国。

以上可知，大宝元年（701）开始颁布实施《律》《令》，日本社会开始形成一套完整的法律制度。这套仿照隋唐，同时又结合自身风土、地理环境特点构建的社会管理体系，极大地推进了日本社会的发展进程。律令制度下，中央机构由二官、八省、一台、五卫府构成，地方划为"畿内"和"七道"，行政组织分成国、郡、里。

持续 260 年的日本遣唐使，可分为前期和后期，大宝年间的遣唐使正是后期遣唐使的开端，无论从人员的配置、使节待遇、船只规模、派遣时间等都体现一定的制度性。

702 年楚州上岸的第八次遣唐使，就其时间而言，无论大唐改国号为大周也好，日本仍然叫大唐也罢，从政治史上社会变化的角度看，正处于"盛唐"时期。[①] 而日本也正处于国号由"倭国"改成"日本"的时期，权力顶尖人物"倭王"在国内的称呼也转变成了"天皇"。日本使者在唐的所见所闻、体验、学习及带回日本的物品，都具有划时代意义。遣唐使的行程基本顺利，未发生重大灾难。遣唐使在行程中还留下两首和歌，尤其山上忆良在唐朝所作的思乡歌，不仅在日本文学史上大放异彩，在历史学上也具有特殊意义。另外，遣唐使带回的三个倭国俘虏，在唐四十余年，其官户身份的记载也丰富了唐朝贱民制度的史料。

四、辨正父子二代入朝

长安二年（702）留学生中有一个活跃的僧人，名为辨正。他的两首汉诗流传于后世，备受瞩目。辨正之子秦朝元，日本朝中大臣，官至从五位上，他也曾作为遣唐使入唐，父子二人双双入朝，这在日本历史上也为例不多。《怀风藻》记有一段关于他们的小传。《怀风藻》卷三《释辨正　二首》载：

> 辨正法师者，俗姓秦氏。性滑稽，善谈论。少年出家，颇洪

---

① 　王小甫：《隋唐五代史》，北京：中信出版集团，2017 年，第 167 页。

玄学。太宝年中，遣学唐国。时遇李隆基龙潜之日，以善围棋，屡见赏遇。有子朝庆、朝元，法师及庆在唐死。元归本朝，仕至大夫。天平年中，拜入唐判官，到大唐见天子。天子以其父故，特优诏，厚赏赐。还至本朝，寻卒。①

众所周知，《怀风藻》成书于天平胜宝三年（751），是现存日本最早的汉诗集。诗文年代自天智天皇（近江朝）开始，至奈良时代中期，时间跨度约为80年，共收录64人写的120首汉诗。诗歌作者包括大友皇子、大津皇子、文武天皇、长屋王等，涉及王族、天皇、官人和僧侣。另外，诗文之外还有九人略传，其中有四篇僧传。上文《释辨正　二首》就是辨正两首诗前的传。辨正小传，文字虽少，记录的信息量却很大，既介绍了他个人，又涉及他的两个儿子秦朝庆、秦朝元。辨正俗姓秦，是大陆移民的后裔。秦氏源于大陆，这在日本史上有很多记载。

日本秦姓的祖先可追溯到一个叫弓月君的人。《日本书纪》"应神天皇十四年（283）"条记载，弓月君初到日本，原本带领120县的百姓，结果因新罗人阻挠，被留在加罗国。天皇因遣葛城袭津彦前往加罗国迎接，然而，去了三年也不见返回。两年后，应神十六年（285）八月，天皇指责新罗设阻不让弓月君等前往，于是派兵营救，新罗王惧，遂放之，弓月君率众人及袭津彦一起来到日本。

弓月君又称"融通王"，是日本秦姓之祖。成书于815年的《新撰姓氏录》"诸蕃·汉"条记："汉，太秦公宿祢。宿祢，出自秦始皇三世孙孝武王也。男功满王，带仲彦天皇（谥仲哀）八年来朝。男通融王（一云弓月王），誉田天皇（谥应神）十四年，来率二十七县百姓归化，献金银玉帛等物。大鹪鹩天皇（谥仁德）御世，以百二十七县秦氏，分置诸郡，即使养蚕织绢贡之。"这些通过朝鲜半岛来到日本的秦姓大陆人后裔，给日本带去了先进技术，养蚕织布，做成的衣服柔软舒适，温暖如肌肤，天皇甚喜，给他们赐姓"波多"（Hata はた）。日

---

① ［日］小岛宪之校注：『懐風藻　文華秀麗集　本朝文粋』（日本古典文学大系69）、東京：岩波書店、1975 年、第 16 頁。

本的"秦"姓，随着汉字的引入，赋予"波多"音。秦氏读音也有用其他汉字表示的，例如，"畑""秦""羽田""幡多""波多""波田""八田"等。《日本书纪》和《新撰姓氏录》记录的秦姓移民与秦始皇的亲缘关系，无法做出实证性考察，有些未必都是事实，移民夸耀门第之事，自古中外不乏其例。[1] 但起码大陆秦姓族群移至朝鲜半岛，再通过朝鲜半岛到达日本当属事实。

由此可知，辨正法师俗姓秦，属于大陆移民的后裔。辨正入唐后，结识了李隆基。"龙潜"，指帝王未即位之时，史籍多有此用，如《隋书》载隋文帝称"高祖龙潜时，颇好音乐"[2] 等。李隆基龙潜之时指的是他尚未做皇帝的那段时间。唐玄宗登基前几年，朝中政局混乱，围绕皇位继承问题，皇帝、大臣及后宫斗争激烈。武则天与玄宗之间有两任皇帝，即中宗和睿宗两兄弟。神龙元年（705）元月，武则天病笃，中宗复位，但却是个傀儡皇帝，大权掌握在皇后韦氏、女儿安乐公主及武三思等人手中。神龙三年（707）七月，武三思遭诛。景龙四年（710）六月，安乐公主与韦后宠臣合谋毒死中宗，立中宗幼子温王重茂为帝，尊韦后为皇太后。同月，睿宗之子隆基与太平公主发动政变，杀死韦后及安乐公主，逼重茂（殇帝）让位，拥立睿宗。延和元年（712）八月，睿宗传位太子李隆基，是为玄宗，改元先天。先天二年（713）十二月，玄宗改元开元。从玄宗即位前的经历来看，辨正与之下棋的时间，基本上可以锁定在遣唐使到达长安的长安二年十月至景龙四年六月的八年之间。[3]

辨正原本是僧人，从其小传可知，他少年出家，以僧人身份入唐，然后还俗，娶唐女为妻，生二子，长男为秦朝庆，次男叫秦朝元。他的两个儿子是中日两国的混血儿。辨正的还俗、结婚时间具体不详。辨正及其长子秦朝庆一直在唐未归，最终卒于唐朝。而次子秦朝元跟

---

① 王勇：《东亚文化环流十讲》，上海：上海交通大学出版社，2018年，第84页。

② 《隋书》卷十五《音乐下》载："高祖龙潜时，颇好音乐，常倚琵琶，作歌二首，名曰《地厚》《天高》，托言夫妻之义。因取取之为房内曲。命妇人并登歌上寿并用之。职在宫内，女人教习之。"参见（唐）魏徵撰：《隋书》（简体字本二十四史，第23册），北京：中华书局，2000年，第238页。

③ 王勇：『唐から見た遣唐使』，東京：講談社、1998年、第101頁。

随遣唐使一起回到日本。至于回日本的时间，也没有记录。应该是随养老二年（718）遣唐使到日本的。有学者推测，当时朝庆大约十三四岁，朝元十二岁。[①] 以此推之，辨正入唐后很快就还俗并成婚。

> 秦朝元的事迹主要见于《续日本纪》，大致如下：
> 养老三年（719）四月九日，秦朝元赐忌寸姓。
> 养老五年（721）正月二十七日，赏医术，从六位下秦朝元，绝十疋、丝十绚、布二十端、锹二十口。
> 天平二年（730）三月二十七日，秦朝元接收学生，取二人翻译（译语），教学汉语。
> 天平三年（731）正月二十七日，秦朝元，外从五位下。
> 天平五年（733）八月十七日，被任命为遣唐使判官。
> 天平七年（735）四月二十三日，从五位上。
> 天平九年（737）十二月二十三日，被任命为图书头。
> 天平十八年（746）三月五日，被任命为主计头。

秦朝元到日本后，第二年便获天皇赐"忌寸"姓。"忌寸"之姓是天武十三年（684）制定的"八色之姓"中的第四位，主要授予原有国造系的大倭氏、凡川内氏，渡来人氏族的东汉氏、秦氏以及元直姓氏等 11 个"连"姓氏族，说明朝廷认可秦朝元之大陆血统的正统性。秦朝元少年抵日本，受到朝廷重用，十几年后，他在第十次遣唐使（733—735）中担任判官一职，又回到了自己的故土。他未能见到父亲，此时辨正已去世。

因秦朝元特殊的身世和丰富的经历，作为朝廷命官，他在日本文化中留下许多佳话。他刚到日本不久就展现出了精湛的医术，这一技能应该是他在唐时掌握的。他在日本组建的家庭也是颇为显赫，女儿嫁给奈良贵族藤原清成，所生之子藤原种继官至正三位、中纳言。种继是建造长冈京的核心人物，深受桓武天皇的信任。秦朝元精通汉语，

---

① ［日］高木博：『万葉の遣唐使船』（研究選書 36）、徳島：教育出版センター、1984 年、第 76 頁；王勇：『唐から見た遣唐使』、東京：講談社、1998 年、第 130—131 頁。

被任命专门培养翻译人才，教他们汉语。这自然与其出生和成长在唐朝，少年后才去日本有关。

秦朝元不但担任外交事务，在朝中还经常参加一些礼仪活动。据《万叶集》卷十七·第3922—3926番歌《题记》载：

> （天平）十八年正月，白雪多零，积地数寸也。于时左大臣橘卿，率大纳言藤原丰成朝臣及诸王诸臣等，参入太上天皇御在所（中宫西院）供奉扫雪。于是降诏大臣参议并诸王者，令侍于大殿上，诸卿大夫者令侍于南细殿。而则赐酒四宴，敕曰："汝诸王卿等，聊赋此雪，各奏其歌。"[①]

太上天皇，指已退位的元正天皇。这次宫廷聚会的时间是746年（天平十八）正月，秦朝元与众臣参加太上天皇举行的宫廷宴会，参加者都是时任朝中重臣，其中包括大伴家持及左大臣橘诸兄等。然而，也许秦朝元并不擅长日语诗文，在作歌过程中，受到橘诸兄戏谑，默不作声，无以对歌。《万叶集》卷十六·第3926番歌左注中载：

藤原丰成朝臣	巨势奈弖麻吕朝臣
大伴牛养宿祢	藤原仲麻吕朝臣
三原王	智奴王
船王	邑知王
小田王	林王
穗积朝臣老	小田朝臣诸人
小野朝臣纲手	高桥朝臣国足
太朝臣德太理	高丘连河内
秦忌寸朝元	栖原造东人

右件王卿等，应诏作歌，依次奏之。登时，不记其歌，漏失。但秦忌寸朝元者，左大臣橘卿谑云，靡堪赋歌，以麝赎之。因此默已也。[②]

---

① ［日］中西进訳注：『万葉集』、東京：講談社、1984年、第1224—1225頁。

② ［日］中西进訳注：『万葉集』、東京：講談社、1984年、第1227頁。

　　谑，意思是开玩笑，《说文解字》："谑，戏也。"应诏歌现场，众人纷纷献歌，轮到秦朝元时，左大臣橘诸兄取笑说，你若不能作歌（靡堪赋歌），就用麝香买之。从橘诸兄的玩笑中可以看出，秦朝元与诸王诸臣相处得很融洽。"麝"即麝香，珍贵药材，同时也是极其名贵的香料，日本不出产。那么，为什么秦朝元有"麝"呢？首先，秦朝元出生在唐朝，熟知医术，十岁左右来日本，从唐带来名贵麝香是理所当然之事；其次，734年秦朝元以遣唐使判官的身份入唐，又代表日本政府以朝贡官员的身份回到故土，更有机会获得麝香；再次，如上引《释辨正》所载，秦朝元到大唐后，大唐天子玄宗会见了他，"天子以其父故，特优诏，厚赏赐"。这次"赏赐"之中，也许就有麝香。总之，通过左大臣的戏言，可以推测秦朝元手中有令贵族们向往的麝香。

　　辨正和秦朝元父子二人均蒙受唐玄宗的厚爱，获得赏赐。如此机缘在遣唐使历史上似乎别无他例。另外，辨正入唐前就拥有精湛的棋艺，说明此时围棋已在日本盛行。日本围棋起源于何时，众说纷纭，后世有吉备真备传入说，但辨正的事迹说明在吉备真备之前就已盛行了围棋。日本江户时代的百科全书《和汉三才图会》卷第十七《嬉戏部·围棋》载："世传围棋吉备公始传来也。然公在唐二十年，而天平七年归朝（当唐玄宗帝、日本圣武帝）。或云释辨正入唐留学，玄宗帝未即位时，相对围棋，则辨正从来善棋，入唐者乎。"从这个角度看，辨正可谓日本围棋之先。

　　辨正不仅擅长围棋，诗文也非常出众，《怀风藻》录两首辨正的诗歌，均为五言诗，第一首题为《与朝主人》，第二首为《在唐忆本乡》，分别如下：

与朝主人

钟鼓沸城闉，戎蕃预国亲。

神明今汉主，柔远静胡尘。

琴歌马上怨，杨柳曲中春。

唯有关山月，偏迎北塞人。

在唐忆本乡

日边瞻日本，云里望云端。
远游学远国，长恨苦长安。[①]

关于这两首诗，历来有过很多研究[②]，有些从历史学角度着眼，有些从文学角度考评，百家争鸣，各有千秋。辨正在唐作诗，近距离接触唐文化，题材取自唐生活，形式采用五言体，意象超凡。可以认为二首诗中，《与朝主人》描述的是金城公主和亲吐蕃一事，《在唐忆本乡》则咏叹"去国还乡"的悲愁，又以"日本"一词巧妙入诗，折射出大宝年间遣唐使告知唐朝"日本"国号的使命。[③] 如此理解，不离其宗。

不过，通过诗歌解读历史本身就是一件困难的事，文学自身的特点决定它与真实的历史存在差距，心理空间有别于地理空间，文学记忆有别于现实记录，诗歌之言，不否认可信，但又不能全信。

五、迁都奈良

日本史上有一个重要的历史阶段，就是奈良时代（710—794），它是今天所说的日本文化形成的关键时期。奈良时代不仅在政治上形成了以天皇为中心的中央集权制，继续巩固和完善了律令制度，文化方面也出现了兴盛的贵族及佛教文化，称作"天平文化"。日本的历史记录、风土习俗、语言文字的最基础性书籍《古事记》（712）、《日本书纪》（720）、《风土记》（约750）、《怀风藻》（751）《万叶集》（约

---

① ［日］小島憲之校注：『懐風藻　文華秀麗集　本朝文粋』（日本古典文学大系69）、東京：岩波書店、1975年、第18頁。

② ［日］横田健一：「懐風藻所載僧伝考」、『関西大学文学論集』1959年第8号（4）、第321—348頁；［日］小島憲之（校注）：『懐風藻　文華秀麗集　本朝文粋』、東京：岩波書店、1964年；［日］小島憲之：『「懐風藻」月報』、岩波書店、1964年、第9頁；［日］林古溪：『懐風藻新注』、東京：明治書院、1958年；［日］川上富吉：「秦忌寸朝元伝考」、『大妻女子大学文学部紀要』1972年第4号、第1—24頁；高潤生：「懐風藻と中国文学——釈弁正『与朝主人』詩考」、『皇学館論叢』1994年第27号、第26—31頁；胡志昂：「最盛期の遣唐使を支えた詩僧・釈弁正」、『埼玉学園大学紀要』2009年第9巻、第21—34頁；潘小多：《〈怀风藻〉遣唐使汉诗对中国诗歌的接受与发展》，《文艺评论》2014年第8期，第154-157页。

③ 郭雪妮：《奈良诗僧弁正在唐汉诗考论》，《外国文学评论》2015年第4期，第154页。

770）等都出现于此时。同时，这五部作品也构成了日本上古文学的文献学基础。[①]

当然，奈良时代的标志性特征就是迁都。奈良平城京是一个政治空间，同时也是天皇、贵族及百姓参与政治的礼仪空间，通过雄伟的建筑、有规划的城市景观设计，实现视觉和感官上的最大期待值。此前的藤原京，在空间和功能上虽称得上具有一定的实用性，但是，与中国京城的布局相比，存在许多不足，具体有几方面：第一，皇宫位于城市的中心，其北面还在延续城市建筑，"天子南面"具有不彻底性；第二，皇城地势低于城市其他部位，其皇权的"居高性"不足；第三，朱雀大路与其他大路宽幅相同，朱雀门的正南被日高山丘所遮挡，凸显不出该条大路的卓越性。[②]

长安二年（702），时隔三十多年再次派遣的遣唐使首次目睹了大唐长安的真实空间和布局，从"作为礼仪空间的都城"角度理解其功能，并把这一最新信息带回国内，使得朝廷掌权者从此中领悟了都城的精髓[③]，为平城京的建造提供了参照标准。因此，日本朝廷又开始了新一轮的迁都活动。在以往的历史过程中，日本曾多次迁都，几乎每当天皇即位，或有重大变故之时都要迁都。营造都城，迁移皇宫的理念原本受中国古代"天子思想"的影响，例如，要有群臣拥立，设坛即位，有坛之处建都等。日本在此基础上又根据其地理、气候、风土及习俗等发展成自身的朝廷礼仪。

天皇的居住地被称作"宫"，以此为中心建造的城市被称作"京"。645 年"乙巳之变"（大化改新）以前，日本社会尚未形成唐式的公地公民制的中央集权制国家，天皇（大王）的宫主要集中在飞鸟地区，自推古天皇执政开始，其宫经常变更，据《日本书纪》载，天皇之宫的变迁地包括：592 年，丰浦宫；603 年，小垦田宫；630 年，飞鸟冈本

① 　马俊：《日本新年号"令和"考》，《日语学习与研究》2019 年第 3 期，第 1-12 页。
② 　[日]馬場基：「平城京の実像」、佐藤信編『古代史講義』、東京：筑摩書房、2018 年、第 88 頁。
③ 　[日]渡辺晃宏：『平城京一三〇〇年「全検証」：奈良の都を木簡からよみ解く』、東京：柏書房、2010 年。

宫；640 年，田中宫、厩坂宫、百济宫。由于历史久远，这些宫的相关建筑已无存，但通过考古挖掘基本可判定其位置所在。从 643 年以后，其都城的建设及迁都的历程见表 10。

表 10　天皇迁都年表 ①

时间	都城	天皇
643	飞鸟板盖宫	皇极天皇
645	难波长柄丰碕宫	孝德天皇
655	飞鸟板盖宫	齐明天皇
667	近江大津宫	天智天皇
672	飞鸟净御原宫	天武天皇
694	藤原京	持统天皇
710	平城京	元明天皇
740—745	恭仁京、难波京、紫香乐宫、平城京	圣武天皇
784	长冈京	桓武天皇
794	平安京	桓武天皇

　　655 年迁至飞鸟宫后，几经变动，白雉五年（655）十月孝德天皇去世，齐明天皇即皇位于飞鸟板盖宫。同年冬，飞鸟板盖宫发生火灾，天皇迁居川原宫。第二年，又于飞鸟冈本开始建造宫殿，号"后飞鸟冈本宫"②。圣武天皇时期，受当时的政局影响，一度迁都恭仁京，时间为 740 年十二月至 744 年二月，仅 4 年。在恭仁京期间，又建造了紫香乐宫，两地宫殿尚未完全建好之时，天平十六年（744）二月又迁都难波京。745 年正月又从难波迁至紫香乐宫。此时，因频频发生火灾、地震，五月又返回了平城京。皇宫迁到京都之前，还有十年移到长冈京；延历三年（784）十一月十一日至延历十三年（794）十月二十二日，由此迁至京都。

　　每迁皇宫，政权的指挥棒也随之移动，除天皇出游等时的临时宫

---

① 表 10 "天皇迁都年表"为笔者根据《日本书纪》《续日本纪》《日本后纪》记载的迁都情况总结而成。

② 《日本书纪》卷第廿六"齐明天皇元年""齐明天皇三年"条。

殿外，天皇所在地周边逐渐向城市发展，京城周边的规模不断扩大，职能越来越明显，在政治、经济与文化方面发挥巨大作用。这种情形，尤其在藤原京以后越来越明显，最终形成千年之都的京都。

平城京的建造始于 707 年，庆云四年（707）二月十九日，天皇下诏诸五位以上王臣，议迁都事宜。从这时起，至和铜三年（710）三月迁都，新都的建设共用了三年时间，城中的寺庙及诸多工程都是在迁都之后建造的。

708 年元月，武藏国秩父郡（今埼玉县秩父市）向朝廷献铜，此物为自然形成的和铜，天神地祇感应赐予的吉祥之物，是天地之神、显奉瑞宝，"改庆云五年而和铜元年为而，御世年号（止）定赐。是以……大赦天下"①。日本年号由庆云改为和铜。

秩父郡发现铜以后，给日本货币带来了新的生机，同年二月设置催铸钱司，八月十日铸造、发行了铜钱，和铜三年（710）九月十八日，禁天下银钱，以铜钱代替银钱。此前，日本造过无文银钱、富本钱。富本钱属于早期制造的铜钱，天武十二年（683）四月十五日，天皇诏曰："自今以后，必用铜钱，莫用银钱。"②708 年的钱币仿照唐"开元通宝"样式制作，称为"和同开珎"，初为银、铜并存，后禁银用铜，发行了 52 年，被另一种新币代替。据《续日本纪》"天平宝字四年（760）三月丁丑"条载：

> 丁丑，敕：钱之为用，行之已久。公私要便，莫甚于斯。顷者，私铸稍多，伪滥既半。顿将禁断，恐有骚扰。宜造新样，与旧并行。庶使无损于民，有益于国。其新钱文曰万年通宝，以一当旧钱之十。银钱文曰大平元宝，以一当新钱之十。金钱文曰开基胜宝，以一当银钱之十。③

---

① ［日］青木和夫、稲岡耕二、笹山晴生、白藤禮幸校注：『続日本紀　一』（新日本古典文学大系）、東京：岩波書店、1989 年、第 126—128 頁。

② ［日］小島憲之、直木孝次郎、西宮一民、蔵中進、毛利正守校注・訳：『日本書紀③』（新編日本古典文学全集 4）、東京：小学館、1998 年、第 426 頁。

③ ［日］青木和夫、稲岡耕二、笹山晴生、白藤禮幸校注：『続日本紀　三』（新日本古典文学大系）、東京：岩波書店、1995 年、第 348 頁。

　　这样，新币代替了和同开珎。天平宝字四年发行的货币有三种，铜钱曰"万年通宝"，银币曰"大平元宝"，金币曰"开基胜宝"，铸币的材料分别为铜、银、金。日本古代发行金币仅此一次。而铜钱，一般将"和同开珎"视为铜钱之始，此后 250 年间共发行了 12 种铜币，至天德二年（958）铸造的"乾元大宝"，统称为"皇朝十二钱"（亦称"本朝十二钱"）。

　　关于和同开珎的"珎"字，学界长期存在争论，有人主张读"宝"，也有人认为读"珍"，目前以读"珍"字者居多。通过遣唐使带入中国的"和同开珎"已在多地发现，先是 1970 年，在陕西省西安市南郊何家村发现两瓮文物，其中有 5 枚"和同开珎"银钱，经郭沫若考定，该批文物为唐玄宗李隆基天宝十五年（756）六月因安禄山之乱逃奔四川时，邠王李守礼的后人所窖藏。[①] 据此，708 年以后抵唐的遣唐使共有三次，第九次（717—718）、第十次（733—735）、第十二次（752—754），5 枚日本银钱应该是这期间带到唐朝的。

　　除西安外，国内发现的"和同开珎"还有几处：1991 年，洛阳马坡村出土 5 枚"和同开珎"银钱，惜 4 枚被毁，现存 1 枚[②]；1991 年，西安市中心文物库房，清理钱币时发现日本的"和同开珎"铜钱 1 枚[③]；扬州红园收藏品市场发现 1 枚"和同开珎"银币[④]；安徽池州市发现 1 枚"和同开珎"银币，发现地在唐时池州北门附近[⑤]；另外，今黑龙江省宁安市渤海镇属于唐时渤海国的上京龙泉府，1930 年代在其遗址发现 1 枚"和同开珎"铜钱[⑥]。总之，仅银钱和铜钱而言，据不完全统计，在

---

① 郭沫若：《日本银币和同开宝的定年》，《郭沫若全集》（考古篇·第十卷），北京：科学出版社，2002 年，第 269 页。该文最初发表于 1972 年，参见《文物》190 号，1972 年第 3 期。

② 霍宏伟、董留根：《洛阳出土日本和同开珎银币》，《中国钱币》1998 年第 4 期，第 36 页。

③ 陈尊详、王建中、彭建萍：《西安市文物库房古钱币清理报告》，《中国钱币》1992 年第 1 期，第 62 页。

④ 陈晓友、顾建中：《唐代中日友好交流的见证——扬州首现"和同开珎"银币》，《江苏钱币》2008 年第 1 期，第 33 页。

⑤ 王祥进、王幸福：《池州发现日本"和同开珎"银币》，《安徽钱币》2010 年第 1 期，第 29 页。

⑥ 东亚考古学会：《东京城》，1939 年。参见［日］藤井一二：『天平の渤海交流』，東京：塙書房，2010 年，第 178—179 頁。

中国境内出土、发现的"和同开珎"起码达 18 枚①。唐日交往中，中国文物多流入日本，反之，在中国今天能看到的日本物品微乎其微，因此，中国发现的这些"和同开珎"尤显珍贵。

迁都奈良工程，庆云四年（707）二月开始讨论，迁都的理由，历来有过各种观点：旧都地处偏隅，规模有限，已不适应统一国家的中央集权制；日本古代天皇每当更替时就要造新宫；庆云年间出现过全国饥疫，迁都有消灾招福的精神寄托；朝中掌权人物藤原不比等出于其政治目的主导迁都等等。这些都是基于某一方面进行的合理推测，并无可靠证据。不过，大宝年间遣唐使回来后，向朝廷汇报了大唐的最新情况，他们亲眼看到长安的模样与藤原京相差甚远，这当是事实。于是，和铜元年（708）二月，颁布迁都之诏。《续日本纪》"和铜元年二月戊寅"条载：

> 戊寅，诏曰：朕祇奉上玄，君临宇内。以菲薄之德，处紫宫之尊。常以为，作之者劳，居之者逸。迁都之事，必未遑也。而王公大臣咸言，往古已降，至于近代，揆日瞻星，起宫室之基，卜世相土，建帝皇之邑。定鼎之基永固，无穷之业斯在。众议难忍，词情深切。然则京师者，百官之府，四海所归。唯朕一人，岂独逸豫，苟利于物，其可远乎。昔殷王五迁，受中兴之号。周后三定，致太平之称。安以迁其久安宅。方今，平城之地，四禽叶图，三山作镇，龟筮并从，宜建都邑。其营构资，须随事条奏。亦待秋收后，合造路桥。子来之义，勿致劳扰。制度之宜，合后不加。②

该诏被称为迁都之诏，宣布将从藤原京迁至平城。诏书的写作方法和内容基本上模仿了隋文帝的造大兴城之诏，上述引用中下划线部分与《隋书》卷一《帝纪高祖》里造新都的诏书内容完全或基本一致。

① 袁林：《古代日本女天皇向大唐进贡的古钱被视若国宝，如今仅存 300 枚！》，《搜狐网》，2017 年 6 月 19 日。http://mt.sohu.com/20170619/n497717747.shtml，2020 年 3 月 21 日访问。
② ［日］青木和夫、稲岡耕二、笹山晴生、白藤禮幸校注：『続日本紀　一』（新日本古典文学大系）、東京：岩波書店、1989 年、第 130 頁。

例如，隋高祖诏曰"朕祗奉上玄，君临万国"，天皇诏仅将"万国"改成"万宇"，其余完全一致。日本这封诏书中独特的部分在于强调了平城的重要性，"平城之地，四禽叶图，三山作镇，龟筮并从"。这一点从风水思想角度强调平城京的重要性，那里青龙、白虎、朱雀、玄武四神相应，是大吉之地。平城京所在的三山，分别为东面春日山、北面奈良山、西面生驹山。从实际地势来看，北面的丘陵向南倾斜，位于中枢地段的平城宫在地形上处于最高位，这是基于天子南面的思想建造的，天皇向南睥睨天下。[①] 但是，平城迁都诏中没有详细说明迁都的理由，只是笼统地运用中国传统理念，结合奈良的地理空间所作，其大意等同于天子（天皇）受命于天，天子（天皇）为民，天命所归，天地合一。

平城京的建造由此展开，和铜元年三月，任命造宫卿；九月，置造平城京司；十月，向伊势神宫汇报迁都之意；十一月，将菅原之地的居民九十余家迁至平城京；十二月，在平城做镇祭。和铜二年（709）八、九月份，元明天皇到平城举行叙位；十月，下令处理因工程破坏掉的坟墓；十二月，天皇再次视察平城。和铜三年（710）三月，开始迁都，直至灵龟元年（715）平城宫大极殿才全部建成。

这样，仿照长安建造的平城京初具规模，京城以"条坊制"为基本单位，每一个区划为"坊"，东西为"条"。平城宫居正中，位于北面，以此为中心，朱雀大路横贯京城南北，左侧为左京，右侧为右京，最南端的门称作罗城门。左京八条的三个坊称为"东市"，右京八条的两个坊称为"西市"。

平城宫是平城京的大内里，朝廷办公及天皇的场所，东西约 1.3 公里，南北约 1 公里，四面各 3 个门，外围共 12 个门。内分几个区，天皇的住所称"内里"，位于宫城中央，南面有举行仪式和行政务的雄伟建筑大极殿、朝堂院，周围是各官衙办公之地，还有举行宴会的庭园。大极殿建过两个，最初建造的大极殿位于朱雀门正北，奈良时代后期又在东侧建一个。

---

① ［日］田边征夫:「平城遷都の要因と日本古代都市の一特色」、『奈良県立大学研究季報』第 25 第 2 号（地域創造学研究: 第 24 号）、2015 年、第 13—34 頁。

　　关于平城京的总人口，日本学者有过许多研究，但很难得出准确数字。因计算方法不同，推测数字从 5 万人到 20 万人不等。[①] 平城宫里的各类人员大约 1 万名，京城中贵族家的勤务人员、家属，城中僧侣等，其数量应该在 5 万人左右。但如果每户按 10 口人计算，总数则达到 10 万人左右。因此，平城京的人口数应该在 5—10 万之间。[②] 这个数字比长安要少很多，唐朝长安的人口大约有 100 万。

六、第九次遣唐使

　　迁都使日本社会进入新时代。和铜八年（715）八月，高田首久比麻吕献灵龟，改元为"灵龟"。该龟甚是神奇，"长七寸，阔六寸。左眼白，右眼赤。颈著三公，背负七星。前脚并有离卦，后脚并有一爻。腹下赤白两点，相次八字"[③]。这种祥瑞特征，完全来自易经八卦和星宿信仰，"三公"指守护北极星（紫微星）的三台星，"离卦""爻"等都是八卦的要素。同年九月，56 岁的元明天皇让位，其女冰高内亲王继位，称作元正天皇，为日本历史上第 44 代天皇。

　　第九次遣唐使的派遣始于新天皇上任的第二年，灵龟二年（716）八月二十日任命主要成员，其构成如下：

遣唐押使	多治比真人县守	从四位下
遣唐大使	阿倍朝臣安麻侣	从五位上
遣唐使副使	藤原朝臣马养	正六位下

　　此外，大判官一人、少判官二人、大录事二人、少录事二人。

　　九月，大使又换成大伴宿祢山守。遣唐使人员中还有请益生大倭

---

① 20 世纪初，泽田吾一根据户籍账簿，并参考面积与平城京相近的江户时代的金泽市人口，推测人口有 20 万，但后来学者多主张少于此数。参见［日］沢田吾一：『奈良町時代民政経済の数的研究：附・諸国人口、斗量、衣食住』，東京：冨山房、1927 年。

② 镰田元一推测，奈良时代前期的 725 年，政府掌握的户籍人口数有 425 万 1100 人。此外，贱民人口只有良民人口的 4.4%，有 18 万 7050 人，平城京的人口大约 7 万 4000 人。这样，全国总人口约为 451 万 2200 人。参见［日］鎌田元一：「古代日本の人口について」、『木簡研究』1984 年第 6 号、第 131—154 頁。

③ ［日］青木和夫、稲岡耕二、笹山晴生、白藤禮幸校注：『続日本紀　一』（新日本古典文学大系）、東京：岩波書店、1989 年、第 232 頁。

忌寸小东人（后改赐姓大和宿祢长冈），留学生下道朝臣真备（吉备真备）、阿倍仲麻吕，留学僧玄昉，傔人羽栗吉麻吕等。次年，日本又改元养老。养老元年（717）二月，遣唐使祭祀神祇于三笠山（春日山）之南，之后拜朝，三月赐押使多治比县守节刀。

　　关于这次遣唐使的行程，包括何时从平城京出发、途经何处、航海路线，以及在唐的上岸地及返航口岸等，中日史料均无记载，具体路线不详。但是，从其任命到返回，仅用了一年多时间，养老二年（718）十月二十日遣唐使一行就已回到九州大宰府。不管怎么说，这次遣唐使无论是在日本国内也好，唐朝境内也罢，行程都非常顺利，依《续日本纪》所载，"此度使人，略无阙亡"①，也就是说，除了留在唐朝学习的留学生、留学僧以外，其他使团人员安全归国，未造成任何损失。

　　不仅如此，这次遣唐使还给日本带回许多知识、文物和书籍，对后世产生不小影响。日本留学生中，在奈良时代后期，阿倍仲麻吕和吉备真备（此时名"下道真备"）最为著名，如《续日本纪》在775年吉备真备的悼词中所评，"我朝学生，播名唐国者，唯大臣及朝衡二人而已"。当然，这种评价是后来做出的，留学当时，二人尚年轻，名气不大，不在遣唐使要员之列。有成就者不止他二人，就人物而言，史籍中有载者多人，其中，上文所述辨正之子秦朝元就是一例。此外，玄昉回国后得到朝廷重用，大倭小东人以请益生的身份赴唐，回国后负责《养老律令》的编纂，编修过程中每当遇到问题时，人们都要向他请教，疑惑之处以他说的为准。②

　　遣唐使其他留学人员在长安期间的活动情况，《旧唐书》《新唐书》和《册府元龟》均有记载。《旧唐书》卷一百九十九《东夷》"日本"条载：

---

① ［日］青木和夫、稲岡耕二、笹山晴生、白藤禮幸校注：『続日本紀　二』（新日本古典文学大系）、東京：岩波書店、1995 年、第 50 頁。
② 《续日本纪》"神护景云三年十月癸亥"条："少好刑名之学，兼能属文。灵龟二年，入唐请益。凝滞之处，多有发明。当时言法令者，就长岗而质之。"参见［日］青木和夫、稲岡耕二、笹山晴生、白藤禮幸校注：『続日本紀　四』（新日本古典文学大系）、東京：岩波書店、1995 年、第 264—266 頁。

开元初，又遣使来朝，因请儒士授经。诏四门助教赵玄默就鸿胪寺教之。乃遗玄默阔幅布以为束修之礼。题云"白龟元年调布"。人亦疑其伪。所得锡赉，尽市文籍，泛海而还。其偏使朝臣仲满，慕中国之风，因留不去，改姓名为朝衡，仕历左补阙、仪王友。衡留京师五十年，好书籍，放归乡，逗留不去。①

遣唐使欲学经典，因此皇帝下诏让"四门"助教赵玄默在鸿胪寺给他们授课。唐朝教育体系中，官学有"六学二馆"。六学指国子学、太学、四门学、律学、书学、算学，隶属国子监；二馆指的是门下省的弘文馆、东宫的崇文馆。日本遣唐使所在的四门，其学生情况如《旧唐书》志第三十四《选举志上》所载："四门学，生千三百人，其五百人以勋官三品以上无封、四品有封及文武七品以上子为之，八百人以庶人之俊异者为之。"

助教，指六学中的教官，地位在博士之下。据《旧唐书》志第二十四《职官三》载："四门博士三人，正七品上。助教三人，从八品上。四门博士掌教文武七品以上及侯伯子男子之为生者，若庶人子为俊士生者，教法如太学。学生五百人。直讲四人，掌佐博士助教之职。"②

至于赵玄默，开元初任四门学助教，被称为"名儒"。③ 授课的地点在鸿胪寺。《旧唐书》记载的后半部分介绍的是阿倍仲麻吕，在唐生活五十年，一生未归，终于唐朝。

那么，日本留学生中何人就读于四门学呢？杉本直治郎认为，跟随赵玄默学习的人是下道真备，并且他以日本"白龟"（灵龟）元年的调布为"束修之礼"。东野治之也认为真备在唐的活动所知甚少，此为

① （后晋）刘昫等撰：《旧唐书》（简体字本二十四史，第 32 册），北京：中华书局，2000 年，第 3633 页。
② （后晋）刘昫等撰：《旧唐书》（简体字本二十四史，第 30 册），北京：中华书局，2000 年，第 1289 页。
③ 《旧唐书》列传第一百三十五《阳峤》载："阳峤……荐尹知章、范行恭、赵玄默等为学官，皆称名儒。"参见（后晋）刘昫等撰：《旧唐书》（简体字本二十四史，第 32 册），北京：中华书局，2000 年，第 3273 页。

其一。① 另外，前文所述新发现的《李训墓志》中所见"日本国朝臣备书"，仅就墓志铭而言，下道真备的全称为"下道朝臣真备"，不但含"朝臣"二字，而且有"备"字，因此基本可以断定为真备书。李训下葬的时间是开元二十二年（734）六月二十五日，这与遣唐使归国时间相吻合，即十月从苏州返航。"朝臣备"在洛阳书写完李训墓志后，随团回国。

不过，受教于赵玄默的日本学生，恐怕非真备一人。日本派来的留学生还有阿倍仲麻吕、玄昉，以及短期请益的大倭小东人等，求学之请大概是日本使团的集体愿望，具体学习时间不详。

日本使在长安的活动，通过其他文献的记载也能了解一二。《册府元龟》卷九百七十四《外臣部》"褒异一"条载：

> 十月丁卯，日本国遣使朝贡。
>
> 戊辰，敕曰：日本国远在海外，遣使来朝，既涉沧波，兼献邦物。其使真人英问等，宜以今月十六日，于中书宴集。
>
> 乙酉，鸿胪寺奏曰：日本国使请谒孔子庙堂，礼拜寺观。从之。仍令州县金吾相知检校搦捉，示之以整。应须作市买，非违禁入蕃者，亦容之。②

十月丁卯为十月一日，戊辰为二日，乙酉为十九日。据此可知，这次遣唐使于开元五年（717）十月一日到达长安。十月二日，皇帝下敕令，准十六日于中书省宴请使者。宴请遣唐使，这不是第一次，此前武则天也曾于麟德殿设宴招待。而"真人英问"指的是押使多治比真人县守。

十月十九日，允许日本使者参学孔子庙堂，参拜巡礼寺院和道观。值得注意的是，学习儒、释、道文化，是日本方面主动提出的要求，这也说明日本在吸收中国文化方面是有计划进行的，并且从多角度学习。此外，鸿胪寺奏文中还强调，监督日本使的市场交易，只要不违禁，允许其买回。

① ［日］東野治之：『遣唐使と正倉院』、東京：岩波書店、1992 年、第 33 頁。

② （宋）王钦若：《册府元龟》第 12 册（影印本），北京：中华书局，1960 年，第 11445 页。

遣唐使在长安的求学及"市买"活动，通过下道真备回国后提交的献物清单得到印证，《续日本纪》"天平七年（735）四月辛亥"条记载了真备带回来的货物，具体如下：

（1）《唐礼》一百三十卷

（2）《太衍历经》一卷

（3）《太衍历立成》十二卷

（4）测影铁尺一枚

（5）铜律管一部

（6）铁如方响写律管声十二条

（7）《乐书要录》十卷

（8）弦缠漆角弓一张

（9）马上饮水漆角弓一张

（10）露面漆四节角弓一张

（11）射甲箭二十支

（12）平射箭十支

综上，（1）是《永徽礼》;（2）—（4）为历书和天文观测工具;（5）—（7）为乐器和乐书;（8）—（12）为弓箭，涉及六艺中的礼、乐、射等。① 换言之，真备给日本带去了大唐的新知识，涉及天文、科技、军事、礼仪等，同时也包括书籍、纸张和汉字。下道真备带回来的物品不局限于此，有一部《东观汉记》传到日本也是他的功劳，《日本国见在书目录》卷十一《正史家》"东观汉记"条载："而件汉记，吉备大臣所将来也，其目录注云。"不过，吉备真备两次入唐，这部《东观汉记》是哪次得到的，未作详述，只写"真备在唐国，多处营求竟不得"。说明此书来之不易。

此外，玄昉回国时也带回了佛像和经、论五千余卷。玄昉还到过五台山求法，据 12 世纪中期大江亲通撰写的《七大寺巡礼私记》"兴福寺"条载：

---

① ［日］東野治之：『遣唐使と正倉院』、東京：岩波書店、1992 年、第 32—33 頁。

抑玄昉僧正与庆宽相共度唐。唐开元十三年四月，发向五台山。先遇文殊化现之老人，次见菩萨应现之瑞鸟。次升东台烧香，暗拜菩萨之时，五色云暧曃，山林生光，地为琉璃，金绳界道，坦然如掌，无复山谷。东方见白师。顶尾绀色，背上负金莲花座。文殊菩萨坐其上，放眉间白毫，照曜天地，师子毛端亦放金色光。菩萨身长二丈许。又有无数亿菩萨，前后围绕，其身光如明镜。其山四面五百里内，道俗士女，咸睹佛光，叹未曾有云云。见僧正五台山记。①

其中，"庆宽"首次出现，未见其他记载。也许留学人员中也有这位不知名的庆宽，与玄昉一起入唐。正如井真成一样，2004 年西安发现了他的墓志铭，"形既埋于异土，魂庶归于故乡"。他也是这次遣唐使的留学生一员，一位不见经传的普通留学生，最终客死于长安。一起留学，终生未归的阿倍仲麻吕，则才华横溢，名声显赫，誉满中日。

玄昉到五台山的时间是开元十三年（725）。他是日本入唐僧中最先去五台山的人。②玄昉在唐表现非常突出，获唐玄宗的接见，并受赐紫色袈裟。回国后，日本也施其紫色袈裟，尊为僧正。③僧人着紫衣，起源于唐朝官制中官服制度，唐高祖、太宗、高宗均有诏，都对官员常服的颜色、款式等进行过规定，《旧唐书》卷三《太宗下》贞观四年（630）八月丙午诏曰："三品已上服紫，五品已上服绯，六品七品以绿，八品九品以青，妇人从夫色。"④"紫衣"本是三品以上官员常服，武则天登基后，进行一些改革，尤其开创了向僧人或道士赐紫衣（袈裟）的先河，使之成为一种特别褒奖。该做法被后来历代王朝所沿

---

① ［日］奈良国立文化财研究所：『七大寺巡礼私記』、奈良：奈良国立文化財研究所、1982 年、第 174—176 頁。

② ［日］森克己：『遣唐使』、東京：至文堂、1955 年、第 161 頁。

③ ［日］青木和夫、稻岡耕二、笹山晴生、白藤禮幸校注：『続日本紀　三』、（新日本古典文学大系）、東京：岩波書店、1995 年、第 28—30 頁。

④ （后晋）刘昫等撰：《旧唐书》（简体字本二十四史，第 29 册），北京：中华书局，1999 年，第 28 页。

袭。① 由此可见，玄昉受到了最高规格的礼遇。

综上所述，8 世纪初，长安二年（702）来朝的日本留学僧辨正，还俗、娶妻、生子，善围棋，与李隆基关系密切，以其诗文见其才华，受到赏识。其子为唐日混血儿，长子秦朝庆卒于唐，次子秦朝元随遣唐使来到日本，719 年被赐八色之姓的"忌寸"，从此在朝为官，并于天平五年（733）年作为遣唐使的判官再次来到唐朝。父子俩的经历不但丰富多彩，也为唐日交往做出贡献，在中日交流史上留下辉煌一笔。日本和同开珎货币，在货币史上居"开皇十二钱"铜币之首，通过遣唐使也流入唐朝。

日本京城自藤原京迁至平城京，时间为和铜三年（710）三月，至此，一座新都城诞生。平城京除自身的地理环境外，其建造理念及城市规划等，都以长安为样板，是一座日本式的长安城。城内中心大路亦称朱雀大路，南大门为罗城门，城市按条坊制划分，左京、右京、东市、西市俱全。迁都平城京后，其建筑及设施又在不断地补充和完善，这与遣唐使带回的信息密不可分。养老三年（720）正月，归国的遣唐使拜朝时，"皆着唐国所授朝服"；二月三日，"初令天下百姓右襟、职事主典已上把笏。其五位已上牙笏，散位亦听把笏。六位已下木笏"②。此类新规也是参照唐制实施的。

第九次遣唐使，任命于养老二年（718）二月，同年十月一日到达长安，次年十二月返回日本，从奈良到长安一帆风顺。此次遣唐使对日本后世影响较大，留学生阿倍仲麻吕、下道真备、玄昉等都对日本的发展做出了不朽贡献。

---

① 董立功：《唐代僧人获赐紫衣考》，《世界宗教研究》2013 年第 6 期，第 45-54 页。
② ［日］青木和夫、稻冈耕二、笹山晴生、白藤禮幸校注：『続日本紀　二』（新日本古典文学大系），東京：岩波書店、1995 年、第 52 頁。

一、长屋王之变

8 世纪初，日本朝廷政局并不平静，几个核心人物相继更迭，代表了这一时代的政治走向。其中，中心人物有藤原不比等、长屋王、藤原四兄弟（即不比等之子武智麻吕、房前、宇合、麻吕）。

藤原不比等（659—720），出身名门，父亲中臣镰足在"乙巳之变"（645）中与中大兄皇子联合除掉苏我氏，成为推动大化改新的核心人物。669 年天皇授中臣镰足大织冠及大臣位，并赐姓为藤原氏。中臣镰足有二子，长子定惠、次子不比等。定惠于 653 年，11 岁时以留学僧身份入唐，在唐生活 12 年，回国后去世，年仅 23 岁。

持统天皇后半期，藤原不比等在政坛上崭露头角，并于文武天皇时期受到重用。文武四年（700），不比等主持制定《大宝律令》，大宝元年（701），升为大纳言，和铜元年（708），任右大臣。此外，平成迁都、派遣唐使和制定养老律令等，都是在他的主导下进行的，直至养老四年（720）病笃去世，时年 62 岁。不比等的离世，对于天皇来说是个巨大损失，其病重期间，天皇担忧至极，为治其疾，不知所措，于是下诏大赦天下，以救所患。①

不比等死后，另一位掌权人物登场，即长屋王。长屋王是天武天皇的孙子，父为高市皇子。长屋王娶天武天皇的孙女（草壁皇子之女）吉备内亲王为妃，另娶藤原不比等的二女藤原长娥子为妾。长屋王属地道的皇族血统，养老五年（721）正月，任右大臣，代替不比等之位。养老八年（724）二月，天皇更迭，24 岁的首皇子即位，即日本第 45 代天皇的圣武天皇，同年改年号为神龟。新天皇即位当天，长屋王升至左大臣。

但是，长屋王的政治地位并不稳固。在他执政期间，不比等的四个儿子地位也不断上升，藤原氏和长屋王之间形成了政治上的竞争对手。藤原家的势力已渗透到皇族内部，一方面，圣武天皇的母亲藤原宫子和皇后光明子，二人是同父异母的姐妹，都是藤原不比等的女儿。另一方面，不比等的四个儿子中，长子藤原武智麻吕（680—737）官位升至中纳言，从三位；次子藤原房前（681—737），由从四位上升至从三位；三子藤原宇合（694—737），由正五位升至正四位；四子藤原麻吕（695—737），由从五位下升至从四位上。其家族关系见图 3：

养老五年（721）十月，元明太上天皇重病期间把长屋王和藤原房前叫到身边，交代其葬礼从简，防患内乱。继而，元正天皇又任房前为内臣，辅翼帝业，形成藤原氏与长屋王二强鼎立的局面。

神龟四年（727）闰九月二十九日，圣武天皇的皇后光明子生下一子，新皇子诞生。未经几时，十一月二日，立其子为皇太子。幼年立皇太子，这一举措极其少见，说明极有可能是藤原家族在背后操纵。但是，好景不长，皇太子患病，经日不愈。神龟五年（728）八月，天皇欲借三宝之力救治皇太子，颁敕造观音像、抄经、礼佛、转经，大赦天下。然而，这些举措还是挽救不了年弱的皇太子，结果其不足一岁就夭折了。

---

① 《续日本纪》"养老四年八月辛巳朔"条载："右大臣正二位藤原不比等病，赐度三十人。诏曰：右大臣正二位藤原朝臣疹疾渐留，寝膳不安。朕见疲劳，恻隐于心。思其平复，计无所出，宜大赦天下，以救所患。"参考 [日] 青木和夫、稻冈耕二、笹山晴生、白藤礼幸校注：『続日本紀　二』（新日本古典文学大系）、東京：岩波書店、1995 年、第 76 頁。

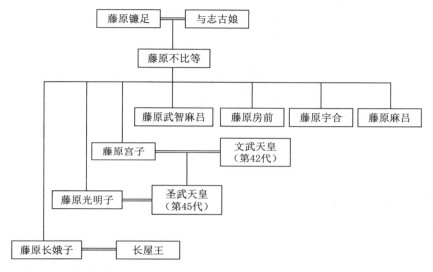

图3 藤原不比等家族系谱

天平元年（729）二月十日，政局发生突变，据《续日本纪》"天平元年二月辛未"条载：

> 二月辛未，左京人从七位下漆部造君足，无位中臣宫处连东人等告密称，左大臣正二位长屋王私学左道，欲倾国家。
>
> 其夜，遣使固守三关。因遣式部卿从三位藤原朝臣宇合，卫门佐从五位下佐味朝臣虫麻吕，左卫士佐外从五位下津岛朝臣家道，右卫士佐外从五位下纪朝臣佐比物等，将六卫兵，围长屋王宅。[1]

有人告密，称长屋王欲谋反，领兵包围其宅的是藤原不比等的三子藤原宇合。事发第二天，又遣一品舍人亲王、新田部亲王、大纳言从二位多治比真人池守等进入长屋王宅，穷问其罪。

---

[1] ［日］青木和夫、稲岡耕二、笹山晴生、白藤禮幸校注：『続日本紀 二』（新日本古典文学大系）、東京：岩波書店、1995 年、第 204 頁。

十二日，长屋王自尽，妻子吉备内亲王及其所生子膳夫王、葛木王、钩取王等自杀，其他家庭成员均被禁。

十三日，将长屋王和吉备内亲王葬于生马山，同时敕吉备内亲王无罪，释放其余家人。长屋王的妹妹、妾藤原长娥子及其所生的安宿王、黄文王、山背王（藤原弟贞）、教胜等三男一女，都免罪释放。

这一事件，史称"长屋王之变"。这实际上是藤原氏策划的阴谋。由于光明子所生的皇太子死去，藤原氏失去了外戚执政的地位，害怕长屋王的势力增强，因此策划了所谓的"长屋王私学左道，欲倾国家"的政变阴谋。[①]九年后，发生一起杀人事件，揭示了长屋王之变的冤情。天平十年（738）七月十日，担任左兵库少属的大伴子虫，用刀杀死右兵库头的中臣宫处东人。二人利用执勤的空闲时间下围棋，当谈到长屋王的时候，大伴子虫愤骂东人，拔剑杀之，恨他诬告长屋王。[②]子虫当年侍长屋王，颇受恩遇。日本正史《续日本纪》记录了这件事，说明已认定事实，长屋王之变实际上是一起政治阴谋。

如此，长屋王死后，藤原四兄弟的势力继续扩大，双双进入朝廷中枢。天平三年（731），藤原武智麻吕升至正三位、大纳言兼大宰帅；藤原宇合升为式部卿、从三位。到了天平六年（734），武智麻吕则升至右大臣、从二位，官居高位，执掌大权。

20世纪80年代，奈良市考古挖掘出土有关长屋王家的木简3.5万枚。这些被称作"长屋王家木简"的遗物，出自平城京左京三条二坊八坪，全部是8世纪10年代的原物。此外，从长屋王邸北侧的二条大路一带又挖掘出8世纪30年代的木简逾7.4万枚，被称为"二条大路木简"。从中可以看出，长屋王死后，其宅变成了光明皇后的居所。这些近11万枚的木简，内容丰富，反映了当时王家的生活状况，各国（郡）的许多贡物附带文字说明，包括品名、数量等。此外，还发现了记有"长屋亲王"的木简。

---

① ［日］長谷山彰：『日本古代史——法と政治と人と』、東京：慶應義塾大学出版会、2016年、第181頁。
② ［日］青木和夫、稲岡耕二、笹山晴生、白藤禮幸校注：『續日本紀　二』（新日本古典文学大系）、東京：岩波書店、1995年、第340—342頁。

　　尽管长屋王在当时以政变的名义终此一生，但其留下的众多文化遗产却为后世所继承。《怀风藻》收录的汉诗中有题为《秋日于长王宅宴新罗客》等，"长王"即长屋王。另外，还有长屋王自己作的三首诗，分别题为《五言　元日宴应诏》《五言　于宝宅宴新罗客》《五言　初春于作宝楼置酒》。"宝宅"和"作宝楼"是长屋王自己的别院，其名文雅之至。然而，长屋王的诗歌中更为著名的是流传于大唐的一首诗。长屋王崇敬佛法，为唐朝大德、众僧造千件袈裟，袈裟缘上绣着一首四句诗。该诗于唐天宝元年（742），首次由鉴真大和尚披露①，诗文曰：

> 山川异域，风月同天。
> 寄诸佛子，共结来缘。②

　　长屋王对佛教的崇敬，与当时日本政界普遍信仰佛教分不开。迁都平城京以后，原来位于飞鸟和藤原京的大寺院也陆续迁移。据《续日本纪》载，灵龟二年（716）五月十六日，迁建大安寺（元大官大寺）于左京六条四坊；日本最初的佛寺法兴寺（飞鸟寺）于养老二年（718）九月迁至平城京，称作元兴寺；③养老二年，药师寺移至平城京；养老三年（719）三月，始置造药师寺司史生二人。养老四年（720）十月十七日，造兴福寺佛殿三司，位于藤原京的厩坂寺移至平城京，改称兴福寺。④养老六年（722）十二月，为天武天皇造弥勒像、为持统天皇造释迦像。

　　和铜五年（712），为追悼文武天皇，长屋王发愿抄写《大般若经》。神龟五年（728），他又为父母祈求冥福继续抄经，其抄写的经书被称作神龟年间的《大般若经》，上写有"佛弟子长王"的署名，该经共抄

---

① 李广志：《"山川异域，风月同天"为鉴真披露》，《宁波晚报》2020 年 2 月 16 日第 A08 版。
② ［日］真人元开著，汪向荣校注：《唐大和上东征传　日本考》，北京：中华书局，2000 年，第 40 页。
③ 关于元兴寺和大安寺在平城京初建的时间，《续日本纪》"灵龟二年（716）五月辛卯"条载："始徙建元兴寺于左京六条四坊。"又见"养老二年（718）九月甲寅"条："迁法兴寺于新京。"此两处记载有混淆之处，左京六条四坊为大安寺之地，灵龟二年的应该是大安寺，养老二年的是元兴寺（法兴寺）。参见［日］小岛宪之、直木孝次郎、西宫一民、藏中进、毛利正守校注·訳：『日本書紀②』，東京：小学館、1999 年、第 15 頁、第 460 頁。
④ ［日］養勝院経圓：『薬師寺縁起』、徳川宗敬氏寄贈、江戸時代写本、第 4 頁。

写了六百卷。现存《和铜五年长屋王愿经》和《神龟五年长屋王愿经》，都已列入日本"重要文化财"。另据《日本灵异记》中卷第一篇载，在"长屋王之变"发生的前两天，即天平元年（729）二月八日，圣武天皇发大誓愿于元兴寺举行大法会，长屋王任供养众僧之司。[①] 通过这些写经及在元兴寺的活动，可以看出长屋王笃信佛教的程度。因此，他为唐朝众僧赠送一千件袈裟也不足为怪。

此间，日本佛教已发展到一个崭新的阶段，从天皇到大臣，由上到下，信教之风浓厚。但是，当时僧人在传教时也出现一些乱象，天平十七年（745）担任大僧正的行基，早年传教时违反《僧尼令》，引起过朝廷不满。717 年，朝廷下诏曰："方今，小僧行基并弟子等，零叠街衢，妄说罪福，合构朋党，焚剥指臂，历门假说，强乞余物，诈称圣道，妖惑百姓。道俗扰乱，四民弃业，进违释教，退犯法令。"[②] 僧徒不仅在修习佛法时违反法令及释教，还私自颁发度牒，入道方法过于随便，巧说罪祸之因果，不守戒律，故遭到禁止。

大宝二年（702）留学唐朝，养老二年（718）归国的僧人道慈，发现日本佛教与唐佛教差异甚大，著有《愚志》（一卷），论僧尼之事，其略曰："今察日本，全异大唐道俗传圣教法则。"[③] 日本出家与在家信徒的方法和基准，完全有别于大唐的做法，道慈在日本佛教界的尊号就是"律师"，从唐留学回来后更是一心传授戒律。

佛教界出现如此困境，有识之僧为传播正统佛教，提出了去大唐邀请戒师的建议，为日本佛教正本清源。《东大寺要录》卷一《本愿章第一》"天平五年"条载：

> 又有元兴寺沙门隆尊律师者，志存鹅珠，终求草系。于我国中，虽有律本，阙传戒人，幸造玄门，叹无戒足。即请舍人王子处曰：日本戒律未具，假王威力，发遣荣睿，随使入唐，请传戒

---

① ［日］中田祝夫校・注：『日本霊異記』、東京：小学館、1995 年、第 121 頁。
② ［日］青木和夫、稲岡耕二、笹山晴生、白藤禮幸校注：『続日本紀 二』（新日本古典文学大系）、東京：岩波書店、1995 年、第 26 頁。
③ ［日］青木和夫、稲岡耕二、笹山晴生、白藤禮幸校注：『続日本紀 二』（新日本古典文学大系）、東京：岩波書店、1995 年、第 446 頁。

师，还我圣朝，传受戒品。舍人亲王即为隆尊奏，敕召件荣睿入唐。于是，兴福寺荣睿与普照俱奉敕。①

由此可知，派人赴唐请佛教传戒师是元兴寺僧人隆尊的建议。天平五年（733），元兴寺僧人隆尊，自身是个非常遵守戒律的人，鹅珠草系，作为律师，他深感日本佛教在戒律方面缺少有权威的授戒之人。于是，他向舍人亲王建议，派人到大唐邀请传戒师来日本，纠正日本佛教的不规范行为。

舍人亲王是天武天皇的皇子，养老二年（718）授一品官，主持编纂《日本书纪》，720 年完成，纪三十卷、系图一卷。养老四年（720），舍人亲王被任命为"知太政官事"。知太政官事属于一种律令制之外的令外官，统管太政官，飞鸟、奈良时期仅有四人任过该职，分别为：刑部亲王，大宝三年正月任；穗积亲王，庆云二年九月任；舍人亲王，养老四年八月任；铃鹿王，天平九年九月任。担任知太政官事者均为天皇的嫡出系男子，意在辅佐王权。

隆尊的建议得到舍人亲王的认可，经其奏请，遣僧人荣睿、普照入唐请传戒师来日本。二人因此入唐，开始了长达二十多年的请唐朝佛教大师的旅程，为日本请来了洛阳大福先寺的道璿等一批高僧，最终迎来了鉴真大和尚。

二、第十次遣唐使

天平四年（732）八月十七日，任命遣唐使人员，大使一人，副使一人，判官四人，录事四人，其主要成员如下：

遣唐大使	从四位上	多治比真人广成（第一船）
遣唐副使	从五位下	中臣朝臣名代　（第二船）
遣唐判官	正六位上	平群朝臣广成　（第三船）
遣唐判官	正六位上	田口朝臣养年富（第四船）
遣唐判官	正六位上	纪朝臣马主

① ［日］简井英俊校注：『東大寺要録』、東京：国書刊行会、1971 年、第 7 頁。

遣唐判官	外从五位下	秦忌寸朝元
遣唐准判官	从七位下	大伴宿祢首名

这次使节中，大使多治比真人广成是上次遣唐使押使多治比县守的弟弟，秦朝元是大宝年间遣唐留学僧辨正的儿子。可见，日本遣唐使具有一定的继承性，人员中多有入唐经历家族或大陆移民的后裔。

遣唐使任命结束后，开始准备出发事宜。天平四年九月四日，遣使至近江、丹波、播磨、备中等国，为遣唐使造船四艘。次年三月一日，使团出发前，三十年前同样以遣唐使身份入唐的山上忆良在家设宴，为大使等饯别。二天后，三月三日，忆良为遣唐使作《好去好来》歌一首、反歌二首①，以示送别。著名歌人笠朝臣金村也赠歌相送。从三月一日到四月三日间，使团的友人、家人等分别作歌相送，《万叶集》中留下许多赠入唐歌。②

天平五年（733）四月三日以后，遣唐使四船从难波津出发，经濑户内海到达筑紫，七月开始离开日本。《扶桑略记》卷六"天平五年七月庚午"条载：

> 天平五年癸酉七月庚午日，始令备盂兰盆供于大膳职。遣唐大使多治比广成，副使中臣名代，乘船四艘，惣五百九十四人渡海。沙门荣睿、普照法师等随使入唐。③

这次遣唐使人数为 594 人，分乘四船，大约每船 150 人，七月六日从博多津出发驶向大唐。八月到达苏州，据《册府元龟》卷九七一《外臣部》"朝贡第四"条载：

> （开元二十一）八月，日本国朝贺使真人广成与傔从五百九十人，舟行遇风，飘至苏州，刺史钱惟正以闻。诏通事舍

---

① 《万叶集》卷五·第 894、895、896 番歌。
② 《万叶集》卷八·第 1453、1454、1455 首；卷九·第 1784、1790、1791 首；卷十九·第 4246、4247 首。
③ ［日］鸭祐之、［日］皇円编：『日本逸史　扶桑略記』（国史大系　第六卷）、東京：経済雑誌社、1897 年、第 557 頁。

人韦景先往苏州宣慰焉。①

《册府元龟》载到达苏州的人数为590人，比《扶桑略记》少4人，也许是途中有所病亡，中日两史料的人数基本吻合。苏州刺史钱惟正向朝廷上奏，汇报日本来贡情况。玄宗皇帝下诏，派通事舍人韦景先来苏州迎接。韦景先所任的通事舍人，亦称太子通事舍人，正七品下，《唐六典》卷二十六载：

> 太子通事舍人八人，正七品下。通事舍人掌导引东宫诸臣辞见之礼，及承令劳问之事；凡大朝谒及正、冬，百官与诸方之使者参见东宫，亦如之。若皇太子行，先一日，京文武官职事九品已上奉辞；及还宫之明日，参见亦如之。②

这次朝廷的接待有别于以往，由于皇帝想要离开长安，准备移至东都洛阳，配合其行踪，故专门派人来引路迎接。开元二十一年（733）关中地区久雨成灾，谷价昂贵，京师发生饥馑，玄宗皇帝于开元二十二年正月七日从长安出发，二十六日到达洛阳，行程十九天。此后，玄宗在东都生活了近三年时间，开元二十四年（736）十月初二离开东都，十月二十一日回到长安。③

遣唐使于开元二十一年八月到苏州，但赴京人员有名额限制，只有一小部分允许进京。那么，进京人员究竟去了长安还是洛阳呢？对此，学界观点不一。矢野健一认为，遣唐使先到长安，在玄宗皇帝去了洛阳一个月后，开元二十二年二月以后又从长安奔向洛阳。④此外，韩昇也主张八月份唐朝给遣唐使下达的通行证是到长安的，而非洛阳，

---

① （宋）王钦若：《册府元龟》第12册（影印本），北京：中华书局，1960年，第11409页。另见《册府元龟》卷一百七十·帝王部一百七十·来远。

② （唐）李林甫撰，陈仲夫点校：《唐六典》，北京：中华书局，2014年，第671-672页。

③ 《资治通鉴》卷第二百一十四《唐纪三十》"开元二十二年甲戌"条载："春，正月，己巳，上发西京。己丑，至东都。"另见，"开元二十四年冬十月"条："冬，十月，戊申，车驾发东都……丁卯，至西京。"

④ ［日］矢野健一：「井真成墓誌と第10次遣唐使」、専修大学、西北大学共同プロジェクト編『遣唐使の見た中国と日本—新発見「井真成墓誌」から何がわかるか』、東京：朝日新聞社、2005年；［日］東野治之：『遣唐使』、東京：岩波書店、2007年、第81頁。

重要的原因在于，遣唐使八月抵达苏州的时候，玄宗还在长安，谁也无法料到秋后大水造成歉收的情况，故原本一直住在长安的玄宗，新年伊始才不得不前往洛阳。[①]

另一观点，安藤更生、王勇认为，使团在苏州停留一段时间，于次年四月直接来到洛阳。[②]

然而，河内春人在梳理这些观点的基础上，再次探讨了遣唐使究竟去往何处的问题，结论是从苏州直接奔向洛阳，时间是733年年底之前。不是玄宗到达洛阳后叫遣唐使过去，而是遣唐使先于皇帝到洛阳等待，其过程，如《册府元龟》卷九百七十一《外臣部》"朝贡"所载，734年"四月，日本国遣使来朝，献美浓绚二百匹、水织绚二百疋。"[③] 受到皇帝接见已是次年四月。

各方讨论的焦点是先去长安还是洛阳，这里，除上述《续日本纪》和《册府元龟》记载的大致情况外，还有几个可作为旁证的重要史料：

（1）日本石山寺藏《遗教经》跋语：

唐清信弟子陈延昌庄严此大乘经典附日本使国子监大学羽右满于彼流传

开元廿二年二月八日从京发记

（以上本奥书·本文同笔）

（别笔）

"建久六年十二月五日加一见了

深刻心肝仍记之

范贤生年卅二岁"[④]

这个跋语是1987年石山寺调查释文时发现的一卷本《遗教经》，

---

①　韩昇：《〈井真成墓志〉所反映的唐朝制度》，《复旦学报（社会科学版）》，2009年第6期，第67—75页。

②　[日]安藤更生：『鑑真』，東京：吉川弘文館、1967年；王勇：『唐から見た遣唐使』，東京：講談社、1998年、第135—136頁。

③　（宋）王钦若：《册府元龟》第12册（影印本），北京：中华书局，1960年，第几页。

④　[日]河内春人：『東アジア交流史のなかの遣唐使』，東京：汲古書院、2013年、第179頁。

跋语中抄录了唐开元廿二年记事，抄写的日期是日本"建久六年"，即1195年。其内容显示，唐人陈延昌将《遗教经》送给"日本使国子监大学"一个叫"羽右满"的人，使之带回国流传。由于此经的跋语是手抄本，称作"羽右满"之人的前两字很难辨认，至今有两种主张：第一，读作"朋古满"；第二，读作"羽右满"。

尽管"朋古满"或"羽右满"无法准确断定，但辨别这个人物对于判断遣唐使的行踪至关重要。多数学者主张当作"朋古满"，此人为本次遣唐使成员大伴古麻吕。[①]若此说成立，那么，说明遣唐使先到长安，并且开元廿二年二月八日时还在长安，此处的"京"指西京长安。

但是，认定"羽右满"的河内春人则认为，此人是羽栗吉麻吕。羽栗吉麻吕是阿倍仲麻吕的傔从，717年入唐，在唐已经生活了17年。若羽栗吉麻吕说成立，那么，开元廿二年二月八日陈延昌在长安送其大藏经典则不足为怪。羽栗吉麻吕拿到佛经后到洛阳，与遣唐使会合。如此推测也顺理成章。这样，即便通过《遗教经》也证明不了遣唐使是否到过长安。

还有一种可能，那就是无论是"羽右满"，还是"朋古满"，既非大伴古麻吕，亦非羽栗吉麻吕，而是留学长安的第三人，是类似井真成那样，史料中未见其名的长期留学生。当然，也不排除羽栗吉麻吕的可能性。基于此，河内春人认为遣唐使没有去长安，而是从苏州直接到达洛阳，时间是在734年正月之前。

（2）《日本高僧传要文抄》第三《普照传》：

> 释普照者，住兴福寺。为日本戒未具，以天平年，敕入唐，请传戒律师僧。开元二十一年，至洛阳。奏敕受戒。敕福先寺定宾律师，为照等受戒。[②]

---

① 参见［日］大屋德城：『石山写経選』、東京：便利堂、1924 年；［日］青木和夫：『日本の歴史 3 奈良の都』、東京：中央公論新社、1973 年；［日］蔵中進：『唐大和上東征伝の研究』、東京：桜楓社、1976 年；［日］東野治之：『遣唐使船』、東京：朝日新聞社、1999 年。

② ［日］仏書刊行会編纂：『大日本佛教全書』第 101 巻、東京：仏書刊行会、1913 年、第 68—69 頁。

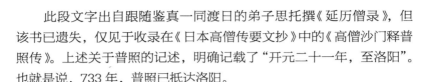

　　此段文字出自跟随鉴真一同渡日的弟子思托撰《延历僧录》，但该书已遗失，仅见于收录在《日本高僧传要文抄》中的《高僧沙门释普照传》。上述关于普照的记述，明确记载了"开元二十一年，至洛阳"。也就是说，733 年，普照已抵达洛阳。

　　（3）《日本高僧传要文抄》第三《荣睿传》：

> 　　日本戒律未具，受舍人王请，入唐。请传戒律师僧。奏敕发遣，至洛阳。奏敕，大福先寺大德定宾兼十德，受戒毕。预随驾长安。①

　　荣睿和普照均在大福先寺受戒，戒师有"定宾兼十德"等，即所谓的"三师七证"，他们切身体验到了真正的受戒仪轨和方法。《荣睿传》这段话争论的焦点是他自何处"至洛阳"。东野治之认为，重点在"奏敕"一词，此处的"奏敕，发遣至洛阳"是皇帝发的"敕"，是在他们去洛阳之前，于苏州上奏，准许进入长安之敕。②但安藤更生则认为荣睿是从苏州直接到洛阳的，未至长安。③

　　通过以上（1）（2）（3）史料，确定遣唐使是否到达长安，仍有困难。无论怎么说，遣唐使在洛阳的活动确凿无疑，至于何时到的洛阳，准确时间无法考证。此外，2004 年发现的《井真成墓志》显示，井真成于开元二十二年正月某日终于长安官邸，二月四日葬于万年县浐水口原。其墓志中未透漏这次遣唐使的任何信息，由此推测他是在唐留学的学生，与此次遣唐使关系不大。

三、洛阳大福先寺

　　今洛阳市瀍河区唐寺门村有一座寺院，称作大福先寺。该寺在唐朝是一个驰名海内外的著名寺院，原来的位置在今唐寺门村南 1310 米、塔湾村南近 300 米处之西南侧。唐朝的大福先寺在明熹宗天启年

---

① 　［日］仏书刊行会编纂：『大日本佛教全書』第 101 卷、東京：仏书刊行会、1913 年、第 67—68 頁。
② 　［日］東野治之：『遣唐使』、東京：岩波書店、2007 年、第 87—88 頁。
③ 　［日］安藤更生：『鑑眞大和上傳之研究』、東京：平凡社、1960 年。

间（1621—1627），因洛河泛滥，毁于洪水。洪水过后，乡民将寺里残存的遗物，北移数里，重新修建了寺院，即今日古寺的位置。后经多次重修，1922年，军阀吴佩孚的参谋长张佐民题额"古唐寺"，其名沿用至今。[①]

根据2018年夏，笔者考察大福先寺所见，寺院周围由红色院墙围绕，其方位坐南朝北，这在中国寺庙建筑中十分少见，大概与其地理空间有关。自北向南设有山门殿、钟楼、鼓楼、圆觉殿、西配殿、东配殿、万佛殿、圆通宝殿。山门正面额楣上写有"大福先寺"四个大字，此为已故白马寺方丈释法海手迹。山门殿里面额楣上挂一牌，上书"福先禅林"，落款为"日本国高野山静慈圆敬书"。高野山是日本真言宗的祖庭，可以看出，大福先寺承载着日本密教的历史。

这个大福先寺，其前身就是历史上赫赫有名的东都福先寺。福先寺最早是武则天母亲杨氏的住宅，初名为太原寺，据《唐会要》卷四十八《议释教下》载：

> 福先寺游艺坊，武太后母杨氏宅。上元二年，立为太原寺。垂拱三年二月，改为魏国寺。天授二年，改为福先寺。[②]

由武后母杨氏宅改建的太原寺，垂拱三年（687）二月又改为魏国寺，正式命名为福先寺是在天授二年（691）。其位置在洛阳教义坊，另见元《河南志》卷一《教义坊》下："教义坊，唐有武后母荣国夫人宅，后立太原寺。武后登上阳宫，遥见之，辄悽感，乃徙于积德坊。"积德坊即游艺坊所更名，因此，更名后的魏国寺或福先寺一直在积德坊（游艺坊）。[③] 隋唐洛阳城由外郭城、皇城、宫城及城内里、坊组成。据现代考古勘察可知，"外郭城东北城角在今唐寺门村，东南城角在城角村，西南城角在古城村西，西北城角在苗家沟村南，周长约27.5公里"。[④] 积德坊（游艺坊）是洛阳城上东门内大道南侧东数第一坊，福

---

① 徐金星：《唐朝古寺今犹存》，《洛阳日报》2017年12月7日第10版。

② （宋）王溥撰：《唐会要》（上），上海：上海古籍出版社，2006年，第993页。

③ 辛德勇：《隋唐两京丛考》，西安：三秦出版社，1991年，第153页。

④ 徐金星：《义净与洛阳》，《河南科技大学学报（社会科学版）》2019年06期，第7页。

先寺便位于此处。

　　福先寺自创建之初，便以高规格的皇家寺院形式融汇东西，海纳百川。武则天亲自为此撰写《大福先寺浮屠碑》，收录于《全唐文》卷九八。其碑载："大福先寺者，先圣之旧居也。尔其途临测景，地处交风，楼台郁而烟雾深，山川旷而原野净。前瞻太室，控紫岳之三花；却镜伊瀍，带黄河之千里。龙门右辟，通梵宇之清辉；龟浦横流，激禅池之逸派。途开八政，门闼九逵。万国交会之区，四海朝宗之所。"①武则天又为寺院请来提云般若、法藏、菩提流志、义净等名僧，在此译经讲义，传道弘法。

　　开元十二年（724），唐密祖师善无畏与其弟子一行也曾在此翻经注疏，《宋高僧传》卷二《唐洛京圣善寺善无畏传》载："（善无畏）十二年随驾入洛。复奉诏于福先寺译《大毗卢遮那经》。其经具足梵文有十万颂，畏所出者撮其要耳。曰《大毗卢遮那成佛神变加持经》七卷。沙门宝月译语，一行笔受删缀辞理。文质相半，妙谐深趣。"善无畏译的密教经典《大毗卢遮那成佛神变加持经》，即《大日经》，它与《金刚顶经》一样，是密教最重要的两部经典。因此，可以看出大福先寺与密宗的因缘。如今，日本高野山僧人敬赠"福先禅林"字牌，说明日本密教的认祖归宗情怀。

　　不仅如此，福先寺尤其以佛教律仪之冠而名传天下，为唐朝律学一大中心。正如《唐故东都福先寺临坛大德广宣律师墓志铭并叙》所载："福先律仪，首冠天下。"②可见其律学之影响。

　　此次遣唐使应当早已知晓大福先寺的律学声望，特来寻找去日本传戒的律师。于是，受命请律师的荣睿和普照，来到了洛阳大福先寺。在那里，他们不仅邀请到一位著名的律学禅师道璿，而且还在那里受具足戒，高僧定宾亲当戒师，为二人授戒。而邀请到的道璿，随遣唐使副使中臣名代，乘第二船于736年抵达日本。《唐大唐和上东征传》载：

---

① （清）董诰等：《全唐文》（第一册），北京：中华书局，1983年，第1010页。

② 介永强：《唐东都福先寺广宣律师墓志发覆》，《中原文物》2017年第3期，第102-105页。

　　日本国天平五年，岁次癸酉，沙门荣睿、普照等随遣唐大使丹墀真人广成，至唐国留学。是岁，唐开元二十一年也。唐国诸寺三藏、大德，皆已戒律为入道之正门；若有不持戒者，不齿于僧中。于是，方知本国无传戒人。仍请东都大福先寺沙门道璿律师，附副使中臣朝臣名代之舶，先向本国去，拟为传戒者也。①

　　至于道璿其人，日本诸多史料都有零星记载，主要有《高僧沙门释道璿传》《续日本纪》《唐大和上东征传》《南天竺波罗门僧正碑并序》《道璿和上传纂》《东大寺要录2》（供养章第三所引《大安寺菩提传来记》）、《三国佛法传通缘起》卷中《华严宗》及卷下《律宗》、《元亨释书》卷十六《唐道璿》、《延历僧录》等。结合这些史料，大体可了解道璿的简要经历，尤其在日本的生活轨迹。

　　道璿（702—760），离开唐朝时36岁，许州人，俗姓卫氏。天平八年（736）五月抵达筑紫，八月二十三日到平城京，随副使中臣朝臣名代拜朝。最澄在其《内证佛法相承血脉谱》中引用吉备真备著《道璿和上传纂》云："大唐道璿和上，天平八岁，至自大唐，戒行绝伦，教诱不怠。至天平胜宝三岁，圣朝请为律师，俄而以疾退居比苏山寺。"②天平胜宝三岁，即751年，道璿被日本朝廷聘为律师，晚年退居位于吉野的比苏山，天平宝字四年（760）闰四月去世，著有《集注菩萨戒经》三卷、《集注梵网经》三卷及《四季追福文》等。

　　道璿赴日时，同船抵达的还有从唐请来的其他人，据《续日本纪》"天平八年（736）八月庚午"条载：

　　　　八月庚午，入唐副使从五位上中臣朝臣名代等，率唐人三人、波斯人一人拜朝。③

　　这里的"唐人三人、波斯人一人"，究竟为何人？通过接下来的

① ［日］真人元开著，汪向荣校注：《唐大和上东征传》，北京：中华书局，1979年，第38页。
② ［日］比叡山専修院附属叡山学院編：『伝教大師全集』第1巻、大津：比叡山図書刊行所、1926年、第13页。
③ ［日］青木和夫、稲岡耕二、笹山晴生、白藤禮幸校注：『続日本紀　二』（新日本古典文学大系）、東京：岩波書店、1995年、第302页。

《续日本纪》"天平八年十一月戊寅"条和"天平神护二年（766）十月癸卯"条记载可知，唐人三人为道璿、唐乐学者皇甫东朝及其女儿皇甫升女，波斯人是李密翳。另外，天平八年（736，唐开元二十四年），乘副使中臣朝臣名代船同时抵达日本的还有南天竺国僧人菩提仙那、林邑国僧人佛哲（徹）等。

遣唐使在洛阳的活动，通过各种史料，至少可以梳理出以下一些内容：

第一，开元二十一年（733），得知遣唐使来朝后，阿倍仲麻吕欲随之回国，视老探亲，故上奏请示玄宗皇帝，但未得到许可。仲麻吕因作诗一首："慕义名空在，愉忠孝不全。报恩无有日，归国定何年。"[1]以诉情怀。

第二，开元二十二年（734）四月，遣唐使赴洛阳朝贡，献美浓絁二百匹、水织絁二百匹。美浓絁和水织絁，均为献给唐朝皇帝的代表性贡礼，10世纪编辑的《延喜式》卷三十"大藏省式·赐蕃客例"载送给"大唐皇"的清单中记有同样的内容："水织絁、美浓絁二百疋。"[2]这些"国信物"，在日本属于最高级的贡品。

第三，遣唐使判官秦朝元，在东都洛阳期间受到玄宗皇帝接见，并得到丰厚的赏赐。《怀风藻》"辨正法师"条载：

> 天平年中，拜入唐判官，到大唐见天子。天子以其父故，特优诏，厚赏赐。[3]

---

[1]　此诗不见于中国文献，目前所见，根据不同版本，个别字略有出入，有将"愉忠孝不全"写作"输忠孝不全"的，有将"归国定何年"写作"归国有定年"。该诗见于《古今和歌集目录》"安倍朝臣仲麻吕一首"，参见［日］塙保己一编纂：『群書類従』第十六輯·和歌部（卷第二百八十五），東京：続群書類従完成会，1960年，第116頁。

[2]　《延喜式》卷三十"大藏省式"条载："大唐皇：银大五百两，水织絁、美浓絁各二百疋，细絁、黄絁各三百疋，黄丝五百绚，细屯绵一千屯。别送：彩帛二百疋，叠绵二百帖，长绵二百屯，纻布卅端，望绵布一百端，木绵一百帖，出火水晶十颗，玛瑙十颗，出火铁十具，海石榴油六斗，甘葛汁六斗，金漆四斗。"参见［日］藤原忠平等撰：『延喜式』（国史大系　第十三卷）、東京：経済雑誌社、1900年、第876頁。

[3]　［日］與謝野寛、正宗敦夫、與謝野晶子編纂校正：『日本古典全集：懐風藻·凌雲集·文華秀麗集·経国集·本朝麗藻』、東京：日本古典刊行会、1926年、第18頁。

第四，荣睿、普照至大福先寺请道璿去日本，道璿当即受请。思托撰《大唐传戒师僧名记大和上鉴真传》亦云：

> 其荣睿从开元二十年来至唐国，初至东京大福先寺，见僧道璿，便请具论心事。其僧道璿当即受请，先向日本相待。[①]

第五，下道朝臣真备（吉备真备）在洛阳的活动。新发现的鸿胪寺丞《李训墓志》载，李训于开元二十二年（734）六月二十日，死于河南圣善寺之别院，同月二五日权殡于洛阳感德乡之原。而墓志书写者署名为"日本国朝臣备"，此"朝臣备"基本可以认定为当时在唐留学的下道朝臣真备。因玄宗皇帝移至洛阳，鸿胪寺及其他中央机构，包括为李训墓志铭撰文的秘书丞褚思光等官员，也随之搬到洛阳办公。因此，鸿胪寺李训卒于洛阳而非长安也合情合理；而留学 17 年之久的下道真备与接待外国使臣的鸿胪寺官员李训交往深厚，亦在情理之中。

同样在开元二十二年正月，另一位日本留学生井真成死于长安，诏赠尚衣奉御，以其年二月四日，葬于万年县浐水口原。井真成的存在，见于 2004 年发现的《井真成墓志》，其他史料无载，去世时三十六岁。可以认为，他是同阿倍仲麻吕、下道真备等同一批的留学生，并非此次遣唐使成员。

下道真备书写完李训墓志铭后，于同年乘大使多治比真人广成的船回国。由此看出，遣唐使在洛阳期间，真备也在洛阳，并与鸿胪寺官员有着密切交往。另外，760 年道璿去世后，吉备真备为其撰《道璿和上传纂》，由此看来，在洛阳期间，真备也许与道璿有过面识，起码到日本后有过较深的交往。

第六，另有一些无名的遣唐使人员及留学生在唐求学。遣唐使回国后，给朝廷献物的行列中，除下道真备、僧玄昉外，还有一个叫秦大麻吕的请益生献《问答》六卷。据《续日本纪》"天平七年（735）五月七日"条载："壬戌，入唐使献请益秦大麻吕问答六卷"。所谓"问答"，是遣唐使在出发前，把律令、汉文典籍等方面疑惑之处写成问

---

① ［日］真人元开，汪向荣校注：《唐大和上东征传》（附录一），北京：中华书局，1979 年，第 105 页。

题，带到唐朝，请有关人士解答，由此构成的问答书卷，类似于后来天台宗僧人寻求解答教义的"唐决"。

如此，遣唐使及荣睿、普照，在洛阳期间与唐人进行了广泛交流，从事许多活动，最终邀请到道璿赴日本传戒。同时，也邀请到皇甫东朝、皇甫升女，波斯人李密翳、南天竺国僧人菩提仙那、林邑国僧人佛哲（徹）等到日本，为日本文化注入新活力。

四、敕日本国王书

此次遣唐使的归途并不顺利，除第一船外，其他船只皆遇灾难，航行遇到重大挫折。遣唐使及留学人员完成使命后，在四船停留的苏州集合。开元二十二年（734）十月，归国及赴日人员在此集结，一起驶向东海。然而，船一下海，便发生了意想不到的风浪及漂流。

其中，中臣名代带领的第二船折回越州，主要人员返回洛阳，再次出发前，玄宗皇帝给日本国王写一封敕书，该书称作《敕日本国王书》，由时任宰相张九龄代笔，全文如下：

> 敕日本国王主明乐美御德：彼礼仪之国，神灵所扶，沧溟往来，未尝为患。不知去岁，何负幽明。丹墀真人广成等入朝东归，初出江口，云雾斗暗，所向迷方，俄遭恶风，诸船飘荡。其后一船在越州界，其真人广成寻已发归，计当至国。一船飘入南海，即朝臣名代，艰虞备至，性命仅存。名代未发之间，又得广州表奏，朝臣广成等飘至林邑国，既在异国，言语不通，并被劫掠，或杀或卖，言念灾患，所不忍闻。然则林邑诸国，比常朝贡，朕已敕安南都护，令宣敕告示，见在者令其送来，待至之日，当存抚发遣。又一船不知所在，永用疚怀，或已达彼蕃，有来人可具奏。此等灾变，良可不测，卿等忠信则尔，何负神明。而使彼行人，罹此凶害。想卿闻此，当用惊嗟，然天壤悠悠，各有命也。中冬甚寒，卿及首领百姓并平安好，今朝臣名代还，一一口具，

遗书指不多及。①

隋唐外交中，传递国家意志除个别场合采取"口头"方式外，常用的手段是通过"文书"的形式传达信息。这种采用书信格式、以皇帝名义发给周边政权或部族的"王言"，《文苑英华》称其为"蕃书"②，日本学界通常称作"国书"③。唐朝的天子文书有七种，据《唐六典》卷九"中书令"条的记述，王言之制有七，一曰册书；二曰制书；三曰慰劳制书；四曰发日敕；五曰敕旨；六曰论事敕书；七曰敕牒。

这封敕书非常有名，在唐朝中日交往史上占有重要地位。隋唐中日交往中，史料所见"国书"甚少。隋代，倭国至隋皇帝的有一封"致书"、一封"慰劳诏书"，隋炀帝也给倭王写过一封"慰劳诏书"。慰劳诏书，即《唐六典》所载的"慰劳制书"，唐初称作"诏书"，武则天称帝之后，为避讳其名武曌（zhào），遂改诏书为制书④。慰劳诏书开头语有两种句式，一曰"皇帝敬问某"，二曰"皇帝问某"；论事敕书的开头语句式为"敕某"。无论哪种句式，语义代表的都是君臣关系，是唐天子对臣下的问候语。⑤

唐朝，唐天子致日本国王的信函，仅存一例，就是这个《敕日本国王书》，日本学者将其归为"论事敕书"。⑥ 该敕书的内容，与《续日

①　该敕书见于《唐丞相曲江张先生文集》（《曲江集》、《文苑英华》卷四百七十一、《全唐文》卷二百八十七、《钦定四库全书》集部《曲江集》卷十二）。参见（清）董诰等：《全唐文》（第三册），北京：中华书局，1983 年，第 2910-2911 页。

②　景凯东：《论唐代的蕃书类王言》（《唐研究》第二十五卷），北京：北京大学出版社，2020年，第 341-360 页。

③　［日］石见清裕著，王博译：《唐代的民族、外交与墓志》，西安：西北大学出版社，2019 年，第 75 页。

④　《旧唐书》卷六《则天皇后》载："载初元年春正月，神皇亲享明堂，大赦天下。依周制建子月为正月，改永昌元年十一月为载初元年正月，十二月为腊月，改旧正月为一月，大酺三日。神皇自以'曌'字为名，遂改诏书为制书。"参见（后晋）刘昫等撰：《旧唐书》（简体字本二十四史，第 29 册），北京：中华书局，2000 年，第 80 页。

⑤　［日］廣瀬憲雄：「外交文書と外交儀礼」、鈴木靖民・金子修一・田中史生・李成市編『日本古代交流史入門』、東京：勉誠出版、2017 年、第 422 頁。

⑥　［日］金子修一：「唐代の国際文書について」、『史学雑誌』83 (10)、1974 年、第 29—51 頁；中村裕一：『唐代制勅研究』、東京：汲古書院、1992 年；鈴木靖民、金子修一、石見清裕、浜田久美子編：『訳註　日本古代の外交文書』、東京：八木書店、2014 年。

本纪》天平十一年（739）十一月平群广成拜朝时所汇报的情况基本一致。并且，毫无疑问，中臣朝臣名代已将此敕书带回日本，交给朝廷。

但是，包括《续日本纪》在内，日本正史中丝毫未提及《敕日本国王书》一事，也未抄载原文。原因何在呢？

日本史料中不载唐皇敕书，其根本原因在于日本进入律令制度以后，国家意识加强，模仿隋唐制度树立起了以本国为中心的帝国思想。正如石母田正指出的那样，日本国内形成了"东夷小帝国"思想。[1] 而《敕日本国王书》反映的是君臣思想，唐廷从未使用过"天皇"一词，未认可其君主为"天皇"，称日本天皇为"日本国王"，视其为蕃国。时任天皇是圣武天皇，而敕书也未直呼其名，只是以"天皇"称谓的音译汉字"主明乐美御德"代替，或被称为"卿"，而玄宗自称用"朕"，显然是天子对诸侯或蕃国的关系。可见，"天皇"一词只限于日本国内使用。因此，日本朝廷及史书编纂者有意识回避这一事实，展现出其以自我为中心的世界观。

如此，这次遣唐使虽然取得了丰硕成果，顺利地完成了使命，满载大唐先进的科学技术，带着无数的文化知识和书籍等踏上归途。但是，返航之路并不顺利，遭遇了人员和物资的巨大损失。

第一船，主要成员包括大使多治比真人广成、留学生下道真备、留学僧玄昉、请益生秦大麻吕等。该船于天平六年（734）十一月二十日，漂流至多祢岛（种子岛），第二年三月十日抵达平城京。可以说，大使的船基本顺利，未出现人员损伤情况。

第二船，副使中臣朝臣名代指挥。该船刚一出发，很快就遭遇恶风，迷失方向，漂到南海，在越州界，后又通过地方上奏，将中臣名代等送至洛阳，得到玄宗皇帝的关照，回国时，已是736年。时任宰相张九龄代笔的《敕日本国王书》，由中臣名代带回日本。同船抵达的还有大福先寺僧道璿、皇甫东朝、皇甫升女和波斯人李密翳等。

第三船由判官平群广成指挥。此船离开苏州后，漂流至林邑国，

① ［日］石母田正：「日本古代における国際意識について」、『思想』1962 年第 454 号、第 2—9 頁；青木和夫等編：『石母田正著作集　第 4 巻』、東京：岩波書店、1989 年。

异国他乡，言语不通，遭到贼匪攻击，有的被掠杀，有的患病身亡，全船一百多人，仅有四人幸免于难。玄宗皇帝得知后，令安南都护寻找幸存者，送回长安的四人最终于739年，由渤海国返回日本。关于此船的归国情况，《续日本纪》"天平十一年（739）十一月辛卯"条载：

> 十一月辛卯，平郡朝臣广成等拜朝。初广成，天平五年，随大使多治比真人广成入唐。六年十月，事毕却归。四船同发，从苏州入海。恶风忽起，彼此相失。广成之船一百一十五人，漂着昆仑国。有贼兵来围，遂被拘执。船人，或被杀，或迸散。自余九十余人，着瘴死亡。广成等四人，仅免死，得见昆仑王。仍给升粮，安置恶处。至七年，有唐国钦州熟昆仑到彼。便被偷载出来，既归唐国。逢本朝学生阿倍仲满。便奏，得入朝，请取渤海路归朝。天子许之，给船粮发遣。十年三月，从登州入海。五月，到渤海界，适遇其王大钦茂差使欲聘我朝。即时同发。及渡沸海，渤海一船，遇浪倾覆。大使胥要德等四十人没死。广成等，率遣众到着出羽国。[①]

判官平群广成等漂流的地点，《敕日本国王书》记为"林邑国"，《续日本纪》记为"昆仑国"。但《旧唐书》卷一百九十七《南蛮》载："自林邑以南，皆卷发黑身，通号为'昆仑'。"二史料所载的"林邑国"或"昆仑国"，指的应该是同一处。

广成等4人返回长安后，唐朝境内已无船通往日本，恰巧碰上渤海国贡使来朝，在阿倍仲麻吕的努力下，通过渤海国送回日本。平群广成的经历可谓死里逃生，不仅漂至林邑国（昆仑国），几经磨难，全船115人，只有4人生还，而且，从渤海绕道回日本的航海中，船舶又遇海浪倾覆，包括大使胥要德在内的四十余人淹死。

第四船则去向不明。该船出发后不知所踪，《敕日本国王书》中所述的"又一船不知所在"，指的就是此船。第二船的副使中臣名代刚一

---

① ［日］青木和夫、稻冈耕二、笹山晴生、白藤禮幸校注：『續日本紀　二』（新日本古典文学大系）、東京：岩波書店、1995年、第356頁。

回国，朝廷就下诏授官，其中为死去的判官田口朝臣养年富、纪朝臣马主赠位。^①百年后，承和三年（836）五月，朝廷赠曾死于唐朝的八位入唐使及留学生，其中就包括纪朝臣马主、田口朝臣养年富二人。^②由此判断，二人死于唐或归国途中，而第四船的消息则具体不详。

总之，日本朝廷虽发生一起"长屋王之变"，出现了短暂的政局动荡，但并未影响其派遣唐使和吸收佛教文化的决心。第十次遣唐使的一个重要使命就是聘请唐高僧到日本担任戒师，帮助日本佛教向正统发展。此时，日本国内自上而下，已具备了普及佛教的社会环境，唯独在戒师方面尚有欠缺。

遣唐使规模宏大，四船齐发，五百九十多人顺利抵达苏州。朝廷特派通事舍人韦景先往苏州宣慰。遣唐使在唐的活动主要集中在洛阳，原因是玄宗皇帝自开元二十二年（734）正月至二十四年（736）十月一直住在洛阳。

洛阳大福先寺是一座辉煌的寺院，可谓当时佛教交流的一大中心，尤其以律宗著称于世，"福先律仪，首冠天下"。出自名门的道璿接受荣睿、普照的邀请，随遣唐使赴日本传授戒律。同道璿一起抵达的还有唐人、波斯人等。这些人的到来，为奈良时期的天平文化增添了国际色彩。

这次遣唐使的业绩可谓喜忧参半。一方面，他们在唐期间参加许多活动，交流得非常顺利，下道真备带回大量的天文历法书籍及礼、乐之器，玄昉也带回了佛像和经、论五千余卷。另一方面，回国途中，旅途艰辛，四船仅有一艘顺利抵达，一船迟归，另一船在林邑国遇难，仅四人生还，而第四船则杳无音信。玄宗皇帝的《敕日本国王书》，不仅记录了各船的回国情况，同时也为了解"国书"留下珍贵史料。

<hr />

① 《续日本纪》"天平八年（736）十一月戊寅"条载："天皇临朝，诏：授入唐副使从五位上中臣朝臣名代从四位下。故判官正六位上田口朝臣养年富、纪朝臣马主并赠从五位上。准判官从七位下大伴宿祢首名、唐人皇甫东朝、波斯人李密翳等，授位有差。"参见［日］青木和夫、稻冈耕二、笹山晴生、白藤禮幸校注:『続日本紀　二』（新日本古典文学大系）、東京:岩波書店、1995 年、第 304 頁。

② 《续日本后纪》"承和三年（836）五月戊申"条。

一、天平文化

724 年，元明天皇禅位于皇太子首皇子，圣武天皇即位，年号改为"神龟"。五年后，有一河内国古市郡人贺茂子虫向朝廷献一只乌龟，长五寸三分，阔四寸五分，背有文云"天王贵平知百年"[1]，因此改元为"天平"。日本社会从此进入圣武天皇的天平时代（729—749）。一般将奈良时期形成的璀璨文化，称作"天平文化"。

圣武天皇改元的过程，颇似于武则天加尊号为"圣母神皇"的情形。垂拱四年（688）四月，魏王武承嗣伪造瑞石，上有文云："圣母临人，永昌帝业。"令雍州人唐同泰表称获之洛水。皇太后大悦，五月便加尊号称圣母神皇。[2] 同样，贺茂子虫献的祥瑞乌龟，背上也刻有文字。龟背上有文字，肯定不是自然之物。有趣的是，唆使贺茂子虫献龟的竟然是一位叫作道荣的唐朝僧人。《续日本纪》"天平八年（729）八月癸亥"条载："唐僧道荣，身生本乡，心向皇化，远涉沧波，作我

---

① ［日］青木和夫、稻冈耕二、笹山晴生、白藤禮幸校注：『続日本紀　二』（新日本古典文学大系）、東京：岩波書店、1995 年、第 212 頁。

② 《旧唐书》卷六《则天皇后》。参见（后晋）刘昫等撰：《旧唐书》（简体字本二十四史，第 29 册），北京：中华书局，2000 年，第 79 页。

法师。加以，训导子虫，令献大瑞。"① 因此，朝廷号称天地之神显现祥瑞，改神龟六年为天平元年，大赦天下。

不知唐僧道荣的这一做法是否受到唐廷的影响，起码这类事情在武则天执政时期频有发生。载初元年（690）七月，有沙门十人伪撰《大云经》，表上之，盛言神皇受命之事。武则天因此颁诏于天下，令诸州各置大云寺，总度僧千人。② 其意图在于，借助女王诞生、弥勒下凡等佛教故事，现女身以救众生，预示其当女帝的合理性。而来到日本的道荣，应该是出生或生活在武则天时期的僧人。

道荣，生卒年不详，何时渡日，未见记载。但他在日本的活动轨迹，最早见于 720 年的一道诏书，据《续日本纪》"养老四年十二月癸卯"条载：

> 诏曰：释典之道，教在甚深。转经唱礼，先传恒规。理合遵承，不须辄改。比者，或僧尼自出方法，妄作别音。遂使后生之辈积习成俗。不肯变正，恐污法门，从是始乎。宜依汉沙门道荣、学问僧胜晓等转经唱礼。余音并停之。③

日本僧尼在转经、唱礼时出现乱象，"自出方法，妄作别音"，久之变俗，不肯更改，有损佛教的尊严。朝廷要求统一念经、唱诵的声音，规范转经与梵呗。而此举的导师便是"汉沙门道荣"和"学问僧胜晓"。此二人，一个是唐朝僧人，一个是曾留学唐朝的日本僧人。根据养老四年（720）十二月这个时间点，他们应该是养老二年（718）乘第九次遣唐使的船到日本的，道荣属于赴日唐僧，胜晓则为归国留学僧。

关于道荣，《元亨释书》卷第十六《释道荣》亦云："唐人，尤善梵

---

①　[日]青木和夫、稲岡耕二、笹山晴生、白藤禮幸校注『続日本紀　二』（新日本古典文学大系）、東京：岩波書店、1995 年、第 220 頁。

②　《旧唐书》卷六《则天皇后》"载初元年七月"条。

③　[日]青木和夫、稲岡耕二、笹山晴生、白藤禮幸校注：『続日本紀　二』（新日本古典文学大系）、東京：岩波書店、1995 年、第 80 頁。

呗。"① 这样，道荣来到日本后，担任法师，被授予绯色袈裟，享受从五位下的官品待遇。他训导贺茂子虫，献祥瑞之龟，以背甲上的文字为名，变更了年号。由此可知，"天平"这一年号的诞生，竟然与赴日唐僧道荣的训导密不可分。

圣武天皇执政期间，正是奈良时代走向繁盛的时期。从欧亚大陆整体来看，不仅日本，唐朝社会也在李隆基在位的开元（713—741）和天宝（742—756）期间，发展到盛世。在日本律令制度下，僧人与官员相比，社会地位尚处于次位，《大宝律令》及《养老律令》中均有《僧尼令》（共二十七条），对僧尼的各种行为进行约束。例如，《僧尼令》第十九条的"遇三位已上条"规定，僧尼在路上遇见三位以上官员时，必须隐身，若对方为五位以上官员，骑马时须驻马相揖而过，若步行，则须隐身躲起来。②

但是，身处权力顶层的圣武天皇，却十分崇敬佛教，他希望通过佛教，镇护国家。当然，圣武天皇佛教护国的客观原因来自现实社会的危机。天平年间，日本各地灾难不断，频频发生疾病和地震，给百姓带来重大困苦，死者无数。从 733 年至 741 年的 9 年间，发生过 4 次流行疫病，其中有 3 次为大流行③。尤其进入 735 年后，大宰府不断上奏疫情，先是八月二十三日，大宰府言，管内诸国，疫疮大发，百姓悉卧。到了次年，男女不能劳作，农事有废，五谷不饶。737 年，大宰府管内诸国，百姓多死。这种称作"疫疮""豌豆疮"或"裳疮"的传染病，实则是天然痘（天花）。该病给日本造成巨大损失，735 年一开始流行，传染的势头就非常猛烈，《续日本纪》"天平七年（735）"条载："是岁，年颇不稔，自夏至冬，天下患豌豆疮（俗曰裳疮）。夭死者多。"

到了 737 年，疾病已经蔓延到朝廷，四月，藤原房前死于天然

---

① ［日］虎関師錬：『元亨釈書』（国史大系　第四十卷）、東京：経済雑誌社、1901 年、第 898 頁。
② ［日］井上光貞、関晃、土田直鎮、青木和夫校注：『律令』（日本思想体系 3）、東京：岩波書店、1976 年、第 221 頁。
③ 董科：「奈良時代前後における疫病流行の研究—『続日本紀』に見る疫病関連記事を中心に」、『東アジア文化交渉研究』第 3 号、2010 年、第 489—509 頁。

痘，七月，远征东北回来不久的藤原麻吕死亡，继而，藤原武智麻吕、藤原宇合病死。几个月内，藤原四兄弟相继死去。朝廷政务也受到影响，甚至一度出现"废朝"现象，原因是"百官官人患疫也"。[①] 不仅如此，地震频发也使朝廷惊恐不安，734 年地震殊常，天皇派使者到畿内七道诸国及神社，检查地震造成的损失。此后，几乎每年都发生地震，尤其 745 年，三日三夜，地震异常，水泉涌出。

这种情况下，一度崇佛的圣武天皇，欲借助佛教的力量拯救百姓疾苦。在其佛教救国及个人信仰的引导下，圣武天皇主要做了以下一些举措：

第一，天平九年（737）三月颁诏，诏曰：每国，令造释迦佛像一躯、胁侍菩萨二躯、兼写《大般若经》一部。

第二，天平十三年（741）三月，令诸国各建造一对寺院，寺名为"金光明四天王护国之寺"（国分寺）和"法华灭罪之寺"（国分尼寺），两寺相共。其目的如《金光明最胜王经》所云："若有国土讲宣读诵，恭敬供养，流通此经王者，我等四王，常来拥护，一切灾障，皆使消殄。忧愁疾疫，亦令除差。所愿遂心，恒生欢喜。"[②] 要求僧尼，每月八日必须转读《最胜王经》，每至月半，诵《菩萨戒羯磨文》。每月六斋日，公私不得渔猎杀生，国司等应常检校。天皇欲借助佛教的力量，消除苦难，保佑国泰民安、五谷丰登。

第三，天平十五年（743），圣武天皇想在紫香乐宫造卢舍那大佛，欲借三宝之威灵，修万代之福，天平十五年十月十五日下诏，造卢舍那佛金铜像一躯。尽国铜而镕象，削大山以构堂。圣武天皇称自己是天下最富者、天下最有势之人，愿意以此富势造佛像。十月十九日，圣武天皇来到紫香乐宫，开始筹划建造卢舍那大佛。于是，行基法师率弟子等，发动群众，投身造像活动中。

741 年至 745 年，圣武天皇相继移至恭仁京、难波宫、紫香乐宫，

① 〔日〕青木和夫、稻冈耕二、笹山晴生、白藤礼幸校注：『続日本紀　二』（新日本古典文学大系）、東京：岩波書店、1995 年、第 322 頁。
② 〔日〕青木和夫、稻冈耕二、笹山晴生、白藤礼幸校注：『続日本紀　二』（新日本古典文学大系）、東京：岩波書店、1995 年、第 388 頁。

试图迁都，结果出于火山爆发、地震、病疫等多种原因，又回到了平城京，于是将紫香乐宫造卢舍那大佛的计划移至东大寺实施。

第四，建东大寺，完成卢舍那大佛。东大寺最初是位于若草山下的一个小寺，名为金钟寺。728 年，为追悼死去的王子基皇子，在平城宫东侧若草山下造"山房"，令九名僧人入住，东大寺的开山之祖良辨（689—774），即为当初的九僧之一。他于天平五年（733）创立羂索院，号古金钟寺。[①] 后来，金钟寺被指定为大和国国分寺。天平胜宝元年（749）四月甲午朔，"天皇幸东大寺，御卢舍那佛像前殿，北面对像。皇后、太子并侍焉。群臣百寮及士庶，分头行列后"[②]。四月十四日，天皇再次来到东大寺，大臣、百官及士庶等随行，皆以此行列。

天平胜宝元年七月二日，圣武天皇让位，皇太子受禅，即位于大极殿。新天皇是圣武天皇和光明皇后之间所生的女子，即位前称"阿倍内亲王""阿倍皇子"，史称孝谦天皇，为日本第 46 代天皇。孝谦天皇两次担任天皇，在淳仁天皇之后再次即位，史称称德天皇，为第 48 代天皇。

第五，东大寺大佛开眼会。天平胜宝四年（752）四月九日，卢舍那大佛像落成，举行盛大的开眼仪式。开眼会原定于佛祖释迦牟尼诞生日的四月八日进行，结果推迟一天。开眼供养仪式的场面，声势浩大，《续日本纪》对当时的场面作如下记载：

> 卢舍那大佛像成，始开眼。是日，行幸东大寺。天皇亲率文武百官，设斋大会。其仪一同元日。五位已上者，着礼服。六位已下者当色。请僧一万。既而雅乐寮及诸寺种种音乐，并咸来集。复有王臣诸氏五节、久米舞、楯伏、踏歌、袍袴等歌舞。东西发声，分庭而奏。所作奇伟，不可胜记。佛法东归，斋会之仪，未尝有如此之盛也。[③]

---

① ［日］筒井英俊校注：『東大寺要録』、東京：国書刊行会、1971 年、第 7 頁。

② ［日］青木和夫、稲岡耕二、笹山晴生、白藤禮幸校注：『続日本紀　三』（新日本古典文学大系）、東京：岩波書店、1995 年、第 64 頁。

③ ［日］青木和夫、稲岡耕二、笹山晴生、白藤禮幸校注：『続日本紀　三』（新日本古典文学大系）、東京：岩波書店、1995 年、第 118 頁。

　　如此壮观的场面，史无前例。关于这次供养会的细节，《东大寺要录》记录得更为详细些。据此可知，当日的仪式分四大部分，分别为：开眼师主持的开眼仪式；讲师、读师主导的《华严经》讲说；诸寺献奇异物；奏乐与舞蹈。

　　卢舍那大佛开眼会上，开眼师为南天竺出身的婆罗门僧菩提仙那，圣武太上天皇原本欲亲自担任，因年迈体弱，故委托他代行。《华严经》讲师由曾经建议从唐朝招请传戒师的元兴寺僧人隆尊担任。咒愿师是洛阳大福先寺僧道璿。音乐与舞蹈阵势庞大，不仅有日本古代传统音乐，更有唐古乐、唐散乐、林邑乐、高丽乐、伎乐、度罗乐等海外音乐。来自日本本土的僧俗则超过万人。

　　大佛开眼仪式的道具也格外壮观，当时使用的笔、墨、缥缕等，至今仍保存在正仓院。笔长56.6厘米，墨长52.5厘米，缕长达190米。被称为"天平宝物笔"的开眼笔，使用斑竹、鹿毛、羊毛、狸毛等做成。开眼的缕，呈蓝色，绢制而成。

　　开眼会不仅在人员方面有来自中亚、唐等多国的僧侣，乐舞方面也有唐、东南亚（林邑）及新罗等国际音乐。可以说，这是日本史上空前的一次国际性大法会。开眼师菩提仙那，随遣唐使来到日本以后，专心传教，直至埋骨日本。身为印度人（南天竺人），他的事迹在印度及中国都没有留下记载，却频繁出现于日本"正史""说话""物语""绘像"等各种文本和艺术形式中[1]，在日本佛教史上留下了辉煌一页，被尊为东大寺"四圣"之一。东大寺历史上，有四位做出突出贡献的尊者，称"四圣"。他们分别是圣武天皇、良辨、行基、菩提仙那。

　　当初的卢舍那佛，其大小、尺寸等均有准确记录，根据《延历僧录》中《胜宝感神圣武皇帝菩萨传》载：

　　　　又于古金钟寺造东大寺并莲花藏世界卢舍那佛。奉造卢舍那佛像，结跏趺坐，高五丈二尺四寸。肉髻高三尺，自髻际至顶七尺，自眉上至髻际一尺九寸三分。御眉间一尺一寸，御目长三尺

---

① ［日］小岛裕子：「大仏を開眼した菩提僊那（ボーディセーナ）」、『鶴見大学仏教文化研究所紀要』第24号、2019年、第205—248頁。

九寸，御目间一尺六寸。自目至眉八寸，自鼻前至眉间四尺五寸。
人中长八寸五分，御面径九尺五寸，御头长一尺六寸，御手长八
尺五寸，御颈长二尺六寸五分，御肩径二丈八尺七寸一分，御肩
长五尺四寸五分，御胸长一丈八尺，御臂长一丈九尺，肱至腕长
一丈五尺，御腹一丈五寸，掌长一丈六尺，中指长五尺，中胫长
二丈三尺八寸五分，膝前径三丈九尺。足心长一丈二尺，厚七
尺。[①]

东大寺卢舍那大佛当时在日本属于最大的佛像，像高约 14.98 米、
台座高约 3.05 米、掌 1.48 米，重约 380 吨。该像以举国之力制作而
成，甚至有情愿者持一枝草、一把土，协助造像。

第六，鉴真在东大寺大佛前戒坛为圣武太上天皇、太上皇后、孝
谦天皇等授戒。鉴真到日本后，受到朝廷及各界的热烈欢迎，尤其圣
武太上天皇，对鉴真的到来尤为高兴。天平胜宝六年(754)四月五日，
太上天皇于卢舍那佛前，请鉴真和尚登坛授戒。其后，太皇太后、天
皇同受戒。其次，沙弥证修等四百四十余人受戒。

虽说圣武太上天皇、太上皇后及孝谦天皇受了戒，但并不意味着
他们正式出家。[②] 他们所受的戒，为盛行于中国的大乘戒《梵网经》中
的菩萨戒，出家（比丘、比丘尼）、在家（优婆塞、优婆夷）信众均可
持此戒。另外，圣武天皇此前也受过菩萨戒。据《扶桑略记》载，天平
二十一年（749）正月十四日，圣武天皇于平城宫的中岛宫，请大僧正
行基授菩萨戒，同时受戒的还有其母藤原宫子、皇后光明子。圣武天
皇法号为"胜满"，其母法号"德太"，皇后法号"万福"。[③] 此后，亦称
太上天皇为"沙弥胜满"。[④] 直至天平胜宝八年（756）五月二日，圣武
太上天皇死于寝殿，享年 56 岁。

---

① ［日］仏書刊行会編纂：『大日本佛教全書』第 101 卷、東京：仏書刊行会、1912—1922 年、
第 72—73 頁。

② ［日］東野治之：『鑑真』、東京：岩波書店、2009 年、第 84—85 頁。

③ ［日］鴨祐之、皇円編：『日本逸史　扶桑略記』(国史大系　第六卷)、東京：経済雑誌社、
1897 年、第 565 頁。

④ 《续日本纪》"天平胜宝元年（749）五月癸丑"条。

以天皇为中心的中央集权制度下，实行佛教护国政策，此方针在天平时代得到了彻底贯彻和实行。东大寺大佛的建成及开眼仪式，把这一时期的佛教文化推向高潮，尤其鉴真到达日本后，将以佛教为代表的天平文化又推向一个新高潮。

二、藤原广嗣之乱

天平七年（735），自夏至冬，日本流行一种疾病，称豌豆疮，俗曰裳疮。这种被认为是天花的传染病，传播速度极快，死者甚多。疾病最初爆发于大宰府，后蔓延至全国。关于此病的记录，《续日本纪》载为"疫疮""疫气""疫""疫疠""豌豆疮"或"裳疮"。自735年至737年，病情不断扩大。从《续日本纪》的连续记载中可看出其蔓延轨迹。

（1）"天平七年（735）八月乙未（十二）"条

> 乙未，敕曰：如闻，比日，大宰府疫死者多。思欲救疗疫气，以济民命。

（2）"天平七年（735）八月丙午（二十三）"条

> 丙午，大宰府言，管内诸国，疫疮大发，百姓悉卧。今年之间，欲停贡调。许之。

（3）"天平七年（735）闰十一月戊戌（十七）"条

> 戊戌，诏：以灾变数见，疫疠不已，大赦天下。

（4）"天平七年（735）是岁"条

> 是岁，年颇不稔。自夏至冬，天下患豌豆疮（俗曰裳疮），夭死者多。

（5）"天平八年（736）十月戊辰（二十二）"条

> 戊辰，诏曰：如闻，比年，大宰府所管诸国，公事稍繁，劳

役不少。加以，去冬疫疮，男女惣困，农事有废，五谷不饶。宜免今年田租，令续民命。

（6）"天平九年（737）四月癸亥（十九日）"条

癸亥，大宰管内诸国，疫疮时行，百姓多死。诏：奉币于部内诸社以祈祷焉。又赈恤贫疫之家，并给汤药疗之。

（7）"天平九年（737）五月壬辰"条

壬辰，诏曰：四月以来，疫旱并行，田苗燋萎。由是，祈祷山川，奠祭神祇，未得效验。至今犹苦。朕以不德，实致兹灾。思布宽仁，以救民患。宜令国郡审录冤狱，掩骼埋胔。禁酒断屠，高年之徒。鳏寡惇独，及京内僧尼男女卧疾，不能自存者，量加赈给。又普赐文武职事以上物。大赦天下。自天平九年五月十九日昧爽以前死罪以下，咸从原免。其八虐，劫贼，官人受财枉法，监临守主自盗，盗所监临，强盗、窃盗，故杀人，私铸钱，常赦所不免者，不在赦例。

（8）"天平九年（737）六月甲辰朔"条

六月甲辰朔，废朝。以百官官人患疫也。

（9）"天平九年（737）是年"条

是年春，疫疮大发。初自筑紫来，经夏涉秋。公卿以下天下百姓，相继没死，不可胜计。近代以来，未之有也。

这场疾病给日本社会带来巨大损失，其中一个最直接的后果是藤原四兄弟自天平九年四月至七月，纷纷死于传染病。当权者突如其来的死亡，使得藤原氏家族大伤元气。藤原宇合死后，其长子藤原广嗣逐渐成长，天平九年九月由从六位上升至从五位下，又任式部少辅，天平十年四月兼任大和国（大养德）守。

此时，朝廷内部出现反对藤原氏的势力，称广嗣谗言同族，诽谤同宗，故其于天平十年十二月四日左迁至大宰府，任大宰少式。

　　同时，藤原四兄弟病死后，朝廷主政者为铃鹿王和橘诸兄二人。铃鹿王是长屋王的弟弟，他曾一度于天平元年"长屋王之变"中受牵连，后被赦除，天平十年（738）任大纳言，正三位。橘诸兄则是敏达天皇的曾孙美努王之子，母为县犬养三千代，称为葛城王（葛木王），与光明皇后是异父同母的关系。天平十年正月，橘诸兄升至右大臣。

　　上次遣唐使回国人员中，僧人玄昉和下道真备（吉备真备）很快得到橘诸兄政权的重用。玄昉于养老元年（717）入唐留学，其间，师从"濮阳智周大师"研习法相宗①，玄宗皇帝授其紫袈裟，天平七年（735）随遣唐使回国，带回《一切经》五千卷。天平八年得封户一百、田一十町，天平九年任僧正，十二月入宫为圣武天皇母亲藤原宫子祈祷，受赐物。

　　同与玄昉留学归国的下道真备，很快就展示出才华，受到橘诸兄及天皇的赏识。738 年，七月七日"相扑节"时，天皇观看比赛后，晚上来到西池宫欣赏梅树，兴致高昂，赏赐了真备及其他在场人员。据《续日本纪》"天平十年（738）七月七日"条载：

> 　　秋七月癸酉，天皇御大藏省，览相扑。晚头，转御西池宫。因指殿前梅树，敕右卫士督下道朝臣真备及诸才子曰："人皆有志，所好不同。朕，去春，欲玩此树，而未及赏玩。花叶遂落，意甚惜焉。宜各赋春意，咏此梅树。"文人卅人，奉诏赋之。因赐五位已上绝廿匹，六位已下各六匹。②

　　日本自身传统中，每年七月七日为"相扑节"③，天皇及朝廷官员

---

① ［日］凝然：『三国佛法傳通縁起　巻中・法相宗』、仏書刊行会編纂『大日本佛教全書』第101 卷、東京：仏書刊行会、1912 年—1922 年、第 113 頁。

② ［日］青木和夫、稲岡耕二、笹山晴生、白藤禮幸校注：『続日本紀　二』（新日本古典文学大系）、東京：岩波書店、1995 年、第 340 頁。

③ 821 年撰写，833 年修订的宫廷仪式书《内里式》（中）载："七月七日相扑式。"此外，《续日本后纪》"天长十年（833）五月丁酉"条载："敕，相扑之节，非啻娱游，简练武力。最在此中宜令越前、加贺、能登、佐渡、上野、下野、甲斐、相摸、武藏、上总、下总、安房等国，搜求膂力人贡进。"参见 ［日］森田悌訳：『続日本後紀』（上）、東京：講談社、2010 年、第 53 頁。

共同观赏。这一习俗的时间，早期为七月之中，《日本书纪》"皇极元年（642）七月乙亥（二十二）"条记为七月二十二日。到了天平六年（734），时间基本上固定在七月七日定期举行。《续日本纪》"天平六年七月丙寅"条载："天皇观相扑戏。是夕，徙御南苑，命文人赋七夕之诗。赐禄有差。"伴随着唐文化的传入，日本形成了白天看相扑，晚上赋"七夕之诗"的习俗。而这次，本该寒冬咏梅的圣武天皇，却令下道真备及三十文人在初秋赋咏梅之诗，实属例外，只是偶尔尽兴而已。

玄昉和下道真备受到如此重用，引起藤原广嗣的强烈不满。天平十二年（740）八月二十九日，藤原广嗣上表，指时政之得失，陈天地之灾异，要求解除玄昉和下道真备的职务，认为天灾人祸都是此二人导致的，故"请朝廷乱人二人"。[①]九月三日，广嗣起兵反，率众一万。由此，朝廷派大野朝臣东人为征讨大将军，领兵一万七千人持节讨伐。最终，大约一个半月结束战斗，藤原广嗣被杀，叛乱平息。这场叛乱，史称"藤原广嗣之乱"。

广嗣之乱虽短时间内被平息，但对日本社会还是造成不小的影响，主要体现在以下几方面：

第一，大宰府机构的变迁。

大宰府位于今福冈县太宰府市，是古代日本对外交往的重要窗口，被称为"远方的朝廷"。其机构何时设立，准确时间无考，但从536年出现的"那津官家"来看，起码从此时开始已纳入飞鸟政权的管辖之内。609年，《日本书纪》推古天皇十七年条中载有"筑紫大宰"之名。"白村江之战"后，为防备唐军进攻，将"那津官家"移至现在的大宰府，修筑大野城和椽城。673年，又见"筑紫大郡"记载。677年，"筑紫大宰献赤鸟，则大宰府诸司人赐禄各有差"[②]，说明已配置"诸司"。688年，建造的"筑紫馆"（鸿胪馆）出现运营机制。可见，此时已基本确立了"大宰府"的机构。尤其在持统三年（689）《飞鸟净御原令》

①　［日］青木和夫、稲岡耕二、笹山晴生、白藤禮幸校注：『続日本紀　二』（新日本古典文学大系）、東京：岩波書店、1995年、第372頁。

②　［日］小島憲之、直木孝次郎、西宮一民、藏中進、毛利正守校注・訳：『日本書紀③』（新編日本古典文学全集4）、東京：小学館、1998年、第378頁。

实施以后，八月，任命净广肆河内王为筑紫大宰帅，大宰府正式纳入律令制体系。据《律令·养老职员令》"大宰府"条载：

> 主神一人；帅一人；大式一人；少式二人；大监二人；少监二人；大典二人；少典二人；大判事一人；少判事一人；大令史一人；少令史一人；大工一人；少工二人；博士一人；阴阳师一人；医师二人；算师一人；防人正一人；佑一人；令史一人；主船一人；主厨一人；史生廿人。①

日本古代地方官衙包括大宰府、国府（国衙）、郡衙（郡家）、城栅、关、驿家等。其中，大宰府的职能有别于其他国郡，它属于地方最大的机构，从大宰府所承担的"蕃客、归化、飨宴事"职能来看，其负责接待来自大陆、朝鲜半岛及渤海国等外交使节、外来人的归化及宴请等事务。其行政长官称"大宰帅"，官位为从三位，远比地方国司的"大国守"官职的从五位上高，一般由中央机构的高级贵族担任。

天平二年（730）正月十三日，时任大宰帅的大伴旅人邀请数名友人在其宅邸举行宴会，赏梅赋诗，场面风流文雅，曲水流觞，引人注目的几个人物分别是②：

> 主人，帅，大伴旅人，正三位
> 造观音寺别当沙弥满誓，元从四位上
> 大式纪男人，从四位下
> 少式小野老，从五位上
> 少式粟田大夫，从五位上
> 筑前守山上忆良，从五位下
> 大监大伴百代，正六位下
> 游行女妇儿岛

---

① ［日］井上光贞、関晃、土田直鎮、青木和夫校注：『律令』（日本思想体系 3）、東京：岩波書店、1976 年、第 190—191 頁。

② 2019 年 7 月，日本新年号"令和"实行不久，笔者赴大宰府市考察时，正赶上"大宰府展示馆"举办祝贺"令和"诞生展，其中有一枚山村延烨用博多人偶作的"梅花之宴"复原图像，再现当时场景，这些参加者为其上面标注的人名。

少监阿氏奥岛，从六位上

少监土氏百村，从六位上

大典史氏大原，从七位上

书记役

舞者官人

宴会中的山上忆良（663—733），曾于701年被任命为遣唐使，在唐期间作过一首望乡歌，726年任筑前守，虽年长于大伴旅人两岁，但仍属于他的部下。

大伴旅人组织的梅花之宴上，参加者共有32人，每人作短歌一首，宛如王羲之《兰亭集序》中曲水流觞的场景再现。因此，在日本史上留下了此情此景的32首咏梅之歌。《万叶集》卷五《梅花歌三十二首并序》所载的《序》及32首和歌便是当时的真实记录。其《序》曰：

> 天平二年正月十三日，萃于帅老之宅，申宴会也。于时，初春令月，气淑风和，梅披镜前之粉，兰薰珮后之香。加以，曙岭移云，松挂罗而倾盖，夕岫结雾，鸟封縠而迷林。庭舞新蝶，空归故雁。于是，盖天坐地，促膝飞觞。忘言一室之里，开衿烟霞之外。淡然自放，快然自足。若非翰苑，何以摅情。诗纪落梅之篇。古今夫何异矣。宜赋园梅，聊成短咏。[1]

此情、此景、此序，之所以引起我们关注，那是因为日本新的年号，2019年4月1日公布的"令和"就诞生于大宰府，选用此《序》中的"初春令月，气淑风和"之句，最后凝缩了"令"与"和"。三十二首和歌的作者不仅是律令制度下的官员，同时也是文化人、诗人。大伴旅人和山上忆良都是当时的一流歌人，《万叶集》中收录许多他们的诗歌，在日本文学史上赫赫有名。在天平文化的熏染下，大宰府之地形成了灿烂多彩的"筑紫歌坛"，收录4500首和歌的《万叶集》中，涉及大宰府和筑紫的歌就达320首。

---

[1]　［日］中西進：『万葉集』（全訳注原文付）、東京：講談社、1984年、第377—378頁。

不仅如此，大宰府也是日本地方政权中最重要的机构，柿本人麻吕的和歌中有"大王之，远乃朝廷"之句，因此，它有"远方的朝廷"之称。[1] 此外，大宰府也是日本的一大都会，"此府人物殷繁，天下之一都会也"。[2] 对外方面，大宰府又是连接东亚与日本交往的唯一窗口，遣唐使出发与入国过程中，均由此处接待和奏请。

如此重要的机构，受藤原广嗣之乱的影响，天平十四年（742）正月废大宰府，派遣纪朝臣饭麻吕等四人，将府中官物付给筑前国司。作为行政部门的大宰府政厅停止了功能，天平十五年（743）十二月，设筑紫镇西府以取代大宰府。天平十七年（745）六月，复置大宰府，其终于恢复了以往的功能。

第二，玄昉和真备受影响，各自降职左迁。

藤原广嗣之乱带来的另一个后果，是两个重要人物均受到不同程度的影响，一是玄昉，另一人是下道真备。

745年，玄昉被左迁至筑紫，负责建造筑紫观世音寺。玄昉于十一月被派往筑紫，仅过半年便死于该地。他所营造的观世音寺，此后在日本佛教及文化史上留下灿烂的篇章，直至今日，成为日本重要文化遗产。

观世音寺，最初是天智天皇为供养其母齐明天皇而筹建的。686年，为招待新罗客人，从飞鸟的川原寺运来"伎乐"，698年，造梵钟。目前日本最古的有铭文记载的铜钟有两个，一个保存在观世音寺，另一个保存在京都的妙心寺。二者是姊妹钟，属于同时造的两口钟。妙心寺的梵钟，其铭文写道："戊戌年四月十三日壬寅收糟屋评造春米连广国铸钟"。铭文中的"戊戌年"，指文武天皇即位的第二年，即698年。"糟屋评"，即今福冈县粕屋郡。该钟已于1951年6月9日被指定为"国宝"。

观世音寺位于大宰府政厅的东侧，梵钟缭绕，直至10世纪初仍能听到寺院里的钟声。901年至903年，左迁至大宰府的菅原道真，

① ［日］中西進:『万葉集』（全訳注原文付）、東京：講談社、1984 年、第 197—198 頁。
② ［日］青木和夫、稲岡耕二、笹山晴生、白藤禮幸校注:『続日本紀　四』（新日本古典文学大系）、東京：岩波書店、1995 年、第 264 頁。

留下一首《不出门》七言诗，其中有"都府楼绕看瓦色，观音寺只听钟声"的诗句。[①] 不仅如此，观世音寺与东大寺、下野药师寺（栃木县）并称为"天下三戒坛"。此外，753 年，鉴真抵达日本后，在赴首都奈良之前停驻大宰府，于此寺授戒。空海回国后也曾到过这里。

　　然而，玄昉到达时，该寺设施尚不健全。玄昉全力奉献，至746年，观世音寺初具规模。就在此时，玄昉离世。关于玄昉的一生，《续日本纪》"天平十八年（746）六月己亥（十八日）"条有一个小传，具体如下：

> 　　己亥，僧玄昉死。玄昉，俗姓阿刀氏。灵龟二年，入唐学问。唐天子，尊昉，准三品，令着紫袈裟。天平七年，随大使多治比真人广成还归。赍经论五千余卷及诸佛像来。皇朝，亦施紫袈裟着之。尊为僧正，安置内道场。自是之后，荣宠日盛，稍乖沙门之行。时人恶之。至是，死于徙所。世相传云，为藤原广嗣灵所害。[②]

　　玄昉"死于徙所"，即死于观世音寺。他的死，可以说是"藤原广嗣之乱"导致的直接后果。否则，得势于朝廷的玄昉不会被派到遥远的筑紫，也不至于死于此地。更耐人寻味的评论是世间的传言，"世相传云，为藤原广嗣灵所害"。此传说给后世带来无限的想象。从神灵信仰的角度看，日本人恐惧亡魂作祟，尤其对于那些非正常死亡的亡灵要进行"镇魂"，防止他们给自己或子孙带来灾难。平安时代初期，形成了"御灵信仰"，并且举行相应的"御灵会"仪式。对于这些"怨灵"或"冤魂"要进行"镇祭""镇谢""镇抚"，以慰神灵之怨魂。[③] 同时，关于玄昉死亡的演绎也越来越具体化，《扶桑略记》"拔萃"条载："流

①　[日]川口久雄校注：『菅家文草　菅家後集』（日本古典文学大系 72）、東京：岩波書店、1975 年、第 481 頁。

②　[日]青木和夫、稻岡耕二、笹山晴生、白藤禮幸校注：『續日本紀　三』（新日本古典文学大系）、東京：岩波書店、1995 年、第 18—20 頁。

③　[日]坂本要：「怨霊・御霊と『鎮魂』語—『鎮魂』語疑義考—その 3」、『比較民俗研究』第 27 号、2012 年、第 75—85 頁。

俗相传云：玄昉法师，大宰府观世音寺供养之日，为其导师，乘于腰舆供养之间，俄自大虚捉捕其身，忽然失亡。后日，其首落置于兴福寺唐院。"①《扶桑略记》成书于 12 世纪末期，此时距玄昉死去已有四百多年的历史，其传说内容更加细节化，传说玄昉在供养仪式上，正乘手扶的轿子（腰舆）时，藤原广嗣的灵魂从天而降，将其抓走。后来发现玄昉的头落在了兴福寺唐院内。这一传说，在其他的作品中也有体现，例如，《今昔物语集》卷第十一"玄昉僧正亘唐传法相语第六"、《平家物语》卷第七、《源平盛衰记》卷第五等。

　　在各类文学记事中，对玄昉的死插上了想象的翅膀，进行各种演绎，试图揭示历史真相。但这些文本只能归类为"文学"，尚不足以确定为史实。引起广嗣叛乱的原因还包括光明皇后皈依玄昉，因此，《今昔物语集》称皇后对他宠爱有加，并说世间盛传各种流言蜚语。《平家物语》则讲玄昉死于广嗣的怨灵前，似乎有一种征兆，将其归为一种宿命，说玄昉在唐留学期间，唐人嘲笑玄昉的名字，预言："玄昉，与'还亡'谐音，回国后必遭灾难。"②借助"玄昉"（Genbou、げんぼう）的汉语发音，组合成不同的汉字，以拆字、破字的方式进行占卜，预测其命运。然而，玄昉在唐朝生活了 18 年，未见有唐人说过此类话，因此，《平家物语》的这个预言不可信。正如《颜氏家训》"书证第十七"所言："如此之例，盖数术谬语，假借依附，杂以戏笑耳。如犹转贡字为项，以叱为匕，安可用此定文字音读乎？潘、陆诸子《离合诗》《赋》，《枳卜》《破字经》，及鲍昭《谜字》，皆取会流俗，不足以形声论之也。"当然，《平家物语》把汉语和日语巧妙地结合，借其音，破其字，以数术解释流俗，叙说历史故事，却起到了意想不到的艺术效果，提高了文本的艺术性。

　　如今，玄昉墓在日本有二处，一处在太宰府市观世音寺内，另一处位于远离九州的奈良县奈良市高畑町 921 番地。二处均与上述传说

① 　[日] 鸭祐之、皇円编：『日本逸史　扶桑略記』（国史大系　第六卷）、東京：経済雑誌社、1897 年、第 563 頁。
② 　出自《平家物语》卷第七"玄昉"，中文为笔者译。参见 [日] 慶応義塾大学付属研究所編校：『平家物語』、東京：大安、1967 年、第 504 頁。

有关，玄昉墓，是因暴卒于藤原广嗣之灵而立的坟冢。观世音寺内的玄昉墓称作"玄昉胴冢"，是 14 世纪立的石塔，形状为宝箧印塔。奈良的玄昉墓称作"头塔"，源于其被广嗣灵分尸断头后，头颅落到此处的传说，位于东大寺南门以南约一公里处，是一座由土坛（石头）垒建的梯形塔，1922 年（大正 11 年）3 月 8 日被日本政府指定为"国家史迹"。

那么，广嗣恶灵（怨灵）作乱，该如何处置呢？《今昔物语集》玄昉渡唐传法相的故事中讲道："恶灵一直作恶，天皇非常恐惧，命令道：'吉备大臣是广继（嗣）的老师，让他速去墓前安抚。'吉备奉旨来到广继（嗣）的墓前安抚，说尽各种安慰话镇服恶灵。吉备精通阴阳之道，以阴阳术保护自身，才制服了恶灵。此后，恶灵成为神灵，被称为镜明神。玄昉的墓至今还在奈良。"[1] 制服恶灵之人是吉备真备，使用的方法是从唐学到的"阴阳术"。并且，恶灵被制服后变成了神灵，称"镜明神"。

现今日本，有两个"镜神社"供奉藤原广嗣之灵，一个是佐贺县唐津市镜神社，另一个是位于奈良市高畑町新药师寺旁的镜神社。二者均与上述"藤原广嗣之乱"的历史及相关传说有关。此外，祭祀广嗣灵的神社还有佐贺县唐津市的大村神社、大分县丰后大野市的马背畑御灵社等。

通过玄昉墓地和祭祀藤原广嗣的神社可以看出，事件出自"藤原广嗣之乱"，但又不局限于叛乱本身，这也正是日本文化的一大特点，传说来源于历史事实，同时又融入文学性的演绎，以口传、文本和历史遗迹的形式世代传承，最终形成现在的文化遗产。也就是说，"历史""传说"与"传承"有机地结合在一起，体现了今天日本文化的一个侧面。

下道真备的命运也是一波三折，藤原广嗣之乱平息后，他没有立刻受到影响，天平十八年（746）天皇赐姓后，由原来的下道朝臣真备赐为吉备朝臣真备。此后，朝廷内部逐渐发生人事更迭，橘诸兄势

---

[1]　金伟、吴彦译：《今昔物语集》，沈阳：万卷出版公司，2006 年，第 452-453 页。

力受到遏制，藤原武智麻吕的第二子藤原仲麻吕得到重用，749 年升为大纳言。天平胜宝二年（750）正月，吉备真备被左迁为筑前守。次年，被任命为遣唐使副使。

然而，吉备真备左迁之事，按《续日本纪》的记述仍属于受藤原广嗣的影响，据宝龟六年（775）十月二日的《吉备真备薨传》载："十一年（739），式部少辅从五位下藤原朝臣广嗣，与玄昉法师有隙。出为大宰府少式，到任，即起兵反。以讨玄昉及真备为名。虽兵败伏诛，逆魂未息。胜宝二年，左降筑前守，俄迁肥前守。"[1] 不过，吉备真备左降筑前守，时间是短暂的，并未对其仕途人生造成大碍。

第三，藤原氏家族的势力转换。

天平十一年十一月，藤原广嗣被斩于肥前国松浦郡。第二年正月，广嗣的追随者及残党二十六人被判死罪，五人财产被没官，流罪四十七人，徒罪三十二人，杖罪一百七十七人。另有三十四人，也被判处实刑。可以说，藤原广嗣及其势力一并被瓦解。

740 年年底，十二月开始，圣武天皇离开平城京，试图迁都恭仁京。此后的四年间，移动于恭仁京、紫香乐宫、难波京，最终又回到了平城京。自 740 年至 744 年，短暂的迁都计划，虽说不属于藤原广嗣之乱导致的直接后果，但至少也属于其影响的范围之一。

在日本政治史上，藤原氏家族对后的世影响较大，以藤原四兄弟为始祖的政治势力，形成了所谓"藤原四家"，即南家（藤原武智麻吕）、北家（藤原房前）、京家（藤原麻吕）、式家（藤原宇合）。广嗣之乱带来的另一个影响，是藤原氏家族势力在朝中发生变化，"式家"一系衰落，"南家"抬头。式家的始祖是藤原四兄弟中的三男藤原宇合，第二代是藤原广嗣。广嗣叛乱之后，取而代之的是南家武智麻吕之子藤原仲麻吕。仲麻吕于天平胜宝元年（749）升至大纳言，天平胜宝 8 年（756）独揽政治，官升至正一位，淳仁天皇赐其惠美押胜之名。764 年举兵叛乱，被镇压后斩首。

---

[1]　［日］青木和夫、稲岡耕二、笹山晴生、白藤禮幸校注：『続日本紀　四』（新日本古典文学大系）、東京：岩波書店、1995 年、第 458—460 頁。

如此，藤原家在朝中的势力此起彼伏，四家的地位也时涨时消，相互交替。

三、第十一次遣唐使未发

继上次遣唐使之后，时隔十年左右，日本在天平年间又筹划一次遣唐使，只是这次没有正式发出。因此，看不到中方史料记载。但是，从日本史料中可以看出确实有过派遣计划，主要依据有以下三点：

（1）《怀风藻》"从三位中纳言兼中务卿石上朝臣乙麻吕"条

> 石上中纳言者，左大臣第三子也。……天平年中，诏简入唐使，元来此举难得其人，时选朝堂，无出公右，遂拜大使。众会悦服，为时所推，皆此类也。然遂不往。[1]

可见，石上乙麻吕已被选定为入唐使。遣唐使人员的挑选，虽然不见律令中的明文规定，但实际上有较严格的标准，起码从文化素养、相貌、风采、动作、态度等方面进行选拔，最终选出德才兼备的人才派往唐朝。[2] 正因为如此，遣唐使给唐人留下美好印象，日本国也因此获得"君子礼仪之国"的佳号[3]。这一点，从选石上乙麻吕时，"元来此举难得其人，时选朝堂，无出公右，遂拜大使"的表述中可以得到印证。

（2）正仓院文书

在调查正仓院文书的过程中，东野治之发现了另一条线索，即在一个"经师等调度充帐"文书的末尾处写有：

> 天平十八年正月七日召大唐使已讫也。[4]

此处的"大唐使"，指的是日本朝廷准备派遣的遣唐使大使，即上文《怀风藻》所载的大使石上乙麻吕。时间为天平十八年（746），与上

---

① ［日］小島憲之校注：『懷風藻　文華秀麗集　本朝文粹』（日本古典文学大系69）、東京：岩波書店、1975年、第177頁。
② ［日］森克己：『遣唐使』、東京：至文堂、1955年、第94—106頁。
③ ［日］王勇：『唐から見た遣唐使』、東京：講談社、1998年、第38—42頁。
④ ［日］東野治之：『正倉院文書と木簡の研究』、東京：塙書房、1977年、第371頁。

一条的"天平年中"基本吻合。

（3）《续日本纪》"天平十八年十月丁巳（九）"条

丁巳，令安艺国造舶二艘。①

安艺国是制造遣唐使船的主要地区，下令造船的时间是天平十八年十月，与上条任命大使的内容连续，说明为遣使做进一步准备工作。

但是，这次遣唐使最终未能发出，终止派遣。至于为何派遣又停止，具体原因不明。不过，据《续日本纪》载，圣武天皇在造东大寺大佛时，佛像涂金不足。其后，749 年初，陆奥国始贡黄金，四月二十二日，陆奥守敬福贡黄金九百两。日本最初或许打算遣使入唐进口黄金，后本国开始自产黄金，这恐怕也是停止遣使的原因之一。

按遣唐使的派遣次数计算，此次为总共二十次中的第十一次。尽管结果未能发出，但也是一次做了准备的遣唐使。

四、第十二次遣唐使

天平胜宝二年（750），日本朝廷正式筹划派遣唐使，即第十二次遣唐使。最初任命的时间是九月二十四日，藤原清河为大使，大伴古麻吕为副使，判官及主典各四人。此次遣唐使任命当初的主要阵容如下：

大使	从四位上	藤原朝臣清河
副使	从五位下	大伴宿祢古麻吕
副使	从四位上	吉备朝臣真备（751 年任命）
判官	正六位上	布势（施）朝臣人主
判官	正六位上	大伴宿祢御笠
判官	从六位上	高丽朝臣大山
主典	四人	

---

① ［日］青木和夫、稻冈耕二、笹山晴生、白藤禮幸校注：『續日本紀　三』（新日本古典文学大系）、東京：岩波書店、1995 年、第 34 頁。

任命完，进入下一阶段，天平胜宝四年（752）三月三日，遣唐使拜朝。闰三月九日，天皇于内里召见遣唐使副使以上，给节刀，授大使藤原清河正四位下，授副使大伴古麻吕从四位上，留学生无位藤原刷雄从五位下。

大使藤原清河是藤原房前的第四子，光明皇太后的外甥，同属于掌权者藤原氏家族成员，其对时政的贡献也不可低估。在遣唐使出发前，依然举行送别活动，饯别的时间自任命、授节刀，离开奈良赴难波，直至难波出发前。场所分别为官员家中、春日神社、难波津等地。《万叶集》中留下的一系列和歌，反映了这些送别的情调及场景，例如，《春日祭神之日，藤原太后御作歌一首，即赐入唐大使藤原朝臣清河》《大使藤原朝臣清河歌一首》《大纳言藤原家饯之入唐使等宴日歌一首》《天平五年，赠入唐使歌一首并短歌》《阿倍朝臣老人，遣唐时奉母悲别歌一首》等。①

遣唐使何时从难波津出发、何时离开筑紫驶向大唐等，相关信息史料无载，出发前的日期只见离开难波津时的两首和歌，从中可知遣唐使由四船组成。由此可推测，若按天平胜宝四年（752）5月1日离开平城京推算，6月中旬应该从筑紫出海，7月中旬左右到达明州或其周边。②

使团的人数，木宫泰彦在"遣唐使一览表"中写"第二、三两舶共载二百二十余人"。③ 其数字来自遣唐使回国后赐位记录，乘第二、三船的副使官位各升一级，《续日本纪》"天平胜宝六年（754）四月七日"条载："自余使下二百二十二人，亦各有差。"说明两船人数约二百二十多人。按四船计算，总人数约450至500人之间。此次遣唐使航行路线走的是南线，登陆地在明州、越州。据《新唐书·日本传》载：

---

①　遣唐使歌收入《万叶集》第 4240—4244 首、第 4262—4265 首。参见 [日] 中西进：『万葉集』（全訳注原文付），東京：講談社、1984 年、第 1396—1408 頁。

②　[日] 上田雄：『遣唐使全航海』，東京：草思社、2006 年、第 127 頁。

③　木宫泰彦著，胡锡年译：《日中文化交流史》，北京：商务印书馆，1980 年，第 68 页。

新罗梗海道，更繇明、越州朝贡。①

天平年间，日本和新罗之间出现裂痕，天平十五年（743）新罗使金序贞等抵达日本，朝廷派人往筑前国检校，因新罗贡品单上只写了物品及数量，未写明是贡奉之物为由，"稽之旧例，大失常礼"②，将新罗使放还本国，未许入京。至此，十年间，日本与新罗不相往来，关系恶化。因此，遣唐使船走北线受阻，改行横跨东海的南线入唐。而此间，明州航线逐渐被发现是一条较好的海上通道。

明州即今日宁波，原属于越州。开元二十六年（738），从越州分出，独立设州。《旧唐书》卷四十《地理三》载："明州，上。开元二十六年，于越州郯县置明州。天宝元年，改为余姚郡。乾元元年，复为明州，取四明山为名。天宝领县四，户四万二千二十七，口二十万七千三十二。在京师东南四千一百里，至东都三千二百五十里。郯，汉县，属会稽郡。至隋废。武德四年，置鄞州。八年，州废为郯县，属越州。开元二十六年，于县置明州。"③ 由此可知，汉时，郯县为会稽郡的一个县，隋朝废除。唐武德四年（621），置鄞州，八年，废为郯县，属越州。开元二十六年，将郯县分为奉化、慈溪、翁山、郯县四县，设明州统辖。设置明州是采访使齐浣上奏的，境内的山为四明山，故取名明州。④

唐朝的州有两种分级法。一种是以户口多寡分为上、中、下三级，户满四万以上为上州、户二万以上为中州、户不满二万者为下州。⑤ 另

① （宋）欧阳修、宋祁撰：《新唐书》（简体字本二十四史，第 37 册），北京：中华书局，2000年，第 4715 页。

② ［日］青木和夫、稲岡耕二、笹山晴生、白藤禮幸校注：『続日本紀　二』（新日本古典文学大系）、東京：岩波書店、1995 年、第 418 頁。

③ （后晋）刘昫等撰：《旧唐书》（简体字本二十四史，第 30 册），北京：中华书局，2000 年，第 1093 页。

④ 《新唐书》卷四十一《地理五》："明州余姚郡，上。开元二十六年，采访使齐浣以越州之郯县置，以境有四明山为名。"见（宋）欧阳修、宋祁撰：《新唐书》（简体字本），北京：中华书局，2000 年，第 697-698 页。

⑤ 赖瑞和：《唐代中层文官》，北京：中华书局，2011 年，第 154 页。

一种为八等级：府、辅、雄、望、紧、上、中、下[1]；也就是说，唐初为"三级制"，后来演变成"八级制"。[2] 而明州，无论哪种分法，都属于上州。

唐天宝二年（743）底，鉴真第二次东渡时，船出扬州，十二月，举帆东下，遭恶风，船破，漂至明州所辖海岛的桑石山。据《唐大和上东征传》载，鉴真一行在明州上岸，被安置到阿育王寺。在明州修养、巡礼一段时间后，越州龙兴寺众僧请鉴真讲律授戒。另到杭州、湖州、宣州（今安徽宣城）巡游、开讲、授戒。后来，鉴真一行离开明州，经台州宁海县白泉寺至国清寺。[3]

明州通往日本的这条海上线路早在659年的第四次遣唐使时便已开通，当时由余姚县经越州往返于长安，两船之中，第一船赴唐时漂至南海之岛，第二船往返均经由余姚县。明州设立后，其海上航线的功能越来越凸显出来，在后来的遣唐使航行中发挥了重要作用。[4]

而此次遣唐使由明州、越州朝贡，只见《新唐书》中交代这一句，其他具体情况不详。《旧唐书》也只记到"天宝十二年，又遣使贡"。遣唐使共四船，说明在明州上岸，然后经由越州去往长安。也有可能四船之中，有达明州的，也有到越州的。总之，从明州到长安，一定要过越州。遣唐使四船大约于去年七月抵达明州及其周边，最后经越州前往长安。回国时从苏州起航，说明在大使等赴京期间，四船移动到了苏州等待。这种入港地与归国口岸不一致的情况并非个例，日本延历二十三年（804）入唐的第十八次遣唐使，空海和大使藤原葛野麻吕乘的第一船飘至福州长溪县赤岸镇以南海口，副使石川道益和最澄的第二船从明州鄮县上岸。而次年回国时，第一船从福州转移至明州，两船从明州同时解缆返航。

遣唐使赴都城长安之后，参加了一系列活动，主要任务是参加贺

① 翁俊雄：《唐代的州县等级制度》，《北京师范学院学报（社会科学版）》，1991年第1期，第9—18页。
② 陈志坚：《唐代州郡制度研究》，上海：上海古籍出版社，2005年，第1页。
③ ［日］真人元开著，汪向荣校注：《唐大和上东征传》，北京：中华书局，1979年，第52—59页。
④ 李广志：《日本遣唐使宁波航线考论》，《南开日本研究》2016年00期，第139—152页。

正。其间的活动，通过唐僧思讬写的《胜宝感神圣武皇帝菩萨传》可略
知一二。据《东大寺要录》抄录的《延历僧录》之《胜宝感神圣武皇帝
菩萨传》载：

> （前文略）
>
> 　　又发使入唐。使至长安，拜朝不拂尘。唐主开元天地大宝圣
> 武应道皇帝云：彼国有贤主君，观其使臣，趍揖有异。即加号日
> 本为有义礼仪君子之国。复元日拜朝贺正，敕命日本使可于新罗
> 使之上。
>
> 　　又敕命朝衡领日本使，于府库一切处遍宥。至彼披三教殿，
> 初礼君主教殿。御座如常荘饰，九经三史，别架积载厨龛。次至
> 御披老君之教堂，阁少高显，御座庄严少胜，厨别龛函盈满四子
> 太玄。后至御披释典殿宇，显教严丽殊绝，龛函皆以杂宝厕填，
> 檀沉异香荘校御座，高广倍胜于前。以杂宝而为烛台。台下有巨
> 鳌，载以蓬莱山。上列仙宫灵宇载宝树地。瑟瑟红颇梨宝荘饰树
> 花中。一一花中各有一宝珠，地皆砌以文玉。其殿诸杂木尽钴沉
> 香。御座及案经架宝荘饰尽诸工巧。
>
> 　　皇帝又敕，摸取有义礼仪君子使臣大使、副使影，于蕃藏中
> 以记送遣。大使藤原清河，拜特进。副使大伴宿祢胡万，拜银青
> 光禄大夫光禄卿。副使吉备朝臣真备，拜银青光禄大夫秘书监及
> 卫尉卿。朝衡等致设也。开元皇帝御制诗，送日本使，五言：
>
> 　　日下非殊俗，天中嘉会朝。朝尔怀义远，衿尔畏途遥。涨海
> 宽秋月，归帆驶夕飙。因声彼君子，王化远昭昭。
>
> 　　特差鸿胪大卿蒋挑捥送至扬州看取。发别牒淮南，敕处置使
> 魏方进。如法供给送遣。其大使私请扬州龙兴寺鉴真和上等渡海，
> 将传戒律。
>
> 　　（后文略）[①]

这段记录，包含的信息很多，对于了解第十二次遣唐使在唐的活

---

① ［日］简井英俊校訂：『東大寺要録』、東京：国書刊行会、1971 年、第 21—22 頁。

动具有重要参考价值。

第一，玄宗皇帝给予日本高度评价，称其为"有义礼仪君子之国"。

第二，元日拜朝贺正，这一记载与《册府元龟》的记载相吻合。[①]

第三，"敕命日本使可于新罗使之上"，说明在贺正仪式上日本与新罗在座位排序上有争端，佐证了"天宝争长"事件的真实性。

第四，命朝衡带领日本使参观道教"三教殿"，佛教"释典殿"等。

第五，敕大使藤原清河为散官特进，秩正二品；敕副使大伴宿祢胡万为散官银青光禄大夫光禄卿，从三品；副使吉备真备为银青光禄大夫秘书监及卫尉卿，从三品。唐皇敕授的这些官品，远比他们在日本所享有的品位高，可以说，这是唐皇特别施与的恩典。而这一恩典，正是已在朝廷中担任秘书监及卫尉卿（从三品）的日本人朝衡努力的结果。[②] 但这些职务，仅仅是象征性的官衔，并非实际官职。

第六，玄宗皇帝作诗，送给日本使。该诗的存在，不见于中国史料，《全唐诗》中也没有收录。这个称作"送日本使"的"开元皇帝御制诗"，首次出现于鉴真弟子思讬著的《延历僧录》中。而《延历僧录》又不存于世，只零散流传下 33 个传记（含部分遗文）。[③] 而《胜宝感神圣武皇帝菩萨传》则收录于《东大寺要录》卷一和《日本高僧传要文抄》卷三中。《东大寺要录》大约成书于嘉承元年（1106），《日本高僧传要文抄》由东大寺僧宗性编撰于建长三年（1521）。最早关注该诗的人，是日本江户时代的儒学家市河宽斋。他将这首"送日本使"诗编入《全唐诗逸》，流布于世，多人得以知晓。但这一诗文，长期以来仍没有引起中国学界的足够重视。

第七，遣唐使在回国途中，"特差鸿胪大卿蒋挑捥送至扬州看取。发别牒淮南，敕处置使魏方进"。这一史料也弥足珍贵。

关于这段史料中的鸿胪大卿、蒋挑捥及魏方进，石晓军做过详

---

① （宋）王钦若等：《册府元龟》第 2 册（影印本），北京：中华书局，1985 年，第 1267 页。《册府元龟》卷一〇七《帝王部·朝会第一》载："（天宝）十二载正月癸卯朔，帝御含元殿受朝贺。"

② ［日］杉本直治郎：『阿倍仲麻呂傳研究：朝衡傳考』，東京：育芳社、1940 年。

③ ［日］藏中しのぶ：『「延暦僧録」注釈』，東京：大東文化大学東洋研究所、2008 年。

考。① 蒋挑捥，仅见于此处记载，两《唐书》无传，其出身、经历、事迹等不明。唐朝鸿胪寺的长官称作鸿胪卿，但也有正卿、大卿、冢卿、大鸿胪、鸿胪公等别称。送遣唐使至扬州的蒋挑捥，其"大卿"便是一例。

此外，另一位处置使魏方进，见于《旧唐书》卷一百六《杨国忠》："（天宝十五年六月）十二日凌晨，上率龙武将军陈玄礼、左相韦见素、京兆尹魏方进，国忠与贵妃及亲属，拥上出延秋门。"据此传及后文可知，玄宗皇帝逃离长安时魏方进的官职为京兆尹、御史大夫。

除上述活动外，遣唐使还奏请皇帝，邀请鉴真赴日本传戒。起初，玄宗答应的同时，附加一个条件，即派道士去日本，传播道教。但是，由于日本古来不崇道教，故回绝了道士来日本的建议。不过，为回应皇帝的意愿，留下四位使者学习道法。与此同时，也就退回了邀请鉴真的请求。这一过程，是遣唐使一行到达扬州后，大使藤原清河亲自对鉴真讲述的。天宝十二载（753）十月十五日，大使、副使及朝衡等来到扬州延光寺，拜见鉴真和尚。据《唐大和上东征传》载：

> （藤原清河）白和上云：弟子等早知和上五遍渡海向日本国，将欲传教，今亲奉颜色，顶礼欢喜。弟子等先录和上尊名，并持律弟子五僧，已奏闻主上，向日本传戒。主上要令将道士去，日本君王先不崇道士法，便奏留春桃原等四人，令住学道士法。为此，和上名亦奏退，愿和上自作方便。弟子等自有载国信物船四舶，行装具足，去亦无难。②

日本学界传统观点认为，日本只热心于接受佛教，玄宗皇帝对日本不信道教表示不满，于是派道士去日本传教。但是，并没有证据显示玄宗对日本无道教信仰表示不满。③日本留下春桃原等四人学习道法，后来不知去向，史料无载。除道教和佛教的交融外，遣唐使还邀请当

---

① 石晓军：『隋唐外務官僚の研究—鴻臚寺官僚・遣外使節を中心に—』、東京：東方書店、2019 年、第 184—185 頁、190—191 頁。
② ［日］真人元开著，汪向荣校注：《唐大和上东征传》，北京：中华书局，1979 年，第 83 页。
③ ［日］河上麻由子：『古代日中関係史』、東京：中央公論新社、2019 年、第 161 頁。

时著名的文人萧颖士赴日，结果未被应允。①

在扬州延光寺，大使藤原清河等介绍完情况后，鉴真和尚许诺随行赴日，于是开始了他的第六次渡海。鉴真决意去日本后，又有一批追随者赶来，愿与之同行，人员包括弟子十四人、寺僧三人以及昆仑国人、胡国人、波斯国人不等，共计二十四人。十月二十九日，鉴真为他们授戒后，乘船来到苏州黄泗浦等待出发。原打算让鉴真乘大使藤原清河的第一船，弟子分乘副使所在船及其他船。但是在此之前，十月二十三日，大使及以下首要人员开会，考虑到鉴真等人属于未经许可出境，若被发现，必有罪罚。于是，大使决定不让他们上船，不将其带去日本。

然而，又过几日，十一月十日，副使大伴古麻吕偷偷地招鉴真及弟子上船，让他们乘自己指挥的第二船。十三日，普照从明州赶到，乘副使吉备真备的第三船。一直等候在苏州黄泗浦的四艘遣唐使船整装待发，最终出发的时间是天宝十二载十一月十六日。

五天后，十一月二十一日，第一船、第二船同时到达位于种子岛西南的"阿儿奈波岛"（今属冲绳县）。第三船已于昨夜停泊同处，第四船不知去向。也就是说，前三船相继到达阿儿奈波岛，似乎是有计划的航行。因此，森克己在总结遣唐使的时期和航线时称之为"南岛路"。②但是，三船着陆于冲绳一带是受强季风的影响，按当时的航海技术，难以实现预定方向的航行，其应当是在风力的作用下，偶然吹至南海。③就这次遣唐使而言，使船出海后，其航行并非指向南岛地区，而是驶向位于九州的筑紫附近，为南路。

十二月六日，刮起了南风，第一船触礁不能动，第二船、第三船驶向东北方向。最终，鉴真所乘的第二船，十二月二十日漂至萨摩国阿多郡秋妻屋浦（今南さつま市坊津町秋目附近），二十六日抵达大宰府。第三船，经一个月后抵达纪伊国的牟漏崎（今和歌山县白浜一带）。此后，各船的消息陆续传到日本朝廷。

第一船，大使藤原清河及朝衡等人乘的船，离开种子岛后，受东北季风的影响，船只并没按预想的方向行驶，而是漂向西南方向，直至安南驩州（今越南）。不仅如此，船刚一靠岸，便遭当地人的袭击，全船一百八十余人，除大使及朝衡等十余人外，其余一百七十余人全部遇害。玄宗得知消息后，帮助他们返回长安，此时已是两年后的天宝十四载（755）。从此，大使清河和朝衡便留在唐朝，直至寿终，埋骨他乡。

第四船，指挥此船的官员是判官布势人主。关于此船的航海线路，只见《续日本纪》载一条消息，称其从苏州出发五个多月后抵达日本萨摩国石篱浦（今鹿儿岛县揖宿郡颖娃町石垣浦）。① 此外，时隔二十二年后，日本朝廷在授予官位时提到一位第四船的一个名为川部酒麻吕的舵手，据《续日本纪》"宝龟六年（775）四月壬申（十日）"条载：

> 壬申，授川部酒麻吕外从五位下。酒麻吕，肥前国松浦郡人也。胜宝四年，为入唐使第四船柁师。归日，海中顺风盛扇，忽于船尾失火，其炎覆舻而飞。人皆惶遽，不知为计。时酒麻吕回柁。火乃旁出，手虽烧烂，把柁不动。因遂扑灭，以存人物。以功授十阶，补当郡员外主帐，至是授五位。②

通过这段仅有的珍贵史料，可知第四船在归途中曾顺风前行，但船体不幸失火，柁师酒麻吕奋力拼救，"手虽烧烂，把柁不动"，如此奋不顾身的英勇行为，得到朝廷的表彰，授酒麻吕外从五位下。这一举措，先于同年六月十九日遣唐使的任命，褒奖上次遣唐使掌船手的行为，意在鼓励下次使团积极奋进，不负使命。③

这次遣唐使中，除了大使藤原清河未归外，最后回国的人是留学

---

① 《续日本纪》"天平胜宝六年（754）四月十八日"条："癸未，大宰府言：入唐第四船判官正六位上布势朝臣人主等，来泊萨摩国石籬浦。"参见［日］青木和夫、稻冈耕二、笹山晴生、白藤禮幸校注：『續日本紀　三』（新日本古典文学大系）、東京：岩波書店、1995 年、第 142 頁。

② ［日］青木和夫、稻冈耕二、笹山晴生、白藤禮幸校注：『續日本紀　四』（新日本古典文学大系）、東京：岩波書店、1995 年、第 448—450 頁。

③ ［日］青木和夫、稻冈耕二、笹山晴生、白藤禮幸校注：『續日本紀　四』（新日本古典文学大系）、東京：岩波書店、1995 年、第 138—140 頁。

僧行贺，他在唐生活了 31 年。关于行贺在唐朝生活的细节，史料未载，《日本后纪》中记一条他的小传，总结其一生。据《日本后纪》"延历二十二年（803）三月己未"条载：

> 大僧都传灯大法师位行贺卒，春秋七十有五也。俗姓上毛野公，大和国广濑郡人也。生年十五出家，廿受具足戒，廿五被充入唐留学，学唯识、法华两宗。住唐卅一年，归来之日，历试身才。东大寺僧明一难问宗义，颇有所塞，即骂曰："费粮两国，学植庸浅，何违朝寄，不实归乎！"法师大愧，涕泣滂沱。久在他乡，粗忘语言。长途一踬，岂妨千里之行。深林枯枝，何薄万亩之影。何则在唐之时，居百高座之第二。有《法华经疏》《弘赞略》《唯识金议》等四十余卷，是则法师之笔削也。又写得持来圣经、要文五百余卷，圣朝深喜弘益，授以僧统，诏付门徒卅人，令传其业矣。[1]

行贺卒于 803 年，春秋七十五，并且二十五岁入唐留学，入唐三十一年。通过这些数据，可以推算，他入唐的年份大约是 753 年。由此可知，他随第十二次遣唐使入唐留学，日本天平胜宝四年（752）抵达唐朝。行贺的回国时间与方式，史料也没有记载，不知他通过何种途径回国。但是，大致推算，应该是在 782 年前后回到日本的。[2] 他在唐的学习状况，小传中没有细载，只知道他带回众多经卷，并且因为久居唐土，日语生疏，以至于在东大寺僧人明一的提问中"颇有所塞"，遭到责骂。

不过，中国文献中有一条记录，载有行贺的踪迹，《宋史》卷四百九十一《日本传》载："次白璧天皇，二十四年，遣二僧灵仙、行

---

① ［日］森田悌訳：『日本後紀』（上）、東京：講談社、2006 年、第 289 頁；菅原道真編、黒板勝美校訂：『類聚国史』、東京：経済雑誌社、1916 年、第 933 頁。

② 关于行贺在唐的时长，《元亨释书》卷十六·力游"行贺法师"条载为"在唐七年"，但是《类聚国史》（卷百四十七）记载行贺的在唐时长也是三十一年，故《元亨释书》之"在唐七年"有误，行贺应该是延历二年（782）回国。参见［日］辻善之助：『増訂海外交通史話』、東京：内外書籍、1930 年、第 72 頁；山田哲久：「井上靖〈僧行賀の涙〉論：方法としての〈視点〉」、『同志社国文学』第 81 号、2014 年、第 291—302 頁。

贺入唐，礼五台山学佛法。"可知，行贺求法于五台山，他也是史料中所见最早礼佛于五台山的日本僧人。灵仙是随第十八次遣唐使入唐的僧人，他到访五台山的时间要晚于行贺。

五、日本与新罗"争长事件"

遣唐使在长安期间，发生了一起外交小风波。遣唐使于年底前抵达长安后，参加次年的元旦贺正仪式。天宝十二载（753）正月初一，玄宗皇帝在大明宫含元殿接受朝贺，《册府元龟》卷一百七载："（天宝）十二载正月癸卯朔，帝御含元殿受朝贺。"副使大伴古麻吕在回国报告中描述了这一情景，据《续日本纪》"天平胜宝六年（754）正月三十日"条载：

> 丙寅，副使大伴宿祢古麻吕，自唐国至。古麿奏曰："大唐天宝十二载，岁在癸巳正月朔癸卯，百官、诸蕃朝贺。天子于蓬莱宫含元殿受朝。是日，以我，次西畔第二吐蕃下，以新罗使，次东畔第一大食国上。古麿论曰：'自古至今，新罗之朝贡日本国久矣。而今，列东畔上，我反在其下。义不合得。'时将军吴怀实见知古麿不肯色，即引新罗使，次西畔第二吐蕃下，以日本使，次东畔第一大食上。"①

这段载于日本正史上的古麻吕奏文，被称之为日本和新罗的"争长事件"，也称"天宝争长"事件。这一事件，在唐朝东亚交流史上非常有名，引来不少争议。近几十年来不断有中日韩学者发表见解。韩国学者卞麟錫首先提出这一事件不实，纯属虚构。② 对于卞麟氏提出的

---

① ［日］青木和夫、稲岡耕二、笹山晴生、白藤禮幸校注：『續日本紀　三』（新日本古典文学大系）、東京：岩波書店、1996 年、第 138—140 頁。
② ［韩］卞麟錫：《中国唐代与新罗的关系——兼论续日本纪所载的"古麻吕抗议"》，《大陆杂志》1966 年第 9 期；［韩］卞麟錫：《唐代外国使争长之研究》，《亚细亚研究》1967 年第 4 期；［韩］卞麟錫：《唐代外国使の争长事例から見た古麻吕抗議の再論：〈續日本紀〉関係史料の批判を中心に》，《東洋史学研究》1987 年第 25 号；［韩］卞麟錫：《从唐代外国使之争长事例再论古麻吕抗议：以批判〈续日本纪〉相关史料为主》，第一届国际唐代学术会议论文集编辑委员会编《第一届国际唐代学术会议论文集》，台北：学生书局，1989 年。

"古麻吕抗议"虚构说，日本学者山尾幸久也表示赞同。[①] 此后，日本学者石井正敏反驳了虚构说的观点，其论文《论唐朝"将军吴怀实"》[②]，首先针对卞氏提出的"无名将军吴怀实"，做了详细考证，指出吴怀实为真实人物，他认为吴怀实与玄宗最信任的宦官高力士关系密切，其官职应该是监门卫将军。不久，他又发表了《论大伴古麻吕奏言——虚构说及其问题点》一文[③]，逐条反驳了卞氏和山尾氏的观点。此外，日本的池田温[④]、福田忠之[⑤]，都对这一事件有过肯定论述。关于这一事件的真实性，中国学者也有相关讨论。其中，持否定说的有沈仁安[⑥]、王小甫[⑦]、王霞[⑧]，持肯定说的论者有朱莉丽[⑨]、董灏智[⑩]等，不过，这些讨论并未深入展开，仅代表一种观点。

　　大伴古麻吕奏言中有一个关键人物，即将军吴怀实。此人若不存在，或无资格引领蕃客进出殿中，则其奏言不容置疑当然失真，否则，不可轻易否定。这一人物，近年从考古资料中得到了证实。关于吴怀

① ［日］山尾幸久：「百済三書と日本書紀」、朝鮮史研究会編『朝鮮史研究会論文集』第15集、東京：龍渓書舍、1978年、第32—33頁。
② ［日］石井正敏：「唐の〈将軍呉懐実〉について」、『日本歴史』1981年第402号、第23—37頁。
③ ［日］石井正敏：「大伴古麻呂奏言について——虚構説の紹介とその問題点」、『法政史学』第35号、1983年、第27—40頁。石井正敏：『遣唐使から巡礼僧へ』（石井正敏著作集2）、東京：勉誠出版、2018年。
④ ［日］池田温：《论天宝后期唐朝、新罗与日本的关系》，《唐研究论文选集》，北京：中国社会科学出版社，1999年。
⑤ ［日］福田忠之：《唐朝之东北亚诸国观及东北亚诸藩国国际地位——以唐代各国争长事件为中心》，王小甫主编：《盛唐时代与东北亚政局》，上海：上海辞书出版社，2003年。
⑥ 沈仁安：《唐日关系的若干问题》，《日本研究》1994年第3期，第81-84页。
⑦ 王小甫：《唐朝与新罗关系史论——兼论统一新罗在东亚世界中的地位》，荣新江主编：《唐研究》第六卷，北京：北京大学出版社，2000年，第155-172页。
⑧ 王霞：《试论八世纪前半叶新罗在东北亚的地位》，《北华大学学报（社会科学版）》2010年第1期，第92-95页。
⑨ 朱莉丽：《从唐日外交态势看天宝争长事件之可能性》，《安徽史学》2005年第4期，第11-15页。
⑩ 董灏智：《五至九世纪日本构建区域秩序的尝试》，《世界历史》2017年第1期，第84-94页。

实墓志，杜文玉和拜根兴分别撰文介绍。[1] 就墓志内容来看，并未提及这一争长事件。

吴怀实墓志于 2007 年出土于西安东凹里村，同一地点出土的还有其同族吴游艺的墓志等。现摘录部分志文如下：

> 将军姓吴氏，讳怀实，其先渤海人也。……景云二年解褐，内侍省披庭官教，转宫闱丞、内府局令、宫闱令、谒者监、内给事。开元十有七年，增朝散大夫，俄拜内常侍，换内侍，寻加银青光禄大夫。始封五等。天宝七载，我英主念恳恻之深至，而渥恩之未遑。识燕鸰以当候，开龙颜而授印，迁云麾将军、右监门卫将军、兼知内侍省事。皇明久畅，休应荐答。于是郊天享地之礼叙，崇号改年之涣举，幽明合赞，雨露增濡，进封濮阳郡开国公，食邑二千户。凡前后历位者九，益封者四，盛金章戟户之秩，专庙享叙宾之使，役智增劳，福谦反疾，以天宝十三载四月三日薨于胜业里弟，春秋六十有四。[2]

吴怀实死亡的时间是天宝十三载（754）四月三日。此时，距离日本和新罗"争长事件"过去一年有余。天宝七载（748）起，吴怀实就已历任云麾将军、右监门卫将军、兼知内侍省事。云麾将军，属于武散官，从三品上[3]；右监门卫将军，同为从三品[4]。

吴怀实所任的"兼知内侍省事"，是一种使职，原本不是内侍省的

---

[1] 杜文玉：《唐代吴氏宦官家族研究》，杜文玉主编《唐史论丛》（第 20 辑），西安：三秦出版社，2015 年，第 150-169 页；拜根兴：《石刻墓志与唐代东亚交流研究》，北京：科学出版社，2015 年，第 18-20 页。

[2] 吴怀实墓志全称为"大唐故云麾将军右监门将军兼知内侍省事上柱□□□□□□□ □君墓志铭并序"，以上摘录的墓志内容，其中的标点和断句，参照并综合了杜文玉、拜根兴二位的文章而成。

[3] 云麾将军的官阶，《新唐书》为"从三品上"，《唐六典》为"从三品"，二者略有异同。《新唐书》卷四十六《百官一·兵部》载："从三品上曰云麾将军、归德将军。"参见（宋）欧阳修、宋祁撰：《新唐书》（简体字本），北京：中华书局，2000 年，第 787 页。而《唐六典》卷五《尚书兵部》则记为"从三品曰云麾将军、归德将军"。参见（唐）李林甫撰，陈仲夫点校：《唐六典》，北京：中华书局，2014 年，第 152 页。

[4] 《唐六典》卷二十五《左右监门卫》。

长官。唐朝的内侍省为清一色的宦官，唐初太宗立制，内侍省不置三品官。有内侍四人，从四品上，为最高官，其下为内常侍六人，正五品下。玄宗天宝十三载始置内侍监二人，从三品，为本省长官。[①] 此处的"兼"字，并非"兼职"之意，而是同时出任两种官职的意思。唐朝的"兼"字，常出现于一长串的完整官衔中，即"同时带有某某官衔"的意思。[②] 在官制上，"右监门卫将军"是其职事官，有官品；"兼知内侍省事"则是使职，无官品。高力士也曾任过此职，《旧唐书·高力士传》载："开元初，加右监门卫将军，知内侍省事。"可见，这种使职至少在开元初便已增设。

此外，吴怀实得"进封濮阳郡开国公，食邑二千户"，此称号属于爵位，为正二品的等级。食邑二千户，属于封地，实际上是虚封，获实封者称"食实封"。[③] 吴怀实的官品等级，从其墓志中的"薨"字也可略知一二。《新唐书》卷四十六《百官志》载："凡丧，三品以上称薨，五品以上称卒，自六品达于庶人称死。"[④] 可知，吴怀实属高官之列。

总之，从吴怀实墓志可以获得几方面的信息。首先，吴怀实当时为管理宦官的最高职位，证明日本与新罗的"争长事件"中，他确实在场并负责安排位次等相关事务；其次，墓志印证了日本学者石井正敏早于吴怀实墓志发现二十几年前发表的论文《论唐朝"将军吴怀实"》的准确性，并且也说明吴怀实与高力士关系密切；再次，天宝末期宦官集团得到玄宗皇帝的信任，成为一批支撑国政的主要力量。不过，吴怀实墓志中并未谈及"争长事件"，说明此事在其生平中微不足道。

关于日本与新罗的席位之争的相关资料，除了近年发现的吴怀实墓志外，另有一个不为常人注意的史料，即前文所引《延历僧录》中《胜宝感神圣武皇帝菩萨传》的："复元日拜朝贺正，敕命日本使可于新罗使之上。"对此，很少有人提及并分析。这里的"敕命"，说明是皇

---

① 张国刚：《唐代官制》，西安：三秦出版社，1987 年，第 111 页。

② 赖瑞和：《唐代高层文官》，北京：中华书局，2017 年，第 249 页。

③ 《唐六典》卷二《尚书吏部》。

④ （宋）欧阳修、宋祁撰：《新唐书》（简体字本二十四史，第 33 册），北京：中华书局，2000 年，第 786 页。

帝亲自指示的。此事并非由在场的日本、新罗双方及宦官吴怀实擅自调换的，而是汇报到皇帝，最终由皇帝意志决定。虽说唐礼制度森严，礼仪程序有定式，但玄宗一朝的一个显著特点是应时而变、改制变策，有些不合时宜制度被废弃，新的礼法应运而生。

《续日本纪》所载的争长事件，是事件的当事人大伴古麻吕亲自经历的。那么，玄宗皇帝"敕命日本使可于新罗使之上"，此说出自《延历僧录》，其作者是思讬。思讬自742年至753年，在近12年的渡日行动中始终伴随鉴真左右，并未随遣唐使去长安，也就是说，思讬并不在争长的现场。那么，他是怎么知道的呢？

第十二次遣唐使离开苏州起航回国的时间是天宝十二载（753）十一月十六日。鉴真及其弟子思讬等人乘副使大伴古麻吕的第二船，抵达大宰府的时间是同年十二月二十六日，途中大约四十天时间。[①] 在此期间，思讬有充分的时间与古麻吕交谈，了解相关信息。因此，日本与新罗在朝廷争席位的事件，并非思讬臆造出来的，很可能是大伴古麻吕讲给思讬的。[②] 思讬依据从遣唐使那里听来的有关朝中消息，写成了上述《胜宝感神圣武皇帝菩萨传》中记录发生在长安的内容，还有玄宗皇帝的"送日本使"诗及鸿胪大卿蒋挑捥送至扬州等事情。

下面，我们再回过头来看一看"争长事件"。当时，吐蕃、日本、新罗、大食的位置如下表11所示。

表11　日本与新罗座次 [③]

换位前		换位后	
西畔	东畔	西畔	东畔
①吐蕃	①新罗	①吐蕃	①日本
②日本	②大食	②新罗	②大食

"天宝争长"的焦点是座次问题，而座次又源于唐朝礼仪的规定以

① ［日］真人元开著，汪向荣校注：《唐大和上东征传》，北京：中华书局，1979年，第91页。
② ［日］藏中进：『唐大和上東征伝の研究』，東京：桜楓社、1976年、第432—433頁。
③ 此表为笔者根据《续日本纪》大伴古麻吕的奏言座次制作而成。

及固有定式。唐礼皇帝见蕃国使，均"以西为上"。《大唐开元礼》卷十《皇帝大享于明堂》载："诸工人各位于悬后，东方、西方，以北为上；南方、北方，以西为上。"此外，《通典》卷一百三十一《宾礼》中也有同样礼规，其位次"以西为上"。

此次遣唐使，正值日本和新罗关系紧张，新罗梗海道，遣唐使从明、越二州入贡。尽管新罗与日本有着频繁的交往，但日本律令制度国家体系形成以后，形成了日本式的中华观，其统治阶层抱有一种群体性的"东夷的小帝国"观，对新罗持有一种上位的高贵意识。这一点，从《日本书纪》《续日本纪》等正史中可以证实，对新罗的叙事常以"朝贡""赐"等尊卑的语言表述，体现了上位与下位的等级观念。

可见，众多争长事件的史料，包括考古界出土的《吴怀实墓志》和《册府元龟》记载的天宝十二载玄宗皇帝于含元殿接受朝贺，还有《延历僧录》记载的内容及玄宗赋诗等，均与《续日本纪》的记载相互衬托，互为补充。因此，大伴古麻吕汇报的内容并非虚构，应当是一个真实事件，并且古麻吕还讲述了争长的细节。

日本与新罗的争长记录，严格说来，构不成"事件"，只能说是"天宝争长"之事，因为它并未引起唐朝及新罗的重视，没产生大的影响。

六、鉴真与日本

第十二次遣唐使取得的成果，在中日交流史上留下了光辉的一页。其影响不局限于当时，更延伸到后世。其中一个重要的成就是把鉴真带到了日本。近一个世纪来，关于鉴真的研究成为中日学术界的一个热点。

日本方面，早在1940年，安藤更生便来到扬州，探访鉴真足迹，长期专注鉴真及其相关领域研究，其博士论文《鉴真大和上传之研究》及人物丛书《鉴真》最具代表性。[1] 藏中进的《唐大和上东征传

① ［日］安藤更生：『鑑真大和上傳之研究』、東京：平凡社、1960年初版、1980年初版第二刷発行；［日］安藤更生：『鑑真』（人物叢書）、東京：吉川弘文館、1976年。

之研究》①，精于真人元开著的《唐大和上东正传》的文本研究，堪称大作。天平宝字三年（759）由鉴真开基的唐招提寺，作为"古都奈良的文化财"的一部分，1998 年被评为世界文化遗产。以此为契机，有关鉴真的研究又掀起一个高潮，代表性成果有藏中忍著《〈延历僧录〉注释》②、东野治之著《鉴真》等。

中国方面，1978 年以后，鉴真被称作古代中日友好交往的使者，关于他的研究成为热点，代表性成果有孙尉民的《鉴真和尚东渡记》③、汪向荣的《中日关系史论考》④、汪向荣校注的《唐大和上东征传》⑤ 等。尤其近些年，以"鉴真东渡"为主题的文章随处可见，不胜枚举。但是，其中不乏泛泛而谈、忽略史料的辨析，空论较多，缺乏实证性，而类似于王勇的《鉴真东渡与书籍之路》等细致的考证论文并不多见。⑥

因此，鉴真东渡的细节及对日本的影响，已有诸多研究，在此不再赘述。不过，关于鉴真的事迹，基础性材料有《延历僧录》《唐大和上东征传》《续日本纪》《鉴真和上三异事》⑦《东大寺要录》等，结合这些史料，仍有几个关键性的内容需要整理一下，具体包括以下几方面。

1. 鉴真受邀

鉴真最初受邀赴日是在第十次遣唐使时期，距离其成功渡日时隔近十二年之久。天宝元年（742）冬十月，日僧荣睿、普照来到扬州大明寺拜见鉴真大和尚，顶礼膜拜，道明来意：

> 时，大和上在扬州大明寺为众（僧）讲律，荣睿、普照师至

---

① ［日］藏中进：『唐大和上東征伝の研究』、東京：桜楓社、1976 年。

② "藏中忍"系音译。参见［日］藏中しのぶ：『「延暦僧録」注釈』、東京：大東文化大学東洋研究所、2008 年。

③ 孙尉民：《鉴真和尚东渡记》，上海：上海古籍出版社，1979 年。

④ 汪向荣：《中日关系史文献论考》，长沙：岳麓书社，1985 年。

⑤ ［日］真人元开著，汪向荣校注：《唐大和上东征传》，北京：中华书局，1979 年。

⑥ 王勇：《鉴真东渡与书籍之路》，《郑州大学学报（哲学社会科学版）》2007 年第 5 期，第 107-111 页。

⑦ 《鉴真和上三异事》是唐招提寺五世丰安撰写的鉴真行状，831 年上表。内容分三部分：第一，大唐国住持；第二，海路庶奇异；第三，日本国修治。参见［日］塙保己一编：『続群書類従』第八輯下、東京：続群書類従完成会、1958 年、第 453—456 頁。

大明寺，顶礼大和上足下，具述本意曰："佛法东流至日本国，虽有其法，而无传法人。本国昔有圣德太子曰：'二百年后，圣教兴于日本。'今钟此运，愿和上东游兴化。"

大和上答曰："昔闻南岳（惠）思禅师迁化之后，托生倭国王子，兴隆佛法，济度聚生。又闻，日本国长屋王崇敬佛法，（造）千袈裟，（来施）此国大德、众僧；其袈裟（缘）上绣着四句曰：'山川异域，风月同天，寄诸佛子，共结来缘。'以此思量，诚是佛法兴隆，有缘之国也。今我同法众中，谁有应此远请，向日本国传法者乎？"

时众默然，一无对者。良久，有僧祥彦进曰："彼国太远，性命难存，沧海淼漫，百无一至。人身难得，中国难生；进修未备，道（果）未到。是故众僧咸默无对而已。"

和上曰："是为法事也，何惜身命？诸人不去，我即去耳。"

祥彦曰："和上若去，彦亦随去。"爰有僧道兴、道航、神崇、忍灵、曜祭、明烈、道默、道因、法藏、法载、昙静、道巽、幽岩、如海、澄观、德清、思托等二十一人，愿同心随和上去。①

当鉴真问有哪位弟子愿意接受远请，去日本传法时，无人应答。原因在于"彼国太远，性命难存，沧海淼漫，百无一至"。若去日本，九死一生。但为弘扬佛法，传授戒律，鉴真舍身忘己，毅然决定赴日。这一举动感动了在场的弟子，二十一人愿意随行，其中就有《延历僧录》的作者思托。因此，这段荣睿、普照邀请鉴真东渡的场景，应该是思托作的真实记录，后经真人元开整理，记载下来。

从此，鉴真及其弟子们开始长达十二年的渡日旅程。根据其渡海计划及实际航海失败的情况，一般认为他有六次东渡，其中前五次均失败。当然，也有人提出"五次东渡，四次失败"的主张。②笔者以为，六次东渡、五次失败的过程更符合事实。

---

① ［日］真人元开著，汪向荣校注：《唐大和上东征传》，北京：中华书局，1979 年，第 40—42 页。
② 许凤仪：《鉴真"六次东渡，五次失败"考》，《扬州师院学报（社会科学版）》1989 年第 2 期，第 136—138 页。

2. 六次东渡

（1）第一次

天宝二载（743）初，鉴真及弟子，另荣睿、普照、玄朗、玄法四个日本僧人，筹划渡海。其间，弟子如海告密，声称僧人道航造船入海，勾结海盗。结果，遭到官府查处，拘禁了众僧。荣睿、普照等四月被禁，八月才得释放。玄朗、玄法此后归国，荣睿、普照继续伴随鉴真左右。此时，鉴真五十五岁。

（2）第二次

天宝二载十二月，鉴真自己出钱八十贯，购买一条军舟，雇船手十八人，带领一百多口人，携大量物资从扬州出发，举帆东下。不久，遭遇恶风，船破。修理船后，又过一个多月，飘至明州附近，人员上岸，被安置到鄮县阿育王寺。

（3）第三次

天宝三载（744），鉴真以阿育王寺为据点，受邀到越州、杭州、湖州、宣州（今苏南、皖南、浙北一带）等地巡游、开讲、授戒。后有越州僧等知道鉴真欲往日本，告密州官，荣睿被捕，送至京城，后被送还至杭州。荣睿患病，几经周折，伪称"病死"，方被放出。东渡再次失败。

（4）第四次

江浙受阻，鉴真打算从福州出海。先派弟子法进和两个居士前往福州，买船并购备船粮。同时，鉴真率弟子三十余人辞别阿育王寺，经天台国清寺，欲往温州。结果被寺院扣押，送回扬州。原因是扬州弟子灵佑及诸寺三纲请求官府，阻止大和上去日本。于是，采访使下牒各州，捉得大和尚，押送回扬州。这样，第四次渡海又失败。

（5）第五次

几年后，天宝七载（748）春，荣睿、普照从安徽同安郡来到扬州崇福寺鉴真住处。鉴真等再次筹划东渡，造船、买香药，备办百物，一如当初天宝二年的情形。人员有道俗及水手等三十五人。众人六月二十七日出发，在越州界及舟山群岛各停驻一个多月，再出发后偏离航道，历经苦难，漂至海南岛，弃舟上岸。最终又历经几年，由南至北，回到扬州。在此期间，荣睿病死于瑞州（今广东省肇庆市）[①] 龙兴寺，鉴真哀恸悲切，送葬后离开。天宝九载（750），普照辞别鉴真，自韶州开元寺向北去，到明州阿育王寺。然而，不幸的是此时鉴真眼已失明。

（6）第六次

鉴真最后一次渡海成功是第十二次遣唐使促成的。天宝十二年，遣唐大使藤原清河等来到扬州延光寺，向鉴真说明奏请其赴日经过。鉴真决定乘遣唐使船赴日，从扬州来到船舶停靠地苏州黄泗浦。十一月十六日正式出发，一个月后抵达日本。此时，鉴真已六十六岁。

3. 鉴真与日本的阿育王信仰

鉴真东渡，给日本文化注入了新鲜血液，推动日本佛教向更广泛领域发展。鉴真对日本的贡献是多方面的，其影响一直渗透到社会底层，甚至影响后世文化的走向。其中，日本的佛舍利信仰就与鉴真密切相关。如前所述，鉴真第二次东渡遭遇暴风失败，天宝三载（744）初在明州上岸，被安置到阿育王寺。

阿育王为古印度孔雀王朝的第三代君主，活跃于公元前 3 世纪左右，是统一古印度大部分领土最早的君王。阿育王在佛典中又作阿输迦、阿输伽、阿恕伽、阿戍笡、阿條，意译为无忧王，另有天爱喜见王之称。阿育王在征服其他部族期间，手段残忍，杀人众多。实现统一后，他深受佛教熏染，反思杀戮的悲惨，顿生怜悯之心，最终皈依佛教。阿育王在统治期间，致力于佛法，坚信依佛法所得的胜利才是最上的胜利。因此，其后半生有达磨（正法）阿育王之称，成为古印度理想的君王，亦被称为转轮圣王、铁轮王。

据佛教相关史料记载[②]，阿育王建八万四千僧伽蓝，造八万四千佛塔。阿育王打开释迦涅槃后八塔中的七塔，重新分埋佛舍利，共造

---

① 今广东省肇庆市鼎湖山上有一座"荣睿纪念亭"。1963 年，鉴真圆寂 1200 周年时，肇庆市建立了荣睿大师纪念碑。1979 年，在原碑址上重新建立了荣睿大师纪念碑亭。参见《日本和尚荣睿大师纪念碑亭在广东肇庆落成》，《人民日报》，1980 年 4 月 1 日第 4 版。

② 这些记载见于《岛史》第六章、《善见毗婆沙律》卷一、《杂阿含经》卷二十二、《阿育王经》卷一、《阿育王传》卷一。

八万四千舍利塔，并把它分送印度各处供奉。阿育王所造的舍利塔，作为佛本身的象征物，深受佛教徒的崇拜。自西晋以来，中国各地掀起寻找阿育王塔，以及兴建佛塔的热潮。此后，历经宋、齐、梁、陈，至鉴真所生活的唐朝，各地普遍盛行阿育王塔信仰，时时造塔，兴建堂寺。① 从这些遗址中挖掘出大量文物，时有发现塔之地宫、铭文或佛像，以及佛舍利等。另据《广弘明集》《集神州三宝感通录》《法苑珠林》记载，唐朝以前，全国内地及外域发现22处阿育王塔遗址，地域分布于浙江、江苏、山东、山西、陕西、河南、河北、甘肃、四川等地，可见佛舍利信仰之盛况。② 其中，以明州的阿育王塔最为久负盛名。

明州阿育王寺之开基，源于僧人慧达（刘萨诃）。相传，时有刘萨诃，梦见死后堕入阎罗王界，阎罗王告知寻找阿育王塔可以脱离苦境，刘萨诃于是开始寻觅宝塔和舍利，终于鄮县得以发现。刘萨诃与阿育王塔的故事在中国广为流传。这一传说在《法苑珠林》《集神州三宝感通录》《大唐传戒师僧名记大和上鉴真传》《唐大和上东征传》《广弘明集》《梁高僧传》《释老志》《南史》等文献中均有记载。关于明州阿育王寺的缘起及刘萨诃的传说，《法苑珠林》卷第三十八载：

> 初西晋会稽鄮县塔寺，今在越州东三百七十里鄮县界。东去海四十里，在县东南七十里，南去吴村二十五里。案前传云：晋太康二年，有并州离石人刘萨诃者，生在田家，弋猎为业。得病死苏，云见一胡僧语诃曰：汝罪重，应入地狱。吾悯汝无识，且放。今洛下，齐城、丹阳、会稽并有古塔，及浮江石像，悉阿育王所造。可勤求礼忏，得免此苦。既醒之后，改革前习，出家学

---

① 《唐大和上东征传》载："其阿育王塔者，是佛灭度后一百年，有铁轮王，名曰阿育王，役使鬼神，建八万四千塔之一也。其塔非金、非玉、非石、非土、非铜、非铁，紫乌色，刻缕非常；一面萨埵王子变，一面舍眼变，一面出脑变，一面救鸽变。上无露盘，中有悬钟，埋没地中，无能知者。唯有方基高数仞，草棘蒙茸，罕有寻窥。至晋泰始元年，并州西河离石人刘萨诃者，死至阎罗王界，阎罗王教令掘出。自晋、宋、齐、梁至于唐代，时时造塔、造堂，其事甚多。"参见 [日] 真人元开著，汪向荣校注：《唐大和上东征传》，北京：中华书局，1979年，第55页。

② [日] 安藤更生：『鑑真大和上傳之研究』，東京：平凡社、1960年初版、1980年初版第二刷発行、第148頁。

道，更名慧达。如言南行，至会稽。海畔山泽，处处求觅，莫识基绪。达悲塞烦冤，投造无地。忽于中夜闻土下钟声，即迁记其处，刺木为刹。三日间，忽有宝塔及舍利从地踊出，灵塔相状，青色似石而非石。高一尺四寸，方七寸，五层露盘，似西域于阗所造。面开窗子，四周天金。中悬铜磬。每有钟声。疑此磬也。绕塔身上并是诸佛菩萨金刚圣僧杂类等像。状极微细瞬目注睛。乃有百千像现。面目手足咸具备焉。斯可谓神功圣迹非人智所及也。今在大木塔内。于八王日舆巡邑里。见者莫不下拜念佛生善。斋戒终身。其舍利者在木塔底。其塔左侧多有古迹。[1]

可见，明州阿育王寺，始建于西晋太康三年（282），当时称作会稽山鄮县塔。最初的古阿育王寺，位于今宁波市北仑区大碶街道嘉溪村乌石岙，东晋义熙元年（405），舍利塔从乌石岙迁至育王山西麓，安帝敕令造塔亭，岁度僧14人，此为阿育王寺舍利殿之始。南朝时期，寺庙规模扩大，宋文帝又赐常住田。梁普通三年（522），继续建造伽蓝，皇帝赐额为"阿育王寺"。简文帝时（549—551），阿育王寺的佛舍利被迎入宫中朝拜。唐朝皇宫也多次迎奉法门寺舍利进行朝拜，此举可视为宫中供养舍利的先例。鉴真到来时，阿育王寺又增加了西塔院等，铜佛、铁塔俱全。唐朝官府、僧众都对鄮县阿育王塔进行过礼拜和摹造。[2]唐宪宗时期（805—820），位于长安宣阳坊的奉慈寺里就供奉过鄮县的阿育王塔摹刻。该塔属于用木摹制的阿育王舍利塔，

---

① （唐）释道世撰，周叔迦、苏晋仁校注：《法苑珠林校注》（三），北京：中华书局，2003年，第1209页。

② 吴天跃：《吴越国阿育王塔的图像与形制来源分析》，《艺术史研究》2019年第21辑，第1-60页。

由僧人惟则从明州背负而来。①

　　唐武宗时期，灭佛毁寺，阿育王寺遭废，阿育王塔送至越州府库中存放。宣宗当皇帝后，开始重兴教法，越州将塔请进开元寺。阿育王寺僧人状告至观察判官蒯希逸处，要求归还，结果判还给阿育王寺②。此后，阿育王寺佛事日益兴盛，大中三年（849），正月斋会，四明僧俗八千余人，来到阿育王寺供养佛舍利塔。第二年，有新罗僧人夜间盗塔，结果行走一夜，未能出寺，只是绕舍利亭而行，被众僧发现。③

　　鉴真到达明州鄮县后，入住阿育王寺，并游览阿育王山，当时的情形，《唐大和上东征传》做如下描述：

　　　　其鄮山东南岭石上，有佛右迹；东北小岩上，复有佛左迹，并长一尺四寸，前阔五寸八分，后阔四寸半，深三寸。千幅轮相，其印文分明显示。世传曰："迦叶佛之迹也。"

　　　　东二里，路侧有圣井，深三尺许，清凉甘美，极雨不溢，极旱不涸。中有一鳗鱼，长一尺九寸，世传曰护塔菩萨也。有人以香花供养，有福者即见，无福者经年求不见。有人就井上造屋，

---

① （唐）段成式撰：《酉阳杂俎》续卷六·《寺塔记下》，《四库全书》影印本，北京：中华书局，1985年，第1-2页。《酉阳杂俎》续卷六·《寺塔记下》载："今有僧惟则，以七宝摹阿育王舍利塔，自明州负来。"另见（宋）赞宁撰：《宋高僧传》卷二十七《唐京师奉慈寺惟则传》，《四库全书》影印本，北京：中华书局，1985年，第10-11页。《唐京师奉慈寺惟则传》载："释惟则者，拔俗志高，栖神物表，凡施善务，举则波随。常言：'像是生善之强缘，不得不多立。初之观也，如对严君。次则其心不乱，中则观门自成。末则如如焉，荡荡焉，三昧安得不现前乎。是以我曹劝化迷俗，得不以此是为先容欤？'由是若雕若塑，形象森然。恒事进修，天邑之间，偏加激励。属宪宗太皇太后郭氏元和中，为母齐国大长公主追福，造奉慈精舍，搜择名德，则乃预选入居。未久之间，闻四明鄮山有阿育王塔，东晋刘萨诃求现，往专礼焉。乃匠意将七宝为末，用胶范成摹写脱，酷似。自甬东躬自负归奉慈寺供养，京邑人皆倾瞻归信焉。"
② （明）郭子章撰：《四明阿育王山志略》，明天启四年刊本，台北：成文出版社，影印，1983年，第46页。其中的《释迦如来真身舍利宝塔记》载："武宗澄汰沙门，塔止越州府库。宣宗重兴教法，塔入开元寺。鄮山僧论请观察判官蒯希逸判归育王。"
③ （宋）释志磐《佛祖统记》卷第四十三载："三年正月斋日，四明道俗八千人，于阿育王寺供养佛舍利塔。感天华纷坠有如雪色，至手即融。入夜放五色光明，大众喜跃。明年有新罗僧夜盗塔手擎，绕亭而行，不离本处，为众所觉。"参见（宋）志磐撰，释道法校注：《佛祖统纪》（下），上海：上海古籍出版社，2012年，第992页。

至以七宝作材瓦。即从井中水涨流却。①

可见，鉴真见到了鄮山东南岭石上的佛足迹、圣井等。佛足迹呈千幅轮相，其印迹及纹样清晰可见。千辐（幅）轮相，乃佛三十二相之一，足下纹样分明，呈千辐宝轮妙相，精巧微妙，极其珍贵。足长一尺四寸，前面宽五寸八分，后宽四寸半，深三寸。此外，东二里的圣井，"清凉甘美，极雨不溢，极旱不涸"，关于此井，盛行鳗鱼信仰。

鉴真与明州阿育王寺的因缘，成为日本佛舍利信仰的源头。鉴真东渡所带物品的清单中有"如来肉舍利三千粒"及"阿育王塔样金铜塔一区"。② 鉴真请来的三千粒佛舍利，供奉在唐招提寺的"金龟舍利塔"内。如今，日本唐招提寺内，盛装舍利的"金龟舍利塔"和鉴真带来的"白玻璃舍利壶"，以及包裹其壶的"方圆彩系花网"都已成为日本重要文化遗产。鉴真请来佛舍利从而引起日本佛舍利信仰发生变化的原因，不在于把佛舍利安置在佛塔的核心处，而是将其供养在舍利殿，使其成为人们礼拜的对象。③ 另外，从鉴真入住明州阿育王寺，目睹并供奉阿育王塔这一事件可以看出，鉴真给日本带去了佛舍利信仰，从而也使得明州与日本佛教开始产生了机缘。④

受其影响，鉴真圆寂后，日本一度出现了大规模造塔运动。天平宝字八年（764），日本爆发藤原仲麻吕叛乱，造成大量人员死伤，称德天皇为安慰亡魂及护国安宁，发愿建造佛塔。至宝龟元年（770），共造了百万基的木制三重小塔，塔内安放《无垢净光大陀罗尼经》。此后，阿育王及佛舍利信仰，在日本逐渐展开，为日本佛教注入了新的元素。

4. 在日本的鉴真

鉴真在世时及后世产生的影响，在日本远比中国大。从鉴真抵达奈良时起，直至去世，他始终受到高规格的礼遇。

---

① ［日］真人元开著，汪向荣校注：《唐大和上东征传》，北京：中华书局，1979 年，第 56-57 页。
② ［日］真人元开著，汪向荣校注：《唐大和上东征传》，北京：中华书局，1979 年，第 87-88 页。
③ ［日］中村一基著，李广志译：《日本的"佛舍利"信仰》，《古代文明》2009 年第 2 期，第 102 页。
④ ［日］谷口耕生：「聖地寧波をめぐる信仰と美術」、奈良国立博物館編『聖地寧波 日本仏教 1300 年の源流～すべてはここからやって来た～』、奈良：奈良国立博物館、2009 年、第 9 页。

　　鉴真一行到大宰府后，副使大伴古麻吕便上奏朝廷，汇报情况。随后他们离开大宰府，驶向京城。众人到达难波之后，通过一系列的隆重迎接场面便可看出接待鉴真的规格。根据《唐大和上东征传》记载，鉴真等人于天平胜宝六年（754）二月一日到达难波。此时，朝廷已派专人等候。

　　二月一日，古麻吕及鉴真等经瀬户内海抵达难波津，唐僧崇道等在岸边迎慰供养。特意选派赴日的唐朝僧人崇道去迎接，说明日本朝廷经过精心考虑，缜密安排，想给鉴真一种回到故乡的感觉，最大限度地消除他对日本的陌生感。至于崇道，其籍贯及在唐的情况，还有渡日时间等均不清楚。同崇道一起迎接鉴真的还有大僧正行基的弟子法义。[①] 而此时，被时人称作"菩萨"的行基已去世 [②]，但其影响仍然存在，弟子相继，遵其遗法。因此，法义也得到圣武天皇的信任，代替大僧正前来迎接。

　　三日，至河内国厅，朝中掌权的大纳言从二位藤原仲麻吕派使者迎接。天平八年（736）抵日的大福先寺僧人道璿也派弟子善谈等迎劳。另有僧人志忠、贤璟、灵福、晓贵等三十余人前来迎接。

　　四日，进入平城京。天皇派敕使安宿王到罗城门外迎接、慰劳，引入东大寺休养。安宿王其人，是长屋王之子，母亲为藤原不比等的女儿。他在"长屋王之变"中幸免于难，未受到惩罚。然而，在此值得推测的是，不知朝廷是否知道鉴真与长屋王的那段因缘。鉴真曾为长屋王赠送千件袈裟而感动，并亲口说出绣在袈裟上的诗句，因此，派安宿王前来迎接，不知是巧合还是有意安排。

　　五日，朝中大臣、左右大臣、大纳言以下官员百余人迎拜鉴真。后来，又派吉备真备来宣圣武太上天皇的诏书，诏曰："大德和上，远涉沧波，来投此国，诚副朕意，喜慰无喻。朕造此东大寺，经十余年，欲立戒坛，传授戒律，自有此心，日夜不忘。今诸大德，远来传戒，

---

① 　[日]筒井英俊校注：『東大寺要録』、東京：国書刊行会、1971 年、第 96 頁。
② 　《续日本纪》"天平胜宝元年二月丁酉"条"行基薨传"载："时人号曰'行基菩萨'。"当代学者金伟认为，行基是奈良时代利益百姓的大菩萨。参见金伟：《行基菩萨——东瀛文殊》，台北：经典杂志出版社，2021 年。

冥契朕心。自今以后，受戒传律，一任和上。"① 数日后，授鉴真"传灯大法师"位。

鉴真到达日本后，朝廷派一位随身翻译，伴其左右。此人名叫延庆。他是当朝实力派人物藤原仲麻吕的第六子，实名为藤原刷雄，752年作为留学生随大使藤原清河入唐，754 年返回日本。可见，藤原刷雄（延庆）应当与鉴真熟悉，由他来做翻译也说明朝廷对鉴真的高度重视。天平宝字二年（758），藤原仲麻吕及其子女受赐"藤原惠美朝臣"姓，天平宝字八年（764）发生"藤原仲麻吕之乱"，一家人获罪，唯独刷雄免死，被流放至隐岐国（今岛根县隐岐岛）。此后，刷雄受到赦免，恢复了藤原姓，后历任刑部大判事、治部大辅、上总守、对马守、图书寮等职。他与鉴真建立了深厚的友情。鉴真去世后，藤原刷雄作五言诗一首，以示哀悼。其诗曰：

五言伤大和上
图书寮兼对马守藤原朝臣刷雄
万里传灯照，风云远国香。
禅光耀百忆，戒月皎千乡。
哀哉归净土，悲矣赴泉场。
寄语腾兰迹，洪慈万代光。②

从藤原刷雄的诗句中可以看出他对鉴真的挚爱，"哀哉""悲矣"。他高度赞扬了鉴真弘法的伟绩，"寄语腾兰迹"的"腾兰"，指的是迦叶摩腾和竺法兰两位法师。东汉明帝夜梦金人（佛），即派使者张骞等十二人到大月支国求法，永平十年（67），迎请迦叶摩腾和竺法兰到洛阳，入住鸿胪寺。次年，敕二人住洛阳雍门外新建的白马寺，翻译佛经。白马寺也就成为中国第一座寺院。将鉴真与腾、兰并举，赞颂其洪慈万代。通过此诗，也可看出藤原刷雄的汉语水平之高。

鉴真一到东大寺，僧都良辨便引其至大佛前，讲解道："此是大帝

---

① ［日］真人元开著，汪向荣校注：《唐大和上东征传》，北京：中华书局，1979 年，第 92 页。

② ［日］真人元开著，汪向荣校注：《唐大和上东征传》，北京：中华书局，1979 年，第 101 页。

太上天皇引天下人共结良缘，铸此金铜像，坐高笏尺五十尺。"同时又问鉴真，唐朝有这么大的佛像吗？鉴真通过翻译延庆告诉他："无。"[1]

次日，唐僧道璿律师前来慰问，后有婆罗门僧正菩提（菩提仙那）也前来参拜。菩提与鉴真交谈，说当年住在唐崇福寺时，正赶上鉴真在此讲律，问鉴真是否记得他。鉴真答曰："忆得也！"[2]可见，鉴真与菩提在唐时有过面识，且记得其人其事。

通过鉴真初到日本几日所接受的礼遇，可以看出日本社会对他的期盼程度。迎接他的人员中，有许多和他有过或多或少因缘的人。这些因素，也为他在日本的生活增加了亲近感。尤为重要的是，朝廷对他的到来寄予厚望。从753年抵日，到763年去世，鉴真在日本度过了十个年头，终年76岁。其间，他为圣武太上皇夫妇授戒，为孝谦天皇授戒，协力建造东大寺戒坛院，756年被任命大僧都，758年被授予"大和上"尊号，759年创建唐招提寺，763年去世。

鉴真对日本的影响，就佛教本身来说，贡献之大已有诸多研究，在此不必赘述。鉴真给日本文化带来的影响是多方面的，包括有形的和无形的遗产。例如第二次东渡时，准备随他到日本的人员中，包括大批技术人员：

　　玉作人：制作玻璃工艺的工人

　　画师：画家

　　雕檀师：白檀等雕刻的工人

　　刻镂师：雕刻金属的工人

　　铸师：铸物工人

　　写师：抄写书籍的职业人

　　敷文镌碑工：为石头配文字，刻碑人

尽管鉴真第六次抵日时未见此阵容，但鉴真带这些技术人员渡日的初衷应该没有改变，最终到来的人数和技工尽管不确定，但应该有

---

① ［日］筒井英俊校注：『東大寺要録』、東京：国書刊行会、1971年、第97頁。

② ［日］筒井英俊校注：『東大寺要録』、東京：国書刊行会、1971年、第97頁。

同来者。①

不仅如此，鉴真最终抵日所带物品清单中，还有"王右军真迹行书一帖、小王真迹三帖"。唐初，唐太宗崇尚王羲之书风，曾以金帛求购其书迹，天下争献古书，"初购求人间书，凡真、行二百九十纸，装为七十卷。草二千纸，装为八十卷"。② 因此，到了鉴真东渡时，王羲之（王右军）和王献之（小王）的真迹在民间几乎绝迹。但是，关于鉴真带到日本的大小王字帖，日本书法史专家神田喜一郎认为，这些珍贵的书帖应该是鉴真第五次东渡失败后，从广东返回扬州途中，路过虔州时，由朝廷左降至此的著名书法家钟绍京赠与的，当属真迹。③如果鉴真带到日本的二王字帖确为真品，那么，可以说鉴真为日本书法界提供了新材料，为日本汉字的普及和日本文字的最终形成注入了新活力。鉴真去世后，日本正史中专门为他写一篇约 330 字的较长传记，据《续日本纪》"天平宝字七年（763）五月六日"条载：

> 五月戊申，大和上鉴真物化。和上者扬州龙兴寺之大德也。博涉经论，尤精戒律。江淮之间，独为化主。天宝二载，留学僧荣睿、业行等，白和上曰：佛法东流，至于本国。虽有其教，无人传授。幸愿，和上东游兴化。辞旨恳至，谘请不息。乃于扬州买船入海。而中途风漂，船被打破。和上一心念佛。人皆赖之免死。至于七载，更复渡海。亦遭风浪，漂着日南。时荣睿物故。和上悲泣失明。胜宝四年，本国使适聘于唐，业行乃说以宿心。遂与弟子二十四人，寄乘副使大伴宿祢古麻吕船归朝。于东大寺安置供养，于时有敕，校正一切经论。往往误字。诸本皆同，莫之能正。和上谙诵，多下雌黄。又以诸药物令名真伪。和上一一以鼻别之。一无错失。圣武皇帝师之受戒焉。及皇太后不念，所进医药有验。授位大僧正。俄以纲务烦杂，改授大和上之号。施以备前国水田一百町。又施新田部亲王之旧宅，以为戒院。今招提寺

---

① ［日］東野治之：『鑑真』、東京：岩波書店、2009 年、157—168 頁。

② （宋）王溥撰：《唐会要》（上），上海：上海古籍出版社，2006 年，第 754-755 页。

③ ［日］神田喜一郎：『芸林談叢』、京都：法藏館、1981 年。

是也。和上预记终日，至期端坐，怡然迁化。时年七十有七。①

此篇鉴真传，内容基本与《唐大和上东征传》吻合，只是关于他的年龄，诸版本略有不同，《唐大和上东征传》载为"春秋七十六"。此处的留学僧"业行"，其他史料无载，应该指的是普照。② 荣睿与普照邀请鉴真东渡，这已是不争的事实。尤其重要的是，鉴真的一生载入日本正史之中。从思想史角度看，《续日本纪》里撰写的鉴真传，影响远比其他史料大，更加提高了他的声望。

在日本一提起鉴真，自然会让人想到作为世界遗产的唐招提寺（见图 4）。关于该寺的创立，正式开始建造的时间为天平宝字三年（759）八月三日，《东大寺要录》载："三年八月三日，鉴真和上，奉为太上天皇建招提寺。"此时的"太上天皇"应该是孝谦天皇，因其于天平宝字二年（758）八月一日让位给大炊王（淳仁天皇），故为太上天皇。唐招提寺位于平城京右京五条二坊，原属于新田部亲王的宅邸，初建时伽蓝长约东西 255 米、南北 245 米，鉴真为开创之祖。鉴真之后，随之一起来日本的弟子如宝继续建造，造了东塔、南大门、北土门、中门、金堂等，唐招提寺初期建设基本完成。③

然而，关于为何选此地为寺址，日本文献中另有一种说法。据《七大寺巡礼私记》载，鉴真自难波津去往奈良途中，拾一撮尘土，闻其香。当行至药师寺北、后来的唐招提寺西侧时，又拾一捻土闻之。此时鉴真露出了笑容，弟子问其故。鉴真说，此前的土缺乏戒律之气，这里却有芳香，适合传戒。于是，这里便被称作"惠美之辻"。今日奈良市的"尼辻"地名，就来自这一传说。该传说来源于《唐大和上东征

① ［日］青木和夫、稲岡耕二、笹山晴生、白藤禮幸校注：『續日本紀　三』（新日本古典文学大系）、東京：岩波書店、1995 年、第 430—432 頁。

② ［日］青木和夫、稲岡耕二、笹山晴生、白藤禮幸校注：『續日本紀　三』（新日本古典文学大系）、東京：岩波書店、1995 年、第 430 頁。

③ ［日］仏書刊行会編纂：『大日本佛教全書』第 118 冊（諸寺叢書第二）、東京：仏書刊行会、1913 年、第 21—22 頁。

图 4　唐招提寺（笔者摄于 2019 年 7 月）

传》中建唐招提寺的记载，未必真实。[①] 但从中也可看出，鉴真在日本的一举一动，都有可能产生一种意想不到的文化效应。

由此可知，圣武天皇时期的天平年间（729—749），日本社会的科技与文化取得长足进步，以佛教为代表的外来文化也有了空前的发展。日本朝廷接受和融合遣唐使带来的大陆文化，在东大寺建造了卢舍那大佛，该像是日本最大的佛像。圣武天皇推行佛教护国政策，同时也带动了中央集权体制下的政治、经济全面发展。

天平年间，日本朝廷内人事关系出现了派系纷争，引起部分官员的不满，导致发生一场叛乱。叛乱的主要原因有二：其一，天平七年（735）开始流行致死率很高的天然痘（天花）传染病，藤原四兄弟相继死去；其二，留学归来的僧人玄昉和下道真备受到重用，担任朝廷

---

① 《唐大和上东征传》载："初，大和上受中纳言从三位冰上真人之请，（诣）宅窃尝其土，知可立寺，仍语弟子僧法智：'此福地也，可立伽蓝。'今遂成寺，可谓明鉴之先见也。"参见［日］真人元开著，汪向荣校注：《唐大和上东征传》，北京：中华书局，1979 年，第 95 页。

要职。这些矛盾激化，导致天平十二年（740）发生"藤原广嗣之乱"，造成二人左迁，大宰府一时停止职能。

　　建造大佛期间，日本曾经一度策划派遣唐使，结果中途停止。第十二次遣唐使到来时，唐朝正处于天宝年间，经济繁荣，文化昌盛，对外交往频繁。唐朝在接待外国使臣时，日本在座位排序上认为自己不应处于新罗之下，要求更换位次，故发生了所谓"争长事件"。负责处理此事的将军吴怀实墓志已被发现，其中并未提及争长之事。所谓日本与新罗的争长，只见日本单方面的主张，未见唐与和新罗方的见解，日本此举，并不排除其单方面"争长"的可能性。所以，没有出现大的外交事件，也没引起什么争端。

　　遣唐使在归国途中，大使藤原清河和阿倍仲麻吕所乘之船漂流至安南，历经艰险才返回长安，最终二人仕宦朝廷，埋骨中土。而归国的遣唐使船，则送去了鉴真及其二十四弟子，为日本带来了极具影响力的文化使者。鉴真在日本的影响，渗透到佛教、艺术、书法、医药、饮食及建筑等方方面面，成为日本文化基因的重要组成部分，他的贡献影响至今。

第八章　阿倍仲麻吕的诗歌之路

一、阿倍仲麻吕在唐的生活

唐大历五年（770）正月，阿倍仲麻吕在唐朝去世，终年 70 岁。然而，就在他去世 130 年后，日本却流传一首思乡歌，称他在回国途中，于明州海边望月思乡，吟诗作赋，诞生此歌。这首诗歌后来成为日本文学史上的名篇，历代传诵，经久不衰。但是，这一名作留下许多谜团，引来不少争议。那么，阿倍仲麻吕那首脍炙人口的诗篇是如何诞生的？有何疑点？在此解析这个问题之前，先看看阿倍仲麻吕在唐的生活情况。

阿倍仲麻吕于开元五年（717），随第九次遣唐使入唐，直至其 770 年去世，在唐一共生活了约 54 个春秋。作为留学生的阿倍仲麻吕，初来时年仅 17 岁。来唐后取汉名"朝衡"，或作"晁衡"。"朝"与"晁"相通，中国文献中多使用"晁"字。此外，新旧《唐书》也写作"朝臣仲满"，另有"秘书晁监""晁补阙""晁卿""晁巨卿""朝校书衡"等。不过，史书中也有误写作"朝卫""胡衡""周衡""韩衡"的，这些都表示仲麻吕的汉名。[1] 阿倍仲麻吕到达唐朝后，不久入太学，步入国子监下官学机构。自从日本学者杉本直治郎主张阿倍仲麻吕从留学生转变为官吏的途径是参加了科举考试，并且以优异的成绩荣登进

---

① ［日］森公章：『阿倍仲麻吕』、東京：吉川弘文館、2019 年、第 89—90 頁。

士，从而实现了"鲤鱼跳龙门"以后[①]，不断有学者支持此观点[②]，指出他"在长安苦读约 5 年，参加科举考试高中进士，并出仕任司经校书（正九品下）"[③]。阿倍仲麻吕就读于太学，这一点当属事实，从诸多史料中可以验证，如王维所说，"成名太学，官至客卿"[④]。太学属于唐朝官立学校"六学"即国子学、太学、四门学、书学、律学、算学中的第二等。但是，能就读太学者，须是官宦子弟，"太学，生五百人，以五品以上子孙、职事官五品期亲若三品曾孙及勋官三品以上有封之子为之"[⑤]。阿倍仲麻吕作为留学生进入太学实属罕见，应是受到某种特殊的照顾才能入学，否则在如此严格的条件下很难实现。

关于阿倍仲麻吕入仕的契机，如上所述，传统观点认为他是通过科举考试，考中进士后步入仕途的。但是，近年随着研究的深入，日本学者川本芳昭则认为，考中科举，尤其高中进士科的证据不足。即便是所谓合格，也是依据后世的材料做出的推断，阿倍仲麻吕应该不是通过科举入的官职。[⑥] 这一新观点具有一定的说服力，森公章在其新著《阿倍仲麻吕》中同样支持此说。[⑦] 也就是说，面对大批唐朝学子，仅学几年汉语的留学生阿倍仲麻吕，不可能在科举考试中出类拔萃地超过那些唐朝子弟。值得注意的是，直至穆宗长庆以前，尚未发现周边诸族或国家士子及留学生在唐科举及第的记录。[⑧] 只有到了长庆

---

① ［日］杉本直治郎：『阿倍仲麻呂傳研究　朝衡傳考』、東京：育芳社、1940 年、第 322—324 頁。
② ［日］砺波護：『隋唐の仏教と国家』、東京：中央公論新社、1999 年、第 24 頁；王勇：『唐から見た遣唐使——混血児たちの大唐帝国』、東京：講談社、第 74—75 頁。
③ 王勇：《历代正史日本传考注》（隋唐卷），上海：上海交通大学出版社，2016 年，第 153 页。
④ （唐）王维：《送秘书晁监还日本国并序》，寒天主编《全唐文》，延吉：延边大学出版社，2003 年，第 2 页。
⑤ （宋）欧阳修、宋祁撰：《新唐书》（简体字本二十四史）卷四十四《志第三十四·选举志上》，北京：中华书局，2000 年，第 761 页。
⑥ ［日］川本芳昭：「崔致遠と阿倍仲麻呂：古代朝鮮・日本における『中国化』との関連から見た」、九州大学文学部東洋史研究会編『九州大学東洋史論集』第 31 号、2003 年、第 181—204 頁。
⑦ ［日］森公章：『阿倍仲麻呂』、東京：吉川弘文館、2019 年、第 91—92 頁。
⑧ 史秀莲：《唐代的"宾贡科"与宾贡之制》，《烟台大学学报（哲学社会科学版）》2004 年第 3 期，第 339 页。

初（821），才出现新罗宾贡生金云卿金榜题名。高丽人崔瀣在其《拙藁千百》卷二《送奉使李中父还朝序》载："长庆初，有金云卿者，始以新罗宾贡，题名杜师礼榜。"可知，唐朝新罗科举及第者始于821年以后。而阿倍仲麻吕时期尚未出现针对外国留学生的宾贡制度。阿倍仲麻吕的升官过程应该不是正常科举制度下提拔的，《古今和歌集目录》中称他是在开元十九年（731），由京兆尹崔日知推荐始任左补阙。但是，崔日知在开元十九年已不担任京兆尹，早在开元十六年（728）时就为潞州大都督长史，寻以年老致仕，直至去世。① 所以，也可以理解为阿倍仲麻吕由任过京兆尹的崔日知向皇帝推荐，于开元十九年出任左补阙。② 总结一下阿倍仲麻吕的官场之路，按年代推移，他历任以下一些官职，见表12"阿倍仲麻吕的官职履历"：

表12　阿倍仲麻吕的官职履历③

时间	官职	官品	出典
开元九年至开元十五年（721—727）	东宫司经局校书	正九品下	《全唐诗》卷百三十八，储光羲诗《洛中贻朝校书衡，朝即日本人也》
开元十五年至开元十九年（727—731）	（左）拾遗	从八品上	《姓解》卷三
开元十九年（731）	左补阙	从七品上	《旧唐书》《新唐书》《唐会要》《杨文公谈苑》《古今和歌集目录》
开元二十二年至天宝十年（734—751）	仪王友	从五品上	《旧唐书》《新唐书》
天宝十一年至开元天宝十二年左右（752—753）	卫尉少卿	从四品上	《通典》卷百八十五
天宝十二年（753）	秘书监	从三品	《杨文公谈苑》《文苑英华》卷二百六十八之王维《送秘书晁监还日本国》

① 《旧唐书》卷九十九《崔日知》；《新唐书》卷一百二十一《崔日知》。
② ［日］杉本直治郎：『阿倍仲麻呂伝研究　手沢補訂本』，东京：勉诚出版、2006 年。
③ 此表根据中日两国记载的关于阿倍仲麻吕的史料绘制而成。

续表

时间	官职	官品	出典
天宝十二年（753）	卫尉卿	从三品	《唐大和上东征传》《延历僧录》
上元年中（760—761）	左散骑常侍	从三品	《旧唐书》《新唐书》《唐会要》《册府元龟》卷九百七十七、《杨文公谈苑》
上元年中（760—761）	镇南都护	正三品	《旧唐书》《新唐书》《唐会要》
永泰二年（766）	安南都护	正三品	《册府元龟》卷百七十·九百七十七、《安南志略》《杨文公谈苑》
大历五年（770）	赠潞州大都督	从二品	《古今和歌集目录》《续日本后纪》"承和三年（836）五月戊申"条

通过表 12 可以看出，阿倍仲麻吕自入唐后不久，大约五年后便走上仕途，首先出仕任的官职是司经局校书。他在唐入仕四十余年，做过十任官，死后代宗赠潞州大都督。在唐朝九品三十阶的官品等级中，历官十任，从最初的正九品下，逐渐上升，任安南都护时官品已至正三品，属于名副其实的高官。他担任司经局校书时，友人储光羲为其作过一首诗，《全唐诗》卷一百三十八载：

洛中贻朝校书衡，朝即日本人也

储光羲

万国朝天中，东隅道最长。

吾生美无度，高驾仕春坊。

出入蓬山里，逍遥伊水傍。

伯鸾游太学，中夜一相望。

落日悬高殿，秋风入洞房。

屡言相去远，不觉生朝光。

该诗作于洛阳（洛中），储光羲是开元十四年（726）年进士[①]，应

[①] （元）辛文房撰，关鹏飞译注：《唐才子传》，北京：中华书局，2020 年，第 76 页。

该与阿倍仲麻吕熟识。诗中"朝校书衡"指朝衡（晁衡），时任洛阳司经局校书。诗中描写盛唐之时，阿倍仲麻吕在唐的生活和学习状况，"仕春坊""游太学"，回顾了两人屡屡长谈的美好时光。

　　阿倍仲麻吕在唐生活五十多年间，曾经有两次归国计划，但结果均未能如愿。第一次，时间是开元二十一年（733），《古今和歌集目录》中的阿倍仲麻吕略传载："二十一年，以亲老上，请归。不许。"此时正是多治比广成为大使的第十次遣唐使入贡期间，阿倍仲麻吕已在唐生活了 17 年，想回国探亲，看望年迈的父母，向玄宗请求，未被许可。听说仲麻吕要回国，唐朝友人赵骅送其一首诗，题为《送晁补阙归日本国》，《全唐诗》卷一百二十九载：

送晁补阙归日本国

赵骅

西掖承休浣，东隅返故林。

来称郯子学，归是越人吟。

马上秋郊远，舟中曙海阴。

知君怀魏阙，万里独摇心。

　　作者赵骅，字云卿，邓州穰人，志于学，善属文，开元二十三年（735），举进士，《旧唐书》有其传。赵骅为人敦重，交友广泛，少时与殷寅、颜真卿、柳芳、陆据、萧颖士、李华、邵轸等志趣相投。赵骅以诗相送时，阿倍仲麻吕官至左补阙，从七品上，属于朝廷命官，同时也得到玄宗皇帝的宠爱。对于他来说，既要效忠皇帝，又要不忘日本情怀，想回国却不能，的确是个两难的境界。于是，他赋诗一首，以抒情怀：

阿倍仲麻吕诗

慕义名空在，愉忠孝不全。

报恩无有日，归国定何年。[①]

---

① ［日］塙保己一编纂：『群書類従』第十六輯（卷第二百八十五）、東京：続群書類従完成会、1960 年、第 116 頁。

　　以上阿倍仲麻吕的汉诗，未见中国文献，原载于日本史料《古今和歌集目录》。此外，中国史料《文苑英华》中也留下他的另一首诗，题为《衔命使本国》。这是他第二次回国时写的，恰与唐朝友人李白、王维、包佶等诗词构成唱和。其诗曰：

衔命使本国

朝衡

衔命将辞国，非才忝侍臣。

天中恋明主，海外忆慈亲。

伏奏违金阙，骈骖去玉津。

蓬莱乡路远，若木故园邻。

西望怀恩日，东归感义辰。

平生一宝剑，留赠结交人。①

　　这首诗是晁衡仅存的两首汉诗中的另一首，《全唐诗》卷七百三十二则以《衔命还国作》为标题，时间约为 753 年夏秋之交，应该是与王维、包佶等人诗歌唱和时创作的。从开头一句"衔命将辞国"可知，此次晁衡回国是得到玄宗皇帝的许可，对于"非才"的自己，得到如此厚爱，其感激之情油然而生。另外，从"天中恋明主""西望怀恩日"等词句中也可看出他思念家乡的同时，还表达了对唐帝的感恩之情。最后，他将自己平时佩戴的"宝剑"，送给了朋友。

　　第二次，阿倍仲麻吕随第十二次遣唐使回国，时间为天宝十二年（753）。遣唐使在长安期间，玄宗皇帝命令阿倍仲麻吕领日本使参观道教及佛教殿宇，并且也亲自为使团赋诗一首。唐朝接待遣唐使的一个标志性意义是，使他们参加每年正月初一举行的皇帝接见外国使节仪式，以彰显大唐天子的权威，恩泽四海，慕化东方。阿倍仲麻吕在离开长安前，好友王维作《送秘书晁监还日本国并序》，为其送行。诗序较长，达五百多字，其中有："晁司马结发游圣，负笈辞亲……名成太学，官至客卿。"等句，《全唐诗》卷一二七之王维《送秘书晁监还日本

---

① 　《文苑英华》卷二百九十六中《衔命使本国》诗的作者抄作"胡衡"，为"朝衡"之误。

国并序》诗如下：

送秘书晁监还日本国

王维

积水不可极，安知沧海东。

九州何处远，万里若乘空。

向国惟看日，归帆但信风。

鳌身映天黑，鱼眼射波红。

乡树扶桑外，主人孤岛中。

别离方异域，音信若为通。

　　王维在诗中体现了他与晁衡的深厚友谊，以情景交融的手法，描绘出一幅艰辛远途的画面，同时也表达出依依不舍的真挚情谊。与此相比，诗人包佶则以另一种笔法表示送别。《全唐诗》卷二百五载：

送日本国聘贺使晁巨卿东归

包佶

上才生下国，东海是西邻。

九译蕃君使，千年圣主臣。

野情偏得礼，木性本含真。

锦帆乘风转，金装照地新。

孤城开蜃阁，晓日上朱轮。

早识来朝岁，涂山玉帛均。

　　从标题来看，晁衡的身份似乎是日本国"聘贺使"，也就是代表日本国赴唐朝贺的使者。当然，这里也包含送日本国使及晁衡之意，不排除送别歌宴中还有其他遣唐使成员。刘长卿作《同崔载华赠日本聘使》中的"日本聘使"，以及《续日本纪》《续日本后纪》中的"朝聘""聘唐使""聘唐国"等均与此处的"聘贺使"意思相同，即遣唐使之意。包佶诗歌中的"上才"表示晁衡的才华，"九译"是日本为九次翻译才能到达的遥远"下国"。"千年圣主"赞扬玄宗皇帝的仁义、礼仪。最后两句中的"玉帛"是天子赐诸侯的礼物，表达了想与晁衡再次相会的美好愿望。

在京城道别友人后，阿倍仲麻吕与大使藤原清河、吉备真备等来到扬州，然后一行人又移动到遣唐使船在苏州的等候地黄泗浦。这次，阿倍仲麻吕正式乘船，踏上归国的旅途。然而，不巧的是，阿倍仲麻吕所乘的第一船漂流至安南，上岸后遭遇强盗，同船一百七十余人，仅剩十余人。他与大使幸免于难，几经周折才返回长安。

此后，阿倍仲麻吕回到长安，上元年中（760—761），官任左散骑常侍、镇南都护。永泰二年（766）五月，又被任命为安南都护。也许是因为天宝十二年的漂流遇袭经历，使他初涉安南人文地貌、社会治安，这也成为其日后赴任安南都护府长官的前提条件。[①] 至此，阿倍仲麻吕在唐朝度过了辉煌的一生，唐大历五年（770）正月，逝于长安，随即被追赠为潞州大都督，从二品。后来，日本则赠予其更高一规格的正二位官位，《续日本后纪》"承和三年（836）五月戊申"条载："故留学问赠从二品安倍朝臣仲满大唐光禄大夫右散骑常侍兼御史中丞北海郡开国公赠潞州大都督朝衡可赠正二品。"[②]

如今，中国各地建有阿倍仲麻吕纪念碑三处：一处是西安市兴庆宫公园的阿倍仲麻吕纪念碑，建于 1979 年，是国内最早建立的纪念碑；另一处是镇江北固山公园，建于 1990 年，阿倍仲麻吕纪念碑两侧分别用中日文书写，诗歌的标题写作"望月望乡"；第三处，位于苏州市张家港市塘桥镇鹿苑西一公里处的"东渡苑"，在鉴真东渡纪念馆旁立有一个阿倍仲麻吕的"诗碑亭"，两侧刻有该诗的中日文。

二、《明州望月》诗的诞生

客居唐土的阿倍仲麻吕，在日本还有一首和歌流传于世。据称他于明州海边，写下一首著名的思乡之歌，这首诗收录在《古今和歌集》（卷第九《羁旅歌》）中，成为日本文学史上的千古绝唱，至今仍广为流传。该诗开头写作"唐土望月咏诗，阿倍仲麻吕"，此歌的标题有多

---

① 　张维薇：《在唐日籍客卿朝衡安南任职考述》，《社会科学战线》2018 年第 7 期，第 149-156 页。
② 　［日］森田悌译：『続日本後紀』（上）、東京：講談社、2014 年、第 184 頁。

种中文表述，如《望乡诗》《明州望月》①。

阿倍仲麻吕的日文和歌最早见于《古今和歌集》卷第九，原文如下：

もろこしにて月を見てよみける

あまの原　ふりさけみれば　かすがなる　みかさの山に
いでし月かも②

成书于 905 年的《古今和歌集》，是日本第一部敕撰和歌集，由纪友则、纪贯之、凡河内躬恒、壬生忠岑等编撰，共 20 卷 1111 首和歌③，简称《和歌集》。阿倍仲麻吕的作品，在日本仅见一篇④，就是收录于《和歌集》卷第九《羁旅歌》中的这首思乡歌。诗歌由三部分构成，第一部分为正文前的题记，第二部分为诗歌正文，第三部分是注记。由于最初版本为竖排版，注记位于正文左侧，一般称之为"左注"。此诗原本无标题，中文译本中尚无固定名称，近年来存在多种译法，有称"江上见月"⑤的，也有译作"望乡诗"⑥的，还有译成"汉土见月"⑦的。笔者将其命名为《明州望月》，是因为左注中强调，阿倍仲麻吕是在明州海边望月、咏歌的，故以此命名。这首诗的中文翻译，也是版本多样，中国学界在 20 世纪 80 年代展开过激烈讨论。据统计⑧，这是迄今为止被译成中文最多的一首日本和歌。该诗的中文译本，最早见于 1979 年镌刻在西安的阿倍仲麻吕纪念碑上，由西安市外事办公室原

---

① 李广志：《阿倍仲麻吕〈明州望月〉诗考》，《宁波大学学报（人文科学版）》2015 年第 2 期，第 59-63 页。

② ［日］佐伯梅友校注：『古今和歌集』（日本古典文学大系 8）、東京：岩波書店、1958 年、第 184 頁。

③ 和歌：和歌是日文短歌形式的古典诗，一般由"五、七、五、七、七"音构成。

④ 另有一篇出现在《土佐日记》中，内容与此大体相同，属于《和歌集》编者之一的纪贯之对《明州望月》的进一步解释。

⑤ ［日］纪贯之等撰，杨烈译：《古今和歌集》，上海：复旦大学出版社，1983 年，第 88 页。

⑥ ［日］依田义贤著，李正伦译：《望乡诗》，北京：人民文学出版社，1979 年。

⑦ 曾峻梅：《〈古今和歌集〉与唐诗中月的意象之比较》，《外国语》2003 年第 1 期，2003 年。

⑧ 金中：《西安阿倍仲麻吕纪念碑的和歌译者》，《日语教育与日本学研究》2020 年第 1 期，第 201-206 页。

主任邓友民翻译。该译文也是流传最广的一个译本，以五言绝句形式翻译，诗词如下：

望乡诗

翘首望东天，神驰奈良边。
三笠山顶上，想又皎月圆。

不过，为便于掌握该诗的全貌，现将《古今和歌集》诗歌和左注翻译如下，在此，对诗歌的译文引用另一版本。

唐土望月咏诗

远天翘首望，春日故乡情。三笠山头月，今宵海外明。①

（相传：仲麻吕昔日留学唐土，长久未归。多年后日本又派遣唐使，当他随船回国之时，唐朝友人在明州海边为其饯行。夜幕降临，明月当空，仲麻吕望月咏诗。此歌盛传至今。）②

这首和歌久负盛名，纪贯之在其《土佐日记》（935）中做了进一步阐释。12 世纪初成书的《今昔物语集》也摘录了此篇。此外，该诗在藤原定家编撰的《小仓百人一首》（13 世纪上半叶）等文学名著中被相继收录。日本江户时代浮世绘画家葛饰北斋（1760—1894）绘过两幅阿倍仲麻吕的《明州望月图》，影响甚广。近代著名文人画家富冈铁斋（1837—1924），于 1914 年绘制一对《阿倍仲麻吕明州望月图》屏风，如今已成为日本重要文化遗产。

诗文后面的左注讲，唐朝友人在明州海边为其饯行，阿倍仲麻吕望月生情，在明州创作了此歌，这说明阿倍仲麻吕到过明州，并且归国所乘的船是从明州出发的。但是，值得注意的是，左注中又强调这是个传说。传说与历史究竟有多大的差距，阿倍仲麻吕是否在明州作过诗呢？这一点，有必要从史料中进行解读，寻找其真实的历史轨迹。

---

① ［日］纪贯之等撰，杨烈译：《古今和歌集》，上海：复旦大学出版社，1983 年，第 88 页。
② 此段中文为笔者译。参见［日］佐伯梅友校注：『古今和歌集』（日本古典文学大系 8）、東京：岩波書店、1984 年、第 184 页。

三、归国遇险

阿倍仲麻吕 16 岁被选为留学生，17 岁随第 9 次遣唐使（717）入唐，此后在唐生活了 54 个春秋，70 岁在长安与世长辞。出身官员之家的仲麻吕，父亲是中务大辅正五位阿倍朝臣船守。关于仲麻吕的生平，《古今和歌集目录》（12 世纪）中有一篇传记，较全面地记录了他的事迹，其传曰：

> 安倍朝臣仲麻吕（歌）一首。旅。
>
> 中务大辅正五位上船守男。灵龟二年八月二十日乙丑。为遣唐学生留学生。从四位上安倍朝臣仲麻吕。大唐光禄大夫，散骑常侍。兼御史中丞。北海郡开国公。赠潞州大都督朝衡。《国史》云："本名仲麻吕。唐朝赐姓朝氏，名衡，字仲满。性听敏，好读书。灵龟二年，以选为入唐留学问生，时年十有六。十九年，京兆尹崔日知荐之。不诏褒赏。超拜左辅阙。二十一年，以亲老上，请归。不许。"赋词曰："慕义名空在，愉忠孝不全。报恩无有日，归国定何年。"至于天宝十二载。与我朝使，参议藤原清河同船溥归。任风掣曳，漂泊安南。属禄山构逆，群盗蜂起。而夷撩放横，劫杀众类。同舟遇害者，一百七十余人，仅遗十余人。以大历五年正月薨，时年七十三。赠潞州大都督。
>
> 《明达律师传》云："有梦松尾明神。天王寺借住僧等之灵验也。各委不记可见本传也。追至公卿。"[1]

仲麻吕的生年，史料中仅见此处记载，但又是相互矛盾的。"灵龟二年，以选为入唐留学问生，时年十有六。"日本灵龟二年，即 716 年，仲麻吕 16 岁，说明他出生在 701 年。但是，后文又曰"以大历五年正月薨，时年七十三。"大历五年，指唐代宗大历五年，即 770 年，仲麻吕去世，终年 73 岁。由此推算，他的生年又为 698 年。因此，阿倍仲麻吕的出生年份便有两种可能：一是 698 年，二是 701 年。早

---

[1]　［日］塙保己一编纂：『群書類従』第十六辑（卷第二百八十五）、東京：続群書類従完成会、1960 年、第 116 頁。

年研究阿倍仲麻吕的权威杉本直治郎认为，阿倍仲麻吕生于698年，享年73岁。① 但近年，上野诚②、森公章③ 依据王维的诗句、井真成留学时的年龄及唐对太学生的年龄规定等，认为阿倍仲麻吕到达长安时应该十七八岁，出生于701年，终年70岁，本书遵从此观点。

日本元正天皇灵龟二年（716）八月二十日，朝廷再次任命遣唐使。据《续日本纪》"灵龟二年八月癸亥"条载："是日，以从四位下多治比真人县守为遣唐押使，从五位上阿倍朝臣安麻吕为大使，正六位下藤原朝臣马养为副使。大判官一人，少判官二人，大录事二人，少录事二人。"④ 遣唐使成员另有大通事伊吉古麻吕、短期留学生大和宿祢长冈、长期留学生吉备真备和阿倍仲麻吕，以及随从羽栗古麻吕、留学僧人玄昉等。使团成员分乘四船，共557人。第二年，使团从日本出发，开元五年（717）十月一日到达长安。几年后，聪明善学的阿倍仲麻吕便活跃在政治舞台上，易名改姓，成为唐朝官府中的一员，唐朝友人多以晁衡或朝衡相称。

阿倍仲麻吕真正回国是在第十二次遣唐使期间，使团完成使命后，于唐天宝十二载（753）八月离开长安踏上归国之路。此时的阿倍仲麻吕已52岁，在唐生活了36年，担任秘书监兼卫尉卿，以唐朝官员的身份一同回国。同行中，还有曾经与仲麻吕一起留过学的吉备真备，这次是他第二次来唐，担任遣唐副使。两人在日本的声望无与伦比，堪称入唐二杰。⑤

唐天宝十二载十月十五日，日本国大使藤原清河，副使大伴古麻吕、吉备真备以及阿倍仲麻吕等一行来到扬州延光寺，恳请五次渡海未果的鉴真和尚赴日传法。为此，鉴真接受邀请，协同弟子及随从24

① ［日］杉本直治郎：『阿倍仲麻呂伝研究　手沢補訂本』、東京：勉誠出版、2006年。
② ［日］上野誠：『遣唐使　阿倍仲麻呂の夢』、東京：角川学芸出版、2013年、第11—12頁。
③ ［日］森公章：『遣唐使の光芒』、東京：角川学芸出版、2010年、第37頁；森公章：『阿倍仲麻呂』、東京：吉川弘文館、2019年、第1—6頁。
④ ［日］青木和夫、稲岡耕二、笹山晴生、白藤禮幸校注：『続日本紀　二』（新日本古典文学大系）、東京：岩波書店、1990年、第18頁。
⑤ 《续日本纪》"宝龟六年十月壬戌"条："我朝学生播名唐国者，唯大臣及朝衡二人而已。"参见［日］青木和夫、稲岡耕二、笹山晴生、白藤禮幸校注：『続日本紀　四』（新日本古典文学大系）、東京：岩波書店、1995年、第458頁。

人"乘船下至苏州黄泗浦"①，奔赴在那里等候的遣唐使船。据《唐大和上东征传》载：

> 十一月十日丁未夜，大伴副使窃招和上及众僧纳己舟，总不令知。十三日，普照师从越余姚郡来，乘吉备副使舟。十五日壬子，四舟同发。有一雉飞第一舟前，仍下矴留。十六日发，廿一日戊午，第一、第二两舟同到阿儿奈波岛，在多祢岛西南；第三舟昨夜已泊同处。②

各路人员齐聚黄泗浦，四船整装待发。此间普照特地从余姚郡（明州）赶来。普照跟随鉴真赴日几度失败，当鉴真一行再次休养生息之际，普照于 750 年来到明州阿育王寺，在那里生活了将近 3 年时间，此次又闻鉴真东渡，所以十三日从那里赶到。

十一月十五日，突然有一只野鸡落在第一船头，按照当时的禁忌，此乃不祥之兆，于是又等了一日，十六日出发。此时，阿倍仲麻吕乘坐大使清河的第一船，鉴真搭乘第二船，两船同时抵达今种子岛西南的冲绳岛。吉备真备的第三船也几乎同时到达。第四船于天平胜宝六年（754）四月抵至萨摩国。然而，阿倍仲麻吕所乘的船只随后触礁，遭遇强风，被吹向南方，漂泊至安南驩州。乘员上岸后遭到当地土著劫杀，"同舟遇害者，一百七十余人，仅遗十余人"。藤原清河与阿倍仲麻吕等十余人幸免于难，后辗转返唐，最终在长安度过一生。这期间，李白得到消息，传闻晁衡遇难，悲痛万分，特赋诗一首，以示悼念。

哭晁卿衡

李白

日本晁卿辞帝都，征帆一片绕蓬壶。
明月不归沉碧海，白云愁色满苍梧。③

---

① ［日］真人元开著，汪向荣校注：《唐大和上东征传》，中华书局，2006 年，第 85 页。
② ［日］真人元开著，汪向荣校注：《唐大和上东征传》，中华书局，2006 年，第 90-91 页。
③ 裴斐：《李白诗歌赏析集》，成都：巴蜀书社，1988 年，第 174-176 页。

　　李白诗《送王屋山人魏万还王屋并序》中有"身著日本裘，昂藏出风尘"的诗句。关于这个"日本裘"，李白在注释中写道："裘则朝卿所赠日本布为之。"[1] 关于这段珍贵的记录，历来研究不多。日本江户时代早期汉学家林罗山曾在《阿倍仲麻吕传》中写道："初，仲麻吕以布裘赠王屋山人魏万。魏万喜而服之。李翰林太白所谓身著日本裘，昂藏出风尘。是也。"[2] 魏万所服的布裘是阿倍仲麻吕赠送的，并且使用日本带来的布料制作而成。后来，日本学者黑川洋一提出了与林罗山不同的观点，他认为魏万所穿的日本裘不是仲麻吕送的，而是李白送给他的。先是仲麻吕送给李白，再由李白送给魏万。[3] 魏万在上元初（760）登第为进士，说明在天宝末年他还是一个青年，从其年龄考虑，仲麻吕赠其日本裘的可能性不大，黑川洋一的观点值得肯定。

　　但是，笔者认为，若将李白的注释"裘则朝卿所赠日本布为之"进一步延伸，将此句话断成不同的句子，恐怕意思又改变了。例如，（1）"裘，则朝衡所赠，日本布为之"；（2）"裘，则朝衡所赠日本布为之"。如此，可以出现两种解释。第一，朝衡赠的是裘，而非日本布；第二，裘是用朝衡所赠的日本布做的，也就是说，当时朝衡给李白（或魏万）的是日本布，而不是成品衣服，他们自己做成了裘。日本学者均认为是第一种情况，即朝衡赠送的是成品衣服，忽略了第二种可能性的存在。不管怎么样，李白之所以强调"朝卿所赠"，其意图不在于是裘还是布料，而是强调对仲麻吕的深情及思念。[4]

　　杉本直太郎认为，李白与魏万相遇的时间大约是在天宝十三载（754）春，地点在广陵，大概李白从魏万处听说朝衡遇难，然后写了

---

①　（唐）李白：《送王屋山人魏万还王屋并序》。参见《全唐诗》卷一百七十五［《钦定四库全书会要荟要》（集部·御定全唐诗卷175-179）影印本］，长春：吉林出版社，2005年，第7页。

②　［日］林羅山：『阿倍仲麻呂傳』，京都史蹟会編『羅山林先生文集』（巻第三十七），京都：平安考古学会，1918年，第419頁。

③　［日］黒川洋一：「阿倍仲麻呂の歌について―アーサー・ウェイリーの説に関連して―」，『文学』1975年第8号、第126―136頁。

④　張維薇：「阿倍仲麻呂における在唐社交の一考察」，『東アジア言語文化研究』第3号、2021年、第191―199頁。

这首诗。① 另外，从魏颢（即魏万）《李瀚林集序》："解携明年，四海大盗。"可知，李白与魏万相见的时间应该是在安史之乱前一年，即天宝十三载（754），李白《送王屋山人魏万还王屋并序》亦作于此时，即天宝十三载五月从广陵与魏万同回金陵之时。②

所以，李白最初是从魏万那里听说朝衡去世的消息，因作此诗。李白的这首《哭晁卿衡》，因误传而作，以高超的手法寄托对晁衡的哀思之情，被誉为唐诗名篇。

四、历史与传说

天宝十二载（753）归国的遣唐使从苏州黄泗浦起航，近年考古发掘也证实了这一点，在张家港市杨舍镇庆安村与塘桥镇滩里村发现了黄泗浦遗址，距离长江 14 公里。③ 由此可知，阿倍仲麻吕即兴吟诗《明州望月》的地点应该是黄泗浦，并非明州。从现有史料来看，并没有发现阿倍仲麻吕到过明州的迹象，阿倍仲麻吕未经明州已得到学界普遍认同。④ 那么，阿倍仲麻吕在唐朝友人送别时用日文咏诗，中国友人能听得懂吗？ 他的日文诗歌又是怎么传到日本的呢？ 为何不是在苏州，而是在明州海边望月吟诗呢？ 诸如此类问题，日本学界提出种种学说，试图寻找正解。其中主要围绕诗歌的真实性展开讨论，大体可分为真实说和伪造说。

第一，真实说。这一观点，主张《明州望月》诗的作者应该是阿倍仲麻吕本人。虽说此诗歌是在仲麻吕去世后很久才出现的，但也不能轻易否定《古今和歌集》与《土佐日记》中的记述。尽管很难证明它是

① ［日］杉本直治郎:『阿倍仲麻呂伝研究 手沢補訂本』、東京: 勉誠出版、2006 年、第 433—436 頁。

② （唐）李白著，郁贤皓注评:《李白全集注评》，南京: 凤凰出版社，2018 年，第 942 页。

③ 高伟:《鉴真第六次东渡和黄泗浦遗址》,《中国文化遗产》2013 年第 1 期，第 70-81 页；周润垦:《张家港黄泗浦遗址发掘的重要收获和意义》,《中国文物报》，2019 年 3 月 9 日第 5 版。

④ ［日］遠田晤良:「青海原ふりさけみれば: 土佐日記の阿倍仲麻呂の歌」、札幌大学文化学部編『比較文化論叢: 札幌大学文化学部紀要 18』、札幌: 札幌大学文化学部、2006 年、第 27—49 頁；［日］荒木浩『阿倍仲麻呂帰朝伝説のゆくえ』、劉建輝編『日越交流における歴史、社会、文化の諸課題』、京都: 国際日本文化研究センター、2015 年、第 45—58 頁。

仲麻吕原创的，但要想否定其真实性更是难上加难。著名的阿倍仲麻吕研究专家杉本直治郎就坚持此说。①

江户幕府编撰的《大日本史》中具体地描述了当时的地点及动人场面。据《大日本史》卷之一百十六《列传第四十三》"阿倍仲麻吕"条载：

> 既而至明州与唐人别。仲麻吕望月怅然，咏和歌曰：
> 阿麻能波罗 布利佐计美礼婆 加须我奈流
> 美加佐能夜麻珥　以传志都岐加毛
> 因写以汉语示之，众皆感叹。②

《大日本史》的这一表述，对于普通读者来说，无疑具有很强的信服力，不仅明确指出地点是在明州，而且还具体到阿倍仲麻吕先用日语咏和歌，然后写成汉语。

第二，伪造说。英国学者亚瑟·韦利（Arthur Waley）最早在《李白诗歌与生平》中指出，未成年时就离开日本的仲麻吕，在中国度过一生，当他在明州准备回国时，送别会上用日语作诗，令人生疑。或许他当时是用汉文作的诗，后来才有人把它翻译成日文。③ 这一原诗汉诗说，得到黑川洋一等学者的认同。④ 此外，日本诗人洼田空穗，在20世纪30年代就提出疑问，认为仲麻吕的诗并非其本人创作的，此诗原本就存在，只因作者不明，借用阿倍仲麻吕的名字，假托其诗，并非仲麻吕真作。⑤

尽管对此诗尚存种种推测，阿倍仲麻吕明州海边作诗或非真实的历史，但其作诗的美谈却千古流传。在《和歌集》及其以后的文学作品中，之所以把阿倍仲麻吕海边望月咏歌的地点选定在明州，是因为明

---

① ［日］上野誠：『遣唐使　阿倍仲麻呂の夢』、東京：角川学芸出版、2013 年、第 223 頁。

② ［日］源光圀等編：『大日本史』（巻之一百十六）、東京：吉川半七、1900 年。

③ ［日］A・アーサー・ウェイリー著、小川環樹・栗山稔訳：『李白』、岩波書店、1973 年。

④ ［日］黒川洋一：「阿倍仲麻呂の歌について—アーサー・ウェイリーの説に関連して—」、『文学』第 43 巻第 8 号、東京：岩波書店、1975 年、第 988—999 頁。

⑤ ［日］長谷川政春：「阿倍仲麻呂在唐歌の成立—歌語り発生考」、『国学院雑誌』第 70 巻第 6 号、1969 年、第 15—25 頁。

州作为连接中国和日本的窗口，自古就为日本人熟悉并向往。9 世纪以后，明州成为东亚海域交流的大舞台。即使到了南宋和元代，明州已改名庆元，日本史料中仍称宁波为明州，甚至称江南一带的中国人为"明州人"，日本《帝王编年记》"后宇多天皇建治元年"条载："正月十八日，蒙古人二人、高丽人一人、明州人一人，已上四人，自镇西遣关东。"1470 年成书的《善邻国宝记》中，依然频现明州这一地名。①但此时的明州早已更名为宁波。可见，宁波在唐宋元明时期，成为中日交流的代表性口岸，明州之名已广泛渗透到日本社会中，因此阿倍仲麻吕的望乡地点，也就自然而然地从苏州黄泗浦演变成了明州海边。

　　总之，阿倍仲麻吕在唐朝的生活可谓一帆风顺，官品逐步上升，一路飞黄腾达，最终度过了自己的辉煌一生。在这期间，他曾提出回国，探望父母，未经允许。后又于 753 年回国，中途遇险，结果返回唐朝。他与唐朝官员建立起了深厚友谊，其中包括李白、王维、包佶、储光羲、赵骅等人。他们之间互赠诗歌，阿倍仲麻吕也留下两首汉文诗歌。唐人交往，多以诗文表达情怀，从这个角度看，遣唐留学生阿倍仲麻吕的人生之路恰似一条唐诗之路。

　　阿倍仲麻吕唯独一首日文诗歌，却成了日本和歌史上的杰作。《和歌集》所展示的文本，既是一个历史题材，又是一个文学典范。据此，当阿倍仲麻吕即将归国之时，唐朝友人为其送行，夜晚明月当空，仲麻吕即兴赋诗。时间为唐天宝十二载（753）十一月中旬，场所在明州海边，《明州望月》诗歌由此诞生。

　　然而，历史中真实的地点，并不在明州，而是在苏州黄泗浦。传说中的送别场所与历史事实，空间错位，没有出现苏州望月却盛传起了明州望月。可以认为，诗歌创作于苏州，是文化的力量使其时空错位，乾坤挪移，误把苏州作明州。尽管《明州望月》本身尚有诸多谜团，但诗歌文本的传承却是真实的，且经久不衰。可以认为，至少在《和歌集》问世之初，与苏州相比，日本人更熟悉明州。即使宁波经历

① 　［日］高桥公明:「テキストのなかの明州」、［日］山田奖治・郭南燕编『江南文化と日本』、京都: 国际日本文化センター、2011 年、第 41 頁。

了明州、庆元等历史名称的变迁，日本史料中仍多以"明州"表述。所以，阿倍仲麻吕的《明州望月》歌凝聚着历史与传承，是宁波与日本文化交流的结晶。

一、渤海国的兴起与唐、日往来

诞生于唐东北部的渤海国，自698年至926年，从建国到灭亡，共存在了230多年。渤海国与唐廷发生过对抗与妥协的过程，最终接受册封，成为以唐朝为中心的"海东盛国"。渤海国与周边国家或地区进行了广泛的交流，这期间，向唐朝遣使朝贡100余次，向日本派使者34次(亦有33、35次说)，同时日本也派渤海使13次。[1]8—9世纪，因渤海国的兴盛，形成一条大唐、渤海与日本的陆海交通线。

1. 建国之初

万岁通天元年（696）五月，契丹族首领李尽忠及其义兄孙万荣反抗唐营州都督赵文翙的残暴统治，揭竿而起，举兵杀翙，率万余兵逼近檀州，入幽州，一度攻陷冀州。武则天大怒，派多支部队平叛，首谋者李、孙相继被杀。这期间，粟末靺鞨族首领舍利乞乞仲象、乞四比羽等率高句丽遗民逃离营州，东渡辽河，落脚太白山东北，自封固守。《旧唐书》有《渤海靺鞨》，《新唐书》有《渤海》，记述此事件。

武则天为安抚反叛者，采取怀柔政策，封乞乞仲象为"震国公"、乞四比羽为"许国公"。结果，乞四比羽拒绝接受，唐廷派大将军李楷

---

① ［日］酒寄雅志：『渤海と古代の日本』、東京：校倉書房、2001年；［日］藤井一二：『天平の渤海交流』、東京：塙書房、2010年、第13頁；［日］青木和夫、稲岡耕二、笹山晴生、白藤禮幸校注：『続日本紀　二』（新日本古典文学大系）、東京：岩波書店、1995年、第523頁。

固、中郎将索仇讨伐，不久反叛势力被灭。这期间，乞乞仲象病死，其子大祚荣率众撤逃，唐军追至天门岭，却惨遭失败。此时契丹与突厥联盟，唐军进攻路线受阻，大祚荣趁机合并其他残余部族继续东奔，远离唐的军事威胁。大祚荣来到东牟山，在那里建国，自称"震国王"，时间为698年。

大祚荣英勇善战，具有卓越的军事才能，善于用兵，据《旧唐书》卷一百九十九下《北狄·渤海靺鞨》载："祚荣骁勇善用兵，靺鞨之众及高丽余烬，稍稍归之。圣历中，自立为振国王，遣使通于突厥。其地在营州之东二千里，南与新罗相接。越熹靺鞨东北至黑水靺鞨，地方两千里，编户十余万，胜兵数万人。风俗瑟高丽及契丹同，颇有文字及书记。"他自立的"振国王"即《新唐书》所称的"震国王"。这一新的国家，成为后来渤海国的前身，大祚荣也就成为渤海的第一代国王，其最初都城所在地在"东牟山"。对此，两《唐书》均有记载。

《旧唐书》卷一百九十九下《北狄·渤海靺鞨》载：

> 祚荣遂率其众东保桂娄之故地，据东牟山，筑城以居之。[①]

《新唐书》卷二百一十九《渤海》载：

> 渤海，本粟末靺鞨附高丽者，姓大氏。高丽灭，率众保挹娄之东牟山，地直营州东二千里，南比新罗，以泥河为境，东穷海，西契丹。筑城郭以居，高丽逋残稍归之。[②]

由此可知，大祚荣最初的建国地，也称作"旧国"，其地点位于东牟山。时间从698年至742年，经历三代王，即大祚荣、大武艺、大钦茂。其都移至中京之前，这里一直是渤海的政权中心。长期以来，关于东牟山的地理位置始终是渤海历史研究中争议较大的问题，存在多种学说。那么，东牟山到底在何处？多数传统观点认为，东牟山位

---

① （后晋）刘昫等撰：《旧唐书》（简体字本，第32册），北京：中华书局，2000年，第3646页。
② （宋）欧阳修、宋祁撰：《新唐书》（简体字本，第37册），北京：中华书局，2000年，第4695页。

于今吉林省敦化一带。但是，近年较有说服力的观点是，东牟山是位于延吉市东南约 10 公里的城子山山城①。后来改为渤海国王都之所是今天和龙市的西古城。②

2. 遣使与册封

渤海建国初期与唐朝的关系经过一段不稳定的时期，在唐的强大军事压力下，大祚荣为了生存，不得不实施"权宜外交"。③ 他"遣使通于突厥"，以求庇护。中宗即位后，705 年，唐遣御史张行岌前往东牟山招慰大祚荣。随后，大祚荣把儿子大门艺送至唐朝廷做质子，接受唐的册封，在一定程度上缓和了双方关系。但因契丹和突厥不断骚扰边境，册封使未能到达大祚荣处。唐玄宗即位后，于先天二年（713）二月，遣朝廷郎将崔忻任鸿胪卿以"敕持宣劳靺羯（鞨）使"出使振（震）国，册封大祚荣为"左骁卫员外大将军、渤海郡王，仍以其所统为忽汗州，加授忽汗州都督"。④ 最初封大祚荣为"渤海郡王"便诞生于此时。在国号的称谓方面，从这时起也开始叫作"渤海"。⑤

崔忻在返回途中，714 年于今天旅顺口区黄金山麓掘井两口，在井旁刻造一座纪念碑，通称"唐鸿胪井刻石"。该刻石上有铭文"勅持节宣劳靺鞨使鸿胪卿崔忻井两口永为记验开元二年五月十八日"，计二十九字。此铭文尽管字数不多，但蕴含丰富的历史内涵，自明代以来各种文献十余次著录，有关鸿胪井刻石铭文的研究至今仍在进行，依然存在诸多问题有待解决。⑥ 不过，至少可以看出，唐使崔忻亲自到达了渤海国，并带去皇帝的旨意，册封大祚荣为"渤海郡王"。通过册封，满足了唐政府的愿望，实现了使其归属的目的，缓解了双方的紧

---

① 王禹浪、都永浩：《渤海东牟山考辨》，《黑龙江民族丛刊》2000 年第 2 期，第 58-69 页；[日]藤井一二：『天平の渤海交流』，東京：塙書房、2010 年、第 65 頁。

② 王禹浪、魏国忠：《渤海史新考》，哈尔滨：哈尔滨出版社，2008 年，第 114-134 页。

③ ［加]王贞平著，贾永会译：《多极亚洲中的唐朝》，上海：上海文化出版社，2020 年，第 96-97 页。

④ （后晋）刘昫等撰：《旧唐书》（简体字本，第 32 册），北京：中华书局，2000 年，第 3646 页。

⑤ 《新唐书》卷二百一十九《渤海》载："自是始去靺鞨号，专称渤海。"参见（宋）欧阳修、宋祁撰：《新唐书》（简体字本，第 37 册），北京：中华书局，2000 年，第 4695 页。

⑥ 朱尖：《唐鸿胪井刻石铭文著录与研究的几个问题》，《中国边疆史地研究》2019 年第 3 期，第 92-103 页。

张关系。崔忻所立的鸿胪井碑是唐朝与渤海交往的重要实物见证。

　　唐朝封大祚荣的左骁卫大将军，属正三品的军官。这一册封号一直沿用到第三代王大钦茂初期。到了大钦茂后期，册封的名称有所改变，《旧唐书》卷一百九十九下《北狄·渤海靺鞨》载："嵩璘父钦茂，开元中，袭父位为郡王、左金吾大将军。天宝中，累加特进、太子詹事、宾客。宝应元年，进封国王。"大钦茂之父是大武艺，开元二十六年（738）武艺也接受了唐朝的册封，除了继承忽汗州都督、渤海郡王号以外，还加了"左金吾（卫）大将军"之号。[①] 这一封号属于将军号，同属于正三品官阶。而到了天宝年中（742—756），大钦茂又被加封为正二品文散官的"特进"太子詹事和太子宾客，二者同为正三品官。宝应元年（762），获得三公之一的"太尉"（正一品）之号，由此进封为渤海王。后来在大历（766—780）中，大钦茂又被加封为三公之一的"司空"之号。值得注意的是，大钦茂执政期间，共接受过五次册封，762 年起由渤海郡王变为渤海王。

　　这样，渤海国逐渐发展壮大，并且一直接受唐朝册封。同时，其王都也随之有过数次迁移，概括起来共有五座王城，具体如下 [②]：

　　（1）建国地（698—742）：东牟山、旧国，地理位置有两说，即吉林省敦化说和延吉市城子山山城说；

　　（2）中京显德府（742—755）：西古城，位于吉林省和龙市；

　　（3）上京龙泉府（755—785）：黑龙江省宁安市渤海镇；

　　（4）东京龙原府（785—794）：八连城，位于吉林省珲春市；

　　（5）上京龙泉府（794—926）：再次迁都到黑龙江省宁安市渤海镇。

　　渤海第三代王大钦茂（737—794），执政五十六年之久，约占渤海国历史的四分之一。这也是渤海与唐朝交往比较集中的时期，大历年间频繁遣使来朝，每年一次，有时一年来二至三次，总数达二十五

① 《唐会要》卷九十六《渤海》载："嵩璘父钦茂，以开元二十六年，袭其父武艺忽汗州都督、渤海郡王、左金吾大将军。"参见（宋）王溥撰：《唐会要》（下），上海：上海古籍出版社，2006年，第 2042 页。

② ［日］藤井一二：『天平の渤海交流』，東京：塙書房、2010 年、第 15 頁。

次，甚至于 777 年向唐朝献"日本舞女"十一人。

渤海国献的这一新奇"贡物"，日本舞女十一人，两《唐书》均有记载，且《旧唐书》中出现两次：一次在《旧唐书》卷十一《代宗本纪》"大历十二年（777）正月甲寅朔"条，"渤海使献日本国舞女十一人"；另一条于《旧唐书》卷一百九十九下《北狄·渤海靺鞨》载，"十二年正月，遣使献日本国舞女一十一人及方物"。同样内容《新唐书》卷二百一十九《渤海》也有记载："大历中，二十五来，以日本舞女十一献诸朝。"

渤海国给唐帝献日本舞女，属于一件罕见的事情。通过考察渤海和日本的交往史可以发现，759 年正月，日本朝廷在接待渤海使杨承庆时，藤原仲麻吕于自宅中宴请渤海大使等人，天皇赐予他们宫中内里的女乐，并绵一万屯。[①] 对此，日本学者滨田耕策认为，日本史料没有送舞女到过渤海的记录，659 年正月的"敕赐内里女乐"，也只是送女乐到藤原仲麻吕的宅第中进行助兴活动，即便这些舞女随渤海使去了渤海国，距离献唐"日本国舞女十一人"也有十八年之久，恐怕渤海献给唐朝的是假冒的本国舞女。[②] 笔者认为，这种推测过于主观，未见有任何渤海国献伪装舞女的史料证据。况且，这种做法也经不起考验，即便十一人是假装的日本舞女，她们已被送到长安，真相也很快会败露出来。在唐与渤海外交中，一向谨慎处理国际事务的渤海国哪敢明目张胆地欺骗大唐，这是无论如何也不会发生的事情。针对此事，酒寄雅志认为，如果 759 年的女乐就是后来渤海献给唐的女乐，二者相隔十八年，可能性不大，因此，恐怕渤海使每当来访之际，日本都会经常赠其舞女，所以才有渤海献大唐的现象。[③]

可见，渤海遣唐使入唐之际，不仅带去了本国的朝贡品，作为唐、

---

① 《续日本纪》"天平宝字三年（759）正月甲午（二十七日）"条载："大保藤原惠美朝臣押胜宴蕃客于田村第。敕赐内里女乐并绵一万屯。"参见 [日] 青木和夫、稻冈耕二、笹山晴生、白藤禮幸校注：『続日本纪　三』（新日本古典文学大系）、東京：岩波書店、1995 年、第 304 頁。
② [日] 濱田耕策：『渤海国興亡史』、東京：吉川弘文館、2000 年、第 63—65 頁。
③ [日] 酒寄雅志：「渤海の遣唐使」、『専修大学東アジア世界史研究センター年報』第 4 号、2010 年、第 75—86 頁。

渤交往的礼物，还献上了日本舞女。这说明，渤海不仅自身与唐朝进行广泛交流，同时也开通了日本航线，承载着唐朝和日本之间的中转职能。

渤海国从建立初期的大祚荣至灭亡时的大諲譔，共拥有十五代王，中央统治机构模仿唐朝设置为三省六部一台七寺一院一监一局，地方行政设置为五京十五府六十二州。9世纪以后，其国王多次遣送王子到唐京师太学，学习古今制度，渤海国政治、经济、文化等发展到鼎盛时期，被誉为"海东盛国"[①]。渤海国与各国的交往方面，除唐朝之外，同时与周边各国展开广泛的交往，其交通状况如《新唐书》卷二百一十九《渤海》载：

> 龙原东南濒海，日本道也。南海，新罗道也。鸭渌，朝贡道也。长岭，营州道也。扶馀，契丹道也。[②]

可见，渤海国东边与日本隔海相望，通过日本海可抵达日本。南边与新罗相邻，西与契丹交界。渤海国通往唐朝的交通线路有两条。

第一条是所谓的"朝贡道"，正如《新唐书》卷四十三下《地理七下》所引的贾耽《道里记》中所载的线路，"登州东北海行，过大谢岛、龟歆岛、末岛、乌湖岛三百里。北渡乌湖海，至马石山东之都里镇二百里。东傍海壖，过青泥浦、桃花浦、杏花浦、石人汪、橐驼湾、乌骨江八百里。（中略）自鸭渌江口舟行百余里，乃小舫溯流东北三十里至泊汋口，得渤海之境。又溯流五百里，至丸都县城，故高丽王都。又东北溯流二百里，至神州。又陆行四百里，至显州，天宝中王所都。又正北如东六百里，至渤海王城"。也就是说，由渤海王城抵达唐都长安的一条"朝贡道"，从渤海都城上京一路南下，经天宝年间的都城显州（今延边朝鲜族自治州和龙市），乘船过鸭绿江到河口的泊汋城，抵达辽东半岛突出部分的都里镇（今大连市旅顺），再渡海经过渤海湾的庙岛群岛抵登州上岸，然后经过山东、河北、河南到达长安。

---

① 《新唐书》卷二百一十九《渤海》。
② （宋）欧阳修、宋祁撰：《新唐书》（简体字本二十四史，第37册），北京：中华书局，2000年，第4697页。

第二条是"营州道"，大体路线为营州—燕郡城（今辽宁省锦州市义县）—汝罗守捉—辽河—安东都护府（今辽阳市）—新城（今抚顺市附近）—长岭府（今吉林省桦甸市苏密城）—渤海王城龙泉府。[①]

渤海经过初期的不稳定状态后，到了第三代王大祚荣时期将震国改为渤海，每年遣使入唐。开元六年（718），大祚荣遣子大门艺入唐为人质，担当宿卫，渤海国臣服于唐朝，自此以后，不断派遣唐使来朝，直到唐朝灭亡，渤海国共向唐朝遣使一百多次，表13为《旧唐书》和《新唐书》中记载的渤海遣唐使状况。

表13　《旧唐书》《新唐书》中所见渤海遣唐使的大致数目[②]

时间		遣唐使次数	出处
年代	公历		
先天二年至大祚荣末年	713—719	每年	《旧唐书》卷一百九十九《渤海靺鞨传》
玄宗时代	737—756	29次	《新唐书》卷二百一十九《渤海传》、《玉海》卷一百五十三（以《新唐书》卷二百一十九《渤海》为依据）
大历年间	766—779	25次	《新唐书》卷二百一十九《渤海传》
大历二年至大历十年	767—775	每年或隔年1次或2—3次	《旧唐书》卷一百九十九《渤海靺鞨传》
建中年间至贞元年间	780—805	4次	《新唐书》卷二百一十九《渤海传》
元和年间	806—820	16次	《新唐书》卷二百一十九《渤海传》
长庆年间	821—824	4次	《新唐书》卷二百一十九《渤海传》
宝历年间	825—827	每年修贡	《旧唐书》卷一百九十九《渤海靺鞨传》
		2次	《新唐书》卷二百一十九《渤海传》

①　《新唐书》卷四十三下《地理七下》载："营州东百八十里至燕郡城。又经汝罗守捉，渡辽水至安东都护府五百里。府，故汉襄平城也。……自都护府东北经古盖牟、新城，又经渤海长岭府，千五百里至渤海王城。"参见（宋）欧阳修、宋祁撰：《新唐书》（简体字本二十四史，第33册），北京：中华书局，2000年，第752页。

②　此表根据酒寄雅志论文中的表格翻译整理而成，参见［日］酒寄雅志：「渤海の遣唐使」、『専修大学東アジア世界史研究センター年報』第4号、2010年、第76頁。

续表

时间		遣唐使次数	出处
年代	公历		
文宗时代	826—840	12 次	《新唐书》卷二百一十九《渤海传》
开成后	836—840	亦修职贡不绝	《旧唐书》卷一百九十九《渤海靺鞨传》
会昌年间	841—846	4 次	《旧唐书》卷一百九十九《渤海靺鞨传》
咸通年间	860—874	3 次	《新唐书》卷二百一十九《渤海传》

　　表 13 所反映的遣唐使时间范围是从 713 年到 874 年，即第一代王大祚荣至第十三代王大玄锡时期。又因渤海国自身没有留下史书，其与唐朝及周边各国的交往只能通过两《唐书》、《册府元龟》及日本史料等复原。但仅通过这些记载未必能反映出全貌。即便唐朝灭亡以后，渤海国仍继续遣使入贡，有末代王大諲譔于后唐天成元年（926）夏四月乙卯遣使朝贡的记载。[1]

3. 渤海使的"日本道"

　　渤海国成立以后，与日本进行了长约二百年的交通往来，自 727 年至 930 年，渤海向日本派遣了 34 次使节，日本向渤海派出 13 次使者。渤海与日本之间的广泛交流，使得渤海成为连通唐朝与日本之间的一个纽带，进而促进了东亚地区人与物的交流。从渤海或大唐的角度看，这条交通线及文化走廊被称为"日本道"。反之，从日本角度看，它又被称为"渤海道"。

　　正如《新唐书》卷二百一十九《渤海》所载："龙原东南濒海，日本道也。"渤海国通往日本的道路是一条海上线路，自渤海东部出海，渡过日本海抵达日本。渤海使在日本的着陆地有多处，沿日本海岸由北向南漂至各地，包括出羽、越后、能登、加贺、越前、若狭、但马、伯耆、长门、对马等，但主要集中在石川县沿岸能登半岛附近。

　　727 年，渤海使节第一次出访日本，首领高齐德等八人，于出羽国（今山形县和秋田县）上岸。这次渤海郡使赴日，原本是以高仁义

---

[1]　（宋）薛居正：《旧五代史》卷三十六《明宗纪二》，《钦定四库全书荟要》影印本，长春：吉林出版社，2005 年，第 2 页。

为大使的二十四人使团，最初着陆于虾夷境，结果遭到当地人的追杀，十六人被害，仅存八人。[①]次年，日本方面也派出了以引田虫麻吕为大使的"送渤海客使"。以此为契机，渤海与日本之间展开了长达两百年的外交。

不仅如此，渤海在与日本交往的过程中，连接起唐朝与日本的交通，起到中转站的作用，为迎送日本遣唐使、传递信息，以及运输物资和传播文化起到了桥梁纽带作用。738 年日本遣唐使四人首次通过渤海路中转回国，直到唐朝末期渤海商人依然活跃在东海，渤海国为唐日之间做出不小贡献，以下列举几条代表性事例。

（1）送遣唐使回国

734 年，第十次遣唐使回国时，平群广成指挥的第三船漂至昆仑、林邑国，几乎全船人员遭遇劫难，仅有广成等四人生还，返回长安。这期间，渤海朝贡使每年来朝，737 年四月，渤海遣其臣公伯计来献鹰、鹖，授将军，放还蕃。同年八月，渤海又遣大首领多蒙固来朝，授左武卫将军，赐紫袍金带及帛一百匹，放还蕃。[②]738 年，仍有渤海使往来大唐，并且向唐朝求书。[③]

然而，返回长安的日本遣唐使平群广成等四人，再回国已赶不上日本的遣唐使船，中臣名代带领的使节遇阻后也已再次驶向日本。在通往日本的交通无望之际，阿倍仲麻吕奏请玄宗皇帝，希望通过渤海路送日本使回国。于是，738 年阴历三月，广成等四人跟随回国的渤海使一起出发，从登州入海，五月抵达渤海界。遣唐使通过渤海路回国的历程，除《续日本纪》卷第十三记载的平群广成向朝廷汇报的记录

① 《续日本纪》"神龟四年（727）十二月丙申"条载："丙申，遣使赐高齐德等衣服、冠、履。渤海郡者旧高丽国也。淡海朝廷七年冬十月，唐将李勣伐灭高丽。其后朝贡久绝矣。至是，渤海郡王遣宁远将军高仁义等二十四人朝聘。而着虾夷境，仁义以下十六人并被杀害，首领齐德等八人仅免死而来。"参见［日］青木和夫、稻冈耕二、笹山晴生、白藤禮幸校注：『續日本紀　二』（新日本古典文学大系）、東京：岩波書店、1995 年、第 186 頁。

② （宋）王钦若：《册府元龟》卷九百七十一、卷九百七十五，钦定四库全书影印版，北京：中华书局，1960 年，第 11410 页、第 11456 页。

③ 《唐会要》卷三十六"蕃国请经史"条载："二十六年（738）六月二十七日，渤海遣使求写《唐礼》及《三国志》《晋书》《三十六国春秋》。许之。"参见（宋）王溥撰：《唐会要》（上），上海：上海古籍出版社，2006 年，第 778 页。

外，江户时代编纂的《大日本史》卷第一百一十六条载：

> （平群广成）以归于唐，遇留学生阿倍仲麻吕。仲麻吕请唐
> 主，令取路渤海而归，玄宗许之。乃给船粮，十年发登州，至渤
> 海，王钦茂厚待之，期来春护送。会钦茂遣其臣胥要德等来聘，
> 广成苦请与归，入海又遭风，胥要德等溺死，广成率余众，得至
> 出羽国。①

广成一行得到渤海王的"厚待"，同时随渤海使一同回国。但是，
从渤海到日本又是一段不平凡的旅程，渤海遣日使与日本遣唐使同样
遭遇了海难，大使胥要德等四十人溺死。②海难漂流，虽造成了严重的
人员伤亡和物资损失，但客观上开通了唐、渤、日的海路交通线。

（2）送遣唐使入唐

从地理空间角度看，渤海国处于唐、日的北部，渤海与日本之间
隔海相望。但日本海的交通并不顺畅，反而不如日本与新罗、日本与
大陆之间的东海便于航行。在唐、日与渤海国的交往中，渤海国常常
扮演中转运输的作用，就日本遣唐使进出唐朝而言，渤海国发挥了其
他地区不可替代的作用，除平群广成从渤海国回日本外，还见于以下
几次迎送日本使。

其一，第十二次遣唐使时期，大使藤原清河死里逃生，从安南返
回长安的消息传到日本后，朝廷又组织人员赴唐，目的是迎接藤原清
河归国。天平宝字三年（759）一月三十日，任命高元度为迎入唐大使，
总人数为九十九人，于同年二月十六日随渤海使渡海。恰逢"安史之
乱"，从渤海国实际入唐人数仅十一人，其余人员返回日本。高元度一
行从登州入境，顺利抵达长安，藤原清河留在唐土，未与之归国。此
次归途，唐派送使沈惟岳等三十九人相送，天平宝字五年（761）八月
从苏州出发，取南路回日本。

这次遣唐使的入唐线路有别于以往，也是日本遣唐使16次（亦有

---

① ［日］源光圀等编：『大日本史』卷一百一六·列传第四十三·平群广成条。

② ［日］青木和夫、稲岡耕二、笹山晴生、白藤禮幸校注：『続日本紀　二』（新日本古典文学
大系）、東京：岩波書店、1995年、第356頁。

15次说）到达唐朝中唯独一次走的渤海路。

其二，天平宝字七年（763）阴历十月，一批二十三人的渤海使到达日本。这次渤海使实则是送日本遣渤海使、日本入唐学问僧戒融等回国。途中因遭海风，迷失方向，柁师和水手都被风浪淹没。于是，日本使板振镰束认为，船上有一优婆塞与众不同，每顿饭只吃几粒米，数日不饥，风漂之灾与她有关。于是命令水手将赴渤海学习音乐的学生高内弓的妻子、女儿、乳母和优婆塞四人扔进海中。即便如此，风势未减，漂流十余日。① 结果只剩二十三人抵达日本。值得关注的是，日本入唐僧戒融是随唐朝册封使韩朝彩一同去的渤海。大兴二十五年（762），大钦茂被册封为渤海国王、加检校太尉。由郡王到国王是个实质性升级，说明渤海国得到了唐廷的正式认可。因此，唐朝派内常侍韩朝彩为册封使到渤海国，同行中有日本留学僧戒融。戒融何时入唐，他在唐、渤海及日本的活动状况，除了《续日本纪》记载两条外②，其他一概不知。不过，从此前的遣唐使派遣时间判断，戒融很可能是第十二次遣唐使成员，即藤原清河为大使，天平胜宝四年（752）入唐的僧人。③

其三，延历二十三年（804），日本派遣第十八次遣唐使，成员中有一个留学僧，名叫灵仙。他与空海、最澄等一同入唐，元和五年（810）三月至次年六月在长安醴泉寺译经④，后移至五台山。长庆五年（825），日本嵯峨上皇委托来日本的渤海僧人贞素给灵仙带去一百两砂金，贞素如期完成使命，给灵仙送去了日本天皇的百金、书籍等物。同时，灵仙也委托贞素，将一万粒舍利、两部新经、造敕五通等送到日本，以答谢国恩。⑤

825年，渤海国又派使前往日本。同年十二月十二日，渨海大使

---

① ［日］青木和夫、稲岡耕二、笹山晴生、白藤禮幸校注：『続日本紀　三』（新日本古典文学大系）、東京：岩波書店、1995 年、第 438—440 頁。

② 《续日本纪》卷第廿四"天平宝字七年（763）十月癸酉"条；《续日本纪》卷第廿四"天平宝字八年（764）七月甲寅"条。

③ ［日］浜田久美子：「藤原仲麻呂と渤海：遣唐使藤原清河の帰国策をめぐって」、『法政史学』2015 年第 83 卷、第 33—48 頁。

④ 日本石山寺所藏《大乘本生心地观经》卷一《跋文》。

⑤ ［日］圆仁：《入唐求法巡礼行记》，桂林：广西师范大学出版社，2007 年，第 104 页。

高承祖率一百零三人到达日本，其中就有僧人贞素。使团于次年五月十四日回国，给灵仙带去了日本朝廷托的一百两黄金。此后，841 年阴历十二月，渤海国遣贺福延等使于日本。据《续日本后纪》卷第十一载，渤海使的别状称，第十代王大仁秀在位时，差高承祖出使日本，当时天皇委托送给灵仙黄金百两。承祖回国后汇报了情况，国王接受了天皇的睿意，于是派使赴唐贺正，找到灵仙在五台山的住处，将黄金百两交给他。但是，贺正使入唐后一去未归，不知去向。数年后，又有赴唐贡使回来汇报，方知此前使者在归国时到涂里浦（今旅顺港）[1]，遭遇暴风，人员落水遇难。另知，寻觅灵仙，交付黄金时他已仙化，因此渤海使带回途中黄金也落入海中消失。[2]

　　这样，时隔几十年后，日本国委托渤海使为灵仙送黄金之事，一直成为两国交往的一条线索，在大唐和日本之间，渤海国起到了双方之间中介者的作用。

　　（3）关于"安史之乱"的信息

　　渤海和日本两国互派使者，在他们交往中记载许多关于唐朝的时局情报，这给当时的日本执政者提供了对外交往的新信息，具有珍贵价值。这些信息，日本史书《续日本纪》《日本后纪》称"唐消息"或"唐国消息"。其中，天平宝字二年（758），遣渤海使小野田守奏上的"唐国消息"具有很高价值，记录一些中国史料所未见的唐朝珍闻。

　　小野田守是位拥有丰富经验的外交官，天平二年（730），曾参加过大伴旅人邸宅举行的"梅花之宴"歌会。天平胜宝五年（753），出任遣新罗大使，结果因日本要求新罗以藩国的身份修职贡，新罗不从，"故田守不行使事而还归"[3]，无功而返。天平胜宝六年（754），吉备真备任大宰大弐，小野田守同任大宰少弐。天平宝字二年（758）二月，小野田守被任命为遣渤海大使[4]，九月十八日返回日本，十二月十日向

---

① 　［日］鈴木靖民、金子修一、石見清裕、浜田久美子編：『訳註　日本古代の外交文書』、東京：八木書店、2014 年、第 211 頁。

② 　［日］森田悌訳：『続日本後紀』（下）、東京：講談社、2010 年、第 24～25 頁。

③ 　［日］青木和夫、稲岡耕二、笹山晴生、白藤禮幸校注：『続日本紀　三』（新日本古典文学大系）、東京：岩波書店、1995 年、第 364 頁。

④ 　［日］中西進訳注：『万葉集』、東京：講談社、1984 年、第 1508 頁。

朝廷汇报从渤海国得到的唐朝动向。小野田守的"唐国消息"篇幅较长，加上敕令全部约 580 字，鉴于史料的珍贵价值，特摘录原文如下。据《续日本纪》"天平宝字二年十二月戊申"条载：

> 戊申。遣渤海使小野朝臣田守等奏唐国消息曰："天宝十四载，岁次乙未十一月九日，御史大夫兼范阳节度使安禄山反，举兵作乱，自称大燕圣武皇帝。改范阳作灵武郡，其宅为潜龙宫，年号圣武。留其子安卿绪，知范阳郡事。自将精兵廿余万骑，启行南行。十二月，直入洛阳，署置百官。天子遣安西节度使哥舒翰，将卅万众，守潼津关，使大将军封常清，将十五万众，别围洛阳。天宝十五载，禄山遣将军孙孝哲等，帅二万骑攻潼津关。哥舒翰坏潼津岸，以坠黄河，绝其通路而还。孝哲凿山开路，引兵入至于新丰。六月六日，天子逊于剑南。七月甲子，皇太子玙即皇帝位于灵武郡都督府，改元为至德元载。己卯，天子至于益州。平卢留后事徐归道，遣果毅都尉行柳城县兼四府经略判官张元涧，来聘渤海，且征兵马。曰：'今载十月，当击禄山，王须发骑四万，来援平贼。'渤海疑其有异心，且留未归。十二月丙午，徐归道果鸩刘正臣于北平，潜通禄山、幽州节度使史思明，谋击天子。安东都护王玄志仍知其谋，帅精兵六千余人，打破柳城，斩徐归道。自称权知平卢节度，进镇北平。至德三载四月，王玄志遣将军王进义，来聘渤海，且通国故曰：'天子归于西京，迎太上天皇于蜀，居于别宫，珍灭贼徒。故遣下臣来告命矣。'渤海王为其事难信，且留进义，遣使详问。行人未至，事未可知。其唐王赐渤海国王敕书一卷，亦副状进。于是。敕大宰府曰：'安禄山者，是狂胡狡竖也。违天起逆。事必不利。疑，是不能计西，还更掠于海东。古人曰，蜂虿犹毒。何况人乎。其府帅船王及大弐吉备朝臣真备，俱是硕学，名显当代。简在朕心，委以重任。宜知此状，预设奇谋，纵使不来，储备无悔。其所谋上策，及应备

杂事，一一具录报来。'"①

众所周知，天宝十四载十一月初九，安禄山在范阳起兵，震惊世界的"安史之乱"（755—763）爆发了。这场战乱给唐朝造成巨大损失，同时也震动了东亚各国，产生不小的影响。小野田守提交的奏文，时间是758年末，里面含有大量的唐朝时局信息，详细地介绍了"安史之乱"的发生和战局变化情况。其中，平卢留后事徐归道派出使节张元涧出使渤海，请求援军，但"渤海疑其有异心，且留未归"，未应其请。果然，徐归道与安禄山、史思明串通反叛。

另外，"天宝十五载，禄山遣将军孙孝哲等，帅二万骑攻潼津关。哥舒翰坏潼津岸，以坠黄河，绝其通路而还。孝哲凿山开路，引兵入至于新丰"。这一战况不见唐史记载，具有独特价值。

此外，敕令的最后部分，建议日本朝廷加强防备，"预设奇谋，纵使不来，储备无悔"，"安史之乱"的战火即便波及不到日本，也要做到有备无患。以此为契机，日本果然提高了防备意识，巩固海防。天平宝字三年（759）三月二十四日，大宰府依此敕令提出奏言，指出在军事防务方面存在四个漏洞，"万一有变，何以应卒？"建议朝廷采取对策，加强警备，防患于未然。② 可以看出，"安史之乱"不仅波及东亚地区的渤海国，同时也影响地处"绝域"的日本。日本的这种防御措施，其消息源直接来自渤海国。小野田守的报告具有很高价值，使日本朝廷及时了解到唐朝社会的现实，为应对唐日外交起到辅助作用。

另一则关于"安史之乱"的消息，来自韩朝彩自渤海去新罗之后。出使渤海的韩朝彩不仅到达了渤海国多地及上京龙泉府，而且还从渤海出使新罗。韩朝彩的官职是"内常侍"，为内侍省官，正五品下，"内侍之职，掌在内侍奉，出入宫掖，宣传制令"。③ 关于韩朝彩出使的始末，中国学者金毓黻早在20世纪30年代出版的《渤海国志长编》

① ［日］青木和夫、稻冈耕二、笹山晴生、白藤禮幸校注：『續日本紀　三』（新日本古典文学大系）、东京：岩波书店、1995年、第294—298页。
② ［日］青木和夫、稻冈耕二、笹山晴生、白藤禮幸校注：『續日本紀　三』（新日本古典文学大系）、东京：岩波书店、1995年、第306—308页。
③ （唐）李林甫撰，陈仲夫点校：《唐六典》，北京：中华书局，2014年，第356页。

中就有论述。① 不过，韩朝彩出使渤海、新罗敕使的内容，主要出现在日本史料中。入唐学问僧戒融从渤海回国后，消息一直未传到韩朝彩耳中，此时，他又到新罗，让新罗派遣使者赴日本打听戒融的回国情况。于是，新罗派金才伯等九十一人到日本，据《续日本纪》"天平宝字八年（764）七月甲寅"条载：

> 甲寅，新罗使大奈麻金才伯等九十一人，到着大宰博多津。遣右少辨从五位下纪朝臣牛养、授刀大尉外从五位下粟田朝臣道麻吕等，问其由绪。金才伯等言曰："唐国敕使韩朝彩，自渤海来云：'送日本国僧戒融，令达本乡已毕，若平安归乡者，当有报信。而至于今日，寂无来音。宜差此使，其消息欲奏天子。'仍赍执事牒参大宰府。朝彩者，上道在于新罗西津。本国谢恩使苏判金容，为取大宰报牒寄附朝彩，在京未发。"问曰："比来彼国投化百姓言：'本国发兵警备，是疑，日本国之来问罪也。'其事虚实如何？"对曰："唐国扰乱，海贼实繁。是以征发甲兵，防守缘边。乃是国家之设，事既不虚。"及其归日，大宰府报牒新罗执事曰："检案内，被乾政官符称：'得大宰府解称，得新罗国牒称，依韩内常侍请，欲知僧戒融达不。府具状申上者，以去年十月，从高丽国，还归圣朝。府宜承知即令报知。'"②

依此可知，新罗使金才伯去日本是应韩朝彩的要求，了解戒融归国情况，此事非同小可，"其消息欲奏天子"。唐朝、渤海与日本之间，留学生、留学僧回国后，须向留学地报信平安与否似乎是一条外交规则。③ 此外，关于"安史之乱"的消息，再次得到了证实。

本来，8 世纪中叶，日本与新罗关系恶化，掌权的藤原仲麻吕准备出兵攻打新罗。这一计划自 759 年开始筹划，同年六月，令大宰府

---

①　金毓黻：《渤海国志长编》，辽阳：千华山馆，1934 年。

②　［日］青木和夫、稲岡耕二、笹山晴生、白藤禮幸校注：『続日本紀　四』（新日本古典文学大系）、東京：岩波書店、1995 年、第 16～18 頁。

③　［日］浜田久美子：「藤原仲麻呂と渤海：遣唐使藤原清河の帰国策をめぐって」、『法政史学』2015 年第 83 巻、第 41 頁。

造行军式，八月，遣大宰帅三品船亲王于香椎庙（今福冈市东区香椎宫），奏应伐新罗之状。"安史之乱"及其他唐国消息，使日本朝廷掌握了东亚的最新时局，确信唐朝已无法援助新罗，增加了藤原仲麻吕攻打新罗的信心。①

二、第十三次遣唐使的渤海之路

上次遣唐大使藤原清河，漂流安南，此后又被解救出来，安全返回长安。这一消息，日本方面是通过渤海使得到的。天平宝字二年（758）九月，以辅国大将军杨承庆为大使的第四次渤海使二十三人，抵达日本，十二月二十四日进京。次年二月十六日，杨承庆等归国，日本同时派出以高元度为大使的遣唐使，与渤海使相随，先到渤海，再到大唐。

对此，日本淳仁天皇在给渤海王的国书中写道："国使附来，无船驾去。仍差单使送还本蕃。便从彼乡达于大唐，欲迎前年入唐大使藤原朝臣河清。宜知相资。"② 希望渤海提供方便，帮助日本使者"从彼乡达于大唐"，以迎前年入唐的大使藤原清河。值得注意的是，藤原清河的名字，此处表示的是"河清"。藤原清河在唐用的名字是"河清"。这一名字使用的时间应该是在 754 年以后，因为据鉴真弟子思讬记载，当年回国时大使的名字仍为"藤原清河"，且"拜特进"。③ 然而，藤原清河等漂流至安南，返回长安后，得到肃宗皇帝的留用，官职为特进秘书监，此后其名变为"河清"。恰在此时，日本也使用了改名后的"河清"。这一消息应该来自渤海使。藤原清河死后，日本史料《日本纪略》中载"本名清河，唐改为河清"，证明了他改名的情况。

此前，阿倍仲麻吕在唐也改名为"朝衡"，《古今和歌集目录》载：

---

① ［日］石母田正：『日本の古代国家』、東京：岩波書店、1971 年、第 72—77 頁；［日］五十嵐基善「新羅征討計画における軍事力動員の特質」、『駿台史学』第 152 号、2014 年、第 1—23 頁。

② ［日］青木和夫、稲岡耕二、笹山晴生、白藤禮幸校注：『続日本紀　三』（新日本古典文学大系）、東京：岩波書店、1995 年、第 306 頁。

③ ［日］筒井英俊校注：『東大寺要録』、東京：国書刊行会、1971 年、第 21 頁；［日］真人元開著，汪向荣校注：《唐大和上东征传》，北京：中华书局，1979 年，第 83 页。

"国史云。本名仲麿。唐朝赐姓朝氏，名衡，字仲满。性聪敏，好读书。"从中可以看出，朝衡的改姓并非其个人所为，而是"赐姓"，不论他慕华之动机，还是留住不去之事实，允许其改名的主体应该是唐朝。这一点，藤原清河与阿倍仲麻吕相同。

因此，进一步分析日本遣唐使的人名表述可以发现，许多使者到唐以后，姓名称呼有所改变，改成了中国式名字。这一点，中国史料中有许多记载，试统计 8 世纪以后的遣唐使，其人名表记如表 14 "遣唐使的人名表记"所示。

表 14　遣唐使的人名表记 ①

派遣年间	派遣目的	使人名	史料中的表述
大宝间（702—704）	遣唐使	粟田朝臣真人	朝臣（《寰》）、朝臣真人（《旧》《元》《会》《通》《览》）、朝臣真人粟田（《新》、粟田真人（《宋》）
		许势朝臣祖父	朝臣大父（《元》
灵龟间（717—718）	遣唐使	多治比真人县守	真人莫问（《册府元龟》卷九百七十四"外臣部褒异"）
		藤原朝臣马养	宇合（《尊卑文脉》）
		安倍朝臣仲麻吕	朝臣仲满（《旧》《会》《新》《览》）、朝衡（《旧》《会》《新》《览》《通》）
天平间（733—735）	遣唐使	多治比真人广成	丹墀真人广成（勅日本国王书）、真人广成（《册府元龟》卷九百七十一"外臣部朝贡"）
		中臣朝臣名代	朝臣名代（勅日本国王书）、名代（《册府元龟》卷九百九十九"外臣部请求"）
		平群朝臣广成	朝臣广成（勅日本国王书）
		羽古满	羽古满（石山寺藏《遗教经》奥书）

① 此表根据河内春人的总结内容修改而成，参见［日］河内春人：『東アジア交流史のなかの遣唐使』、東京：汲古書院、2013 年、第 161 頁。

续表

派遣年间	派遣目的	使人名	史料中的表述
天平胜宝间（752—753）	遣唐使	藤原朝臣清河	藤原河清（肃宗勅）
		大伴宿祢古麻吕	大伴宿祢胡满（《东大寺要录》所引《延历僧录》）
		下道（吉备）朝臣真备	真备
天平宝字间（759—761）	迎河清使	高元度	元度（肃宗勅）、高元度（渤海中台牒）
		内藏忌寸全成	全成（渤海中台牒）
		建部公人上	建必感（《入唐求法巡礼行记》）
宝龟间 I（777—778）	遣唐使	小野朝臣石根	朝楬宁（《寰》）、朝楬宁（《会》倭）
		大神朝臣末足	和聪达（《寰》）、和聪违（《会》倭）
宝龟间 II（780—781）	送唐客使	不详	真人兴龙（《寰》）、真人兴能（《会》《册府元龟》卷九百九十七"外臣部技术"、《新》）
		不详	调摄悉（《寰》）、调楬志（《会》倭）
延历间（804—805）	遣唐使	藤原朝臣葛野麻吕	藤原朝臣贺能（为大使与福州观察史书）
		橘朝臣逸势	橘免势（《旧》《新》《览》）
		高阶真人远成	高阶真人（《旧》《新》《览》）、高阶真人远成（《朝野群载》卷20）、真人远诚（《寰》、《会》倭）
承和间（838—839）	遣唐使	藤原朝臣常嗣	藤原朝韦嗣（《寰》）、薛原朝常嗣（《会》倭）

注：简称如下。《元》→《元和姓纂》卷五，《寰》→《太平寰宇记》卷一百七十四"四夷倭国"条，《览》→《太平御览》卷七百八十二《日本》，《通》→《通典》卷一百八十五《边防一》,《会》倭→《唐会要》卷九十九《倭国》，《会》日→《唐会要》卷一百《日本国》，《旧》→《旧唐书》卷一百九十九上《东夷·日本》，《新》→《新唐书》卷二百二十二《东夷·日本》，《宋》→《宋史》卷四百九十一《外国·日本》，勅日本国王书→《文苑英华》卷四百七十一，肃宗勅→《续日本纪》"天平宝字五年八月甲子"条，渤海中台牒→《续日本纪》"天平宝字三年十月辛亥"条，为大使与福州观察使书→《遍照发挥性灵集》卷五。

遣唐使入唐后，人名表记大概体现出三个特点：第一，"姓＋个人名"的记法，此类型最多；第二，"日本的'氏'名＋名字"的记法，其中的氏用一个字，或原本就是一个字，如遣隋使小野妹子的汉名"苏因高"；第三，"氏＋姓＋个人名"的记法。[1] 此外，遣唐使人名中也有只用氏作姓的，如"朝臣""真人"。

第十三次遣唐使，差"单使"送还。此前，《日本书纪》钦明十五年（554）十二月条也有"单使""单船"的用法，意为只有一使、一船。所以，此次的"单使"或为没有副使之意。[2]

日本最初派往渤海的人数为九十九人，目的有二：一是送渤海使杨承庆等回国；二是入唐迎藤原河清。但是，因唐爆发"安史之乱"，内外动荡，渤海方面担心赴唐人员途中遇害，本想将他们送回日本，但又"虑违邻意，仍放头首高元度等十一人，往大唐迎河清，即差此使，同为发遣。其判官内藏全成等并放归乡"。[3] 其余八十八人，于天平宝字三年（759）十月十八日，从渤海回国。如此，渤海国又派遣杨方庆为贺正使，带领日本迎藤原河清使十一人入唐。他们从渤海国沿鸭绿江西行，渡黄海，从山东半岛的登州上岸，入住开元寺。关于日本遣唐使十一人的情况，史料中留下一条有力的证据。八十一年后，即开成五年（840），从山东半岛赤山院前往五台山途中的日僧圆仁经过登州开元寺时，看到其堂内北壁上写有一些日本国使的名字，于是将它抄写下来。圆仁在《入唐求法巡礼行记》"开成五年三月七日"条载：

> 七日，王押衙宅里斋。此开元寺佛殿西廊外，僧伽和尚堂内北壁上，画西方净土及补陀落净土，是日本国使之愿。即于壁上书着缘起，皆悉没却，但见日本国三字。于佛像左右书着愿主名，尽是日本国人官位姓名：录事正六位上建必感，录事正六位上羽

① ［日］河内春人：『東アジア交流史のなかの遣唐使』、東京：汲古書院、2013 年、第 160 頁。
② ［日］青木和夫、稲岡耕二、笹山晴生、白藤禮幸校注：『続日本紀　三』（新日本古典文学大系）、東京：岩波書店、1995 年、第 306—307 頁。
③ ［日］青木和夫、稲岡耕二、笹山晴生、白藤禮幸校注：『続日本紀　三』（新日本古典文学大系）、東京：岩波書店、1995 年、第 332 頁。

丰翔，杂使从八位下秦育、杂使从八位下白牛养。诸吏从六位下秦海鱼、使下从六下行散位欠两字度，傔人从七位下建雄贞，傔人从八位下纪朝臣贞欠字。寻问无人说其本由，不知何年朝贡使到此州下。[1]

从圆仁的记录可以看出，登州开元寺墙壁上写的日本人名，可辨认的有"建必感""羽丰翔""秦育""白牛养""秦海鱼""欠两字度""建雄贞""纪朝臣贞欠字"等八人。而欠两字之后一个"度"字，基本可以断定是大使高元度。"羽丰翔"，则是 734 年回到日本的"羽栗翔"。墙壁上的人名也说明第十三次遣唐使自渤海道，从登州上岸并来过开元寺。这一点，在圆仁日记中的"开成五年三月二日"条中也有记载。书中载有登州都督府城的一些情况："登州都护府城东一里，南北一里。城西南界，有开元寺。……城南街东有新罗馆、渤海馆。"[2] 登州都督府城里专门设有渤海馆，用来接待往来大唐的渤海人员。

但是，"寻问无人说其本由，不知何年朝贡使到此州下"。关于这次遣唐使的详细情况，在圆仁那个时代，登州已无人知晓。

这样，日本遣唐使便从登州奔赴长安。高元度在长安的活动细节不详，最终未能接回藤原清河，原因是"安史之乱"未平，国家处于动荡和不安宁状态，更重要的是唐肃宗李亨钟爱这位日本大使，留之不放。唐皇有敕曰："河清是本国贵族，朕所钟爱。故且留之不许放还。待国家宁定，差使发遣。"[3] 这段载于《日本纪略》上的唐皇敕书，弥足珍贵。其不仅记录了藤原清河在唐的状况，说明其深受皇帝爱护，而且也反映出当时社会不安的状况。

高元度在京期间，因皇帝不放藤原清河，久不得朝见。最终命令他先国国，取道南路，从苏州出发。高元度的归途情况，在他回国后的报告书中做了详述，据《续日本纪》"天平宝字五年（761）八月甲

---

① ［日］圆仁：《入唐求法巡礼行记》，桂林：广西师范大学出版社，2007 年，第 75 页。
② ［日］圆仁：《入唐求法巡礼行记》，桂林：广西师范大学出版社，2007 年，第 72 页。
③ ［日］経済雑誌社編：『日本紀略』（国史大系　第五巻）、東京：経済雑誌社、1897 年、第 388—389 頁。

子"条载：

> 甲子，迎藤原河清使高元度等，至自唐国。初元度奉使之
> 日，取渤海道，随贺正使杨方庆等往于唐国。事毕欲归，兵仗样，
> 甲胄一具、伐刀一口、枪一竿、矢二只，分付元度。又有内使，
> 宣敕曰："特进秘书监藤原河清，今依使奏，欲遣归朝。唯恐残贼
> 未平，道路多难。元度宜取南路，先归复命。"即令中谒者谢时和
> 押领元度等向苏州，与刺史李岵平章，造船一只。长八丈。并差
> 押水手官越州浦阳府折冲赏紫金鱼袋沈惟岳等九人，水手越州浦
> 阳府别将赐绿陆张什等三十人，送元度等归朝。于大宰府安置。[①]

由此可见，高元度已于天平宝字五年（761）八月回到了平城京，
自其入唐至回国，从759年至761年，大约三年时间。他入唐的路线
走的是渤海道，回国路线走的是南路，即从苏州出发，横跨东海到达
九州。

其间，"安史之乱"尚未平息，唐军与叛军互占优劣，战局不稳，
此起彼伏。此时皇帝要求日本为唐朝提供武器援助，给高元度带去各
种"兵仗样"，即兵器样品，希望日本运来武器。高元度离开长安前，
"初高元度自唐归日，唐帝语之曰：'属禄山乱离，兵器多亡。今欲作
弓，交要牛角。闻道，本国多有牛角。卿归国，为求使次相赠。'"[②] 于
是，高元度回国后立刻行动起来，761年阴历十月十日，日本开始筹
划下一批遣唐使，并命令其国内贡牛角七千八百只。

值得注意的是，跟随高元度入唐的十一人中，有一个生在唐朝
的中日混血儿羽栗翔。这一有趣的家族状况，日本《类聚国史》卷
一百八十七"佛道十四·还俗僧"条有载：

> 桓武天皇延历十七年（798）五月丙午，正五位下羽栗臣翼

---

① ［日］青木和夫、稻冈耕二、笹山晴生、白藤禮幸校注：『續日本紀　三』（新日本古典文学
大系）、東京：岩波書店、1995 年、第 386 頁。
② ［日］青木和夫、稻冈耕二、笹山晴生、白藤禮幸校注：『續日本紀　三』（新日本古典文学
大系）、東京：岩波書店、1995 年、第 390 頁。

卒。云云。父吉麻吕，灵龟二年（716），以学生阿倍朝臣仲麻吕
傔人入唐。娶唐女，生翼及翔。翼年十六，天平六年（734），随
父归国，以聪颖见称。多所通涉，出家为僧，未几学业优长，朝
廷惜其才而还俗。①

由此可知，羽栗翔的父亲是阿倍仲麻吕的傔人羽栗吉麻吕，717
年入唐，与仲麻吕一起生活在长安。在唐期间成婚，娶唐朝女子为妻，
生二子，长子名翼、次子名翔。733 年，第十次遣唐使来华，734 年，
羽栗吉麻吕带两个儿子回国。回国时羽栗翼年十六，羽栗翔的年龄不
详，如按他比哥哥小两岁推算，也应该在十四岁左右。如果羽栗翔回
国时十四岁，至 759 年赴唐，他已离开故土二十五年了，此时他应该
是四十岁左右的中年人。

傔人，指遣唐使的随从，无品位，地位略低。"傔人"和"傔从"
意思相同，相当于"从者""侍从"，文献中出现过"傔从""傔人""傔
卒""傔仆"的用语。但是，从《延喜式》"大藏省式"中的"入唐大使"
规定来看，有"傔从"和"傔人"之别。② 就日本朝廷提供的待遇而言，
傔人为绝 2 匹、棉 12 屯、布 4 端，而傔从则绝 4 匹、棉 20 屯、布 13
端。③ 可见，跟随留学生、学问僧长期留学的傔从，其待遇略高于傔人。

这次羽栗翔的身份是遣唐使录事，日本史料称其"留河清所而不
归"④。羽栗翔留居唐朝，再没有回日本。至于是生活在藤原清河的身边
还是另去他处，不得而知。不过，羽栗翔十几岁才去日本，母语自然
是汉语，母亲又是唐朝人，可想而知，他入唐未归的心情应该是合情
合理的。

然而，这次遣唐使回国比较特殊，人数较少，除去羽栗翔，仅为
十人。唐政府命令中谒者谢时和送至苏州，又令与苏州刺史李岵商量
相送事宜，更重要的是，派了越州浦阳府的沈惟岳等人相送，这也是

① ［日］菅原道真编、黑板胜美校订：『類聚国史』、東京：経済雑誌社、1916 年、第 1236 頁。
② 王勇：『唐から見た遣唐使』、東京：講談社、1998 年、第 143 頁。
③ ［日］虎尾俊哉编：『延喜式』（下）、東京：集英社、2017 年、第 120 頁。
④ ［日］青木和夫、稲岡耕二、笹山晴生、白藤禮幸校注：『続日本紀　三』（新日本古典文学
大系）、東京：岩波書店、1995 年、第 394 頁。

唐朝官员为数不多的几次赴日之一。

三、越州浦阳府与沈惟岳

送高元度回国的越州浦阳府人员，包括沈惟岳等九人，水手越州浦阳府别将赐绿陆张什等三十人，共三十九人。需要指出的是，这些人均来自"越州浦阳府"，并且他们的身份分别为沈惟岳"折冲赏紫金鱼袋"，陆张什水手"别将赐绿"。那么，越州浦阳府究竟为何机构，这些人的官衔究竟代表什么？

长期以来，关于"越州浦阳府"的相关背景，很少有人关注，史料中记录的也不多。尤其是其地理位置、行使职能等问题，国内学界几乎无人探究。对此，日本学者石井正敏有过较为详细的研究，他在1992年池田温编著的《唐朝与日本》一书中探讨了浦阳府的位置与职能，所论述的观点，大体如下：

> 其位置不详。折冲府即军府名，是以其所在地的山川而命名的。以此为线索考虑，一定是因婺州经越州流入杭州湾的浦阳江而得名。并且，参考南宋时期越州东邻的明州定海县设有水军状况，以管理和防卫经济大动脉的大运河为主要目的，浦阳府估计设在浦阳江流入杭州湾的附近。另外，《新撰姓氏录》所见张道光的职务为"船典"。也有人认为，在唐朝的职官中没有"船典"一职，它应该是"押水手官"的别称。但其同行人中晏子钦、徐公卿等人均有唐朝官职，张道光也应该是有官职的。另外，从《唐六典》记载来看，秘书省太史局有典钟、典鼓等"典某"的职名。所以，或许"船典"是"典船"的误写（不过新罗有许多"某典"类的职名）。如果是"船典"，从其名称来看，当属船舶的管理者。浦阳府常备船只，固然会配备水手。中国的水军在宋代已正式设置，唐代不详。但是，从攻打朝鲜半岛时水军的活跃状态来看，很可能利用这种经验，设置防卫经济大动脉的水军机构的军府。因此，可以推测，上面所说的"船典（典船）"就是这一军府所特有的职务。总之，沈惟岳一行是军事专家，尤其是水上交通专家组成的，

这一点毫无疑问。因此，可以认为唐朝的目的是把日本遣唐使安全送回国。①

关于浦阳府，虽说史载不多，但是从零散史料中仍能得到确认。《新唐书》卷四十一《地理五》"越州会稽郡"条载："有府一，曰浦阳。"另据张沛编的《唐折冲府汇考》一书考，越州有"浦阳府"，除上一条《新唐书》记载外，还发现有几条信息，分别为②：

（1）《旧唐书·张嘉贞传》：弟嘉祐，自右金吾将军贬浦阳府折冲。《新唐书》本传同。

（2）《唐樊庭观墓志》：次授越州浦阳府右果毅都尉。

（3）《唐雄州刺史窦府君夫人李氏墓志》：后以越栖水国，盛霸迹于琅室；吴俗旧邦，先警戎于携李：于是改授越州浦阳府果毅都尉。

通过以上的记录，可以确认浦阳府的存在。（1）张嘉贞的弟弟张嘉佑，有干略，自右金吾将军贬浦阳府折冲，至开元二十五年（737），为相州刺史。（2）樊庭观也是开元年间的士人，从文到武，先是明经擢第，后"释褐授昭武校尉、左玉钤卫长上，次授口州交水府别将，次授越州浦阳府右果毅都尉，次应举及第授河南府怀音府右果毅都尉，次授辕辕府折冲都尉，以忧去职"。③ 开元年间樊庭观担任过越州浦阳府右果毅都尉，任的是中低层武官。（3）窦君夫人李氏墓志的标题为"大唐雄州刺史窦府君故夫人李氏墓志铭并序"。志文显示，窦君妻李氏是李唐王朝的宗室女，曾祖李昞为唐高祖李渊的父亲，祖父李湛是李渊的次兄。墓主李氏卒于高宗永隆二年（681）五月，时年55岁。其丈夫窦君历官多任，其中就有"越州浦阳府右果毅都尉"，品级为从五品下或更低。④ 越州浦阳府设立的时间，具体不详，不过，通过这些材料可以确定至少在唐高宗时期就已经设立。

---

① 此段中文为笔者译，参见［日］石井正敏：「外交関係—遣唐使を中心に—」、池田温編『古代を考える 唐と日本』、東京：吉川弘文館、1992年、第86—87頁。

② 张沛：《唐折冲府汇考》，西安：三秦出版社，2003年，第254页。

③ 周绍良、赵超编：《唐代墓志汇编》，上海：上海古籍出版社，1992年，第1293-1294页。

④ 崔庚浩、王京阳：《唐长安南郊高阳原地区出土的四方高宗武周时期墓志》，《碑林集刊》2001年，第80-83页。

　　浦阳府的准确位置，历来无考。浦阳府附近有浦阳江，《元和郡县图志》卷二十六载："浦阳江，在县南一十五里。"[①] 要想弄清浦阳府与浦阳江的关系，需要更深入地考虑其所在的区域。

　　与此相关，还有一个浦阳县，754 年设，隶属婺州。《元和郡县图志》卷二十六载："浦阳县，上。西南至州一百二里。天宝十三年，分义乌县北界置。浦阳江，在县西北四十里。出双溪山岭，东入越州诸暨县。"[②] 浦阳江，在萧山县南，最终并入钱塘江，流向东海。但这些资料也没有指明浦阳府的位置及相关信息。

　　成书于南宋时期的会稽郡地方志《嘉泰会稽志》卷四"仓"条载："浦阳府，在城西四十里。唐书志会稽：'有府一，曰浦阳。'盖唐之兵府也。今废。"[③] 依此判断，浦阳府位于绍兴城西，距城四十里处。这个方位和距离，按今天的地理位置推断，应该在杭州市萧山区浦阳江畔的浦阳镇。也就是说，沈惟岳等任职的越州浦阳府，位于越州城西四十里处，在钱塘江以南。

　　如此看来，石井正敏分析的浦阳府名称的由来及位置基本准确，因浦阳江而得名，位于浦阳江流入杭州湾的附近。

　　接下来，看一看送遣唐使回日本的越州浦阳府人员都是些什么人。《续日本纪》只记一句"差押水手官越州浦阳府折冲赏紫金鱼袋沈惟岳等九人，水手越州浦阳府别将赐绿陆张什等三十人，送元度等归朝"，但这一信息又非常重要。护送至日本的沈惟岳等，为"押水手官"九人，"水手"三十人，共计三十九人。

　　唐朝折冲府源于西魏大统年间（535—551）实行的兵府制度，名称有过几次变更，停废于天宝年间（742—756）。唐太宗贞观十年（636），将军府的统军更名为折冲都尉，副将为果毅都尉，诸府统称折冲府。另据《新唐书》卷五十《兵志第四十》载："凡天下十道，置府六百三十四，皆有名号，而关内二百六十有一，皆以隶诸卫。凡府三等：兵千二百人为上，千人为中，八百人为下。府置折冲都尉一人，

---

① （唐）李吉甫撰，贺次君注：《元和郡县图志》（下），北京：中华书局，1983 年，第 620 页。
② （唐）李吉甫撰，贺次君注：《元和郡县图志》（下），北京：中华书局，1983 年，第 622 页。
③ （宋）施宿撰：《嘉泰会稽志》，台北：成文出版社，1983 年，第 6218 页。

左、右果毅都尉各一人，长史、兵曹、别将各一人，校尉六人。士以三百人为团，团有校尉；五十人为队，队有正；十人为火，火有长。"但是，所谓天下六百三十四府，这一数字并不十分准确，经历代研究及新材料中发现的府名，唐朝折冲府总数达六百九十二个。[1]

府分三等，《通典》卷二十九《职官·折冲府》之"上府"下注释曰："两京城内虽不满此数，亦同上府。"又于"中府"下注曰："两京及岐、同、华、怀、陕等五州所管府，虽不满此数，亦同中府。"于是可以理解为：京城所在的京兆、洛阳城内诸府为上府；两京相连的岐州、同州、华州、怀州、陕州诸府为中府。而越州属于江南道，远离中土，唐初尚属落后地区。由此判断，越州折冲府属于下府，其军队人数应在八百人。折冲府官员品第不同，上府折冲都尉是从四品下，中府是正五品下，下府则为从五品下。

《续日本纪》记载的沈惟岳为"差押水手官、越州浦阳府折冲、赏紫、金鱼袋"，可以肯定他的职务是折冲都尉，即浦阳府之最高军事长官，官品为从五品下。唐太宗贞观四年（630）规定，官三品以上服色为紫，四、五品服绯，六、七品服绿，八、九品服青色。而鱼袋又是表示官员地位高低的标志之一，皇帝赏赐服饰的同时，也赐予相应的鱼袋。《新唐书》卷二十四《车服志》载："开元初，附马都尉从五品者假紫、金鱼袋，都督、刺史品卑者假绯、鱼袋，五品以上检校、试、判官皆佩鱼。中书令张嘉贞奏，致仕者佩鱼终身，自是百官赏绯、紫，必兼鱼袋，谓之章服。"

沈惟岳的"赏紫"即是"赐紫"。唐朝进入开元以后，"借紫""借绯"现象增多，《唐会要》卷三十一"内外官章服"条载："天授二年八月二十日，左羽林大将军建昌王攸宁，赐紫金带。九月二十六日，除纳言，依旧著紫带金龟。借紫自此始也。"开元三年（715）八月又有诏曰，驸马都尉，从五品阶，自今以后，可借紫金鱼袋。驸马都尉借紫，始于此时。

另外，派往外国的使节，为增强其权威性，即便身份不足以服紫

---

① 张沛：《唐折冲府汇考》，西安：三秦出版社，2003年，第11页。

或金鱼袋，也暂时授其品阶。[①] 在日本律令制度下，遣唐使和遣渤海使中也有这种借位现象。其主要特点有三：第一，借授的位阶在国内无实质意义，与官位晋升无关；第二，不颁发位记（告身）；第三，借授的官位一般比原来的本位高一等。[②] 由此看来，沈惟岳作为浦阳府折冲都尉，原本无着紫衣的资格，但因为派遣出使日本而得到特别允许。另一位陆张什则是浦阳府的别将。这次送使中还有一位副使叫纪乔容。

　　沈惟岳一行留住日本未归，弘仁六年（815）编撰的《新选姓氏录》载有唐人改姓并被安置的情况，能够确认姓名的人员除沈惟岳外还有张道光（船典、赐绿）、晏子钦（司兵、赐绿）、五税儿（押官、赐绿）、徐公卿（判官、赐绿）、孟惠芝（司仓、赐绿）。从他们的职务看，张道光为船典。晏子钦为司兵，是折冲府的兵曹参军事。其他人员也均属于浦阳府的官员。[③] 这些人多数留在日本，被赐予日本姓氏，编入日本户籍。根据《新选姓氏录》卷二十一·第三帖"左京诸蕃上"条记载的内容，将他们的信息整理成表15"唐人改姓一览"。

表15　唐人改姓一览 [④]

氏族名	赐姓	始祖	籍贯、种别
清海宿祢	宿祢	唐人、从五位下、沈惟岳之后也。	左京诸蕃上
嵩高忌寸	忌寸	唐人、外从五位下（船典赐绿），张道光入朝焉，沈惟岳同时也。	左京诸蕃上
荣山忌寸	忌寸	唐人、正六位上（本国司兵赐绿），晏子钦入朝焉，沈惟岳同时。	左京诸蕃上
长国忌寸	忌寸	唐人、正六位上（本押官赐绿），五税儿入朝焉，沈惟岳同时。	左京诸蕃上

① 《唐会要》卷三十一"开元四年二月二十三日诏曰"载："入蕃使，别敕借绯紫者，使回合停。"参见（宋）王溥撰：《唐会要》（上），上海：上海古籍出版社，2006年，第667页。

② ［日］加藤顺一：「借位の起源とその机能：対外使節を中心として」、『法学研究』64巻1号、1991年、第93—120頁。

③ ［日］石井正敏：「外交関係—遣唐使を中心に—」、池田温編『古代を考える　唐と日本』、東京：吉川弘文館、1992年、第85—86頁。

④ 此表根据《新选姓氏录》信息制作而成，参见［日］万多親王：『新選姓氏録』3、国立国会図書館古典籍資料デジタル化、2011年、第111—113頁。

续表

氏族名	赐姓	始祖	籍贯、种别
荣山忌寸	忌寸	唐人、正六位上（本判官赐绿）、徐公卿入朝焉，沈惟岳同时。	左京诸蕃上
嵩山忌寸	忌寸	唐人、正六位上（本司仓赐绿）、孟惠芝入朝焉，沈惟岳同时。	左京诸蕃上
清川忌寸	忌寸	唐人、正六位上（本赐绿）、卢如津入朝焉，沈惟岳同时。	左京诸蕃上
清海忌寸	忌寸	唐人、正六位上（本赐绿）、沈庭勖入朝焉，沈惟岳同时。	左京诸蕃上

表 15 中的八人，均为沈惟岳率领的浦阳府官员。一行人中，未见陆张什和副使纪乔容入日本籍的记录，他们是否返唐，具体不详。

关于沈惟岳其人，中国史料中找不到他的任何信息。大概因为沈惟岳的官职地位不高，属于从五品下的等级，没有什么突出的政绩，故无资料留存。然而，在日本，自 761 年至 789 年的近三十年间，始终能看到他的行踪轨迹，《续日本纪》多处记载他的信息。先是唐朝送使船于天平宝字五年（761）八月顺利抵达日本九州后，被安置大宰府。其次，沈惟岳一行到达当年，日本便着手派遣唐使，这一计划也包括送他们回国，结果因"风波无便，不得渡海"而终止。[1]

762 年，沈惟岳带领的唐人之间发生了矛盾，五月十九日，大宰府上奏朝廷，唐副使纪乔容及以下三十八人状告沈惟岳，称其贪赃纳贿。要求日本解除其职务，由副使纪乔容和司兵晏子钦统领。但是，日本朝廷未准，理由是"大使、副使，并是敕使谢时和与苏州刺史相量所定，不可改张"[2]。日本中央朝廷回避了唐使之间的内部争斗。也就是说，相对于干涉渤海等他国使节的内部纷争事件，日本还是充分地

① ［日］青木和夫、稻冈耕二、笹山晴生、白藤禮幸校注：『続日本紀　三』（新日本古典文学大系），東京：岩波書店、1995 年、第 410 頁。
② ［日］青木和夫、稻冈耕二、笹山晴生、白藤禮幸校注：『続日本紀　三』（新日本古典文学大系），東京：岩波書店、1995 年、第 406 頁。

考虑了唐使的地位，未做更深的干预。① 这侧面反映出日本对唐朝的外交观。但是，由于沈惟岳等三十九人来日本，属于送日本遣唐使的水手和押水手官，并不是唐朝派出的正式外交使节，因此，日本朝廷没有让他们进京，只是留住在大宰府。

同年，日本遣使送沈惟岳等回国，四月十七日授中臣鹰主为大使，高丽广山为副使。七月遣唐使船出海未果，最后终止了航行。八月，沈惟岳等人又回到大宰府。中臣鹰主是中臣名代之子，遣唐使世家，其父名代于 733 年出使唐朝，任遣唐使副使。

763 年正月，朝廷颁敕，因唐朝动乱，无法送沈惟岳等人回国，要求大宰府妥善安顿，优厚供给。若有思乡情深，想要回国的人，须提供船舶和水手，量事发遣。② 日本政府对沈惟岳等人的留置情况采取了两手准备，留住还是归国，遵从本人意愿。从后来的结果看，有许多人在日本定居下来，他们移居至奈良左京。沈惟岳未归，780 年日本朝廷授其官位为从五位下。同年，沈惟岳被赐姓为"清海宿祢"，编户居住于平城京左京。

789 年，沈惟岳作为官员被任命为美作权掾。美作（今冈山县东北部），是律令制度下的一个国，属于山阴道，旧为吉备国，和铜六年（713）从备前国分出。权掾，指地方国司四等官制中的第三等，相当于中央的判官，主要负责文书的整理记录及其他杂物。日本模仿唐制确立的诸官司中的四等官，即长官、次官、判官、主典，在地方国司对应的是"守""介""掾""目"。诸国分为，大国、上国、中国、下国。而掾在地方的国司中，属于三等官，大国的掾称为大掾或少掾，上国和中国均称掾，下国无掾职务。沈惟岳上任的美作国属于上国，上国的官员有"守一人、介一人、掾一人、目一人、史生三人"③，沈惟

① ［日］森公章：「古代日本における対唐観の研究：『対唐外交』と国書問題を中心に」，『弘前大学国史研究』84 号，1988 年、第 88—89 頁。
② 《续日本纪》"天平宝字七年正月庚申"条载："若怀土情深，犹愿归乡者，宜给驾船、水手，量事发遣。"参见［日］青木和夫、稲岡耕二、笹山晴生、白藤禮幸校注：『続日本紀 三』（新日本古典文学大系）、東京：岩波書店、1995 年、第 426 頁。
③ ［日］井上光貞、関晃、土田直鎮、青木和夫校注：『律令』（日本思想体系 3）、東京：岩波書店、1976 年、第 193 頁。

岳在 789 年担任美作国的"权掾",已成为日本国的一名官员,这也是他在史料中的最后信息。

综上,唐使沈惟岳等三十九人送日本使高元度等返回日本,自苏州至大宰府,去程一路顺畅,但归途遇阻。在接待方面,日本朝廷尽管当初未邀请唐使进京,但在大宰府却给予其优厚的待遇。沈惟岳等人最终赴日未归,在日本定居下来。

四、第十四、十五次遣唐使未发

天平宝字五年(761)十月,日本开始筹划遣唐使。十月十日,派官员前往安艺国,命令造遣唐使船四艘。同时命东海、东山、北陆、山阴、山阳、南海诸道国贡纳牛角七千八百只。这些牛角准备运往大唐,高元度回国前,肃宗皇帝有托,因为安史之乱,兵器不足,需要牛角制作弓箭。

十月二十二日,任命遣唐使,仲石伴为大使、石上宅嗣为副使、中臣鹰主为判官。次年(762)三月,罢免石上宅嗣,改任藤原田麻吕为副使。然而,四月十七日,遣唐使船自安艺国行驶到难波江口时,陷入海滩不能动,舵也失灵,船尾在风吹浪打下破裂。至此,这次遣唐使出发未果,以失败告终。按遣唐使总次数计算,此为第十四次。

这次遣唐使的目的有三:第一,送沈惟岳等人回国;第二,回应唐皇帝的请求,"闻道,本国多有牛角。卿归国,为求使次相赠",为唐朝送去用以作兵器的牛角;第三,加强与唐朝的友好交往,学习唐朝先进文化。四艘船可承载更多的人和物,若仅以送使为任务的话,不用派这么多船。所以,这次遣唐使同以往一样,承担着朝贡和带回大量物资的使命。

接着,天平宝字六年(762)四月,日本又重新任命了遣唐使,由原来的四船改为两船。任中臣鹰主为大使,高丽广山为副使。这次遣使,属于遣唐使的第十五次。天平宝字六年(762)七月,"送唐人使从五位下中臣朝臣鹰主等，风波无便，不得渡海"。[①] 至此，这次遣唐使又以失败告终，停止派遣。这次遣唐使的性质为"送唐人使"。

如上所述，渤海国建立于唐朝鼎盛时期，自 698 年至 926 年，与唐朝共存亡，拥有 230 多年的历史。唐与渤海国之间，从最初的安抚到后来的册封与朝贡，形成一种复杂而又相对稳定的外交关系。一方面，渤海共向唐派遣贡使 100 余次，唐对渤海的封号也由"渤海靺鞨"到"渤海郡王"再到"渤海王"，随着势力的此消彼长，二者关系也随之变化。另一方面，渤海国从一片荒凉之地，建设成一个以唐朝制度为模板的完善的集权制国家。同时，其又与日本建立起友好的外交关系，两地互派使者，进行广泛的文化交流。渤海派往日本的使节共有 34 次，日本也派渤海使 13 次。渤海和日本两国互派使者，这给日本带去了关于唐朝的最新动态。日本掌握这些"唐消息"后，更准确地判断出国际形势。其中渤海国传递的"安史之乱"消息，为日本应对时局提供了有利的信息。

唐朝通往绝域日本的交通，除了以往经山东半岛的登州、莱州出海，以及东南沿海的扬州、苏州、明州、越州等地横渡东海外，另有一条经渤海国的通道。遣唐使通过渤海返回日本时，日本史上还称其为"渤海路"。739 年，第十次遣唐使判官平群广成取道渤海路归国，从登州入海，进入渤海国，再由渤海国渡海抵达日本沿岸。第十三次遣唐使，761 年，高元度入唐时，所经过的路线便是"渤海道"。出于"安史之乱"未平等原因，唐皇未许可藤原清河回国，令中谒者谢时和带领高元度到苏州，与苏州刺史李岵商定，造船一只，并差押水手官越州浦阳府折冲赏紫金鱼袋沈惟岳等九人，水手越州浦阳府别将赐绿陆张什等三十人，送元度等归朝。

越州浦阳府是设在越州的兵府，即折冲府，其具体位置、结构和人员等史载信息极少。但通过《嘉泰会稽志》判断，其府所在地在今天杭州市萧山区浦阳江畔的浦阳镇。浦阳府属于下府，军队人数应在

---

① ［日］青木和夫、稲岡耕二、笹山晴生、白藤禮幸校注：『続日本紀　三』（新日本古典文学大系）、東京：岩波書店、1995 年、第 410 頁。

八百人。沈惟岳的身份为折冲都尉，官品为从五品下。沈惟岳及其下属送高元度回日本后，归途受阻，渡海失败，此后被任命为地方国司的官员（权掾），定居日本，终生未归。日本在 761 年和 762 年两度计划派遣唐使，两次遣唐使都承担着送沈惟岳等人回国的任务，但因渡海失败而停止。

一、第十六次遣唐使

8 世纪六七十年代，日本政坛发生两件影响未来时局的大事：一是爆发了"惠美押胜之乱"，史称"藤原仲麻吕之乱"；二是天皇变更，原来的天武天皇系皇族终结，天智天皇系皇族继承皇位。

所谓"惠美押胜之乱"，是讨伐藤原仲麻吕的一场战争。简要过程是时任太师的惠美押胜（藤原仲麻吕），于 764 年被任命为"都督四畿内三关近江丹波播磨等国兵事使"，管内兵士每国二十人，五日为番，集中在都督衙检阅武艺。但仲麻吕私自增加士兵人数，使用太政官之印。此事被太政官职员，时任大外记的高丘比良麻吕发现，生怕灾祸波及自己，于是密奏其事，"告仲满反"。[1] 于是，引发一场讨伐藤原仲麻吕及其余党的战争，时间为天平宝字八年（764）九月十一日至十八日。从阴谋泄露到仲麻吕及其妻子从党三十四人被斩于江头，仅用几天时间叛乱便被平息了。从结果来看，这场叛乱未造成太大损失。

在平息仲麻吕之乱中，有过遣唐使经验的吉备真备和文人淡海三船发挥了巨大作用。淡海三船，是天智天皇之子大友皇子的曾孙，时任造池使，当时正赴近江国修造堤池，遇到藤原仲麻吕逃至近江，于

---

① ［日］青木和夫、稲岡耕二、笹山晴生、白藤禮幸校注：『続日本紀　四』（新日本古典文学大系）、東京：岩波書店、1995 年、第 206 頁。

是全力反击，烧断桥梁，使叛军不得前行，改奔岛郡。淡海三船又是当朝著名文豪、汉学家，"三船，性聪敏，涉览群书，尤好笔札"①，他还是鉴真传记《唐大和上东征传》的作者，历任大学头、文章博士。凭借其出色的才智，切断了叛军的退路，为最终歼灭藤原仲麻吕起到辅助作用。另一位关键人物是吉备真备，他精通中国兵法，善于谋略。面对仲麻吕的军队，吉备真备推算出其移动轨迹，"计其必走，分兵遮之。指麾部分，甚有筹略。贼遂陷谋中，旬日悉平"。② 使叛军中计，很快就被消灭。这些战术，不能不说与吉备真备两次入唐，掌握了中国谋略有关。

　　神护景云四年（770）八月四日，称德天皇去世。这位女帝，先为孝谦天皇，后又第二次登基（重祚）为称德，春秋五十三。面对天皇的突然死去，朝中大臣立即协商，当天就确立了皇储人选，立白壁王为皇太子。白壁王是天智天皇的孙子，年龄已六十二岁。十一月一日，皇太子即位，称作光仁天皇，成为日本第四十九代天皇，改年号为宝龟元年。光仁天皇在位期间，又筹划派遣唐使。这次派遣是新天皇上任后，为吸收唐朝先进文化，推动日本社会进一步发展，同时彰显天皇权威而做出的决定。同时，遣唐使还肩负再次迎藤原清河回国的使命。天皇给藤原清河带去一封信，另赐钱物。天皇赐前入唐大使藤原清河书曰："汝奉使绝域，久经年所（序），忠诚远著，消息有闻。故今因聘使，便命迎之。仍赐绝一百匹、细布一百端、砂金大一百两。宜能努力，共使归朝，相见非赊，指不多及。"③ 这次给藤原大使带去的砂金"大一百两"，相当于三百两。日本律令中的《杂令》第 1 条规定，

① ［日］青木和夫、稲岡耕二、笹山晴生、白藤禮幸校注：『続日本紀　五』（新日本古典文学大系）、東京：岩波書店、1995 年、第 338 頁。
② ［日］青木和夫、稲岡耕二、笹山晴生、白藤禮幸校注：『続日本紀　四』（新日本古典文学大系）、東京：岩波書店、1995 年、第 460 頁。
③ 《续日本纪》"宝龟七年（776）四月壬申"条。参见［日］青木和夫、稲岡耕二、笹山晴生、白藤禮幸校注：『続日本紀　五』（新日本古典文学大系）、東京：岩波書店、1995 年、第 12—14 頁。

"权衡，二十四铢为两。三两为大两一两。十六两为斤"。① 不过，日本的"度、量、权衡"来源于唐朝的制度，其《杂令》第1条与唐《杂令》相同。② 按现在的重量计算，"大两一两"大约为37.5克，那么，给藤原清河带去的砂金则为3750克。这是一个不小的数字，也是作为遣唐使的费用，日本国产的砂金第一次带出海外。

宝龟六年（775）六月发布派遣唐使命令，令安艺国造船四只，任命大使、副使、判官和录事等人员，最初的阵容如下：

遣唐大使	正四位下	佐伯宿祢今毛人
遣唐副使	正五位上	大伴宿祢益立
遣唐副使	从五位下	藤原朝臣鹰取
判官	正六位上	大伴宿祢继人（大伴古麻吕之子）
判官	正六位上	小野朝臣滋野
判官		海上真人三狩
判官		纪朝臣继成
准判官	外从五位下	羽栗臣翼
录事	外从五位下	韩国连源（后改姓为高原连）
录事	外从五位下	上毛野公大川

宝龟七年（776）四月十五日，天皇赐遣唐使节刀，并赐给大使和副使自己的"御服"，对他们的赴唐抱以无限的期望和寄托。不久，遣唐使来到大宰府，从筑紫出发，驶向五岛列岛。闰八月六日，遣唐使船在肥前国松浦郡合蚕田浦，等不到顺风，考虑到已入秋，不适合航行，于是返回了博多港，并上奏朝廷，"今既入于秋节，逆风日扇，

① ［日］井上光贞、関晃、土田直鎮、青木和夫校注：『律令』（日本思想体系3）、東京：岩波書店、1976年、第475頁。

② 《唐六典》卷三《尚书户部》"金部郎中"条载："凡度以北方秬黍中者一秬之广为分，十分为寸，十寸为尺，一尺二寸为大尺，十尺为丈。凡量以秬黍中者容一千二百为龠，二龠为合，十合为升，十升为斗，三斗为大斗，十斗为斛。凡权衡以秬黍中者百黍之重为铢，二十四铢为两，三两为大两，十六两为斤。"另外，《唐律疏义》卷二十六417条"校斛斗秤度不平"之"疏义"记载相同。参见钱大群：《唐律疏议新注》，南京：南京师范大学出版社，2007年，第873页。

臣等望，待来年夏月，庶得渡海"。① 朝廷下敕，要求使者及水手在此等候，第二年继续出发。

在此期间，遣唐使人员有所变动，十一月十五日，大使佐伯今毛人返回京城，其余人员留在大宰府。十二月十四日，停止了遣唐使副使大伴益立的职务，任命小野石根、大神末足为副使。

777 年，二月六日，遣唐使在小野石根的带领下，来到春日山下拜天神地祇，重修祭祀。四月二十二日，大使佐伯今毛人患病，经日不愈，改敕副使石根持节代替大使职务，先行出发，若得顺风，不可相待。六月，大使今毛人病重，已经不能出使大唐，委任小野石根全权负责，但他的身份仍为副使。情况如此，朝廷要求到了唐朝如果被问到无大使时，根据事态做出适当解释。石根着紫，持节行事。石根的官位为从五位上，本应穿浅绯衣②，没有资格着紫，此时属于特例，容许"借紫""借位"，着三位以上的服色。

此次遣唐使仍为四船，六月二十四日从肥前国松浦郡起航，驶向东海。重新组合后的四船官员，大约包括以下阵容③：

第一船	持节副使	从五位上	小野朝臣石根
	判官	正六位上	大伴宿祢继人
	主神		津守宿祢国麻吕
第二船	副使	从五位下	大神朝臣末足
第三船	判官	正六位上	小野朝臣滋野
第四船	判官		海上真人三狩
	录事		韩国连源（高原连）
船号不明	准判官	外从五位下	羽栗臣翼
录事		正六位上	

---

① ［日］青木和夫、稲岡耕二、笹山晴生、白藤禮幸校注：『続日本紀　五』（新日本古典文学大系）、東京：岩波書店、1995 年、第 18 頁。

② 《律令》衣服令·第 4 条"诸臣礼服"载："一位礼服，深紫衣，牙笏，白袴，绿带，深缥纱褶，锦袜，乌皮舄。三位以上，浅紫衣。四位，深绯衣。五位，浅绯衣。以外并同一位服。大祀大尝元日，则服之。"参见［日］井上光貞、関晃、土田直鎮、青木和夫校注：『律令』（日本思想体系 3）、東京：岩波書店、1976 年、第 352 頁。

③ ［日］上田雄：『遣唐使全航海』、東京：草思社、2006 年、第 158 頁。

宝龟八年（777），遣唐使出发，第三船于"宝龟八年六月二十四日，候风入海。七月三日，与第一船同到扬州海陵县"①。第一船和第三船，自五岛列岛的肥前国松浦郡橘浦下海，用了八天时间到达扬州海陵县。这是一次比较顺利到达的遣唐使，航行速度也比较快，此前的航海并没有这么详细的记录。然而，再过80多年后，进入9世纪下半叶，唐日之间民间贸易商船以更快的速度横渡东海，最快的纪录为862年张友信船从五岛列岛的值嘉岛到明州杨扇山，仅用了四天三夜。并且，865年李延孝的商船从福州得顺风，五日四夜着值嘉岛。②关于第二船、第四船的航海没有记录，但从后来返航的情况看，应该是第二船到达海陵县，第四船到达盐城县。这次遣唐使在唐朝的活动及返程情况，通过第三船的判官小野滋野和第一船判官大伴继人的归国报告大致可以了解全貌。③

遣唐使一行，宝龟八年（777）八月二十九日已全部集中在扬州，来到扬州大都督府，受到观察使兼长史陈少游的接待，依式例安置供给。陈少游（724—784），两《唐书》均有传，博州博平人，祖父为安西副都护陈俨，父陈庆为右武卫兵曹参军。陈少游"大历五年（770），改越州刺史、兼御史大夫、浙东观察使。八年（773）迁扬州大都督府长史、淮南节度观察使"④。日本史料显示，遣唐使到来时，陈少游兼任扬州节度使。

确认遣唐使身份后，陈少游向朝廷上奏，请求进京事宜。得到朝廷批准后，同年十月十六日，遣唐使从扬州出发，奔赴长安。由于受到"安史之乱"的影响，唐朝社会秩序仍不稳定，从扬州通往京城的馆舍和驿站衰落破坏，进京人数限制在六十五人。⑤在日本使节的强烈要

---

① 《续日本纪》"宝龟九年十月乙未"条。参见［日］青木和夫、稻冈耕二、笹山晴生、白藤禮幸校注：『續日本紀　五』（新日本古典文学大系）、东京：岩波书店、1995年、第72页。
② ［日］伊势兴房：『頭陀親王入唐略記』、塙保己一编纂『續群書類從』（第八辑上）、东京：續群書類從完成会、1904年、第105—107页。
③ 详见《续日本纪》"宝龟九年（778）十月乙未""宝龟九年十一月乙卯"条。
④ 参见《旧唐书》卷一百二十六《陈少游》，以及《旧唐书》列传第一百四十九上《叛臣上》。
⑤ 据《续日本纪》"宝龟九年十一月乙卯"条大伴继人的报告，赴京人数为六十五人。另据《续日本纪》"宝龟九年十月乙未"条小野滋野的报告，入京使人限六十人。

求下，又增加了人数，送八十五人入京。但是，十月十六日，入京队伍刚一出发，行至高邮县，突然接到中书门下省下敕牒，因为路途缺少车马，要求减少入京人数，只限定为二十人。小野石根等再次请求，容许又增加二十三人，最终进京人数为四十三人。主要人员包括小野石根、副使大神末足、判官大伴继人、判官小野滋野、准判官羽栗翼、录事上毛野公大川、韩国源等。此次遣唐使总数应在五百人以上，其他人员在扬州就地等候。

二、长安朝见天子

进京的队伍于第二年，即唐大历十三年（778）正月十三日到达长安城。从前一年十月十五日，到当年正月十三日，路途走了近三个月。按正常情况，从扬州至长安大约两个月时间，但此次中途出现了再奏过程，花费了时间。日本使团到达长安后，进行一系列活动。

778 年正月，一行人抵达长安。小野滋野在回国后的报告中写道："正月三日，到长安城。即于外宅安置供给。特有监使，勾当使院，频有优厚，中使不绝。"[1]另据津守继人的奏文，到达长安城的日期是正月十三日，朝廷遣内使赵宝英骑马迎接。在遣唐使刚到长安的数日内，不断有监使来遣唐使居住的院中看望，接待颇有优厚，慰问者往来不绝。

按常规礼仪，外国朝贡使到达长安后，应该由鸿胪寺官员负责接待。但这次接待日本使者的多见于监使或内使。那么，为何由他们接待呢？

监使很少见于中国文献，日本文献中却多次出现。后来的延历二十四年（805）遣唐使藤原葛野麻吕奏文中，提到多名监使，"十二月二十一日，到上都长乐驿宿，二十三日，内使赵忠，将飞龙家细马二十三匹迎来，兼持酒脯宣慰，驾即入京城，于外宅安置供给，特有监使高品刘昂，勾当使院"[2]。此外，还出现了监使高品宋惟澄、监使王

---

① ［日］青木和夫、稲岡耕二、笹山晴生、白藤禮幸校注：『續日本紀　五』（新日本古典文学大系）、東京：岩波書店、1995 年、第 74 頁。

② ［日］森田悌訳：『日本後紀』（上）、東京：講談社、2006 年、第 362 頁。

国文。青木和夫等校注的《续日本纪》中认为，迎接日本使者的监使主
要担当接待任务，同时负责监督他们的行动。[①] 这一解释，前半部分正
确，后半部分欠妥。此处的监使，实则是内使，即宫中宦官。在遣唐
使回国之际，小野滋野奏曰"监使杨光耀宣口敕"，而津守继人的奏文
则明确为"敕令内使杨光耀"。可见，杨光耀的监使即内使。另外，接
待延历二十四年遣唐使的刘昂为"监使高品"，即宦官之意。[②] 唐中后
期以后，内使的权力越来越大，主持政务的机会也越来越多，这与唐
初显然形成鲜明对比。唐太宗时期，为防止宦官执政，曾颁诏限制内
官的权力。据《新唐书》卷二百零七《宦者上》载：

> 太宗诏内侍省不立三品官，以内侍为之长，阶第四，不任以
> 事，惟门阁守御、廷内扫除、禀食而已。武后时，稍增其人，至
> 中宗，黄衣乃二千员，七品以上员外置千员，然衣朱紫者尚少。
> 玄宗承平，财用富足，志大事奢，不爱惜赏赐爵位。开元、天宝
> 中，宫嫔大率至四万，宦官黄衣以上三千员，衣朱紫千余人。[③]

由此可见宦官在朝中的地位变化。太宗吸取前朝内官之弊害，为
防止其参与国政，将其职场及业务限定在内廷。但是，在武则天时期，
内廷参与政治的趋势发生了变化，其人数大幅增员。到了玄宗时期，
宦官势力更加增强，参与内政外交，宫中穿黄衣的宦官就达三千员。
黄衣指流外的内官或无官职的宦官。《新唐书》卷二十四《车服志》载：
"黄为流外官及庶人之服。"仅无品的宦官就达三千员。

白居易的诗《上阳白发人》中"绿衣监使守宫门"出现了"监使"一
词。此处的"绿衣监使"，指的是掌管宫廷出入的宦官。《旧唐书》卷
四十四《职官志三》载："京、都苑四面监：监各一人，从六品下。副监
一人，从七品下。丞二人，正八品下。录事一人，府三人，史三人，

① ［日］青木和夫、稻冈耕二、笹山晴生、白藤礼幸校注:『続日本紀 五』（新日本古典文学
大系）、东京:岩波书店、1995 年、第 536 页。
② ［日］森田悌訳:『日本後紀』（上）、东京:講談社、2006 年、第 357 页。
③ （宋）欧阳修、宋祁撰:《新唐书》（简体字本二十四史，第 37 册），北京:中华书局，2000
年，第 4473 页。

典事六人，掌固四人。四面监掌所管面苑内宫馆园池，与其种植修葺之事。副监为之贰。丞掌判监事。"上阳宫是安置不被宠幸妃子的别所，白居易在《上阳白发人》序中写道："天宝五载已后，杨贵妃专宠，后宫人无复进幸矣。宫有美色者，辄置别所，上阳是其一也。"另据《旧唐书》卷四十五《舆服志》载："六品服深绿，七品服浅绿。"因此，白居易将服绿衣守宫门的内官称为监使。

此次遣唐使，不仅接待人员由内使承担，最后送遣唐使回国的唐朝官员也是宦官赵宝英。

正月十五日，遣唐使在宣政殿得到礼见，但代宗皇帝没有出现。当日，代宗看到日本国朝贡的国信物及别贡等，十分喜悦，班示给群臣观看。

三月二十二日，遣唐使受到皇帝召见，"于延英殿对见。所请并允。即于内里设宴。官赏有差"①。此次遣唐使礼见的地点有两个宫殿，一个是宣政殿，另一个是延英殿。宣政殿是大明宫中三大殿之一。三大殿由南向北分别为含元殿、宣政殿和紫宸殿，宣政殿居其中。这三殿不仅构成了大明宫的主体建筑，同时也是大唐帝国的政治中心，许多重大的决策都是在这里做出的。宣政殿行使许多功能，"唐时四夷入朝贡者，皆引见于宣政殿"②。其中一个功能便是供皇帝召见四夷之客。这次遣唐使朝见皇帝的地点是在延英殿。自安史之乱以来，延英殿在国家政治生活中地位尤显突出，甚至超过了含元、宣政、紫宸三大殿。③皇帝时常在延英殿召见外国使者，突厥、吐蕃、渤海、新罗等国使者都受到过接待，"代宗大历九年二月辛卯，渤海质子大英俊还蕃，引辞于延英殿"④。这是渤海质子回国时召见的情况。此前渤海、新罗使者来朝时也是在延英殿召见，如大历八年（773）六月，"渤海遣使贺

---

① 《续日本纪》"宝龟九年十月乙未"条。另见，大伴继人奏文的日期为三月二十四日。参见〔日〕青木和夫、稻冈耕二、笹山晴生、白藤礼幸校注：『続日本紀 五』（新日本古典文学大系）、東京：岩波書店、1995年、第74—78頁。

② （宋）司马光：《资治通鉴》卷第二百四十，"唐宪宗元和十四年正月"条胡三省注。

③ 杜文玉：《大明宫研究》，北京：中国社会科学出版社，2015年，第127页。

④ （宋）王钦若：《册府元龟》卷九百九十六《外臣部·纳贡》，钦定四库全书影印版，北京：中华书局，1960年，第11694页。

正，新罗遣使谢恩，并引见于延英殿"[1]。在延英殿招待外国使臣的事例还有很多，在此省略。而接待日本遣唐使，此次为首例。

三月二十四日，"乃对龙颜奏事"，即见到天子。四月十九日，监使杨光耀宣布口敕，"今遣中使赵宝英等，将答信物，往日本国。其驾船者仰扬州造。卿等知之"[2]。朝廷准备派使者赵宝英等送日本贡使回国，令扬州造送使船。

四月二十二日，在京活动结束后，准备离开长安，敕令内使杨光耀相送至扬州，带领学业有成的留学生一起离京。又差内使掖庭令赵宝英，判官四人，带上皇帝赐予的奇珍异宝随遣唐使一行出访日本。

四月二十四日，事毕拜辞，对于唐派赵宝英送遣唐使到日本一事，日方表示既感谢又担忧，生怕途中发生不测，难以保证他们的安全，于是上奏请求辞退。小野石根等奏云：

> 本国行路遥远，风漂无准。今中使云往，冒涉波涛，万一颠覆踬，恐乖王命。

针对遣唐使的奏文，朝廷觉得是一种礼节性推辞，代宗皇帝又敕答曰：

> 朕有少许答信物。今差宝英等押送。道义所在，不以为劳。[3]

于是，赐给遣唐使银碗酒，以表惜别之情。经过周全准备之后，赴京的遣唐使及赵宝英等奔赴扬州，准备出发。六月二十四日，到达扬州。因时间仓促，扬州造船已来不及，因此，又奏请朝廷乘日本遣唐使船同往。此时，第一船、第二船停留在扬子江塘头，第三船在海陵县，第四船在楚州盐城县。第一船、第二船人员六月二十五日到达惟扬（扬州），九月三日，从扬州南的扬子江口发船，来到苏州常耽县

① （宋）王钦若：《册府元龟》卷九百七十二《外臣部·朝贡五》，钦定四库全书影印版，北京：中华书局，1960 年，第 11415 页。

② ［日］青木和夫、稻冈耕二、笹山晴生、白藤礼幸校注：『続日本紀　五』（新日本古典文学大系）、東京：岩波書店、1995 年、第 74 頁。

③ ［日］青木和夫、稻冈耕二、笹山晴生、白藤礼幸校注：『続日本紀　五』（新日本古典文学大系）、東京：岩波書店、1995 年、第 74 頁。

（常熟县）候风。

这样，遣唐使四船及送使赵宝英等，开始了艰辛的漂洋过海之旅。

三、遣唐使的海难漂流

1. 第十六次遣唐使的归国情况

778 年，四船下海后，分别驶向日本，但是其航行的结果却各不相同。

十一月五日，第一、第二船得信风，同发入海。八日，刚入夜，风急浪高，第一船左右棚及船板被打破，潮水满船，盖板脱落，人员、物资、饮用水和米都被冲走，副使小野石根等三十八人、唐使赵宝英等二十五人同时落入海中，不得相救，丧命大海。

同月十一日五更，桅杆断为两截，舳舻不知所去，主神津守国麻吕及唐判官等五十六人乘舳舻漂流至萨摩国的甑岛郡。另有一批人，判官大伴继人和前入唐大使藤原清河的女儿喜娘等四十一人，"载缆抛柂，得少浮上。脱却衣裳，裸身悬坐，米、水不入口，已经六日"[1]。这种死里逃生的惨状一直持续了六天，没吃没喝，漂流海上。十一月十三日，众人所乘的舳漂至肥后国天草郡西仲岛（今鹿儿岛县出水郡长岛），最终上岸获救。

这样，第一船共载一百六十人，其中遇难六十三人，生还九十七人。行使大使职能的小野石根和唐赴日大使赵宝英均在途中落海身亡。

第二船与第一船同时于十一月五日出发，八日遇风浪，十三日到达萨摩国出水郡。该船航行比较顺利，未遇海难，安全抵达日本。

第三船，九月九日，得正南风，发船入海。三日后，忽遭逆风，船被推到沙滩上，多处损坏，经船员竭力修造，十六日，船可以行驶，立即入海。九月二十三日，到达当初的出发地肥前国松浦郡橘浦。修理后再出发，到日本五岛列岛，耗时八天，此船基本上算作顺利航行，未见有人员伤亡。

---

① ［日］青木和夫、稻冈耕二、笹山晴生、白藤禮幸校注：『續日本紀 五』（新日本古典文学大系）、東京：岩波書店、1995 年、第 80 頁。

　　第四船，该船由判官海上三狩统领，船上乘有唐使判官高鹤林等。该船从楚州盐城县出发，漂到耽罗岛（济州岛），被岛人抢劫扣留。但是，录事韩国源等四十余人暗自施计，偷偷地解开缆绳逃走，十一月四日，到达第一船部分生还者同样漂至的萨摩国甑岛郡。朝廷接到报告后，第二年派官员前往耽罗岛迎接被扣人员。宝龟十年（779）二月十三日，"以大宰少监正六位上下道朝臣长人为遣新罗使。为迎遣唐判官海上三狩等也"①。七月十日，下道长人成功地接回了被困人员，率领海上三狩、唐使高鹤林等回到大宰府。与此同时，新罗也派送使陪同送至日本，并带来国书，新罗国王言："夫新罗开国以降，仰赖圣朝世世天皇恩化，不乾舟楫，贡奉御调，年纪久矣。然近代以来，境内奸寇，不获入朝。是以，谨遣萨飡金兰荪、级飡金严等，贡御调，兼贺元正。又访得遣唐判官海上三狩等，随使进之。又依常例进学语生。"②由此可见，第四船被扣留在耽罗岛的人员在新罗的配合下，安全返回日本，随之而来的唐使高鹤林等也抵达平城京。日本朝廷在朝堂宴请了唐使及新罗使。

　　这样，第十六次遣唐使结束了全部活动。从往返的整个过程来看，日本到唐朝去程比较顺利，八天便到达。回程一波三折，第一船损失惨重，造成六十三人遇难，尤其是中日双方使者的首脑人物，日本承担大使职责的小野石根和唐朝送日本大使赵宝英全部丧命于大海。乘坐一百六十人的船折成两截，藤原清河的女儿喜娘等侥幸漂到日本。此外，第四船漂至耽罗岛时遭到劫持，经日本政府派员与新罗交涉，遣唐使判官海上三狩和唐使判官高鹤林等第二年抵达日本。其余，第二第三船返航尚属顺利，全部平安上岸。

　　综观遣唐使的航行，从 630 年的第一次到 838 年抵唐的最后一次，一共有 16 次到达唐朝，这期间，海难事故频繁发生，许多船被迫漂流海上，造成大量的人员伤亡和物资损失。那么，按遣唐使实际成

---

① ［日］青木和夫、稲岡耕二、笹山晴生、白藤禮幸校注：『続日本紀　五』（新日本古典文学大系），東京：岩波書店，1995 年，第 88 頁。

② ［日］青木和夫、稲岡耕二、笹山晴生、白藤禮幸校注：『続日本紀　五』（新日本古典文学大系），東京：岩波書店、1995 年、第 120 頁。

行的 16 次计算，其入华的总人数有多少呢？

严格说来，很难准确把握这一数据，遣唐使前期为两船，后期为四船，每次人数没有详细记载。但是，根据相关史料，大体可以推测其人数。前期 7 次，每次 2 船，后期 13 次，每次 4 船，再按实际抵达的次数计算，王勇认为遣唐使入华人数大约为 5200 人次。[①] 这一数字基本符合事实。不过，遣唐使在中途或返程中遇难者也占不小比例。关于遣唐使的海难漂流问题，也是一个值得探究的历史现象。遣唐使的海难是如何发生的？唐朝、日本及相关国家又是如何处理海难事故的？要想回答这些问题，需要从个别事例入手，分析海难事故的具体原因和处理情况。首先，归纳一下 260 多年间遣唐使的遇难情况。

2. 遣唐使海难的发生频率

（1）第二次遣唐使（653—654），派遣的两船之中，第一船顺利抵唐，谒见唐高宗，次年返回。第二船遇难，大使高田根麻吕等人，出发后于萨麻之曲、竹岛之间沉船溺死，一百多人不幸身亡，唯有五人幸免于难。"五人之中，门部金採竹为筏，泊于神岛，凡此五人，经六日六夜，而全不饭食。"[②] 该船 120 人，死亡 115 人。

（2）第四次遣唐使（659—661），此次派两船，每船约 120 人。齐明五年（659）九月，大使坂合部石布的第一船，"十五日日入之时，石布连船，横遭逆风。漂到南海之岛，岛名尔加委。仍为岛人所灭。便东汉长直阿利麻、坂合部连稻积等五人，盗乘岛人之船，逃到括州。州县官人送到洛阳之京"[③]。此次海难属于人为灾难，并不是遇风浪或船体破裂等造成的，遣唐使人员遭到岛人袭击，除 5 人死里逃生之外，

[①] 王勇估算遣唐使的入唐人数在 5200 人次左右，在此之前，沈殿忠等在《中日交流史中的华侨》中推测"遣唐使总人数可能逾 6000 人"。参见王勇、[日] 中西进主编：《中日文化交流史大系 10 人物卷》，杭州：浙江人民出版社，1997 年，第 59-66 页；王勇：『唐から見た遣唐使』、東京：講談社、1998 年、第 37 頁；沈殿忠等：《中日交流史中的华侨》，沈阳：辽宁人民出版社，1991 年，第 79 页。

[②] [日] 小島憲之、直木孝次郎、西宮一民、藏中進、毛利正守校注·訳：『日本書紀③』（新編日本古典文学全集 4）、東京：小学館、1998 年、第 194 頁。

[③] [日] 小島憲之、直木孝次郎、西宮一民、藏中進、毛利正守校注·訳：『日本書紀③』（新編日本古典文学全集 4）、東京：小学館、1998 年、第 224 頁。

大约 115 人遇害。

（3）第十次遣唐使（733—735），此行四船，总共 594 人。来程比较顺利，从苏州上岸。返程遇险，734 年阴历十月从苏州解缆归国，第一船漂流至日本南部多祢岛（种子岛）着岸；第二船一度漂至南海，折回唐土，次年回日本；第三船漂流至昆仑国（林邑国），判官平群广成船共载 115 人，漂至昆仑国后，"贼兵来围，遂被拘执。船人，或被杀，或迸散。自余九十余人，着瘴死亡"①。仅存广成等 4 人，后于天平十一年（739）七月辗转渤海国回国；第四船下落不明，判官田口养年富、纪马主死于途中，其他人员全部遇难。此次遣唐使返程时，四船中有两船遇难，如果第四船按 150 人计算，加上第三船未能返回的 111 人，则有 261 人遇难。

（4）第十二次遣唐使（750—754），此次四船，总人数约 500 人，来程顺利抵达，回程遇海难漂流。大使藤原清河指挥的第一船漂泊到安南驩州，阿倍仲麻吕同乘此船，全船一百八十多人，刚一靠岸便遭当地人劫杀，一百七十余人遇难，仅幸存十余人。其余各船相继经南岛或萨摩国返回日本。鉴真此次渡日成功。

（5）第十六次遣唐使（777—778），即本章所述遣唐使遇难情况。此次遣唐使第一船 63 人溺水身亡，其余人员六天六夜粒米未进、滴水未沾，历经千辛万苦才得生还。第四船漂流到耽罗岛，大部分人员被扣，几经周折才返回日本。

以上遣唐使的五次大劫难，是实际派遣的十六次之中的五次中个别船只的遇难情况。可见，遣唐使的海上航行，其遇险比例相当大。据上田雄统计，文献中记载的遣唐使船有三十六只，其中二十六只平安返回日本，百分之七十左右顺利往返。从人员方面看，约有百分之八十多归国。②由此推测，遇难人数是一个不小的数字，龟井明德认为，

① ［日］青木和夫、稲岡耕二、笹山晴生、白藤禮幸校注：『続日本紀　二』（新日本古典文学大系）、東京：岩波書店、1995 年、第 356 頁。
② ［日］上田雄：『遣唐使全航海』、東京：草思社、2006 年、第 269—301 頁。

遇难者总人数起码在千人以上。①

　　另外，从停派的遣唐使情况看，四次之中有三次都是因为船只破损而停发。除第十一次遣唐使（746）原因不明外，其他三次皆因船只破损、风浪阻碍而中止。第十四次（761）和十五次遣唐使（762），最初因"遣唐使驾船一只，自安艺国到于难破（波）江口，着滩不浮。其梶亦复不得发出。为浪所摇，船尾破裂。于是，撙节使人，限以两船"②。船只受损，由四船减为两船。此后，又据《续日本纪》"天平宝字六年（762）七月"条："是月，送唐人使从五位下中臣朝臣鹰主等，风波无便，不得渡海。"③还有，最后一次未发的遣唐使，即第二十次遣唐使（894），大使菅原道真在提交给朝廷的"请令诸公卿议定遣唐使进止状"中也提到了"臣等伏检旧记。度度使等，或有渡海不堪命者，或有遭贼遂亡身者"。④可见遣唐使航海的难度。

　　除上述唐日之间的交通外，渤海至日本之间的往来也时常发生海难。例如，天平十年（738）经渤海中转回国的平群广成等四人，入海之后遭风，渤海大使胥要德等四十人溺死。再如，天平宝字七年（763）阴历十月，渤海使送日本入唐学问僧戒融回国时，漂流十余日，四人被抛掷海中，仅有二十三人抵达日本。

3. 遣唐使海难发生的因素

　　遣唐使遭遇的海难每次都有其特殊性，但总体来说还可以发现一些规律。总结个案，可以归纳为以下三点：

　　（1）造船技术

　　遣唐使船的制造技术如何，严格来说不是很清楚。初期遣唐使每次两船，每船乘坐人数大约为120至150人，中后期派遣四船。隋唐

① ［日］龟井明德：「井真成の墓の位置と構造はどうなっていたか」、専修大学、西北大学共同プロジェクト編『遣唐使の見た中国と日本—新発見「井真成墓誌」から何がわかるか』、東京：朝日新聞社、2005年、第129—153頁。
② ［日］青木和夫、稲岡耕二、笹山晴生、白藤禮幸校注：『続日本紀　三』（新日本古典文学大系）、東京：岩波書店、1995年、第406頁。
③ ［日］青木和夫、稲岡耕二、笹山晴生、白藤禮幸校注：『続日本紀　三』（新日本古典文学大系）、東京：岩波書店、1995年、第410頁。
④ ［日］菅原道真：「請令諸公卿議定遣唐使進止状」、川口久雄校注『日本古典文学大系72菅家文草　菅家後集』、東京：岩波書店、1966年、第568頁。

时期，日本船跨海渡洋来到中国需要一定的技术，否则很难穿越渤海或东海。但是，这种造船技术也有一定的局限性，根据明代史料《筹海图编》记载的"倭船"情况，我们可以大致追溯一下遣唐使船的技术。明代的倭船，"日本造船与中国异，必用大木取方，相思合缝；不使铁钉，惟联铁片，不使麻筋、桐油，惟以草塞罅漏而已（名短水草）。费功甚多，费材甚大，非大力量未易造也"①。从这样的造船技术来看，在当时的历史背景下，技术并不算落后。

此外，遣唐使船属于行驶广阔海域的外洋船，其承载量比国内船要大很多。2010 年日本奈良在平城宫遗址旁的"平城京历史馆"展出一艘复原的遣唐使船，150 人乘坐的大船，根据相关史料推测制造的一艘船。据此，全长 30 米、宽 9.6 米、排水量 300 吨、载重量 150 吨。复原的遣唐使船无龙骨，类似于中国式帆船，有两根桅杆，不用铁钉，用平板及木塞榫卯连接，平底结构。这样的船，其缺点在于稳定性弱，抗强风和波浪能力差。在无风或逆风时，可落下帆，用橹划船。

第十六次遣唐使的海难中，出现了第一船海中断裂，舳舻分离，帆樯倒于船底，断为两段的现象。这些因素可以归结为造船技术方面的原因。

（2）季风影响

东亚海域交流常年受季风影响，这一点，早已成为学界共识。但是，人们对这种来自不同季节的风，认识并不全面。中日交流史研究领域的两位先驱，木宫泰彦②、森克己③都指出过遣唐使航海受季风影响。森克己在《遣唐使》一书中写道："冬季的北风远比夏季风强烈。平安时代航行到日本的中国船，从来航季节的统计看，阴历七月最多，并且是在接近季节转变的时候，利用吹到日本和长江口的东南风来航

①　（明）郑若曾：《筹海图编》卷二，影印文渊阁四库全书，台北：商务印书馆，1986 年，第50 页。

②　[日] 木宫泰彦：『日華文化交流史』、東京：富山房、1955 年；[日] 木宫泰彦著，胡锡年译：《日中文化交流史》，北京：商务印书馆，1980 年。

③　[日] 森克己：『遣唐使』、東京：至文堂、1955 年；森克己：『日宋貿易の研究』、東京：国立書院、1948 年。

的。另外，从博多返回中国的时期以三月、四月及八月份左右为最多。这也是利用季风转换时吹到日本、长江口的西北风而返航的。可见，中国船都是选择顺风时往来于中日之间。但是，与此相反，我们的遣唐使船对季风方面的知识一无所知。"[1] 可以认为，森克己指出遣唐使航行时间，以及由此发生的海难及漂流事件，主要是因为对季风认识不足而导致的。

上述两位大家的定论长期影响人们对遣唐使航海的认识。但是，日本学者上田雄，通过挖掘历史上的气象学数据和遣唐使的航海记录后指出，遣唐使并不是对季风一无所知，而是充分掌握了季风吹拂的规律，木宫泰彦和森克己对季风的理解及航海关系解释并不全面。[2]

另外，明代郑若曾在《筹海图编》卷二"倭国事略"中载："若其入寇，则随风所之。东北风猛，则由萨摩，或由五岛至大小琉球，而视风之变迁；北多，则犯广东；东多，则犯福建。"[3] 按照季风的走向，从日本驶向大陆的船，当刮东北风时，着陆于浙江及江苏一带；刮北风则着陆于广东；刮东风则着陆于福建。

由此可见，无论遣唐使对季风的认识程度如何，由于出船时的具体情况各不相同，其漂流和遇难还是受季风影响很大。

（3）人为因素

遣唐使航行中的漂流和遇难事故有几次与人为因素有关。

首先，超载是发生海难的原因之一，原本可承载 150 人的船，小野石根带领的第一船却乘坐 160 人，结果造成 63 人遇难，97 人乘断成两截的船板死里逃生。当然，这种超载是因唐使赵宝英等在苏州未来得及造船，搭乘已满员的遣唐使船造成的，应属于特殊情况下的人为原因。东野治之认为，四船之中，只有第一船遭受严重灾难，这不能不说是超负荷带来的后果。[4]

其次是风俗信仰。鉴真第六次东渡成功，是在天宝十二载（753）

---

① 原文为日文，笔者译。参见［日］森克己：『遣唐使』、東京：至文堂、1955 年、第 56 页。

② ［日］上田雄：『遣唐使全航海』、東京：草思社、2006 年、第 269—301 页。

③ （明）郑若曾：《筹海图编》卷二，影印文渊阁四库全书，台北：商务印书馆，第 34 页。

④ ［日］東野治之：『遣唐使船：東アジアのなかで』、東京：朝日新聞社、1999 年、第 79 页。

十一月，遣唐使四船于苏州黄泗浦准备出发，但十五日，"有一雄飞第一舟前，仍下矴留"①，结果，全体人员在船上停住一夜，十六日发，导致第一船漂流至安南，全船一百七十余人遇难。杉本直太郎推测这是出于某种民间信仰做出的决定。②《山海经·中山经》卷五载："有鸟焉，其状如鸮，而一足彘尾，其名曰跂踵，见则其国大疫。"可以认为，类似于这类的习俗和信仰，延缓了出发时间，本来十五日可以出船，但停止未发的原因应该是出于当时的信仰，认为开船前有鸟类停在舟前不吉利，会发生灾难。

再次，763 年渤海使去日本途中，日本左兵卫七位下板振镰束等人因海中遇风，迷失方向，柁师、水手等落水，因此认为是船上有妇女及优婆塞引起的灾难，于是命令水手将留学生高内弓的妻子、女儿、乳母及优婆塞四人扔进大海③，致使他们死于非命。这种航海中的灾难，不能不说完全是人为因素造成的海难。

4. 遣唐使海难漂流的对策

伴随着海难事故的频繁发生，如何保障遣唐使的航海安全，成为唐日朝廷不得不面对的问题。针对天宝十二载（753）遣唐使的漂流情况，日本朝廷采取了补救措施，在南岛区域立牌，为日后船舶做导航。据《续日本纪》"天平胜宝六年（754）二月丙戌"条载：

> 敕大宰府，去天平七年，故大弎从四位上小野朝臣老，遣高桥连牛养于南岛树牌。而其牌经年，今既朽坏。宜依旧修树，每牌，显着岛名并泊船处，有水处，及去就国行程，遥见岛名，令漂着之船知所归向。④

日本朝廷责令大宰府在南岛"树牌"作为标识，为了以后"漂着之

---

① ［日］真人元开著，汪向荣校注：《唐大和上东征传》，北京：中华书局，1979 年，第 91 页。
② ［日］杉本直治郎：『阿倍仲麻呂伝研究 手沢補訂本』、東京：勉誠出版、2006 年、第 365 頁。
③ ［日］青木和夫、稲岡耕二、笹山晴生、白藤禮幸校注：『続日本紀 三』（新日本古典文学大系）、東京：岩波書店、1995 年、第 438—440 頁。
④ ［日］青木和夫、稲岡耕二、笹山晴生、白藤禮幸校注：『続日本紀 三』（新日本古典文学大系）、東京：岩波書店、1995 年、第 140 頁。

船所知归向"。这说明日本对遣唐使的安全高度重视，采取积极的应对措施。当然，这一对策也是第十次遣唐使偶然引发的事故所致，朝廷以此为鉴，制定相应制度。

第十次遣唐使于开元二十二年（734）十月，在归国途中遇风浪漂流后，唐政府也采取了积极的应对措施。中臣名代指挥的第二船遇到恶风，漂至越州界得救，地方政府及朝廷都给予最大援助，将他们送回洛阳，后又重新组织送其归国。此外，平群广成指挥的第三船，漂至林邑国，当朝廷得知多人遇害后，皇帝下敕："然则林邑诸国，比常朝贡，朕已敕安南都护，令宣敕告示，见在者令其送来，待至之日，当存抚发遣。"① 唐玄宗动用其大国影响力，为搜救日本失散人员积极采取国际合作措施，可见其重视程度之高。

此后，中臣名代再次返回日本时，唐玄宗特意写给日本国王一封书信，即《敕日本国王书》。该书通报了遣唐使船离开唐土后漂流和遇难的经过，并告知唐政府已进行积极营救，表现出大唐帝国开放和包容的态度。

除此之外，739 年，唐廷委托渤海国送还平群广成等四人回国；761 年，派熟悉舟船和水上技术的越州浦阳府沈惟岳等人送高元度一行归国。这些举措都包含安全护送遣唐使回国的意图，也算是一种避免海难的提前防范举措。

四、混血儿的跨国人生

日本遣唐使不断来华，随之带来唐日人员的密切接触，因此出现一种特殊的婚姻现象，即跨国婚姻。无论是唐政府，还是日本政府，都实施严格的出国管制措施，严禁个人私自出境。但是，对于境内的外国人婚姻却采取宽容的态度，允许国际婚姻。不过，当外国使者娶汉族女子为妻时，不允许汉女随夫离开唐朝。这一点，唐初就有敕令规定，《唐会要》卷一百载："贞观二年六月十六日敕，诸蕃使人所娶

---

① （唐）张九龄《敕日本国王书》，参见（清）董诰等：《全唐文》（第三册），北京：中华书局，1983 年，第 2910-2911 页。

得汉妇女为妾者，并不得将还蕃。"对于外国使臣入境后实施严格的管控，并对本土居民也实施各种限制，除涉及婚姻的这一敕令外，另有《主客式》："蕃客入朝，于在路不得与客交杂，亦不得令客与人言语。州、县官人若无事，亦不得与客相见。"《唐律疏义》八十八条《越度缘边关塞共化外人私相交易及共为婚姻》条疏义曰："即是国内官人、百姓，不得与客交关。私作婚姻，同上法。如是蕃人入朝听住之者，得娶妻妾，若将还蕃内，以违敕科之。"[1] 虽说唐朝允许外国人娶唐女，但也是有一定条件的，不能私自为婚，否则处流刑二千里。

总之，针对日本遣唐使的婚姻，唐政府允许入朝居住者娶唐女为妻妾，不过，这种婚姻并非纯粹的私人姻缘，带有一定的官方色彩。同时，他们回国时，不许带妻妾出境。

总结遣唐使的国际婚姻情况，出现的频率并不是很高，并且贯穿几个世纪。关于这方面的研究，杉本直太郎最早有过概略性归纳[2]，之后王勇有过较详探究[3]。中日混血儿的源流，是一个长期以来被人们忽视的领域，需要深入探讨。[4] 这些遣唐使成员中，在唐朝娶妻生子的人物中，史料记载明确的代表性人物有三人，即僧人辨正、阿倍仲麻吕的随从羽栗吉麻吕、大使藤原清河。下面先看看这三组中日通婚人员的家庭背景。

第一，僧人辨正，入唐之前是个僧人，702 年到长安，之后还俗，在唐成婚，改姓秦，生二子，长子秦朝庆，次子秦朝元。关于这一家人的情况，《大日本史》中总结有一个秦朝元小传，原文如下：

> 秦朝元，父僧辨正，滑稽善谈论，涉玄学。大宝中敕往唐学问，当玄宗在藩，以善棋宠。二子，朝庆、朝元。辨正及朝庆皆

---

① 钱大群：《唐律疏义新注》，南京：南京师范大学出版社，2007 年，第 286 页。

② ［日］杉本直治郎：『阿倍仲麻呂伝研究　手沢補訂本』、東京：勉誠出版、2006 年、第 335—340 頁。

③ 王勇：『唐から見た遣唐使』、東京：講談社、1998 年；王勇：《遣唐使与混血儿》，王勇、［日］中西进主编：《中日文化交流史大系 10 人物卷》，杭州：浙江人民出版社，1997 年，第 171-229 页；王勇主编：《东亚坐标中的跨国人物研究》，北京：中国书籍出版社，2013 年，第 14-25 页。

④ 王勇：《东亚文化环流十讲》，上海：上海交通大学出版社，2018 年，第 63 页。

死于唐。辨正尝作忆乡绝句曰：日边瞻日本，云里望云端。远游劳远国，长恨苦长安。朝元归仕朝廷。天平初敕教弟子二人汉语。四年为遣唐判官至唐，玄宗以辨正故，厚赐之。归朝叙从五位上，至图书主计头。①

从秦朝元的经历可以看出，因其混血的身份，再加上他个人的聪明才智，得到唐朝、日本朝廷的特别优待。秦朝元十几岁到日本，从718 年到 746 年，一直活跃在朝廷之中，其间又作为遣唐使的判官再度入唐，得到玄宗唐皇的接见，受到厚赐。秦朝元在唐日交往中，借助混血儿的特殊身份，为两国交往发挥了积极作用。

第二，羽栗吉麻吕。其随阿倍仲麻吕入唐，在唐成婚，生羽栗翼、羽栗翔二子。734 年，兄弟二人随父亲去日本。二人后来又都以遣唐使的身份再次入唐。次子羽栗翔，以录事的身份759 年入唐，自渤海国经登州入境，再到长安，最终留住藤原清河之处，再没有回到日本，终于唐土。长子羽栗翼，回国时年十六，以聪颖见称，博学多才，到日本后曾出家为僧，后因学业优长，"朝廷惜其才而还俗"②。第十六次遣唐使筹划之时，宝龟六年（775），羽栗翼为外从五位下，由遣唐录事升为准判官。776 年，升任大外记外从五位下，兼敕旨大丞。敕旨大丞是敕旨省的上判官，同年八月天皇赐以"臣"姓。

777 年，羽栗翼等从筑紫出发，大约七月抵达扬州。羽栗翔从日本带来一块奇石，求扬州铸造师鉴别为何物。此石原本是日本一位叫昆解宫成的下层官员进献的一块酷似白镴的石头，产自丹波国天田郡华浪山。以其石可铸造各种器物，不亚于唐朝产的锡，因此铸成镜子呈献给天皇。随后开采此矿石，得十余斤，但人们不知其为何物，或曰"是似铅非铅，不知所名"。于是，趁遣唐使入唐之际，委托准判官羽栗翼带着这石头，让扬州的铸工鉴别，最终唐朝工匠做出权威鉴

① ［日］源光圀等编：『大日本史』（卷之一百十六）、東京：吉川半七、1900 年。
② ［日］菅原道真編、黑板勝美校訂：『類聚国史』、東京：経済雑誌社、1916 年、第 1236 頁。

定："是钝隐也。此间，私铸滥钱者，时或用之。"[1] 日本带来的矿石是类似于亚铅的一种矿物质，唐称之为钝隐，并且有人用它私铸钱币。

羽栗翼的这次回唐，不仅勾起他少年时的无限回忆，更使他学到了大唐先进的科学技术。回国后，他被派遣到难波，为天皇制作药品。据《续日本纪》"天应元年（781）六月壬子"条载："遣从五位下敕旨大丞羽栗臣翼于难破（波），令练朴消。""朴消"即芒硝或皮硝，类似于食盐，是含有食盐、硝酸钾和其他杂质的硫酸钠，用水熬过后形成的结晶体被应用于医药、皮革制作等。延历五年（786），羽栗翼晋升为"内药正兼侍医"。[2] "内药正"属中务省内药司的职员。内药司的职员构成为正一人（掌供奉药香，和合御药事）、佑一人、令史一人、侍医四人（掌供奉诊候，医药事）、药生十人（掌捣筛诸药）、使部十人、直丁一人。[3] 羽栗翼的这两个职务，在日本医学界属于最高职位。《养老令·医疾令》第二十三条载，天皇用的药称为"御药"，天皇服药之日，侍医先尝，其次内药正尝，再由中务卿尝，然后天皇才能服用。可见，羽栗翼担任天皇的御医，为当时日本医药界的权威。羽栗翼卒于延历十七年（798）五月，官至正五位上。

第三，另一个拥有国际色彩的家庭便是第十二次遣唐大使藤原清河。天宝十二载（753）十一月，四艘遣唐使船从苏州出发后，大使藤原清河的船因漂流安南，未能返回日本，再次回到长安，受到肃宗皇帝的宠爱。日本为接他回国，数次遣使，因安史之乱等影响，都未能实现归国。关于他的生平，《日本纪略》卷第十一"延历二十二年三月丁巳"条载：

> 诏曰："入唐大使赠从二位藤原朝臣河清，衔命先朝，修聘唐国，既而归舳迷津，漂荡物故于他乡，可赠正二位。"河清，赠太

---

① ［日］青木和夫、稲岡耕二、笹山晴生、白藤禮幸校注：『続日本紀　四』（新日本古典文学大系）、東京：岩波書店、1995 年、第 128—130 頁。

② ［日］青木和夫、稲岡耕二、笹山晴生、白藤禮幸校注：『続日本紀　五』（新日本古典文学大系）、東京：岩波書店、1995 年、第 372 頁。

③ ［日］青木和夫、稲岡耕二、笹山晴生、白藤禮幸校注：『律令』（日本思想体系 3）、東京：岩波書店、1976 年、第 165 頁。

政大臣房前之第四子也。本名清河，唐改为河清。天平胜宝四年，以参议明部卿为聘唐大使。天宝十二载，与留学生朝衡同舟归朝，海路逢风漂泊安南。天平宝字三年，遣散位助外从五位下高元度等于唐国迎河清。唐朝乱故，元度等久不得朝见，敕云："河清是本国贵族，朕所钟爱。故且留之不许放还，待国家宁定，差使发遣。"元度等经年不归，本朝为怅，宜取南路早归命。于是河清悲伤流涕，遂以大历五年正月薨。时年七十三。赠潞州大都督。①

这段藤原清河的小传，是汇总《续日本纪》《日本后纪》所载的信息后归纳最全面的一篇，并且明确指出其死亡时间为大历五年正月，时年七十三。传记中未提及他在唐成婚与否，更没提到其女儿喜娘的情况。但是，这段小传的最后部分，关于他的死亡时间、年龄及赠官与阿倍仲麻吕的记载完全一致，出现了史料混同现象。对此，杉本直太郎做过较详细的考证，指出有关阿倍仲麻吕的年龄有"年七十"和"时年七十三"两种记录，但《古今集抄》以及《古今和歌集目录》引自《国史》的记载"以大历五年正月薨，时年七十三。赠潞州大都督"最为可信②。这一内容，实际为阿倍仲麻吕的年龄及赠官，日本史料误作藤原清河，如果以此为证，则藤原清河的出生年月可追溯至文武天皇二年（698），其官至从五位下的天平十二年（740）时就会是四十三岁。这一官位与当时贵族身份的清河不符，本应更高些。

另外，《续日本纪》"宝龟十年（779）二月乙亥"条载：

清河，赠太政大臣房前之第四子也。胜宝五年，为大使入唐。回日遭逆风，漂着唐国南边驩州。时遇土人，及合船被害。清河，仅以身免，遂留唐国，不得归朝。于后十余年，薨于唐国。③

①　［日］経済雑誌社編：『日本紀略』（国史大系　第五巻）、東京：経済雑誌社、1897年、第388—389頁。

②　［日］杉本直治郎：『阿倍仲麻呂伝研究　手沢補訂本』、東京：勉誠出版、2006年、第290頁。

③　［日］青木和夫、稲岡耕二、笹山晴生、白藤禮幸校注：『続日本紀　五』（新日本古典文学大系）、東京：岩波書店、1995年、第86頁。

藤原清河及阿倍仲麻吕等在骧州遭难的时间为 753 年底，杉本直太郎依据《大日本史》"阿倍仲麻吕"条推断，前文应该有所疏漏，此条所指并非藤原清河，而是阿倍仲麻吕。"于后十余年"若按十二年至十四年计算，死亡的时间大约在广德二年（764）至大历二、三年（767—768）之间。不过，阿倍仲麻吕真正的死亡时间应该是大历五年（770）正月。至于藤原清河，日本方面在宝龟元年（770）三月，接到过新罗使带来的河清与朝衡的书信，说明二人在宝龟元年之前都在世。但是，宝龟五年（774）三月，新罗使到大宰府，带来了"在唐大使藤原河清"的书信。这封信应该是新罗遣唐使于大历七年（宝龟三年，772）入唐时，受其委托带回来的。这说明，藤原清河的去世时间晚于阿倍仲麻吕，至少在 772 年尚活跃于唐。

由此可知，阿倍仲麻吕逝于大历五年正月，时年 73 岁（亦有 70 岁之说）。而藤原清河，实际年龄不清，青木和夫等校注的《续日本纪五》补注中认为，清河卒于宝龟三年至宝龟九年之间，年龄大约在 60 岁[1]。若以他去世时 60 岁、去世年代为最长的宝龟九年推测，相当于大历十三年，即 778 年。这样他的出生年份为 718 年，753 年离开苏州时则为 35 岁。

从藤原清河在唐的经历及年龄来推断，显然他是从安南返回长安后在唐成婚的。小野石根等大历十三年（778）正月到达长安之前，清河已经去世，因此才带回其女儿喜娘。喜娘的母亲状况一概不知，喜娘的年龄大约在 14 至 16 岁之间。藤原清河及其家族的历程不仅牵涉到唐与日本，还波及渤海国及新罗，如此波澜壮阔的跨国婚姻，构成东亚交流史上一幅精彩的人生画卷。

综上，除了史料中频繁出现的几个跨国婚姻的人物及其子女外，还有一些零星记载的日本人与唐人所生的混血儿，例如第三次遣唐使回国时，白雉五年（654）"别倭种韩智兴、赵元宝"随遣唐使来到日

---

① ［日］青木和夫、稻冈耕二、笹山晴生、白藤禮幸校注：『續日本紀　五』（新日本古典文学大系）、東京：岩波書店、1995 年、第 543 頁。

本。①至于何为"别倭种",木宫泰彦一语道破,"别倭种者,即日本留学生娶唐妇所生之混血儿也"②。

自从倭国（日本）与隋唐进行人员往来,遣使朝贡形成惯例以后,长安城里出现了长期定居的日本人。他们以留学生、留学僧为主,当中也包括留在唐朝任官的阿倍仲麻吕、藤原清河。长期生活在唐朝的日本人就地成婚,聘娶妻妾是正常的事,且符合唐朝法律规定。尽管数量不多,但不时有娶唐女为妻者。《日本纪略》前篇十三（《日本逸史》卷一）"桓武天皇延历十一年（792）五月甲子"条载:"唐女李自然授从五位下。自然从五位下大春日净足之妻也。入唐娶自然为妻。归朝之日,相随而来。"③日本留学生大春日净足娶唐女李自然为妻,并且把她带回日本。由此可知,尽管唐朝禁止将汉妇带回本国,但违反律令之事时有发生。玄奘和鉴真出国时,也违反了私自出境的律令。

日本琵琶之祖藤原贞敏的婚姻,也是颇具传奇色彩的跨国婚姻。838年,第十九次遣唐使到达扬州,第一船判官藤原贞敏请求学琵琶,扬州观察府派廉承武授之,于扬州开元寺北水馆传习弄涠。据日本宫内厅书陵部1966年公布的《伏见宫本乐书展示目录——琵琶关系》中《琵琶谱》跋文显示,藤原贞敏于开成三年（805）九月二十九日记录了在扬州学琵琶的经过,其学艺已成,廉承武送其乐谱,贞敏将乐谱一一记在心中。贞敏回国后,仁明天皇令其在紫宸殿表演,"贞敏弹琵琶,群臣具醉"④,展示出了高超的琵琶技能。然而,藤原贞敏在唐的经历,日本文献中另有一说,称贞敏在唐成婚,娶琵琶大师刘二郎的女儿刘娘为妻。据《日本三代实录》"贞观九年十月四日己巳"条载:

> 贞敏者,刑部卿从三位继彦之第六子也。少耽爱音乐,好学鼓琴,尤善弹琵琶。承和二年为美作掾兼遣唐使准判官。五年到

---

① ［日］小岛宪之、直木孝次郎、西宫一民、藏中进、毛利正守校注·訳:『日本書紀③』（新編日本古典文学全集4）、東京:小学館、1998年、第196页。

② ［日］木宫泰彦著、陈捷译:《中日交通史》（二）,太原:山西人民出版社,2015年,第213页。

③ ［日］経済雑誌社編:『日本紀略』（国史大系 第五卷）、東京:経済雑誌社、1897年、第369页。

④ 《续日本后纪》"承和六年（839）十月己酉朔"条。

大唐，达上都。逢能弹琵琶者刘二郎。贞敏赠砂金二百两。刘二郎曰："礼贵往来，请欲相传。"即授两三调。二三月间，尽了妙曲。刘二郎赠谱数十卷，因问曰："君师何人，素学妙曲乎？"贞敏答曰："是我累代之家风，更无他师。"刘二郎曰："于戏！昔闻谢镇西，此何人哉？仆有一少女，愿令荐枕席。"贞敏答曰："一言斯重，千金轻还。"既而成婚礼。刘娘尤善琴筝，贞敏习得新声数曲。明年聘礼既毕，解缆归乡。临别，刘二郎设祖筵，赠紫檀、紫藤、琵琶各一面。是岁，大唐大中元年，本朝承和六年也。①

可见，关于藤原贞敏在唐学琵琶之事，有两种记载。第一，贞敏在扬州学艺，师从廉承武；第二，贞敏到达的是"上都"，也就是长安，教授他琵琶技艺的师傅叫刘二郎，而非廉承武，且刘二郎将其女刘娘嫁给贞敏。不过，通过与藤原贞敏一同入唐的僧人圆仁的日记《入唐求法巡礼行记》可知，日本承和五年（838）七月二十四日，遣唐使到达宣陵馆时，判官藤原贞敏患痢疾，最终因入京人员限制和疾病，未能入京，停留在扬州。在等待入京人员返回期间，贞敏从事许多活动，十二月九日，"藤原朝臣贞敏于开元寺设斋，出五贯六百钱，作食供养新画阿弥陀佛、妙见菩萨、四天王像并六十余众僧。亦以此日，令写龙兴寺法花院壁南岳、天台两大师像"②。因此，《日本三代实录》等载的藤原贞敏从长安刘二郎那里学琵琶一事，并非历史真实，带有演绎性质，是一种传说故事。贞敏在扬州期间拜廉承武为师，学习琵琶当属事实。日本中世纪音乐书《教训抄》中又写贞敏跟廉承武学琵琶，娶师父女弟子为妻。这一记载恐怕比师从刘二郎，娶刘娘更为接近事实。

最后，关于阿倍仲麻吕的婚姻状况，不时有学者提及，多以王维《送秘书晁监还日本国并序》里的一句"必齐之姜，不归娶于高国"为依据，推测阿倍仲麻吕已在唐娶妻成家。但这些诗句是一种文学表达方式，本来引自《诗经》，意境深远，具有不确定性，很难将其确认为

① ［日］経済雑誌社編：『日本三代実録』（国史大系　第四巻）、東京：経済雑誌社、1897 年、第 258 頁。
② ［日］释圆仁著，［日］小野胜年校注，白化文等修订校注：《入唐求法巡礼行记校注》，石家庄：花山文艺出版社，2007 年，第 86 页。

阿倍仲麻吕在唐成婚的依据。因此，阿倍仲麻吕在唐的婚姻状况，就目前史料来看，尚无可靠证据。

五、遣唐使时代的赴日唐人

遣唐使派遣集中在 7 至 10 世纪，第一次遣唐使派于 630 年，最后一批遣唐使于 839 年归国，直至 894 年计划后停止未发，总共经历了 260 多年。这期间，有不同层次的唐人来到了日本，就其性质而言，主要包含两类人：第一，正式的唐朝使节；第二，唐使以外的各类人群，例如僧侣、普通人、混血儿、家属等，另外还有唐灭百济战役中被俘的唐军。

唐日交往中，赴日唐人基本上是乘遣唐使船到达日本的，当然也有少数从朝鲜半岛抵达日本。但是，9 世纪中后期，海上民间贸易发展起来，此时赴日的唐人全部由民间船只运达。第十九次遣唐使（836—840）期间在日本的唐人中，杂有商贸人员，因此，为准确地考察遣唐使时期赴日唐人状况，本章选定第十八次遣唐使（804—806）之前的在日唐人作为考察对象。这期间的总体状况见表 16 "赴日唐人汇总（630—806）"。

表 16　赴日唐人汇总（630—806）[①]

唐使		
时间	人员	去向
632	高表仁	回国
664	郭务悰（百济镇将刘仁愿派使）	返回朝鲜
665	刘德高等 254 人	回国
	郭务悰	返回朝鲜
667	司马法聪（百济镇将刘仁愿派使）	回国
671	郭务悰等 600 人	返回朝鲜

---

① 此表参照榎本纯一《来日的唐人们》论文修改而成，上标星号的内容为存疑。参见［日］榎本纯一：「来日した唐人たち」，遣唐使船再現シンポジウム編『遣唐使船の時代』，東京：角川学芸出版，2010 年，第 128—129 页。

续表

时间	人员	去向
761	沈惟岳等39人（沈惟岳即清海宿祢、纪乔容、陆张什、张道光、徐公卿、晏子钦、吾税儿、沈庭勖等）	留日
778	孙兴进、秦怠期（大使赵宝英等25人死于海难）	回国
779	高鹤林等5人 *	回国
僧侣		
720	道荣（赴日时间不明）	留日
734	善意	留日
736	道璿（婆罗门僧菩提仙那、林邑僧佛彻（哲）等一同抵日）	留日
754	崇道（赴日时间不明）	留日
754	鉴真及弟子等（包括法进、昙静、思讬、义静、怀谦、灵曜、仁韩、智威、法颢、惠云、法载、法成、法智、惠达、智首、潘仙童、道钦、惠良、泰信、惠常、惠喜，另有胡国人安如宝、昆仑国人军法力、瞻波人善听等）	留日
俗人		
722	王元仲①（赴日时间不明）	留日
734	陈怀玉（赴日时间不明，赐千代连姓）	留日
735	袁晋卿（奏唐乐，传授汉音；从五位下，任音乐博士、日向守、玄蕃头、安房守、大学头等）	留日
736	皇甫东朝（奏唐乐；从五位上，任雅乐员外助兼花苑司正、越中介） 皇甫升女（奏唐乐，从五位上） 李元环（奏唐乐；正五位下，任织部正、出云员外介；改名李忌寸、清宗宿祢） 波斯人李密翳	留日
760	袁常照，娶袁晋卿女儿为妻	留日
761	石角麻吕（赴日年不详，写经所出仕，从八位上，年六十二，左京人）	留日
765	李少娘（赴日年不详，从五位下）	留日
787	王维倩（赴日年不详，改名荣山忌寸）	留日
787	朱政（赴日年不详，改名荣山忌寸）	留日

---

① 《续日本纪》"养老六年四月辛卯"条载："唐人王元仲始造造飞丹进之，天皇嘉欢，授从五位下。"

续表

时间	人员	去向
788	马清朝（赴日年不详，改名新长忌寸）	留日
791	王希廷（赴日年不详，改名江田忌寸，正六位上）	留日
792	李自然（赴日年不详；大春日净足妻，随净足来日；从五位下）	留日
798	清川忌寸是麻吕（赴日年不详，从五位下，任大炊权大属）	留日
798	清根忌寸松山（赴日年不详，正六位上，任鼓吹权大令史）	留日
798	荣山忌寸诸依（赴日年不详，正六位上，任官奴令史）	留日
798	荣山忌寸千岛（赴日年不详，正六位上，任造兵权大令史）	留日
799	李法琬（赴日年不详，正六位上，任大学权大属）	留日
混血儿		
718	秦朝元（父为遣唐留学僧辨正、母为唐朝人；从五位上，任遣唐判官、图书头、主记头、通医术、汉语教育）	留日
734	羽栗翼（父为阿倍仲麻吕傔人羽栗吉麻吕、母为唐朝人；传播唐历，入唐鉴定矿石，制造朴消；从五位下，任遣唐录事、同准判官、大外记、敕旨大丞、内药正兼侍医、丹波介、左京亮、内藏助）	留日
734	羽栗翔（父为阿倍仲麻吕傔人羽栗吉麻吕、母为唐朝人；正六位上，任遣唐录事；返唐未归）	归唐
778	藤原喜娘（父为遣唐大使藤原清河、母为唐朝人）	留日
俘虏		
661？	续守言等106人（到日本时间亦有660年和663年之说） 萨弘恪（制定律令，勤大壹，任音博士）	留日

　　表16基本囊括了史料所见赴日唐人的姓名及相关信息，但不包括他们留日的后世子孙。进一步说明，起码包括以下一些关键点。

　　首先，赴日唐使共有八次来到日本。但是，皇帝派遣的国家级别的正式使节仅有两次，一次是632年的高表仁，另一次为778年的赵宝英一行。其他批次的唐使也包括百济镇将派遣的送使。关于唐朝使者的人数，一方面高表仁一行人数不详，此前隋使裴世清时为13人。因此，推测高表仁一行的人数也在十几人左右。赵宝英乘坐的第一船，唐使中淹死25人，孙兴进等安全到达日本，具体人数不清，总体上也不会过百人。另一方面，从百济来的唐使人数较多，665 年，刘德高等 254 人，还有 671 年郭务悰带领的 600 人。但是，按照榎本纯一的观点 ①，这些唐人只是停留于大宰府（筑紫、筑紫都督府）后马上返回，未在倭国领土长期生活，也未形成文化方面的较大影响，因此不把他们列入本文所说的"赴日唐人"的行列。761 年的沈惟岳等 39 人，几乎全部留在日本。总之，多数赴日唐使最终都留在了日本，未返回唐朝。

其次，僧侣、俗人、混血儿赴日情况，如表所示，史料明确记载留日的有僧人 21 人、俗人 20 人、混血儿 4 人。

最后是唐军俘虏。其具体情况不明，起码不少于 106 人，如《日本书纪》"齐明七年（661）十一月戊戌"条载："辛酉年，百济佐平福信所献唐俘一百六口，居于近江国垦田。"这些唐人被安置到近江国，成为日本新居民。同为被俘的唐军将士，续守言和萨弘则被招至朝廷，担任音乐博士，691 年和 692 年都受到了天皇的赏赐。另根据《日本书纪》"齐明六年（660）十月"条载，百济献唐俘"一百余人"。此外，圆仁记载的王行则碑，"同船一百余人俱被贼擒，送之倭国"。② 由此可知，唐灭百济之战中被带到日本的唐军俘虏起码超过几百人。反之，唐军俘虏的倭国战俘更是不计其数，他们有的被带到长安，如大伴部博麻在唐滞留三十年后返回倭国 ③，甚至有一个叫锦部刀良的倭兵在唐生活了四十余年，大约 707 年才随遣唐使回国 ④。

这期间，另有一些渡来人到日本，主要是百济人、高句丽人、新罗人，日本朝廷于天平宝字元年（757）四月下诏，要求给与这些人赐姓和户籍。《续日本纪》"天平宝字元年四月辛巳"条载：

其高丽、百济、新罗人等，久慕圣化，来附我俗，志愿给

---

① ［日］榎本純一：「来日した唐人たち」、遣唐使船再現シンポジウム編『遣唐使船の時代』、東京：角川学芸出版、2010 年、第 130 頁。

② ［日］释圆仁著，［日］小野胜年校注，白化文等修订校注：《入唐求法巡礼行记校注》，石家庄：花山文艺出版社，2007 年，第 214 页。

③ 《日本书纪》"持统四年（690）十月乙丑"条。

④ 《续日本纪》"庆云四年（707）五月癸亥"条。

姓，悉听许之。其户籍，记无姓及族字，于理不稳。宜为改之。①

这一针对外来人的改姓敕令，在四年后的天平宝字五年（761）三月十五日得到了集中体现，共赐五十多姓，涉及二千余人。其中还夹杂有少数的唐人，赐"王国岛等五人杨津连"②。此处的"王国岛"指的是从百济过来的王文度后裔。日本《新选姓氏录》"左京·诸蕃"条有"八清水连"和"杨津连"姓，其中载："八清水连：出自唐左卫郎将王文度也；杨津连：八清水连同祖，王文度之后也。"③

王文度为唐派往百济的镇将，在显庆五年（660）唐、罗联合灭百济之后，他九月出征百济，以左卫中郎将的身份任熊津都督，抵达后不久便病卒。关于王文度其人事迹，《旧唐书》《新唐书》及朝鲜史料《三国史记》均有记载。④ 王文度被任命为熊津都督后，于显庆五年九月二十八日抵达三年山城传诏，新罗王金春秋在此迎接。宣读完皇帝诏令时，王文度面东，金春秋面西，当递交皇帝赐物时，王文度忽然疾病发作而猝死。王文度之后，或为王文度的部下，或为其家人，是从百济来到日本的。他们到日本的方式，要么是随百济人而来，要么是作为俘虏被送到日本的。

总之，遣唐使时期赴日唐人存在多种形式，无论是唐朝政府派遣的使节也好，民间人士的僧侣、俗人也罢，还有少量的混血儿以及数量不明的唐军战俘，从人数角度看，总体较少。这说明，7—8世纪普通日本国人接触唐人的机会并不多。但是，这些已知的唐人，却为日本唐文化的传播发挥了不小的作用。

① ［日］青木和夫、稲岡耕二、笹山晴生、白藤禮幸校注：『続日本紀　三』（新日本古典文学大系）、東京：岩波書店、1995年、第184頁。
② ［日］青木和夫、稲岡耕二、笹山晴生、白藤禮幸校注：『続日本紀　三』（新日本古典文学大系）、東京：岩波書店、1995年、第376頁。
③ ［日］万多親王：『新選姓氏録』3、国立国会図書館古典籍資料デジタル化、2011年，第32頁。
④ 拜根兴：《初唐将领王文度事迹考述—兼论唐与百济、新罗的关系》，《唐史论丛》2008年第1期，第206-216页。

六、唐使在日本的礼遇

送第十六次遣唐使回国的唐使最高长官赵宝英身亡后，幸存者孙兴进代表唐朝大使受到日本朝廷的接待。孙兴进是这次敕使中的判官，乘遣唐使判官小野滋野的第三船到达日本。唐朝派往日本的敕使本来就不多，唐使入京城更是时隔多年的事了。因此，日本在接待礼仪方面已不是很熟练，对于按什么方式接待，似乎有所困惑。《续日本纪》简要地记载了孙兴进等进京的过程及所受的礼遇，具体如下：

> 宝龟九年（778）十月二十三日，遣唐使第三船到达肥前国松浦郡橘浦。
>
> 十月二十八日，大宰府派使者劳问唐使。
>
> 十一月十九日，派劳问使到大宰府慰问唐使。
>
> 十二月十五日，为迎接唐使入京，差发骑兵八百人于左右京。
>
> 十二月十七日，朝廷任命从五位下布势朝臣清直为送唐客使，赠唐使赵宝英绝八十匹、绵二百屯。
>
> 十二月二十六日，派陆奥、出羽的虾夷二十人，为唐客拜朝之仪卫。
>
> 宝龟十年（779）四月二十一日，领唐客使关于接待礼仪提出疑问，请示朝廷如何接待唐使。
>
> 四月三十日，唐客入京，将军等率骑兵二百、虾夷二十人，于京城门外三桥迎接。
>
> 五月三日，唐使孙兴进递交唐朝书，并献信物。
>
> 五月十七日，在平城宫朝堂设宴招待唐使，给孙兴进等授位，并赐禄物。
>
> 五月二十日，右大臣大中臣清麻吕于其宅第飨唐客，敕赐绵三千屯。
>
> 五月二十五日，唐使孙兴进等辞见天皇，为送唐使日本造船二艘，赏赐信物，置送别酒。
>
> 五月二十七日，唐使孙兴进等归国。

　　由此可见，唐使孙兴进一行于宝龟九年（778）十月抵达日本，次年五月二十七日回国，在日本停留了六个多月。其间，从大宰府到京城，唐使受到日本朝廷的隆重接待。关于如何接待唐使方面，朝廷一时陷入困惑，讨论采取何种方式合乎礼节。

　　遣唐使初期，唐使到日本后进入京城的曾有两次。

　　第一次，时间为632年，高表仁出使倭国，"冬十月辛亥朔甲寅，唐国使人高表仁等，泊于难波津。则遣大伴连马养，迎于江口。船三十二艘及鼓、吹、旗帜，皆具整饰，便告高表仁等曰：'闻天子所命之使，到于天皇朝迎之。'时高表仁对曰：'风寒之日，饰整船艘以赐迎之，欢愧也。'于是令难波吉士小槻、大河内直矢伏，为导者到馆前。乃遣伊岐史乙等、难波吉士八牛，引客等入于馆。即日给神酒"①。倭国十分重视唐使来访，进行了隆重接待。

　　第二次，时间为665年，刘德高赴日。第五次遣唐使回国之际，唐派刘德高、百济人祢军、郭务悰等二百五十四人出使倭国。天智四年（665）十一月十三日，飨赐刘德高一行，随后，"十二月戊戌朔辛亥，赐物于刘德高等"。②刘德高在倭国期间，见到天智大王（天皇）的长子大友皇子，观其异相，惊讶道："此皇子，风骨不似世间人，实非此国之分。"③可知，刘德高也受到了高规格的礼仪接待。

　　但是，此前的两次唐使赴京，都发生在7世纪，距离这次孙兴进等进京已有一百多年。这次唐使在京城受到的礼仪待遇，很难说是承袭了前两次的做法④，因此，朝廷进行了接待上的讨论。《续日本纪》"宝龟十年（779）四月辛卯"条载：

① 　[日]小岛宪之、直木孝次郎、西宫一民、藏中进、毛利正守校注·訳：『日本書紀③』（新編日本古典文学全集4）、東京：小学館、1998年、第42頁。

② 　[日]小岛宪之、直木孝次郎、西宫一民、藏中进、毛利正守校注·訳：『日本書紀③』（新編日本古典文学全集4）、東京：小学館、1998年、第268頁。

③ 　[日]小岛宪之校注：『懐風藻　文華秀麗集　本朝文粋』（日本古典文学大系69）、東京：岩波書店、1975年、第70頁。

④ 　[日]青木和夫、稲岡耕二、笹山晴生、白藤禮幸校注：『続日本紀　五』（新日本古典文学大系）、東京：岩波書店、1995年、第545頁。

　　辛卯，领唐客使等奏言："唐使之行，左右建旗，亦有带仗。行官立旗　前后。臣等稽之古例，未见斯仪。禁不之旨，伏请处分者。"唯听带仗，勿令建旗。

　　又奏曰："往时，遣唐使粟田朝臣真人等发从楚州，到长乐驿，五品舍人宣敕劳问。此时，未见拜谢之礼。又新罗朝贡使王子泰廉入京之日，官使宣命，赐以迎马。客徒敛辔，马上答谢。但渤海国使，皆悉下马，再拜舞蹈。今领唐客，准据何例者。"进退之礼，行列之次，具载别式，令下使所。宜据此式勿以违失。①

　　通过这段记载，可以看出，领唐客使最初不知该按何种礼仪接待孙兴进等。领唐客使先是对于唐使行进过程中的左右建旗、带仗等，"稽之古例，未见斯仪"，请示如何对待。结果裁定为允许带仗，不立旗帜。之后，又列举了第八次遣唐使（702—704）执节使粟田真人到长安时受到的礼节规格并不高，"未见拜谢之礼"，同时又列举天平胜宝四年（752）六月新罗王子金泰廉入京时的礼仪，以马迎接，"客徒敛辔，马上答谢"；渤海国使入京时，"皆悉下马，再拜舞蹈"。那么，这次唐使该用哪种惯例接待呢？朝廷答复以礼相待，其方法"具载别式"。这个"别式"，今已见不到文本，具体内容不详。

　　进入 8 世纪以后，日本在礼仪方面颁布一系列法律条文。例如，新罗王子入京时的"客徒敛辔"，《弹正台式》规定："凡三位已下于路遇亲王者，下马而立，但大臣敛马侧立。"② 即停下马，为使人或亲王让路。而这一规定，自《大宝律令》以后便开始适用于礼仪规范中。

　　在孙兴进等回国前一日，五月二十六日，日本政府提及阿倍仲麻吕，并对他进行奖赏，《续日本纪》"宝龟十年（779）五月丙寅"条载："前学生阿倍朝臣仲麻吕，在唐而亡。家口偏乏，葬礼有阙。敕，赐东绅一百疋、白绵三百屯。"③ 通过这段记述，至少可以了解几点阿倍仲麻

---

① ［日］青木和夫、稲岡耕二、笹山晴生、白藤禮幸校注：『続日本紀　五』（新日本古典文学大系）、東京：岩波書店、1995 年、第 90—92 頁。
② ［日］虎尾俊哉編：『延喜式』（下）、東京：集英社、2017 年、第 606 頁。
③ ［日］青木和夫、稲岡耕二、笹山晴生、白藤禮幸校注：『続日本紀　五』（新日本古典文学大系）、東京：岩波書店、1995 年、第 96 頁。

吕的信息。第一，阿倍仲麻吕已于大历五年（770）正月死于大唐，日本朝廷是通过回国的遣唐使或唐使孙兴进等获得的这一消息，此时已过九年。

第二，阿倍仲麻吕"家口偏乏"。这里的"家口"指的是其在日家属少还是在唐的家属少？赐给阿倍仲麻吕的物品交给谁？对此，学界有两种观点，一种认为这里的家口指阿倍仲麻吕在日本的家人①；另一种观点认为，"家口"指阿倍仲麻吕在唐朝的家属或相当于家属的人，所赠的物品委托唐使带回唐朝交给他们②。

第三，赐给阿倍仲麻吕的物品，相当于什么规格？阿倍仲麻吕死后的赠官为"赠潞州大都护"。这一官职，属于唐从二品。日本朝廷给与他的待遇为"敕赐东绝一百疋、白绵三百屯"。参照《养老律令》中《丧葬令》之第五条，"凡职事官薨卒，赙物。正从一位，绝三十疋，布一百二十端，铁十连。正从二位，绝二十五疋，布一百端，铁八连"。③日本赠给阿倍仲麻吕的绝和绵，高出从二品的规格。承和三年（836）五月十日，日本再次派遣唐使之前赠阿倍仲麻吕为正二位。④可见，日本朝廷对阿倍仲麻吕的待遇是一致的，始终给予很高的评价。

那么，日本朝廷赠给仲麻吕的物品，是否如杉本直治郎所说的交给唐使孙兴进等带回国内呢？笔者支持第一种观点，认为带回唐朝的可能性不大，应该是赐给阿倍仲麻吕在日本的家人。日本史料中后来也有赐予亡于唐朝的留学生日本家属的事例，天长三年（826）二月二十五日，"赐唐留学僧灵船（仙）之弟妹阿波国稻一千束"⑤。此外，若唐使将赐物带回国内，史料中会做出明确记载，第十九次遣唐使

---

① ［日］森公章：『阿倍仲麻呂』、東京：吉川弘文館、2019 年、第 181—182 頁。
② ［日］杉本直治郎：『阿倍仲麻呂伝研究 手沢補訂本』、東京：勉誠出版、2006 年、第 336—340 頁。
③ ［日］井上光貞、関晃、土田直鎮、青木和夫校注：『律令』（日本思想体系 3）、東京：岩波書店、1976 年、第 435 頁。
④ 《续日本后纪》"承和三年五月戊申"条，参见［日］森田悌訳：『続日本後紀』（上）、東京：講談社、2010 年、第 184 頁。
⑤ 《类聚国史》卷七十八"赏宴下"，参见［日］菅原道真編、黒板勝美校訂：『類聚国史』、東京：経済雑誌社、1916 年、第 583 頁。

（836—840）出发前，朝廷赠与亡于唐朝的使者及留学的八人时，《续日本后纪》明确记为"便附聘唐使，赠遣往岁衔本朝命入唐使并留学等，在彼身殁者八人位记，以慰幽魂"①。

这样，唐使孙兴进等结束了在日本的活动，于宝龟十年（779）五月二十七日开始踏上归国之路。

七、第十七次遣唐使的使命

唐使在日本期间，日本朝廷便开始筹划送他们回国，据《续日本纪》载，宝龟九年（778）十一月十八日，"庚申，造船二艘于安艺国。为送唐客也"②。此后，又于十二月十七日任命从五位下布势朝臣清直为送唐客使，任正六位上甘南备真人清野、从六位下多治比真人浜成为判官。这样，遣唐使计划逐步推进，到了次年的宝龟十年五月二十七日出发。关于这次遣唐使的性质，日本史料记载为"送唐客使"，因此，有些学者未将其当作正式的遣唐使，在计算遣唐使次数时未列入其中。③

但是，这次仍然属于正式的使节，笔者认为不应该否定其"遣唐使"的作用。首先，这次使节是日本朝廷正式派遣的，且经过周密安排，包括造船、任命大使、判官等。其次，使者布势清直持节刀而行，天应元年（781）六月二十四日，返回日本后退还"使节刀"④，说明在本质上与其他遣唐使无异。再次，遣唐使抵达长安后，行使了朝贡职责，《新唐书》卷一百二十《日本》载："建中元年，使者真人兴能献方

---

① 《续日本后纪》"承和三年五月戊申"条，参见［日］森田悌訳：『続日本後紀』（上）、東京：講談社、2010 年、第 184 頁。

② ［日］青木和夫、稲岡耕二、笹山晴生、白藤禮幸校注：『続日本紀　五』（新日本古典文学大系）、東京：岩波書店、1995 年、第 80 頁。

③ 关于遣唐使的总次数，木宫泰彦认为，这次属于"送唐客使"，其目的和组织具有特殊性，应该另做计算。他认为，确实以遣唐使名义出使唐土的，前后共十三次。而森克己则认为，纯粹遣唐使的总数在十二次。参见［日］木宫泰彦：『日華文化交流史』、東京：冨山房、1955 年；木宫泰彦著、胡锡年译：《日中文化交流史》，北京：商务印书馆，1980 年，第 62-73 页；［日］森克己：『遣唐使』、東京：至文堂、1955 年、第 28 頁。

④ ［日］青木和夫、稲岡耕二、笹山晴生、白藤禮幸校注：『続日本紀　五』（新日本古典文学大系）、東京：岩波書店、1995 年、第 198 頁。

物。"建中为唐德宗李适的年号,建中元年为 780 年,证明了这次日本使确实已进京朝贡。

关于这次遣唐使的记录并不多,其具体行程不详。日本史料只是留下遣唐使出发和回国的记录,即宝龟十年(779)五月丁卯(二十七日),唐使孙兴进归国,天应元年(781)六月辛亥(二十四日),送唐客使从五位下布势朝臣清直等自唐国归,进使节刀。至于何时离开日本、航行什么线路、在哪里上岸、如何抵达长安、从哪里返回日本等信息,一概不知。只知道布势清直等顺利回国。

这样,第十七次遣唐使大致情况清楚,779 年出发,781 年回国,往返时间共两年多,总体上比较顺利,未见有海难事故。

总之,第十六次遣唐使以四船五百多人的强大阵容驶向大唐。来程比较顺利,未遇风险,着陆于楚州及盐城一带。从使团赴京人员的状况,可以看出"安史之乱"给江淮地区、中原以及长安附近造成的危害,驿站凋落,车马短缺,结果在代理大使小野石根的再三请求下,才允许四十三人入京。

遣唐使在长安顺利完成了使命,见到了代宗皇帝。朝廷遣赵宝英等以皇帝使者的身份出使日本,这在唐朝中日交往中是为数不多的几次唐使赴日。唐朝皇帝直接派遣赴日的正式使节仅有两次,第一次是 632 年的高表仁,再有一次就是此次的赵宝英。唐皇之所以派使者赴日,正如《续日本纪》所载,"差内使掖庭令赵宝英,判官四人,赍国土宝货,随使来朝,以结邻好"[1],主要目的是增进睦邻友好。

然而,不幸的是遣唐使船在回国途中发生重大海难,遭受巨大损失,第一船折成两段,日本使小野石根等三十八人、唐使赵宝英等二十五人,丧命于大海。判官大伴继人和藤原清河的女儿喜娘等死里逃生,在船板上漂流六天六夜,最终着陆于肥后国天草郡西仲岛,获救上岸。

唐朝中日交往中,混血儿不断出现在两国交往的舞台上,其代表

---

① [日]青木和夫、稻冈耕二、笹山晴生、白藤禮幸校注:『続日本紀　五』(新日本古典文学大系)、東京:岩波書店、1995 年、第 78 頁。

人物有：秦朝元，父亲为遣唐留学僧辨正，718 年赴日，后任遣唐使判官，再次入唐；羽栗翔、羽栗翼，父亲为阿倍仲麻吕的傔从，兄弟二人 734 年赴日，后再次回唐，羽栗翔留唐未归，羽栗翼为遣唐录事、准判官；遣唐大使藤原清河的女儿喜娘赴日后状况如何，是否度过精彩的一生，情况不明，史料无载。

遣唐使时期赴日唐人，按大类划分，有唐使、僧侣、俗人、混血儿和唐俘等。除去唐俘不确定外，总体来说，赴日唐人数量不多。其中，由唐朝皇帝正式派遣的使者只有两次，即高表仁和赵宝英为大使的送日本使。

赵宝英赴日途中遇难后，唐使判官孙兴进等抵达日本。孙兴进在日本期间，受到朝廷的隆重接待，其礼仪规格高出同期的新罗与渤海，说明日本对大唐使者的重视程度。

日本第十七次遣唐使的主要目的是送孙兴进等回国，故被称为"送唐客使"，但其使命也同样兼具与唐朝进行友好交往，进行朝贡外交之目的。

第十一章 平安时代初期的遣唐使

一、桓武天皇两度迁都

2001 年 12 月 18 日，时任日本天皇的明仁，在其 68 岁生日庆典上讲道："就我而言，我感觉自己与韩国有某种亲近感，《续日本纪》记载桓武天皇的母亲是百济武宁王的子孙。"[1] 此话一出，立即引起强烈反响。其中一个重要的内容是天皇的血统问题，即自桓武天皇以后，日本天皇的血统中融入了百济人的血液。此事的源流，要追溯到奈良时代末期皇位继承的历史。

宝龟十二年（781），72 岁的光仁天皇退位，皇太子山部亲王即位，即桓武天皇（737—806）。同时立桓武天皇的同胞兄弟早良亲王为皇太子，改年号为延历。依照天皇继承的传统惯例，本来轮不到山部亲王即位，在他之前另有一位皇太子。光仁天皇即位后，其妃井上内亲王升为皇后，于是井上之子他户亲王被立为皇太子。但是，未经几时，宫内有变，宝龟三年（772）五月二十七日，皇太子被废，并以厌魅大逆之罪剥夺皇后的地位。因此，改立山部亲王为皇太子。

桓武天皇的母亲叫高野新笠。其父是百济渡来人和乙继，母为土

---

[1] 笔者译，原文："私自身としては、桓武天皇の生母が百済の武寧王の子孫であると、『続日本紀』に記されていることに、韓国とのゆかりを感じています。"参见「天皇陛下お誕生日に際し（平成 13 年）」、宫内庁、2001 年 12 月 18 日。https://www.kunaicho.go.jp/okotoba/01/kaiken/kaiken-h13e.html、参照 2021 年 5 月 20 日。

师氏。因此，她属于百济渡来人的后裔。关于高野新笠的身世，《续日本纪》"延历九年（790）正月壬子"条有详细记载：

> 壬子，葬于大枝山陵。皇太后，姓和氏，讳新笠。赠正一位乙继之女也。母赠正一位大枝朝臣真妹。后先出自百济武宁王之子纯陀太子。皇后，容德淑茂，凤着声誉。天宗高绍天皇龙潜之日，娉而纳焉。生今上、早良亲王、能登内亲王。宝龟年中，改姓为高野朝臣。今上即位，尊为黄大夫人。九年，追上尊号，曰皇太后。其百济远祖都慕王者，河伯之女，感日精而所生。皇太后，即其后也。因以奉谥焉。[1]

由此可知，高野新笠皇太后的祖先出自"百济武宁王之子纯陀太子"。天皇的妻子，按当时的等级，分别有妃、夫人、嫔的名号，其定员、品位等都有明文规定。妃二员、夫人三员、嫔四员[2]，桓武天皇的母亲是光仁天皇的夫人，按皇位继承制度，夫人品位低于妃，其子山部（桓武天皇）本来无资格继承皇位。但因他户皇太子被废，轮到了他登上太子的宝座。百济武宁王（461—523），"讳斯摩，牟大王之第二子也。身长八尺，眉目如画，仁慈宽厚，民心归附，牟大王在位二十三年薨，即位"[3]。武宁王即中国史书记载的百济王扶余隆[4]，《日本书纪》中也有较详细介绍，据"武烈天皇四年（502）"条载：

> 是岁，百济末多王无道暴虐百姓，国人遂除而立岛王。是为武宁王。
> 《百济新撰》云：末多王无道暴虐百姓，国人共除，武宁王立。讳斯麻王。是琨支王子之子。则末多王异母兄也。琨支向倭时，至筑紫岛，生斯麻王。自岛还送，不至于京，产于岛。故因

① ［日］青木和夫、稲岡耕二、笹山晴生、白藤禮幸校注：『続日本纪　五』（新日本古典文学大系）、東京：岩波書店、1995年、第452頁。

② ［日］井上光貞、関晃、土田直鎮、青木和夫校注：『律令』（日本思想体系3）、東京：岩波書店、1976年、第197頁。

③ 金富轼著，杨军校勘：《三国史记》（上），长春：吉林大学出版社，2015年，第312页。

④ 参见《梁书》卷三《武帝记下》及同书卷五十四《诸夷·东夷·百济》。

名焉。今各罗海中有主岛，王所产岛。故百济人号为主岛。今按，岛王是盖卤王之子也。末多王，是琨支王之子也。此曰异母兄，未详也。①

关于武宁王的身世，《三国史记》载为"牟大王之第二子"，《日本书纪》则为"琨支王子之子"。二者记载有别，且中国史书及《三韩古记》也有异载，对于百济王室的记载出现混乱现象。②武宁王是百济历史上第 25 位国王，6 世纪振兴百济的中兴之祖，即位之年实际为 501 年，在位到 523 年。武宁王出生于去往倭国的途中，其出生地"各罗岛"，即今日本长崎县唐津市加唐岛。武宁王的生年，按朝鲜史料推算为 462 年，但是，《日本书纪》则记为 461 年，本书从此年份。③百济语的"斯麻"（sima）与古代日语的"岛"（sima、しま）相通，因此武宁王被称为"斯麻王"，也就是《日本书纪》中称作的"岛王"。

此外，"斯麻王"这一称号，通过考古资料也得到了证实。一方面，1971 年，武宁王王陵在韩国忠清南道公州郡公州邑宋山里发现④，并且出土了武宁王"买地券"（墓志），志文写道："宁东大将军百济斯麻王，年六十二岁，癸卯年五月丙戌朔七日壬辰崩。到乙巳年八月癸酉朔十二日甲申，安厝登冠大墓，立志如左。"⑤这一实物证据与文献记载完全吻合，有力地证明了武宁王出生于与倭国岛上的事实。另一方面，《日本书纪》还记录了武宁王之子纯陀太子死于 513 年⑥，逝于其父

---

① ［日］小岛宪之、直木孝次郎、西宫一民、藏中进、毛利正守校注・訳：『日本書紀②』（新編日本古典文学全集 4）、東京：小学館、1998 年、第 278 頁。
② 金富轼著，杨军校勘：《三国史记》（上），长春：吉林大学出版社，2015 年，第 311 页。
③ 《日本书纪》"雄略天皇五年（辛丑 461）六月丙戌朔"条载："六月丙戌朔，孕妇果如加须利君言，于筑紫各罗岛产儿，仍名此儿曰岛君。于是军君即以一船送岛君于国，是为武宁王。百济人呼此岛曰主岛也。"参见［日］小岛宪之、直木孝次郎、西宫一民、藏中进、毛利正守校注・訳：『日本書紀②』（新編日本古典文学全集 4）、東京：小学館、1998 年、第 165—166 頁。
④ 大韓民国文化財管理局編、［日］永島暉臣慎訳：『武寧王陵』、東京：学生社、1974 年；［日］岡内三真：「〈書評〉韓国文化財管理局編『武寧王陵』」，『史林』第 57 卷第 6 号，1974 年，第 912—921 頁。
⑤ ［韓］李宇泰撰、［日］稲田奈津子訳：「韓国の買地券」、『都市文化研究』第 14 卷、2012 年、第 106—119 頁。
⑥ ［日］小岛宪之、直木孝次郎、西宫一民、藏中进、毛利正守校注・訳：『日本書紀②』（新編日本古典文学全集 4）、東京：小学館、1998 年、第 300 頁。

之前。这一信息只见于日本史料，《三国史记》中未见记载，这也说明武宁王及纯陀太子与倭国的关系非常密切。

由此可知，桓武天皇的母亲高野新笠来自百济血统的脉络清晰可查。光仁天皇与其夫人高野新笠之间的儿子山部亲王，之所以当上天皇，原因在于朝廷内部斗争导致的结果。当时的背景下，立皇太子的条件，不仅父亲必须是天皇，母亲也必须是皇族或为藤原氏家族出身的人。[①] 自桓武天皇以来，日本皇室家族中混有百济人的血统，一直延续至今，已有近 1300 年的历史。

如此，桓武天皇主政以后，首先做的一件大事就是迁都。延历三年（784）五月，命中纳言从三位藤原种继等，于相乙训郡长冈村（今京都府长冈京市）营造新都。在建造新都过程中，把难波宫进行解体，将其材料运至长冈进行重建。于是，仅过半年，十一月就开始迁都，十二月份赏赐造宫有功者爵位，藤原种继升为正三位。长冈迁都的特点是边造边用。延历四年（785）年正月，天皇在长冈京大极殿举行朝贺仪式，"其仪如常。石上、榎井二氏，各竖桙楯焉。始停兵卫叫阖之仪。是日，宴五位已上于内里，赐禄有差"[②]。同年七月，各国已出动百姓三十万四千人营造新都。

然而，正当建都工程进行得如火如荼之时，发生了一件意想不到的事件，藤原种继被暗杀。种继是藤原宇合的孙子，父为藤原清成，左中辨藤原百川的侄子，深得桓武天皇的信任，全权负责建都事宜。延历四年（785）九月二十三日夜晚，藤原种继在长冈京施工现场检查工作时遭到暗箭袭击，"两箭贯身"[③]，凌晨死于家中，时年四十九岁。由此，朝廷内部进行一系列清剿行动，首先捕获了大伴继人及其同党数十人。经审讯供述，幕后策划者是一个月前去世的中纳言大伴家持，他指使大伴继人和佐伯高成两人除掉种继，此事已得到皇太子早良亲

---

① ［日］川尻秋生：『平安京遷都』（日本古代史⑤）、東京：岩波書店、2011 年、第 2—46 頁。
② ［日］青木和夫、稻岡耕二、笹山晴生、白藤禮幸校注：『続日本紀　五』（新日本古典文学大系）、東京：岩波書店、1995 年、第 312 頁。
③ ［日］経済雑誌社編：『日本紀略』（国史大系　第五巻）、東京：経済雑誌社、1897 年、第 361 頁。

王的同意。结果，暗杀事件又牵涉到皇太子，涉案人员斩首，其他人员流放。早良亲王先被幽禁在长冈京的乙训寺内，被剥夺皇太子地位，后又被流放淡路国，死于途中。

受到暗杀事件影响，长冈京建造计划未能如期展开。再加上长冈京地形上存在欠缺，经常发生洪水泛滥。因此，迁都长冈京花费不少人力物力，但未取得什么成效。于是，桓武天皇又准备造新都，延历十二年（793）正月，命臣下视察山背国葛野郡宇陀村，再迁上都，即平安京。

平安迁都顺利进行，延历十三年（794）十月二十二日，桓武天皇迁至新京，二十八日颁布迁都诏：

> 葛野乃大宫地者，山川毛丽久，四方国乃百姓乃参出来事毛便之……①

诏书的意思是，葛野的大宫之地，山川秀丽，四方百姓往来便利。颁诏的同时，又奖赏一批有功人员。十一月，又颁诏连续改几处地名，将"山背国"改为"山城国"，又将天智天皇时的旧都近江国滋贺郡古津改称"大津"。有仰慕天皇、称颂其德的百姓曰："子来之民，讴歌之辈，异口同辞，号曰'平安京'。"② 这些改名及平安京的称号，寓意美好，使用的汉字也是好字。延历十四年（795）正月初一，因大极殿未完工，故停止朝贺之仪，天皇在前殿举行宴会，演奏杂乐及大歌。正月十六日，天皇宴侍群臣，奏踏歌曰：

> 山城显乐旧来传，帝宅新成最可怜。郊野道平千里望，山河擅美四周连
>
> （新京乐、平安乐土、万年春。）
>
> 冲襟乃眷八方中，不日爱开亿载宫。壮丽裁规传不朽，平安作号验无穷。

---

① ［日］経済雑誌社編：『日本紀略』（国史大系　第五巻）、東京：経済雑誌社、1897 年、第372 頁。
② ［日］森田悌訳：『日本後紀』（上）、東京：講談社、2006 年、第 72 頁。

（新年乐、平安乐土、万年春。）

新年正月北辰来，满宇韶光几处开。丽质佳人伴春色，分行连袂舞皇垓。

（新年乐、平安乐土、万年春。）

卑高泳泽洽欢情，中外含和满颂声。今日新京太平乐，年年长奉我皇庭。

（新京乐、平安乐土、万年春。）①

伴随着四首汉诗，演奏"新京乐、新年乐、平安乐、万年春"音乐，群臣上下祝愿平安京为永久乐土，万年不变，甚至成为"亿载宫"。平安宫的建造并非一朝一夕完成的，历经多年才完成了大内里的各殿、寮、院、府等设施。值得一提的是，平安京虽然未实现亿万年，但在日本历史上，从 794 年到 1869 年，一直作为首都，持续了 1075 年，成为名副其实的千年之都。

平安京的总体特点是，仿照唐长安结构建造。其街道，东西南北呈棋盘状布局，分九条八坊，贯穿南北的中间道路称朱雀大街。东西宽约 4.48 千米、南北长约 5.23 千米，总面积约 23.39 平方千米。②与此相比，长安城东西长约 9.72 千米，南北长约 8.65 千米，周长约 36.74 千米，总面积约 87.27 平方千米。③平安京面积约是长安城的五分之二，呈方形结构，位于最北面中央部位的是平安宫，朱雀大路位于城中央，南端的门叫罗城门，其两侧有东寺和西寺。罗城门以北，朱雀大路两侧有东鸿胪馆和西鸿胪馆，再往两侧则是东市和西市。城市东边的区域称为左京，西边的区域称作右京。条坊结构呈网格状把城市分成各个小区域，自北向南，由一条至九条，宅地面积均等分配。

这样，桓武天皇在任期间，进行了两次迁都，建立一个稳定的治国理政场所。除此之外，他还贯穿一种理念，也就是对寺院实施严格

---

① ［日］森田悌訳：『日本後紀』（上）、東京：講談社、2006 年、第 75—76 頁。

② ［日］京都市埋蔵文化財研究所、京都市考古資料館：「平安京の設計」、『リーフレット京都』第 63 号、1994 年。

③ 张巨武：《论唐代长安的国际化大都市地位》，《唐都学刊》2021 年第 1 期，第 17-22 页。

管理。延历二年（783）六月，桓武天皇颁敕，"京畿定额诸寺，其数有限"①。此前，平城京内大量建造官寺和私寺，与此相比，平安京则不允许私自造寺。因此，长冈京和平安京两新都，寺院总体数量较少。平安京城内，当初只有东寺和西寺两座官寺，禁止建造私寺。尽管京都著名的清水寺最初具有私寺性质，其初创源自僧人延镇，到了延历二十四年（805），坂上田村麻吕"奏请寺地，永以施入，便以兹寺为柏原天皇御愿矣"。②但桓武天皇期间，建立私家寺院仍然是个禁区。

　　桓武朝政治的另一个特点是扩张领土，征服未被归顺的部落民。基于中华理念的日本律令制度，以自身的统治区域为中心，把外部异族称作夷狄，太平洋沿岸的虾夷人为"夷"，日本海沿岸的虾夷人称"狄"。对虾夷的战争，从宝龟五年（774），断断续续地持续到弘仁二年（811），展开了三十八年的征服战。桓武天皇两度派兵征讨东北地区的虾夷人，延历七年（788）任命纪古佐美为"征东大使"，延历十六年（797）任坂下田村麻吕为"征夷大将军"。其间，几经胜败，最终将势力延伸到东北部，建立了胆泽城（今岩手县奥州市水泽）、志波城（今岩手县盛冈市中太田和下太田间），802年又处死了归降的虾夷首领阿弓流为。

　　桓武天皇期间，领土有所扩大，国力也有了很大增强。日本朝廷从其自身发展角度，认为有必要进一步发展对外关系，增强实力，从唐朝吸收更多的先进文化。于是，朝廷开始筹划遣唐使事宜。

二、第十八次遣唐使

　　这次遣唐使最早策划于801年。据《日本后纪》载，延历二十年（801）八月庚子，任命遣唐使人员，大使为藤原葛野麻吕，副使为石川道益，判官、录事各四人。藤原葛野麻吕是藤原北家的子孙，第十二次遣唐使大使藤原清河的侄子，其父亲为大纳言藤原小黑麻吕，

---

① 《续日本纪》"延历二年六月乙卯"条。参见［日］青木和夫、稻冈耕二、笹山晴生、白藤禮幸校注：『續日本紀　五』（新日本古典文学大系）、东京：岩波书店、1995年、第272页。
② ［日］藤原明衡：『清水寺縁起』、仏书刊行会编纂『大日本佛教全书』（第117册）、东京：仏书刊行会、1913年、第219页。

说明大使藤原葛野麻吕出自遣唐使世家。

　　遣唐使任命结束后，一直没有动静，时隔一年以后才开始行动，大概是在等造船结束。延历二十二年（803）二月四日，赐遣唐大使及水手物品。三月六日，赠埋骨于唐土的藤原清河位阶，由从二位赠正二位。三月十四日，赐遣唐使彩帛。三月十九日，遣唐使于朝堂院拜朝。三月二十九日，天皇为大使藤原葛野麻吕、副使石川道益设宴，赐酒饯别。酒酣之时，桓武天皇把大使葛野麻吕叫到身旁，赐歌一首，祝愿他们平安回国，葛野麻吕感动得"涕泪如雨"。此次饯别方式，仿照唐式风格进行，"设宴之事，一依汉法"①。可见，此时日本朝廷汉风文化的兴盛状况。宴会结束后，赐大使御被三领、御衣一袭、金二百两，赐副使御衣一袭、金一百五十两。

　　四月二日，大使、副使等辞见天皇，授节刀。四月十四日，遣唐使一行从难波津乘船，十六日进发。但是，船队出发不久，遭暴雨疾风，沉溺者无数，其中明经请益生、大学助教丰村家长溺水身亡，遣唐使出航不得不终止。五月二十日，大使奉还节刀，此次航行以失败告终。

　　遣唐使再次出发是在第二年春季。延历二十三年（804）三月五日，遣唐使拜朝，三月二十五日，天皇再度设宴，"召遣唐大使从四位上藤原朝臣葛野麻吕、副使从五位上石川朝臣道益等两人，赐饯殿上，近召御床下，纶旨殷勤，特赐恩酒一杯、宝琴一面，酣畅奏乐，赐物有差"②。这种为遣唐使赐饯和作歌的行为，体现了浓厚的君臣关系。此次遣唐使的记载，无论从任命、御赐位阶、御赐物、拜朝、辞见及节刀拜受、乘船、出发、延期报告、节刀奉还、神祭、拜朝、赐饯、节刀再度拜受、再度出发，较以前的遣唐使相比都非常详细。③

---

① 〔日〕森田悌訳：『日本後紀』（上）、東京：講談社、2006 年、第 289 頁。

② 〔日〕森田悌訳：『日本後紀』（上）、東京：講談社、2006 年、第 314—315 頁。

③ 〔日〕近藤信義：『桓武天皇歌の一考察：遣唐使送別の宴歌』、『立正大学文学部研究紀要』第 17 号、2001 年、第 1—14 頁。

五月十二日，遣唐使船队开始出发①，离开难波津，七月发于肥前国松浦郡田浦，四船同时入海驶向大唐。重组后的使团由四艘船只构成，主要成员如表17"第十八次遣唐使主要成员"所示。

表17   第十八次遣唐使主要成员②

船号	职务	人员
第一船	大使	藤原葛野麻吕
	录事	山田大庭
	留学僧	空海
第二船	副使	石川道益
	判官	菅原清公
	请益僧	最澄
第三船	判官	三栋今嗣
第四船	判官	高阶远成

延历二十三年（804）七月六日，四船于肥前国松浦郡田浦同时入海，驶向大陆。但是，刚一出发，便遭遇恶风，各船之间失去联系。其中，第三、四船返回，第一、二船不知去向。两个多月后，九月十八日，日本派人去新罗联络，请求帮助，寻找二船的下落，其太政官牒曰："遣使唐国，修聘之状，去年令大宰府送消息讫，时无风信，遂变炎凉。去七月初，四船入海，而两船遭风漂回，二船未审到处。即量风势，定著新罗。仍遣兵部省少丞正六位上大伴宿祢岑万里等寻访，若有漂著（笔者注：漂到），宜随事资给，令得还乡，不到彼堺，冀遣使入唐，访觅具报。"③由此可知，日本朝廷早在803年遣唐使准备出发时就"送消息"给新罗，要求予以协助。804年这次出海后，两船折回，两船不知所去，于是又派大伴岑万里等赴新罗寻找，并且即

---

① 遣唐使离开难波津的具体时间，《日本后纪》无载，但空海在《遗告真然大德等》《遗告诸弟子等》中都写道"延历二十三年五月十二日入唐"，说明此时离开难波津，正式出发。参见[日]長谷寶秀編：『弘法大師傳全集』（第一巻）、東京：ピタカ、1977年、第23、27頁。

② 参见[日]上田雄：『遣唐使全航海』、東京：草思社、2006年、第180—181頁。

③ [日]森田悌訳：『日本後紀』（上）、東京：講談社、2006年、第330頁。

便没有漂到"彼埠"，也希望新罗遣使入唐，寻觅、汇报其行踪。通过日本求助新罗这件事，至少可以说明几个问题：第一，日本朝廷对派遣唐使之事高度重视，动用举国实力推动遣唐使顺利成功；第二，日本和新罗之间保持较为通畅的外交关系；第三，在日本来看，新罗与唐的往来更为便利畅通。

然而，事实上，大使和空海乘坐的第一船，在海上漂流三十四日，八月十日抵达福州长溪县赤岸镇以南海口（今霞浦县赤岸村）。至于副使和最澄乘的第二船，"七月，释最澄，从遣唐使菅清公，着明州界"①。这样，第一和第二船出发后都已经抵达大唐，时间为唐贞元二十年（日本延历二十三年），即 804 年。尽管第一船漂到了福州境内，但船只及人员均无损失，应该说是一次较为顺利的航行。

第三船和第四船下海后被风暴吹至筑紫，第三船去向不明；第四船，从两《唐书》记录的判官高阶真人（远成）在长安的情况来看，此船顺利抵唐并最终顺利归国，只是抵达和回国时间晚于第一船和第二船一年，但在唐的靠岸地点不详。

有关此次遣唐使在唐的活动情况，大使葛野麻吕在回国后递交的奏文中写得较详细。②据此可知，第一船漂到福州长溪县赤岸镇以南海口后，当地镇将杜宁、县令胡延沂等相迎，恰逢福州刺史柳冕因病离任，新观察使兼刺史阎济美上任。于是，一行人又乘船驶向福州，十月三日抵达。阎济美上奏后，十一月三日允许入京，限定人数为二十三人，包括大使和空海。赴京人员为赶上正月的朝贺之仪，日夜兼程十二月二十一日到达上都长乐驿。

第二船，七月到达明州后，副使石川道益因病死于明州。自明州赴京人员限定为二十七人，九月一日，从明州赴京，十一月十五日到长安城，于外宅安置供给。最澄因为属于短期留学僧，目的是去天台山求法学习佛教知识，故未赴京城。

遣唐使在长安受到礼遇，据葛野麻吕在奏书中介绍，他们在长安

① 此处的"菅请公"指的是判官菅原清公（770—842），参见 [日] 田中健夫编：『善隣国宝記・新訂続善隣国宝記』、東京：集英社、1995 年、第 50 頁。

② [日] 森田悌訳：『日本後紀』（上）、東京：講談社、2006 年、第 361—363 頁。

主要从事以下一些活动：

十二月十四日，日本使将带来的国信、别贡等物交给监使刘昻，奉献天子。刘昻归来后，宣敕云："卿等远慕朝贡，所奉进物，极是精好，朕殊喜欢。时寒，卿等好在。"①

十二月二十五日，于宣化殿礼见，天子不朝。同日，德宗皇帝于麟德殿召见，见时所奏请之事都得到了许可。又于大明宫设宴，官赏有差。此后，内使又于外宅设宴，畅饮终日，受到优待。

贞元二十一年（805），正月元日，于含元殿朝贺。

正月二日，天子抱恙。

正月二十三日，天子德宗崩，春秋六十四。

正月二十八日，日本使臣于承天门立仗，身着丧服（素衣冠），同日，太子（顺宗）即位，居丧之屋，不堪万机，皇太后王氏代为临朝。日本使者三日之内，于使院朝夕举哀。

二月十日，监使高品宋惟澄，领答信物来，兼赐使人告身，宣敕曰："卿等衔本国王命，远来朝贡，遭国家丧事。须缓缓将息归乡。缘卿等频奏早归。因兹赐缠头物，兼设宴。宜知之。却回本乡，传此国丧。拟欲相见，缘此重丧，不得宜之。好去好去者。"② 遣唐使在长安期间，恰逢时局不稳，一方面，淄青道节度使青州刺史李师古（李正己之孙、李纳之子）拒绝通告国丧使入青州界，又以十万兵力袭击郑州，诸州合力，相互残杀。另一方面，又因贞元十九年（803）遣龙武将军薛伾出使吐蕃，结果被扣留，不得复命。于是，薛审便欺骗吐蕃，称天子欲嫁公主。吐蕃便令薛审回归迎婆，结果天子不允，令薛审若不完成使命，不得回归，致使吐蕃不来贺正。当时的长安政治气氛，正如日本大使藤原葛野麻吕回国后的奏书中所写："内疑节度，外嫌吐蕃，京师骚动，无暂休息。"③ 如此，日本使者深感不安，请求提前回国。于是，朝廷又下敕，令内使王国文送至明州回国。

另外，遣唐使在长安期间，藤原葛野麻吕还与渤海王子进行了会

① ［日］森田悌訳：『日本後紀』（上）、東京：講談社、2006 年、第 362 頁。
② ［日］森田悌訳：『日本後紀』（上）、東京：講談社、2006 年、第 362 頁。
③ ［日］森田悌訳：『日本後紀』（上）、東京：講談社、2006 年、第 363 頁。

晤。当时在长安的渤海王子，应是担当宿卫（实为人质）、后来成为第
八代国王的言义。[1] 关于这次会晤情况，空海在其著述《遍照发挥性灵
集》中留下一封《为藤大使与渤海王子》，全文如下：

为藤大使与渤海王子

　　渤海，日本，地分南北，人阻天池。然而，善邻结义相贵通
聘，往古今来斯道岂息。贺能，忝就朝贡偶然奉谒，不期而会，
非常喜悦。仲春渐暄。伏惟，动止万福即此。贺能，推既被监使
留碍不得再展，惆怅周旋谁堪断肠，今日取别，后会难期。今不
任顾恋之情，谨奉状，不宜谨状。[2]

　　日本大使藤原葛野麻吕，唐名字为"贺能"。这封由空海代笔的书
信表明，葛野麻吕与渤海王子会晤一次后，由于"被监使留碍"，也就
是说，在护卫或监使的管理下，其行动不自由，不能再次见面，"后会
难期"。日本使与渤海国在唐王子见面的在场人员中，渤海还有外交官
王孝廉，日方除大使之外，空海也参加了会晤。

　　这样，遣唐使一行离开了长安，三月二十九日，到越州永宁驿。
监使王国文在驿馆交付给使臣敕书函，便返回长安。越州派差使，监
送至明州。第一船、第二船人员汇聚明州，从明州驶向日本。其返程
情况，藤原葛野麻吕这样写道：

　　四月一日，先是去年十一月，为回船明州，留录事山田大庭
等，从去二月五日发福州。海行五十六日，此日到来。三日，到
明州郭下，于寺里安置。五月十八日，于州下鄞县，两船解缆。
六月五日，臣船到对马岛下县郡阿礼村。[3]

　　由此可知，去年大使等人前往京城时，第一船的录事山田大庭等
人留守福州。永贞元年（805）二月五日，他们接到通知，离开福州前

---

①　[日]上田雄：『遣唐使全航海』、東京：草思社、2006 年、第 189 頁。
②　[日]渡邊照宏、宮坂宥勝校注：『三教指帰　性霊集』（新日本古典文学大系 71）、東京：
岩波書店、1965 年、第 283 頁。
③　[日]森田悌訳：『日本後紀』（上）、東京：講談社、2006 年、第 363 頁。

往明州，经过五十六日的海上航行，四月一日抵达明州。四月三日到达明州城下，全体人员被安置在寺庙之中。五月八日，第一船和第二船同时下海出发。①

在此期间，停留在明州的最澄，前往天台山求法，次年四月五日左右，从台州返回明州，与其他成员会合。最澄确认离出发日期还有一段时间后，又携弟子义真离开明州，奔赴越州龙兴寺请经受法，于峰山顺晓大师修得秘法，并受密宗灌顶，五月五日回到明州。在明州开元寺接受传法，最终乘大使的第一船返回日本。

最澄所乘的第一船，于六月五日到达对马岛下县郡阿礼村（今长崎县对马市）。第二船的动向，据《日本后纪》"延历二十四年六月甲寅"条载："甲寅，遣唐使第二船判官正六位上菅原朝臣清公，来到肥前国松浦郡鹿岛，附驿上奏，事多不载。"②驿站上报称，判官菅原清公乘坐的第二船，于六月十七日来到肥前国松浦郡鹿岛。这样，日本延历年间派遣的遣唐使，完成使命后，第一和第二船顺利地从明州返回了日本。

至于此次遣唐使的第三船和第四船动向，第三船失踪，史料无载。判官高阶远成指挥的第四船，情况略显复杂。804年四船并发，第三船、第四船渡海失败，第二年继续起航，第四船历经艰辛到达唐境。第四船行驶的航线，以及使团成员如何抵达首都长安的，没有任何史料记载，具体过程不明。唐宪宗元和元年（806）四月，空海与高阶远成、橘逸势等在越州。八月，空海一行乘高阶远成的船一起归国。第四船于十月抵达日本博多。

另外，值得一提的是，这次遣唐使带回一位长期入唐留学的日本僧人永忠。永忠入唐留学的时间和途径，史料无明确记载，《善邻国宝记》（卷上）载："宝龟之初，释永忠入唐，延历之际隋（随）使归。"③宝龟年间（770—781），日本共派遣过两次遣唐使，一次为宝龟八年（777）的第十六次，另一次为宝龟十年（779）的第十七次遣唐使。

---

① 李广志：《日本遣唐使宁波航线考论》，《南开日本研究》2016年00期，第139-152页。
② ［日］森田悌訳：『日本後紀』（上）、東京：講談社、2006年、第364頁。
③ ［日］田中健夫編：『善隣国宝記・新訂続善隣国宝記』、東京：集英社、1995年、第50頁。

如果按较早的推算，则永忠在 777 年入唐。但是，"宝龟之初"应该更早些，因此，石井正敏认为永忠可能是在宝龟三年（773）随渤海使，经由渤海国入唐的。[①] 延历十五年（796），渤海遣日本使带去了在唐学问僧永忠的信函，渤海使回国时，又受日本朝廷委托，给在唐的僧永忠等带回砂金三百两。[②] 日本未派遣唐使期间，渤海使在唐与日本之间起到了桥梁纽带作用。

永忠在唐大约生活了三十年，回国后，为日本弘扬佛教和文化传播方面发挥了不小作用。在佛教方面，据《日本后纪》载，大同元年（806）四月，永忠被任命为律师；弘仁元年（810）九月，大法师永忠为少僧都；弘仁四年（813）正月，少僧都传灯大法师永忠请老，优诏不许之；弘仁七年（816）四月五日，大僧都永忠卒，年七十四。永忠最终的职位是大僧都。按僧官制度中僧纲的等级，僧纲由僧正、僧都、律师三部分组成，大僧都则是僧都中的最高职位，足见永忠在日本佛教中地位之高。他还担任梵释寺主，著有《五佛顶法决》一卷。

在文化方面，永忠是日本最早饮茶、煎茶之人。据《日本后纪》"弘仁六年（815）四月癸亥"条载：

> 癸亥，幸近江国滋贺韩埼，便过崇福寺。大僧都永忠、护命法师等，率众僧奉迎于门外，皇帝降舆，升堂礼佛。更过梵释寺，停舆赋诗。皇太弟及群臣和者众，大僧都永忠手自煎茶奉御，施御被。即御船泛湖，国司奏风俗歌舞。五位已上并掾以下赐衣被，史生以下郡司以上赐绵有差。[③]

"大僧都永忠手自煎茶奉御"即永忠亲自煎茶侍奉天皇。永忠的煎茶技术，应该是他在唐留学时学到的。他留学期间，正是陆羽的《茶经》问世后不久，饮茶习俗开始盛行于唐。日本饮茶习俗是遣唐使带回来的，这一点毫无疑问。虽然不能断定永忠是将茶叶传入日本的第

---

① ［日］石井正敏：「渤海の日唐間における中断的役割について」、『東方学』第 51 号、1976 年、第 72—90 頁。

② ［日］森田悌訳：『日本後紀』（上）、東京：講談社、2006 年、第 105 頁。

③ ［日］森田悌訳：『日本後紀』（下）、東京：講談社、2006 年、第 368—369 頁。

一人，但起码其煎茶的记载在正史中是最早出现的。从奈良兴福寺一乘院遗址出土的釜、火舍（风炉）、绿釉陶瓷碗等来看，茶具已传入日本，日本人饮茶的习惯应该形成于奈良时代末期。[①]

三、最澄在唐求法足迹

最澄（766—822）[②]，804 年入唐时 38 岁，在日本已是学识和地位很好的僧人。他出生于近江国滋贺郡古市乡，12 岁于近江国分寺出家，14 岁得最澄之名，19 岁受具足戒，31 岁时被任为内供奉十禅师。[③] 延历二十一年（802），最澄 36 岁，作为请益僧被准许入唐。[④] 803 年，最澄随遣唐使船曾一度出发，遭遇暴风雨返回。

最澄入唐的主要目的是去天台山求法，学习天台宗教义。最澄西渡之前，天台思想在日本已有相当程度的普及，其布法的源流最早可以追溯到随第十次遣唐使赴日的大福先寺律师道璿，后有鉴真及弟子法进、思托、道忠，以及日僧寿灵、景戒等。[⑤] 鉴真及其弟子，为推动天台宗在日本的传播起到很大作用。简言之，天台宗在日本最初的法脉，有南岳慧思大师转世圣德太子传说、鉴真渡日传法、再到最澄开辟日本天台宗几个阶段。[⑥]

---

① ［日］岩間真知子：『喫茶の歴史』、東京：大修館書店、2015 年、第 82—85 頁。

② 关于最澄的生年，有 766 年和 767 年之说。一乘忠著的《睿山大师传》是了解最澄生平的基础资料，其中载："弘仁十三年岁次壬寅六月四日辰时，于比睿山中道院，右胁而入寂灭。春秋五十六也。"弘仁十三年是公元 822 年，以此倒推，其生年则为神户景云元年，即公元 767年。但是，近年依据"近江国府牒"（国府牒、度缘、僧纲牒）等文书推定，其生年为天平神护二年，即公元 766 年。目前学界多以 766 年出生为准。参见［日］大久保良峻：『伝教大師　最澄』、京都：法藏館、2021 年，第 12—22 頁。

③ 《补内供奉官符》显示，最澄为内供奉的时间为延历十六年（797）十二月十日。参见［日］比叡山専修院附属叡山学院編：『伝教大師全集』（第 5 巻）、大津：比叡山図書刊行所、1926 年、第 104 頁。

④ ［日］田中健夫編：『善隣国宝記・新訂続善隣国宝記』、東京：集英社、2008 年、第 50 頁。

⑤ ［日］英亮：「南都における天台教勢と最澄への影響」、『大谷大学大学院研究紀要』第 37号、2020 年、第 133—163 頁。

⑥ 《日本三代实录》卷八"贞观六年（864）正月十四日辛丑"条载："又天台宗之传于本朝也，昔圣德太子，迎前身旧读之经于南岳；鉴真高僧，赍止观教法而来自西唐；先师最澄，奉诏越海。造道邃和尚而受微言，从顺晓阇梨而学悉地，所求法文二百余卷。"参见［日］経済雑誌社編：『日本三代実録』（国史大系 第四巻）、東京：経済雑誌社、1897 年、第 149 頁。

另外，鉴真本身也是天台宗的执行者，他也希望在日本推广天台宗。[1] 因此，深受天台教义影响的最澄，无论如何也要学到这一新兴教派的精髓。延历二十一年（802），最澄得到桓武天皇的许可，获准入唐求法，并要求他早去早回，不得过期。最澄在唐一共生活八个多月，唐贞元二十年（804）七月入唐，次年五月回国。

最澄的在唐活动轨迹，主要集中在浙江四处：明州、台州、天台山、越州。

1. 最澄在明州

2011 年 7 月 11 日，宁波观宗讲寺举行"最澄入唐上岸圣迹碑"揭碑仪式[2]，其碑文曰："兹乃日本国天台宗鼻祖最澄大师于公元八零四年七月登陆之地也。"观宗讲寺，自宋以后成为天台宗的重要传播基地，在此地立碑，以示纪念。最澄在明州的足迹，通过史料和实物，可以梳理出一条相对清晰的印迹。

唐贞元二十年（804）七月，最澄乘副使石川道益指挥的第二船到达明州界。遣唐使上岸后，明州官员验证其身份，询问来朝目的及相关事项，安置他们吃住行。然后，写成奏文送往长安，等待朝廷答复。八月底，接到朝廷的命令，入明州的遣唐使赴京人员限定为 27人。但是此时，副使石川道益已在明州患病，未能赴京，最终卒于明州，时年四十三。[3]

同样，最澄到达明州后，也患上了疾病，到了九月十二日，病情渐好，准备前往天台山求法。明州地方政府根据他的请求，为其出具了文牒。此牒保留至今，已成为日本国宝，被称为《传教大师入唐

---

① ［日］伊吹敦：「聖徳太子慧思後身説の形成」、『東洋思想文化』第 1 号、2014 年、第 1—27 頁。

② 吴向正：《宁波观宗讲寺举行"最澄入唐上岸圣迹碑"揭碑仪式》，《宁波日报》，2011 年 11月 18 日第 A2 版。

③ 日本朝廷得知石川道益亡于明州后，赠其官为从四位下。《日本后纪》"延历二十四年七月壬辰"条载："是日，遣唐大使从四位上藤原朝臣葛野麻吕授从三位；判官正六位上菅原朝臣清公从五位下；故副使从五位上石川朝臣道益赠从四位下；判官正六位上甘南备真人信影从五位下。道益者，从三位中纳言石足之孙，从五位上人成之子也。略涉书记，颇有才干，美于风仪，卒于大唐明州。朝廷惜之，卒时年四十三。"参见［日］森田悌译：《日本後紀（上）》，東京：講談社、2006 年、第 368 頁。

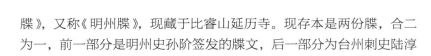

牒》，又称《明州牒》，现藏于比睿山延历寺。现存本是两份牒，合二为一，前一部分是明州史孙阶签发的牒文，后一部分为台州刺史陆淳给最澄回明州时签发的牒。前一部分牒文（见图5）摘录如下：

明州牒

日本国求法僧最澄，往天台山巡礼，将金字《妙法莲花经》等：

金字《妙法莲花经》一部（八卷，外标金字），《无量义经》一卷，《观普贤经》一卷（以上十卷，共一函盛封全。最澄称，是日本国春宫永封，未到不许开拆），《屈十大德疏十卷》，本国《大德诤论》两卷，水精念珠十贯，檀龛水天菩萨一躯（高一尺）。

右得僧最澄状称，总将往天台山供养：供奉僧最澄、沙弥僧义真、从者丹福成。文书钞疏及随身衣物等，总计贰佰余斤。

牒得勾当军将刘承规状称，得日本僧最澄状，欲往天台山巡礼，疾病渐可，今月十五日发，谨具如前者。使君判付司给公验，并下路次县给舡及担送者，准判者谨牒。

贞元廿年九月十二日，史孙阶，牒

司户参军孙万宝①

明州史孙阶签发的日期为九月十二日，最澄等将于"今月十五日发"。另外，他已"疾病渐可"，可见，遣唐使一行在明州已有一段时间。而遣唐使赴京人员在九月一日出发，到达明州后，明州要派人到京城上奏，再带回朝廷圣旨，据《元和郡县图志》卷二十六"江南道二·浙东观察使·明州"条载："（明州）西北至上都三千八百五十里，西北至东都二千九百四十五里。"②往返这样的距离，需要急速行驶，快马

---

① 此牒文录自《传教大师入唐牒》（滋贺县延历寺）藏本，今宁波博物院展出有复制品。关于此牒，最澄自身著的《显戒论缘起》中，也录入了原文，标题为《大唐明州向台州天台山牒一首》，但其中的个别文字，与此《传教大师入唐牒》略有差异。参见［日］比叡山専修院附属叡山学院编：『伝教大師全集』（第1卷）、大津：比叡山図書刊行所、1926年、第268頁；［日］仏書刊行会編纂：『大日本佛教全書』第125册（天台霞標初編卷之一）、東京：仏書刊行会、1913年、第4—5頁。

② （唐）李吉甫撰，贺次君注：《元和郡县图志》（下），北京：中华书局，1983年，第629页。

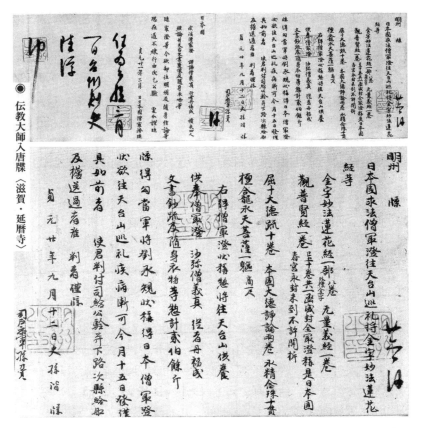

图5 《明州牒》（藏于日本滋贺县比睿山延历寺）

加鞭。同时也可以推算，遣唐使四船七月六日从肥前国松浦郡田浦入海后，第二船应该在七月中旬左右就到达了明州，否则，不可能实现九月一日入京。

最澄等另一批人员，九月十五日离开明州，向南行进，九月二十六日到达台州临海。在台州和天台山生活了将近七个月后，众人于次年四月五日前又返回了明州。

2. 最澄在台州和天台山

最澄于贞元二十年（804）九月二十六日到达临海，十月七日去往天台山国清寺。他之所以绕道临海再往天台，是因为需要有州一级的通行证（公验），否则无法通行。

一到台州临海，最澄首先拜访刺史陆淳，献上随身带来的礼物：金十五两、筑紫斐纸二百张、筑紫笔二管、筑紫墨四挺、刀子一、加斑组二、火铁二、加大（火）石八、兰木九、水精珠一贯。陆淳是个知书达理、廉政清洁的官员，他收下其他九件物品，并将之送给下属，把黄金退还给了最澄。最澄恳请用此金购买纸张，用于抄写《天台止观》。[①] 于是，陆淳把居住在龙兴寺的天台大师道邃介绍给了最澄，并且召集写工，抄写经书。

道邃大师，被称为天台第七祖，最澄在其《内证佛法相承血脉谱》中记有道邃小传，名为《琅琊道邃大师》，其文曰：

> 谨按乾淑记云，释道邃，俗姓王氏，琅琊苗裔，桑梓西京。又行满和上记云，邃座主，自到天台佛陇十年，传说不绝。云云。缘梦诣常州妙乐寺，闻湛然讲，具如行业记。[②]

这段摘录，基本上描绘了道邃的初期生活轨迹。他也是湛然之弟子，贞元十二年（796）登天台山，"居山九年，讲《法华》《止观》《玄文》等，未曾有阙。六时行道，《法华》一部，大小乘戒。日常一遍，未尝不周。二十年，台州刺史请下龙兴讲《法华》《止观》。今年二月，因勾当本国教门，且暂停耳"[③]。此间，陆淳请道邃来龙兴寺讲法，正赶上最澄入台州。

到临海大约十天后，十月七日，最澄一行前往天台山。其行程，自台州临海至唐兴县，天台山在县北一十里。[④] 唐朝的平均行程速度，

---

① ［日］比叡山專修院附属叡山学院編：『伝教大師全集』（第1卷）、大津：比叡山図書刊行所、1926年、第269—270頁。

② ［日］比叡山專修院附属叡山学院編：『伝教大師全集』（第1卷）、大津：比叡山図書刊行所、1926年、第236頁。

③ ［日］比叡山專修院附属叡山学院編：『伝教大師全集』（第1卷）、大津：比叡山図書刊行所、1926年、第274頁。

④ 《元和郡县图志》卷二十六"江南道二·浙东观察使·台州"条载："唐兴县，上。东南至州一百一十里。……天台山，在县北一十里。"参见（唐）李吉甫撰：《元和郡县图志》（下），北京：中华书局，1983年，第628页。

《唐六典》卷三《尚书户部》载："凡陆行之程：马日七十里，步及驴五十里，车三十里。水行之程：舟之重者，泝河日三十里，江四十里，余水四十五里，空舟泝河四十里，江五十里，余水六十里。"[1] 这样的距离，最澄等估计要行三天左右才能抵达天台山。在天台山，最澄向佛龙寺行满禅师学习天台宗教，求得《天台法华宗疏记》等，共计一百二部二百四十卷。[2] 关于行满，《宋高僧传》卷二十二有《宋天台山智者禅院行满传》。另外，当代编写的《国清寺志》中也有一篇行满传，现抄录如下：

行满禅师（735—822）

万州南浦人。年二十，初学禅法于石霜之门。大历三年（768）来国清，从荆溪习止观，深契妙旨。居智者塔院充茶头，后任座主。贞元二十年，日僧最澄来山求法，向他学习台宗教义。长庆二年圆寂，年八十八。著有《涅槃疏》十二卷和《涅槃经音义》《六即义》《学天台宗法门大意》《行满和上印信》等。[3]

可知，行满与道邃都是荆溪尊者、妙乐大师湛然的门徒，且最澄回国时行满授其湛然的遗品。最澄的求法活动不止于此，他还从禅林寺修然那里受牛头禅法、从国清寺惟象阿阇梨受得密教的杂曼荼罗供养法，参拜位于真觉寺的天台大师庙，诵《求法斋文》等。

十一月五日，最澄结束了天台山求法活动，返回台州临海。其在天台山停留的时间并不长，从十月七日至十一月五日，仅一个月左右，其余大部时间都是在临海龙兴寺度过的。但是，最澄回台州临海后，其弟子兼翻译义真并没有同行，而是继续留在天台山，在国清寺抄经。

---

[1] （唐）李林甫撰，陈仲夫点校：《唐六典》，北京：中华书局，2014年，第80页。

[2] 最澄著《显戒论缘起》卷上《台州求法略目录并陆淳词一首》记："向大唐台州佛龙寺求得《天台法华宗疏记》等，合一百二部二百四十卷，其《目录》别有一卷也。"参见［日］比叡山专修院附属叡山学院编：『伝教大師全集』（第1卷）、大津：比叡山图书刊行所、1926年、第276页。

[3] 丁天魁主编：《国清寺志》，上海：华东师范大学出版社，2009年，第227-228页。

同年十二月七日，义真在国清寺受具足戒，并得到《比丘义真戒牒》。^①

最澄回到龙兴寺后，一直从事抄经活动，到次年（805）二月二十日，抄经结束。此时，义真也从天台山返回台州。

三月二日，龙兴寺举行庄严法会，道邃大师在西厢极乐净土院为最澄、义真及唐朝僧人等二十七人顿受菩萨戒。当时的情形，最澄在《内证佛法相承血脉谱》中记："大唐贞元二十一年岁次乙酉（当大日本国延历二十四年乙酉也），春三月二日，初夜二更亥时，于台州临海县龙兴寺西厢极乐净土院，奉请天台第七传法道邃和上，最澄、义真等与大唐沙门二十七人，俱受圆教菩萨戒。"^②这一记录，清楚地再现了当时的受戒场景，同时也可看出道邃和尚的权威和影响。

如今，最澄等受戒的场所及西厢极乐净土院已经得到很好修复，复原了当初的景观。笔者2021年7月到临海龙兴寺考察时，所见龙兴寺西厢极乐净土院坐落于一小院内，对面是一座28.91米高的千佛塔。院子的门楣上写有"极乐净土院"五个大字，院内矗立一座纪念碑，上书"日本国传教大师最澄受戒灵迹"，背面的文字记："大唐贞元二十一年（805）三月二日初夜，于此处台州龙兴寺西厢极乐净土院，天台山修禅寺座主道邃大和上授最澄和尚天台菩萨戒灵迹也。于时1998年8月8日，日本国天台座主255世大僧正渡边惠进。"院内正堂位于中央，门额上书"报恩堂"（见图6）。

堂内正中央供奉道邃和最澄二人塑像，四周墙壁上挂满最澄在临海和天台山时的各种文书复印件，写有九首诗和陆淳的一首送别诗，共十首。另一书法字框写有说明，现摘录如下：

《送最澄上人还日本国》十首诗刊出说明

唐贞元廿一年（805）三月廿一日，临海龙兴寺举行盛大饯别会，用三月初春新茗，欢送日本国入唐求法僧人最澄学成回国。

① ［日］比叡山専修院附属叡山学院编：『伝教大師全集』（第1卷）、大津：比叡山図書刊行所、1926年、第286—287頁。

② ［日］比叡山専修院附属叡山学院编：『伝教大師全集』（第1卷）、大津：比叡山図書刊行所、1926年、第236頁。

图 6　临海龙兴寺西厢极乐净土院报恩堂（笔者摄于 2021 年 7 月）

台州刺史陆淳亲临龙兴寺饯别。陆淳为中唐《春秋》学大师、名儒，本人崇敬佛教，给予最澄巨大支助。台州官员士僧多人也参与饯行。席间，道邃大师临别赠言："今日一别，再会无期，祈愿平安归国，早日开宗，弘扬天台教义，护国利生。"最澄答谢："深切感谢师傅洪恩！深切感谢刺史陆淳的外护和资助！深切感谢台州僧界，乡贤的关爱！"唐时官员聚集唱和，已成习俗。集体作送别诗，已行于官僧之间，也是儒释交流形态之一。饯别会中有官员提议以《送最澄上人还日本国》为题作诗相送。台州刺史陆淳、司马吴顗、临海县令毛涣、广文馆进士全济时、行满和尚等官员士僧十人现场提笔作诗礼送。司马吴顗还为十首诗作序。最澄回国后，把这十首诗，以《台州相送诗》一卷编入《显戒论缘起》上卷。现把诗并序抄录如上，随喜分享！

　　岁次庚子年闰四月吉日　临海龙兴寺

最澄等人返回明州，先是陆淳出具牒文，使其返程顺畅。现今保存下的《传教大师入唐牒》后一部分即为此牒，内容如下：

日本国

求法僧最澄，译语僧义真，行者丹福成，担夫四人。

经论并天台文书、变像及随身衣物等。

牒：最澄等今欲却往明州，及随身经论等，恐在道不练行由，伏乞公验处分，谨牒。

贞元廿一年二月□日，日本国最澄，牒

任为公验

三月一日台州刺史陆淳 印

陆淳发牒的日期是三月一日。最澄在唐期间得到的官方发放的凭证，被称为"公验"。其类型有两类：第一，所谓"过所"，即通行证。其办理程序为，先由本人提交牒，写明事由、人员、随身物品、入境理由等；再由官方（如司户参军、州史）出具牒；最后由刺史签证，入出二纸接贴成一通，再钤本州岛官印"〇州之印"。第二，"得法"之证件。其办理程序为，前部是写经目录、将来目录等，后附本人履历、申请理由等，最后为刺史签证并写出评价，亦贴成钤本州岛官印，类似于如今的毕业证。①

台州友人以诗歌的形式送别最澄，《显戒论缘起》（上卷）中有《台州相送诗》，江户时代成书的《天台霞标》又作《天台师友相送诗集》，共有九首，分别如下。

第一首

重译越沧溟，来求观行经。问乡朝指日，寻路夜看星。

得法心念喜，乘杯体自宁。扶桑一念到，风水岂劳形。

第二首：台州录事参军孟光

往岁来求请，新年受法归。众香随贝叶，一雨润禅衣。

---

① ［日］户崎哲彦：《唐代台州刺史陆淳与日僧最澄（下）——唐诗在日本》，《台州学院学报》2019 年第 2 期，第 1-9 页。

素舸轻翻浪，征帆背落晖。遥知到本国，相见道流稀。

第三首：台州临海县令毛涣

万里求文教，王春怆别离。未传不住相，归集祖行诗。
举笔论蕃意，焚香问汉仪。莫言沧海阔，杯度自应知。

第四首：乡贡进士崔薯

一叶来自东，路在沧溟中。远思日边国，却逐波上风。
问法言语异，传经文字同。何当至本处，定作玄门宗。

第五首：广文馆进士全济时

家与扶桑近，烟波望不穷。来求贝叶偈，远过海龙宫。
流水随归处，征帆远向东。相思渺无畔，应使梦魂通。

第六首：天台沙门行满

异域乡音别，观心法性同。来时求半偈，去罢悟真空。
贝叶翻经疏，归程大海东。何当到本国，继踵大师风。

第七首：天台归真弟子许兰

道高心转实，德重意唯坚。不惧洪波远，中华访法缘。
精勤同忍可，广学等弥天。归到扶桑国，迎人拥海壖。

第八首：天台僧幻梦

劫返扶桑路，还乘旧叶舨。上潮看浸日，翻浪欲陷天。
求宿宁逾日，云行讵隔年。远将干竺法，归去化生缘。

第九首：前国子监明经林晕

求获真乘妙，言归倍有情。玄关心地得，乡思日边生。
作梵慈云布，浮杯涨海清。看看达彼岸，长老散华迎。①

---

① 《台州相送诗》因各个版本有别，个别字略有不同，本文抄自《显戒论缘起》版本中的诗句，参见［日］比叡山専修院附属叡山学院編：《伝教大師全集》（第1卷）、大津：比叡山図書刊行所、1926頁，第269—272頁；［日］户崎哲彦：《唐代台州刺史陆淳与日僧最澄（下）——唐诗在日本》，《台州学院学报》2019年第1期，第1-9页。

除上述九首之外，第十首便是台州刺史陆淳作的诗，题为《送最澄阇梨还日本》，其诗曰：

> 海东国主尊台教，遣僧来听妙法华。
> 归来香风满衣袿，讲堂日出映朝霞。①

这十首诗，只见于日本记载，不见中国史料，《全唐诗》及《全唐文》无载。《显戒论缘起》上卷记录的九首诗，在它的前项是《送最澄上人还日本国叙》，写叙（序）者是台州司马吴顗。第一首诗虽未标明作者，但置于序文后边，应该是吴顗所作。陆淳的诗也载于日本天台僧编撰的文集《天台霞标》卷一中，兼具较高的史学价值。从这些送别诗来看，最澄与在台州接触的官员及僧侣结下了深厚的友谊。

这些诗，无论是从诞生的背景、流传的方式和地域角度，还是从如今所倡导的"唐诗之路"或"浙东唐诗之路"的角度看②，都显得尤为珍贵。作者之中，除了陆淳和行满有记载外，其他均未见史载，他们包括台州司马、录事参军、临海县令、乡贡进士、广文馆进士、前国子监明经以及天台僧人。通过这些人的身份，也可或多或少地窥见当时台州社会的一个侧面。

此外，就诗歌本身的价值而言，其具有独创性。十首之中，"扶桑"出现四次，说明此时，扶桑一词指向日本已固定下来。另外，同样指日本，有"远思日边国"（第四首）、"乡思日边生"（第九首）的表述，还有"征帆远向东"（第五首）、"归程大海东"（第六首）、"海东国主"（陆淳诗）等，足见表达"日本"一词的多样性。

台州龙兴寺，开元年间称开元寺。鉴真东渡过程中曾到访此寺。另外，台州开元寺僧思讬，随其"始终六度，经遇十二年"③，到日本后传播律宗，弘扬天台教义。这次又经过最澄、义真等日僧的求法、修

---

① ［日］仏书刊行会编纂：『大日本佛教全书』第 125 册（天台霞標初編卷之一）、東京：仏书刊行会、1913 年、第 398 頁。
② 林家骊、卢盛江、唐燮军、龚缨晏、方铭：《浙东唐使之路是如何形成的》，《光明日报》，2019 年 6 月 3 日第 13 版。
③ ［日］真人元开著，汪向荣校注：《唐大和上东征传》，北京：中华书局，1979 年，第 93 页。

学，龙兴寺已成为中日佛教文化交流的代表性场所。如今，龙兴寺西厢的"极乐净土院"内竖立的最澄求法纪念碑，如实地记录了一千二百多年前的历史瞬间。

同样，今天的天台山国清寺内也专门划出一个区域，设立几座"中日天台宗祖师显彰碑"①，其中有"天台智者大师赞仰颂碑""最澄大师天台得法灵迹碑""行满座主赠别最澄大师诗碑"。三座碑的正面是赵朴书写的碑文，背面分别是日本天台座主山田惠谛书写的"天台大师碑文""传教大师碑文"和"道邃、行满两座主碑文"，末尾处署名为"公元一九八二年五月日本天台宗总本山比睿山延历寺第二百五十三世天台座主惠谛敬白"。中日祖师碑亭，是日本佛教天台宗为报答祖庭国清寺的恩德、显彰天台宗祖师而设立的。碑亭额上写有"法乳千秋"四个大字。1982 年 10 月 19 日，山田惠谛亲率"祖师碑揭幕访华团"146人到国清寺，与国内各山长老等佛教界 300 多人，举行了隆重的揭幕仪式和报恩法会。②

3. 最澄在越州

贞元二十一年（805）四月初，最澄一行自台州返回明州。他与其他成员会合后，确认离出发日期还有一段时间，又携弟子义真奔向越州请经。于是，明州史孙阶、司户参军孙万宝又给最澄签发一个牒文，以便其顺利通往越州。该牒亦称《明州牒》，全文如下：

大唐明州向越府牒一首

明州牒

准日本国求法僧最澄状称，今欲巡礼求法往越州龙兴寺并法华寺等。求法僧最澄、义真、行者丹福成、经生真立人。

牒得日本国求法僧最澄状称，往台州所求目录之外，所缺一百七十余卷经并疏等。其本今见具足在越州龙兴寺并法华寺。最澄等自往诸寺欲得写取。伏乞公验，处分者使君判伏司住去牒知，仍具状牒上，使者准判者，谨牒。

---

① 丁天魁主编：《国清寺志》，上海：华东师范大学出版社，2009 年，第 359-365 页。
② 郑一民编著：《天台山国清寺导游》，上海：天马图书有限公司，2003 年，第 80-85 页。

贞元二十一年四月六日，史孙阶牒

司户参军孙万宝 [1]

　　这样，最澄又带领弟子等赴越州，目的是抄写在台州未得到的经文并疏。明州发放牒的日期是四月六日。四月八日，明州刺史郑审则又为义真出具了公验，最澄在回国后的上表文中提交一份《大唐明州僧义真公验并遣大唐使公验一首》，其中载僧义真公验：

日本国求法僧最澄

天台受具足戒僧义真

　　牒。僧义真去年十二月七日于大唐台州唐兴县天台山国清寺受具足戒已毕。谨连台州公验请，常州公验印信谨牒，牒件状如前。谨牒。

贞元二十一年四月五日。

求法僧最澄，牒，任为凭据。

四月八日，明州刺史郑审则给 [2]

　　最澄弟子义真，入唐时年二十五岁，担当最澄求法的翻译（译语）。他也在唐兴县（今天台县）国清寺受了具足戒，接受了正宗天台宗法脉。最澄和义真赴越州的目的地是越州龙兴寺和法华寺。此二寺是当时越州著名的寺院。越州龙兴寺，《嘉泰会稽志》卷七"龙兴寺"条载：

龙兴寺

　　宋太始元年建，号香严寺。唐神龙元年，改为中兴寺。神龙二年，改为龙兴寺。初，五王既诛张昌宗兄弟，中宗反正，复唐室，称中兴，故寺观有名中兴者。已而武三思用事，五王及祸，遂以为母子相继，不得言中兴，凡名号有中兴者，皆改易，如此寺是也。然他郡犹有至今谓之中兴寺者，婺之东阳是也。或是初

① ［日］比叡山専修院附属叡山学院编：『伝教大師全集』（第 1 卷）、大津：比叡山図書刊行所、1926 年、第 277—278 頁。

② ［日］比叡山専修院附属叡山学院编：『伝教大師全集』（第 1 卷）、大津：比叡山図書刊行所、1926 年、第 288 頁。

不曾用后诏，或是睿宗以后中兴之名，不可知也。会昌五年毁废。
大中二年，僧契真重建，今废为提举司。①

　　龙兴寺的兴建始于南朝的宋，"太始元年"即公元 453 年，南朝
皇帝刘劭的年号"太初"，从二月至五月，仅使用三个月。神龙元年
（705）改为中兴寺，706 年改为龙兴寺。最澄赴龙兴寺是 805 年，恰
逢其兴盛时期。会昌五年（845）一度被毁，大中二年（848），禹迹
寺契真禅师重建了龙兴寺。② 南宋嘉泰元年（1201）前，寺舍被废为
提举司。

　　《嘉泰会稽志》卷七"大善寺"条文末记载一条信息，说是大善寺
塔下发现一枚石刻，记录的是越州龙兴寺。龙兴寺与龙兴桥相近，南
宋间为提举司官舍。龙兴寺毁于北宋淳化三年（992）十一月，寺塔烧
毁后，后人取废塔所藏舍利佛骨，加上其他舍利，藏于大善寺塔下。③
龙兴寺今已无存，那么，它位于何处呢？

　　《嘉泰会稽志》卷十一载："龙兴桥在府城东南，以龙兴寺故名。"④
由此可知，龙兴桥在龙兴寺旁，位于越州府东南，因龙兴寺而得名。
1893 年绘制的《绍兴府城衢路图》有"隆兴桥"的位置，隆兴，即龙兴
也。隆兴桥在清末尚存，新中国成立初期还有，现已湮灭不见。2021
年 8 月初，笔者在《越城古寺》主编金水福先生的陪同下，寻访龙兴
寺，又考察了大善寺和法华寺遗址。依据《绍兴府城衢路图》中龙兴
桥的位置，基本确定了如今龙兴寺所在的地理位置，位于今秋瑾纪念
碑南几百米的解放北路西侧一带，即今供销大厦及其以南的地段，公

---

① （宋）施宿等撰：《嘉泰会稽志》，台北：成文出版社，1983 年，第 6277 页。

② （宋）施宿等撰：《嘉泰会稽志》卷十五《禹迹寺契真禅师》，台北：成文出版社，1983 年，
第 6446 页。

③ 《嘉泰会稽志》卷七"大善寺"条文末载："寺有塔，亦俱焚。或发其塔中地，得石刻，乃越
州龙兴寺。宋太始元年、唐大中元年造塔。大宋淳化三年十一月火焚，塔寺俱尽。景德元年重
建。石刻中间多断阙，不可尽读。案龙兴寺与今龙兴桥相近，或谓提举廨舍是也。疑龙兴塔既
焚，后人取废塔所葬舍利佛骨，益以他舍利，葬于大善塔耳。以栋上字观之，则大善自建寺以
来，未尝有被焚之事，亦未尝名龙兴也。"（宋）施宿等撰：《嘉泰会稽志》，台北：成文出版社，
1983 年，第 6264 页。

④ （宋）施宿等撰：《嘉泰会稽志》，台北：成文出版社，1983 年，第 6354 页。

交车"供销大厦"站往西几十米处。如今的建筑是"白头主题酒店"和"供销大厦办公楼"以及它们的院落。马路对面是"五星电器"店，这个位置是原来的龙兴桥。尽管最澄求法时的龙兴寺已消失，但至今仍能确认其历史空间。

越州法华寺，初名为"天衣寺"。天衣寺，又称法华精舍、法华寺，它是唐时越州府著名的戒坛，现不存，旧址位于今绍兴市越城区鉴湖街道秦望村，秦望山西北麓（见图7）。① 法华寺地处山中，三面环山，出入只有一条通道，景色秀丽，置身于绿水青山中。其位置在越州城以南，距离城区约15公里。如今，其附近修建一座小水库，谓之"天衣寺水库"。法华寺遗址，仍能清晰可辨，其原址处立有两座碑，一曰"法华寺碑"，上书"绍兴县重点文物保护单位，绍兴县人民政府一九八七年七月二十四日公布，南池乡人民政府立"；另一座碑是复刻的括州刺史李邕写于开元二十三年的《秦望山法华寺碑并序》。天衣寺遗址被杂草覆盖，地面散落着被废弃的碎石，石块中夹杂着汉白玉大理石，从中可以看出其曾经的辉煌。另外，通过入口处的台阶和高处地面上的基石、柱石，也能清晰地辨认出寺院的痕迹。

法华寺始建于东晋义熙十三年（417），建寺缘起于高僧昙翼在秦望山西北结庐为庵。关于昙翼及建法华寺的记载，最早出现在南朝梁僧慧皎撰《高僧传》卷十三《兴福》"宋山阴法华山释僧翼"条：

> 释僧翼，本吴兴余杭人。少而信悟，早有绝尘之操。初出家止庐山寺，依慧远修学，蔬素苦节见重门人。晚适关中，复师罗什。经律数论，并皆参涉。又诵法华一部。以晋义熙十三年与同志昙学沙门俱游会稽，履访山水，至秦望西北，见五岫骈峰有耆阇之状，乃结草成庵，称曰法华精舍。太守孟顗、富人陈载，并倾心拥得赞助成功。翼蔬食涧饮三十余年，以宋元嘉二十七年卒，春秋七十。立碑山寺，旌其遗德，会稽孔逭制文。②

---

① 参见绍兴市越城区政协文化文史和港澳台侨委员会、绍兴市越城区民族宗教事务局编写的《越城古寺》2019年版第177页。
② （梁）释慧皎撰，汤用彤校注：《高僧传》，北京：中华书局，1992年，第483页。

图 7　越州法华寺遗址（笔者摄于 2021 年 8 月）

由此可知，法华寺的建立缘起于僧人昙翼，他初出家于庐山寺，师从慧远，后赴关中求学于鸠摩罗什，精通经律论，又诵《法华》一部，在会稽太守孟顗和富人陈载的帮助下，正式建立法华寺。到了唐朝，由于越州特殊的地理位置和卓越的文化背景，法华寺越来越受到世人瞩目，文人墨客、游历法者甚众。法华寺这种兴盛的景象，主要可以通过三个角度概括如下：

第一，僧人昙翼的佛教影响。

以《高僧传》记载昙翼的事迹为开端，其他佛教类传记著作中均承袭了这一重要记载，他与法华院的因缘陆续出现在《宋高僧传》《法华经显应录》《佛祖统纪》等。在后世的文献记述中，甚至给昙翼与法华寺的缘起中加入了新的成分，演绎成一套完整的灵验故事。南宋宗晓著《法华经显应录》卷上"天衣飞云大师"条记，昙翼到秦望山后，有一女子身披彩服，手携筼笼，内有白豕一只，大蒜两根。女子立于昙翼前泣曰："妾山前某氏女，入山采薇，路逢猛虎，奔遁至此。日已

夕，草木阴翳，豺狼纵横，归无生理，敢托一宿，可乎？"昙翼有些
怀疑，不从。女子则两泪哀鸣，称腹疼痛。昙翼无奈，投药治疗，女
子痛益甚，叫不绝声曰："傥得师为我案摩脐腹间，庶得少安，不然即
死。佛法以慈悲方便为本，师忍坐观不一引手见救耶？"师曰："吾大
戒僧，摩娑女身，此何理也！"但因女子恳求之切，昙翼即以巾布裹
锡杖头，遥以案摩。次日，女子出庭时，"以彩服化祥云，豕变白象，
蒜化双莲，女子足蹑莲华，跨象乘云"，对法师说："我普贤菩萨也，
以汝不久当归我众，特来相试。观汝心中如水中月，不可污染。"言
罢，缥缈而去。通过这样的灵异故事，更加具体化了昙翼建法华精舍
的细节，甚至以其修持《法华经》的故事为契机，到了唐朝出现了普贤
菩萨女身示化的传说。① 同样的内容，在《佛祖统纪》卷二十六《净土
立教志》及卷三十六《法运通塞志》中都有较详细的记录。

　　第二，唐人为法华寺作的碑文。

　　法华寺名扬海内外的碑铭，当属"尤长碑颂"的李邕② 所作《秦望
山法华寺碑并序》，其中载："法华者，晋义熙十三年，释昙翼法师之
所建也。师初依庐山远公，后诣关中罗什，深入禅慧，尤邃佛乘，虽
礼数抠衣，而名称分坐。与沙门昙学俱游会稽，觌秦望西北山，其峰
五莲，其溪双带。气象灵胜，林壑虚闲。比兴耆阇，营卜兰若。羞涅
槃食，纳如来衣。专精法华，永言实意。感普贤菩萨，为下俚优婆，
提狝子于竹筐，寄释种于蓬室。师以缩屋未可，枕屉乃明，移出树间，
延入舍下。及杲日初上，相光忽临。乘六牙，卫八部。胜幡虹引，妙
乐天迎。翩跹腾云，遥裔上汉。师想望太息，沈音永怀。叶公好龙，
已遇真物。罗汉测佛，未了圣心。于是苦行自身，炯诚通梦。宛如昔
见，弥恨前非。象劝持经，尝难其语；鸟来听法，不易其人。矧乃摄
以蜂王，吼以师子。礼谒者揥其裳袂，赞欢者和其风雷。时太守孟顗，

---

① 　何剑平：《中土〈法华经〉普贤菩萨女身示化考——以东晋僧昙翼持诵〈法华经〉感普贤之故
事为中心》，《中华文史论丛》2013 年第 4 期（总第 112 期），第 343-398 页。
② 　《旧唐书》卷一百九十中《李邕》载："初，邕早擅才名，尤长碑颂。虽贬职在外，中朝衣冠
及天下寺观，多赍持金帛，往求其文。前后所制，凡数百首，受纳馈遗，亦至钜万。时议以为
自古鬻文获财，未有如邕者。"

以状奏闻，以为寺。"[1] 这一碑文，为后世了解法华寺和丰富法华寺的缘起奠定了基础，尤其是增添了普贤乘六牙白象，化为民女考验昙翼的情节。

唐时，越州法华寺与城府开元寺并列为两大戒坛。今存著名的文献是万齐融写于 756 年的《法华寺戒坛院碑》。碑文记录了一个居住法华寺的高僧玄俨，居住法华三十载，有众多当朝权贵待之以礼，如"洺州刺史徐峤之、工部尚书徐安贞，咸以宗室设道友之敬。国子司业康希铣、太子宾客贺知章、朝散大夫杭州临安县令朱元慎，亦以乡曲具法朋之礼。开元二十六载，恩制度人。采访使润州刺史齐汗、越府都督敬诚、采访使卢见义、泗州刺史王弼，无不停净境，禀承法训"[2]。玄俨除亲传法印外，另有门人三千，弟子五百，影响致远。

第三，有关法华寺的诗歌。[3] 唐朝时，越州法华寺不仅与天台法华宗息息相关，更是官员及僧侣游览和巡礼之佳处。睿宗景云元年（710），以文词知名的宋之问[4] 改越州长史，访问秦望山，巡游法华寺，作《游法华寺》诗两首。824 年，唐朝著名文人元稹和白居易都作有一首《题法华山天衣寺》。834 年，李绅作《题法华寺五言二十韵》诗。此外，还有皇甫冉《奉和独孤中丞游法华寺》、严维《宿法华寺》、吴融《题越州法华寺》等诗。其中，白居易的诗曰：

> 山为莲宫作画屏，楼台迤逦插青冥。
> 云生座底铺金地，风起松梢韵宝铃。
> 龙喷水声连击磬，猿啼月色闲持经。
> 时人不信非凡境，试入玄关一夜听。

---

① （清）董诰等编：《全唐文》（第三册），北京：中华书局，1983 年，第 2664-2665 页。

② （清）董诰等编：《全唐文》（第四册），北京：中华书局，1983 年，第 3392-3394 页。

③ 2006 年，绍兴秦望胡家塔村人周国祥先生著有《绍兴"灵隐"——天衣寺》一书，2020 年第三次再版书名为《绍兴千年古刹——天衣寺》。该书中收录有唐朝于良史、元稹、白居易、方干、黄甫冉、宋之问等的众多诗文、壁题等。另外，周国祥又在 2019 年著《民间传说在秦望》一书，里面第三章为"天衣寺"，同样收录历代诗词歌赋、壁题楹联，详见第 95-131 页。

④ 关于宋之问，两《唐书》均有其传，《旧唐书·宋之问传》："弱冠知名，尤善五言诗，当时无能出其右者。"另外，宋之问之诗才，《旧唐书》列传第一百四十《沈佺期传》载："佺期善属文，尤长七言之作，与宋之问齐名，时人称为沈宋。"

　　白居易的诗，以写景抒情为重点，从中可看出，最澄到越州之前法华寺的壮丽景观，"山""云""风""水"与"楼台"相映，简直是一个"非凡境"。这些都充分说明越州法华寺在佛教中的地位。

　　此外，关于法华寺（天衣寺）在唐时的规模及所藏宝物，有昭明太子萧统所赐金缕木兰袈裟一件，梁武帝赐四件宝：昙翼顶戴紫檀十二面观音；红银藻瓶一对；红琉璃钵一副；金铜维卫佛像一尊。这五件宝物，至南宋嘉泰年间（1201—1204）仍存，《嘉泰会稽志》"天衣寺"条载"至今具在"。天衣寺的景观，"寺有十峰堂，以山之十峰为堂名。山下又有双涧，故曾文清公诗云：布袜青鞋踏欲无，看山看水未成疏。十峰双涧尤奇处，万壑千岩总不如"①。然而，最澄到越州后在此寺活动情况，史料无载，细节不清。

　　最澄赴越州，最大的收获是遇到了顺晓和尚。他到越州龙兴寺后，得知顺晓在镜湖之东的峰山道场，于是带领义真前往求教。最澄在峰山道场求法的行迹，主要出自他的记录，另有一份现存日本的国宝，即最澄真迹的《越州录》，几份史料分别如下：

大唐泰岳灵岩寺顺晓阿阇梨付法文一首

　　毗卢舍那如来三十七尊曼荼罗所

　　……

　　灌顶传授三部三昧耶、阿阇梨顺晓，图样契印法。

　　大唐贞元二十一年四月十八日。

　　泰岳灵岩寺大德内供奉沙门顺晓，于越府峰山顶道场，付三部三昧耶，牒弟子最澄。②

越州录（卷末《传教大师将来目录》）

　　右件念诵法门等并念诵供养具样等。向越府龙兴寺，诣顺晓和上所。即最澄并义真，逐和尚到湖镜东峰山道场。和上导两僧

---

① （宋）施宿等撰：《嘉泰会稽志》，台北：成文出版社，1983年，第6273-6274页。

② ［日］比叡山専修院附属叡山学院编：『伝教大師全集』（第1卷）、大津：比叡山図書刊行所、1926年、第279—280頁。

治道场，引入五部灌顶曼荼罗坛场。现蒙授真言法。又灌顶真言水。便写取右件念诵法门并供养具样。……①

显戒论缘起（开头部分的注释）

最澄、义真等延历末年，奉使大唐。寻道天台，谨蒙国德，台州得到即当州刺史陆淳，感求法成，遂付天台道邃和上。和上慈悲，一心三观传于一言，菩萨圆戒，授于至信。天台一家之法门已具。又明州刺史郑审则，更遂越州，令受灌顶。幸遇泰岳灵岩寺顺晓和上。和上镜湖东岳峰山道场，授两部灌顶，与种种道具。受法已毕，还归船所。②

由此可知，贞元二十一年（805）四月十八、十九日，顺晓和上于越州峰山道场授最澄三部三昧耶密教灌顶。另外，从越州龙兴寺住持寂照阇梨回给顺晓的信件《大唐越州龙兴寺寂照阇梨书一首》中得知，顺晓写信并派僧人超素携带"金七两"赴越州购买密教法器，以便给最澄带回日本。寂照在信中称最澄和义真为"日东二大德"。③

但是，由于历史变迁，镜湖之东的"峰山道场"到了近代已荡然无存，无人知晓其历史踪迹。而且，中国史料中也见不到"镜湖东岳峰山道场"对应的记载，它究竟位于何处，长期以来一直不明。

然而，20世纪90年代有了新发现。起因是，1995年12月，当时浙江省旅游局访问日本天台宗大本山比睿山时，日本天台学者野本觉成等委托中方寻找越州龙兴寺、峰山道场的地理位置。以此为契机，经绍兴市有关部门的调研，最终确认了峰山道场的位置，同时也得到

① ［日］比叡山専修院附属叡山学院編:『伝教大師全集』（第4卷）、大津: 比叡山図書刊行所、1926年、第715—716頁。
② ［日］比叡山専修院附属叡山学院編:『伝教大師全集』（第1卷）、大津: 比叡山図書刊行所、1926年、第35頁。
③ ［日］比叡山専修院附属叡山学院編:『伝教大師全集』（第1卷）、大津: 比叡山図書刊行所、1926年, 第278—279頁。

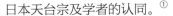

日本天台宗及学者的认同。①

峰山道场位于今绍兴市上虞区曹娥街道梁巷村境内东北方，104
国道北侧 300 米，市郊人民西路南侧 200 米，东临曹娥江，古为百官
度西岸泊船处。峰山海拔高 40.4 米，东西长近 230 米，南北宽近 180
米。顺晓和尚初在山东灵岩寺弘法，后到峰山修研佛教，故此处称为
"峰山道场"。笔者于 2021 年 5 月 1 日去峰山道场考察时，采访了道
场负责人梁宝兴先生。他是道场发现和重建过程中的重要见证人，现
为"绍兴市上虞区曹娥街道峰山道场"的场所负责人。道场山下，现
已建成一座规模适中的寺院，正面为"天王殿"，建成于 2010 年，殿
前立有奠基碑，上书："日本天台宗上虞峰山道场，奠基，日本天台宗
宗务厅、上虞市人民政府 1996 年 6 月立。"寺院后院有一条通往小山
的道路，山顶上便是峰山道场，上面立有日本天台座主渡边惠进立于
1997 年的"传教大师最澄峰山受法灵迹碑"（见图 8）。再往上便是山
顶，山顶处建有一屋一亭，屋室内是一尊修复的巨大佛头，亭额上书
写"香烛亭"三字。

最澄峰山受法灵迹碑的背面，刻有时任浙江省中日关系史学会副
会长林正秋先生撰写的《峰山道场碑记》，全文如下：

> 峰山，又名丰山，位于上虞市西郊，古为浙东水陆要津。唐
> 密宗名僧善无畏再传弟子顺晓阿阇梨在此布教，峰山遂成为密宗
> 著名道场。
>
> 唐贞元二十年九月，日本传教大师最澄入唐求法，从明州上
> 岸至天台山取经。先后跟随修禅寺道邃、佛陇寺行满、禅林寺修
> 然、国清寺惟象等大师修学圆教，天台宗与牛头禅；次年四月传
> 越州龙兴寺至峰山，从泰岳灵岩顺晓大师习学密教真言，受密宗
> 灌顶。学毕返国，于比叡山开创日本天台宗。唐会昌法难，峰山
> 道场被毁。

---

① ［日］野本覚成：「最澄受灌頂『峰山道場』の発見—中国浙江省上虞市百官鎮—」（特集
　日本の遣唐使——波濤万里・長安を目指す）、『アジア遊学』第 4 号、1999 年、第 166—175
　頁；陈公余、［日］野本覚成：『聖地天台山』、東京：佼成出版社、1996 年。

图8　传教大师最澄峰山受法灵迹碑（笔者摄于2021年5月）

　　一九九五年，日本天台宗宗务厅委托浙江省旅游局何思源先生寻求密宗受法圣地。何先生登山涉水，遍访浙东佛寺，查阅中外史志，历时两载，在上虞市人民政府鼎力支持下，率上虞市旅游局同仁，终于证实此处即为古峰山。旋经日本天台宗宗典编辑长野本觉成数次组织论证，始获认可。今上虞市府将峰山道场遗址列为文保单位，携民众齐力爱护，僧民同心，修葺圣地，重现光辉，愿中日友谊，世代绵长。
　　丁卯春　林正秋撰于杭州

　　峰山道场被发现后，引起较大反响。1997年3月26日，《人民日报》（海外版）以《最澄求法密宗在上虞峰山》为题进行了报道。此后，日本各大媒体也纷纷报道。1997年12月24日，上虞市人民政府发布"关于公布百官镇梁巷村峰山道场遗址为市级重点文物保护单位的通知"（虞政发〔1997〕124号），将峰山道场列为市级文保单位。
　　最澄于五月五日前返回明州，在越州总共不足一个月。回明州后，五月五日，最澄从明州县檀那行者江秘那里受得"普集坛"及"如

意轮坛"。最澄著《内证佛法相承血脉谱》中载有"大唐明州檀那行者
江秘",其文曰："大唐贞元二十一年五月五日。大唐国明州檀那行者
江秘。留传此普集坛并如意轮坛等。往日本国讫。付法行者。大唐明
州县廊里江第十二郎。"最澄还记录了"大唐开元寺灵光和上"一项，
该项载："大唐贞元二十一年五月五日。明州开元寺西厢法华院灵光和
上。传授军荼利菩萨坛法并契像等。"[1] 由此可知，最澄在明州期间，仍
接受密教传承，学到新的佛教知识。

　　临行前，五月十五日，明州刺史郑审则为最澄写一封印信，《明州
刺史郑审则之词》中写道："最澄阇梨，性禀生知之才，来自礼义之国。
万里求法，视险若夷，不惮难劳，神力保护，南登天台之岭，西泛镜
湖之水，穷智者之法门，探灌顶之神秘，可谓法门龙象，青莲出池。"[2]
郑审则给予最澄高度评价，同意其持大乘之法传播日本国。

　　遣唐使人员在明州会合后，贞元二十一年（805）五月十八日，
二船从明州起航，驶向东海。最澄在《显戒论缘起》中描写道："受法
已毕，还归船所。大使处分，乘第一船。遂解藤缆于望海，上布帆于
西风。鹢旗东流，龙船着岸。"[3] 按照大使藤原葛野麻吕的吩咐，最澄乘
坐第一船。另外，从"解藤缆于望海"一句，可知使船离开明州时，起
航地是"望海"[4]。自明州望海镇驶向东海，海上航行十几天，六月五日
到达对马岛下县郡阿礼村。

　　最澄在唐求法不足一年，接受了天台、密宗、禅宗及大乘戒法

---

① ［日］比叡山専修院附属叡山学院編：『伝教大師全集』（第1卷）、大津：比叡山図書刊行
所、1926 年、第 246 頁。

② ［日］比叡山専修院附属叡山学院編：『伝教大師全集』（第1卷）、大津：比叡山図書刊行
所、1926 年、第 281 頁。

③ ［日］比叡山専修院附属叡山学院編：『伝教大師全集』（第1卷）、大津：比叡山図書刊行
所、1926 年、第 35 頁。

④ "望海"即今日宁波市镇海区，唐时称望海镇，宋《宝庆四明志·沿革论》载："大历六年省
翁山，海壖旧置望海镇。元和十四年从薛荣言，不隶明州。"以此，常以为望海镇设置于元和
十四年，实则大约在唐大历年间（766—779）便设望海镇。但是，对于望海镇设立的准确时间，
不太清楚，民国《镇海县志·建置沿革考》："宝庆志但言旧置，不详何年，约当大历前后。"参见
洪锡范等修，王荣商等纂：《镇海县志》卷四十五，台北：成文出版社，1931 年，第 92 頁。

的传授，即所谓"圆、密、禅、戒"的"四宗相承"①。最澄总共带回日本经书章疏二百三十部四百六十卷。其中，从台州求得一百二十八部三百四十五卷，从越州取本抄经并念诵法门部合一百二部一百一十五卷②。

四、空海与大唐密教

1. 长安求法之路

空海（774—835），入唐时的年龄为 31 岁。空海乘大使指挥的第一船，遇风浪漂到福州长溪县赤岸镇以南海口，时间为贞元二十年（804）八月十日。一行人从抵达，到十一月三日赴京，这两个多月的时间里，几经周折。使船刚上岸时，赤岸镇的镇将杜宁、长溪县的县令胡延沂等相迎，但是，对于这突如其来的遣唐使，他们不敢擅自接待。这次遣唐使船着陆地与以往不同，以前多为苏州或扬州一带着陆，因此，福建地方官员未处理过类似事件，不知如何应对，只告诉他们"当州刺史柳冕，缘病去任，新刺史未来"③。

于是，第一船向福州移动，十月三日到达福州，新到任的观察使兼刺史阎济美开始并没有做出处理，也许是藤原大使的意思未能准确传达。接下来，大使委托空海替自己写一封信，请求观察使给予放行，妥善安置遣唐使人员并让他们进京。空海在《为大使与福州观察使书》中写道："又建中以往，入朝使船，直着苏杨，无飘荡之苦。州县诸司，慰劳殷勤，左右任使，不检船物。今则事与昔异，遇将望疏，底下愚人，窃怀惊恨。伏愿，垂柔远之惠，顾好邻之义，从其习俗，不怪常风。"④空海代笔的文书，有理有据，情感交融，一下子说服了阎济美。他开始接待遣唐使，当时的情形，空海在《御遗告》中描述道：

① 杨曾文：《日本佛教史》，北京：人民出版社，2008 年，第 104 页。

② ［日］比叡山専修院附属叡山学院編：『伝教大師全集』（第 4 卷）、大津：比叡山図書刊行所、1926 年、第 705 頁。

③ ［日］森田悌訳：『日本後紀』（上）、東京：講談社、2006 年、第 361 頁。

④ ［日］渡邊照宏、宮坂宥勝校注：『三教指帰 性霊集』（新日本古典文学大系 71）、東京：岩波書店、1965 年、第 269—271 頁。

　　　　吾作书样替于大使呈彼洲长，披览含咲，开船加问。即奏长
　　安，经三十九个日，给于洲府力使四人，且给资粮。洲长好问，
　　作借屋十三烟令住。①

　　观察使兼刺史阎济美含笑阅览了空海代笔的书信，上船询问，上
奏长安，为日本遣唐使人员供给食物，并且还提供了住处"十三烟"。
尽管如此，阎济美上奏朝廷后，批准入京的人数仅许二十二人，其中
没有空海。为此，空海又给阎济美写一封信《请福州观察使入京启》，
请求批准入京。空海陈述了自己入京的理由，学习佛教，留学年限为
二十年，"限以廿年，寻以一乘。……伏愿，顾彼弘道，令得入京"②。
刺史阎济美接受了空海的请求，"且奏，且放二十三人入京"③。这样，
空海与大使藤原葛野麻吕、留学生橘逸势等一同入京，开始了学习佛
教的生活。

　　留学长安的空海，起初与大使等度过一段时间，共同参与一些外
事活动，还替大使写了《为藤大使与渤海王子》。遣唐使成员离京后，
他从居住的宣阳坊移到了西明寺。此时，空海在青龙寺遇到人生中最
重要的导师，即内供奉禅师惠果大阿阇梨。空海在其《遗告真然大德
等》中写道：

　　　　去延历二十三年五月十二日入唐，大使贺能大夫达向者归
　　国，惟延历二十四年电时也。爰少僧并橘大夫准敕留学，即少僧
　　遇上都长安青龙寺内供奉十禅师惠果大阿阇梨。沐五智灌顶，学
　　胎藏金刚两部秘密法，及读毗卢遮那金刚顶等二百余卷并诸新译
　　经论，唐梵合存。④

　　大使贺能等人，先行回国，"少僧"是空海的自称，"橘大夫"指

① ［日］祖风宣扬会编：『弘法大师全集』（第二辑）、東京：吉川弘文館、1910 年、第 784 頁。
② ［日］渡邊照宏、宫坂有勝校注：『三教指帰　性霊集』（新日本古典文学大系 71）、東京：岩波書店、1965 年、第 271 頁。
③ ［日］森田悌訳：『日本後紀』（上）、東京：講談社、2006 年、第 362 頁。
④ ［日］祖风宣扬会编：『弘法大师全集』（第 5 － 7 辑）、東京：吉川弘文館、1910 年、第 850 頁；［日］長谷寶秀編纂：『弘法大師傳全集』（第一卷）、東京：ピタカ、1977 年、第 23 頁。

的是留学生橘逸势。空海不只在西明寺学习，还周游长安各地的寺院，在长安的醴泉寺学于般若三藏。空海在《秘密漫荼罗教付法传》中写道："贫道，大唐贞元二十二年，于长安醴泉寺闻般若三藏及牟尼室利三藏南天婆罗门等说，是龙智阿阇梨今见在南天竺国传授秘密法等。"此处记的"贞元二十二年"，当为贞元二十一年（805）之误。贞元二十一年八月改元为永贞，次年改为元和，贞元二十二年为元和元年。[①] 然而，空海在归国后递交给朝廷的《御请来目录》中，记载了当时去青龙寺拜见惠果的过程，并描述了二人见面时惠果的第一句话，文曰：

> 空海与西明寺志明、谈胜法师等五六人同往见和尚。和尚乍见含笑欢喜告曰："我先知汝来，相待久矣。今日相见，大好，大好！报命欲竭，无人付法，必须速办香花入灌顶坛。"即归本院，营办供具。[②]

空海去青龙寺见惠果，并非偶然，惠果知道空海要来，也是"相待久矣"。在长安期间，空海多处求教，也应当早已知晓惠果和尚。从此，空海便跟随惠果学法。贞元二十一年六月上旬，惠果于青龙寺东塔院道场为其授三昧耶戒、受明灌顶、胎藏灌顶。七月上旬，接受金刚界五部灌顶。八月上旬，受传法阿阇梨位灌顶、遍照金刚灌顶。八月，惠果还唤供奉丹青李真等十余人，图绘胎藏界、金刚界大曼荼罗等十一幅以授空海，唤供奉铸博士赵吴新造法具十五，又让写经生书写《金刚顶经》等经论章疏，同时，空海向惠果献袈裟、柄香炉。

惠果传法已毕，临终前嘱托空海，尽早回国，将密教传之东国。空海在《御请来目录》中写道：

> 请归本乡，流传海内。才见汝来，恐命不足，今则授法有在经像功毕，早归乡国，以奉国家，流布天下，增苍生福。然则四

---

① ［日］渡邊照宏、宮坂宥勝：『沙門空海』、東京：筑摩書房、1993 年、第 102 頁；［日］長谷寶秀編纂：『弘法大師全集』（第一卷）、東京：吉川弘文館、1910 年、第 55 頁。

② ［日］祖風宣揚会編：『弘法大師全集』（第一輯）、東京：吉川弘文館、1910 年、第 98—99 頁。

海泰，万人乐，是则报佛恩，报师德，为国忠也，于家孝也。义明供奉此处而传，汝其行矣传之东国，努力、努力！[①]

十二月十五日，惠果和尚示寂，年六十。元和元年（806）一月十七日，空海在惠果的众多弟子中被选为碑文撰写者，他接受了重任。[②] 空海为惠果撰写的墓碑，实物现已无存，但文章收录在其著作《遍照发挥性灵集》中，标题为《大唐神都青龙寺故三朝国师灌顶阿阇梨惠果和尚之碑》，后署名为"日本国学法弟子苾刍空海撰文并书"。墓志写道：

> 和尚掩色之夜，于境界中，告弟子曰："汝未知吾与汝宿契之深乎！多生之中，相共誓愿，弘演密藏，彼此代为师资，非只一两度也。是故，劝汝远涉，授我深法，受法云毕，吾愿足矣。汝西土也接我足，吾也东生入汝之室。莫久迟留，吾在前去也。"[③]

空海回顾了惠果临终前的嘱托，要求他早日回日本传法，这也是促使空海提前归国的一个重要原因。空海所受的密教，自诞生以来，从印度至大唐，历经七世，上自高祖法身毗卢遮那佛大日如来，下至青龙寺惠果阿阇梨，嫡嫡相继，迄今不绝。空海在《秘密漫荼罗教付法传》中记载了密教七世传法祖师的名录及其简历，七祖师分别为：大日如来、金刚萨埵、龙猛、龙智、金刚智、不空、惠果。[④] 惠果（746—805），是密教第七世祖师，自幼出家，初以青龙寺圣佛院的云贞为师，后师事不空，20岁受具足戒，受法密教《金刚顶经》。后又于善无畏门下玄超授《大日经》法系。因此，惠果是密教法系中的集大成者，他为日本弟子空海授法已毕，希望他早日回国弘扬密教于东土。

空海留学计划，原定是二十年。他要回国，必须等到下次日本使

① ［日］祖風宣揚会編：『弘法大師全集』（第一輯）、東京：吉川弘文館、1910 年、第 100—101 頁。

② ［日］武内孝善：『弘法大師空海の研究』、東京：吉川弘文館、2006 年、第 320—324 頁。

③ ［日］渡邊照宏、宮坂宥勝校注：『三教指帰　性霊集』（新日本古典文学大系 71）、東京：岩波書店、1965 年、第 205 頁。

④ ［日］祖風宣揚会編：『弘法大師全集』（第一輯）、東京：吉川弘文館、1910 年、第 4—5 頁。

来后才能返程。但是，大约一年后，遣唐使判官高阶远成指挥的第四船成员来到长安，空海提出回国请求。此时，留学生橘逸势也欲回国。于是，空海写了两封文书，一封是自己回国的申请，题为《与本国使请共归启》，提出自己"二十年之功兼之四运，三密之印贯之一志"，若不早日归国，将"黄发何为"。① 第二封信是替橘逸势写的，题为《为橘学生与本国使启》，其中写道："留住学生逸势启。逸势，无骥子之名，预青衿之后。"称其不懂汉语，又进不去大学，从日本带来的学费基本花完，余下的"仅以续命，不足束修读书之用。若使，专守微生之信，岂待廿年之期"②。橘逸势也掌握了一定的技艺，故请求不待二十年的留学期满，提前回国。

为此，准备回国的第四船判官高阶远成上奏朝廷，求问归国事宜，《旧唐书》卷一百九十九上《东夷·日本》载："贞元二十年，遣使来朝，留学生橘免势、学问僧空海。元和元年，日本国使判官高阶真人上言：'前件学生，艺业稍成，愿归本国，便请与臣同归。'"③ 这样，空海和橘逸势获准提前回国，随高阶远成离开了长安。

空海在唐近两年，在他离开前，唐朝友人赋诗送别，赠以文辞。唐人为空海作的诗歌一共有七首，其中离合诗二首、送别诗五首。二首离合诗的作者分别是马揔和胡伯崇，作于长安，而五首送别诗则是空海离开长安后，于江南出发前得到的诗文赠礼。④

唐元和元年（806）四月，空海一行途经越州。在越州期间，空海为求得更多典籍，致书越州节度使，请求给予支持。他在《与越州节度使求内外经书启》中写道："三教之中，经、律、论、疏、传记，

---

① ［日］渡邊照宏、宮坂宥勝校注：『三教指帰　性霊集』（新日本古典文学大系71）、東京：岩波書店、1965年、第279頁。

② ［日］渡邊照宏、宮坂宥勝校注：『三教指帰　性霊集』（新日本古典文学大系71）、東京：岩波書店、1965年、第281頁。

③ 两《唐书》中将橘逸势写作"橘免势"。

④ 关于这些诗的创作地点，学界尚无定论，例如，卢盛江认为，空海作《离合诗》和马揔送诗，都应该是在福州。而王勇则认为，离合诗作于长安，送别诗作于越州。笔者赞成王勇的观点。参见卢盛江：《空海入唐——佛学之旅与文学之旅》，《文史知识》2009年第1期，第96-101页；王勇：「空海に贈られた唐人の送別詩」、『アジア遊学』第27号、2001年、第83—93頁；王勇：《唐人赠空海送别诗》，《文献》2009年第4期，第154-161页。

乃至诗、赋、碑、铭、卜、医、五明，所摄之教，可以发蒙济物者，多少流传远方。"① 由此看出，空海所指的"内外经书"，不仅指佛教方面的典籍，还包括儒学、文学、医学、天文等各个领域。另外，在此期间，越州朱千乘、朱少端、郑壬和诗僧昙清、鸿渐等各方人士纷纷作诗相送。其中"前试卫尉寺丞"朱千乘作《送日本国三藏空海上人朝宗我唐兼贡方物而归海东诗序》五言律诗、"越府乡贡进士"朱少端作《送空海上人朝谒后归日本国》五言绝句、沙门昙靖作《奉送日本国使空海上人橘秀才朝献后却还》、"大唐沙门鸿渐"和"郑壬字申甫"的诗无标题。上述五人诗收录在《杂英集》中，但此集今已失传。不过，平安末期真言宗僧圣贤作的《高野大师御广传》中抄录了此五首诗，分别如下② ：

（1）朱千乘诗及序

送日本国三藏空海上人朝宗我唐兼贡方物而归海东诗序
前试卫尉寺丞朱千乘

沧溟无限，极不可究。海外缁侣朝宗我唐，即日本三藏空海上人也。能梵书工八体，缮俱舍精三乘。去秋而来今春而往，反掌云水扶桑梦中，他方异人故国罗汉。盖乎凡圣不可以测识，亦不可以智知。勾践相遇，对江问程。那堪此情，离思增远。愿珍重，愿珍重。元和元年春沽洗之月，聊序当时少留诗云：

古貌宛休公，谈真说苦空。

应传六祖后，建化岛夷中。

去岁朝秦阙，今春赴海东。

威仪易旧体，文字冠儒宗。

留学幽微旨，玄关护法崇。

凌波无际碍，振锡路何穷。

① [日] 渡邊照宏、宮坂宥勝校注：『三教指帰　性霊集』（新日本古典文学大系 71）、東京：岩波書店、1965 年、第 277 頁。
② 这五首诗，因流传的版本及时代不同，个别字有别，本书主要参考下列版本：[日] 長谷寶秀編纂：『弘法大師傳全集』（第一卷）、東京：ピタカ、1977 年、第 239 頁；[日] 長谷寶秀編纂：『弘法大師傳全集』（第七卷）、東京：ピタカ、1977 年、第 19—20 頁。

水宿鸣金磬，云行侍玉童。

承恩见明主，偏沐僧家风。

（2）朱少端诗

送空海上人朝谒后归日本国

越府乡贡进士朱少端

禅客祖州来，中华谒帝回。

腾空犹振锡，过海来浮杯。

佛法逢人授，天书到国开。

归程数万里，归国信悠哉。①

（3）大唐沙门昙靖诗

奉送日本国使空海上人橘秀才朝献后却还

大唐国沙门昙清

异国桑门客，乘杯望斗星。

来朝唐天子，归译竺乾经。

万里洪涛白，三春孤岛青。

到官方奏对，图像列王庭。

（4）大唐沙门鸿渐诗

大唐沙门鸿渐

禅居一海隔，乡路祖州东。

到国宣周礼，朝天得僧风。

山冥鱼梵远，日正蜃楼空。

人至非徐福，何由寄信通。

---

① 最后诗句的"归程数万里"，在《弘法大师正传》中写作"归程三万里"。

（5）郑壬字申甫诗

郑壬字申甫

承化来中国，朝天是外臣。

异方谁作侣，孤屿自为邻。

雁塔归殊域，鲸波涉巨津。

他年续僧史，更载一贤人。

朱千乘的身份是"前试卫尉寺丞"。卫尉寺，属于唐朝官制体系的"九寺"之一，《唐六典》卷十六"卫尉寺"条载："卫尉寺：卿一人，从三品；少卿二人，从四品上。……丞二人，从六品上；主簿二人，从七品上；录事一人，从九品上。丞掌判寺事。凡器械出纳之数，大事则承制敕，小事则由省司。"① 由此可知，朱千乘在卫尉寺中的职务是卫尉寺丞，从六品上。但是，他的署名前又有"前试"，说明他此前曾担任过卫尉寺丞，现在告老还乡或不在其职。朱千乘在诗序中记录的日期是"元和元年春沽洗之月"。"沽洗"，原本为乐律术语，古作三月之意，《史记·律书》曰："三月也，律中姑洗。姑洗者，言万物洗生。其于十二子为辰。辰者，言万物之蜄也。"姑洗，即沽洗，今本《白虎通·五行》"沽"作"姑"。由此可知，空海一行应该在三月就到了越州。

唐时称日本为"海东"，这一点，不仅朱千乘诗中再次体现，台州刺史陆淳诗中也有"海东国主尊台教"之句。包佶在《送日本国聘贺使晁巨卿东归》有"东海是西邻"诗句，用"东海"与"西邻"表达中日两国是一衣带水的邻邦。此外，沙门鸿渐诗中的"祖州"指日本，还有"人至非徐福"诗句，说明徐福东渡日本的传说此时已开始出现。②

2. 空海的回国之路

空海自入唐，一直到归国前几个月的活动轨迹，通过《日本后

---

① （唐）李林甫撰，陈仲夫点校：《唐六典》，北京：中华书局，2008 年，第 459-460 页。另外，关于卫尉寺，《旧唐书·职官志》"卫尉寺"条载："卫尉寺秦置卫尉，掌宫门卫屯兵，属官有公车司马、卫士、旅贲三令。梁置十二卿，卫尉加'寺'字，官加'卿'字。龙朔改为司卫寺，咸亨复也。"

② 李广志：《徐福传说与中日文化交流》，《民族论坛》2014 年第 2X 期，第 86 页。

纪》、其著作《遍照发挥性灵集》、空海回国后委托遣唐判官高阶远成向朝廷递交的《御请来目录》以及《旧唐书》卷一百九十九上《东夷·日本》和《新唐书》卷一百二十《日本》等史料，基本能复其原貌。但是，唯独从越州以后，到回国的这段时间，空海的行动缺失记载。这给后世留下许多谜团，诸如其回国的路线、所乘船只的启航地等问题，长期以来，一直众说纷纭。①

空海去世86年后，延喜二十一年（921）十月二七日，东寺长者观贤奏请醍醐天皇赐予空海"弘法大师"谥号。因空海为日本真言宗之祖，设高野山为密教根本道场，后人又称其为"高野大师"。真实的历史与奇幻的传说相互混杂，以空海为题材的各类大师传记应运而生，其中广为流传的便有"飞行三钴杵"之说。

今天的高野山上，在金堂和御影堂的空场间，有两棵并排生长的松树，四季常青，高耸入云。松树四周用围栏围住，下面堆满厚厚的落叶。此松非同一般，它与空海有着一段千古之缘。树旁介绍牌的文字，揭示了这段因缘：

> （日本）大同元年（806年），弘法大师从唐朝归国时，为在日本寻求传授密教的圣地，在明州海边投掷密教法器"三钴杵"。回国后，他寻找三钴杵，结果发现落到了这棵松树上。
>
> 因此，高野山也就成了真言密教的道场。此后，这棵松树被称作"三钴之松"，受到人们的广泛信仰。
>
> 一般松树，叶芽多为二叶或五叶，而"三钴之松"的特点，就像密教法器三钴杵一样，却长出三叶松叶。②

① 李广志：「寧波と遣唐使の道」，［日］松田吉郎·新地比吕志·上谷浩一编著『中国の政治·文化·産業の実相』，京都：晃洋書房、2015年、第23—43頁。

② 此段内容是2015年夏，笔者对高野山进行调查时，根据当时的景点介绍翻译而成。原文：大同元年（806年）、弘法大師が唐から帰国される際、日本で密教を広めるのにふさわしい聖地を求めて、明州の港から密教法具である「三鈷杵」を投げました。帰国後、その三鈷杵を探し求めると、この松の木にかかっていました。こうして高野山は真言密教の道場として開かれることとなりました。以降、この松の木は「三鈷の松」と呼ばれ、ひろく信仰をあつめています。普通、松の葉は2葉か5葉ですが、「三鈷の松」は密教法具の三鈷杵のように3葉になっているのが特徴です。

通过这段文字，至少可以了解到，空海回国的时间是 806 年，他在明州海边朝日本方向投掷了三钻杵，以及他是从明州回国的。那么，这个著名的飞行三钻杵传说是何时出现的，又是怎样产生的呢？

飞行三钻杵的故事，不仅记于空海的诸多传记、画卷及说话集中，还大量出现在其他题材的作品里，如《今昔物语集》卷十一、《打闻集》上卷、《本朝神仙传》、《沙石集》、《真言传》、长门本《平家物语》、《源平盛衰记》、《三国传记》等，以至于近代名著《雨月物语》的"佛法僧"开头部分便引出此段故事。① 可见，空海投掷三钻杵的故事，自平安后期以来，广博人心，深受人们喜爱。

三钻杵，真言密教的法器，属于金刚杵类的一种。金刚杵原为古代印度的武器，密教借用武器名称作为法器，象征无坚不摧、所向无敌的智慧和佛性，它可以断除烦恼，摧毁一切障碍和恶魔，增长修行者的菩提心（佛性）。金刚杵中间为把柄，根据杵两端的锐锋数量，可分为独钻杵、三钻杵、五钻杵、九钻杵等。又以其把柄形状，有鬼面杵和鬼目杵之别。另据其形态，还有塔杵、宝珠杵、九头龙杵等结构各异的金刚杵。②

空海投掷三钻的故事，最早出现在真言宗弟子们为他写的传记中。以下，大致按其文献出现的先后顺序，以表格的形式列出各自的记载，具体内容参见表 18 "空海传记中三钻投掷的记载"。

表 18　空海传记中三钻投掷的记载 ③

时间	文献名	原文（译文）
承和三年（836）	《阿波国太龙寺缘起》	掷三股于紫云，卜生身入定地。
保康五年（968）	《金刚峰寺建立修行缘起》	我所传学秘密圣教，有流布相应之地者，早到可点之。

① ［日］戸波智子：「中世の飛行三鈷伝承—慶政書写『高野股記』とその周辺—」、『語文論叢』第 27 号、2012 年、第 1—14 頁。

② ［日］石田茂作：『密教法具』、京都：臨川書店、1993 年、第 1—6 頁。

③ 此表内容，参照滨畑圭吾的相关论文制作而成。［日］浜門圭吾：「長門本平家物語の『三鈷投擲説話』:『源平盛衰記』との比較から」、『古典文芸論叢』第 1 号、2009 年、第 47—61 頁。

时间	文献名	原文（译文）
长历期间（1037—1040）	《秘密家宗体要文》	海上之间祈请圣地。
宽治三年（1089）	《大师御行状集记》	所学教法依密藏择处，吾朝若有感应地到点此三钴。
12世纪末期	《本朝神仙传》	大师于唐朝，投一铃杵，卜本朝圣地。
永久期间（1113—1117）	《弘法大师御传》	所学密教若有相应地者，我斯三钴飞到而点着。
1134年以前	《打闻集》	我定入弥勒御世有所此五古落。
元永元年（1118）	《高野大师御广传》	我所学教法秘密，若有感应地者，我斯三钴飞到而点着。
大治年中（1126—1131）	《东要记》	我所传学秘密圣教，有流布相应之地者，早到可点之。
建仁元年（1201）	《弘法大师行化记》	我所传学秘密圣教，有流布相应之地者，早到可点之。
承久元年（1219）	《弘法大师御传》	所学秘教，若有相应地者，我斯三钴飞到而点着。
承久元年（1219）	《大师传记》（下）	入唐受持之密教归朝流布之弘誓，而投三股可示缘地者。
1278—1347年	《真言传》	所学密教若相应地有，此三钴飞至兼其所点着。
1319年	《高野大师行状图画》（十卷）	元和元年，相当于日本大同元年。八月，大师于明州津，乘船将欲归朝时，深发誓愿，祈祷曰：我所学之秘法，若有相应之地，此三钴杵应飞至彼处。（译文）
应永六年（1399）	《高野物语》	我所学秘密教，若有感应地者，早可点之。（译文）
14世纪	《弘法大师行状记》	我所学之秘密教法，若有流布相应之地，今所投三钴，早到可点之。（译文）
应永十四年（1407）	《三国传记》	我所学密教，者若有相应地，此三钴飞至，可留之。（译文）
15世纪中叶	《高野兴废记》	为占真言流布地。
15世纪中叶	《大师行状》附《匡房卿申状》	我习所秘法，若有相应地，我此应三钴飞至留之。（译文）

续表

时间	文献名	原文（译文）
应仁二年 （1468）	《高祖大师秘密缘起》	我习所密教流布若有相应胜地，此三钻 应先至而点着。（译文）

注：①本表中使用日本年号纪年。②"原文（译文）"中的译文，是指原文为日文，由笔者翻译成中文。

　　从表18可以看出，空海投掷三钻杵的传说，并非空海生前的记载或论述，全部是空海死后弟子们相传的。虽然《阿波国太龙寺缘起》成书的年代写为承和三年，即空海去世的第二年，但不具可信度，应是后人编写的，现传本为阿州太龙寺旧藏的古本，具体年代不详。① 空海在世期间就已名震朝野，承和二年（835）三月二十一日，卒于金刚峰寺，淳和太上天皇号其为"真言洪匠，密教宗师"②。空海去世后，人们对他的崇拜越加盛行。921年，天皇赐予其"弘法大师"谥号，以后又流传空海入定之说③，信徒们认为空海并没有死，"大师入定，曾不乱坏，待弥勒之出世"④，其生身留于高野山，等待五十六亿七千万年后弥勒下生。与此同时，高野山开山缘起的三钻杵之说，也随之诞生，并得到广泛信仰。

　　值得注意的是，关于空海投掷的三钻杵，早期文本并没有指明具体地点。投掷的场所，大致可分为陆地上和海上两类。⑤ 首先看记录"飞行三钻"最早的史料《金刚峰寺建立修行缘起》中的描述：

　　　　以大同二年丁亥八月，趣本乡，泛舟之日，祈请云："我所传学秘密圣教，有流布相应之地者，早到可点之。"则以三钻而向日

① ［日］真然僧正：「阿波国太龍寺縁起」、長谷寶秀編『弘法大師傳全集』（第一巻）、東京：ピタカ、1977年、第35頁。

② ［日］森田悌訳：『続日本後紀』（上）、東京：講談社、2010年、第137頁。

③ ［日］辻本弘：「空海入定留身説話の形成に関する一考察」、『日本語と日本文学』第46号、2008年、第11—23頁。

④ 『寛弘元年官符』，参见［日］竹内理三編『平安遺文』（古文書編第二巻）、東京：東京堂出版、1975年、第562頁。

⑤ ［日］武内孝善：『弘法大師伝承と史実』、大阪：朱鷺書房、2008年、第157頁。

本投之，则三钴遥飞入云中。①

凭此记述，很难判断是在海上还是陆地上投的三钴杵，"泛舟之日"既可以理解成乘船的那天，也可以看作海上运行之日。

再看《大师御行状集记》的记述：

趣于本朝，泛舟之日，于海上祈誓发愿曰："所学教法依密藏择处，吾朝若有感应地到点此三钴。"向日本方抛上三钴也。遥飞入云中。②

此处记载，说明空海是从海上投掷三钴的。

以下是《弘法大师御传》的记述：

大同元年八月，归朝之日，大师泛舟之时，祈请发誓云："所学秘教，若有相应地者，我斯三钴飞到而点着。"仍向日本方投扬之时，遥入云中。飞帆之后，数遇飘荡，发一愿云："归朝之日，必增益诸天威光，拥护国家，利济众生，建立一禅院，依法修行，善神护念，早达本乡。"③

此段内容与《金刚峰寺建立修行缘起》的记载基本相同，但从"泛舟之时"和"飞帆之后"来看，空海的动作可以理解成是在陆上完成的，当然也可以看作是在海上发完誓愿之后进行的。

表18所见空海传记，从968年诞生的《金刚峰寺建立修行缘起》，一直到13世纪中叶，几乎所有的文献均没有记载明州。空海掷三钴的地点也不是十分明确，只是笼统地交代泛舟之时，或于"海上"或于"唐朝"。那么，明州之说又是怎么出现的呢？

3. 明州掷三钴与开辟高野山

12世纪末至13世纪，日本佛教界悄然地发生变化，描写寺院的

---

① ［日］長谷寶秀編：『弘法大師傳全集』（第一卷）、東京：ピタカ、1977年、第52頁。

② ［日］経範法務：『大師御行状集記』、［日］長谷寶秀編『弘法大師傳全集』（第一卷）、東京：ピタカ、1977年、第162頁。

③ ［日］兼意阿闍梨：『弘法大師御伝』、長谷寶秀編『弘法大師傳全集』（第一卷）、東京：ピタカ、1977年、第199頁。

缘起、灵验记等绘画，描绘高僧及宗派祖师生涯和事迹的画卷开始盛行。在这种新的趋势下，真言宗也兴起了描绘祖师生涯的热潮，出现了大量的图绘作品。弘法大师空海的事迹，最早通过绘画形式表现出来的是一幅拉门上的图案，即旧永久寺真言堂障子绘，制作年代为保延二年（1136），内容是《真言八祖行状图》中空海的代表性事迹"秘键开题"和"高野寻人"。[①]13 世纪中期以后，关于大师的传说基本固定下来，私人、寺院抄本及注释文本也越来越多，空海生平事迹的画卷、空海与明州之缘，以及"三钴投掷"和"三钴之松"的传说也就成了人们心中不容置疑的事实。

例如，永仁年间（1293—1299）小川家本《高祖大师秘密缘起》（一卷）开始流传，高野山总持院旧藏本《高祖大师行状图画》（十卷）书写年代为 1319 年，东寺本的《弘法大师行状绘词》（十二卷）完成于 1389 年。今天所能见到的多数为 14 世纪末或 15 世纪的图绘，画面以卷子本和挂轴图本为主，但卷子本居多。在这些图绘中，出现了明州，明确了空海投掷三钴杵的地点为"明州津"。空海的文字传记和图绘传记版本之多，恐怕日本任何高僧都无法比拟，仅目前保存下来的图画版本（完本、残本）就达 31 种[②]，按其内容和卷数之差，可大致分为 5 类[③]：

（1）《高祖大师秘密缘起》十卷本（正文有 66 段文字）；

（2）《高野大师行状图画》六卷本（正文有 50 段文字）；

（3）《高野大师行状图画》十卷本（正文有 92 段文字）；

（4）《弘法大师行状绘词》十二卷本（正文有 59 段文字）；

（5）版本《高野大师行状图画》十卷本（正文有 92 段文字）。

这些图绘本，内容以绘画附文字的形式，生动形象地展示出空海的一生。其影响，远远超过了文字版的空海传。关于投掷三钴杵之事，各卷表述大同小异，上述版本的小标题分别为：（1）"投掷三钴"；

---

① ［日］塩出贵美子：『弘法大師伝絵巻考』、『文化財学報』第 15 号、1997 年、第 31 頁。

② ［日］塩出贵美子：「弘法大師伝絵巻考」、『文化財学報』第 15 号、1997 年、第 32 頁。

③ ［日］武内考善：『弘法大師伝承と史実』、大阪：朱鷺書房、2008 年、第 269 頁；［日］塩出贵美子：「弘法大師伝絵巻考」、『文化財学報』第 15 号、1997 年、第 32 頁。

（2）"大师掷三钴事"；（3）"大师掷三钴事"；（4）"三钴投所"；（5）"投掷三钴"。除（4）以外，均记为明州出船。①

除绘画本以外，14世纪以后的文字传记中也出现了明州，以下把涉及空海在明州投掷三钴的内容提取出来，具体参见表19。

表19　空海传记中明州掷三钴的记载②

时间	文献名	原文（译文）
1319	《高野大师行状图画》（十卷）	元和元年，相当于日本大同元年。八月，大师于明州津，乘船将欲归朝时，深发誓愿，祈祷曰："我所学之秘法，若有相应之地，此三钴杵应飞至彼处。"（译文）
南北朝时期（1330—1393）	《高野大师行状图画》（高野山地藏院本，六卷）	大师归朝，离开明州津时，祈愿发誓曰："我所学秘法，若有相应之地，吾此三钴飞至彼地。"（译文）
应永年中（1394—1428）	《弘法大师传抄》（一卷）	大师归朝御时，明州津投三股（钴）。
应永十四年（1407）	《三国传记》	大师为归朝，明州津出，叮咛祈诚言："我所学密教，者若有相应地，此三钴飞至，可留之。"
应仁二年（1468）	《高祖大师秘密缘起》（安乐寿院本，十卷）	元和元年，日本大同元年。八月，大师于明州津，欲泛船归朝之时，深发誓愿，祈祷曰："我所学密教，者若有相应地，此三钴飞至，可留之。"（译文）
延德二年（1490）	《高野大师行状图画》（大藏寺本，十卷）	大师归朝，离开明州津时，祈愿发誓曰："我所学秘法，若有相应之地，吾此三钴飞至彼地。"（译文）
宽永五年（1628）	《弘法大师德集》（一卷）	大师为归朝，出明州津时，祈请发誓云："我所学密教，者若有相应地，此三钴飞至，可留之。"（译文）
宽文二年（1662）	《弘法大师御传记》（十卷）	元和元年，大唐明州津，投掷三钴，落至此处。（译文）

---

① 　［日］長谷寶秀編：『弘法大師傳全集』（第八卷・第九卷）、東京：ピタカ、1977年。

② 　本表中的年代为日本年号。"译文"指原文为日文，由笔者翻译成中文。文献来源，除《三国传记》参见池上洵一校注的《三国传记》（『三国伝記』、東京：三弥井書店、1976年、第162页）以外，其余全部出自《弘法大师传全集》各卷中。

续表

时间	文献名	原文（译文）
元录二年（1689）	《弘法大师赞议补》（三卷）	归朝时，于明州海边，祈愿发誓。（译文）
宝历九年（1759）	《弘法大师年谱和赞》（一卷）	唐元和元年，日本五十一代平城天皇之大同元年，秋八月，于明州津，起誓发愿。（译文）
天保四年（1833）	《弘法大师一代赞议》（三卷）	于明州津，乘船出海。（译文）
天保四年（1833）	《弘法大师年谱》（十二卷）	八月大师将归解缆明州之日，执三钴杵默祈。远向东方掷之，杵飞遥入云去。

注：①本表中使用日本年号纪年。②"原文（译文）"中的译文，是指原文为日文，由笔者翻译成中文。

通过表 19 可知，空海传记自《金刚峰寺建立修行缘起》之后传承不断，且内容更加充实。明州掷三钴之说出现在 13 世纪中期，越往近代推移，其流传程度越广。文字传记及图绘传记，讲述的内容基本一致，并且力争准确，纠正了早期传记中的错误。空海回国时间，《金刚峰寺建立修行缘起》记为"大同二年丁亥八月，趣本乡"，按此说法，空海是在 807 年回国的。事实上，空海于唐元和元年（日本大同元年），即 806 年，与橘逸势一起乘遣唐使判官高阶远成的船，八月启程，十月已经回到日本。[①] 对此，后来的大师传以及图绘卷本，都更正了这一时间上的错误，使之更接近史实。

那么，空海抛飞入云的三钴杵，究竟飞到哪里去了呢？空海又是怎样找到这三钴杵的呢？

在日本真言宗的眼中，空海在明州海边投掷的三钴杵，不是一般的法器，它是自密教始祖以来，传至空海的绝世法宝。金刚峰寺一直保存着此件法器，《东要记》载："此杵者南天竺金刚智授不空，不空授

---

① 空海上表『御請来目録』的时间为"大同元年十月廿二日"，参见［日］長谷寶秀編纂：『弘法大師全集』（第一卷）、東京：吉川弘文館、1910 年、第 70—71 頁；経済雑誌社編：『国史大系 第六卷』（日本逸史 扶桑略記）、東京：経済雑誌社、1897 年、第 593—594 頁。

惠果，惠果授空海，空海授僧正真然，真然置金刚峰寺院中。"① 三钴杵是上代祖师们传下来的真品，来源正统，传承有绪。金刚智、不空、惠果，都是中晚唐时期中国密教繁荣时的高僧。这时期有五位高僧在密教中被称为祖师，分别为善无畏三藏、一行禅师、金刚智三藏、不空三藏、惠果和尚。② 而日本密教得以流传，主要是由于空海从惠果那里受授金刚界和胎藏界灌顶，回国后开辟了日本独特的真言宗。日本真言宗对密教祖师素有"付法八祖"③ 和"传持八祖"④ 之称，以示真言宗法流的正统性。付法八祖中，金刚萨埵听了大日如来的说法后兴起教法，往下一直流传。除去大日如来和金刚萨埵外，其余都是真实的僧人。

　　高野山的开山，是在空海归国十年后进行的。空海在弘仁七年（816）六月十九日的上表文中，奏请嵯峨天皇赐予高野山。同年七月八日，送抵纪伊国司的太政官府同意他的请愿。⑤ 从此，空海开始在高野山开山建寺，开辟密宗，弘大日之化。记述三钴杵降落的最古资料仍为《金刚峰寺建立修行缘起》，空海得到多重官府许可，为建立伽蓝，截伐树木之时，发现于唐土所投的三钴杵夹在树间，"树夹彼于唐所投三钴严然而有"，空海无比欢喜，感知到这就是所祈求的密教相应地。⑥ 后来的一些传记，同样记录此事，内容大体相近。以下列举记录三钴杵降落地的几个早期文献：

　　（1）《金刚峰寺建立修行缘起》（保康五年，968）
　　"为建立伽蓝，截拂树木之间。树夹彼于唐所投三钴严然

① ［日］宽信法务：『東要記』、長谷寶秀編『弘法大師傳全集』（第二卷）、東京：ピタカ、1977年、第34頁。

② ［日］川立武藏、賴富本宏編：『中国密教』、東京：春秋社、1999年、第40頁。

③ 付法八祖：大日如来、金刚萨埵、龙猛菩萨、龙智菩萨、金刚智三藏、不空三藏、惠果阿阇梨、弘法大师。

④ 传持八祖：龙猛菩萨、龙智菩萨、金刚智三藏、不空三藏、善无畏三藏、一行禅师、惠果阿阇梨、弘法大师。

⑤ ［日］長谷寶秀編：『弘法大師傳全集』（第一卷）、東京：ピタカ、1977年、第1頁。

⑥ ［日］作者不詳：『金刚峯寺建立修行緣起』一卷、長谷寶秀編『弘法大師傳全集』（第一卷）、東京：ピタカ、1977年、第53頁。

而有。"

（2）《大师御行状集记》（宽治三年，1089）

"聊芟扫之间，彼抛海上三钴今在此处。"

（3）《弘法大师御传》（永久年间，1113—1117）

"为结构仁祠，截拂树木之时，于唐土所投三钴悬树间。"

（4）《高野大师御广传》（元永元年，1118）

"为结构仁祠，截拂树木，于唐土所投三钴悬树间。"

（5）《东要记》（大治年中，1126—1131）

"为建立伽蓝，截拂树木之间，更彼于唐所投三钴严然而有。"

综上，值得注意的一个细节是，三钴杵降落的地点是在树木之间，并没有明确说落在松树上，也没有出现"三钴松"的提法。关于"三钴之松"的最早资料见于宽治二年（1088），记录白河上皇从二月二十二日到三月一日参谒高野山的文献《白河上皇高野山御幸记》，其中"二月二十八日"条载：

> 影堂前二许丈，有一古松，枝条瘦坚，年岁迢远。寺宿老云：大师有唐朝，占有缘之地，遥掷三钴，飞彼万里之鲸波，挂此一株之龙鳞。闻此灵异，永人感伤，称为结缘，折枝拾实，无不斋持为归路之资。[1]

由此可知，御影堂前六米左右，有一棵古松，树枝瘦而坚实，有相当的年份。据金刚峰寺的宿老讲，大师从唐土祈求，如有密教相应之地请点之，投掷的三钴杵，飞行万里波涛，就挂在此松上。听到如此灵异之事，人们深受感动，纷纷要结缘，折松枝、拾松子，都想把它作为回乡的礼物。

此后，《山槐记》在"保元三年（1158）九月二十八日"条又载："抑御影堂前有四五尺许松树，相寻由绪之处。昔大师御入唐之时，向

---

① ［日］竹内理三编：『増補続史料大成』第18卷、京都：臨川書店、1967年、第308頁。

本朝方令抛独钴给，独钴入云来悬此树。仍令占此地给之由，内供所被示也。本此树大树也。然顷年枯失了，其后近年自旧根又生长云云。"此处，正式出现了一棵松之说，空海在唐所抛掷的三钴杵，悬挂到了高野山御影堂前的一棵松树上。这在后来的空海传说中很快就反映出来，《高野物语》《真言传》《高野大师行状图画》及后世的传记均记载此事。约 14 世纪末至 15 世纪初完成的长门本《平家物语》①，则称此松为"金松"，"三钴飞来，挂彼金松，仍住给此峰，今之三钴松也。"② 具体指明了三钴杵与三钴松之间的关系。

真言密宗祖师空海，受赐高野山，正在着手建立伽蓝时，在一棵松树枝发现了灿然闪耀的三钴杵。此杵正是其在明州海边投掷的法器，高野山是真正的密教相应之地，三钴杵的发现，也印证了空海当初的祈愿。直至今日，飞行三钴杵与三钴之松传说仍为日本真言密教信徒们所崇信。

如今的高野山，海拔近一千米，是日本真言宗的根本道场，2004年被列入《世界文化遗产名录》。山上有一百多座寺院，灵宝馆里保存一千多件国宝级文物，其中就包括三钴杵。空海神奇的经历，美妙的传说，超越了宗派，吸引着一代又一代的日本人，无论信奉与否，都会专程来一睹三钴之松的雄姿。

三钴杵从明州飞到日本，从物理原理来说是不太可能的事情。空海的飞行三钴杵与三钴之松，是个奇迹之谈，并非史实。然而传说往往又与真实的历史密切相关，空海在回国的船上，确实发过宏愿，要建立一禅院，增益神光，护国为民，利济众生，③ 由此演变成了这段因缘。另外，此传说同时也折射出另一条信息，那就是遣唐使判官高阶

---

① ［日］小川栄一：「日本語史料としての長門本平家物語」、『武蔵大学人文学会雑誌』第 41 巻第 3・4 号、2010 年、第 456—424 頁。

② ［日］浜畑圭吾：「長門本平家物語の『三鈷投擲説話』:『源平盛衰記』との比較から」、『古典文芸論叢』第 1 号、2009 年、第 56 頁。

③ 空海在弘仁七年（816）六月十九日提交朝廷的上表文末，另附一封写给宫内省主殿寮次官布势海的信，信中曰："空海，从大唐还时，数遇飘荡，聊发一少愿：归朝之日，必为增益诸天威光，拥护国界，利济众生，建立一禅院，依法修行。愿善神护念，早达本岸。"参见［日］祖風宣揚会編：『弘法大師全集』（第三輯）、東京：吉川弘文館、1910 年、第 574 頁。

远成的返航船，即空海和橘逸势回国的路线，基本可以断定是从明州起航的。

佛教缘起或传说的魅力就在于此，它不受时间、地点、景物的制约，非但能穿越时空，而且还是个多维的世界。高野山灵宝馆里展出的国宝三钴杵，无论是否为当时空海投掷的实物，也不管今人看到的"三钴之松"是否为开山时的那棵松树，但三钴飞翔的传说确是真实存在的，而且又被无间断地传承下来，以至于在日本密教缘起中，贯穿着一条明州与高野山之间的飞天之路①。

如上所述，桓武天皇的两次迁都，给日本王权社会带来了新的活力。虽然桓武天皇带有百济血统，但日本的发展进程并未因此改变。桓武天皇执政期间有以下几个显著政绩。第一，仿照长安模式建造平安京，巩固了中央集权的政治体系。第二，扩张领土，征讨未归顺的部落地区，任命坂上田村麻吕为"征夷大将军"，有效地打击了东北地区的虾夷人，领土扩张至今北海道以南的地区，直至桓武天皇临死前讨论的"天下德政"后，才最终停止了军事和再迁都（造作）的行动②，成为日本社会得以和平发展的一大动因。第三，派遣唐使，继上一次遣唐使之后，时隔二十年，再次筹划派使者赴大唐，此次按总次数计算，为第十八次遣唐使。

第十八次遣唐使阵容强大，共分四船，除第三船外，其他各船都完成了使命。延迟一年到达的高阶远成，归国时带回了提前结束留学的空海和橘逸势。此次遣唐使成果显著，茶叶在日本的传播、日本新兴佛教的源流，都可归功于这次遣唐使。此外，最澄、空海、橘逸势，都是对后世产生巨大影响的人物。

最澄在唐的活动，全部集中在浙江地区。着陆和返航地是明州，求法的地区有明州、台州、天台山、越州。通过史料记载和田野调查，

---

① 李广志：《飞行三钴杵》，《宁波晚报》，2015 年 9 月 29 日第 A17 版。
② 据《日本后纪》"延历二十四年（805）十二月七日"条载："令参议右卫士督从四位下藤原朝臣绪嗣，与参议大弁正四位下菅野朝臣真道相论天下德政。于时，绪嗣议云：'方今天下所苦，军事与造作也。停此两事，百姓安之。'真道确执异议，不肯听焉。帝善绪议，即从停废。"参见 [日] 森田悌訳：『日本後紀』（上）、東京：講談社、2006 年、第 382—383 頁。

最澄活动的主要场所现已确认。这些场所包括：明州的开元寺，今观宗讲寺内立有一座"传教大师最澄入唐着岸圣迹碑"；台州的临海龙兴寺，西厢极乐净土院内立有一座"传教大师最澄受戒灵迹"碑；天台山的国清寺，寺内立有与最澄相关的三座碑，碑亭门额处写"法乳千秋"四字，三座碑分别为"天台智者大师赞仰颂碑""最澄大师天台得法灵迹碑""行满座主赠别最澄大师诗碑"；越州共三处，龙兴寺现已消失，法华寺保存有历史遗址，峰山道场已恢复重建，遗址列为市级重点文物保护单位。

空海在唐的活动轨迹，脉络也很清晰，先从赤岸镇上岸，移动到福州，再由福州至长安。在长安期间，他参加了诸多活动，巡礼求法多个寺院，最后在青龙寺结识惠果阿阇梨，接受密教大法。空海于806 年随高阶远成的遣唐使船回国，四月在越州求得内外经典，八月离开明州，十月抵达日本。空海回国时，投掷三钴杵与高野山开山的传说，从另一个角度证明了遣唐使船是从明州返航的。

一、遣唐使派遣的背景

806 年，第十八次遣唐使高阶远成的船返回日本，时隔 28 年后，承和元年（834），日本再次筹划遣唐使事宜。这期间，日本社会的内改外交也发生一些新变化，就其政治局势而言，主要有以下一些特征。

第一，王权出现"双轨制"。

上次遣唐大使藤原葛野麻吕及使团成员，因表现出色，政绩突出，受到天皇的奖赏。延历二十四年（805）七月二十五日，葛野麻吕由从四位上，升至从三位，任春宫大夫，第二船的判官菅原清公升至从五位下。延历二十五年（806）年三月十七日，桓武天皇去世，享年七十。围绕皇位继承问题，宫廷展开一场激烈争斗。

为使下一任天皇顺利登基，桓武天皇去世的当天，参议近卫中将坂上田村麻吕、春宫大夫藤原葛野麻吕二人扶持皇太子安殿亲王从正殿移至东厢，接着将象征皇位的天子神玺和宝剑柜拿到东宫，并派人固守伊势、美浓、越前三关。当天，皇太子的正殿发生流血事件。五月十八日，桓武天皇的长子安殿亲王即位，改元大同，成为日本历史上第 51 代天皇，称平城天皇。

但是，平城天皇因体弱多病，执政仅三年多，大同四年（809）四月十三日，让位给皇太弟神野亲王。年仅三十六岁的平城天皇转身成了太上天皇（简称上皇），二十四岁的皇太弟即位，称为嵯峨天皇。

　　然而，在平城天皇尚在皇太子的时代，负责建造长冈京的藤原种继之女藤原药子经常出入东宫。药子本是中纳言藤原绳主之妻，膝下有三男二女。其长女，入宫做桓武天皇的皇太子安殿亲王（平城天皇）妃子，药子陪同进宫。她以春宫宣旨的身份，经常出入太子身边，以至绯闻不断。桓武天皇一怒之下，将其逐出宫中。平城天皇即位后，药子再次入宫，参与朝政，备受宠爱。其兄藤原仲成也受到重用，晋升为从四位上右兵卫督。

　　平城上皇退位不久，身体逐渐恢复健康，在藤原药子的参与下，慢慢开始干预朝政。大同五年（810）九月六日，平城上皇宣布迁都平城京。此举遭到嵯峨天皇的反对，政局突变，据《日本后纪》"弘仁元年九月丁未"条载："缘迁都事，人心骚动。仍遣使，镇固伊势、近江、美浓等三国府并故关。"[①] 当日，宫中实施戒严。朝廷以仲成、药子兄妹惑主乱政为名，贬仲成为佐渡国权守，剥夺药子的官位。最终导致的结果是，平城上皇落发为僧，藤原仲成被射杀，药子服毒自尽，高丘皇太子被废。这一事件，通常称作"药子之变"。

　　但是，关于"药子之变"的性质，近年学界提出新的主张，认为事件的主谋不是藤原药子和仲成，而是平城天皇，因此，这一事件应作"平城太上皇之变"更为妥当。[②] 另外，弘仁初期明法博士物部敏久私记《名例律里书》里也有如何处置太上皇谋反的议论。[③] 尽管如此，强调平城上皇主宰事件的同时，不能忽视药子和仲成所起到的作用，二者并不矛盾。[④] 可以认为，"药子之变"是上皇和药子及仲成共同参与的政治事件。

　　通过"药子之变"可以看出，平安时代初期，日本朝廷中出现两股势力，一个是现任天皇，另一个是退位的上皇，正如清剿药子及仲成

①　［日］森田悌訳：『日本後紀』（中）、東京：講談社、2006 年、第 187—188 頁。

②　李广志：《真如亲王入唐求法与中日文化融通》，《南开日本研究》203 年第 2 辑（总第 29 辑），2023 年 12 月，第 191-205 页。

③　［日］長谷山彰：『日本古代史：法と政治と人と』、東京：慶応義塾大学出版会、2016 年、第 216 頁。

④　［日］西本昌弘：「薬子の変とその背景」、国立歴史民俗博物館編『国立歴史民俗博物館研究報告』、東京：国立歴史民俗博物館、2007 年、第 75—90 頁。

时颁布的诏书所云，上皇和天皇处于"二所朝廷"。[①] 这种王权政治的"双轨制"，在此后的嵯峨天皇、淳和天皇、仁明天皇之间继续延续。

第二，唐文化盛行。

自幼喜爱诗文的嵯峨天皇，登上天皇宝座后大力推行唐朝礼制，宫廷上下呈现一派唐风景象。818 年，天皇颁诏，改制，换礼服、朝服，据《日本纪略》"弘仁九年（818）三月丙午（二十三日）"条载：

> 丙午，诏曰：云云，其朝会之礼及常所服者，又卑逢贵而跪等，不论男女，改依唐法。但五位已上礼服、诸朝服之色，卫仗之服，皆缘旧例，不可改张。[②]

诏令不仅把朝服、礼服改为唐法，更大范围地改变了日常生活的礼俗，地位低下的人遇见地位高的人时，无论男女，都要按唐式礼法行事，"改依唐法"。日本古代传统礼俗原本实行跪礼，《三国志·魏志·倭人传》记录一条珍贵的信息：

> 下户与大人相逢道路，逡巡入草；传辞说事，或蹲或跪，两手据地，为之恭敬。[③]

3 世纪的日本，下户与大人相逢，地位卑微遇见高贵的人，实行跪礼或蹲礼。但是，7 世纪以后，日本朝廷跪礼开始向中国式的立礼形式转变，《日本书纪》"天武十一年（682）九月壬辰"条载：

> 自今以后，跪礼、匍匐礼并止之，更用难波朝庭之立礼。[④]

可见，日本传统礼俗的跪礼、匍匐礼一直在延续，7 世纪末朝廷开始改为立礼。"难波朝庭"指的是孝德时代，公元 645 年至 654 年，

---

① ［日］森田悌訳：『日本後紀』（中）、東京：講談社、2007 年（2006 年初版）、第 188 頁。

② ［日］森田悌訳：『日本後紀』（下）、東京：講談社、2007 年、第 52 頁。

③ （晋）陈寿撰，（宋）裴松之注：《三国志》（简体字本二十四史，第 10 册），北京：中华书局，2000 年，第 634 页。

④ ［日］小島憲之、直木孝次郎、西宮一民、蔵中進、毛利正守校注・訳：『日本書紀③』（新編日本古典文学全集 4）、東京：小学館、1998 年、第 422 頁。

因孝德天皇在位期间建造了难波宫而得名。即便如此，固有的传统仍在持续，很难一下子停止。据《续日本纪》"庆云元年（704）正月二十五日"条载，朝廷"始停百官跪伏之礼"。此后，"庆云四年（707）十二月辛卯"条又载：

> 往年有诏，停跪伏之礼。今闻，内外厅前，皆不严肃，进退无礼，陈答失度。斯则所在官司不恪其次，自忘礼节之所致也。宜自今以后严加纠弹，革其弊俗，使靡淳风。①

这段记载说明，8世纪初"跪伏之礼"尚未完全停废，官方称这种旧俗为"弊俗"，视之不雅，要求严格纠弹。仿唐制礼仪在日本展开后，到了嵯峨天皇时代，改变跪伏旧俗已落到实处，制定了详细规则，除上述弘仁九年（818）三月丙午颁布的诏外，朝廷又在同年和第二年连续出台两则制度。

其一，《日本后纪》"弘仁九年三月戊申（二十五日）"条载：

> 制，朝堂、公朝，见亲王及太政大臣者，左大臣动座，自余共立床子前，但六位以下，磬折而立。②

其二，《日本后纪》"弘仁十年（819）六月庚戌"条载：

> 制，诸司于朝堂见亲王、大臣，以磬折代跪伏，以起立代动座。③

弘仁九年三月丙午颁布的依唐制改跪礼，要求六位以下朝服及跪礼依唐制，主要是在朔日朝参、常朝参时，改礼的场所是在朝庭和厅座。而后来颁布的两条，则废除亲王和太政大臣的"动座"为"起立"，对六位以下的"下座跪伏"改为"磬折而立"，即站立鞠躬。另外，通过《仪式》和《延喜式》的规定也可看出，弘仁九年以后，磬折、起立

---

① ［日］青木和夫、稲岡耕二、笹山晴生、白藤禮幸校注：『続日本紀　一』（新日本古典文学大系）、東京：岩波書店、1995年、第124—126頁。

② ［日］森田悌訳：『日本後紀』（下）、東京：講談社、2007年、第52頁。

③ ［日］森田悌訳：『日本後紀』（下）、東京：講談社、2007年、第73頁。

代替了以往的跪伏、动座。①

嵯峨天皇期间仿效唐法之举，是在遣唐判官菅原清公的推荐下实施的。菅原清公是一位学识广博的才子，广涉经史，十五岁近侍东宫，二十岁成为文章生，学业优长，被推举为秀才。延历十七年（798）对策考试及第，二十九岁被任命为大学少允。延历二十一年（802）被任命为遣唐使判官，回国后先任地方官员。大同元年（806），担任尾张介期间，不用刑罚，基于中国汉代刘宽的方法实施宽松政策。弘仁三年（812）回京，任左京亮、大学头，后历任主殿头、右少辨、左少辨、式部少辅、文章博士等，被称为"儒门之领袖"。②菅原清公不仅主张朝廷仪式、男女衣服仿照唐法，而且还建议"五位已上位记，改从汉样，诸宫殿、院堂门阁，皆著新额"。③弘仁九年四月二十七日，天皇又下诏，改殿阙及诸门之号，皆题额名，寝殿更名为"仁寿殿"、南殿更名为"紫宸殿"。此后，将原来以守门氏族命名的宫城诸门全部以嘉名改之，例如，建部门为"待贤门"、壬生门为"美福门"、佐伯门为"藻壁门"、大伴门为"应天门"等。

在菅原清公的大力推广下，日本社会留下许多唐制和汉文化遗产，深刻地影响着后世日本文化的走向。平安京以朱雀大路为中轴，从皇宫的内里向南看，其东侧为左京、西侧为右京。左右京是仿唐朝都城洛阳和长安建造的，因此，菅原清公建议将左京称为"洛阳城"，右京称为"长安城"。④既而，左京被称作东京，右京被称作西京。因平安京地势等原因，右京的发展始终不如左京繁华，以至于到了中世纪逐渐荒废，衰向农村化。反之，左京却越来越繁荣，城市化向左京以北拓展，在二条以北地带形成了高官贵族的宅邸。这样，左京洛阳城的名气和影响大于右京长安城，"洛阳"之称也逐渐固定下来，甚至只用

---

① ［日］西本昌弘：「古礼からみた内裏儀式の成立」、『史林』第 70 卷、1987 年、第 249—264 頁。

② ［日］鴨祐之、皇円編：『日本逸史　扶桑略記』（国史大系　第六卷）、東京：経済雑誌社、1897 年、第 606 頁。

③ ［日］森田悌訳：『続日本後紀』（下）、東京：講談社、2010 年、第 78 頁。

④ 永祐編《帝王编年记》卷十二"桓武天皇"条载："延历十二年正月十五日，始造平安城。东京（爱宕郡），又谓左京，唐名洛阳；西京（葛野郡），又谓右京，唐名长安。"

一个"洛"来表示，表示都城中心的意思。因此，后世日本史料或文本中出现"洛都""京洛""洛中""洛外""洛东""洛西""洛北"或"上洛""入洛"等词语，其源流则可追溯到菅原清公提出的唐朝化建议和后来实施的一系列改制。

第三，汉诗盛行。

平安时代初期，桓武天皇和嵯峨天皇将汉诗和仿唐文化运动推向高潮，之后的几任天皇继续发扬这种传统，宫廷上下赋诗写文成了一个必然的礼仪。嵯峨天皇、淳和天皇治世期间（809—832），连续完成三部敕撰诗集，分别是《凌云集》（814）、《文华秀丽集》（817）、《经国集》（827）。同时，这期间也出现了三个文采飞扬的人物，书法史上称其为"三笔"。他们是空海、嵯峨天皇、橘逸势。三人之中，有两人曾留学唐朝。

《凌云集》成书于弘仁五年（814），由小野岑守、菅原清公、勇山文继等编纂。其序文写道："魏文帝有曰，文章者经国之大业，不朽之盛事。"[①] 这段出自魏文帝曹丕《典论·论文》中的论述，把文章写作上升到国家层面。《凌云集》收集了二十三位诗人的九十首诗，时间从延历元年（782）至弘仁五年（814）。诗集由五言诗和七言诗构成，诗歌先从皇室诗人开始，按爵位顺序排列，嵯峨天皇以二十二首为最多。内容涉及饯别、赠答、哀伤、述怀、咏史、乐府等，创作动机除杂咏外，以游览和宴集为主。

第二部汉诗集《文华秀丽集》，完成于弘仁九年（818），由仲雄王、菅原清公、勇山文继、滋野贞主等编纂。文集的序中写道："各相平论甄定，取舍若有难审，上禀睿摹。先漏凌云者，今议而录之，并皆以类题叙，取其易阅。凡作者二十六人，诗一百四十八首，分为三卷，名曰《文华秀丽集》。"[②] 此集还补充了《凌云集》疏漏的部分诗，其余为新作。

---

① 　［日］舆謝野寬、正宗敦夫、舆謝野晶子編纂校正：『日本古典全集：懷風藻·凌雲集·文華秀麗集·経国集·本朝麗藻』，東京：日本古典刊行会、1926 年、第 47 頁。

② 　［日］舆謝野寬、正宗敦夫、舆謝野晶子編纂校正：『日本古典全集：懷風藻·凌雲集·文華秀麗集·経国集·本朝麗藻』，東京：日本古典刊行会、1926 年、第 75 頁。

　　第三部《经国集》，成书于天长四年（827），依照淳和天皇命令编纂而成。其内容，如序文所言："断自庆云四年迄于天长四载，作者百七十八人，赋十七首，诗九百一十七首，序五十一首，对策三十八首。分为两帙，编成廿卷，名曰《经国集》。"① 该集的辞赋作家中皇家有四首，太上天皇，即嵯峨天皇三首；淳和天皇一首。②

　　通览以上三部汉诗集，里边写有多篇《王昭君》的诗，现摘录滋野贞主、嵯峨天皇、小野末嗣的诗如下：

（1）《凌云集》

王昭君

从七位上守少内记滋野宿祢贞主

朔雪翩翩沙漠暗，边霜惨烈陇头寒。

行行常望长安日，曙色东方不忍看。③

（2）《文华秀丽集》

王昭君　一首

御制

弱岁辞汉阙，含愁入胡关。

天涯千万里，一去更无还。

沙漠坏蝉鬓，风霜残玉颜。

唯余长安月，照送几重山。④

---

① ［日］與謝野寬、正宗敦夫、與謝野晶子編纂校正：『日本古典全集：懷風藻·凌雲集·文華秀麗集·経国集·本朝麗藻』，東京：日本古典刊行会、1926 年、第 110 頁。

② ［日］海村惟一：《日本早期赋学研究：〈经国集〉〈本朝文萃〉Ⅰ——以平安时代菅原道真兼明亲王的赋为例》，《中国韵文学刊》2015 年第 1 期，第 1-10 页。

③ ［日］與謝野寬、正宗敦夫、與謝野晶子編纂校正：『日本古典全集：懷風藻·凌雲集·文華秀麗集·経国集·本朝麗藻』，東京：日本古典刊行会、1926 年、第 70 頁。

④ ［日］與謝野寬、正宗敦夫、與謝野晶子編纂校正：『日本古典全集：懷風藻·凌雲集·文華秀麗集·経国集·本朝麗藻』，東京：日本古典刊行会、1926 年、第 89 頁。

（3）《经国集》卷十四

七言　奉试赋得王昭君　一首（六韵为限）

小野未嗣

一朝辞宠长沙陌，万里愁闻行路难。

汉地悠悠随去尽，燕山迢迢犹未殚。

青虫鬓影风吹破，黄月颜妆雪点残。

出塞笛声肠暗裂，销红罗袖泪无干。

高岩猿叫重坛苦，遥岭鸿飞陇水寒。

料识腰围损昔日，何劳每向镜中看。①

除上述三首关于王昭君的诗外，《文华秀丽集·乐府》中以嵯峨天皇御撰的《王昭君》为首，共收录五首诗，其余四首均为"奉和王昭君"，虽然作诗动机有别，但都是以王昭君为主题的五言绝句。日本涉及王昭君的诗歌虽说出现在奈良时代，但达到鼎盛是在嵯峨天皇时期。②

滋野贞主的《王昭君》中，一句"长安日"道出了令人向往的长安，不仅写王昭君本人，同时也表达出了作者、读者的心声。《经国集》中小野未嗣的诗因"奉试"而作，诗歌的体裁为"赋"。清人毛奇龄在《唐人试贴》中指出，唐登进士后，又有试，名"奉试"。但就唐朝"奉试诗"总体而言，正规的试诗之中，并没有"奉试"这一类；而就非正规试诗而言，"奉试"就是奉命之作，表现形式多样。③日本科举虽为仿唐制，但也有其自身的特点，进士科在唐朝一枝独秀，而秀才科不盛，但日本却相反，以秀才科为盛，进士科次之。④不过，所谓日本科举，实际实行的是"贡举"制，规模较小，且充满贵族色彩，即便"秀才

---

① ［日］與謝野寛、正宗敦夫、與謝野晶子編纂校正：『日本古典全集：懐風藻・凌雲集・文華秀麗集・経国集・本朝麗藻』、東京：日本古典刊行会、1926 年、第 166 頁。

② ［日］竹村則行：「平安・嵯峨帝の『王昭君』詩と藤原佐世の『日本国見在書目録』」、『九州中国学会報』第 57 号、2019 年、第 16—30 頁。

③ 王娟：《唐代"奉试诗"辨略》，《中州学刊》2017 年第 5 期，第 137-141 页。

④ 孙世超：《唐代试策文化东渐与日本古代对策文化研究》，北京：中国社会科学出版社，2018 年，第 30-31 页。

生"也为数不多，自 704 年至 938 年的二百三十余年间，秀才科及第者仅有六十五人。[①] 所以，滋野贞主的《王昭君》具有"复试"的性质，当然，也属于奉天皇之命而做的诗赋。

更值得一提的是《文华秀丽集》中收录的嵯峨天皇的诗。这首五言律诗，从选材来讲，极为精当，能够准确地贴近王昭君的和亲经历、思家感受、绝世之美。首联突兀而起，以动作化和视觉化的语言"辞汉阙"和"入胡关"将王昭君的主要功业凸显出来，"弱岁"和"含愁"则表明了王昭君的真实状况和心理感受。颈联对仗工整。尾联以含蓄之笔触，借"长安月"，状写王昭君对故土的眷恋，尤其动人。

除此之外，《经国集》中还收录了七首空海的诗，其中有三首是在唐期间的作品，分别是《过金山寺》《留别青龙寺义操阿阇梨》《在唐观昶法和尚小山》。现摘录如下[②]：

七言　过金山寺　一首
古貌满堂尘暗色，新华落地鸟繁声。
经行观礼自心感，一两僧人不审名。

七言　留别青龙寺义操阿阇梨　一首
同法同门喜遇深，游空白雾忽归岑。
一生一别难再见，非梦思中数数寻。

七言　在唐观昶法和尚小山
看竹看花本国春，人声鸟弄汉家新。
见君庭际小山色，还识君情不染尘。

编纂《经国集》的代表人物是良岑安世，通过空海的诗可以看出他与空海交往密切。空海的汉诗有很多，而在唐期间的作品一般认为只

---

① 吴光辉:《科举考试与日本》,《东南学术》2005 年第 4 期, 第 53—58 页。
② ［日］與謝野寬、正宗敦夫、與謝野晶子編纂校正:『日本古典全集: 懷風藻・凌雲集・文華秀麗集・経国集・本朝麗藻』、東京: 日本古典刊行会、1926 年、第 134—145 頁。

有四首①，除上述三首外，空海还有一首《在唐日示剑南惟上离合诗》。此外，空海回国后，814 年，渤海僖王时任太守官的王孝廉出使日本，他与空海交往密切，第二年王孝廉病卒于日本，空海作《伤渤海国大使王孝廉中途物故》，以示哀悼。②

　　上述收录在《经国集》中空海的在唐所作诗，先出现的是《过金山寺》，其次是后几首。金山寺位于今江苏省镇江市西北的金山上，是著名佛教圣地。空海游览此寺院的时间，文献没有记载，《过金山寺》诗中也没有体现出来。笔者认为，空海访金山寺有两种可能。一是贞元二十一年（805）十一月，从福州赴京时路过金山寺，但当时急于进京，"此州去京七千五百廿里，星发星宿，晨昏兼行，十二月廿一日，到上都长乐驿宿"。③因此，恐怕无暇"经行观礼"。另一种可能是 806 年回国时，"经行"金山寺。当然，金山寺是江南至京城的水路交通要塞，往返途中均会路过，只是空海回国时在此观礼的可能性更大些。

　　由此可见，平安时代初期，日本朝野上下盛行汉诗、汉学之风。这也为日本贵族社会更多地学习唐朝文化奠定了思想基础。此时，日本之所以派遣唐使，除了想要与大唐帝国保持良好的外交关系，搜集唐朝及周边的时局信息，以及学习唐朝文化以外，日本学者佐伯有清认为，还有一个隐性的因素，那就是，最澄和空海回国后开辟的天台宗和真言宗等新兴佛教，特别是真言宗倡导的"镇护国家"这一举动，恰恰与当时各地发生的饥荒和疾病相吻合，导致班田收授无法执行，律令制出现衰退现象。因此，在教团的推动下，朝廷向唐派遣请益僧、留学僧，以佛教的形式"镇护国家"，以助日本国家度过"七难"。④从当时的社会状况，以及赴唐的僧人群体来看，这一观点不无道理。

---

① 蔡毅：《空海在唐作诗考》，《唐代文学研究（第十一辑）——中国唐代文学学会第十二届年会暨国际学术研讨会论文集中国唐代文学学会会议论文集》，桂林：广西师范大学出版社，2004年，第 742-751 页。

② 黄铁城、张明诚、赵鹤龄编注：《中日诗谊》，西安：陕西人民出版社，1995 年，第 285-286 页。

③ ［日］森田悌訳：『日本後紀』（上）、東京：講談社、2006 年、第 362 頁。

④ ［日］佐伯有清：『最後の遣唐使』、東京：講談社、2007 年、第 88—91 頁。

二、遣唐使的入唐历程

此次遣唐使，从筹划到抵唐，历时四年，经历了漫长而又艰苦的岁月。最初任命于元和元年（834）正月十九日。而遣唐使最终抵达唐土则是承和五年（838）七月。

遣唐使首先任命主要成员，据《续日本后纪》"承和元年正月庚午"条载："是日，任遣唐使，以参议从四位上右大辨兼行相摸守藤原朝臣常嗣为持节大使，从五位下弹正少弼兼行美作介小野朝臣篁为副使，判官四人，录事三人。"① 遣唐大使藤原常嗣和副使小野篁都是当时朝野上下著名的人物，说明朝廷对此次遣唐使非常重视。

大使藤原常嗣，是上一次遣唐大使藤原葛野麻吕的第七子，父子两代担任大使是一件非常少见的事，父子相袭，"唯一门而已"。常嗣少游大学，涉猎《史记》和《汉书》，能背诵《文选》，又好属文，擅长隶书，《经国集》中收录有他的汉诗。任遣唐大使以后，其历经五年才完成使命，回到日本一年后，死于承和七年（840）四月二十三日，时年四十五岁。②

副使小野篁，在这次遣唐使渡海过程中，发生了著名的拒赴唐朝事件，谎称有病，被流放一时。他是遣隋使小野妹子的后裔，著名文人，父亲是编撰《凌云集》的小野岑守。关于他的生平事迹，《日本文德天皇实录》"仁寿二年（852）十二月癸未"条有较详细的介绍，据其薨传载，小野篁少而立志，嵯峨、淳和天皇时代入宫为官，东宫学士，任遣唐副使时官位为从五位上。承和五年在大宰府鸿胪馆遇唐人沈道古，听说小野篁有才，屡以诗赋唱和，赞赏其华美的诗文。不仅如此，承和六年（839）正月，因小野篁谎称病，不遵朝命，被判处流刑，流放到隐岐国，"在路赋谪行吟七言十韵，文章奇丽，兴味优远，知文之辈，莫不吟诵。凡当时文章，天下无双。草隶之工，古二王之

---

① ［日］森田悌訳：『続日本後紀』（上）、東京：講談社、2010 年、第 89 頁。

② 《续日本后纪》"承和七年四月戊辰"条记载一条藤原常嗣的薨传，终时官至参议左大辨、从三位。参见［日］森田悌訳：『続日本後紀』（上）、東京：講談社、2010 年、第 346 頁。

伦。后生习之者，皆为师摸"。[1] 小野篁身高六尺二寸，事母至孝。关于他的事迹，后世多以文学手法描写，《篁物语》《今昔物语集》《江谈抄》中均有他的传说。

此次遣唐使任命以后，几经追加，构成一个包括大使、副使、判官、准判官、录事、知乘船事、译语等的庞大队伍。除赴唐人员外，为遣唐做准备的辅助性工作同时展开，承和元年（834）二月初，"任造舶使，以正五位下丹墀真人贞成为长官，主税助外从五位下朝原宿祢岛主为次官，且以左中辨从四位下笠朝臣仲守、右少辨从五位下伴宿祢成益，并为遣唐装束司"。[2] 可见，朝廷专门设置一个"遣唐装束司"。装束司，本是主管朝廷和贵族各类公务用品及礼仪用具，统管服装、武器、马具、舆车、帐台、椅子、床子（小几）、矛、盾、弓箭等的机构。装束司最初是以负责官人服饰为主的一个令外编制，在当时的行政组织"二官八省一台五卫府"及"后宫十二司"中均无此职务，因此，这次为遣唐使设置的"装束司"是一个临时机构。

遣唐使出发前，祭祀天神地祇，奉币帛于贺茂大神社，祈祷神保佑航海安全，路途平安。再经过赐禄、授节刀等程序，天皇举行隆重的送别宴会。此时的送别宴，有个显著特点，就是要求五位以上官员每人作一首诗，当日奉献上来。据《续日本后纪》载，承和三年（836）四月二十四日的"赐饯入唐使"情形如下：

> 壬辰，天皇御紫宸殿，赐饯入唐大使藤原朝臣常嗣、副使小野朝臣篁等。命五位已上，赋赐饯入唐使之题。于时大使常嗣朝臣欲上寿，先候进止，敕许讫。常嗣朝臣避座而进，唤采女二声。采女攀御杯，来授陪膳采女，常嗣朝臣跪唱平，天皇为之举讫。行酒人进赐常嗣朝臣酒，即跪受饮竟。降自南阶，拜舞还座。既而群臣献诗，别有御制。大使赐而入怀，退而拜舞。赐大使御衣一袭、白绢御被二条、砂金二百两，副使御衣一袭、赤绢被二条、

---

① ［日］経済雑誌社編：『国史大系第三巻』（日本後記・續日本後記・日本文徳天皇實録）、東京：経済雑誌社、1897 年、第 493 頁。

② ［日］森田悌訳：『續日本後紀』（上）、東京：講談社、2010 年、第 93 頁。

砂金百两。各渊醉而罢。①

为遣唐使送别作诗，自奈良时代就已开始，《万叶集》中收录多首相关诗歌。到了平安时代，作送别诗已成为上层贵族的普遍礼仪。此次送别宴，天皇命令五位以上，均作诗相送。此次遣唐使经历两次出发遇险，第三次出发前，承和四年（837）三月十一日，朝廷再次举行宴会，天皇"赐饯入唐大使参议常嗣、副使篁，命五位已上赋春晚陪饯入唐使之题，日暮群臣献诗，副使同亦献之，但大使醉而退出"。②

此次遣唐使，离开日本前，历经磨难，一共组织三次出发，最终才实现了航海计划。在遣唐使出发前，为了追悼以前死于唐朝的唐使者及留学生，朝廷特意补赠八位殉难者位记（叙位文书），以慰幽魂。他们分别是③：

（1）故入唐大使赠正二位藤原清河，赠从一品（第十二次遣唐使）

（2）故留学问赠从二品安倍仲满，赠正二品（第九次遣唐使，即阿倍仲麻吕）

（3）故入唐使赠从四品下石川道益，赠从四品上（第十八次遣唐使）

（4）故入唐判官赠从五品下纪马主，赠从五品上（第十次遣唐使）

（5）故入唐判官从五品下田口养年富，赠从五品上（第十次遣唐使）

（6）故入唐判官从五品下甘南备信影，赠从五品下（第十八次遣唐使）

（7）故入唐判官从五品下纪三寅，赠从五位上（年代不详）

（8）故入唐判官从五品下扫守阿贺流，赠从五品下（第八次遣唐使）

① ［日］森田悌訳：『続日本後紀』（上）、東京：講談社、2010年、第174—175頁。
② ［日］森田悌訳：『続日本後紀』（上）、東京：講談社、2010年、第225頁。
③ 参见［日］森田悌訳：『続日本後紀』（上）、東京：講談社、2010年、第184—185頁。

八人的位记，委托遣唐使带到唐朝，在适当地点焚烧供养。遣唐使入唐后，只见对石川道益的追悼和焚烧位记的记载，未见其他人的位记如何处理。此前，第十八次遣唐使石川道益，到达明州后患病在身，未能赴长安而卒于明州，日本朝廷甚是惋惜，给他高度评价，相传道益的坟里长出了灵芝，这一吉祥之兆，概于阴间思乡所致，故赠其官位，以彰显冥界之荣誉。[①] 为此，日本朝廷知道石川道益死亡消息后立刻赠与其官位，延历二十四年（805）七月二十五日赠其从四位下，以此日为其死亡纪念日。唐开成三年（838），即日本承和五年七月二十五日，当第十九次遣唐使到达扬州东禅智桥东侧停留时，在桥北头的禅智寺举行忌日法会，"延历年中，副使忌日之事于此寺修"。[②] 不仅如此，同年十月四日，遣唐判官交给前往天台求法的僧人状称："延历年中，入唐副使石川朝臣道益明州身亡。已今有敕：叙四品位。付此使送，赠赐彼陇前。须便问台州路次，若到明州境，即读祭文，以火烧舍位记之文者。"足见日本对逝于唐朝人员的重视程度。

经过两年多的周全准备，各项工作结束，遣唐使终于开始出发。

第一次出航。承和三年（836）五月十四日，四船同时解缆，离开难波津出发。但是，十八日夜晚便遇大风，狂风暴雨，树木折断，房屋倒塌，船舶避难于摄津国轮田泊（今神户）。七月二日，四船从筑紫驶向东海。未经几时，大宰府汇报，第一船和第四船漂回筑前国，副使小野篁乘的第二船迂回筑前国松浦郡别岛。第三船遇难严重，出海后船体破裂，折成几段散落于大海，八月二日，水手等十六人驾竹编板漂到对马南浦（今对马市上县町），八月四日，又有九人驾竹筏漂到肥前国。关于第三船的惨状，真言宗请益僧真济的奏言称："栀折棚落，潮溢人溺，船头已下百四十余人任波漂荡，爰船头判官丹墀文雄

---

① 《续日本后纪》"承和三年五月戊申"条，赠石川道益位记的诏词曰："故入唐使赠从四品下石川朝臣道益可赠从四品上：忘躯徇节，奉使先朝，履义资忠，修聘唐国。路尝艰苦，泊遘沈痾。未达于中京，奄沦于下夺。兴言及此，追以悼伤。传遘灵芝，产于坟里。盖由幽感克致之歔，宜锡宠章，式旌泉壤。"参见［日］森田悌译：『続日本後紀』（上）、東京：講談社、2010 年、第 184 頁。
② ［日］释圆仁著，［日］小野胜年校注，白化文等修订校注：《入唐求法巡礼行记校注》，石家庄：花山文艺出版社，2007 年，第 22 页。

议云，我等空渴死船上，不如坏船作筏，各乘觅水。录事已下争放取舶板，造桴各去。"① 一百四十余人，拆船抢板，各自夺命而逃。八月末，又有三人漂至对马岛南浦。至此，全船一百多人，除二十八人生还外，其余全部遇难。第一次出航以失败告终。

第二次出航。遣唐使虽说失去了第三船，经过休整后，准备再次出发。承和四年（837）五月丁酉，授大使乘的第一船号为"太平良"，从五位下。不但授了船名，还赐予其阶位。于是，三艘船离开筑紫，驶向五岛列岛。但是，出海不久，各船又遭逆风，第一和第四船漂至壹岐岛，第二船漂至值嘉岛。此次航行，又中途而退。

第三次出航。又过一年，到了承和五年，朝廷一再催促早日赴唐。这次已到了非走不可的地步。但是，就在出发前，大使藤原常嗣和副使小野篁两人间出现了不和，小野篁谎称有病，拒绝赴唐，最终遣唐使扔下副使，驶向大唐。此事的经过，《续日本后纪》"承和五年十二月己亥"条记载如下：

> 　　是日，敕曰：小野篁，内含纶旨，出使外境，空称病故，不遂国命。准据律条，可处绞刑，宜降死一等，处之远流，仍配流隐岐国。初造舶使造舶之日，先自定其次第名之，非古例也。使等任之，各驾而去。一漂回后，大使上奏，更复卜定，换其次第，第二舶改为第一，大使驾之。于是副使篁怨怼，阳病而留。遂怀幽愤，作西道谣，以刺遣唐之役也。其词牵兴多犯忌讳，嵯峨太上皇览之，大怒令论其罪，故有此审谪。②

由此看出，当遣唐使船遇漂流返回后，大使觉得不吉利，经过"卜定"，更换了船的顺序，自己乘坐小野篁的第二船，将第一船变成第二船。此事引起副使小野篁的不满，于是他"空称病故""阳病而留"。但是，不赴唐也罢，他还作诗歌讽刺遣唐使，名曰《西道谣》，歌词多有忌讳，引起嵯峨太上皇的强烈不满，故追究其罪，贬官降职，

---

① ［日］森田悌訳：『続日本後紀』（上）、東京：講談社、2010年、第201頁。

② ［日］森田悌訳：『続日本後紀』（上）、東京：講談社、2010年、第281頁。

本为死罪，现降一等，流放至隐岐国。

由此，遣唐使以无副使的形式驶向大唐。[1] 这次渡唐，日本天台宗请益僧圆仁通过日记的形式，把在唐生活和所见所闻都记录下来，最终形成《入唐求法巡礼行记》。圆仁在唐生活十年，从838年至847年，最初的目的是去天台山求法，结果未获许可，遂"非法"留唐，足迹遍及今江苏、山东、河北、山西、陕西、河南、安徽七省。圆仁的日记从承和五年（838）六月十三日记起，午时，第一船、第四船遣唐使都已上船，因无风，在那津停留三日。十七日开始出港，又停于志贺岛，二十三日抵五岛中的有救岛，真正抵达唐朝海岸已是七月二日。当时的情形，圆仁在日记中写道：

> （七月）二日，早朝，潮生，进去数百町许，西方见岛，其貌如两舶双居。须臾进去，即知陆地。流行未几，遇两潮洄洑，横流五十余町。舶沉居泥，不前不却。爰潮水强端，掘决舶边之淤泥，泥即逆沸，舶卒倾覆，殆将埋沉。人人惊怕，竞依舶侧，各各带裈，处处结绳，系居待死。不久之顷，舶复左覆，人随右迁。随覆迁处，稍逾数度。又舶底第二布材折离流去。人人销神，泣泪发愿。当戌亥隅，遥见物随涛浮流，人人咸曰："若是迎船欤？"疑论之间，逆风迎来，终知是船也。见小仓船一艘乘人，先日所遣射手壬生开山、大唐人六人趋至舶前。爰录事以下共问大使所着之处，答云："未知所着之处。"乍闻惊悲，涕泪难耐。即就其船，迁国信物。录事一人、知乘船事二人、学问僧圆载等已下廿七人同迁乘之，指陆发去。午时，到江口。未时，到扬州海陵县白潮镇桑田乡东梁丰村。日本国承和五年七月二日，即大唐开成三年七月二日，虽年号殊，而月日共同。[2]

---

[1]　《续日本后纪》"承和五年六月戊申"条载："戊申，勘发遣唐使右近卫中将藤原朝臣助奏，副使小野朝臣篁依病不能进发。"参见［日］森田悌訳：『続日本後紀』（上）、東京：講談社、2010年、第264頁。

[2]　［日］释圆仁著，［日］小野胜年校注，白化文等修订校注：《入唐求法巡礼行记校注》，石家庄：花山文艺出版社，2007年，第7-8页。

圆仁的记述是了解这次遣唐使最全面，而又最可靠的史料。从中也可以看出遣唐使航行之艰辛，途中随时有漂流和遇难的危险。当使团看到有唐人船来迎时，均流露出难以言表的喜悦。抵达日期是七月二日，这一天值得纪念，圆仁自己也感慨两国"虽年号殊，而月日共同"。第一船最初到达的地点是扬州海陵县白潮镇桑田乡东梁丰村。

　　七月三日，知路之船引至掘港亭，听说第四船漂到北海。此后，雇小船等运送国信物，又经过数日的艰苦移行到达延海村。圆仁在七月三日的日记中写道："从东梁丰村去十八里有延海村，村里有寺，名国清寺。大使等为憩漂劳，于此宿住。"① 圆仁的这段记录，在近年考古发现中得到了证实，引起不小轰动。

　　2018 年 7 月 21 日，南京大学和江苏省如东县人民政府联合举办新闻发布会，公布南通市如东县掘港国清寺遗址考古发掘成果。考古发现与圆仁《入唐求法巡礼行记》的记录相互印证，揭示了掘港起自隋代开"掘沟"运河、唐设"掘港亭"、天台高僧行满在如东建"国清寺"、唐立"掘港镇"、日本遣唐使船上的新罗译语金正南提到的"扬州掘港"、日本遣唐使到达掘港国清寺休整待发并接受中国地方官员礼仪性欢迎及遣唐使团从国清寺登船沿"掘沟"运河经如皋、海陵（今泰州）到达扬州等历史事实。②

　　江苏省南通市如东县掘港镇国清寺遗址，于 2017 年 10 月开始考古发掘，共发现了十七处遗迹，包括唐宋时期国清寺三座建筑殿址、四处附属建筑遗迹、一处灶房、三口各个时期的水井、一条环寺围沟。遗址出土了两件唐宋时期的莲花纹柱础、不同窑口的瓷器以及陶器、建筑构件、石雕佛像、铜钱、茶器、文房用品等，有的瓷器上有"国清""方丈""库司"等墨书题款。③ 消息传出后，立刻引起日本方面的

① ［日］释圆仁著，［日］小野胜年校注，白化文等修订校注：《入唐求法巡礼行记校注》，石家庄：花山文艺出版社，2007 年，第 10 页。

② 王广禄：《江苏如东掘港国清寺遗址考古成果发布》，《中国社会科学网》，2018 年 7 月 21 日，https://www.cssn.cn/zx/bwyc/201807/t20180721_4507468_10.shtml，2022 年 3 月 20 日访问。

③ 贺云翔、王碧顺：《江苏如东掘港国清寺遗址》，《大众考古》2018 年第 7 期，第 12-13 页。

关注，2018 年 7 月 26 日，明治大学日本古代学研究所邀请主持这次考古发掘的南京大学贺云翱教授到日本演讲，介绍关于国清寺的最新考古发现，演讲的题目为《中国南通如东掘港古国清寺考古发现及其有关问题探讨》。对此，日本方面做了相关报道，新发现圆仁唐朝之旅的始发地，国清寺遗址，佐证了《入唐求法巡礼行记》的真实性，为题进行报道，日本考古杂志也进行了相关介绍。[1] 引起学界较大反响。

如东县掘港镇的国清寺，创立者是施教于最澄的天台著名法师行满和尚，建立的时间是唐元和年间（806—820），也就是最澄回国之后的十几年间。据嘉庆十三年《如皋县志》卷三"寺观"条载："国清寺，在掘港营内，唐元和中，僧行满建。"[2] 国清寺遗址的再现，对于解读中日天台宗的法脉具有重要意义。日本天台祖师最澄求师于行满，最澄的弟子圆仁又来到行满建立的掘港国清寺，这种师徒相承的佛缘，经过千年的风雨洗涤，无意之中再次引起世人瞩目。

自国清寺到扬州大都督府，又经过几日水上行程，遣唐使于七月二十六日终于抵达扬州。八月一日，大使到都督府拜见都督李德裕。李德裕，李吉甫之子，开成二年（837）五月，被任命为扬州大都督府长史、淮南节度副大使和知节度使事。因扬州是唐朝的重镇，大都督和节度使例由亲王遥领而以副使实任，所以，李德裕虽为长史，但掌握实权。这次遣唐使回国后第二年，开成五年（840）唐武宗即位，李德裕由淮南节度使入宰相，执政六年，是"牛李党争"中的首脑人物，后遭牛派打击，贬死崖州。[3] 八月三日，圆仁欲往天台山，将牒交到州府。八月二十四日，第四船判官以下人员分乘三十艘小船到达扬州。九月二十八日，李德裕为将要赴长安的大使等设送别宴。十月四日，确定入京人员：大使一人，判官长岑高名、判官菅原善主、录事

---

[1] 「円仁、唐の旅の出発点　国清寺遺構、『巡礼行記』を裏付け」、『朝日新聞』、2018 年 7 月 30 日。https://higashiyamatoarchive.net/ajimalibrary/00 歴史 / 円仁、唐の旅の出発点 %E3%80%80 国清寺遺構、「巡礼行記」を裏付け .html、参照 2022 年 3 月 28 日。

[2] （清）杨受廷等修，马汝舟等纂：《如皋县志》（清·嘉庆十三年刊本影印），台北：成成出版社有限公司，1970 年，第 323 页。

[3] ［日］释圆仁著，［日］小野胜年校注，白化文等修订校注：《入唐求法巡礼行记校注》，石家庄：花山文艺出版社，2007 年，第 25-26 页。

高丘百兴、录事大神宗雄、通事大宅年雄、别请益生伴须贺雄、真言请益僧圆行等三十五人。十月五日，赴京人员分乘五艘船由大运河驶向长安。

　　这里的"别请益生"，指的是拥有特别技艺而入唐进修的请益生。伴须贺雄擅长围棋，回国后在围棋方面有较深的造诣，曾在宫中与另一位围棋高手对决，据《续日本后纪》"承和六年（839）十月己酉朔"条载：

> 　　天皇御紫宸殿，赐群臣酒。召散位从五位下伴宿祢雄坚鱼、备后权掾正六位上伴宿祢须贺雄于御床下，令围棋。并当时上手也（雄坚鱼下石二路）。赌物新钱廿贯文，一局所赌四贯，所约惣五局（须贺雄输四筹，赢一筹）。亦令遣唐准判官正六位上藤原朝臣贞敏弹琵琶，群臣具醉。赐禄有差。①

　　伴须贺雄下棋的对手伴雄坚鱼也是一位围棋高手，二人"并当时上手也"。二人的赌局赏罚分明，赌物为新钱二十贯文，一局输赢赌四贯，共下五局。但比赛的结果是伴须贺雄四负一胜，伴雄坚鱼技高一筹。伴雄坚鱼，别名小坚鱼、少胜雄，他也曾作为遣唐使棋师，804年入唐学艺，后成为日本的围棋名师。伴雄坚鱼担任美浓介时，教授年仅十余岁的弟子纪夏井围棋，不过一二年，夏井之棋艺几乎超过了他，② 在日本围棋史上留下佳话。

　　大使等三十五人经过近两个月的行程，十二月三日到达长安长乐驿。新年伊始，开成四年（839）正月十三日，文宗皇帝召见，据圆仁日记中引用真言请益僧圆行的讲述，当时入唐朝贡国共有五个，"南照国第一，日本国第二，自余皆王子，不着冠，其形体屈丑，着皮毡

---

① ［日］森田悌訳：『続日本後紀』（上）、東京：講談社、2010年、第321頁。
② 《日本三代实录》"贞观八年（866）九月二十日甲子"条载："夏井兼能杂艺，尤善围棋。伴宿祢少胜雄以善奕棋，延历聘唐之日，备于使员，以棋师也。堂父善岑为美浓守，少雄为介。夏井时年十余岁，习围棋于少胜雄，一二年间，殆超于少胜雄。"参见［日］藤原时平等撰：『日本三代實録』（国史大系 第四卷）、東京：経済雑誌社、1897年、第228頁。

等"①。可知，当时唐皇接见的蕃国贡使有五国，一为南诏国，二为日本国，其他三国未指明，只是说他们都是王子入贡，且相貌丑陋，着皮裘。不过，通过《唐会要》的记载，可以印证这次朝见的事实，朝贡国除日本外②，还有南诏③、室韦④、吐蕃⑤，朝见的地点在麟德殿。遣唐使在长安的活动细节，中国史料无载。

在长安期间，大使及判官请奏请益僧圆仁去台州天台山求法事宜，但都未得到许可。只有到了最后回国前夕，留学僧圆载获准前往台州，期限为五年，官方供给粮食。另两个去长安求法的僧人中，真言宗请益僧圆行，几经奏请才被允许入青龙寺学习，他雇了二十人抄写经文。据《入唐五家传》中的《灵岩寺和尚传》载，圆行于开成四年正月十三日，依敕入住青龙寺，"遂以座主大阿阇梨义真为师承事，研习真言宗义，禀承三密幽致，决疑两部之大旨，开悟诸尊之秘法。即闰正月三日，随和尚授传法阿阇梨位灌顶，又传法门道具佛舍利等。同月四日，归礼宾院。欲归朝，相送惜别。礼仪不可具记"。⑥可见，圆行在青龙寺求学受法的时间是从正月十三日到次月的闰正月四日，仅有二十天时间。另一个去长安求法的僧人是法相宗请益僧戒明，初停留在长安城外，不许入京，于是他令随从的弟子僧义澄戴上俗人的帽子，自己伪装成判官的傔从，才混入京城。

从遣唐使在长安的短暂停留、不许僧侣入寺学习，以及为圆仁去

---

① 　[日]释圆仁著，[日]小野胜年校注，白化文等修订校注：《入唐求法巡礼行记校注》，石家庄：花山文艺出版社，2007年，第123页。

② 　《唐会要》卷九十九"倭国"条载："开成四年正月，遣使薛原朝常嗣等来朝贡。"但是，此处的"薛原朝常嗣"，当为"藤原朝臣常嗣"之误。参见（宋）王溥撰：《唐会要》（下），上海：上海古籍出版社，2006年，第2100页。

③ 　《唐会要》卷九十九"南诏蛮"条："开成四年正月，上御龙德殿。入对朝贺正南诏酋赵莫三十七人。赐官告并金彩银器金银带衣服等有差。"参见（宋）王溥撰：《唐会要》（下），上海：上海古籍出版社，2006年，第2094页。

④ 　《唐会要》卷九十六"室韦"条："（开成）四年正月，上御麟德殿，对入朝贺正室韦阿朱等十五人。"参见（宋）王溥撰：《唐会要》（下），上海：上海古籍出版社，2006年，第2040页。

⑤ 　《唐会要》卷九十七"吐蕃"条："四年，遣使论焦熟等来朝。"参见（宋）王溥撰：《唐会要》（下），上海：上海古籍出版社，2006年，2061页。

⑥ 　[日]伊势兴房：『頭陀親王入唐略記』、塙保己一編纂『続群書類従』（第八辑上）、東京：続群書類従完成会、1904年、第109頁。

天台屡奏屡不许等情况来看，开成年间唐朝国内局势紧张，严格管控人员流动，限制外国使臣的行动自由，尽快使其回国。不仅长安，扬州也一样，开成四年二月二十日，判官长岑高名的傔从白鸟、清岑、长岑、留学等四人为买"香药"下船到市，遭到官役的追捕，扔下二百余贯钱逃跑，三人返回船上，一人不知所去。二十一日，日前大使傔从粟田家继购买货物，下船往市，结果被役吏抓走，扣留在扬州府衙，今日放还。[①] 可见，当时扬州地区对日本贡使的市场交易也是严格控制的，不许他们自由买卖。

从长安返程的遣唐使，并没有回到扬州，而是直奔楚州。原因是大使的第一船和第四船陷入泥中，船体严重破损，无法航行。因此，大使派新罗译语金正南前往楚州，落实停留在那里的船只，准备回国事宜。结果，船舶修理无果，金正南利用其新罗人的优势，在楚州协调关系，雇佣到了九艘在渤海领域经商的新罗船，送遣唐使回国。于是，停留在扬州的二百七十人全部移向楚州。

圆仁在"开成四年三月十七日"条记载：

> 运随身物，载第二船。与长判官同船。其九只船，分配官人，各令船头押领。押领本国水手之外，更佣新罗人谙海路者六十余人。每船或七或六或五人。亦令新罗译语正南商可留之方便。未定得否。[②]

此次遣唐使回国，因第一、第四船损坏，不能使用，所以，乘新罗九只船的是这两船人员。第二船靠岸在海州一带，未遭受巨大破损，因此，第二船人员乘自己船回国。返程之路，总共有十只船。乘新罗

---

① 圆仁《入唐求法巡礼行记》"开成四年二月廿日"条载："……长（判）官傔从白鸟、清岑、长岑、留学等四人为买香药等下船到市，为所由勘追，舍二百余贯钱逃走，但三人来。"二月廿一条："廿一日，早朝，发去。大使（傔从）粟田家继先日为买物下船往市，所由捉缚，州里留著，今日被免来。又第四船射手被免放来。到江阴县回船堰，夜宿。"参见 [日] 释圆仁著，[日] 小野胜年校注，白化文等修订校注：《入唐求法巡礼行记校注》，石家庄：花山文艺出版社，2007年，第114-117页。

② [日] 释圆仁著，[日] 小野胜年校注，白化文等修订校注：《入唐求法巡礼行记校注》，石家庄：花山文艺出版社，2007年，第127页。

九只船的阵容如下所示 ① ：

第 1 船	大使	藤原朝臣常嗣
第 2 船	判官	长岑宿祢高名
第 3 船	判官	菅原朝臣善主
第 4 船	准判官	藤原朝臣贞敏
第 5 船	录事	伴宿祢须贺雄
第 6 船	录事	大神朝臣宗雄
第 7 船	录事	山代宿祢氏益
第 8 船	准录事	高丘宿祢百兴
第 9 船	准录事	丹墀真人高主

　　几经周折，遣唐使三月二十二日聚集于楚州，第一、第四船一共约三百人，再加上五至七人的新罗水手，每船约 40 人。然而，关于驶往日本的路线，大使与长岑高名的意见出现分歧，再加上风向有变，导致船只迂回渤海一带，九艘船从山东半岛南岸驶向日本。另一方面，此次遣唐使中，除留学僧圆载和沙弥仁好、傔从始满、仁济准许留在唐外，其余都要返回日本，正如圆仁的日记所载："又留学生道俗总不许留此间。圆载禅师独有敕许，往留台州。自余皆可归本乡。又请益法师不许往台州。左右尽谋，遂不被许。"② 除了长期留学的圆载，短期请益的圆仁不许独往台州。然而，事实上，圆仁和他的弟子惟正、惟晓、水手丁雄满等四人最终非法留在唐土。

　　九艘新罗船迂回至山东半岛后，七月下旬至八月，各船分别经黄海驶向日本。第一批抵达日本的是第六船，八月十四日，大宰府接到报告，称录事大神宗雄的船已抵达日本。朝廷给大宰府的敕状如下记载：

　　　　得今月十四日飞驿所奏遣唐录事大神宗雄送大宰府牒状，知

① ［日］上田雄：『遣唐使全航海』、東京：草思社、2006 年、第 222 頁。
② ［日］释圆仁著，［日］小野胜年校注，白化文等修订校注：《入唐求法巡礼行记校注》，石家庄：花山文艺出版社，2007 年，第 123 頁。

入唐三个船嫌本舶之不完。倩驾楚州新罗船九只，傍新罗南以归朝。其第六船，宗雄所驾是也。余八个船，或隐或见，前后相失，未有到着。艰虞之变不可不备，宜每方面重戒防人，不绝炬火赢贮粮水，令后着船共得安稳。其宗雄等安置客馆，得待后船。①

由此，大致可知遣唐使离开唐朝后的走向。日本朝廷为迎接其他船只，要求各岛屿做好充分准备，"重戒防人，不绝炬火，赢贮粮水"。此后，八月二十五日，大宰府又飞驿奏报，"得今月十九日奏状，知遣唐大使藤原常嗣朝臣等率七只船，回着肥前国松浦郡生属岛。与先到录事大神宗雄船，总是八艘"。②另一艘船，即第七船，在两个月后的十月九日，抵达筑前国博多津。遣唐使第一、第四船的成员，雇用新罗的九艘船陆续抵达日本。九月十六日，遣唐大使藤原常嗣回到平安京返还了节刀。至此，标志着遣唐使工作结束，大体上完成了任务，但也付出了沉重代价。

失去联系的第二船，长时间无音信。承和七年（840）三月三日，朝廷再次颁敕，称遣唐使三船，自去年六月返航以来都已陆续到达，唯不见第二船，令大宰府及沿海诸国，依惯例举火炬观察等候。四月八日，大宰府上奏，遣唐使第二船知乘船事菅原梶成等驾第二船抵大隅国（今鹿儿岛县东部），原来的船体破裂，部分人员驾一只小船返回。再通过后来的报告得知，第二船自山东半岛的赤山出发后，海中遇风，向南漂流，到达一个陌生的岛屿，具体岛名不知，《续日本后纪》只记为"南海贼地"。船到异域，遭到岛人的袭击，遣唐使人员与岛民发生激烈战斗，日方缴获数枚兵器：五尺矛一枚、片盖鞘横佩一柄、箭一支。他们带回日本后献给天皇。这些兵器与常见的武器略有不同。

那么，第二船漂流的南海之国，究竟是哪里呢？圆仁在《入唐求法巡礼行记》"会昌二年五月二十五日"条抄录的圆载书信中写道："第二船漂落裸人国，被破船，人物皆损。偶有卅来人得命，坼破大舶作

---

① ［日］森田悌訳：『続日本後紀』（上）、東京：講談社、2010 年、第 311 頁。
② ［日］森田悌訳：『続日本後紀』（上）、東京：講談社、2010 年、第 312 頁。

小船，得达本国。"[①] 据此，第二船漂到的地方叫"裸人国"，全船仅有三十人左右生存下来。日本学者佐伯有清认为，这个被称为"裸人国"应该不是国名，大概是在中国台湾或冲绳一带。[②] 笔者认为，第二船遇险的"南海贼国"或"裸人国"，应该是古琉球的某岛屿。

三、灵仙

1913 年夏，日本内务省宗教局在调查古寺院和神社中的宝物时，在滋贺县古刹石山寺发现一古写本的《大乘本生心地观经》。其卷第一跋文记载"醴泉寺日本国沙门灵仙笔受并译语"，同时写有从事译经工作的各类人员。其中，日僧灵仙承担主译职务，取得三藏之号。这一发现，震惊了日本学术界，日本学者妻木直良自豪地指出，汉传佛教一千八百余年，汉译佛经大约六千余卷，获得三藏称号的僧人达二百余人，而日本独此一人。[③] 新发现的石山寺《大乘本生心地观经》卷一跋文（见图 9）如下：

> 元和五年七月三日内出梵夹其月廿七日奉诏于长安醴泉寺至六年三月八日翻译进上

罽宾国三藏赐紫沙门	般若	宣梵文
醴泉寺日本国沙门	灵仙	笔受并译语
经行寺沙门	令藚	润文
醴泉寺沙门	少諲	回文
济法寺沙门	藏英	润文
福寿寺沙门	恒济	回文
总持寺沙门	大辨	证义
右街都勾当大德荘严寺沙门	一微	详定

都勾当译经押衙散兵马使兼正将朝议郎前行陇州可功参军上

---

① ［日］释圆仁著，［日］小野胜年校注，白化文等修订校注：《入唐求法巡礼行记校注》，石家庄：花山文艺出版社，2007 年，第 400 页。

② ［日］佐伯有清：『最後の遣唐使』、東京：講談社、2007 年、第 150 頁。

③ ［日］妻木直良：「唐代の訳場に参じた唯一の日本僧」、『東洋学報』第 3 巻第 3 号、1913 年、第 429—443 頁。

图9　日本石山寺藏《大乘本生心地观经》卷一跋文

柱国赐绯鱼袋臣李霸

　　给事中郎守右补阙云骑尉袭徐国公臣萧俛奉　敕详定

　　银青光禄大夫行尚书工部侍郎充　皇太子及诸王侍读长洲县
开国男臣归登奉　敕详定

　　朝请大夫守给事中充集贤殿　御书院学士判院士事臣刘伯蒭
奉　敕详定

　　朝议郎守谏议大夫知匦使上柱国赐绯鱼袋臣孟简奉　敕详定

　　右神策军护军中尉兼右街功德使扈从特进右行武卫大将军知
内侍省上柱国剡国公食邑三千崔第五从直[1]

　　这份古写本的《大乘本生心地观经》，价值不菲，跋文透漏了译经
时的基本信息。从中可知，此经文译自元和五年（810）七月二十七日，
完成于元和六年（811）三月八日。主要由罽宾国高僧三藏般若宣梵文，
灵仙承担"笔受并译语"，翻译的场所在长安醴泉寺。译场译经是汉译
佛经翻译的主要形式，在我国拥有悠久的历史，自汉末至北宋初，前

①　［日］渡辺三男：「霊仙三藏—嵯峨天皇御伝のうち」、『駒澤国文』第 24 号、1987 年、第
1—28 頁。

后持续了九百年。① 唐朝译经，设官分职，译经活动多者有十几种分工，《宋高僧传》卷三记有：译主、笔受、度语、证梵本、润文、证义、梵呗、校勘、监护大使、正字等。其中，"笔受者，必言通华凡，学综有空"。可以说，灵仙通汉语和梵文，在译经过程中起到了关键作用。

另外，古写本《大乘本生心地观经》卷一中，还记载了翻译该经的序文，宪宗皇帝亲自书写，御制序文曰："《大乘本生心地观经》者，释迦如来于耆闍崛山，与文珠师利、弥勒等诸大菩萨之所说也。其梵夹，我烈祖高宗之代，师子国之所献也。宝之历年，秘于中禁。朕嗣守丕业，虔奉昌图。……乃出其梵本于醴泉寺，诏义京师学大德，罽宾三藏般若等八人，翻译其旨。命谏议大夫孟简等四人，润色其文。列为八卷，勒成一部。"② 由此可知，此经文是早年师子国进献的梵文本，并非般若三藏将来。主要译经人员包括般若、灵仙等八人、另有时任朝中要职的萧俛、孟简等人。

这次译经中有两个主角，一个是般若三藏，另一个就是日本僧人灵仙。般若三藏，是北天竺罽宾国（迦毕试国）人，在那烂陀寺学唯识，唐德宗建中二年（781）从海路到达广州，次年抵长安，在西明寺和醴泉寺从事译经活动。西明寺沙门圆照撰《大唐贞元续开元释教录》（卷上）载："沙门般若言：伏以生自罽宾，十四离乡，南游天竺闻所未悟。二十余年巡礼圣踪双林八塔，大小乘学誓报四恩，远慕支那聿来瞻礼。"贞元四年（788），他与《大秦景教流行中国碑》作者波斯景教僧景净共译《大乘理趣六波罗蜜多经》。贞元六年（790）七月二十五日，德宗敕赐般若三藏名号及紫袈裟。他翻译的主要经典还有《华严经》（四十卷）、《守护国界主陀罗尼经》（十卷）、《造塔延命功德经》（一卷）、《大乘本生心地观经》（八卷）、《诸佛境界摄真实经》（三卷）等。般若三藏卒于洛阳，葬于龙门西岗，年寿不详。

日本国沙门灵仙，其生年不详。关于他的研究，日本学界有一些

---

① 彭向前：《"四行对译法"源自古代佛经译场》，《中国社会科学报》，2021 年 8 月 27 日第 5 版。

② 参见［日］妻木直良：「唐代の訳場に参した唯一の日本僧」、『東洋学報』第 3 卷第 3 号、1913 年、第 433—434 頁。

成果①，而中国学界关于灵仙的文章则寥寥无几②。首先需要弄清的问题是他的入唐时间。松本文三郎认为他于宝龟四年（773）入唐，理由是根据《山西通志》卷一百七十一中记载的"天宝中日本国王白壁天皇遣二僧灵仙、行贺礼五台山学佛法。后开成、会昌中，仁明天皇遣僧人礼五台"之句③，由此认为灵仙入唐的时间是773年(宝龟四年)④。然而，《山西通志》所载的时代、人物和事件与事实不十分相符，因此，这一观点并无说服力。目前学界多数认为，灵仙是第十八次遣唐使的留学僧，804年同最澄、空海等一起入唐，主要依据有两点。

其一，兴福寺沙门慈蕴撰《法相髓脑》载：

> 延历廿二年付遣唐学生灵船阇梨渡于大唐。⑤

此处的"灵船"就是"灵仙"，船与仙的日语发音相同，故写作灵船。⑥灵仙于延历二十二年（803）赴唐留学，实际指的是遣唐使正式抵唐朝前一年，四月十六日从难波港出海，结果遭疾风，被迫终止。第二年，七月六日，四船于肥前国松浦郡田浦同时入海，驶向大唐。这样，灵仙与空海、最澄等是同一批留学人员。另外，关于撰写《法

---

①　[日]小野玄妙：「五台山金閣寺含光大徳と霊仙三蔵」、『密教研究』11 号、1923 年、第17—35 頁；[日]佐々木憲徳：『大乗本生心地観経の研究』、東京：光林寺、1958 年；[日]鷲尾光遍：『噫霊仙三蔵：附石山寺経蔵』、大津：石山寺、1963 年；[日]石山寺文化財綜合調査団編：『石山寺の研究　一切経篇』、京都：法蔵館、1978 年；[日]頼富本宏：『中国密教の研究—般若と賛寧の密教理解を中心として』、東京：大東出版社、1979 年；[日]NHK 取材班、鎌田茂雄：『仏教聖地・五台山：日本人三蔵法師の物語』、東京：NHK 出版、1986 年；[日]さんどう会：『霊仙三蔵と幻の霊山寺』、彦根：サンライズ出版、2001 年；[日]鷲尾遍隆監修、綾村宏編：『石山寺の信仰と歴史』、京都：思文閣、2008 年；[日]小川貫弌：「入唐僧霊仙三蔵と五臺山」、『支那仏教史学』第 5 巻第 3・4 号、1942 年。

②　高留成：《唐朝时期日本留学僧译经大师灵仙考》，《船山学刊》2007 年第 3 期，第 80-82页；卜朝晖、杨钰：《唐朝佛经翻译的外来译者考察——以日本遣唐学问僧灵仙为例》，《亚太跨学科翻译研究》2020 年第 2 期，第 142-151 页。

③　（清）储大文：《山西通志》卷一百七十一《台怀佛刹》，《钦定四库全书荟要》影印本，长春：吉林出版社，2005 年。

④　[日]松本文三郎：『佛教芸術とその人物』、東京：同文館、1923 年、第 280 頁。

⑤　[日]仏書刊行会編纂：『大日本佛教全書』第 80 巻、東京：仏書刊行会、1915 年、第 157 頁。

⑥　[日]松本文三郎：『仏教芸術とその人物』、東京：同文館、1923 年、第 259 頁。

相髓脑》的慈蕴，最澄在《显戒论缘起》卷上收录的《赐向唐求法译语僧义真公验一首》以及一乘忠著的《睿山大师传》中均有其名，他和最澄及义真是同时代的人，是当时兴福寺法相宗的代表人物。[①]

其二，源信著《一乘要决》卷下载：

> 问：若言法尔无漏种子无经说者，云何心地观经第四卷。佛说言因三善根及以信等。增长无漏法尔种子，能起无漏三昧神通。答：彼经笔受灵仙法师，本住当朝兴福寺，习学法相宗，乘彼本习，润色经文。自谓无谬，如青谓黄。若彼梵文正如此者，天竺诸师何言无文谬。护法论师，何不引之。或复真如所缘缘种子，名为法尔了。[②]

从中可知，灵仙是兴福寺僧人，学习法相宗。但源信写这段话，是对《大乘本生心地观经》和灵仙提出批评，其翻译"自谓无谬，如青谓黄"，如果真是那样，为何"护法论师，何不引之"。至于灵仙的梵文及汉文程度如何，不是本文所探讨的对象，对于源信的观点，不做讨论。但是，近年研究表明，以般若为首，灵仙参译的《大乘本生心地观经》缺乏连贯性，很难说具有完全相同的梵文文本，按照汉译佛经的三种分类：（1）汉译经典；（2）编辑经典；（3）伪作经典。[③]吉原浩人认为，此经可认为是第二类的编辑经典。[④]总之，灵仙出自兴福寺，这一点与上一条兴福寺沙门慈蕴的《法相髓脑》相互印证，足以说明其随第十八次遣唐使留学的事实。

灵仙入唐六年后，元和五年（810）七月开始译经，次年三月八

---

①　[日] 師茂樹：「慈蘊『法相髓脳』の復原と解釈」、『東洋大学大学院紀要』第 35 巻、1999 年、第 163—178 頁。

②　[日] 源信：『一乗要決』（巻下）、仏書刊行会編纂：『大日本佛教全書』第 32 巻、東京：仏書刊行会、1916 年、第 86 頁。

③　[日] 賴富本宏：『中国密教の研究―般若と賛寧の密教理解を中心として』、東京：大東出版社、1979 年。

④　[日] 吉原浩人：「『大乗本生心地観経』訳経と日本文人への影響―般若・霊仙・白居易・菅原文時一」、早稲田大学文学学術院編『国際シンポジウム「東アジア文化交流―古代・中世仏教の相互往来―」資料集』、2022 年 1 月 16 日、第 4—12 頁。

日译成，历时九个月。译经献上后，宪宗皇帝极为赞赏，亲自作序，《宋高僧传》卷三《唐醴泉寺般若传》中记载译经结束后，"帝览有敕，朕愿为序"①。不但如此，白居易也参与其中。元和六年，白居易代笔答严绶等贺宪宗御制《大乘本生心地观经》表、孟简和萧俛的状，作有《答文武百官寮严绶等贺御制新译大乘本生心地观经序表》和《答孟简萧俛等贺御制新译大乘本生心地观经序状》。另外，《旧唐书》卷一百六十三《孟简》传也有相关记载："（元和）六年，诏与给事中刘伯刍、工部侍郎归登、右补阙萧俛等，同就醴泉佛寺翻译《大乘本生心地观经》，简最擅其理。"②可见，这部经文受到当朝高度重视，皇帝亲自作序，多名文人和大臣参与其中。

译经结束后，灵仙去了五台山。至于何时去的、为什么去五台山，史料无载。圆仁《入唐求法巡礼行记》中四处记有灵仙的消息，共出现过九次灵仙的名字，分别如下：

（1）《入唐求法巡礼行记》卷二"开成五年（840）四月二十八日"条

> 便入停点普通院，礼拜文殊师利菩萨像，因见西亭壁上题云："日本国内供奉翻经大德灵仙，元和十五年九月十五到此兰若"，云云。院中僧等见日本国僧来，奇异，示以壁上之题，故记著之。③

（2）《入唐求法巡礼行记》卷三"开成五年（840）五月十七日"条

> 于菩萨堂前临涯有三间亭子。地上敷板，四面高栏。亭下便是千仞之岸，崄峻。老宿云："昔者日本国灵仙三藏于此亭子奉见

① （宋）赞宁撰：《宋高僧传》卷三《唐醴泉寺般若传》，《四库全书》影印本，北京：中华书局，1985年。
② （后晋）刘昫等撰：《旧唐书》（简体字本二十四史，第32册），北京：中华书局，2000年，第2901页。
③ ［日］释圆仁著，［日］小野胜年校注，白化文等修订校注：《入唐求法巡礼行记校注》，石家庄：花山文艺出版社，2007年，第261页。

一万菩萨。"①

（3）《入唐求法巡礼行记》卷三"开成五年（840）七月一日、二日"条

> 取竹林路，从竹林寺前向西南，逾一高岭，到保磨镇国金阁寺坚固菩萨院宿。遍台供养主僧义圆亦归汾州去，今日从花严寺续后来同院宿。院僧茶语云："日本国灵仙三藏昔住此院三年，其后移向七佛教诫院亡过。彼三藏自剥手皮，长四寸，阔三寸，画佛像，造金铜塔安置。今见在当寺金阁下，长年供养"，云云。
> 二日，共义圆供主等及寺中数僧开金阁礼大圣文殊菩萨：骑青色师子，圣像金色，颜貌端严，不可比喻。又见灵仙圣人手皮佛像及金铜塔。②

（4）《入唐求法巡礼行记》卷三"开成五年（840）七月三日"条

> 三日，斋后，共头陀等同为一行。头陀云："相送直到汾州。在路与作主人。"从台顶向南下，行十七里许，于谷里有一院。屋舍破落，无人。名为七佛教诫院。院额题云"八地超兰若"。日本僧灵仙曾居此处，身亡。渤海僧贞素哭灵仙上人诗于板上书，钉在壁上。写之如后：

哭日本国内供奉大德灵仙和尚诗并序
渤海国僧贞素

> 起予者谓之应公矣。公仆而习之，随师至浮桑。小而大之，介立见乎缁林。余亦身期降物，负籍来宗霸业。元和八年，穷秋之景，逆旅相逢，一言道合。论之以心素，至于周恤，小子非其

---

① ［日］释圆仁著，［日］小野胜年校注，白化文等修订校注：《入唐求法巡礼行记校注》，石家庄：花山文艺出版社，2007年，第276页。

② ［日］释圆仁著，［日］小野胜年校注，白化文等修订校注：《入唐求法巡礼行记校注》，石家庄：花山文艺出版社，2007年，第292-294页。但是，关于"青色师子"，其他版本为"青毛师子"，此处的断句也与白化文等校注版本有别，参见［日］圆仁：《入唐求法巡礼行记》，桂林：广西师范大学出版社，2007年，第101页。

可乎？居诸未几，早向鸽原。鹡鸰之至，足痛乃心。此仙大师是我应公之师父也。妙理先契，示于元元。长庆二年，入室五台。每以身厌青瘀之器，不将心听白猿之啼。长庆五年，日本大王远赐百金，达至长安。小子转领金书送到铁勤。仙大师领金讫，将一万粒舍利、新经两部、造敕五通等嘱附小子请到日本，答谢国恩。小子便许。一诺之言，岂惮万里重波。得遂钟无外缘，期乎远大。临回之日，又附百金。以太和二年四月七日，却到灵境寺，求访仙大师。亡来日久，泣我之血，崩我之痛。便泛四重溟渤，视死若归，连五同行李，如食之顷者，则应公之原交所致焉。吾信始而复终，愿灵几兮表悉。空留涧水，呜咽千秋之声；仍以云松，惆怅万里之行。四月冀落加一，首途望京之耳。

不那尘心泪自涓，情因法眼奄幽泉。

明朝傥问沧波客，的说遗鞋白足还。

太和二年四月十四日书

于小窟中安置七佛像。当窟户有一堂。堂南边有一小庵室。于堂下有二屋。并破落。庭地荒芜而无人。昔于此窟前七佛现矣。南行三里许，到大历灵境寺。向老宿问灵仙三藏亡处，乃云："灵仙三藏先曾多在铁勤兰若及七佛教诫院。后来此寺，住浴室院。被人药杀，中毒而亡过。弟子等埋瘗，未知何处，"云云。[1]

以上是关于灵仙事迹记录最多的史料，这些都是圆仁到五台山后的见闻，其将之写入《入唐求法巡礼行记》。通过上述资料，大致可以整理出灵仙离开长安后的轨迹。灵仙译经结束后到五台山，元和十五年（820）九月十五日到普通院。后入住金阁寺坚固菩萨院，宿二年，在此，"自剥手皮，长四寸，阔三寸，画佛像，造金铜塔安置"。长庆五年（825），日本淳和天皇通过到访的渤海僧贞素给灵仙送去黄金百两。贞素经长安来到五台山，转送给在铁勤寺的灵仙黄金和书信后，

---

① ［日］释圆仁著，［日］小野胜年校注，白化文等修订校注：《入唐求法巡礼行记校注》，石家庄：花山文艺出版社，2007 年，第 301-303 页。

灵仙又委托贞素给日本带去舍利一万粒、新经两部、造敕五通等。当
贞素再次回来时，灵仙已去世，时间是太和二年（828）四月七日。此
事，通过《续日本后纪》的记载也可以得到印证。渤海国派遣高承祖出
使日本时，天皇委托他给住在五台山的灵仙送去黄金百两。渤海使回
国后派朝唐贺正使，为灵仙送金，几经周折，将黄金送到五台山时，
灵仙已迁化。① 由此推算，灵仙大概卒于前一年，即太和元年（827）。

　　灵仙又在七佛教诫院住过一段时间，后到大历灵境寺，并亡于此
处，死亡具体时间不详。关于灵仙事迹，笔者认为，至少有三点值得
深入探讨：

　　第一，灵仙委托渤海僧贞素带到日本的"新经两部"，是什么经？

　　渤海僧贞素将灵仙委托的"一万粒舍利、新经两部、造敕五通等"
带到日本，时间是淳和天皇在任的天长三年（823）左右。这两部新经
究竟指的是什么经，史料无载，不可断然判明。但是，从日本佛教史
的轨迹中可以推断，两部经中很可能就包括灵仙参与翻译的《大乘本
生心地观经》。

　　日本天台宗的先驱圆仁、圆珍在其著作中均引用过此经的思想，
尤其是圆仁的弟子安然（841？—915？），在其《真言宗教时义》《胎
藏金刚菩提心义略问答抄》等著作中频繁引用该经。被尊为五大院阿
阇梨和阿觉大师的安然，不仅是天台密教的大成者，同时也对东密产
生较大影响。② 一般说来，空海（弘法大师）系之佛教称为"东密"，
最澄（传教大师）系之密教称"台密"。③ 从安然生活的年代可知，起
码在灵仙去世后不久，《大乘本生心地观经》便传到日本。因此，该经

① 《续日本后纪》"承和九年（842）三月辛丑"条载："又别状曰：彝震祖父王在日，差高承
祖入觐之时，天皇注送在唐住五台山僧灵仙黄金百两，寄附承祖。承祖领将，到国之日，具陈
天皇附金之旨。祖父王钦承睿意，转附朝唐贺正之使，令寻灵仙所在将送其金。待使復竚付金
否。而隔海程途，过期不还。后年朝唐使人却廻之日，方知前年使等从海却归，到涂里浦，疾
风暴起，皆悉陷没，亦悉往五台觅灵仙，送金之时，灵仙迁化，不得付与，其金同陷没。"参见
［日］森田悌訳：『続日本後紀』（下）、東京：講談社、2010 年、第 25 頁。
② ［日］小渕尊史：「安然『真言宗経教時義』における空海テクストの反映について」、『大
正大学大学院研究論集』第 44 号、2020 年、第 85—104 頁。
③ 吴信如：《台密东密与唐密》，北京：中国藏学出版社，2011 年，第 9 页。

传入日本的最早时间，可能就是 823 年，由渤海僧贞素带到日本。

此外，作于平安时代初期《华严文义要决》纸面背后的《东大寺讽诵文稿注释》的文章中，多处引用《大乘本生心地观经》的原文。研究表明，该文稿完成于日本天长年间，即 825 年至 833 年间。① 这就说明，唐元和六年（811）《大乘本生心地观经》译完不久，很快就传到了日本。而其传入的路径，可能就是贞素带到日本的，属于"新经两部"之一。

第二，圆仁两次提到"日本国内供奉翻经大德灵仙""日本国内供奉大德灵仙和尚"。这个内供奉，究竟是日本国的内供奉还是唐朝的内供奉？

仅凭字面来看，应该是日本国的内供奉。② 但是，也可以理解为唐朝的内供奉。唐朝设内供奉，一般认为始于至德元年（756）③，但是，近年研究表明，内供奉僧始于开元初。唐玄宗设置翰林院，习惯上称侍从皇帝左右的高僧大德为"内供奉僧"，似与把侍从皇帝左右的近臣称作"内供奉官"一样。④ 此外，日本的内供奉僧，始设于宝龟三年（772），初选十个禅师，称为十禅师，后有供奉师、内供奉十禅师之称。⑤

再从"翻经大德"的表述来看，"内供奉"这一称谓应该是唐皇授予的。因为灵仙在日本不可能翻译此经。可以认为，他到唐朝后经过几年的学习，掌握了梵文知识，具备相当高水平的汉文和梵文语言能力，所以被朝廷选为醴泉寺译经的"笔受并译语"。

另外，这次遣唐使入唐求法僧常晓遇见了灵仙的弟子，受其委托，

① ［日］小林真由美：「東大寺諷誦文稿注釈（一）」、『成城国文学論集』第 36 号、2014 年、第 26 頁。

② 838 年抵唐留学的圆载，从日本带来的天台教义疑问中，有"日本国内供奉光定法师疑问"，这与"日本国内供奉翻经大德灵仙"的表述类似。

③ ［日］渡辺三男：「霊仙三蔵─嵯峨天皇御伝のうち」、『駒澤国文』第 24 号、1987 年、第 21 頁。

④ 介永强：《论唐代的内供奉僧》，《史学集刊》2019 年第 6 期，第 44—52 页。

⑤ ［日］菅原道真編、黒板勝美校訂：『類聚国史』、東京：経済雑誌社、1916 年、第 1189—1190 頁。

带回密教法文及道具等。据顺晓律师的直系弟子宠寿贞观十九年（877）正月十九日上奏朝廷的《太元帅法缘起奏状》载：

> 右宠寿谨捡故实，先师权律师法桥上人位常晓，承和五年奉诏入唐。随使赴道，暮潮解缆，秋风飞帆，同年八月到淮南城，住广陵馆。爰本朝沙门灵宣（考：灵仙三藏）之弟子有两三人，始逢律师陈曰："我等大师灵宣和尚，是日本国人也。为望佛日，早入唐朝。戒珠全莹，惠镜恒照，专为国土之卫护，亦为人天之归依，请益究功。拟还之际，官家惜留，敢不许遍。垂没之时，命吾等曰：'求法之志，为思本国，而大国留我，微志不遂。噫！徒苦苍浪之途，终失素怀之旨乎。方今佛像圣教，皆渡本乡，但未传者，太元帅之道而已也。斯尊则如来之肝心，众生之父母，卫国之甲胄，防难之神方也。此亦唯为国王，专行宫中，辄为黎庶，不及城外是所以秘重密法也。须待得本国求法之人将属此深密之法兮。故乡之恩，以此为报。汝辈莫失，努力努力者。'吾等深守此言，久待其人，今得遇子，先师愿足以。"因太元帅明王诸身曼荼罗法文、道具等授与祖师讫。[①]

遣唐使到达扬州后，常晓未获准进京。他在唐的求法活动，主要在扬州。他在广陵馆期间，遇到灵仙的弟子"两三人"。虽然现存文本中写"灵宣"，但指的也是灵仙。正如"灵船"的日语发音一样，"宣"也与"仙"发音相同。灵仙弟子的这段陈述，对于了解灵仙在唐生活，又增添了新的信息。译经结束后，灵仙曾经想回日本，但是，"大国留我"，说明宪宗皇帝爱其才、赏其学，所以把他留在身边，敕他为"内供奉"。

日本僧从灵仙弟子受得佛教经文及物品的不只常晓一人，同一批入唐的真言请益僧圆行，带回日本的佛舍利"两千七百余粒，灵仙大

---

① ［日］仏書刊行会編纂：『大日本佛教全書』第116册（遊方傳叢書第四）、東京：仏書刊行会、1922年、第441頁。

德弟子付授"。① 圆行是入京三十五人之一，他与灵仙弟子相遇是在长安。由此可知，灵仙在唐佛家弟子有多人。

第三，灵仙的死因，"被人药杀，中毒而亡过"。这究竟是怎么回事，何人所为？为什么有人陷害他？

灵仙的死，充满神秘色彩，至今是个未解之谜。很少有人探究其真相，即便探究，也难以得出结论。日本大正、昭和时代的名僧小野玄妙认为，灵仙被害大概有两种可能：其一，他多次从嵯峨天皇乃至淳和天皇那里得到黄金，因持有大量黄金，概为其身处危险的原因之一；其二，灵仙是个气度大的人，想把在五台山金阁寺学到的密法传到日本，在这过程中出现了某种误解或差错，最终被凶手杀害。②

针对小野玄妙的观点，笔者认为尚有商榷的余地，不敢完全苟同。首先，日本朝廷委托渤海使给灵仙送黄金之事，一共发生过两次，一次是长庆五年（825），另一次是太和二年（828）。但是，第二次送黄金的渤海僧贞素到达五台山时，灵仙已去世，也就是说，灵仙只拿到过一次黄金百两。而这一百两黄金，不仅用于其日常开销，他还买了许多物品，"将一万粒舍利、新经两部、造敕五通等，嘱咐小子，请到日本，答谢国恩"。因此，此次黄金百两，已所剩无几。第二次送来的黄金，灵仙根本就没拿到。故，小野玄妙的持有大量黄金说不成立。其次，灵仙欲将密法传回日本之事，指的是常晓在扬州遇见灵仙弟子两三人，托其将太元帅密法带回日本，"故乡之恩，以此为报"，而在这过程中是否出现误解或纠纷不可知晓。

另外，此次遣唐使中另一位日本天台宗留学僧圆载，他在天台山期间，正赶上会昌灭佛运动。其间，另一位日僧圆修来到天台山，与圆载结怨，两人间发生一件匪夷所思的事件。据圆珍《行历抄》载：

又徒众曰："圆载乍见日本人，总作怨家。"会昌三年，本国僧圆修、惠运来到此山，具知圆载犯尼之事。僧道诠和尚曰："圆修道心，多有才学。在禅林寺见圆载数出寺，举声大哭：'国家与汝粮食，徒众待汝学满却归本寺流传佛法。何不勤业，作此恶行！苍天，苍天！'圆载因此结怨含毒。圆修从天台发去明州已后，载雇新罗僧，将毒药去，拟煞圆修。修便上船发去，多日，事不著便。新罗却来，曰：'趁他不著。'载曰：'叵耐，叵耐！'"①

遣唐大使藤原常嗣在回国前送给圆载"东纻卅五疋，帖绵十叠，长绵六十五屯，砂金廿五大两，宛学问料"②，说明圆载在天台期间，曾经持有砂金及绵等贵重物品。圆载在会昌法难期间，所做的"犯尼之事"，概指还俗，并与尼僧婚配。这在日本天台同门圆修看来，拿着国家资助的钱财，却如此邪恶不端，于是他痛斥圆载。因此，圆载怀恨在心，雇用新罗僧人给圆修下毒，结果，圆修已从明州乘船返回日本，圆载的毒杀计划未能成功。通过此事，可以看出，当时的"药杀"事件十分复杂。就圆载实施的毒药事件而言，起因是日本人之间的恩怨，雇用的又是新罗僧，准备杀害的地点又在明州，属于远距离操作。因此，同为毒药事件，灵仙之死，很难断定是怎么发生的。

总之，日本留学僧灵仙在唐期间，从事译经活动，被宪宗皇帝赐为"三藏"，同时又授其为内供奉。灵仙大约卒于太和元年（827），其名又见于"灵船""灵宣"，均为同一人。他在唐时的弟子有多人，是一位为人和善而又信仰虔诚的高僧大德。

四、圆仁、常晓、圆行与圆载

9 世纪期间，有八位求法僧入唐学习密教并将大量经典带回日本，为日本密教的传入和兴起做出贡献，史称"入唐八家"，或称"八家真言""真言八家祖师"。他们分别是，最澄、空海、常晓、圆行、圆仁、惠运、圆珍、宗睿。这些人来唐和在唐活动的时间，从 804 年到 865

---

① 白化文、李鼎霞校注：《行历抄校注》，石家庄：花山文艺出版社，2004 年，第 20 页。
② ［日］释圆仁著，［日］小野胜年校注，白化文等修订校注：《入唐求法巡礼行记校注》，石家庄：花山文艺出版社，2007 年，第 122 页。

年，正处于唐朝后期，一度兴盛的唐朝密教通过他们的学习和实践，很快传到日本，在日本开花结果。他们的履历，参见表20"入唐八家简历"。

表20　入唐八家简历[①]

序号	人名	生卒年	入唐年	归国年
1	最澄	766/767—822	延历二十三年（804）	延历二十四年（805）
2	空海	774—835	延历二十三年（804）	大同元年（805）
3	常晓	？—867	承和五年（838）	承和六年（839）
4	圆行	799—852	承和五年（838）	承和六年（839）
5	圆仁	794—864	承和五年（838）	承和十四年（847）
6	惠运	798—869	承和九年（842）	承和十四年（847）
7	圆珍	814—891	仁寿三年（853）	天安二年（858）
8	宗睿	809—884	贞观四年（862）	贞观七年（865）

　　入唐八家中，作为遣唐使留学僧的有五人，其中，最澄和空海是第十八次遣唐使，常晓、圆行和圆仁则是第十九次遣唐成员。惠运、圆珍、宗睿则是以个人名义乘商船进入唐朝。

　　第十九次遣唐使的任命过程中，承和二年（835）被选派的赴唐留学僧、请益僧共有七人，他们分别是天台宗请益僧圆仁、留学僧圆载、真言宗请益僧真济、留学僧真然，法相宗请益僧戒明、留学僧义澄，三论宗常晓。[②]

　　关于圆仁在唐的活动轨迹，其《入唐求法巡礼行记》中记得清清楚楚，在此不作赘述。简言之，圆仁在唐生活九年多，活动的区域在长江以北的广大地区，主要包括今江苏省、山东省、河北省、山西省、河南省等地。本属天台宗的圆仁，因赴天台山未果，结果在唐接受密教的洗礼，他从师于法全、义真、全雅等，受得金刚界、胎藏界两部和苏悉地密法，后来，苏悉地法成为天台密教的新教义。圆仁在唐期

---

① 此表为笔者依据《日本书纪》《续日本纪》等日本史料制作而成，表中时间均依日本年号。

② ［日］佐伯有清：『悲運の遣唐僧：円載の数奇な生涯』，東京：吉川弘文館、1999年、第9—10頁。

间到访过五台山，又经历了会昌法难，几经周折，最终返回日本，为日本带去东密所不见的炽盛光法、七佛药师法、八字文殊法等，建立比睿山总持院，成为第三代天台座主，又为日本东北地区普及天台教义做出贡献。[①]

常晓与圆仁是同一批求法僧，回国后，承和六年（839）九月五日上表一部列有三十一经疏的《常晓和尚请来目录》，其结尾处写道：

> 常晓去承和五年仲夏之月，随入唐判官菅原朝臣善主，同上第四舶发赴尸那。其六月到扬州着岸，八月下旬到淮南大都督府广绫馆安置。同年十二月住栖灵寺大悲持念院，随同寺灌顶阿阇梨文璨和尚，并华林寺三教讲论大德元照座主，显密两法颇以兼习。六年正月四日设二百僧斋，普供四众。于此日诸寺大德纲维并临斋会应供随喜。常晓夜就师边受学瑜伽，昼周诸寺觅问法门。则唤即供奉李金等图绘大元帅将部曼荼罗等诸尊像，并写文书，渐有次第。二月十九日受传法阿阇梨位灌顶，于此日设大斋普供大众。留后判官藤原朝臣贞敏，别请丹墀真人高主知乘安墀宿祢良栋等，同临道场，抛花定本尊，受五智灌顶。二十一日准敕离州却赴本朝。常晓本业三论之枝，兼真言之条。而才能不闻，言无取。逢时之人篐留学员，限以三十年，寻以一乘。任重人弱。夙夜勤愿。虽然国命难乖，忘视万里住心远境。且颇受学显密两道。比未见及太和有敕不听留住。而随使却回。少间所成些些法仪，注显如件。
>
> 承和六年九月五日
>
> 入唐学法沙门传灯大法师位常晓上[②]

由此可知，常晓入唐前修学三论宗，兼学真言。他本是元兴寺僧，承和三年（836）从传灯住位被授予满位，回国后上升到僧位最高层的传灯大法师位。作为遣唐留学僧，常晓第一次出发就随团乘船，入

① ［日］立川武藏、赖富本宏编：『日本密教』、東京：春秋社、2000 年、第 47 頁。
② ［日］仏書刊行会編纂：『大日本佛教全書』（佛教書籍目録第二）、東京：仏書刊行会、1914年、第 40 頁。

唐的经过，如其自述："常晓以去承和三年五月衔命留学远期万里之外，其年漂回。四年亦不果渡海，五年六月进发，同年八月到淮南城广绫馆安置。"① 也就是说，承和三年（836）五月十四日，遣唐使四船离开难波津时常晓就在其中，第二年再次失败，直至第三次，始终在列。常晓入唐时间与上次遣唐使相隔三十年，"逢时之人筐留学员，限以三十年"。8 世纪以后，唐朝规定允许日本派使入贡的期限是"二十年一贡"②，但到了常晓入唐时，朝贡的年限可能改到了三十年一贡③。准备长期留学的常晓，因未得到入京许可，仅停留于扬州，在唐只生活了一年多。

常晓是将唐密太元帅法传入日本的第一人，正如上述《太元帅法缘起奏状》所载："太元帅之道而已也。斯尊则如来之肝心，众生之父母，卫国之甲胄，防难之神方也。"此经深得日本朝野上下的崇信，被认为具有护国之功效。承和七年（840）六月三日，"入唐请益僧传灯大师位常晓言：'山城国宇治郡法琳寺，地势闲燥，足修大法。望请，今般自大唐奉请太元帅灵像秘法安置此处，为修法院，保护国家，不关讲读师之摄。'许之"。④ 于是在山城国（今京都府）法琳寺设道场，安置太元帅明王像。仁寿元年（851），常晓作为传法阿阇梨操持太元帅法，在真言宗后七日御修法期间，从正月初八到正月十四日，在宫中祈求天皇玉体安稳、国家五谷丰登。第二年，在宫中修持此法已成惯例。齐衡三年（856），常晓奉修太元帅法进行祈雨。其著有《入唐根本大师记》。⑤

圆行出家于元兴寺，本修华严宗，后来空海为其传法灌顶，修学

① ［日］仏書刊行会編纂：『大日本佛教全書』（佛教書籍目録第二）、東京：仏書刊行会、1914年、第 35 頁。

② ［日］東野治之：『遣唐使船：東アジアのなかで』、東京：朝日新聞社、1999 年、第 25—33頁。

③ ［韓］朴埈奭：「常暁の入唐求法」、『大正大学大学院研究論集』第 34 巻、2010 年、第71—79 頁。

④ ［日］森田悌訳：『続日本後紀』（上）、東京：講談社、2010 年、第 364—365 頁。

⑤ ［日］常暁：『入唐根本大師記』、塙保己一編纂『続群書類従』（第八輯上）、東京：続群書類従完成会、1904 年、第 100—101 頁。

密教，成为真言宗僧，后又为空海传法弟子实惠的弟子。此次入唐便是受实惠的派遣，随身带来了实惠送给青龙寺僧徒的赠物及书信。圆行回国后提交一份上表文和请来经及道具目录，据《灵岩寺和尚请来法门道具等目录》载：

> 入唐还学沙门圆行言：圆行载次戊午，衔命请益之列，访道西海之外。其年腊月得到长安，岁次己未正月十三日。依奏奉敕住青龙寺，幸遇彼寺灌顶教主法号义真和尚以为师主。其大威德则惠果阿阇梨弟子同门义操和尚付法之弟子也。明闲三教，妙通五部，法之栋梁，国之所归。圆行幸赖圣朝之鸿恩，师主之深慈，决疑两部之大法，开悟诸尊之密法。闰正月二日蒙授阿阇梨位灌顶也。左街功德使并僧录和尚供奉大德金刚门徒悉集道场共致随喜。斯法也观心月轮则居住凡位备佛陀之德，诵口密言则不逾长劫顿登天觉之位。故龙树，乘羊而行，显难难致远，策马而驰渐期差疾，乘神通行发念则到，是则显密之别色。亦秘经言，一善男子建立道场修念三密，其国界内无七难灾，国王大臣日日增长福寿，是则真言之功矣。虽然波浪波汉，风雨漂舶，越彼鲸海平归圣境，是则圣力之所能也。伏惟皇帝陛下功超立极道冠混元，赞尧实图，复禹不请，悲苍生而濡足，钟佛嘱而垂衣。以陛下兴隆佛法，没驮之舍利浸波远来。以陛下慈育海内，秘密之经法过海遥到也。秘法传来非是无以也，如来本有福智之力，法界本性加持之力矣。大日如来、金刚萨埵、龙猛菩萨、龙智菩萨、金刚三藏、不空三藏、惠果和尚、义操和尚、义真和尚，次第相传。即授圆行，所授经法舍利道具等目录在别。谨以奉进轻黩威严伏增战越。沙门圆行诚恐诚惶谨言。
>
> 　承和六年十二月十九日
> 　入唐还学沙门传灯大法师位圆行上表 [1]

---

① ［日］仏書刊行会編纂：『大日本佛教全書』（佛教書籍目録第二）、東京：仏書刊行会、1914年、第41頁。

圆行从扬州到长安以后，奉敕入住青龙寺。在那里，圆行遇到空海之师惠果的二传弟子义真，并接受两部大法，授阿阇梨位灌顶。正月三日，青龙寺东塔院传法阿阇梨义真等委托圆行，为日本送去经文及法器等。① 圆行回国后，在山城国开创灵岩寺，在播州（即播磨国，今兵库县南部）开大山寺，就任天王寺首任别当。圆行为日本带回许多曼荼罗、密教法具、仪轨等，进一步推动了日本密教的发展。

圆载也是这次遣唐留学僧之一。其出生于大和国（今奈良），天台宗僧，最澄的弟子。日本承和五年（838）六月，圆载乘第四船，与圆仁的第一船同时出发。到达扬州后，八月一日，圆仁及圆载同向州府递交牒状，请求赴天台国清寺。八月四日，扬州府来牒文，咨询圆载赴天台之目的，"留学僧圆载、沙弥仁好、伴始满：右，请往台州国清寺寻师，便住台州。为复从台州却来，赴上都去者？"对此，圆载立即答复云："留学问僧圆载：右，请往台州国清寺随师学问。若彼州全无人法，或上都觅法，经过诸州访觅者。"②

此后，扬州大都督府都督李德裕奏请皇帝。圆仁、圆载赴国清寺之事，一直悬而未决。第二年，唐开成四年（839）二月二十四日，接到朝廷通报，圆仁的赴天台请求未获批准，只有圆载获得五年留学的许可。又过几日，二月二十六日，遣唐使向楚州聚集，准备归国。此时，"从扬州有牒，牒楚州并勾当王友真及日本国朝贡使。案其状称：留学圆载、沙弥仁好、傔从始满，朝贡使奏请往台州学问，奉敕宜依所请，件：圆载等牒请往楚州，别朝贡使却回到扬州，便往台州。奉相公判：准状者。分别朝贡使讫，拟遣台州，同时将王友真、勾当押领僧等雇一小船，早送来。州司等发给粮。奉相公判：准状者。州宜准状者。具在牒文"。③ 负责遣唐使的王友真开始催促圆载等向台州出发。

① ［日］伝法阿闍梨義真等：『唐青龍寺東塔院伝法阿闍梨義真等啓案』（東寺百合文書）、京都府立京都学・歴彩館蔵、開成 4 年（839）閏 1 月 3 日。

② ［日］释圆仁著，［日］小野胜年校注，白化文等修订校注：《入唐求法巡礼行记校注》，石家庄：花山文艺出版社，2007 年，第 28 页。

③ ［日］释圆仁著，［日］小野胜年校注，白化文等修订校注：《入唐求法巡礼行记校注》，石家庄：花山文艺出版社，2007 年，第 121 页。

第二天，圆载等返回扬州前，日本大使送给他东绝、帖绵、长绵以及砂金二十五大两，作为求学经费。之后，圆仁将从日本带来的书函及纳袈裟，还有日本僧人对天台教义所不解的问题集《寺家未决》和《修禅院未决》等交给圆载。圆载带好这些物品，次日乘船发向扬州。

此后，史料所见圆载的消息就是到了天台山以后，开成五年（840）六月一日，天台山国清寺座主维蠲写给台州刺史滕迈的书状云：

> 去年，僧圆载奉本国命，送太后纳袈裟，供养大师影，圣德太子法华经疏镇天台藏，赍众疑义五十科来问，抄写所欠经论。禅林寺僧广修答一本，已蒙前使李端公判印，竞维蠲答一本并付经论疏义三十本，伏乞郎中赐以判印。①

通过上述维蠲的书状可知，圆载奉日本朝廷之命来到天台山，并带来供养品等。"太后"指的是日本淳和天皇的皇后正子，圆载带来的"太后纳袈裟"就是淳和太后正子亲手缝制的袈裟。② 敬奉给天台山的物品还有圣德太子撰的《法华经疏》写本，另有日本诸僧费解的五十个疑义。圆载在国清寺期间，抄写了日本欠缺的经论。对于日本僧人提出的疑问，维蠲、禅林寺僧广修等一一作答，这些回答称作《唐决》。其中也包括道邃为最澄答疑的决义。为了把解答疑问的书卷及时送回日本，维蠲致信负责行政管辖的时任台州刺史滕迈，从南北朝时期的慧思转世为日本国王开始说起，又提到最澄拜见道邃，讲述了天台山与日本的渊源，极力劝说刺史给予恩准放行。维蠲的书状及问答汇总之集最终送到了日本，被称为《唐决集》。

圆载抄写的经论中，包括天台祖师湛然著的《法华五百问论》（三卷）。此《五百问论》在会昌五年（845）灭佛事件中被焚，自此遗失。但是，圆载的抄本在此之前已送至日本，其再抄本保存至今。东大寺图书馆藏《五百问论》的跋中写道：

> 开成四年六月于大唐台州国清寺日本新堂书写此本，会昌三

---

① 　［日］国立国会図書館藏：『唐決集』下（叡山古活字版）、1626 年。

② 　［日］東野治之：『遣唐使船：東アジアのなかで』、東京：朝日新聞社、1999 年、第 26—27 頁。

年三月三日付僧仁好等，送上日本国延历寺徒众大德三纲宿德耳。

圆载记上。

大唐开成四年于台州天台国清寺日本新院书写此本，于本学天台人令知大师教迹胜过别宗学者知之。[①]

圆载将其抄写好的经书交给弟子仁好、顺昌二人，让他们送回日本。仁好等离开天台山的时间是会昌三年（843）三月以后，大约九月，从楚州乘船出发。十二月，圆仁得楚州新罗译语刘慎言书云："天台山留学圆载阇梨称：'进表：遣弟子僧两人令归日本国。'其弟子等来到慎言处觅船，慎言与排比一只船，着人发讫。今年九月发去者。"[②] 同年十二月，抵达日本。[③] 送圆载弟子的船，大约在会昌五年（845）七月返回唐朝，圆仁日记中"会昌五年七月五日"条载："见译语有人报云：'同从日本国过来船两只，到江南常州界着岸——去此间三千余里。拟卖却船，别雇唐船载物来。'是恐会昌三年送圆载阇梨弟子等船令却回欤？今欲拟差人探去。"[④]

仁好完成任务后，日本承和十一年（844）七月，天皇又派他返回大唐，为圆仁和圆载带去旅费，敕曰："在唐天台请益僧圆仁、留学僧圆载等，久游绝域，应乏旅资。宜附圆载傔从僧仁好还次，赐各黄金二百小两者。"[⑤] 当然，圆载派弟子回国，除了送《唐决集》及天台书籍以外，也有请求资助的意图。会昌四年（844）二月，圆载委托越州军事押衙衙一姓潘人士，带给在长安的圆仁一封信，书云："缘衣粮罄

---

① （唐）湛然：《法华五百问论》卷下《五百弟子受记品》（CBETA 电子版），台北：中华电子佛典协会，2001 年，第 669a 页。

② ［日］释圆仁著，［日］小野胜年校注，白化文等修订校注：《入唐求法巡礼行记校注》，石家庄：花山文艺出版社，2007 年，第 434 页。

③ 《续日本后纪》"承和十年（843）十二月癸亥"条载："入唐留学天台宗僧圆载之弟子仁好、顺昌，与新罗人张公靖等廿六人，来着于长门国。"参见［日］森田悌訳：『続日本後紀』（下）、東京：講談社、2010 年、第 135 頁。

④ ［日］释圆仁著，［日］小野胜年校注，白化文等修订校注：《入唐求法巡礼行记校注》，石家庄：花山文艺出版社，2007 年，第 478 页。

⑤ ［日］森田悌訳：『続日本後紀』（下）、東京：講談社、2010 年、第 151 頁。

尽，遣弟子僧仁好等两人往本国请衣粮去者。"① 可知圆载请求衣粮的大致经过。

会昌五年三月以后，唐朝佛教界形势严峻，一场猛烈的灭佛运动就此展开。这期间，圆载正在天台山，国清寺原本常住一百五十僧人，夏季有三百以上人泊住。天台山的禅林寺常有四十人住，夏季七十余人。② 但是，武宗下诏灭佛，国清寺遭受拆毁，多数僧人逃隐深山③，有些僧人被迫还俗，圆载也在其列。在此期间，圆载移居至剡县（今新昌）。同样，圆仁在会昌五年五月十三日这一天，由僧衣改成了俗衣。会昌灭佛运动并没有持续很长时间，会昌六年（846）三月二十三日，唐武宗去世，宣宗李忱即位，废止了灭佛政策，佛教得以再次复兴。

大中七年（853）八月十五日，时任延历寺学头的日本天台宗僧人圆珍入唐。他在唐度过了大约五年时间，大中十二年（858）六月返回日本。圆珍从福州移至温州，再由温州抵天台山，到天台山后，急切约见圆载。二人见面时的情形见《行历抄》载：

> 十四日，卯辰之间，上晨朝。上堂吃粥。粥时礼文但唱
> "十二为"并"五悔"，不唱佛名。卯辰之间，上堂吃小食。食后下
> 堂，欲归房，忽然起心："圆载不久合来。不用入房，且彷徨待他
> 来。"思已，行到南门看望。桥南松门路上有师骑马来到桥南头，
> 下马下笠，正是留学圆载菩萨也。珍便出门迎接。桥北相看，礼
> 拜，流泪，相喜。珍虽如此，载不多悦。颜色黑漆，内情不畅。
> 珍却念："多奇，多奇！若本乡人元不相识，异国相见亲于骨肉，
> 况乎旧时同寺比座！今遇此间，似无本情。多奇，多奇！"相共
> 归院。东道西说，无有香味。说道："我在唐国已经多年，总忘却

---

① ［日］释圆仁著，［日］小野胜年校注，白化文等修订校注：《入唐求法巡礼行记校注》，石家庄：花山文艺出版社，2007年，第434页。

② ［日］释圆仁著，［日］小野胜年校注，白化文等修订校注：《入唐求法巡礼行记校注》，石家庄：花山文艺出版社，2007年，第107页。

③ 丁天魁主编：《国清寺志》，上海：华东师范大学出版社，2009年，第5页。

日本语，"云云。①

圆珍先到国清寺，吃完早饭，出门迎接圆载。二人本是同门师兄
弟，在异国他乡相见，按理说应该"亲于骨肉"，圆珍见到圆载后，激
动得"礼拜，流泪，相喜"。但是，对方的态度却完全出乎意料，圆载
"不多悦"，并且"内情不畅"。对于圆载的这种表现，圆珍感到十分惊
诧，后来得知，圆载不悦的理由是在唐朝多年，忘记了母语的日语。
对此，圆珍仍然觉得不可思议。二人相见地点是南门的桥。此桥也是
迎宾的佳处，嘉宾来访，寺僧多在此迎接。如今，此桥仍然是国清寺
著名的古建筑，称为"丰干桥"，始建于宋代，重修于清代。②

不仅如此，二人相处的几年中，处处感到不愉快，圆珍在其《行
历抄》中记载了许多圆载的恶行，主要有以下几处：

（1）会昌三年（843），日本僧人圆修、惠运来到天台山，立刻知
道了圆载"犯尼之事"。

（2）圆修在禅林寺时见圆载数次外出，举声大哭："国家与汝粮
食，徒众待汝学满即归本寺流传佛法。何不勤业，作此恶行！苍天，
苍天！"

（3）圆载因此与圆修结怨，派新罗僧追至明州，欲毒害圆修，结
果未成功，圆修已上船回国。

（4）大中九年（855），圆珍与圆载同往长安途中，"五月十七日，
过佛光和尚墓，到赤水店马家宿。此夜留学多吐恶言，百端辱骂，珍
闭目掩口，免得身命"。③圆载骂圆珍，骂得十分难听，圆珍闭眼闭口，
沉默不语，忍受一夜。

（5）圆珍、圆载到达长安后，五月二十八日，圆珍访青龙寺，见
法全大和尚。六月三日，从法全那里借多部经书，回到春明门外的高
家店抄写，其间，"怕他恶人，不敢更往阿阇梨院"。④这里的"他恶人"

---

① ［日］小野勝年：『入唐求法行歴の研究　上』（智證大師円珍篇）、京都：法藏館、1982 年、
第 119 頁；白化文、李鼎霞校注：《行历抄校注》，石家庄：花山文艺出版社，2004 年，第 16 页。
② 丁天魁主编：《国清寺志》，上海：华东师范大学出版社，2009 年，第 298 页。
③ 白化文、李鼎霞校注：《行历抄校注》，石家庄：花山文艺出版社，2004 年，第 37-38 页。
④ 参见白化文、李鼎霞校注：《行历抄校注》，石家庄：花山文艺出版社，2004 年，第 43 页。

指圆载。圆珍很怕圆载，尽量躲开他，自己行事。

（6）七月一日，圆珍移至青龙寺，"见和尚之颜色不如前日，具知贼衡"。[1] 圆珍知道是圆载说了自己的坏话，导致法全和尚表情有所变化。在此，他又称圆载"贼衡"。

（7）十月三日，圆珍听法全云："乡贼与尔甚作妨难，都不欲得成就。某暂时取彼他语，恼乱大德。此某错处。"云云。"珍第二遍见和尚时，具知贼事，佯不知之，但尽礼度，和尚感之，在后具说。一切事委曲知之，珍不敢说。和尚说道：'者贼久在剡县，养妇苏田，养蚕养儿，无心入城。才见珍来，为作鬼贼，趁逐入来。叵耐，叵耐！'所说甚多，向后诸事一切不教贼知之。从天台相见之日至乎长安，总有无量事，不用具记。"[2]

关于圆珍的表述，佐伯有清认为，法全难道真的会说圆载是"乡贼""者贼""鬼贼"吗？令人怀疑。这恐怕是圆珍厌恶圆载所致的单方面表述。[3] 对此，小野胜年持同样观点。[4] 笔者从之。圆载在会昌灭佛期间曾一度还俗，在剡县"养妇苏田"，有可能是与还俗的尼僧一起生活、耕田、养蚕。至于是否"养儿"，无从考证。大中八年（854）二月初，圆载离开国清寺，回到越州剡县。大中九年（855）四月二十五日，圆载与圆珍自苏州一同前往长安。圆载一行经四十一天抵洛阳，又经九日抵潼关，五月十九日抵长安附近的昭应县。

圆载在长安生活了十几年。这期间，与日本朝廷一直保持着密切联系。他与圆珍一起在青龙寺受法全和尚密教灌顶；齐衡二年（855）七月二十日，"大宰府传进，入唐留学僧圆载上表"。[5] 他给日本朝廷进表的具体内容不详。圆载也曾两度派弟子仁好等返回日本，一次是会

① 白化文、李鼎霞校注：《行历抄校注》，石家庄：花山文艺出版社，2004年，第46页。

② 白化文、李鼎霞校注：《行历抄校注》，石家庄：花山文艺出版社，2004年，第48-49页。

③ ［日］佐伯有清：『悲運の遣唐僧：円載の数奇な生涯』、東京：吉川弘文館、1999年、第161頁。

④ ［日］小野勝年：『入唐求法行歴の研究　上』（智證大師円珍篇）、京都：法藏館、1982年、第229頁。

⑤ ［日］経済雑誌社編：『国史大系第三巻』（日本後記・續日本後記・日本文徳天皇實録）、東京：経済雑誌社、1897年、第526頁。

昌三年（843）年抵达日本，另一次在承和十四年（847）七月八日，"天台留学僧圆载傔从仁好及僧惠萼等至自大唐，上奏圆载之表状。唐人张友信等四十七人同乘而来着"。① 与此同时，日本朝廷也曾两次为其送来黄金补充学费，② 对其勤耕苦学、自强不息的精神提出表扬。

　　自 855 年圆珍离开后，很长一段时间不见圆载消息。几年后，真如亲王入唐，此时又见圆载的踪迹。唐咸通五年（864）五月二十一日，真如亲王一行抵达长安，入住长安右第三街第七坊延康坊的西明寺。真如在长安的活动，以及得到赴西天竺的敕许等，均是圆载在其中奔波促成的。③ 此后，又过若干年，圆载准备回国。在其离开长安前，唐朝友人皮日休等赠诗相别。《全唐诗》（卷六十四）中载有二首皮日休送圆载的诗，一首为《送圆载上人归日本国》，另一首为《重送圆载上人归日本国》，两首诗一并收入皮日休诗集中。第一首诗的全文如下：

> 讲殿谈余著赐衣，椰帆却返旧禅扉。
> 贝多纸上经文动，如意瓶中佛爪飞。
> 飓母影边持戒宿，波神宫里受斋归。
> 家山到日将何入，白象新秋十二围。④

　　诗中第一句"著赐衣"指圆载受唐皇赐紫衣，时间为懿宗十一年（870）。此事有史载，据赞宁《大宋僧史略》卷三"赐僧紫衣"条："又日本国僧圆载住西明寺，辞回本国，赐紫遣还。"皮日休的这首诗，作

---

① 　［日］森田悌訳：『続日本後紀』（下）、東京：講談社、2010 年、第 252 頁。
② 　日本朝廷给圆载送来黄金事宜，史料中有两次明确记载，一次为承和十一年（844）七月，另一次是承和十五年（848）六月，据《续日本后纪》"承和十五年（嘉祥元年）六月庚壬辰"条载："是日，太政官牒，送于唐天台宗留学僧圆载，其辞曰：'奉敕，省圆载表款，容服变更，心事艰阻，然自强不息，乞留数年，凡人心也，皆恋乡土，非教求法，谁乐远偏。事须遂其实归，不厌年深。又风潮万里，齐献远臻，物岂在奇，唯嘉乃情。宜因于远成等还次，令知此意。裁赐金物以充旅资者。'准敕，听更任数年，兼赐黄金一百小两，宜领之。"参见［日］森田悌訳：『続日本後紀』（下）、東京：講談社、2010 年、第 294 頁。
③ 　［日］伊勢興房：『頭陀親王入唐略記』、塙保己一編纂『続群書類従』（第八輯上）、東京：続群書類従完成会、1904 年、第 105—107 頁。
④ 　（清）《御定全唐诗》卷六百十四，《钦定四库全书荟要》（集部）影印版，长春：吉林出版社，2005 年。

于此后，且在乾符四年（877，日本元庆元年）圆载回国之前。至于圆载何时离开长安，具体时间不详。接下来的诗词大意为：如今他就要乘帆返航，回到日本的旧禅院，贝多纸（贝多罗的树叶）上转写经文，如意瓶中装佛爪，圆载持戒、修行，无论是在狂风暴雨中，还是汹涌波涛中，归心不减。他带着数量庞大的十二卷经典，乘初秋之时白象跨越大海，欲归故里。① 另有学者把最后一句"白象新秋十二围"解释为在秋日见到家乡旧禅扉前十二围之白象树，十二围泛指树干之粗细。②

　　圆载回国之际，不仅皮日休作诗相送，还留下陆龟蒙为皮日休的和诗，题为《和袭美重送圆载上人归日本国》（《全唐诗》卷六二六）。另外，陆龟蒙还单独给圆载写一首《闻圆载上人挟儒书泊释典归日本国更作一绝以送》（《全唐诗》卷六二九），还有颜萱的《送圆载上人归日本》（《御定佩文斋咏物诗选》卷二百三十四）。由此可见，圆载在唐期间，结识了大批文人墨客，与他们建立了深厚的友谊。

　　这样，在唐生活了近四十年的圆载，于乾符四年准备返日。圆载回国过程史料无载，但是与其同船的智聪抵达日本后，记述了圆载海上遇难的过程。智聪本是圆珍的随从，日本仁寿三年（853）入唐，后跟随圆载，在唐二十多年，元庆元年（877）返回日本。智聪回国后，带回了圆载途中遇难的消息，据《天台宗延历寺座主圆珍传》载：

> 　　智聪初随留学和尚圆载乘商人李延孝船过海，俄遭恶风，舳舻破散。圆载和尚及延孝等一时溺死。时破舟之间有一小板，智聪觉得着乘之。须臾，东风迅烈，浮栌西飞，一夜之中，飘着大唐温州之岸。其后亦乘他船，来归本朝。于是计圆载和尚没溺之日，正是和尚悲泣之时也。天下莫不叹异。③

① ［日］佐伯有清：『悲運の遣唐僧：円載の数奇な生涯』、東京：吉川弘文館、1999 年、第 180 頁。
② 周裕锴：《皮日休送圆载归日本诗解读》，《古典文学知识》2014 年期 1 期，第 145-148 页。
③ 白化文、李鼎霞校注：《行历抄校注》，石家庄：花山文艺出版社，2004 年，第 204-205 页。另见《扶桑略记》第廿"阳成天皇"（元庆）条，参见［日］鸭祐之、皇円编：『日本逸史 扶桑略记』（国史大系 第六卷）、東京：経済雑誌社、1897 年、第 599 頁。

　　乾符四年十月，圆载携万轴佛教及儒家经典，与智聪一起乘商人李延孝船驶向日本。陆龟蒙《和袭美重送圆载上人归日本国》诗中有"见翻经论多盈箧"之句；另，其《闻圆载上人挟儒书泊释典归日本国更作一绝以送之》诗中有"九流三藏一时倾，万轴光凌渤澥声"，以"万轴"来表述，足见圆载携带书卷之多。不幸的是，海上航行之时，遭恶风，圆载、李延孝、詹景全溺死于海中。智聪乘一小船板，漂流到温州海岸，又乘其他唐海商船回到日本。智聪抵达日本的时间大约是十二月，《日本三代实录》"元庆元年（877）十二月廿一日丁亥"条载："是日，令太宰府量赐唐人骆汉中并从二人衣粮。入唐求法僧智聪在彼廿余载，今年还此，汉中随智聪来。"[1]

　　船主李延孝，是一位活跃于东亚海域的著名"大唐商人"。其商船航行的轨迹遍布福州、温州、台州、明州等大唐口岸，在日本则着岸于博多，经常停住大宰府、鸿胪馆。圆珍与李延孝关系密切，853年乘"大唐商客王超、李延孝"船入唐，858年，圆珍又乘李延孝船返日。从853年初至877年，二十四年间，文献中出现了8次李延孝从中国前往日本的记录。[2]日本史料甚至称其为"大唐商客""渤海国商主""本国（日本）商人"[3]，足见其渡海之频繁，活跃区域之广。

　　圆载生年不详，自838年入唐，至877年溺死于海中，在唐四十载。作为学问僧，他当时在日本佛教界已有所造诣，由此推断，入唐时年龄应超过三十岁，死时应该是七十多岁。圆珍在记录中始终批判圆载，不管称其"犯尼之事"也好，"乡贼"也罢，这些应该属于他们二人之间的某种不和导致的恶评。但是，从圆载在唐生活轨迹来看，加上他为日本送去各种书籍，为日本入唐人员提供各种便利，还有他和唐朝友人的交往等，可以认为，圆载并不像圆珍所说的那么邪恶，而是个忠实的佛教信仰者。尽管在唐生活了40年，但他始终不忘故土，说明他是一个拥有浓厚的爱国、爱乡情怀的留学僧。

<hr />

① ［日］藤原时平等撰：『日本三代実録』（国史大系　第四卷）、東京：経済雑誌社、1897年、第474頁。
② 黄约瑟：《"大唐商人"李延孝与九世纪中日关系》，《历史研究》1993年第4期，第47-60页。
③ ［日］榎本渉：『僧侶と海商たちの東シナ海』、東京：講談社、2010年、第58頁。

　　总之，进入 9 世纪以后，日本官方派遣的朝贡使船抵达唐朝的只有两次，一次是 804 年的第十八次遣唐使，另一次便是此次第十九次遣唐使。两次间隔近三十年，日本之所以再派朝贡使，除了大唐的政治、经济、文化和佛教的影响力外，日本国内的诸多因素是促成此次派遣的决定性因素。

　　遣唐使的派遣，离不开日本国内的政治气氛，此时的特点主要表现为：（1）最高当权者出现双轨制，退位的上皇与现任天皇同时拥有王权，导致决策层意见分歧，典型事例是"药子之变"（"平城上皇之变"）；（2）仿唐制改革，818 年，宫廷礼仪及服装，实行唐风化，后又改平安宫殿舍及诸门的名称，全部改成唐朝式的名字；（3）汉诗盛行，唐风气氛浓厚，敕令编撰了《凌云集》《文华秀丽集》《经国集》。

　　第十九次遣唐使几经周折，从 834 年开始筹划，至 838 年出发，花费了四年时间。原本准备四船，结果抵唐三船，840 年返回日本。此次遣唐使中，日本天台宗求法僧圆仁乘大使的第一船，于开成三年（838）七月二日抵达扬州海陵县白潮镇桑田乡东梁丰村。七月三日，到达东梁丰村去十八里的延海村国清寺，该寺在近年的考古挖掘中得以再现，即今江苏省南通市如东县掘镇国清寺遗址。史料记载与考古发现相互印证，再现了当年遣唐使的遗迹。

　　此次遣唐使进京人数限以三十五人，较上次减少很多。但是，停留在扬州的使团其他成员，与当地人进行交流，仍然学到了许多先进的知识和技术。遣唐使返航时，因第一、第四船损坏不能使用，所以，雇佣九艘新罗小船回国，第二船则从海州返日。另外，天台求法僧圆仁与圆载最终留唐，圆仁属于未许留唐，圆载则是获敕留学。但是，正因为圆仁写下了《入唐求法巡礼行记》，才使后人更多地了解到此次朝贡使的活动内容及唐朝的社会状况，对于解读唐史具有极其珍贵的价值。

　　佛教传入日本约一千五百年，而真正获得三藏称号的日僧，唯有灵仙一人。元和五年（810）七月二十七日至次年六年三月八日，在长安醴泉寺译经的灵仙，担任笔受并译语，译完《大乘本生心地观经》，得到宪宗皇帝的赞赏，获三藏殊荣。灵仙随第十八次遣唐使入唐，译经结束后，赴五台山。他与渤海僧人贞素交往密切，通过贞素给日本带去书信和经文，并得到日本朝廷黄金资助。灵仙死于五台山大历灵境寺，"被人药杀，中毒而亡过"[①]。其死因至今是个未解之谜。

此次遣唐使的一个显著特点是僧人多，其中，圆仁、常晓、圆行与圆载，还有他们的弟子、随从等，都是这次的求法僧。留在唐朝的圆仁、圆载以不同方式活跃在中日佛教交流的舞台上。特别值得关注的是圆载，他在唐生活了四十年，足迹遍布扬州、楚州、苏州、台州、越州、长安等地。在唐期间，他多次派弟子回国，递交表状，其自强不息的精神，感动朝廷，多次受到资助。最后，圆载抱着一片爱国之情，放弃在唐的游学生活，毅然决然地踏上归国之路，不幸的是，他与大唐商人李延孝同溺死于大海中。圆载与唐人皮日休、陆龟蒙、颜萱等建立了深厚友谊，归国之际，得到诸诗人的热情相送，留下多篇送别诗。

---

① ［日］释圆仁著，［日］小野胜年校注，白化文等修订校注：《入唐求法巡礼行记校注》，石家庄：花山文艺出版社，2007年，第303页。

一、9 世纪兴起的大唐海商

　　纵观隋唐时期三百多年的中日交往史，9 世纪可以视作转折点。在此之前，日本的对外关系，主要通过官方往来的形式，以所谓的东亚地区为交往对象，向中国方向派遣隋使、遣唐使、遣新罗使、遣渤海使等。反之，中国方面赴日的人员，则是有限的隋使、唐使、新罗使和渤海使。即使鉴真东渡日本，也是在此背景下实现的。唐日关系，从政治形态上看，主要体现为日本向唐朝派朝贡使，参加贺正，拜见皇帝。唐朝则以天子与君王的身份相待，给予使团优厚待遇，赏赐丰富物资。这样，日本遣唐使在派遣的数量、人员构成以及规模等方面，受到一定程度的制约。

　　然而，进入 9 世纪后，历来以外交使团为主角的唐日交往发生了改变。承和七年（840），日本第十九次遣唐使最后一船返回日本，从此，日本与大陆间的官方往来，几乎销声匿迹。[①] 但是，唐日之间的交往却没有中断。这期间，以新罗商人、唐朝商人、渤海商人、日本商人为主的海上贸易商团开始崛起，他们活跃于唐、日本和新罗等地，成为东亚海域交流的主体。另外，日本官人和僧侣，搭乘贸易船只，

---

① ［日］山内晋次：「9～12世紀の日本とアジア」、『専修大学東アジア世界史研究センター年報』第 6 号、2013 年、第 111 頁。

频繁往来于唐日之间。相比 9 世纪以前的单一模式，东亚海域出现一种跨国贸易繁盛的新气象。因此，可以认为，9 世纪中后期是唐日交通和外交关系变化的一个分水岭。

　　9 世纪出现的"东亚商人群"①，首先登场的新罗商人，弘仁五年（814）冬十月十三日，"新罗商人卅一人漂著于长门国丰浦郡"②。这次虽为漂流记录，但已表明"新罗商人"的性质。新罗位于中国大陆与日本之间，具有便利的海上交通条件。新罗商人集团中，以张宝高（亦称保皋）为首领，主要活动于渤海沿岸、新罗和日本之间，在黄海领域形成一个贸易网络。但是，承和八年（841），张宝高与新罗王室对立，发动政变，结果遭杀害，其跨国贸易关系解体，黄海海域的交易关系一度陷入混乱。与此同时，中国江南地区的商人积极开展了对日贸易，在东亚建立起一种新型的交易关系。③

　　9 世纪唐人赴日，首见乘新罗商船抵达日本者，弘仁十年（819），有一艘新罗船漂到日本出州（即出羽国，今山形、秋田县），后又漂到长门国，唐人张觉济兄弟二人同船，问其事由，申云："为交易诸物，离此过海，忽遇恶风，南流三月，流着出州国。其张觉济兄弟二人临将发时同共逃，留出州。从北出州，就北海而发，得好风，十五个日流着长门国，云云。"④同年十月十六日，"大唐越州人周光翰、言升则等，乘新罗人船来"⑤。820 年春，周光翰一行乘到访日本的渤海使船归国。⑥不久，唐商人及商船开始活跃起来，例如大唐商人李邻德、张友信、李延孝等。他们活动的区域以黄海、东海海域的港口为中心，其辐射地区南至广东、北至山东半岛，包括广州、福州、温州、明

---

①　吴玲：《九世纪唐日贸易中的东亚商人群》，《西北工业大学学报（社会科学版）》2004 年第 3 期，第 17-23 页。

②　森田悌译：『日本後紀』（中）、東京：講談社、2006 年、第 352—353 頁。

③　［日］田中史生：『国際交易と古代日本』、東京：吉川弘文館、2012 年；［日］田中史生：『国際交易と古代列島』、東京：角川学芸出版、2016 年。

④　［日］释圆仁著，［日］小野胜年校注，白化文等修订校注：《入唐求法巡礼行记校注》，石家庄：花山文艺出版社，2007 年，第 95 页。

⑤　［日］森田悌译：『日本後紀』（下）、東京：講談社、2007 年、第 73 頁。

⑥　《日本纪略》前篇·"弘仁十一年春正月乙未"条载："唐越州人周光翰、言升则等告请归乡，仍随渤海使，以放还。"参见［日］森田悌译：『日本後紀』（下）、東京：講談社、2007 年、第 88 頁。

州、越州、苏州、海州、莱州、登州等地。以下，针对唐商人、商船往来日本的总体状况，就史料中有明确记载的部分绘制一表，参见表21"9世纪唐商人、商船渡航日本一览"。

表21　9世纪唐商人、商船渡航日本一览^①

公历	日本年号	事件	文献出处
819	弘仁十年	唐人张觉济兄弟、新罗人王清等，漂流到日本出羽国。	《入唐求法巡礼行记》
819	弘仁十年六月	大唐越州人周光翰、言升则等乘新罗人船来。	《日本纪略》
820	弘仁十一年四月	唐人李少贞等二十人漂至出羽国。《续日本后纪》则称李少贞为新罗人。	《日本纪略》《续日本后纪》
834	承和元年三月	准许在大宰府滞留的唐人张继明进京。	《续日本后纪》
838	承和五年	大宰府藤原岳守，在检校唐商沈道古等人的货物时，发现《元白诗笔》。	《日本文德天皇实录》
841	承和八年秋	惠萼乘新罗船来到大唐楚州。	《入唐求法巡礼行记》《日本文德天皇实录》
842	承和九年春	惠萼及其弟子，乘唐人李邻德船从明州回国。	《入唐求法巡礼行记》
	承和九年五月五日	僧人惠运，乘唐人李处人船从博多津赴唐，抵达温州乐城县玉留镇府前头。	《入唐五家传》《平安遗文》《安祥寺伽蓝缘起资财帐》
843	承和十年十二月九日	入唐留学僧仁好、顺昌，乘新罗人张公靖船回国。	《续日本后纪》《入唐求法巡礼行记》

<hr />

① 　此表参照以下一些论著制作而成。[日]木宫泰彦著、胡锡年译：《日中文化交流史》，北京：商务印书馆，1980年，第109-116页；[日]森克己：『新訂日宋貿易の研究』（新編森克己著作集第1卷）、東京：勉誠出版、2008年、第390—396頁；[日]早川明夫：「遣唐使の停廃と『国風文化』」、『教育研究紀要』第15号、2006年、第55—63頁；[日]松浦章：「中国帆船による東アジア海域交流」、岡本弘道編『船の文化からみた東アジアの諸相』、大阪：関西大学文化交渉学教育研究拠点、2012年、第1—20頁。

续表

公历	日本年号	事件	文献出处
844	承和十一年	惠萼及其弟子入唐。	《入唐求法巡礼行记》、金泽文库本《白氏文集奥书》
847	承和十四年闰三月	日本人神御井等人从明州返回日本。	《入唐求法巡礼行记》
	承和十四年五月十一日	春太郎、神一郎，乘明州张支信船归国。	《入唐求法巡礼行记》
	承和十四年六月二十一日	日僧惠运、仁好、惠萼及唐僧义空、道昉等47人，乘张友信船从明州渡航日本。	《安祥寺伽蓝缘起资财帐》《平安遗文》《续日本后纪》《入唐五家传》《善邻国宝记》《元亨释书》《唐人书简》（《高野杂笔集》收录）
	承和十四年九月十八日	圆仁及弟子惟正等乘新罗和唐船，抵达日本。	《入唐求法巡礼行记》《平安遗文》《悉昙藏》
849	嘉祥二年八月四日	大宰府报，唐商53人抵日。	《续日本后纪》
	嘉祥二年闰十二月二十四日	唐商人徐公祐来日。	《唐人书简》（《高野杂笔集》收录）、《元亨释书》
851	嘉祥四年二月	唐国商人张友信驾船归国。	《平安遗文》
852	仁寿二年五月二十二日	苏州衙前散将徐公直，委托赴日的弟弟徐公祐，交给义空此前来信的复函。	《唐人书简》（《高野杂笔集》收录）
	仁寿二年闰八月	唐人钦良晖商船抵达博多。	《天台宗延历寺座主圆珍传》《智证大师年谱》
853	仁寿三年七至八月	圆珍一行8人，在博多乘王超、钦良晖商船赴唐，八月十五日到达福州连江县。	《行历抄》《大师归朝请弘传官牒款状》《智证大师年谱》《平安遗文》
856	齐衡三年秋	唐商李英觉、陈太信等从广州出发。	《智证大师将来目录》《平安遗文》《乞台州公验状》《行历抄》
858	天安二年六月	圆珍等辞台州，乘商人李延孝船回国。	《天台宗延历寺座主圆珍传》《智证大师年谱》《日本高僧传要文抄》《圆城寺文书》《寺门传记补录》

公历	日本年号	事件	文献出处
861	贞观三年八月九日	李延孝在大宰府鸿胪馆。	《头陀亲王入唐略记》
862	贞观四年七月二十三日	唐商人李延孝等43人到达博多。	《日本三代实录》《唐人送别诗并尺牍》《风藻饯言集》
	贞观四年七月	真如亲王等僧俗60人，乘张支（友）信船出发，九月七日抵达明州。	《头陀亲王入唐略记》《日本三代实录》
863	贞观五年四月	贤真、惠萼、忠全，以及护送真如亲王的小师、弓手、舵师、水手等，从明州回国。	《头陀亲王入唐略记》
864	贞观六年	唐婺州商人詹景全船到达日本。	《平安遗文》
865	贞观七年七月二十七日	李延孝驾船一艘，63人抵达日本。	《日本三代实录》
866	贞观八年	真如亲王的随从荣睿在明州望海镇，乘李延孝船返日。	《日本三代实录》
	贞观八年九月一日	大唐商人张支信等41人，抵达日本。	《日本三代实录》
867	贞观九年	唐商詹景全船到达日本。	《天台宗延历寺座主圆珍传》
874	贞观十六年六月三日	唐商崔岌等36人，到达肥前国松浦郡。	《日本三代实录》
876	贞观十八年七月十四日	唐商杨清等31人，到达筑前国荒津。	《日本三代实录》
877	元庆元年七月二十五日	崔铎等63人，从台州出发到达筑前国。	《日本三代实录》
	元庆元年十二月二十一日	同年十月，留学僧圆载，携千余卷佛典、儒籍，搭乘李延孝、詹景全船回国。中途海上遇难，圆载、李延孝、詹景全溺水身亡。求法僧智聪漂流到温州，随唐人骆汉中等抵达日本。	《日本三代实录》《天台宗延历寺座主圆珍传》《智证大师年谱》《平安遗文》《悉昙藏》

续表

公历	日本年号	事件	文献出处
881	元庆五年	唐婺州人李达，乘张蒙家商船来日。	《天台宗延历寺座主圆珍传》《智证大师年谱》《平安遗文》《寺门传记补录》
883	元庆七年	唐商人柏志贞，来到大宰府，携国清寺诸僧给圆珍的信。	《天台宗延历寺座主圆珍传》《智证大师年谱》
885	仁和元年十月二十日	此前，大唐商贾着大宰府。	《日本三代实录》
893	宽平五年	唐商王讷到达日本。	《菅家文草》
	宽平五年七月二十一日	唐商周汾等60人，到达博多津。	《入唐五家传》
896	宽平八年三月四日	唐人梨怀（亦称李环）依召入京。	《日本纪略》《宽平御遗诫》
903	延喜三年十一月二十日	唐人景球等，献羊1头、白鹅5只。	《日本纪略》《扶桑略记》
907	延喜七年	唐政权灭亡。大唐商人带来《炽盛光大威德消灾吉祥陀罗尼经》1帖。	《平安遗文》

通过表21可以看出，唐朝商人最早到达日本是在弘仁十年（819），即张觉济兄弟，以及新罗人王清等，为经商来到日本，漂流到日本出羽国。此后，唐朝商人往来日本，日渐频繁，直到907年唐政权结束，近一百年间，唐商船驶往日本的记录起码有40多次。其间，商船始发地包括越州、明州、台州、温州、福州、广州等，还有很多未载出发和到达地。

唐朝商人及船主的身份，文献有记载的包括：明州商人张友（支）信[1]；大唐商人李延孝，又称渤海国商主；越州商人詹景全（又称婺州人）[2]；唐人李邻德；新罗国人王超；新罗人张公靖；此外，还有浙江商

---

① ［日］释圆仁著，［日］小野胜年校注，白化文等修订校注：《入唐求法巡礼行记校注》，石家庄：花山文艺出版社，2007年，第504页。

② 白华文、李鼎霞校注《行历抄校注》，石家庄：花山文艺出版社，2004年，第107页。

人李达等 [①]。

　　值得注意的是，在 9 世纪东亚海域交流中，商人的身份具有多重性、跨国性，超越了现代人所界定的国界和民族的概念。有的唐船或唐商人，实际又为新罗船主或新罗人。圆仁归国时共乘的船员有唐人长江、新罗人金子白、唐人钦良晖、新罗人金珍等。[②] 此船在日本则称"新罗商船"，新罗人金珍又被称为"唐人"和"唐客"。同样，钦良晖又被称为"唐商"和"大唐国商人"，此类事例不胜枚举。[③]

　　东亚海域海上贸易活跃的时代，有两类特殊的人群活跃于中日之间，一类是僧人，另一类是大唐海商。这期间，有大批日本僧人来唐求法、巡礼，自第十九次遣唐使回国以后，即 840 年以后，见于各种史料入唐的日僧多达几十人，主要有惠萼（入唐年为 841，下同）、惠运（842）、圆修（842）、坚惠（842）、仁好（844）、性海（846）、圆珍（853）、闲静（853）、丰（智）聪（853）、真如亲王（862）、贤真（862）、忠全（862）、宗睿（862）、安展（862）、禅然（862）、惠池（862）、善寂（862）、愿懿（862）、猷继（862）、壹演（862）、以船（874）、齐（济）全（877）、安然（877）、玄昭（照）（877）、观汉（溪）（877）、中瓘（不详）、三慧（882）、好真（不详）、师良（不详）、智藏（不详）、鉴禅师（不详）、敬龙（不详）等。[④] 这些僧人，有长期驻留的，也有短期出国的，还有数次往返的。以下，仅以日僧惠萼和大唐商人张友信为例，说明这个时代往返唐日人员的特征。

1. 惠萼

　　惠萼是长期往来于中日之间的一个日本僧人，其生卒年代具体不详。他的名字，史料中写法略有不同，主要有：惠萼、慧萼、慧锷、惠锷、慧谔、惠谔等。惠萼从 841 年至 863 年的二十多年时间里，至

---

①　吴玲：《佚留日本的唐末浙江商人送别诗及尺牍》，《浙江外国语学院学报》2014 年第 3 期，第 76—81 页。

②　［日］榎本涉：『僧侶と海商たちの東シナ海』、東京：講談社、2010 年、第 57—59 页。

③　［日］伊勢興房：『頭陀親王入唐略記』、塙保己一編纂『続群書類従』（第八輯上）、東京：続群書類従完成会、1904 年、第 105—107 页。

④　葛継勇、［日］河野保博：『入唐僧の求法巡礼と唐代交通』、東京：大樟樹出版社、2019 年、第 420—424 页。

少五次或六次往返于中日之间，两国记载他的史料非常丰富，多达几十种。①

圆仁《入唐求法巡礼行记》记载了惠萼最初在唐的活动情况，"会昌元年（841）九月七日"条载："闻日本僧惠萼、弟子三人到五台山。其师主发愿，为求十万僧供，却归本国。留弟子僧二人令住台山。"② 惠萼从山东半岛登州、莱州上岸，偕弟子到五台山求法，然后，他又巡礼了泗州普光王寺、天台山，并参谒杭州盐官县齐安禅师。会昌二年（842）春，惠萼从明州乘李邻德的商船返回日本。此为惠萼第一次在中国的活动轨迹。

惠萼第二次来唐，是在会昌四年（844）三月前，从明州上岸后，欲往五台山供养，恰逢唐武宗推行一系列"灭佛"政策，止步苏州，更名"居士空无"。在苏州期间，惠萼抄写白居易的《白氏文集》，据日藏《白氏文集》识语·卷第五十记载："时会昌四载四月十六日，写取勘毕。日本国游五台山送供居士空无，旧名慧萼。忽然偶着敕难，权时裹头，暂住苏州白舍人禅院，不得东西。"惠萼不但修习南禅宗，还是将马祖禅宗传入日本的第一人。他把七十卷本《白氏文集》带回日本。③ 此书意义重大，为后世日本吸收汉文化发挥了巨大作用。847 年，惠萼乘明州海商张友信船回国。惠萼入唐与返回日本的次数，确切记载的有五六次，再加上一些不确定的往返记录，或多达七次。④ 他如此频繁往来于东亚海域，时间跨度之长、入唐次数之多，在古代中日交通史上也是罕见的，日本人中恐怕独此一人。⑤

举世闻名的普陀山"不肯去观音"像，就源自惠萼。最早记录此事

---

① 关于惠萼初次入唐的时间，学界说法各异，无统一定论。东野治之认为可能是 838 年；桥本进吉、小野胜年认为是 839 年；榎木涉认为是 840 年；田中史生则认为是 840 年或 841 年早期。参见［日］田中史生编：『入唐僧惠萼と東アジア』，東京：勉誠出版、2014 年、第 12—16 頁。

② ［日］释圆仁著，［日］小野胜年校注，白化文等修订校注：《入唐求法巡礼行记校注》，石家庄：花山文艺出版社，2007 年，第 390 页。

③ 陈翀：《慧萼东传〈白氏文集〉及普陀洛迦开山考》，《浙江大学学报（人文社会科学版）》，2010 年第 40 卷第 5 期，第 48 页。

④ ［日］田中史生：『入唐僧惠萼と東アジア』，東京：勉誠出版、2014 年、第 104 頁。

⑤ 李广志：《东亚视域下的明州开元寺与日本文化交流》，《宁波大学学报（人文科学版）》2021 年第 1 期，第 58-64 页。

的文献是宋《宝庆四明志》卷十一"开元寺"条：

> ……又有不肯去观音，先是，大中十三年，日本国僧惠谔诣
> 五台山敬礼，至中台精舍，见观音貌像端雅，喜生颜色。乃就恳
> 求，愿迎归其国。寺众从之。谔即肩舁至此。以之登舟，而像重
> 不可举，率同行贾客尽力舁之，乃克胜。及过昌国之梅岑山，涛
> 怒风飞，舟人惧甚。谔夜梦一胡僧谓之曰："汝但安吾此山，必令
> 便风相送。"谔泣而告众以梦，咸惊异，相与诛茆缚室，敬置其像
> 而去。因呼为不肯去观音。其后开元僧道载复梦观音欲归此寺，
> 乃创建殿宇，迎而奉之。邦人祈祷辄应，亦号瑞应观音。唐长史
> 韦绚，尝记其事。皇朝太平兴国中，重饰旧殿，目曰五台观音院，
> 以其来自五台故也。骆登、吴矜皆有记。[①]

大中十三年（859），惠谔再度入唐，登五台山，于中台精舍迎归
观音像。惠谔从五台山请来观音像，途经明州，入住开元寺，其置像
普陀的故事，后世流传很广，无论中国方面还是日本方面，均有许多
资料记述此事。

日本方面提及普陀山之开山，最早见于 1322 年虎关师炼著的《元
亨释书》，该书卷十六《唐补陀落寺慧萼传》载："释慧萼，齐衡初，应
橘太后诏，赍币入唐，着登莱界，抵雁门上五台。渐届杭州盐官县灵
池寺，谒齐安禅师，通橘后之聘，得义空长老而归。又入支那，重登
五台，适于台岭，感观世音像。遂以大中十二年，抱像道四明归本邦。
舶过补陀之海滨，附著石上不得进。舟人思载物重，屡上诸物，舶着
如元，及像出舶能泛。萼度像止此地，不忍弃去，哀慕而留，结庐海
峤以奉像。渐成宝坊，号补陀落山寺。今为禅刹之名蓝，以萼为开山
祖云。"[②] 此外，日本史料还有一些记载惠谔途经明州，在普陀山供奉
观音像的事迹。从内容上看，后来的这些史料又出典于《佛祖统纪》。

---

① （宋）罗濬等撰：《宝庆四明志》，宁波市地方志编纂委员会《宋元四明六志》（三），宁波：
宁波出版社，2011 年，第 575—576 页。

② ［日］虎関師錬：『元亨釈書』（国史大系 第四卷）、東京：経済雑誌社、1901 年、第 901—
902 頁。

《佛祖统纪》中亦载惠萼于大中十二年（858）归国，这与《宝庆四明志》的大中十三年略有出入。[①]

不过，比较两国最早记述惠萼与不肯去观音因缘的史料，不难发现，《宝庆四明志》是根据唐末长史韦绚的文章归纳整理的。韦绚是白居易亲友元稹的女婿，刘禹锡的挚爱弟子。而惠萼又于苏州南禅院转抄《白氏文集》七十卷带回日本，韦绚与惠萼有过交往，因此，应该说，《宝庆四明志》的可信度更大。[②] 同时说明，此传说自唐朝开始就盛行。惠萼与普陀山不肯去观音之因缘，盛传千古。由此，观音由普度众生的菩萨，又增添了一种新的职能，演化为保护岛民渔业、航海舶贾、沿岸渔民的海上保护神。观音信仰传播到更广阔地区，遍及日本、朝鲜及东南亚等地，至今仍发挥着一定的文化感染力。

惠萼最后一次来华是在862年，随日本王子真如亲王抵达唐明州，次年回国。惠萼除第一次从山东上岸之外，其余往来大唐时均从明州口岸进出。

2. 大唐商人张友信

张友信是个具有丰富航海经验的明州商人。[③] 从承和十四年（847）至贞观六年（864），均有其活动记录。关于他的史料，日本正史《续日本后纪》和《日本三代实录》中均有记载。另外，圆仁《入唐求法巡礼行记》、伊势兴房《头陀亲王入唐略记》等文献中也有记述。其活动轨迹大致如下：

（1）承和十四年，张友信商船从明州望海镇出发，三日后抵达远值嘉岛那留浦。同船抵达的有日僧慧运、留学僧圆载的随从仁好、僧

---

① 关于惠萼从五台山请来观音像的时间，各史料记载的略有不同，主要有下列五种。（1）大中十二年：《佛祖统纪》《元亨释书》《本朝高僧传》；（2）大中十三年：《宝庆四明志》《延祐四明志》《宁波郡志》；（3）大中年间：《佛祖历代通载》《宁波郡志》《宁波府志》；（4）梁贞明二年（916）：《普陀洛迦山传》《普陀山志》；（5）贞明年间（915—921）：《普陀山志》。其中，梁贞明二年是916年，此时惠萼应该已离开人世，该说显然不成立。

② 陈狲：「中国の観音霊場『普陀山』と日本僧慧萼」、東アジア地域間交流研究会編『から船往来』、福岡：中国書店、2009 年、第 176 頁。

③ 关于张友信，日本有些史料称"张支信"，《入唐求法巡礼行记》和《头陀亲王入唐略记》中均作"张支信"，而《续日本后纪》及《日本三代实录》等正史中则为"张友信"，因抄写本中"友"与"支"较难辨认，或有混淆之处，本文以张友信为准。

人惠萼以及唐僧义空、道昉等 47 人。①

（2）仁寿元年（851）二月，张友信从日本发船归唐。②

（3）贞观三年（861），张友信在日本期间，担任唐通事一职，真如亲王令其造一艘船，次年五月造船完毕。③

（4）贞观四年（862），张友信驾船横跨东海，九月三日，到明州境，入唐求法的真如亲王及弟子等同船抵达。④

（5）贞观六年（864），大唐通事张友信归国之后，未见返回，大宰府奏请在日的唐朝僧人法惠代替他充当通事一职⑤。

可见，张友信从 847 年至 864 年，至少在这十七年间多次往返于中日之间，活跃于历史舞台上。他于 847 年驾船到日本，851 年回国。此四年间，他是一直停留在日本还是再次赴日，不得而知。861 年他又出现在日本，此次赴日的信息，史料无载。不过，张友信在日期间兼任翻译一职，被称为"大唐通事"。据《日本三代实录》"贞观六年八月十三日"条载："大宰府言：'大唐通事张友信渡海之后，未知归程。唐人来往，亦无定期，请友信未归之间，留唐僧法惠，令住观音寺，

① 与此相关，日本史料多有记载，分别见于：《入唐求法巡礼行记》"大中元年六月九日"条；《续日本后纪》"承和十四年七月辛未"条；《安祥寺伽蓝缘起入财帐》《续日本后纪》"承和十五年六月壬辰"条；《入唐五家传》安祥寺慧运传；《元亨释书》"唐国义空"条；《高野杂笔集》收录的《唐人书简》。

② 《平安遗文》4492"圆珍牒状"载："嘉祥四年四月十五日，辞県辇向大宰府。五月廿四日得达前处……访问唐国商人张友信回船，其年二月已发归唐，伏缘无便船令着，……以无便船。便寄住城山四王院。"参见［日］竹内理三：『平安遺文』、東京：東京堂出版、1975 年。另据小野胜年引自《请弘传两宗官牒案，草本第一》载："五月廿四日得达前处。访问唐国商人张友信回船，其年二月，已发归唐。伏缘无便船人着，慨怅难及。便寄住城山四王院。"参见［日］小野勝年：『入唐求法行歴の研究』上、京都：法藏館、1982 年、第 52 頁。

③ 《头陀亲王入唐略记》载："十月七日仰唐通事张支信，令造船一只。四年五月造舶已了。"参见［日］伊勢興房：『頭陀親王入唐略記』、塙保己一編纂『続群書類従』（第八輯上）、東京：続群書類従完成会、1904 年、第 105—107 頁。

④ ［日］伊勢興房：『頭陀親王入唐略記』、塙保己一編纂『続群書類従』（第八輯上）、東京：続群書類従完成会、1904 年、第 105—107 頁。

⑤ 《日本三代実録》"贞观六年八月十三日丁卯"条："大宰府言：大唐通事张友信渡海之后，未知归程，唐人来往，亦无定期，请友信未归之间，留唐僧法惠，令住观音寺，以备通事。太政官处分：依请。"参见［日］藤原時平等撰：『日本三代実録』（国史大系　第四巻）、東京：経済雑誌社、1897 年、第 163 頁。

以备通事.'太政官处分，依请。"① 这说明，9 世纪中后期，日本官派的遣唐使船已经停止，人与货物的运送，主要依靠民间商船，中日海上贸易繁盛，中国商人经常赴日经商。在大宰府管辖的地区常有唐人来往，日本方面急需兼通中日双语的翻译人员，而大宰府管辖的北九州地区却不具备这样的人才，因此，特意配备了大唐通事一职。张友信则是被聘用的通事，他不在日本期间，请唐朝僧人法惠顶替其职。大唐通事一职由唐人而非日本人担任，目的是便于和唐商沟通，同时也说明这一职务具有半官方的性质。

张友信在 847 年的航海中，从明州望海镇至远值嘉岛那留浦，仅用三个日夜。862 年载真如亲王入唐，又以"四日三夜"的速度抵达，可以说，张友信开辟了中日航海史上快速航行的先河。

二、最后一次遣唐使

距离上次遣唐使时隔大约六十年，日本再次准备派遣唐使。宽平六年（894）八月二十一日，朝廷决定"以参议左大辨菅原朝臣道真为遣唐大使，以左少辨纪朝臣长谷雄为副使"②，遣唐使首脑阵容初步组合完毕。但是，这次派遣，最终没有发出。遣唐使的停发，与温州刺史朱褒有关，他曾委托在唐的日本僧人中瓘，给日本朝廷发去一封书状。一年前，宽平五年（893）三月，中瓘写了一篇上表文，委托唐朝商人王讷将其送到日本。第二年五月王讷抵达日本，朝廷根据其内容判断遣使事宜。目前，关于中瓘和王讷，以及日本政府如何决定遣使的过程，史料欠缺，只有两篇菅原道真的文章，这也是解读此次遣唐使的重要史料。一篇为《奉敕为太政官报在唐僧中瓘牒》，另一篇为《请令诸公卿议定遣唐使进止状》。以下，先抄录两篇的原文，然后进行解析。

---

① ［日］藤原時平等撰：『日本三代実録』（国史大系　第四巻）、東京：経済雑誌社、1897 年、第 163 頁。
② ［日］経済雑誌社編：『日本紀略』（国史大系　第五巻）、東京：経済雑誌社、1897 年、第 763—764 頁。

（1）《奉敕为太政官在唐僧中瓘牒》全文

　　太政官牒在唐僧中瓘　报上表状

　　牒。奉敕省中瓘表悉之。久阻兵乱，今稍安和。一书数行，先忧后喜。脑源茶等准状领受。诚之为深，溟海如浅。来状云："温州刺史朱褒，特发人信，远投东国。"波浪眇焉，虽感宿怀，稽之旧典，奈容纳何，不敢固疑。中瓘消息，事理所至，欲罢不能。如闻商人说大唐事之次多云，贼寇以来，十有余年，朱褒独全所部，天子特爱忠勤。事之髣髴也。虽得由绪于风闻，苟为人君者，孰不倾耳以悦之。仪制有限，言申志屈。迎送之中，披陈旨趣。又顷年频灾，资具难备。而朝仪已定。欲发使者，辨整之间，或延年月。大官有问，得意叙之者，准敕牒送，宜知此意。沙金一百五十小两，以赐中瓘。旅庵衣钵，适支分铢。故牒。

　　宽平六年七月廿二日　左大史云云 [1]

（2）《请令诸公卿议定遣唐使进止状》全文

　　右臣某，谨案在唐僧中瓘，去年三月附商客王讷等所到之录记，大唐凋弊，载之具矣。更告不朝之间，终停入唐之人。中瓘虽区区之旋僧，为圣朝尽其诚。代马越鸟，岂非习性。臣等伏检旧记。度度使等，或有渡海不堪命者，或有遭贼遂亡身者。唯未见至唐有难阻饥寒之悲。如中瓘所申报，未然之事，推而可知。臣等伏愿，以中瓘录记之状，遍下公卿博士，详被定其可否。国之大事，不独为身。且陈欸诚，伏请处分。谨言。

　　宽平六年九月十四日　大使参议勘解由次官从四位下兼守左大辨行式部权大辅春宫亮菅原朝臣某 [2]

　　以上二文，均出自参议左大辨菅原道真之手，第一篇完成时间是

---

① ［日］川口久雄校注：『日本古典文学大系72　菅家文草　菅家後集』、東京：岩波書店、1966 年、第 586 頁。

② ［日］川口久雄校注：『日本古典文学大系72　菅家文草　菅家後集』、東京：岩波書店、1966 年、第 568 頁。

宽平六年（894）七月二十二日，第二篇为同年九月十四日，二者间隔不到两个月。关于遣唐使停废问题，日本学界有过许多讨论①，对这两篇史料进行各种解读，但对有些词句的理解存在一定的争议，未能形成统一见解。

　　二文具有相近之处，都提到在唐僧中瓘。首先，弄清中瓘其人，对于解读这次遣唐使情况是个关键点。关于中瓘，日本史料记载不多，他何时入唐以及归国与否，一概不知。但是，从有关记载大致可知其行踪。881 年，史料中首见其消息，《日本三代实录》"元庆五年（881）十月十三日戊子"条载："今得在唐僧中瓘申状称，亲王先过震旦，欲度流沙。风闻到罗越国，逆旅迁化者。虽薨背之日不记，而审问之来可知焉。"② 这则消息是汇报真如亲王死亡的消息。真如亲王 862 年入唐，在从广州渡海去往天竺国途中，死于罗越国。将此消息传到日本的正是"在唐僧中瓘"。由此可知，至少在 881 年前，中瓘就已经在唐朝。另一则中瓘的消息，见于《日本纪略》"延喜九年（909）二月"条："十七日，遣在唐僧中瓘牒状。"③ 这说明，唐朝灭亡后的 909年，中瓘仍在中国。中瓘从 881 年至 909 年，这二十八年间一直在唐活动。另通过第二篇文可知，中瓘送到日本的"表状"或"录记"，是通过唐商人王讷送到日本的。时间是宽平五年（893）三月。至于王讷其人，只知道他是唐朝商人，其他信息不见史料记载。

　　关于唐朝时局和遣唐使派遣问题，从中瓘表状可知一二，其中有"温州刺史朱褒，特发人信，远投东国"之句。温州刺史朱褒要求日本派遣唐使，告知日本"不朝之问"。纵观遣唐使二百多年的历程，从来

---

① ［日］增村宏：『遣唐使の研究』，京都：同朋舍、1988 年、第 411—574 頁；［日］石井正敏著，村井章介、榎本渉、河内春人編：『遣唐使から巡礼僧へ』（石井正敏著作集 2）、東京：勉誠出版、2018 年、第 97—168 頁；［日］滝川幸司：「菅原道真と遣唐使（一）：『請令諸公卿議定遣唐使進止状』『奉勅為太政官報在唐僧中瓘牒』の再検討」、『詞林』第 65 号、2019 年、第 17—30 頁。

② ［日］藤原時平等撰：『日本三代実録』（国史大系　第四巻）、東京：経済雑誌社、1897 年、第 570 頁。

③ ［日］経済雑誌社編：『日本紀略』（国史大系　第五巻）、東京：経済雑誌社、1897 年、第 789 頁。

都是日本主动组织策划和派遣，这次却有别于以往，唐朝方面主动要求日本前来朝贡，并且提此要求的不是唐朝中央机构，亦非皇帝，而是温州刺史朱褒。这种情况极为特殊。

朱褒（？—902），永嘉人，自中和三年（883）至天复二年（902）为温州刺史①，掌管温州二十年。其间，正是唐末动乱时期，起义和叛乱风起云涌。先是唐僖宗乾符二年（875）至乾符五年（878），王仙芝发动一场反抗运动。随后，又爆发了黄巢起义（878—884）。由此，破坏了唐朝的正常社会秩序，改变了政治格局。关于温州刺史朱褒，《吴越备史》卷一《武肃王》载："褒，永嘉人也。兄诞始为本州通事官。属寇乱，兄弟皆聚兵御之，以功遂摄司马。及副使胡璠卒，乃自据焉。褒处兄弟，性颇强悖。一日辄收兄诞印绶，以州属（彭城）汉宏，汉宏署褒州事。褒耳下有一赤点，每怒发则点移至口，怒解如故。诞厅吏尝忤褒，褒将杀之。其母力救，对曰：'比求郡，盖欲杀此辈耳。'卒不听。汉宏之乱，褒率党助之。寻以同姓结援于梁太祖，奏授本州刺史，充静海军使。褒善属诗文，亦好礼士，但动不量力，故不及世而家灭亡矣。"② 可见，朱褒既有雄略，又有胆略，并且"善属诗文，亦好礼士"，但是他对自己的力量估计不足。天复二年五月"庚戌，温州刺史朱褒卒，兄敖代之"。③ 日本僧人中瓘送表期间，正是朱褒执政温州之时。从第一篇文中瓘的书状可以推断，中瓘与朱褒一定有过会面或交往，然后要求中瓘通知日本，前来朝贡。

两篇文章传达的另一个信息是"久阻兵乱，今稍安和"或"大唐凋敝"。无论这个表述是否为中瓘的原文，但指的都是他所见到的唐朝现实，反映出由于兵乱导致的衰败景象。这一最新信息，对日本了解大唐及处理国际关系极其重要，因此，关于是否继续派遣唐使，大使菅原道真上呈了第二篇文的《请令诸公卿议定遣唐使进止状》。其

---

① 郁贤皓：《唐刺史考全编》（第九编：卷一五〇），合肥：安徽大学出版社，2000年，第2148页。

② 范坰，林禹：《吴越备史》（中华书局编辑部，丛书集成初编：第3846册），北京：中华书局，第93-94页。

③ 范坰，林禹：《吴越备史》（中华书局编辑部，丛书集成初编：第3846册），北京：中华书局，第93页。

中，菅原道真未提出派还是不派的主张，只是请求公卿、博士，评定可否。遣使入唐，终究是"国之大事，不独为身"。另外，从中瓘的表状来看，一方面，他转达了朱褒的"不朝之问"；另一方面，又通报了唐朝的不景气现实，暗示不必派使入朝。但是，菅原道真却查证了历任遣唐使的行程，在日本国内，"或有渡海不堪命者，或有遭贼遂亡身者"。反之，到了唐朝后，遣唐使却一帆风顺，"唯未见至唐有难阻饥寒之悲"。

菅原道真的提案，日本朝廷到底是如何讨论的不得而知。事实上，这次遣唐使最终没有派出，《日本略纪》"宽平六年（894）九月三十日"条中只提一句"其日，停遣唐使"。① 但是，日本朝廷是否真的决定了"停遣唐使"，近年出现一种新说法，即894年以后遣唐使计划仍在继续，直至901年菅原道真左迁、907年唐朝灭亡等事件发生，遣唐使的派遣自然终止。目前该学说越来越受到日本学界的认可。② 笔者认同这一说法，因为即便894年以后，遣唐使相关人员仍以任命时的名义从事活动。这次遣唐使的职务及任命，综合各类史料主要有以下人员③：

> 大使：参议左大辨兼勘解由长官从四位下菅原朝臣道真……式部大辅、春官亮。④
> 副使：右少辨从五位上纪朝臣长谷雄……式部少辅。⑤
> 判官：藤原朝臣忠房

---

① ［日］经济雑誌社编：『日本紀略』（国史大系　第五卷）、東京：经济雑誌社、1897 年、第 764 頁。
② ［日］森公章著，苏亦伟译：《日本学术界唐代中日文化交流研究的回顾与展望》，《日语学习与研究》2021 年第 6 期，第 120-125 页。
③ ［日］森公章：『遣唐使と古代日本の対外政策』、東京：吉川弘文館、2008 年、第 147—148 頁。
④ 《扶桑略紀》"宽平六年八月二十一日"条载："遣唐大使，参议左大辨兼勘解由长官菅原道真五十一，遣唐副使纪长谷雄四十九。"参见［日］鴨祐之、皇円編：『日本逸史 扶桑略記』（国史大系 第六卷）、東京：经济雑誌社、1897 年、第 642 頁。
⑤ 长谷雄的职务，《日本纪略》"宽平六年八月二十一日"条载为"左少辨"，而《公卿补任》"八月十六日"条则记为右少辨，因此，森公章认为，此时长谷雄的官名应为右少辨，笔者从之。

录事：从八下左大史阿刀连春正

遣唐装束使：参议从四位下源昇

从这些较齐全的遣唐使成员来看，当时日本朝廷已做好派遣的较充分准备，并非目前所见的宽平六年八月二十一日任命，九月三十日"其日，停遣唐使"这样简单终止。即便在宽平六年九月三十日以后，菅原道真仍以大使的头衔出现在史料中，直至宽平九年（897）六月任权大纳言为止；副使长谷雄至延喜二年（902）之前沿用遣唐使的称呼；录事阿刀春正至昌泰元年（898）的文章中仍署名遣唐录事。可以认为，并非九月三十日决定了停止遣唐使，而正当对于大使提出的对遣唐使派遣的奏状未得出明确结论时，最重要的目的国大唐灭亡了，因此，这次遣唐使也就自然消失。①

三、遣唐使停止的原因

9世纪末，日本筹划的最后一次遣唐使未发而止。相关此次的基础史料，除上述《菅家文草》（卷九）中《奉敕为太政官报在唐僧中瓘牒》和《请令诸公卿议定遣唐使进止状》两篇外，《日本纪略》和《扶桑略纪》记载得都非常简短，难以全面反映出策划和中止的历史真相。那么，遣唐使迟迟未发，最终停止的原因究竟是什么呢？笔者认为，除了上述因中瓘汇报唐消息所引发的是否派遣的讨论之外，至少还有以下三点构成停止的原因：

第一，日本中央权力者所需的外国物资输入渠道发生了变化。

自7世纪以来，日本政权所需的各类外国物资，主要通过遣唐使以朝贡贸易的方式获取，同时还有与朝鲜半岛、渤海国等互派使节带来货物。此时的国际货物，主要掌握在以天皇为中心的高官阶层手里，例如，第十八次遣唐使带回的货物，"大唐信物绫、锦、香、药等，班赐参议已上卿"。② 这说明，遣唐使带回来的"唐物"，主要流入天皇

① ［日］石井正敏著，村井章介、榎本涉、河内春人编：『遣唐使から巡礼僧へ』（石井正敏著作集2）、東京：勉誠出版、2018年、第128—129頁。

② ［日］森田悌訳：『日本後紀』（中）、東京：講談社、2006年，第49頁。

及参议以上阶层的手中。同样，839 年，遣唐使回国后，将部分唐物供奉于伊势大神宫，甚至将唐物一度摆摊于平安宫的建礼门前，形成"宫市"，供内藏寮官人及内侍等买卖交易。①

　　但是，承和年间的遣唐使是实际抵唐的最后一次遣唐使，此后日本与唐朝之间的往来，不再由官方的朝贡使团承担，而是由民间商船承接了这种交流。9 世纪上半叶，新罗海商的跨境贸易极大地促进了日本与唐朝的物资交流。9 世纪中后期以后，大唐海商活跃于唐日之间。其间，抵达日本的唐人船主，有明确记载的至少有四十至六十人 ②。此外，日本朝中大臣及官僚等，为获取更多唐物，一度设置"唐物使"③，到大宰府先行从唐商手中买到货物。863 年，唐朝商人陈泰信在鸿胪馆给圆珍写一书状，其中曰"今间从京中朝使来，收买唐物"④。这里的"朝使"就是朝廷派来的购买商人货物的唐物使。同时，遣唐使期间一度作为接待外国宾客机构的大宰府鸿胪馆，也变成了接待商人的停住设施。据史料记载，鸿胪馆内一直有唐朝商人居住。其早期状况，见表 22 "鸿胪馆与商人"。

表 22　鸿胪馆与商人 ⑤

公历	唐朝年号	日本年号	事件
847	大中元年	承和十四年十月	圆仁回到日本，住鸿胪馆（《入唐求法巡礼行记》卷四）
852	大中六年	仁寿二年十二月	唐人沈道古住鸿胪馆（《日本文德天皇实录》）
861	咸通二年	贞观三年八月	赴唐求法的真如亲王入住鸿胪馆，遇大唐商人李延孝居住鸿胪馆北馆（《入唐五家传》）

① ［日］森田悌訳：『続日本後紀』（上），東京：講談社，2010 年，第 322—323 頁。
② ［日］森公章：『遣唐使の光芒』，東京：角川学芸出版，2010 年，第 228—240 頁。
③ ［日］佐伯梅友校注：『古今和歌集』（日本古典文学大系 8），東京：岩波書店，1984 年，第 178—179 頁。
④ ［日］竹内理三編：『平安遺文』（古文書編第九巻），東京：東京堂出版，1975 年，第 3457 頁。
⑤ ［日］新編森克己著作編集委員会：『新訂日宋貿易の研究』（新編森克己著作集第 1 巻），東京：勉誠出版，2008 年，第 52—53 頁。

公历	唐朝年号	日本年号	事件
862	咸通三年	贞观四年七月	大唐商人李延孝等四十三人到达大宰府，安置供给（《日本三代实录》）
862	咸通三年	贞观四年九月	真如亲王等离开鸿胪馆，乘张友信船驶向大唐（《入唐五家传》）
863	咸通四年	贞观五年四月	新罗沙门光著、普嵩、清愿等三人着博多津，安置鸿胪馆，待唐人船，令得放却（《日本三代实录》）
863	咸通四年	贞观五年	唐海商陈泰信在鸿胪馆给圆珍写书状（《平安遗文》）
865	咸通六年	贞观七年七月	大唐商人李延孝等六十三人驾船一艘漂至海岸，安置鸿胪馆（《三代实录》）
866	咸通七年	贞观八年十月	大唐商人张言等四十一人驾船一艘，来着大宰府，安置鸿胪馆（《日本三代实录》）
873	咸通十四年	贞观十五年十二月	新罗三十二人乘一只船，漂至对马岛岸，岛司差使送至大宰府，即禁其身，着鸿胪馆（《日本三代实录》）
874	乾符元年	贞观十六年七月	大唐商人崔发等三十六人，驾船一艘，安置供给（《日本三代实录》）
876	乾符四年	贞观十八年	大唐商人杨清等三十一人，安置供给（《日本三代实录》）
877	乾符五年	元庆元年七月	大唐商人崔铎等六十三人驾一只船抵达，安置供给（《日本三代实录》）
893	景福二年	宽平五年八月	唐商周汾等六十人安置供养（《入唐五家传》）

　　通过表22可知，大唐商人到达日本后，第一，通过大宰府的检验与上奏，大批人员被安置到鸿胪馆停留，以此为据点进行交易。这种情况下，即便不派遣唐使，日本朝廷仍能得到唐朝货物，并且商人带来的物品，比遣唐使朝贡贸易带回的物品更加丰富多彩。

　　第二，出现有别于遣唐使的入唐交易使。

　　在唐朝商人不断进驻日本的同时，日本朝廷官员为获得自身所需的物品，也派使者入唐购买货物。这一现象，自9世纪中前期新罗张宝高海上贸易集团时期就已开始。起初，日本官使在日本国内购买张宝高货物，但张宝高死后，任筑前国守的宫田麻吕，取其手下的货物，并称："宝高存日，为买唐国货物，以绹付赠，可报获物，其数不鲜。正今宝高死，不由得物实，因取宝高使所赍物者。"①尽管朝廷对宫田麻吕的行为表示谴责，但从其扣押货物的行为可知，唐物在日本社会具有极大的吸引力。

　　不仅如此，日本朝廷为获得珍贵物资，特派使者赴唐购买。自从遣唐使中断以后，赴唐购买特殊物品的交易使，屡屡出现。圆仁《入唐求法巡礼行记》在"大中元年（847）六月九日"条载：

> 　　春大郎、神一郎等乘明州张支信船归国也。来时得消息：已发也。春大郎本拟雇此船归国，大郎往广州后，神一郎将钱金付张支信讫，仍春大郎上明州船发去。春大郎儿宗健兼有此，兼有此物，今在此船。②

　　圆仁的这一记录，是苏州船上唐人和新罗人书状中写的内容。张支信就是前文提到的张友信，明州大商人，多年航行于明州与博多之间。值得注意的是，"春大郎"和"神一郎"这两个日本人，他们本是日本律令制度下的官员，乘唐朝商船入唐进行交易活动。③春大郎在唐生活有多久，详情不知，但他的汉语水平不低，回国后担任渤海国通事。贞观四年（862）七月，随李延孝等赴日的四十三人中包括陈泰信，他在写给圆珍的书状中提到从京都派往大宰府鸿胪馆购买唐物的使者春大郎。当时春太郎的职务是播磨少目，官位为大初位上，他的另一个名字叫春日朝臣宅成。④据《日本三代实录》载，从贞观元年（859）至元庆元年（877），春日宅成一直担任渤海通事，历时十八年，

①　［日］森田悌訳：『続日本後紀』（下）、東京：講談社、2010 年、第 17 頁。

②　［日］释圆仁著，［日］小野胜年校注，白化文等修订校注：《入唐求法巡礼行记校注》，石家庄：花山文艺出版社，2007 年，第 503—504 页。

③　［日］田中史生：「承和期前後の国際交易—張宝高・文室宫田麻呂・円仁とその周辺—」、入唐求法巡礼行記研究会編『平成 16 年度科学研究費補助金研究成果報告書』、2004 年、第 9 頁。

④　［日］佐伯有清：『最後の遣唐使』、東京：講談社、2007 年、第 186—187 頁。

官位从最初的大初位下，升至正六位上。元庆元年六月二十五日，渤海国使杨中远等到达日本，未许入京，从出云国被退回本邦，日本朝廷拒收了其国王书信及信物，中远欲将一个珍奇的玳瑁酒杯献给天皇，结果也被辞退。春日宅成道："昔往大唐，多观珍宝，未有若此之奇恠。"[①] 他说在唐朝曾看过许多奇珍异宝，但从未见过如此奇特的宝物，表示非常惊诧。

　　另一个人物神一郎，其在《日本三代实录》上出现的真实姓名叫大神巳井。贞观十六年（874），日本朝廷遣伊豫权掾正六位上大神巳井、丰后介正六位下多治比真人安江等，入唐购买香药。[②] 日本镰仓时代初期成书的《长谷寺灵验记》（卷下）第十三《山阴中纳言得圣人告造总持寺佛事》中，更详细地讲述了大神巳井入唐买取栴檀香木的故事[③]，尽管内容带有佛教灵验色彩，无法与史实完全对应，但起码折射出他再度入唐的事实。佐伯有清认为，大神巳井此次入唐是在853年，他与圆珍一起，乘丁雄满、钦良晖船入唐。大神巳井三次入唐，最后一次回国时间为元庆七年（883）[④]。另外，与大神巳井一起入唐的多治比安江于877年回国，时唐船抵达筑前国，问其来由，商人崔铎言："从大唐台州，载贵国使多安江等，颇赍货物，六月一日解缆，今日得投圣岸。"[⑤] 此船到达日本的时间是七月二十五日，即从台州航行到博多，用了五十五天，且运来许多货物。

　　由此可见，春大郎、神一郎、多治比安江等，对于唐朝来说，他们是日本商人，但他们又不是纯粹的商人，而是身兼官职的官商，有计划地到唐购买货物。虽然此时已无正规的遣唐使，但个别文本中时

---

① ［日］藤原時平等撰：『日本三代実録』（国史大系　第四巻）、東京：経済雑誌社、1897 年、第 465 頁。

② ［日］藤原時平等撰：『日本三代実録』（国史大系　第四巻）、東京：経済雑誌社、1897 年、第 392 頁。

③ ［日］仏書刊行会編纂：『大日本佛教全書』第 118 冊（寺誌叢書第二）、東京：仏書刊行会、1913 年、第 386—389 頁。

④ ［日］佐伯有清：『最後の遣唐使』、東京：講談社、2007 年、第 182—185 頁。

⑤ ［日］藤原時平等撰：『日本三代実録』（国史大系　第四巻）、東京：経済雑誌社、1897 年、第 468 頁。

而也称他们为遣唐使。正因为有这些交易使，满足了日本高官贵族对唐物的需求，从而代替了以往的大规模朝贡使。

第三，日本国内灾害及唐朝内乱的影响。

接到中瓘来自唐朝的表文后，如《奉敕为太政官报在唐僧中瓘牒》所载，日本国内"又顷年频灾，资具难备"。在此背景下，立刻遣使存在困难。菅原道真向朝廷提交进止状后，遣唐使事宜一度搁浅。尽管史料中没有具体写出为何停派，但根据当时日本国内的形势和国际状况，也可推断其停派的原因。

9世纪末日本的灾害，一种是自然灾害，另一种是来自新罗的饥民。据《扶桑略记》"宽平元年（889）五月廿八日戊午"条载：

> 石清水八幡宫殿自然震动，令神祇官、阴阳寮占筮，言可慎大病，朕虽诚愚，而非法不行，非道不言，纵令犯小罪，而不必及大过。而有咎害，奉凭国内神祇，于今无息，况乎原来归依三宝，莫不旦夕敬拜，而灾异频发，可有死微。唯愿天地神祇并三宝冥助，令保身命。
>
> 六七月间，霖雨洪水，东西京中，饿死者多。[①]

889年这一年，京都一带发生地震，朝廷命令神祇官和阴阳寮进行占卜。此年灾异频发，人们于是寄托于神佛保佑。此外，就在讨论遣唐使是否派遣之时，日本九州一带又遭新罗干扰，据《扶桑略记》"宽平六（894）九月五日"条载：

> 对马岛司言新罗贼徒船四十五艘到着之由……仅生获贼一人，其名贤春，即申云：彼国年谷不登，人民疾苦，仓库悉空，王城不安。然王仰为取谷娟，飞帆参来，但所在大小船百艘，乘人二千五百人。被射杀贼其数甚多，但遣贼中，有最敏将军三人，就中有一大唐一人。[②]

① ［日］鸭祐之、皇圆编：『日本逸史　扶桑略记』（国史大系　第六卷）、东京：经济雑誌社、1897年、第636页。

② ［日］鸭祐之、皇圆编：『日本逸史　扶桑略记』（国史大系　第六卷）、东京：经济雑誌社、1897年、第642—643页。

以上可见，正在筹划遣唐使期间，出现了大批新罗人入侵的偶发事件。新罗船共四十五艘，搭载两千五百人。值得注意的是，新罗三个机敏的将军之中，有一个大唐人。这个大唐人是如何加入新罗队伍的不得而知，但也可窥见唐人在新罗和日本的活动频率。新罗入侵是自身的灾荒所致，虽不属于有预谋的军事侵略，但引起日本朝廷的高度警觉，立刻做出反应，命令出云、壹岐国设置烽燧，若有急事，即达京师。

而唐朝社会自身的状况，如上述中瓘表状及《请令诸公卿议定遣唐使进止状》所载，"贼寇以来，十有余年""大唐凋敝，载之具矣"等。此类消息，基本反映了唐朝的现实，通过唐朝商人传到日本。9世纪末的大唐，已走向穷途末路。唐末叛乱势力自9世纪中期就已出现，代表性的大叛乱有：（1）裘甫起义（859—860）；庞勋之乱（868—869）；（3）王仙芝、黄巢之乱（874—884）。"贼寇以来，十有余年"，指的就是黄巢之乱已有十余年。黄巢之乱摧毁了唐朝的官僚贵族统治，虽然一定程度上打击了原有的藩镇割据势力和土豪，但在唐朝镇压黄巢起义过程中，又产生了朱温（朱全忠）、李克用等新的藩镇势力。[1]

唐朝社会危机四伏的消息通过中瓘和唐朝商人传到日本，这也势必会影响日本派遣唐使的行动。因此，唐朝自身的社会状况，也构成了遣唐使终止的有形或无形因素。

综上所述，840年，承和年间最后一船遣唐使回国，日本再没有派出遣唐使船。此后的几十年间，唐朝与日本的外交关系发生了新的变化，唐朝海商兴起，唐日之间的民间贸易走向繁荣。史料中记录的唐朝商人有很多，唐人船主至少有四十至六十人，著名的商人有李邻德、李延孝、张友信等。唐朝输往日本的口岸南起广州、北至登州，波及广州、福州、温州、明州、越州、苏州、海州、莱州、登州等地。

乘商船往来于中日之间的僧人惠萼，关于他的活动轨迹，二十多年间有七次记录，著名的普陀山观音信仰与惠萼有着密不可分的文化渊源。明州海商张友信多次往返于中日之间，他的贸易活动是9世纪

---

[1]　王小甫：《隋唐五代史》，北京：中信出版社，2017年，第244页。

末唐日交往的一个缩影。

宽平六年（894），日本准备派遣唐使，八月二十一日，任命了大使和副使等。这次遣唐使是在极其复杂的条件下筹划的，直接的原因是在唐日本僧人中瓘委托商客王讷送回一封书状，称温州刺史朱褒要求日本派使朝贡。同时，日本也已有六十年左右未派大规模的遣唐使了，所以，朝廷决定派遣唐使。关于这次遣唐使的派遣及停止，最直接的史料是大使菅原道真的两篇文章，一篇为《奉敕为太政官报在唐僧中瓘牒》，另一篇为《请令诸公卿议定遣唐使进止状》。这次遣唐使最终没有发出，直至907年唐朝灭亡后无疾而终。

遣唐使停止的原因，首先，除了大使的两文披露的信息导致停止以外，唐日之间频繁的民间贸易往来，取代了遣唐使的朝贡贸易，使得日本获取唐物的渠道发生了根本变化。其次，日本官僚贵族为获取特殊需求的物资，时常派交易使入唐，大大地节约了遣唐使的成本。再次，日本国内灾害频发，偶然的新罗贼寇入侵及唐朝国内的乱局也成为遣唐使停止的间接因素。

遣唐使的停止，标志着唐日之间通过朝贡方式进行的最高权力者间对话中断了，唐日两国各自依照本国的意志进行发展，两国的历史进程呈平行状态迈入下一个时代。

纵观遣唐使全时代，隋唐三百年间，中日交往进入前所未有的阶段，唐朝的文物、制度与文化等大量传到日本。其间，以遣唐使为标志的日本朝贡使，成为唐日关系的标志性符号。自遣隋使以来，至894年遣唐使停止，日本每隔一段时间便聘使入朝，前来学习中国的先进文化和技术。9世纪中叶以后，唐海商的崛起代替了历来的官方往来，民间海上贸易取代了原有的朝贡贸易。遣唐使作为中日交流的主要手段，促进两国在政治、经济和文化方面取得前所未有的发展，在以唐王朝为中心的世界史上，发挥了巨大作用。

唐朝的对外关系复杂多样，各个时代也各有侧重。此时，日本由分散的地方豪族联合政权走向统一的王朝社会。唐朝与日本的外交，总体上是和平相处、友好往来的。具体来讲，在以唐朝为中心的国际秩序下，日本主动遣使朝贡，力图与唐朝保持友好关系，从唐学习各种先进文化。

　　近代以来，论及唐朝中日关系时，日本学界多以"东亚"为最大视角，试图全景俯视日本外交。但是，唐朝的对外关系整体范围，不局限于"东亚"，而是涉及东南亚、西亚、南亚乃至西非和欧洲地区。从唐朝渡海到日本的人与物中，既有唐人，也有天竺人、波斯人，还包括许多中亚地区的文物。日本是个岛国，位于亚洲最东端，从长安往东看，则其自称为"日出处"，从日本往西望，其终极目标便是帝都长安。玄奘从西域回来后，开创了法相宗。玄奘的弟子回国后，又在日本开辟了法相宗。玄奘西行求法，鉴真东渡传法，一西一东，以他们为代表的大唐文化和思想，凝结在日本，岂是一个"东亚"所能概括的？因此，从日本角度讲，其整个国际视野，就是东亚，但是，从唐朝角度看，无论是与日本交往，还是与其他国家的外交，则不限于东亚，其政治、经济、文化乃至军事接触的地区波及欧亚大陆中东部的广大地区。

　　"东亚"本是个地理概念，并非实体，然而，一方面，将其引申至唐朝政治与外交方面，"东亚"的概念会变得更加复杂起来，无论从时间角度，还是空间维度，它都是一个模糊概念，也是个充满争议的话题。另一方面，日本朝贡使团的派遣与接受，反映出两国君主的愿望。遣唐使与当时的政权意志紧密相关，其发展过程是动态的，并不是一成不变的。因此，用"东亚"一词论及遣唐使，有失唐日关系的全貌。

　　总之，日本遣唐使，既是唐朝中日两国交流的历史，也是一部跨地区、跨国别的世界史。

　　中日交往两千年，遣唐使虽然不能代表两国交往史的全部，但它给日本带去的影响巨大，构成了今天日本文化的根基。在现代日本社会中，到处显现有唐朝文化的踪影。

　　本书在国家社科基金项目"日本遣唐使研究"成果基础上修改而成。长期以来，笔者的学术兴趣集中在中日关系史、日本古代史方面。2005 年至 2009 年，日本文部科学省资助一个项目，名为"东亚海域交流与日本传统文化的形成——以宁波为焦点的跨学科创生"。该项目以东亚史为视角，时间限定为 10—19 世纪，空间范围是以宁波为核心区域的整个东亚海域，全方位地研究日本传统文化的形成过程。其间，笔者正在日本岩手大学留学，应邀参与该课题中的一项子课题"东亚死与生的景观"，主要协助调查宁波地区的丧葬习俗，由此比较中日两国的生死观。宁波与日本的交往始于唐朝，以此为契机，笔者从遣唐使与宁波有关的部分入手，对日本遣唐使进行了系统的梳理，由此，申报了"日本遣唐使研究"，并于 2017 年获得立项。

　　隋唐三百余年，其间，寻求政治和平与友好交往是中日关系的一条主旋律。涉及遣唐使的史料跨度大、范围广，在以往的研究基础上如何发现新的突破口，如何定位研究的深度和广度，这类问题一直伴随着笔者的研究过程。日本遣唐使不仅是个学术研究领域，同时也是文化普及方面的一项重要内容。研究成果既要得到学界认可，又要为广大文史爱好者服务，力求其美，这是我追求的一个目标。如此，笔者又发现，今人撰文中，关于遣唐使的表述时有错误，即便是前辈的开拓之作，也偶有笔误，例如，关于第十九次遣唐使，也就是日本承和五年（838）仁明朝最后一次抵唐的遣唐使的航线问题，在中日文化交流史研究领域颇具影响的木宫泰彦在《日中文化交流史》中有一段表述，文曰："仁明朝到达明州的第一、第四舶……"① 此处的到达地"明州"，纯属笔误，但它却引起部分作者的误读、误引，以至于重复出现。事实上，这次遣唐使既没从明州上岸，也未从明州返航。对此，笔者在申报项目之前便撰文进行了辨误。②

　　再如，以留学生身份入唐的阿倍仲麻吕，任官于朝廷，仕唐一生，终生未归。史料所见，他留下的诗歌共有三首，其中汉诗二首、和歌一首。但是，近年多有学人撰文称：753 年阿倍仲麻吕回国途中遇难未死，返回长安看到李白为他写的悼念诗《哭晁卿衡》后，自己也挥毫回赠一首《望乡》诗："卅年长安住，归不到蓬壶。一片望乡情，尽付水天处。魂兮归来了，感君痛苦吾。我更为君哭，不得长安住。"笔者发现，这首所谓的阿倍仲麻吕诗，纯属伪作，遂撰文予以澄清。③ 诸如此类，关于遣唐使的历史真相，常常真假混淆。笔者在写作过程中，则以史实为依据，剥茧抽丝，力图构建一部正确的日本遣唐使及唐日关系史。

　　在历史空间上，大唐与日本之间，如长屋王写的汉诗所云"山川异域，风月同天"，又如圆仁到达扬州海陵县白潮镇桑田乡东梁丰村时所说的"虽年号殊，而月日共同"。中日两国，既有区别，又有共同之处。时至今日，两国许多地区保留或再现了遣唐使的遗迹。为了更好地理解唐史知识，体验遣唐使的旅途生活，笔者遍访许多历史遗迹——无论是长安、洛阳，还是京都、奈良，抑或是遣唐使的登陆和返程地——沿着他们的足迹，做了许多实地考察，切身感悟并重温遣

---

① 　［日］木宫泰彦著，胡锡年译：《日中文化交流史》，北京：商务印书馆，1980 年，第 89 页。
② 　《明州与日本遣唐使关系辨误》，《齐齐哈尔大学学报（哲学社会科学版）》2014 年第 4 期，第 81—83 页。
③ 　《〈望乡〉是阿倍仲麻吕写的吗？》，《宁波晚报》，2022 年 11 月 2 日第 A15 版。

唐使与大唐对接时的历史景观。研究日本遣唐使，穿越陆地和海洋，走近帝王身边，旁听古人对话，有一种身临其境的感觉，这一过程是快乐的。

笔者所在的宁波大学距离甬江仅有几百米，而甬江又是遣唐使入港和返回的内河通道。贞元二十一年（805）五月十八日，第十八次遣唐使从明州归国，两船通过甬江返航，最澄在其《显戒论》中写"解藤缆于望海"，"望海"即今日宁波市镇海区。多年来，笔者给研究生讲授一门"中日文化交流史"课程，从教室向外眺望就能看到甬江，如此场景，仿佛遣唐使从我们眼前经过。这样，在教与学的过程中，感受历史与现实交融的知识乐趣，促使我津津乐道地研究下去，这也是本书付梓的动力之一。

本书在完成过程中，得到诸多人士的帮助，在此表示感谢！

李广志

2024 年 8 月 18 日